中英合作项目"政府向社会力量购买公共服务中英经验研究"成果
中国国家哲学社会科学重大项目"推进国家治理体系现代化研究"（批准号：014ZDA011）成果
中国教育部人文社会科学重点研究基地北京大学政治发展与政府管理研究所研究成果
北京大学国家治理研究院研究成果

项目领导与协调工作委员会

主　任：刘振国

成　员：廖　明　于　萌　董　红　沈东亮　吴　磊
　　　　卢　山　李　莉　于　准　孟文静　侯　鹏

项目研究与编撰工作委员会

主　任：王浦劬（中方）　郝秋笛（Jude Howell）（英方）

成　员：

中　方：陈　莹　邓湘树　范炜烽　何艳玲　句　华
　　　　刘舒杨　刘　伟　李有学　梁文君　廖　明
　　　　王　清　王青平　项显生　杨　杰　杨学敏
　　　　袁　洋　张向东　张舒波　周　寒　朱　磊

英　方：雷吉娜·恩胡托-马丁内斯（Regina Enjuto-Martinez）
　　　　安迪·韦斯特（Andy West）

The Research on Development of Governmental
Procurement of Public Service from Social Forces:
Base on China and UK Experience

政府向社会力量购买公共服务发展研究

基于中英经验的分析

王浦劬 〔英〕郝秋笛（Jude Howell） 等/著

图书在版编目(CIP)数据

政府向社会力量购买公共服务发展研究:基于中英经验的分析/王浦劬等著.—北京:北京大学出版社,2016.9

ISBN 978-7-301-27440-8

Ⅰ.①政… Ⅱ.①王… Ⅲ.①公共服务—政府采购制度—对比研究—中国、英国 Ⅳ.①F812.45②F815.613

中国版本图书馆 CIP 数据核字(2016)第 199442 号

书　　名	政府向社会力量购买公共服务发展研究：基于中英经验的分析 Zhengfu xiang Shehui Liliang Goumai Gonggong Fuwu Fazhan Yanjiu： Jiyu Zhong Ying Jingyan de Fenxi
著作责任者	王浦劬　〔英〕郝秋笛（Jude Howell）　等著
责任编辑	耿协峰
标准书号	ISBN 978-7-301-27440-8
出版发行	北京大学出版社
地　　址	北京市海淀区成府路 205 号　100871
网　　址	http://www.pup.cn　　新浪微博:@北京大学出版社
电子信箱	ss@pup.pku.edu.cn
电　　话	邮购部 62752015　发行部 62750672　编辑部 62753121
印 刷 者	涿州市星河印刷有限公司
经 销 者	新华书店 787 毫米×1092 毫米　16 开本　24.5 印张　565 千字 2016 年 9 月第 1 版　2016 年 9 月第 1 次印刷
定　　价	69.00 元

未经许可，不得以任何方式复制或抄袭本书之部分或全部内容。
版权所有，侵权必究
举报电话：010-62752024　电子信箱：fd@pup.pku.edu.cn
图书如有印装质量问题，请与出版部联系，电话：010-62756370

目 录

上编　中国政府向社会力量购买公共服务发展研究

第一章　引　言 003
  一、研究缘起 003
  二、研究目标 007
  三、研究方法 009
  四、分析框架 011

第二章　中国政府购买公共服务的理论分析 014
  一、发展内涵 014
  二、改革机理 018
  三、风险分析 024

第三章　中国政府购买公共服务的制度安排 032
  一、中国政府购买公共服务的法律法规 032
  二、中国政府购买公共服务的财政制度 054

第四章　中国政府购买公共服务的主体结构 069
  一、公共服务的购买者：政府 069
  二、公共服务的生产者：社会组织 075
  三、公共服务的消费者：社会公众 101
  四、公共服务的评估者：第三方机构 105

第五章　中国政府购买公共服务的运行环节 110
  一、政府购买公共服务的主要内容 110
  二、政府购买公共服务的主要方式 123
  三、政府购买公共服务的监督评估 144

第六章　中国政府购买公共服务的专项研究 155
  一、农村公益性服务的购买 155
  二、城市社区公共服务的购买 171

第七章　对英国政府购买公共服务经验的借鉴 194
  一、英国政府购买公共服务的基本情况 194
  二、英国政府购买公共服务的制度安排 195
  三、英国购买公共服务的主体结构 198

四、英国购买公共服务的实际运行 …………………………………… 200
第八章　完善中国政府向社会力量购买公共服务的途径 …………………… 203
　　一、建立健全政府购买公共服务的法律规制体系 …………………… 203
　　二、完善政府购买公共服务的财政制度 ……………………………… 207
　　三、发展和完善政府购买公共服务的基本方式 ……………………… 210
　　四、完善政府购买公共服务的评估和监督体系 ……………………… 213
　　五、促进农村生产性公共服务购买的组织化、标准化和规范化 …… 219
　　六、完善政府购买社区公共服务，构建新型政社关系 ……………… 221
第九章　结　论 …………………………………………………………… 225
　　一、基本成就 …………………………………………………………… 225
　　二、基本问题 …………………………………………………………… 226
　　三、基本对策 …………………………………………………………… 226

下　编　英国政府向社会力量购买公共服务经验研究

概　要 ………………………………………………………………………… 228
致　谢 ………………………………………………………………………… 230
关键术语缩写及英汉对照表 ………………………………………………… 231
第一章　向社会组织定制及采购公共服务 ………………………………… 233
　　一、目的和目标 ………………………………………………………… 233
　　二、方　法 ……………………………………………………………… 234
　　三、关键定义说明 ……………………………………………………… 235
　　四、英格兰/英国志愿部门背景 ………………………………………… 236
　　五、采购的政治经济环境 ……………………………………………… 237
　　六、立法和政策环境 …………………………………………………… 243
　　七、定制和采购流程 …………………………………………………… 248
　　八、采购经验：采购限制和挑战 ……………………………………… 255
　　九、小　结 ……………………………………………………………… 260
　　本章参考文献 …………………………………………………………… 260
第二章　老年人服务 ………………………………………………………… 262
　　一、目的和目标 ………………………………………………………… 262
　　二、方　法 ……………………………………………………………… 262
　　三、背　景 ……………………………………………………………… 262
　　四、背景：老年人服务法律和政策的发展 …………………………… 263
　　五、社会组织及其他现有服务供应商 ………………………………… 268
　　六、定制及采购流程 …………………………………………………… 275
　　七、小　结 ……………………………………………………………… 284
　　本章参考文献 …………………………………………………………… 285

第三章 残疾人社会关怀服务定制与采购 ……287
- 一、目的与目标 ……287
- 二、方　法 ……287
- 三、英国残疾人服务领域背景 ……289
- 四、残疾人和残疾人社会关怀立法 ……291
- 五、定制和采购流程 ……297
- 六、采购经验：采购限制与挑战、志愿组织残疾人服务能力 ……304
- 七、采购影响 ……306
- 八、小　结 ……309
- 本章参考文献 ……310

第四章 儿童服务定制和采购 ……315
- 一、目的和目标 ……315
- 二、方　法 ……315
- 三、儿童服务背景 ……316
- 四、背景：儿童服务法律及政策的发展 ……316
- 五、社会组织和当前其他服务供应 ……320
- 六、定制及采购流程 ……324
- 七、小　结 ……329
- 本章参考文献 ……330

第五章 布赖顿-霍夫市案例研究 ……332
- 一、目的和目标 ……332
- 二、方　法 ……332
- 三、布赖顿-霍夫市议会背景 ……333
- 四、布赖顿-霍夫市志愿部门 ……334
- 五、定制与采购的法律和政策框架 ……336
- 六、定制与采购 ……336
- 七、监督及评估 ……338
- 八、布赖顿-霍夫市志愿组织面临的挑战 ……339
- 九、布赖顿-霍夫市志愿组织在竞标政府公共服务时面临的障碍 ……340
- 十、小　结 ……342
- 本章参考文献 ……342

第六章 定制与采购的微观案例研究 ……343
- 案例一：全市互联项目定制与采购过程的微观研究 ……343
- 案例二：克罗伊登市残疾成年人卫生健康和社会关怀服务的定制和采购流程微观研究 ……355
- 本章参考文献 ……359

第七章 英国政府向志愿组织定制及采购公共服务的经验 ……361
- 一、愿景和战略 ……361

二、社会价值 …………………………………………………………… 362
三、定制流程 …………………………………………………………… 362
四、采购流程 …………………………………………………………… 363
五、监督和评估 ………………………………………………………… 363
六、能力建设 …………………………………………………………… 364
七、财务安排 …………………………………………………………… 364
八、法律法规框架 ……………………………………………………… 365
九、基础性支持 ………………………………………………………… 365
十、结　论 ……………………………………………………………… 365
本章参考文献 …………………………………………………………… 365

附　录 ……………………………………………………………………… 367

后　记 ……………………………………………………………………… 385

上 编
中国政府向社会力量购买公共服务发展研究

第一章 引 言

一、研究缘起

政府向社会力量购买服务,即政府把直接向社会公众提供的基本公共服务特定事项,按照市场运行的机制要求,交由具备资质的社会力量(社会组织、企业组织、自然人等)生产和承担,并由政府根据服务数量和质量向其支付费用,由此使得相关公民获得优质基本公共服务。①

政府向社会力量购买公共服务,是当今世界诸多国家和地区政府供给基本公共服务的采用机制。"在世界各国,政府依靠社会组织(CSOs)承接政府出资的社会服务,是一种普遍且日益通行的做法。事实上,在大多数发达的工业化国家里,政府对社会组织的这种依赖如此普遍,以至于政府资助已经成为社会组织经费的主要来源,社会组织也已经成为政府资助的广泛的公共服务的主要载体。"②

早在 1995 年,我国的上海浦东新区就开始探索政府购买新型公共服务的模式。当时,浦东新区社会发展局委托上海基督教青年会管理浦东新区罗山市民会馆,即"罗山会馆"模式,由此开启了中国政府向非营利组织购买公共服务的先例。以此作为起点,我国政府向社会组织购买公共服务的发展过程可以分为两个阶段:第一阶段从 20 世纪 90 年代初到 2013 年,为改革的初始启动和探索发展阶段,该阶段以地方政府为主导,启动自下而上的探索和试验,为公共服务供给机制的改革积蓄力量、积累经验;第二阶段从 2013 年至今,以国务院出台《关于政府向社会力量购买服务的指导意见》为标志,以党的十八届三中全会《关于全面深化改革若干重大问题的决定》(以下简称《决定》)为指引,政府向社会力量购买公共服务改革在全国逐步达成共识,中央和地方政府连续出台一系列条例、法规和实施办法,在公共服务生产和供给中的政府向社会力量购买公共服务改革,在全国各地全面推进和不断深化。2016 年 6 月,国务院办公厅发布《国务院办公厅关于成立政府购买服务改革工作领导小组的通知》(国办发[2016]48 号),《通知》指出,"为加快推进政

---

① 中华人民共和国国务院办公厅:《国务院办公厅关于政府向社会力量购买服务的指导意见》,http://www.gov.cn/xxgk/pub/govpublic/mrlm/201309/t20130930_66438.html。

② 王浦劬、[美]莱斯特·M.萨拉蒙等:《政府向社会组织购买公共服务研究:中国与全球经验分析》,北京大学出版社 2010 年版,第 200 页。

府购买服务改革,加强对有关工作的组织领导和政策协调,国务院决定成立政府购买服务改革工作领导小组","负责统筹协调政府购买服务改革,组织拟订政府购买服务改革重要政策措施,指导各地区、各部门制定改革方案、明确改革目标任务、推进改革工作,研究解决跨部门、跨领域的改革重点难点问题,督促检查重要改革事项落实情况。"①由此标志着政府向社会力量购买公共服务提上全面落实的改革日程。

第一阶段:初始启动和探索发展阶段

20世纪90年代初,政府向社会力量购买公共服务在上海、北京、无锡、广东等多个经济发达地区相继展开,购买范围涉及教育、公共卫生和艾滋病防治、扶贫、养老、残疾人服务、社区发展、社区矫正、文化、城市规划、公民教育、环保、政策咨询等诸多领域和内容。

新世纪以来,随着科学发展观战略的贯彻落实和服务型政府建设的深入开展,全国若干地区和城市陆续展开政府向社会力量购买公共服务的探索实践,政府购买公共服务事业逐步发展,其内容和范围逐渐扩大。

2005年12月19日,国务院扶贫办、亚洲开发银行、江西省扶贫办和中国扶贫基金会在北京启动"非政府组织与政府合作实施村级扶贫规划试点项目"。该项目是第一个通过规范程序招标进行的公共服务购买,由此标志着我国政府向社会力量购买公共服务开始向规范化运行发展。

此后,政府购买公共服务得到积极推进。政府通过与社会组织签订合同,建立了政府按需购买服务的新模式,并且逐步形成了政府出资和搭台、社会参与的新机制。

经过若干年发展,一些较早开展政府购买公共服务的地区已经建构了政府购买公共服务的制度框架,设置了政府购买公共服务的流程,形成了政府提供服务、社会力量生产服务和居民享受服务的公共服务供给新机制,由此不仅提升了财政资金的使用效率、提高了公众对公共服务的满意度,也促进了社会组织的蓬勃发展(图1-1)。

尽管如此,这一时期的政府向社会力量购买公共服务具有明显的探索性特征,在购买流程与购买机制方面,尚未形成统一的制度和规则,生产者对于购买者或者说社会组织对于政府及其部门具有很强的依附性,购买方式的竞争性程度较低。

同时,政府购买公共服务的范围相对集中,研究显示,这一时期政府购买公共服务的内容和范围主要集中在社区与管理类服务、行业性与管理类服务、行政事务与管理类服务。所谓社区与管理类服务,主要包括助老、助残、社会救助、职业介绍、技能培训、外来人口管理、矛盾调解、公益服务等。所谓行业性与管理类服务,主要包括行业调查、统计分析、资质认定、项目评估、业务咨询、技术服务等。所谓行政事务与管理类服务,则主要涉及社会组织特定咨询、现场勘察、年检预审、日常管理、再就业教育培训、婚介机构的监管、家庭收养的评估、民办学校的委托管理、退伍军人就业安置、市政管理等。②

---

① 《国务院成立政府购买服务改革工作领导小组》,新华网,http://news.xinhuanet.com/gongyi/2016-06/29/c_129095924.htm。

② 王浦劬、〔美〕莱斯特·M.萨拉蒙等:《政府向社会组织购买公共服务研究:中国与全球经验分析》,北京大学出版社2010年版,第12页。

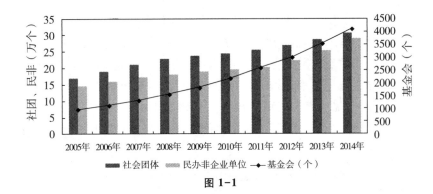

图 1-1

第二阶段：全面推展和深化合作阶段

2013年9月，国务院颁布了《关于政府向社会力量购买公共服务的指导意见》（以下简称《指导意见》），对政府向社会力量购买公共服务工作进行规范和要求。《指导意见》指出："推行政府向社会力量购买服务是创新公共服务提供方式、加快服务业发展、引导有效需求的重要途径"，"到2020年，在全国基本建立比较完善的政府向社会力量购买服务制度"。①《指导意见》的出台，标志着我国向社会力量购买公共服务上升为国家行为，标志着我国政府购买公共服务从局部试点阶段转向全面推广阶段、从地方政府的实际工作转向中央政府的宏观职能，政府购买公共服务改革进入全面推广阶段。

2013年11月，中共十八届三中全会关于全面深化改革若干重要问题的《决定》，按照推进国家治理体系和治理能力现代化的总目标要求，先后四次把政府向社会力量购买公共服务确定为转变政府职能、创新政府治理模式和推进社会事业深化改革创新的重要内容，明确指出，"推广政府购买服务，凡属事务性管理服务，原则上都要引入竞争机制，通过合同、委托等方式向社会购买"。同时，在加快事业单位分类改革进程中，"加大政府购买公共服务力度"，在深化教育领域综合改革时，健全政府购买服务等制度。② 至此，政府向社会力量购买公共服务进一步从优化实现民生的政府职能意义，正式转向全面深化改革的重要内容，政府购买公共服务成为转变政府职能、提高公共服务质量和实现社会公平正义重要途径，从而使得政府购买公共服务具有国家改革发展的战略意义。

中央政府的举措，尤其是十八届三中全会《决定》的要求，极大地激发了政府向社会力量购买公共服务的改革动力。在贯彻落实中，中央政府陆续出台一系列规范文件（表1-1），从宏观层面规范政府购买的具体实施。各级政府也纷纷按照《指导意见》要求，重新审视修订或者制定相关实施条例和办法，界定购买范围，制定购买目录，完善购买程序，细化管理办法，并且付诸实施，使得政府向社会力量购买公共服务的深度、广度和频度得到迅速发展，政府购买公共服务从社会公众生活性民生公共服务，深化发展到生产性保障服务供给，比如深化改革和巩固农村"七站八所"改制；从纯粹服务型公共服务的供给，扩展到寓服务于治理之中、服务与治理两重属性兼具的社会治理和社区治理供给；从为社会公众供给的公共服务，扩展到为政府决策提供的公共服务和决策咨询；从对于人的

---

① 中华人民共和国国务院办公厅：《国务院办公厅关于政府向社会力量购买服务的指导意见》，http://www.gov.cn/xxgk/pub/govpublic/mrlm/201309/t20130930_66438.html。

② 《中共中央关于全面深化改革若干重大问题的决定》，《人民日报》2013年11月16日。

社会服务扩展到对于自然资源的保护性服务,比如森林资源保护和生态保障服务。时至今日,转变政府向社会公众供给公共服务方式和机制,已经成为全面深化改革的重要内容,而政府向社会力量购买公共服务,则逐步深入推进,不仅成为实施这一改革的现实路径选择,而且成为推进我国政府治理和社会治理现代化的重要机制选择。

2016年6月,国务院政府购买服务改革工作领导小组的成立,标志着政府向社会力量购买公共服务进入中央政府组织领导和政策协调,加快推进政府购买公共服务改革的时期。

表1-1 中央有关政府购买公共服务的政策文件

发布时间	发布主体	文件名	涉及领域
2013.11	中共中央	《关于全面深化改革若干重大问题的决定》	整体性政策
2013.12	财政部	《关于做好政府购买服务工作有关问题的通知》	整体性政策
2014.1.24	财政部	《关于推进政府购买服务有关预算管理工作的通知(财预[2014]13号)》	资金管理
2014.2.10	民政部	《2014年民政部购买社会服务指导目录》	购买内容
2014.4.14	财政部	《关于推进和完善服务项目政府采购有关问题的通知(财库[2014]37号)》	整体性政策
2014.4.23	财政部、民政部、住房和城乡建设部、人力资源社会保障部、国家卫生和计划生育委员会、中国残疾人联合会	《关于做好政府购买残疾人服务试点工作的意见(财社[2014]13号)》	购买内容
2014.8.26	财政部、国家发展改革委员会、民政部、全国老龄工作委员会办公室	《关于做好政府购买养老服务工作的通知(财社[2014]105号)》	购买内容
2014.10	民政部、财政部	《关于支持和规范社会组织承接政府购买服务的通知》	生产者
2014.11.25	财政部、民政部	《关于支持和规范社会组织承接政府购买服务的通知(财综[2014]87号)》	生产者
2014.12.15	财政部、民政部、工商总局	《关于印发〈政府购买服务管理办法(暂行)〉的通知(财综[2014]96号)》	整体性政策
2015.5.5	国务院办公厅	《国务院办公厅转发文化部等部门关于做好政府向社会力量购买公共文化服务工作意见的通知(国办发[2015]37号)》	购买内容

续表

发布时间	发布主体	文件名	涉及领域
2015.5.19	国务院办公厅	《国务院办公厅转发财政部、发展改革委、人民银行关于在公共服务领域推广政府和社会资本合作模式指导意见的通知（国办发〔2015〕42号）》	购买机制
2015.10	中共中央	《中共中央关于制定国民经济和社会发展第十三个五年规划的建议》	整体性政策
2016.6.	国务院办公厅	《国务院办公厅关于成立政府购买服务改革工作领导小组的通知》	整体性政策

在政府购买公共服务不断发展推广的二十余年间，我国学术界和实务界从理论与实践的结合着手，对其进行了富有成效的研究和探索。理论方面，相关研究深入分析和探讨了发达国家政府购买公共服务的理论基础与实践经验，逐步明确了政府向社会组织购买公共服务的改革目标和实施模式。实践方面，在探索和创新过程中，全国各地方政府结合自身状况，开展了各具特色的改革尝试，取得了较为丰富的发展成果和实践绩效，积累了多方面的实际经验。

与此同时，作为创新和改革政府公共服务职能实现机制的探索，我国政府在推进和拓展向社会力量购买公共服务的过程中，也面临着基础性、结构性和专项性难题和问题，概括地说，这些问题集中体现为制度建设和完善、主体建构和责权配置、购买运行和流程诸环节的缺陷和缺失。

基于我国政府向社会力量购买公共服务的发展状况，尤其是针对深入推进我国政府购买公共服务的重点困难和主要难题，国家民政部与英国政府签订协议，决定设立政府间合作研究项目"政府向社会力量购买公共服务中英经验研究"，委托中国北京大学与英国伦敦经济政治学院组成研究团队合作展开研究。

二、研究目标

根据项目的宗旨，经讨论协商，该项目设计为《中国政府向社会力量购买公共服务发展研究》和《英国政府向社会力量购买公共服务经验研究》两个相互联系的子项目。

《中国政府向社会力量购买公共服务发展研究》项目研究组对我国政府向社会力量购买公共服务发展状况展开研究，研究以理论分析和辩证为基础，以专题性研究方式进行，这些专题包括政府购买公共服务的法律规制、财政制度、购买范围、购买方式、社会组织状况、购买绩效评估以及专门领域的制度状况和购买实践。

研究基于我国政府向社会力量购买公共服务的实践经验，系统梳理既有文献和资料，阐述和分析了政府购买公共服务的立论逻辑、发展内涵、改革机理，辨析了其理论缺失和实践风险。以此为指导，项目研究组主要以实地座谈、访谈和典型案例调查方式展开研究，由此了解我国政府购买公共服务专门方面和领域的实际发展状况，解构政府购买服务的当前实际操作环节和流程，分析政府向社会组织购买公共服务的制度环境、主体结构和运行状况,并专项研究农村生产性公共服务与城市社区公共服务的购买实践,从中发现和剖析相关焦点和难点问题。针对这些问题,参考英国伦敦政治经济学院郝秋笛(Jude Howell)教授领导的团队研究形成的《英国政府向社会力量购买公共服务经验研究》和相关研究,借鉴英国相关有益和适用经验、政策和做法,提出完善我国政府向社会组织购买公共服务的具体对策,为加快推进我国政府向社会力量购买公共服务的发展提供研究和智力支持。

基于以上设定,项目研究的具体目标为:

1. 建构中国政府向社会力量购买公共服务的理论框架,阐发政府购买公共服务的改革含义与运行机理。

政府向社会力量购买公共服务是深化政府治理改革优化公共服务供给机制的重要路径。在传统的计划经济体制路径下,政府是公共服务供给的唯一主体,提供的服务难以满足多元化的需求;改革后,公共服务的供给由四元主体即政府、社会组织、公众、独立法人第三方机构共同发挥作用,从而合理赋予公共服务供给过程中不同主体以不同角色,以满足人民群众的公共服务需求,化解社会矛盾,转变政府社会职能和释放激发社会活力,创新政府与社会协同治理结构,提升公共资源配置效能,推动事业单位改革和推动公共服务供给的社会公平正义。

对于我国全面深化改革和全面切实转变政府公共服务职能的角度来说,政府向社会力量购买公共服务意味着公共服务从传统的计划经济体制下的行政性单一供给,到政府向社会力量购买供给的深刻变革,在这其中,变革蕴含的内涵和遵循的内在机理集中体现为:以主体角色和职能的合理分解实现公共服务主体结构的重构;以契约责任关系代替行政权力关系建构公共服务诸多主体之间的联系;以多重机制有效对接和有效复合实现不同供给机制的优势互补;以新型的双引擎注入社会公共服务供给的新型强大动力;以公共服务供给机制的工具理性达成公共服务的目标理性;以对于公共服务事务的购买取代对于公共服务生产者的供养;以公共服务供给机制的内含规范达成公共服务供给的价值规范。

2. 解析中国政府向社会组织购买公共服务的制度环境、主体结构与实际运行。

政府向社会组织购买公共服务,涉及政府购买公共服务的制度环境和主体结构,涉及购买流程中的购买内容、购买方式、监督评估等多个环节与步骤,只有深入分析政府向社会力量购买公共服务的制度环境、主体结构和流程环节与步骤,才能切实描述政府购买公共服务的现状,发现存在的问题并提出解决对策和解决方案。因此,本项研究从制度环境、主体结构与实际运行三个层面入手,力图真实呈现和深入分析政府购买公共服务发展的整体状况和运行过程,准确把握我国政府向社会力量购买公共服务的发展状况和问题症结,由此形成相关对策。

就政府购买公共服务的制度环境而言,法律法规与财政制度构成了指导政府购买活动有效运行的主要制度环境,为购买流程的顺利运行提供了制度基础、规则约束与物质支持。

就政府购买公共服务的主体结构而言,政府是公共服务的购买者、社会组织是公共服务的生产者、社会公众是公共服务的消费者、第三方组织是公共服务的评估者,四者共同构成政府向社会组织购买公共服务的四元主体,形成分析购买过程的主体框架。

就政府购买公共服务的具体实施而言,政府购买服务的内容和范围的确定、购买方式的选择、对购买过程的监督和对购买结果的评估,总体有机构成了政府购买的实际运行过程。

为此,这三个方面是本项目解析的主要对象。

3. 对农村公益性服务与城市社区公共服务购买进行专项研究。

在我国政府所购买的公共服务中,同时存在着生产性公共服务和生活性公共服务,而生活性公共服务中又包含着服务性公共服务与管理性公共服务。

农村公益性服务与城市社区公共服务均是我国政府购买公共服务的重要和专门领域。由于生产方式的不同,农村居民不仅需要生活性公共服务的供给,也需要生产性公共服务的供给。受制于现阶段我国农村的经济发展水平,农村公共服务的购买,主要体现为公益性、生产性公共服务的购买。与此同时,城市社区公共服务的购买也是近年理论与实践广泛关注的领域。因此,本项目选择政府向社会力量购买农村生产性公共服务与城市社区公共服务作为专项研究主题,期望有助于进一步优化这些专门领域的政府购买公共服务实践,并且从专门领域角度揭示和验证我国政府向社会力量购买公共服务的一般特征和内在规律。

4. 借鉴英国在政府购买公共服务领域的相关有益经验和做法。

从20世纪70年代至今,英国政府购买公共服务已有数十年的发展,积累了若干经验,形成了较为系统的法律制度、体制机制、流程规则和相关政策,英国学界对政府购买公共服务的法律法规、财政安排、购买内容、购买方式、监督评估等方面也有诸多细致而深入的研究,同时,英国社会组织发达,可提供门类齐全的社会服务。选择性借鉴英国在政府购买公共服务领域的相关经验、体制机制、流程规则和政策做法,研究英国购买公共服务流程诸环节解决相应问题的实际操作方法,应该有助于中国深入推进政府购买公共服务的实践进程,也有助于我们在比较鉴别和扬弃吸取中,探索和建构具有中国特色社会主义的政府购买公共服务理论。

三、研究方法

1. 个案研究

为了深度显示我国政府购买公共服务的实际过程,本项目采用个案研究的研究方法。

个案研究属于质性研究的一种,本项目之所以选择质性研究,是因为质性研究并不追求统计意义上的代表性,而是侧重于质的分析的典型性。质性研究强调对研究对象进行整体性、情境化、动态的"深描"[1],适合在微观层面对社会现象进行比较深入细致的描述和分析,对小样本进行个案调查,研究比较深入,便于了解事物的复杂性。[2]

本项研究需要通过对小样本的个案调查,了解目前我国不同地区、不同类型公共服务

---

[1] 陈向明:《质的研究方法与社会科学研究》,教育科学出版社2000年版,第347页。
[2] 同上书,第473页。

的购买过程,剖析政府购买公共服务流程的各环节存在的问题,所以,项目研究首先选择采用个案研究的方法。

在个案的选择上,课题组依据已有资料选择在政府购买公共服务改革中有代表性的六个调研地点,分别是 SC 省 CD 市、HN 省 NY 市 TH 县、JS 省 NJ 市、GD 省 GZ 市、BJ 市 SY 区以及 ZJ 省 NB 市(以下简称"六地")。

之所以选择以上城市和地区作为研究个案,主要因为在个案选择时,需要统筹考虑案例的典型性、差异性和信息的充分性。首先,以上六个城市或地区皆属于政府购买公共服务改革开展较早且初具规模的城市或地区,六地在政府购买公共服务领域都取得相当成就,并且积累了较多经验;其次,六地的政府购买公共服务实践覆盖了本项研究试图分析和研究的政府购买公共服务的所有不同类型,即服务性公共服务、管理性公共服务和生产性公共服务;再次,六地涵盖了我国东部、中部、西部的重点地区,同时又各具区域特色,由此使得研究兼具代表性与包容性,具备将个案经验从具体中抽象一般、从微观走向宏观的路径和空间。

在案例研究的设计上,每个案例都按照"四元主体"分析框架选择调研对象,所谓"四元主体",分别是作为购买者的政府、作为生产者的社会组织、作为消费者的公众与作为评估者的独立法人第三方机构。关于"购买者",项目组选择了地方民政与财政部门的工作人员,关于"生产者",项目组选择了承接公共服务的社会组织,关于"消费者",项目组选择了享受政府所购买公共服务的公众,而关于"评估者",项目组则选择了独立法人的第三方机构。

基于案例研究框架和调研对象,项目组对于每个案例都进行了法律法规、财政政策、购买内容、购买方式、评估监督、社会组织以及农村/社区公共服务购买与政社关系等专题内容的研究。

基于全部选择个案的诸环节和构成要素的专题和专门领域研究成果,项目以政府向社会力量购买公共服务的发生和发展逻辑和内在机理为南针,以政府购买公共服务的制度环境、主体结构和主要环节和要素为专题,形成了我国政府购买公共服务发展的综合总体研究。

2. 资料搜集

研究在实地调研的基础上采取了多种资料收集方法,包括文献法、半结构访谈与焦点团体访谈:

(1) 文献法

文献法的实施方式主要是,向各地相关部门提供所需材料清单,获得相关政府部门提供的书面文字资料(或电子版本),作为分析研究的对象和依据。资料清单包括:指导政府购买公共服务的地方性法规和政府文件;财政部门关于购买公共服务的指导意见;购买公共服务的项目预算;民政部门关于购买服务的指导目录;相关部门向社会组织购买公共服务的有关政策;相关部门向社会组织购买公共服务的数据;社会组织情况的统计数据;向社会组织购买公共服务的工作总结及其他相关材料。

(2) 半结构访谈与焦点团体访谈

在半结构访谈中,项目研究要求研究者对访谈的结构有一定的控制作用,但同时允许受访者积极参与,鼓励受访者提出自己的问题。由于本项目属于探索性研究,因此,访谈基本采用半结构方式。

在项目进行中,半结构访谈主要针对公共服务的购买者即民政、财政部门的工作人员以及公共服务的生产者即社会组织的代表展开。访谈中注重了解被访者关心的问题和被访者在工作中存在的困惑。

焦点团体访谈是集体访谈的一种,在项目的实地调研中,主要对公共服务的基层购买者即街道与社区的工作人员、公共服务的消费者居民代表进行。以焦点团体访谈的形式搜集资料,一方面可以在短时间内搜集大量资料,另一方面通过参与者之间的互动即相互交流、相互补充,将讨论引向深入。

3. 比较借鉴方法

英国是政府向社会组织购买公共服务的先行国家,在政府购买公共服务领域积累了大量经验。本项目选择英国相关经验作为比较研究对象,从制度环境、主体结构、实际运行三个维度概括英国的有效经验,对比我国政府向社会组织购买公共服务的现实状况,展开借鉴分析,并且提出我国政府向社会力量购买公共服务相关问题的改进办法。

四、分析框架

政府向社会组织购买公共服务是一个多主体、多要素、多机制复合构成的复杂体系和运行过程,其涉及法律法规、财政制度、购买内容、购买方式、对购买过程和结果的监督评估、承接购买服务的社会组织发育发展,以及由此带来的政府与社会关系的新变化等关键具体问题。本项研究旨在对中国政府向社会组织购买公共服务进行专题性和专门领域研究,剖析政府购买公共服务的制度环境、主体结构和实际运行环节,显示购买行为由始至终的全流程和全运行过程,从而针对性地揭示购买流程和过程中的问题和难题,作为建议对策的前提和基础。

为此,报告从三个层面分析政府向社会组织购买公共服务的体系结构和实际过程。

1. 制度安排

政府购买服务的制度安排,即规范我国政府购买公共服务实践的制度规则设置,其中主要包括法律法规和财政制度安排,它们构成了我国政府向社会力量购买公共服务的主要制度体系。

法律法规是购买公共服务进行的基本规范,规定了政府购买公共服务的指导思想与目标意义,规范了购买服务的操作流程与涉及事项,规定了保障政府购买公共服务过程公正顺利进行的必要措施,并且在国家法的层面上指导政府购买公共服务工作的展开。

财政制度亦是贯穿政府购买公共服务各个环节的规则规范。在政府购买公共服务的实践中,项目申报、项目审核与预算编报、组织购买、项目实施、评价验收等,都离不开财政政策的规范制约。同时,公益创投作为一种新的政府购买公共服务模式指导社会组织自下而上发现社会需求、提供公共服务。因此,法律法规与财政制度从不同方面、不同角度规范政府购买公共服务的运行,构成了购买公共服务的制度安排。

2. 主体结构

在政府向社会组织购买公共服务的视域下，存在着四元主体，即作为公共服务购买者的政府、作为公共服务生产者的社会组织、作为公共服务消费者的公众、作为公共服务评估者的第三方组织。四元主体及其互动关系，构成了政府向社会力量购买公共服务的主体结构。

传统的计划经济体制下，政府是公共服务的唯一提供者，从规划到实施都由政府直接完成。因此，这种公共服务供给模式，是政府向公众提供公共服务，公众被动接受政府供给的模式（图1-2）。在这种模式作用下，公共服务往往品种单一、价高质次，难以满足公众的需求。

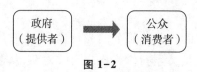

图1-2

当公共服务的供给与生产成为两个独立环节后，政府购买的主体结构即由二元主体转变为四元主体。

首先，政府由公共服务的唯一提供者转变为公共服务的购买者，政府将公共服务以购买的方式委托给符合资质要求和标准的社会组织，购买者与生产者依据合同形成契约关系，政府的责任由规划和实施转变为规划和监督。

其次，社会公众由原有的被动接受转变为公共服务的消费者。这种变化，一方面使得公共服务的规划要体现消费者的意愿，即政府要购买符合民众需求的公共服务，另一方面，使得消费者能够以自己的主观感受和满意程度直接监督和评价公共服务的生产和供给。

再次，社会组织参与公共服务的供给，成为公共服务的生产者。生产者按照契约向消费者提供公共服务，同时接受购买者与消费者监督。

最后，公共服务提供与生产相分离使得评估成为政府购买公共服务的重要环节和质量保障。为了保证评估的专业性与独立性，第三方组织作为评估者参与公共服务的供给过程，由此形成政府向社会组织购买公共服务的四元主体框架。（图1-3）

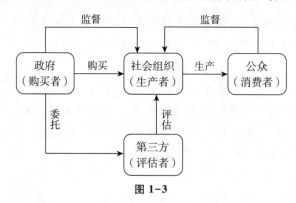

图1-3

3. 运行环节

作为公共服务供给的创新性机制，政府向社会组织购买公共服务包括购买内容的确定、购买方式的选择、对购买过程的监督与对购买结果的评估等运行环节和要素(图1-4)。在这其中,每个环节和要素都涉及相关政府治理和政策工具,而"每一政策工具都有其独特的操作程序,要求不同的技能和提供机制,即其独特的'政治经济原理'。每个工具都会将自身的特征嵌入包含该工具的项目中"。①

购买内容是政府购买的首要问题。所谓购买内容,即购买公共服务的范围,是指哪些公共服务可以购买,哪些公共服务不能购买,以及确定可购买公共服务边界的基本原则。购买内容和范围的确定,是购买运行的起点。

购买方式是购买服务特性的典型体现。所谓购买方式,即购买者如何购买社会服务,其中,涉及生产者是否具有独立性、生产者之间是否具有竞争性、购买是否遵循市场契约和信用以及购买工作是否形成制度化等问题。目前,我国政府购买公共服务活动主要以四种购买方式运行:形式购买、定向购买、公开招标、补贴式消费券。

显然,购买内容的确定与购买方式的选择都属于购买者的购买环节和要素。在生产者向消费者生产公共服务的过程中,购买者与消费者同时负有对生产者监督的职责。在政府购买公共服务机制中,由于公共服务供给与生产分离,监督成为购买者的应有职责,购买者基于契约监督生产者是否提供等值的产品;消费者作为公共服务的实际享用者,具有按其主观感受评价服务质量的权利。

购买服务的控制环节和要素,是对所购买的公共服务的绩效评估。这里的所谓绩效评估,是测定政府购买公共服务的成本/效益、判断生产者生产和供给的公共服务能力、资质和方式,评价所提供的公共服务效果的手段。评估的结果,往往是购买者终结项目、进行资金结算的根据。为了提升评估的专业性、准确性、独立性,逐步由独立法人的第三方机构对公共服务项目的需求、过程、供给和结果进行评估,以达到更好的效果。

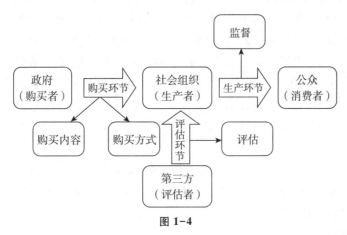

图1-4

---

① 〔美〕莱斯特·M.萨拉蒙主编:《政府工具:新治理指南》,北京大学出版社2016年版,第3—4页。

第二章　中国政府购买公共服务的理论分析

一、发展内涵

关于政府向社会组织购买公共服务,20世纪70年代以来,在发达国家改革公共行政和创新公共管理的实践基础上,形成了诸多理论阐述,发育了若干理论学派,推出了文森特·奥斯特罗姆、莱斯特·M.萨拉蒙、奥斯本、盖布勒、E.S.萨瓦斯、凯特尔等一大批学说家。

尽管如此,如前所述,我国的政府向社会力量购买公共服务则是历史发展、社会转型和政府改革的产物。它应时而生,发端于我国改革开放和政府公共行政改革的历史背景,应势而发,扩展于全面深化改革和全面建设小康社会的历史进程,其萌发和成长植根于我国经济转型、社会发展和国家治理的深厚土壤,其扩展和深化来自于我国全面深化政府和社会治理改革的鲜活实践,因而蕴含着特定的发展和改革的深刻内涵。正是在这个意义上,我国的政府向社会力量购买公共服务研究尽管在特定方面,扬弃和借鉴了发达国家政府向社会组织购买公共服务的观点和方法,但是,其理论本质却是我国历史发展和社会改革内在因果关系的逻辑体现,是以人民为主体的社会治理发展和改革创新实践的丰富内涵的思想形态。因此,本研究正是在这个意义上梳理理论、研究实践、分析问题和提供对策的。

根据中国共产党十八届三中全会《决定》精神,政府向社会力量购买公共服务是新时期党和政府部署全面深化改革总体战略的有机组成内容,是转变政府社会职能、创新社会治理和优化公共服务质量的重要途径,是推进政府治理体系和治理能力现代化、优化公共服务供给机制的路径选择。

1995年上海浦东新区社会发展局启动政府购买公共服务以来,尤其在十八届三中全会《决定》的全面深化改革战略部署贯彻落实过程中,我国政府向社会力量购买公共服务的改革得到迅速发展。

作为公共服务供给的创新机制,政府向社会力量购买公共服务在不同的层面上,可以进行不同功能和内涵的解读。

在政府供给公共服务机制层面上,政府向社会力量购买公共服务是政府供给社会成员以基本公共服务的有效方式和机制。如同有的学者分析指出的那样,传统意义上,公共服务的供给通常具有三种基本机制,即政府机制、市场机制和志愿机制。这三种机制具有不同的适用对象、效用条件、天然优势和自身短板。[①]

相形之下,政府向社会力量购买公共服务,则可以视为传统的公共服务供给基本机制之外的另一种机制。这一机制创设以来,因为其低成本高收益的制度绩效和潜在的优势而引起人们广泛重视,从20世纪90年代以来,逐步发展成为改革和优化政府供给公共服务状况的路径选择和机制导入。

在优化产业结构和拉动经济发展层面上,政府向社会力量购买公共服务,具有促进服务业发展,提升第三产业发展能力,扩大服务业就业机会的功能。政府财政的巨大能力、政府购买公共服务的持续性,都使得政府向社会力量购买公共服务具有促进服务业发展,进而促进社会经济发展和产业升级的巨大潜力。如同学者指出的那样,"购买社会服务将对宏观经济产生乘数效应。……政府的财政支出与居民投资相似,是一种高效能支出。政府的服务采购,可以带动其他需求成倍增长。政府采购使社会服务实现销售,实现商品化,使企业、个人收入有所增加,最终转化为新增投资、积累、消费,引发一系列的再支出,形成一个不断累加的结果,使总产出倍增,推动经济运行,扩大国民收入。购买服务与购买物品还有所不同,购买物品往往是单次行为。政府购买服务往往有持续性,持久拉动相关产业,衍生各种需求,刺激优化要素组合,提升相关行业的质素"[②]。

然而,如果根据党的十八届三中全会《决定》确定的深化公共服务供给机制改革的基本指向,基于我国推进国家治理现代化的广阔视角,把公共服务供给机制的更新置于全面深化改革和重构国家与社会关系的总体场景下予以考察,那么,推进政府向社会力量购买公共服务机制,以取代既有的政府直接(或者政府通过事业单位)向社会公众供给公共服务机制,则具有更加广阔而深厚的改革内涵和功能意义。

1. 政府向社会力量购买公共服务,是满足人民群众不断增长的公共服务需求和化解社会民生问题产生的社会矛盾的发展途径。

在传统的计划经济体制下,公共服务供给完全由政府作为单一主体承担。随着社会主义市场经济的深入发展,提供优质的公共服务,解决社会民生问题,日益成为政府的重要职能。与此同时,社会主义市场经济的发展,使得社会结构日益复杂,社会成员对于政府公共服务的需求日趋多样。政府公共服务供给机制的一元化与社会公众对于公共服务需求的多样化之间构成的"一"和"多"的矛盾,现实地表现为落后的公共服务生产和供给与人民群众日益增长的公共服务需求之间的矛盾,在特定意义上,可以认为,这种矛盾恰恰是社会主义初级阶段的主要矛盾即落后的生产力与人民群众日益增长的物质和文化需求之间的矛盾,在公共服务供给与需求之间的具体体现。

政府公共服务生产和供给与社会公众公共服务需求之间的这种矛盾,日趋大量、经常、现实地体现为围绕社会民生问题的矛盾和纠纷,体现为政府公职人员与社会公众之间在公共服务方面的社会矛盾和纠纷。为此,以改革的办法解决发展中的问题,重要途径就

---

① 薄贵利、刘小康等:《创新服务型政府运行机制》,人民出版社2014年版,第65—77页。
② 成玉书:《李克强推动政府购买社会服务将呈现乘数效应》,新华网,http://news.xinhuanet.com/politics/2013-08/03/c_116794903.htm。

在于,导入政府向社会力量购买公共服务机制,强化政府公共服务供给和治理能力、提升社会公共服务质量和效率,以弱化和消除这些矛盾和纠纷。另一方面,正是这些矛盾和纠纷,构成了政府采用向社会力量购买公共服务机制的改革动机和发展动力。

2. 政府向社会力量购买公共服务,是切实全面转变政府社会职能,释放和激发社会巨大活力,推进经济和社会事业协同发展的实现途径。

国家治理的现代化,根本前提在于坚持和完善中国共产党的领导,关键内容在于政府治理现代化。而推进政府治理现代化的逻辑前提和实践起点,则在于转变政府职能,使政府全面正确履行其职能。其中,政府社会职能的切实转变和全面正确依法履行,关键在于正确处理政府与社会关系,这就既要明确确定政府社会职能的法定边界,又要在政府社会职能转变基本方向、内容、范围、目标明确的前提下,转变政府治理和依法行政的方式,推进和实现切实可行的机制创新,培育和塑造社会自我调节和自我服务的机制,承载政府改革和职能转变而剥离的社会职能。而政府向社会力量购买公共服务,则有效塑造和建构了政府简政放权过程中被剥离的社会职能的承接和承载机制,使得政府规模和职能减少而政府质量提升具有现实可行性,使得政府真正转变成为有限、有效、有能、有责和有为的政府。

政府职能的转变和对接承载,也为社会组织和社会力量的发育成长提供了空前的契机,为广大人民群众和社会力量蕴含的巨大能量释放和激发创造了巨大的社会空间和积极条件。政府向社会力量购买公共服务,把公共服务生产的权责能转交给社会力量,意味着为社会力量提供了巨大发展和成长空间;把市场机制导入社会力量生产和供给公共服务机制,则意味着对于社会力量注入巨大的激励动力。政府向社会力量购买公共服务的改革,正是在此基础上,推动结构改革,培育发展新动能,使得社会公众运用自己的公共资源,自行从事公共服务的生产和供给,自行调节社会服务关系,自行满足社会公众的服务性需求,从而在公共服务的生产、供给和调节系统链条上生动现实地体现人民群众的主体地位,由此出发,不仅建设服务型政府,而且构建服务型社会,达成政府服务与社会自我服务、政府治理与社会自我调节的有机结合和协同发展。

3. 政府向社会力量购买公共服务,是创新和建构政府与社会共治结构,推进建设政府治理和社会治理现代化的实践途径。

党的十八届三中全会的《决定》确定,全面深化改革的总目标是"完善和发展中国特色社会主义制度,推进国家治理体系和治理能力的现代化"。① 遵循这一总目标的要求,推进政府与社会共同治理现代化,需要对于政府治理社会的结构进行调整建构,简言之,就是要在中国共产党领导下,形成政府、企业、社会组织和公民多主体共同治理,建构"一元主导、多方参与、协同治理、交互作用"的基本格局和体系结构,并且提升相关主体的治理能力。

依循社会治理现代化的建构主线,在结构性治理相关诸主体之间科学合理分解配置和依法赋予治理职能,塑造有责、有能和有为的有序参与共治诸主体,构建政府与其他主体的结构性良好共治关系及其实施机制,是改革和推进政府与社会共同治理现代化的重

---

① 《中共中央关于全面深化改革若干重大问题的决定》,《人民日报》2013 年 11 月 16 日。

要任务。而政府向社会力量购买公共服务,恰恰是以公共服务方式的改革,推进政府结构优化,培育社会组织等诸主体的发育成长,进而塑造新型的政府与社会共同治理模式和机制的途径。

4. 政府向社会力量购买公共服务,是以机制创新发展提升政府公共资源配置和服务供给效能,优化政府公共服务供给制度绩效的现实途径。

就其本质属性而言,政府供给公共资源、提供公共服务,旨在满足社会公众的需求,使得全体人民享有优质的公共服务。但是,传统计划经济体制下公共服务的政府单一供给机制的弱点和问题,恰恰在于难以供给优质高效的公共服务。"政府并非一个天然地追求公共利益的组织,而是存在着政府利益"①,政府利益与公共利益之间的差距和矛盾,会扭曲公共服务的社会公众需求取向;另一方面,"公共服务供给的困境还体现在政府垄断引发的公共服务供给效率、质量和效益低下"②改革开放以来,我国的公共服务供给体制机制有了很大改进,但是,"与人民群众日益增长的公共服务需求相比,不少领域的公共服务存在质量效率不高、规模不足和发展不平衡等突出问题,迫切需要政府进一步强化公共服务职能,创新公共服务供给模式,有效动员社会力量,构建多层次、多方式的公共服务供给体系,提供更加方便、快捷、优质、高效的公共服务"③。

导入政府向社会力量购买公共服务机制,其根本出发点就在于革除政府垄断供给公共服务机制引发的痼疾,以机制的创新和发展,优化公共资源配置,生产和供给优质的公共服务产品,还原公共服务供给的原本宗旨,以优化制度绩效达成公共服务产品的优效。

5. 政府向社会力量购买公共服务,是以公共服务供给的增量改革推动事业单位存量改革的可能途径。

在传统计划经济体制下,我国的公共服务供给的绝对组织形式是事业单位。以科教文卫为核心领域的公共服务,绝大多数是由事业单位供给的。政府以巨额财政供养着数千万计的事业单位员工,并且通过这些员工生产和供给社会所需要的公共服务。多年来,这种独特的供给机制在取得特定成效的同时,也产生了严重的负面影响,缺乏竞争的垄断性供给,使得事业单位成为铁饭碗而长期依赖财政拨款,进而使得事业单位机构臃肿、人浮于事、矛盾纠结,甚至形成汰优存劣的恶性循环逆淘汰机制,使之逐渐丧失核心竞争力,其供给的公共服务和公共产品质量、品种、水平和数量日渐低下和萎缩,不仅难以满足社会公众基本需求,而且使得国家财政低效甚至无效配置。

尽管如此,由于事业单位经年累月形成的矛盾错综复杂、体制机制积弊复杂纠结、利益结构固化十分严重,因此,对于这样的存量进行改革,常常引起剧烈的社会甚至政治动荡,从而使得改革具有极高的风险和难度。

以政府向社会力量购买公共服务机制供给公共服务,在创新发展的意义上,就是在既有公共服务供给机制之外,增添政府向社会力量购买公共服务的新颖机制,并且以新机制承担公共服务的供给。假以时日,在公共服务增量机制供给与存量机制供给的制度比较

---

① 仲兵、周义程:《双失灵:公共服务供给主体选择的困境解析》,《江海学刊》2009年第5期。
② 同上。
③ 中华人民共和国国务院办公厅:《国务院办公厅关于政府向社会力量购买服务的指导意见》,http://www.gov.cn/xxgk/pub/govpublic/mrlm/201309/t20130930_66438.html。

效益竞争中,逐步导入绩效优良的制度和机制,相应渐进弱化和改良事业单位组织的存量制度机制,最终实现公共服务供给的存量组织和机制的发展性替代。

6. 政府向社会力量购买公共服务,是以公共服务供给机制的改革创新,达成社会基本公共服务公平正义的选择途径。

在传统的计划经济体制下,公共服务的行政性指令供给,不仅使得公共服务的供给绩效趋于低下,损毁公共服务供给的优质性,而且使得公共服务的供给带有浓重的特定行政领导偏好和部门偏好倾向,进而销蚀公共服务供给的公平公正性。另外,政府直接供给公共服务过程中把握公众公共服务需求信息的失准乃至失真,政府个别官员或者部门寻租甚至创租的可能,都会极大地扭曲公共服务的公平正义性。

政府向社会力量购买公共服务机制的导入,不仅是在规范意义上努力达成基本公共服务的公平公正性,而且在创新发展意义上,基于公共服务供给的问题导向性和针对性,以解决问题的矫正和调整机制,贯彻和提升公共服务供给的公平合理性。为此,政府向社会力量购买公共服务,实则是达成和实现公共服务公平公正性的共享发展举措。

二、改革机理

在全面深化改革的历史背景和决策议程上,政府向社会力量购买公共服务,既是政府治理和社会治理深化发展的重大举措,也是政府供给公共服务机制的改革创新。对于我国政府来说,采用向社会力量购买机制供给公共服务,不仅仅是新的机制导入,而且是对于既有机制的改造和革新,其导入和改革的现实和逻辑起点,实则是传统的计划经济体制下的单一的政府供给公共服务机制。

为此,所谓政府向社会力量购买公共服务的改革机理,实则是以传统的计划经济体制下政府公共服务供给机制为改革对象和参照,以我国政府导入政府向社会力量购买公共服务机制的鲜活实践为实证基础,从中抽象分析和阐述的公共服务供给机制的改革逻辑和变迁理路。或者换言之,所谓政府向社会力量购买公共服务的改革机理,就是这一机制革除既有机制的沉疴顽疾,达成政府公共服务的优质性、公共性和公平性的路径原理。

1. 以主体角色和职能的合理分解实现公共服务主体结构的重构。

在传统的计划经济体制下,公共服务的供给与消费过程中的主体构成相对简单,一般来说,经常性存在的主要是两个主体,即政府主体和社会公众主体。

其中,政府主体承担着多重角色,它是公共服务的出资者、生产者、供给者和相关规则的制定、实施、监督和评估者。而社会公众的角色则相对简单,即公共服务的享用者。很显然,在传统的公共服务供给机制中,政府主体的角色是混合不清并且缺乏合理性。

政府向社会力量购买公共服务机制,则遵循和贯彻了公共服务"供给"与"生产"相分离的原则①,如同文森特·奥斯特罗姆指出的那样,公共服务的提供者不一定是公共服务的生产者,政府并不是公共服务的唯一生产者,公共服务最终由政府还是私人部门进行生

---

① 参见〔美〕迈克尔·迈金尼斯:《多中心体制与地方公共经济》,毛寿龙译,上海三联书店2000年版,第423页。

产取决于成本的核算。①

正是基于这样的逻辑,政府向社会力量购买公共服务有效分解了政府的多重混合职能和角色,进而据此塑造了公共服务供给的多重主体,使得公共服务过程中的原有两个主体按照不同角色属性分解为三到四个主体构成的结构性主体,即:

(1) 政府主体。通过职能分解、转移、委托和授权,政府从公共服务的供给者、生产者、监督者三合一的主体转变为公共服务的供给者和生产监督者。②

(2) 社会力量主体,包括社会组织、企业和其他机构。按照国务院办公厅的《指导意见》,它包括合法的社会组织、企业、机构等,其角色和职能是生产和制造公共服务。

(3) 社会公众主体。他们是社会公共服务的法定享用者。

(4) 公共服务绩效评估主体。具备独立公正和法定资质的评估机构,承担公共服务绩效的评估和监督职能。

由此可见,合理分解多重角色、重新塑造结构主体、赋予不同主体各自职权职责,构成了政府向社会力量购买公共服务的主体改革机理。

2. 以契约责任关系代替行政权力关系建构公共服务诸多主体之间的联系。

在社会公共服务方面,传统的计划经济体制下建构的政府直接向公民供给公共服务,或者政府通过建立和运行具有准行政属性的事业单位向公民供给公共服务机制,其运行表征体现为公共服务层面的政府供给主导取向和计划配置方式,政府或者直接向公民供给公共服务,或者通过建立和运行具有准行政属性的事业单位向公民供给公共服务,由此使得政府与社会构为一体,政府集公共服务的多重角色为一体,而政府举办的事业单位成为社会公共服务的主要生产者和供给者,事业单位履行社会公共服务生产职责,使得学校、医院和科研机构等"办社会"成为普遍现象和体制性重负。但是,其深层构造却在于,在公共服务供给中,国家与社会、政府与公民之间是以公共权力作为联系纽带的,因此,在社会公共服务领域,国家与社会、政府与公民之间的联系纽带具有典型的政治和行政权力属性。

政府向社会力量购买公共服务机制的导入,在社会公共服务领域以市场契约和法律关系置换了原有的政治权力关系,使得市场契约和相关法律规则成为其间的联系纽带,使得国家与社会、政府与公民之间在公共服务供给和消费方面建构起基于市场规则理性的契约和责任关系。"政府购买公共服务的关键性因素是相关主体(包括政府、社会组织、公民)之间是否在契约基础上建立清晰明确的责任关系,这种契约关系基础上的责任关系,是连接服务购买者、服务生产者及服务对象的纽带。"③正因为如此,政府向社会力量购买公共服务本质上是作为契约形式的公共服务提供方式,"双方关系确立是否符合契约精神,是购买模式的重要评判标准。公平、事先约定、程序公开、责权对等、主体独立等原则,是购买关系需要遵循的准则"。④

---

① 〔美〕文森特·奥斯特罗姆等:《美国地方政府》,井敏、陈幽泓译,北京大学出版社2004年版,第100—106页。
② 王浦劬、〔美〕莱斯特·M.萨拉蒙等:《政府向社会组织购买公共服务研究:中国与全球经验分析》,北京大学出版社2010年版,第24页。
③ 同上书,第35页。
④ 贾西津:《以契约精神发展公共服务购买》,《中国社会组织》2013年第10期,第25页。

新机制的导入,实际上把传统计划经济体制下同体同一的国家与社会、政府与公民关系,从结构上分化为不同的场域、不同的构件和不同的责权,按照市场契约予以有机联系和组合,从而不仅有助于促进国家和政府的现代发展,而且有助于推进社会的现代发展。就此而言,政府向社会力量购买公共服务,实则具有国家、政府、社会共同改造,政府、市场和公民责任共同承担的内在机理和意蕴。

3. 以多重机制有机对接和有效复合实现不同供给机制的优势互补。

政府购买社会力量公共服务,构建了政府公共服务供给的创新机制。在这一机制中,实际上存在着三种机制,即以权威指令为特征的政府机制、以理性交易为基础的市场机制、以社会志愿为特征的社会力量机制。三种机制以市场为纽带,联系了政府与社会力量,实现了政府、市场和社会力量三大机制的有机结合。"政府购买公共服务的目的是引入市场及社会机制,通过两个优势改善公共财政的服务绩效:效率、专业化。"①

就这一机制的思想基础而言,三种机制的有机对接和复合建构,在思想认识层面超越了原有的三种机制相互排斥、非此即彼的成见,打破了公共服务供给只能选择一种机制的固有思维方式,认识到"政府对于公共事务的影响只是众多因素中的一个因素,事情越复杂,政府的局限性越明显"②。因此,"服务提供或安排与服务生产之间的区别是明显且十分重要的……政府本质上是一个安排者或者提供者,是一种社会工具,用以决定什么应该通过集体去做,为谁而做,做到什么程度或什么水平,怎么付费等问题"③。"政府可以做出用公共开支提供某种公共服务的决定,但不意味着必须依靠政府雇员和设施来提供这种服务"④。相形之下,"市场可以解决公共物品的供给与外部性问题","契约型制度可以解决公共物品供给和收费问题"⑤。但是,市场机制天然存在公共服务供给的局限性。同时,社会组织也可以承担公共服务供给职能,但是,其同样具有内在的先天不足。因此,放弃单一机制,而代之以混合机制,体现了认识和采用不同机制,实现各司其职、互补互惠的对立统一的辩证思维。

就这一机制的法理基础而言,三种机制的有机对接和复合建构,在三种机制的权责层面上超越了原有的权责利归一的法理思维,实现所有权、供给权、经营权、生产权、享用权和评估权的合理分离和有机结合。政府按照权责利统一对称配置的原则,保留、赋予、委托或者授予不同的机制以不同的权力和责任,并且以这些权责利为核心链条,把不同的机制复合对接和有机组合为一体。

就这一机制的经济学原理而言,三种机制的组合和实际运行权重选择,取决于特定公共服务的交易成本。"通过比较合同管理费用和内部管理费用可以帮助政府部门决定是自己生产还是向私人部门购买某些服务"⑥。"在政府购买中,政府能够以最低的可能成本保证服务的提供,而又能保证控制合同行为、监督绩效、财政惩罚,以及合同绩效失败时变

---

① 贾西津:《政府购买公共服务的国际经验》,《人民日报》2013年10月3日。
② 丁元竹:《促进我国基本公共服务均等化的对策》,《宏观经济研究》2008年第3期。
③ 〔美〕E.S.萨瓦斯:《民营化与公私部门的伙伴关系》,周志忍等译,中国人民大学出版社2002年版,第68页。
④ 同上书,第69页。
⑤ 〔美〕弗尔德瓦里:《公共物品与私人社区——社会服务的市场供给》,经济管理出版社2007年版,第5—11页。
⑥ 马骏、叶娟丽:《西方公共行政学理论前沿》,中国社会科学出版社2004年版,第53页。

更合同的权力。"①因此,公共服务最终由政府还是私人部门进行生产,取决于成本的核算。②

就这一机制的构造而言,三种机制的有机对接和复合建构,既不是公共服务供给既有的政府、市场和志愿机制的简单复制,也不是三种机制的简单相加。实际上,这一机制汲取三种机制供给公共服务的优势,即政府机制的正当性、权威性、法定性、稳定性和可靠性,市场机制的开放性、竞争性、效益性和理性,社会机制的志愿性、自主性、信息保真性和利益相关性等等,扬弃三种机制供给公共服务的缺陷,如政府机制的垄断性、低效益、供给取向刚性和寻租可能性;市场机制供给公共服务的私人理性、碎片性、投机性;社会志愿机制的资源匮乏性、志愿性公共服务的慈善救济性以及由此引起的运行规则缺乏性、管理非科学性和服务非专业性③等等,而以政府责任、市场规则和社会资本予以弥补,从而对于公共服务供给机制进行重构与塑造,以混合互补方式把三种机制建构为复合机制。

4. 以新型的双引擎注入社会公共服务供给的新型强大动力。

以政府向社会力量购买公共服务代替政府直接或者通过事业单位直接生产和供给社会公共服务,并不仅仅是公共服务供给诸多主体角色的新配置和角色主体的新塑造,也不仅仅是公共服务供给诸多主体之间关系的新锻造和运行机制的新复合,还在于公共服务生产和改革动力机制的新铸造。实际上,政府向社会力量购买公共服务,本质上是在公共服务供给机制中导入市场机制,这一机制的导入,变公共服务的生产和供给的"单引擎"为政府与市场的"双引擎",变政府单一供给的"单动力"为政府与社会力量的"双动力",从而使得公共服务生产和供给获得生产和供给的强大新动力。

在我国全面深化改革的背景下,通过改革使得公共服务生产和供给形成动力机制的"双引擎",并非政府机制与市场机制在算术意义上的简单相加,而是改革意义上的新构造。这就是说,构建公共服务生产和供给的新型动力机制,内在的机理实际上在于对于政府和市场的重新构造和全新塑造。一方面,对于政府这一公共服务生产和供给的传统引擎进行改造,"更好发挥政府作用,改造升级传统引擎"。④重点在于加快有效合理转变政府职能,改变政府行政和公共服务方式,扩大和提升公共产品和公共服务供给数量和质量,积极加大财政投入,切实深化公共服务产品的投资融资、供求定价、许可审批、准入领域、财税金融、市场监管体制机制改革,强化评估监管,建立公平竞争环境。

另一方面,对于市场这一新的引擎进行塑造,"使市场在资源配置中起决定性作用,培育打造新引擎"⑤,重点在于广泛深入动员社会协同、发动公众积极参与,释放社会组织活力,汇聚民智民力,激发社会成员实现人生价值,促进社会成员福祉和社会公平正义。

在此基础上,对于新型的政府机制和新型的市场机制之间关系进行新构造,推动结构改革,培育发展新动能,建构新型的公共服务生产和供给强大动力机制。

---

① 杨欣:《公共服务合同外包中的政府责任研究》,光明日报出版社2012年版,第40页。
② 〔美〕文森特·奥斯特罗姆等:《美国地方政府》,井敏、陈幽泓译,北京大学出版社2004年版,第100—106页。
③ 关于公共服务的志愿机制失灵问题,详见〔美〕莱斯特·M.萨拉蒙:《公共服务中的伙伴——现代福利国家中政府与非营利组织的关系》,田凯译,商务印书馆2008年版。
④ 李克强:《维护和平稳定 推动结构改革 增强发展新动能——在世界经济论坛二○一五年年会上的特别致辞》,《人民日报》2015年1月23日。
⑤ 同上。

5. 以公共服务供给机制的工具理性达成公共服务的目标理性。

政府向社会力量购买公共服务,不仅建构了公共服务供给的新颖机制,而且以市场理性塑造和置换了公共服务的联系纽带和生产者,公共服务引入"购买服务"的机制,使得公共服务从行政性生产转变为市场性生产,使得公共服务从公共服务性产品转变为特定意义上的公共服务性商品,由此在确定保证政府责任的前提下,使得公共服务供给机制市场化、公共服务属性商品化。市场性生产和供给机制通过市场交易理性和价值规律,使得公共服务供给过程和规则趋于理性,使得作为公共服务生产者的社会力量企业化,从而使得公共服务供给工具趋于理性。

政府向社会力量购买公共服务的重要机理,就是使得市场机制的工具理性与政府公共服务的目标理性有机结合,以工具理性达成目标理性;使得市场运行的微观效益优质化,以市场微观优质效益达成公共服务的宏观优质效益;使得公共服务生产趋向社会企业单个理性化,以社会企业的单个理性达成公共服务的公共理性。其具体体现为:

(1) 在公共服务领域引进需求导向的供求机制,调节公共服务与社会需求的矛盾,使之趋于理性均衡。政府以购买机制供给公共服务,通过社会力量生产和提供公共服务的市场行为,真实而具体地反映和体现社会成员的公共服务需求,使得政府公共服务建基于明确而现实的顾客需求导向,政府公共服务供给与社会公众的需求建立直接的供求关系,由此构成公共服务机制市场化的核心机制,达成公共服务供给总量、结构、空间和时间意义上的均衡。

(2) 在传统上具有自然垄断性的公共服务领域引入竞争机制。作为公共服务生产者的社会力量通过激烈的市场竞争获取公共服务的生产权,市场机制的开放竞争性和优胜劣汰性,形成公共服务生产者的内生激励和竞争约束,使得公共服务的社会生产者产生内生的较强的创新动力和竞争力,生产和供给更多更好的公共服务,客观上丰富和满足公众对于公共服务的多样性需求。

(3) 公共服务供给机制的市场化,在公共服务过程中引进了市场价格机制。在价格机制作用下,公共服务供给遵循的不仅仅是政治权力逻辑,而且遵循市场价值规律。价格机制和价值规律的市场理性,天然而刚性地驱使市场主体行为,使得公共服务的生产者最大限度发掘其生产经营管理的潜能,促进公共资源得到优化配置,公共服务的成本持续降低,公共服务的质量、效率和水平得到大幅度提高。

(4) 在公共服务领域引进市场信用和法定契约机制。这一机制造成公共服务生产主体的双重约束,在作为公共服务出资者和供给者的政府与作为生产者的社会力量之间,建构起理性的社会信用和法定责任制度;在作为公共服务生产者的单个社会企业与作为公共服务消费者和享用者的诸多社会公众之间,建构起理性的公共信用和法定责任制度。藉此,使得规则理性转化为目标理性,使得个体理性转化为公共理性。

(5) 政府向社会力量购买公共服务,在公共服务领域引进理性评估机制,促使公共服务供给趋于公共理性要求。政府购买公共服务流程,塑造独立客观刚性的评估监督机制,以理性的过程规则和评估指标,展开客观科学评估,有效监督和刚性的管理,保障公共理性的达成。

6. 以对于公共服务事务的购买取代对于公共服务生产者的供养。

在传统的计划经济体制下,我国公共服务的核心任务大多数是由事业单位承担的,这一机制实际上是政府直接供给公共服务机制的延伸。由具有准行政特点的事业单位承担公共服务的生产和供给,所依据的内在机理实际是购买公共服务生产者之"人",而不是购买公共服务之"事"。其基本做法是,政府在履行公共服务职能时,运用公共财政和公共资源,建立相应的事业单位,或者把公共财政无偿下拨事业单位。事业单位运用公共财政和公共资源招募和供养专业、行政和后勤工作人员,并且配置相应的物质和财务资源。

政府通过组建事业单位来承担公共服务生产和供给职能,固然具有公共服务供给和生产机构和人员相对稳定,政府公共财政在政府内部流转分配,公共服务供给相对平等等特点。但是,巨大的事业单位供养成本,对于公共财政的高度依赖,公共资源的非理性配置和艰难的改革,使得事业单位逐步入不敷出,甚至演变成为国家财政的沉重负担,也使得事业单位的员工缺乏竞争激励和积极寻求变革的动机,公共服务生产和供给成本高昂而效益低下。

政府购买社会组织公共服务的机制及其实施,实际内含着不同于我国事业单位运行机理的公共服务供给新机理:政府将公共服务生产职能,转移给社会组织。同时,政府把以巨额公共财政供养大批事业单位人员,配置巨额事业单位资源,要求事业单位承担公共服务生产和供给职能的模式,转变为通过市场方式向社会力量购买服务,或者换言之,政府把购买事业单位人力资源并且配置相应资源,推动事业单位生产和供给公共服务的间接方式,转变为向社会力量购买公共服务和公共物品的直接方式,即从购买"人"转变为购买"事",以此大幅度降低公共财政成本,提高公共服务生产和供给效益。

7. 以公共服务供给机制内含规范达成公共服务供给的价值规范。

公共服务的优质高效与公共服务供给的公平正义,是公共服务供给的两大基本价值取向和规范要求。

公共服务供给的政府主体、市场主体、社会主体和机制,在实现和达成公共服务这些价值规范和要求方面,常常容易呈现执其一端规范而难以顾及其他价值。

政府向社会力量购买公共服务机制,把公共服务中的多重价值赋予政府、市场、社会力量和评估机构等不同主体和不同机制予以合作实现。在这其中,政府主体和权威机制以制度和规则制定者、公共服务法定供给者和出资者的权威性,保障社会成员享受公共服务的权利、机会和规则平等和公平,保障社会公平正义,同时顾及社会公众享受公共服务的高效优效性;市场机制则以价值规律和市场供求关系为基础的多重理性运行机制,优化公共服务的资源配置,降低社会成员公共服务成本,提升公共服务的效率、效益和品质。如同马克思所指出的那样,"商品是天生的平等派"①,这就是说,市场在依法运行意义上包含着权利、机会和规则平等的内涵,从而在这些意义上实现着社会成员的平等;而社会力量则以社会公共服务生产者主体身份,在遵循市场规律和机制生产公共服务的过程中,兼顾公共服务的公共性和志愿性,由此实现公共服务的优质高效与公平正义规范价值。

由此可见,政府向社会力量购买公共服务机制,超越了孤立的单一主体和机制在公共

---

① 马克思:《资本论》(第一卷),人民出版社2004年版。

服务多重价值实现方面的偏颇性和失衡性，以复合多重主体和机制的有机结合，综合激发了公共服务供给不同主体和不同机制的内含规范实现功能，进而平衡复合成为公共服务供给的多重和总体价值，由此"坚持效率、公平、正义等多元价值的统一"[1]。

三、风险分析

如上文所言，政府向社会力量购买公共服务，相对传统的公共服务供给方式，具有巨大的优势和潜力。对于我国政府治理现代化和政府公共服务改革而言，具有深刻的特殊内涵和机理。

尽管如此，正如认识的辩证法所显示的那样，任何事物都具有双重性，政府向社会力量购买公共服务机制亦不例外。政府购买公共服务付诸实施以来的经验表明，政府购买服务并非解决公共服务问题的万灵之药，其自身存在着内在的天然缺陷，这些缺陷，需要我们在采纳、改革和发展政府向社会力量购买公共服务机制时，准确把握其内在缺陷，切实分析其运行风险，从而在思想认知、制度设计和实际运行中，扬长避短，依循政府向社会力量购买公共服务的改革内涵和机理，预设合适、合理、合法的制度，以使得政府向社会力量购买公共服务这一机制释放造福于人民和社会的正能量，最大限度地消除其负能量。

发达国家四十多年的政府购买公共服务的经验和我国20世纪90年代开始的购买实践均表明，如果没有完善而周到的制度安排和有效运行，政府购买公共服务往往并不必然与效率、民主、有效治理和政府责任相连。恰恰相反，如果缺乏相应的制度安排，这种购买在特定程度上甚至存在损害政府效率原则、民主治理原则和政府责任原则的风险。

（一）阻碍效率彰显

效率假设是政府购买公共服务正当性的主要来源。从基本的逻辑出发，市场竞争要比政府垄断行为更有效率和效益。因此，英国、美国等诸多发达国家率先开始以购买的方式提供公共服务，到20世纪90年代，政府购买公共服务已经成为西方国家基本的政策工具。但是，"竞争并不是一个神奇的处方"。随着购买公共服务的不断深化，以及对购买服务更长时间、更多领域的观测，对购买服务可以带来效率的质疑逐步增多。

1. 政府购买公共服务未必带来真正的公平竞争。

市场仅在存在真正竞争的情况下才会有效率，但"政府所运行的市场会受到各种缺陷的困扰，市场中积累的缺陷越多，就越难以实现效率的承诺"[2]。首先，在政府购买公共服务中存在"供给方缺陷"。"供给方缺陷"包括缺乏预先存在的市场，市场被一小股供应商把持，市场会受到额外的成本与效益影响。"政府有时购买的大宗物品和服务根本就没有预先存在的市场"，"如果不是为了政府的需要，也根本不会有市场"[3]。因此，政府主导建立的市场中，合格的生产者往往很少，凯特尔在研究美国地方政府购买公共服务的案例时指出，很多项目服务生产者之间的竞争程度很低，以致成为"供应商主导的系统"，例如密

---

[1] 薄贵利、刘小康等：《创新服务型政府运行机制》，人民出版社2014年版，第104页。
[2] 〔美〕凯特尔：《权力共享：公共治理与私人市场》，孙迎春译，北京大学出版社2009年版，第13页。
[3] 同上书，第25页。

歇根州社会服务项目的供应商数量极少,"官员往往被迫将合同签给唯一的供应商,尽管他们并不总能符合政府的工作要求"①。在我国的购买实践中,也存在着"陪标"的现象,由于可以提供某项公共服务的生产者的实际数量不足以达到招标规定的最低值,因而邀请或者安排其他生产者象征性的参与招标过程。

政府购买公共服务过程中的这种小股供应商把持市场的现象,会逐步演化成供应商的垄断。约翰斯顿和罗姆泽克在研究美国堪萨斯州向地区性老龄非营利性组织 AAAs (Area Agencies on Aging) 购买老年人医疗服务的案例时发现,"地方政府出于稳定性的考虑,常常并不寻找更多的服务供应者,但长期的合作使得服务供应者形成了与政府谈判的能力,政府与之的合作关系转变为依赖关系,服务承接方甚至可以影响政府评估标准的制定"。②

其次,来自需求方的缺陷,即政府在购买公共服务过程中存在的缺陷。凯特尔指出,政府自身的行为,会产生实际的市场缺陷,"政府不仅经常在确定产品特性方面做不到足以引起竞争所要求的明确性,而且还会因频繁而重要的信息失灵而痛苦不堪"③。约翰斯顿和罗姆泽克在研究政府购买公共服务中合同管理的复杂性时表明,适于进行购买或者在购买中容易导致竞争的服务一般具有如下特征:(1)私人获益;(2)产出容易测量;(3)产出测量时间短;(4)产出是有形的;(5)具有足够的供应商。反之,当私人收益降低,产出衡量困难,产出衡量时间长,产出无形,供应商不足时,政府购买公共服务合同管理的难度增加,市场或者竞争可以起到的作用降低。④

2. 竞争性的政府购买公共服务未必带来成本节约。

在政府购买公共服务的实践中,确实存在着大量的非竞争性购买,但是,无论西方还是我国,竞争性都是政府向社会力量购买公共服务流程追求的理想指标,人们希望通过竞争的市场环境,以较低的成本获得合适的公共服务。事实上,竞争性购买的比重确实在逐步增加。以美国佛罗里达州政府购买公共服务的项目为例,比较 2000—2001 财年与 2004—2005 财年政府购买情况,非竞争性购买比重下降 7.7%,竞争性购买的比重上升了 7.9%。⑤ 我国的竞争性购买开始于 20 世纪 90 年代末,1998 年 SZ 市绿化管理处引导部分公园养护工人成立园林绿化公司,引入竞争性方法招标购买服务,目前,SZ 市民营园林绿化公司已有上千家,SZ 市购买园林绿化服务成为我国政府购买公共服务招标运作的早期典型案例。

虽然政府购买公共服务的竞争性不断提高,但是很多竞争性购买并没有带来服务成本下降的预期理想结果。

---

① Ruth Hoogland DeHoog, *Contracting Out for Human Services: Economic, Political, and Organizational Perspectives*, New York: State University of New York Press, 1984, pp. 130.

② Jocelyn M. Johnston and Barbara S. Romzek, "Contracting and Accountability in State Medicaid Reform: Rhetoric, Theories, and Reality", *Public Administration Review*, Vol. 59, No. 6, pp. 383-399.

③ 〔美〕凯特尔:《权力共享:公共治理与私人市场》,孙迎春译,北京大学出版社 2009 年版,第 28 页。

④ Jocelyn M. Johnston and Barbara S. Romzek, "Contracting and Accountability in State Medicaid Reform: Rhetoric, Theories, and Reality", *Public Administration Review*, Vol. 59, No. 6, pp. 383-399.

⑤ Meeyoung Lamothe and Scott Lamothe, "Beyond the Search for Competition in Social Service Contracting: Procument, Consolidation, and Accountability", *The American Review of Public Administration*, Vol. 39, No. 12, pp. 164-188.

米扬格·拉斯姆和斯科特·拉斯姆在对佛罗里达州政府购买公共服务项目进行长时间段的比较研究时发现,在政府购买公共服务中竞争性购买的比重不断提高。但是,购买项目越来越集中于大的生产者手中,项目的数量越来越少,购买的金额却不断增多,"竞争成为效率(节约成本)的破坏者而非推动者"。① 虽然在政府购买公共服务中实现竞争的条件相对严格,但即使政府和市场满足相关要求,即在公共服务的市场中拥有足够的潜在服务生产者,政府具备充足的组织资源包括相对充分的信息、专业的公务员等,政府可以避免外在的政治干预,但是,公共服务生产者的机会主义与非法行为,仍有可能使购买公共服务的成本高于政府自我提供服务。② 亨利·奥尔松选择瑞典 115 个城市中的 170 家公共和私人组织在垃圾回收方面的绩效数据进行对比研究,发现公共部门垃圾回收的成本平均竟然比私人部门低 6%,但这一结果并没有改变政府在服务外包时的决策。③

有研究认为,实际上,很多案例证明,政府购买服务成本的降低,主要源于以下三个原因:(1)服务生产者没有遵守政府条例和公务员的各项要求,雇用非全日制员工,或者以临时工代替正式员工;(2)压低服务提供人员的工资水平,甚至低于规定的最低工资标准;(3)削减员工的福利待遇,特别是养老、医疗等基本福利保障,"边际福利的差距是'政府和私人承包商之间的最大区别'"④。由此可见,政府购买公共服务的成本降低,并不仅仅来自于充分的市场竞争,可能也来自于服务质量的下降。

3. 政府购买公共服务可能带来服务质量下降。

虽然很多政府购买公共服务的支持者坚持认为,购买服务的低成本不是来自于公共服务质量的降低,而是其生产效率的提高。"合同承包能提高生产效率的主要原因在于单位时间内单个雇员产出量的提高,而不是低工资",购买给作为购买者的政府更多选择的机会,"这种选择能够推进竞争,而竞争又能带来更多成本收益比高的公共服务"。⑤ 但是,如前所述,在具有"供给方缺陷"的市场中,很难依靠自发的市场机制的自然选择,驱逐服务质量低劣的公共服务生产者。因此,识别并且淘汰这些生产者,需要科学合理、公平公正的评估和监督机制,否则公共服务质量的下降在所难免。

与此同时,购买合同中的自由裁量权也会降低公共服务的质量,其中,对涉及公民权益的公共服务影响尤其严重,例如老年人关怀、社区矫正、家庭服务等。如果在相关合同中没有对合同目标作出清晰界定,服务生产者就会获得较大的自由裁量权空间,因此,可能出现以牺牲质量为代价降低成本的现象,但是,这种质量的下降,却无法在技术上认定为违背合同条款。现实中,服务质量下降主要表现为两个方面,一是服务生产者减少服务事项或者服务覆盖人群;另一方面就是降低具体服务提供人员的薪酬、福利待遇,间接降

---

① Meeyoung Lamothe and Scott Lamothe, "Beyond the Search for Competition in Social Service Contracting: Procument, Consolidation, and Accountability", *The American Review of Public Administration*, Vol. 39, No. 12, pp. 164-188.

② Ruth Hoogland Dehoog, "Competition, Negotiation, or Cooperation: Three Models for Service Contracting", *Administration & Society*, Vol. 22, No. 3, pp. 317-340.

③ Henry Ohlsson, "Ownership and Production Costs: Choosing between Public Production and Contracting-Out in the Case of Swedish Refuse Collection", *Fiscal Studies*, Vol. 24, No. 4, pp. 451-476.

④ 转引[美]凯特尔:《权力共享:公共治理与私人市场》,孙迎春译,北京大学出版社 2009 年版,第 130 页。

⑤ [美]E.S.萨瓦斯:《民营化与公私部门的伙伴关系》,第 161 页。

低服务水平的专业性。

(二)弱化民主治理

政府购买公共服务的重要特色,是将公共服务的供给与生产相分离,使得公共服务的提供者和生产者合理分离并且有机结合。在政府购买公共服务的框架下,参与主体由原有的二元主体转变为四元主体,即政府是公共服务的购买者,各种营利性与非营利性社会力量成为公共服务的生产者,社会公众成为公共服务的消费者,为了保证服务的质量,独立法人第三方机构成为公共服务的评估者。

政府购买公共服务将契约精神注入公共服务的供给过程,使得社会公众由被动接受者转变为积极参与者,这一变革对于弱化传统体制下的公共服务一味根据行政领导和机关意志,施行行政性供给,严重脱离公众需求,具有很大助益,进而可以在公共服务流程和实现中,强化政府和社会治理的民主性。

但是,若将公共服务的购买者—生产者—消费者复合模式推向绝对和极致,则政府购买公共服务也可能弱化民主治理原则。

1. 消解公共利益的实现。

在传统的公共服务供给中,政府是公共服务的供应者,政府提供并自己生产公共服务,社会公众被动接受政府提供的服务。此时,公共服务具有很强的行政性或部门性偏好,政府往往根据自身的行政价值、工作理念与实际偏好提供公共服务,不论公共服务是否符合社会公众的需求。

变革后,公众成为公共服务的消费者,政府需要仔细聆听和了解消费者的需求,扩大消费者在需求设计阶段的发言权,甚至把各种资源直接交到消费者手中,"让他们选择服务提供者,从而开始让顾客坐到驾驶的座位上"[1],例如凭单制[2]就是将选择权交给消费者的主要方式。这种把资源交给消费者挑选的方法,确实使公共服务的提供者和生产者对消费者的需求保持灵敏的反应,使消费者对公共服务的满意度大幅提高,但是,这一做法也将追求短期个人利益的政治观点植入了公共服务供给的过程。政府购买公共服务传递出一种政治倾向,人们更希望政府回应短期的、独立的个人利益,以满足个体在公共服务上的不同需求,而不支持政府通过审慎的过程追求公共利益的政策。[3] 如此,在公共服务供给中,公共利益可能被逐步消解。

在公众与政府的关系中,政府视公众为"顾客",但公众不仅仅是政府的顾客,顾客的标签有很大的局限性[4]。政府提供的公共服务不仅仅是满足公民个体需求,提高个人生

---

[1] 〔美〕奥斯本、盖布勒:《改革政府:企业家精神如何改革着公共部门》,周敦仁等译,上海译文出版社2006年版,第121页。

[2] 凭单制,是政府购买公共服务的一种方式,具体指的是政府向符合规定条件的公共服务对象发放凭单,由公共服务的消费者选择服务提供方,并向服务提供方交付凭单,服务提供方持凭单向政府部门要求兑现一定数量的资金。

[3] Linda deLeon and Robert B. Denhardt,"The Political Theory of Reinvention", *Public Administration Review*, Vol. 60, No. 2, pp. 89-97.

[4] Henry Mintzberg,"Managing Government, Governing Management", *Harvard Business Review*, Vol. 74, No. 3, pp. 75-83.

活便利性的工具,还需要传递社会公共价值,实现社会公共利益。但是,以满足个人利益为目标的购买服务,很大程度上忽略了公共服务中社会公共价值的传递。在公众与服务生产者的关系中,营利性的私人生产者很难理解民主治理中的社会价值,"购买服务仅要求明确提供服务的具体信息,而不会要求民主、公平、公开等含糊的社会价值"①。因此,如同霍奇从经济绩效、社会绩效、民主绩效、法律绩效、政治绩效五个方面衡量政府购买公共服务后所指出的那样,"从经济绩效的视角来看,政府购买公共服务在某些方面确实取得了成功,但是,这其中确实伴随着社会问题和民主风险"。②

2. 忽视社会公平和正义。

以个人利益为核心的购买服务还容易导致服务购买中特权的出现,损害购买结果的公平。从理论上来看,政府购买的公共服务是社会基本公共服务,而不是全部公共服务,其中,公民权是公民享受社会基本公共服务的基础,意味着社会公众应该平等地享受基本公共服务,不受包括财产、社会地位、性别、种族等社会因素的影响甚至干扰。但是,在以社会公众为"顾客"的购买模式中,政府与服务生产者都需要对消费者的需求保持敏感,满足消费者多样化的要求,一些更有能力接近政府表达偏好的个人或者群体往往容易获得资源,获取更多的社会公共服务,由此可能形成一定的特权。"我们总能发现政策制定被积极有效的倡导群体所重塑。"③强势社会团体甚至可以裹挟政府将更多的公共财政资源投入其偏好的社会公共服务,购买超出基本公共服务范畴或者不符合公共利益的服务或产品。

另外,对于公共服务的生产者而言,提供同等质量的公平的服务并不是他们追求的首要目标,营利性企业会为了追求利润最大化提价或者放弃偏远地区的市场,非营利性组织也会出现缩小服务范围的现象。

3. 助长政府的腐败现象。

无论在西方还是中国,政府购买中的腐败问题都是普遍存在的。"腐败容易在公共部门和私营部门的边界发生"④,面对数量庞大、稳定性强且具有较大盈利空间的购买项目,很多公共服务项目承包商为了获得项目经营权行贿政府官员;为了逃避检查,以次充好,项目承包者为了完成结项验收向官员行贿等等。腐败现象可以存在于各种类型的购买服务方式中。"政府的承包合同、特许经营权和补贴可以通过贿赂、串谋和勒索来获得。凭单制也会受到一系列诈骗行为的威胁,如伪造、盗用、出售以及非法收购食品券。一个潜在的承包者会向政府官员行贿(或提供竞选赞助)来影响其决策,官员也可能主动索要回扣。"⑤

同时,腐败的风险也存在于购买服务过程的始终,购买内容确定、发布招标信息、承包人资质确定、生产公共服务、监督服务生产、评估服务结果等各个环节都存在着腐败的风

---

① Graeme A. Hodge, "Competitive Tendering and Contracting out: Rhetoric or Reality?", *Public Productivity & Management Review*, Vol. 22, No. 4, pp. 455-469.

② Ibid.

③ 〔美〕海伦·英格兰姆、斯蒂文·R.史密斯编:《新公共政策——民主制度下的公共政策》,钟振明、朱涛译,上海交通大学出版社2005年版,第190页。

④ 〔美〕E.S.萨瓦斯:《民营化与公私部门的伙伴关系》,第324页。

⑤ 同上书,第324—325页。

险和可能,"腐败问题充斥整个购买过程,形形色色的操纵招投标、贿赂和回扣现象从来没有被消除过"①。政府购买中严重的腐败行为,不仅严重影响政府购买公共服务的经济绩效,更重要的是破坏社会公平正义和有效的民主治理。在英国这一政府购买运行稳定的国家,购买中的腐败行为已经成为英国腐败行为最重要的来源。据警方统计,1996年英国公共部门有130起严重违规案件,绝大部分与购买服务中的回扣现象有关,很多案件中均具有通过行贿取得项目合同的现象,1990—1996年间法院此类案件的激增,也进一步印证了这一判断。②

(三)侵蚀政府责任

从最为广义的角度看,政府责任是指政府能够积极地对社会民众的需求作出回应,并采取积极的措施,公正、有效率地实现民众的需求和利益。③

从理论上来讲,政府购买公共服务并不会降低政府的责任,因为购买服务的资金来源于公共财政资金,政府只是采取更有效率的方式提供公共服务。同时,政府购买引导公共部门、企业、非营利性组织共同参与公共服务供给,发挥不同主体在公共服务供给中的不同优势,最大限度满足社会公众在基本公共服务方面的需求。"公共部门在政策管理、规章制定、保障平等、防止歧视或剥削、保障服务的连续性和稳定性以保持全社会的凝聚力等方面更胜一筹。企业界则在完成经济任务、创新、推广成功的试验、适应迅速的变化、抛弃不成功和过时的活动、完成复杂的或技术性任务方面往往更胜一筹。第三部门则在完成微利或者无利可图的任务,需要有同情心和对个人关心尊重的任务,需要顾客或当事人方面具有广泛信任的任务,需要亲自动手和直接关心的任务以及牵涉到贯彻道德准则和个人行为职责的任务方面倾向于更胜一筹。"④

但是,在实践中,公共服务参与主体的增多,客观上造成公共服务项目的复杂性与合作难题⑤;同时,由于政府越来越依赖第三方提供公共服务,也带来人们对于国家空心化的隐忧。

1. 客观上造成公共服务主体间的合作难题。

政府购买公共服务将传统的二元主体结构变成四元甚至多元⑥主体结构关系,主体增多,实际上就会相应增加合同关系和框架的复杂性,主体间协同合作的难度亦会相应增大。

首先,需要协调不同主体间的服务动机。在公共服务供给中,政府不仅负有为社会公众提供基本公共服务的责任,同时需要按照法定程序,以公平、公开、公正的原则向社会公

---

① John D. Donahue, *The Privatization Decision*: *Public Ends*, *Private Means*, New York: Basic Books, 1989, pp.131.
② David Hall, "Privatization, Multinationals, and Corruption", *Development in Practice*, Vol.9, No.5, pp.539-556.
③ 杨欣:《公共服务合同外包中的政府责任研究》,光明日报出版社2012年版,第92页。
④ 〔美〕奥斯本、盖布勒:《改革政府:企业家精神如何改革着公共部门》,周敦仁等译,上海译文出版社2006年版,第18页。
⑤ Charles R. Wise, "Public Service Configurations and Public Organizations: Public Organization Design in the Post-Privatization Era", *Public Administration Review*, Vol.50, No.2, pp.141-155.
⑥ 因为公共服务的生产者也存在着多种类型:集成者、支持者、直接生产者,负责的公共服务购买往往包含多种类型的服务生产者,所以可能出现多元主体结构。

众提供服务,在公共服务供给中实现公共利益增加、保障公民个人权益、社区发展等公共目标,因此,公共服务供给的目标是多元的,效率或者利益最大化并不是政府在公共服务供给中追求的唯一或首要目标。但是,对于企业等营利性组织而言,利润最大化是参与公共服务供给的唯一目标;对于社会组织、社会企业等非营利性组织而言,实现组织既定的目标和社会效益,是其参与公共服务供给的关键目的。因此,当不同类型的主体参与到公共服务供给中,面对众多的目标和价值排序,主体间的合作实际上难以实现。

其次,多元主体参与放大了委托——代理模型的矛盾。政府购买公共服务实际上形成了一个委托——代理模型,政府是委托人,服务生产者是代理人。在一般的委托——代理模型中,委托人与代理人之间存在着利益冲突与监控问题。利益冲突指"虽然委托人提供了各种激励诱导代理人工作,但代理人却总是有优先满足的其他利益",监控问题指"委托人试图通过监控代理人的行为减少他们的逃避现象"①。随着委托代理结构的复杂,监控的成本会逐步增加。在复杂的公共服务供给中,公共服务的生产者也存在着多种类型,即集成者、支持者与直接生产者。集成者通常是不直接为顾客提供服务,负责整合公共服务供给网链资源、管理网链运营的组织,例如得克萨斯州政府购买日托服务就是与一家非营利组织——儿童保育协会签订协议,由儿童保育协会负责管理几个县的儿童保育供应商网络②;支持者一般是为其他组织或政府提供服务的组织,例如为生产者提供能力培训,为政府提供调研报告等;直接生产者就是面对服务对象直接生产公共服务的组织。因此,购买者与集成者,集成者与生产者,购买者与支持者,集成者与支持者,生产者与支持者之间形成多重委托——代理关系。在政府购买的实践运行中,每一个层次的委托代理关系都可能出现基于信息不对称的监控难题。"如果委托人鼻子伸得太长,过多地介入代理人的工作,那么委托人和代理人之间的分界线就会消失。而如果委托人不能充分地深入观察代理人的工作,就有可能遗漏各种丑行和潜在的灾难。"③

2. 带来国家空心化的隐忧。

国家空心化(Hollow State)是一种隐喻,用来说明随着政府购买公共服务成为一项基本的政策工具,公共部门越来越依赖非营利性组织或营利性企业提供基本公共物品和服务。④ 政府原有的公共物品生产能力逐渐转移,仅保留提供资金、管理规章和必要的监控等职能。

一些学者认为,这种职能的转移并不意味着政府能力的弱化,更不意味着购买服务会减少政府责任。但是,在现实中,随着购买服务深入社会生活的方方面面,第三方不仅参与公共服务的实际提供,也参与法规和标准的制定,甚至参与评估标准的起草。"政府项目令人惊诧的浪费、造假和渎职事件中往往包含了政府私人伙伴关系的贪婪、腐败以及经常是犯罪的活动,而羸弱的政府却无法及时地发现并更正这些问题。"⑤这些现象都说明,

---

① 〔美〕凯特尔:《权力共享:公共治理与私人市场》,孙迎春译,北京大学出版社2009年版,第20页。
② 〔美〕斯蒂芬·戈德史密斯、威廉·D.埃格斯:《网络化治理:公共部门的新形态》,孙迎春译,北京大学出版社2008年版,第74—75页。
③ 〔美〕凯特尔:《权力共享:公共治理与私人市场》,孙迎春译,北京大学出版社2009年版,第23页。
④ H. Brinton Milward and Keith G. Provan, "Governing the Hollow State", *Journal of Public Administration Research and Theory*, Vol. 10, No. 2, pp. 359-379.
⑤ 转引自〔美〕凯特尔:《权力共享:公共治理与私人市场》,孙迎春译,北京大学出版社2009年版,第4—5页。

过度依赖第三方提供公共服务,可能造成国家的空心化,并在一定程度上对政府责任构成威胁。

从实践来看,国家空心化的忧患表现在以下三个方面:第一,降低公共部门的合法性。公共服务是连接政府与社会公众的纽带,当"公民纳税与享受服务之间的联系变得日益脆弱"①,公共部门的合法性也会随之降低。第二,政府履职的能力下降。购买政策的广泛化,使得购买已经深入到公共服务的各个环节。Milword 和 Provan 在对美国亚利桑那州的图森和匹麻县推行的公共投资精神健康系统的案例中发现,虽然政策设计、执行过程的控制、对合同服务质量的评估都是政府应该履行的相关职能,但是,由于能力限制,政策设计和执行控制实际上是由非营利组织和服务生产者实行。第三,减少公共服务的潜在责任性。公共部门虽然经常低效、僵化,但是,政府自身对于这些部门和工作人员设置有相关的制度,公众对于这些部门也保有一定的监督手段,但是,对于提供公共服务的营利或非营利组织,公众缺乏有效的监督。

新制度主义理论表明,抑制特定活动的缺陷,弘扬其优势的最好方式,就是设计、安排和运行相关制度,以制度的绩效,获取实践行为和活动的绩效。因此,面对我国各级政府不断推动政府购买公共服务蓬勃发展的现状,我们不仅需要看到购买服务超越传统的单一行政性公共服务供给方式的优越性,更要清楚把握其实现良好目标的条件和自身存在的风险,全面正确认知和把握政府购买公共服务机制的优势和弊端。在积极深入推进政府向社会力量购买公共服务的同时,清醒地认识到政府购买服务中可能存在的风险,把着眼点从行为和活动的优劣分析自觉转向制度合乎理性的计算上,把着力点从行为和活动得失分析,切实转向制度建设和体制机制健全上,切实设计和运行安排公正合理科学有效的制度,以制度的合理安排和运行,来弘扬政府购买公共服务之优势,避免乃至消除其内在缺陷和天然短板,从而使我国各级政府在推进和实施政府购买公共服务的过程中,成长为"精明的买主",使得人民群众实际享受的公共服务物有所值并且达成社会公平公正。

---

① 〔美〕莱斯特·M.萨拉蒙:《新政府治理与公共行为的工具:对中国的启示》,《中国行政管理》2009 年第 11 期。

第三章 中国政府购买公共服务的制度安排

一、中国政府购买公共服务的法律法规

政府向社会力量购买公共服务是一项复杂的综合性和改革创新工程,需要有完善的制度规范和政策规范予以保障,法律法规是其中最重要的制度形式。对于政府购买公共服务而言,法律法规的完善是规范购买行为,提高公共服务效率,确保政府购买朝着正确方向发展的基础性保障。

我国政府购买公共服务的法律制度建设,尤其是地方政府法规条例建设,已经取得了初步成就,先后出台并且审定、修订了一系列制度、法规、条例和办法。尽管如此,"从总体上看,目前我国政府购买公共服务缺乏明确的、整体性的规划和部署,特别是以法律为主要形式的规范政府购买公共服务的制度体系还十分缺乏,学界对政府购买公共服务制度基础的研究也非常薄弱,难以对现实中如火如荼的购买服务提供有效的理论指导"[①]。因此,分析我国购买公共服务中的法律法规状况及其问题,建立健全相关法律制度,是本项研究的首要任务。

(一) 法律法规总体状况

我国是单一制国家,又是成文法国家,现行立法体制是一元多层次的立法体制,即以宪法为基础,存在中央和地方两大层次:中央层面立法和制定的有宪法、法律、行政法规和国务院部门规章;地方层面则有地方性法规、自治条例和单行条例、地方政府规章。

经过近二十年的发展,我国政府购买公共服务的法律法规体系初具雏形,在这其中,地方政府的行政法规和条例,已经相当丰富。因此,可以认为,我国政府购买公共服务的法律制度和行政法规建设,已经初步成形。

但是,由于出台法律的难度大,我国政府购买公共服务的法律规制目前仍然呈现以大量政策规范性文件代替法律的局面。同时,由于我国购买公共服务实践存在着局部试点与全面推广两个发展阶段,因此,以2013年9月26日国务院办公厅的《指导意见》出台为

---

① 何平、吴楠:《政府购买公共服务的法律规制研究》,合肥工业大学出版社2014年版,第5页。

界,中央与地方层面的法律法规呈现不同的特点。

1. 中央层面的法律法规

新世纪初,在中央层面的法律法规中开始出现有关政府购买公共服务的相关规定,但是,在这一阶段,法律法规相对零散,而且主要是针对某一行业或某一项具体公共服务的发展规划。

例如,2002年卫生部等11个部门联合下发《关于加快发展城市社区卫生服务的意见》(卫基妇发[2002]186号)①,提出社区预防保健等公共卫生服务可采取政府购买服务的方式,由其他社区卫生服务机构提供,该规定属于中央部委层面有关政府购买较早的规定。

2004年3月国务院颁布《全面推进依法行政实施纲要》(国发[2004]10号)②,规定在公共服务的提供方式方面可以引入竞争机制,通过政府向企业、社会组织购买服务,降低服务成本,提高服务质量。不过,这一文件中的规定相对比较原则。

中央部委第一次对于政府购买公共服务作出较为详细规定的法规性文件,是2007年财政部出台的《关于开展政府购买社区公共卫生服务试点工作的指导意见》(财社[2007]267号)③。该《指导意见》虽然仅仅针对政府购买社区公共卫生服务而发,但却是中央部委层面对于政府购买公共服务的首次详细的法规性文件。文件对政府购买公共服务的范围、公共服务提供机构的选择范围、购买公共服务的组织管理、确定选择公共服务提供机构的方式、合同的签订、购买绩效的考评、资金的筹集与支付、购买的工作流程和监督管理等内容做了详细规定。

此后,2011年,中共中央、国务院在《关于分类推进事业单位改革的指导意见》④中提出,要创新公益服务提供方式,完善购买服务机制,提高服务质量和效率。2012年3月国务院批转发展改革委《关于2012年深化经济体制改革重点工作的意见》(国办发[2012]12号)⑤,要求民政部、发展改革委、财政部等负责研究制定扶持社会组织发展的政策措施,建立健全政府向社会组织购买服务制度。

2013年9月26日,国务院办公厅发布了《指导意见》,从而出台了中央政府对于政府购买公共服务的权威性全面行政法规。《指导意见》指出,"推行政府向社会力量购买服务是创新公共服务提供方式、加快服务业发展、引导有效需求的重要途径,对于深化社会领域改革,推动政府职能转变,整合利用社会资源,增强公众参与意识,激发经济社会活力,增加公共服务供给,提高公共服务水平和效率,都具有重要意义",提出"到2020年,在全国基本建立比较完善的政府向社会力量购买服务制度"。《指导意见》同时对政府购买的指导思想、基本原则、购买主体的资格、承接主体的资质、购买内容、购买机制、资金管理、绩效管理和推进政府购买公共服务工作做出规定和提出要求。《指导意见》从国家层面对政府购买公共服务做出全面的政策规制,标志着中央对国家向社会力量购买公共服务的全面规范管理,购买服务开始进入全面推行阶段。

---

① http://www.mca.gov.cn/article/zwgk/zcwj/200711/20071100002865.html,2015年10月3日。
② http://www.gov.cn/ztzl/yfxz/content_374160.htm,2015年10月3日。
③ http://www.51wf.com/law/166044.html,2015年10月3日。
④ http://www.gov.cn/gongbao/content/2012/content_2121699.htm,2015年10月3日。
⑤ http://www.gov.cn/zwgk/2012-03/22/content_2097110.htm,2015年10月3日。

为了深入贯彻落实《指导意见》,加快推进政府购买服务工作,2013年12月财政部专门下发《关于做好政府购买服务工作有关问题的通知》(财综[2013]111号)①,要求各地区、各部门将推进政府购买服务工作摆在发展改革的重要位置,增强紧迫感、使命感和责任感,积极行动起来,主动开展建章立制、完善程序、科学组织和有力推广等工作。

在实际操作层次,2014年12月15日,财政部、民政部、工商总局联合制定了《政府购买服务管理办法(暂行)》(简称《办法》)。该《办法》是对《指导意见》原则性、方向性、统筹性和指导性内容的细化、深化和操作化。《办法》界定了政府购买服务的概念、指出了政府购买应遵循的原则、明晰了购买主体和承接主体的内涵和资质、确定了购买方式程序和购买内容、规范了经费预算及财务管理、强化了绩效和监督管理的内容。《办法》是对政府购买公共服务法律性质层面的专门规定,其颁布施行对我国政府购买公共服务的推进有着重要意义。

进一步操作化的权威性行政条例,是2015年1月30日国务院总理签署第658号国务院令公布的《中华人民共和国政府采购法实施条例》②(简称《条例》)。《条例》以专门条款,规定了政府购买公共服务的内容。比如,《条例》第二条第四款指出,政府采购法第二条所称服务,包括政府自身需要的服务和向社会公众提供的公共服务。第十五条第二款规定,政府向社会公众提供的公共服务项目,应当就确定采购需求征求社会公众的意见。第二十七条规定,公共服务项目具有特殊要求,可根据《政府采购法》第三十一条第一项规定采用单一来源方式采购。第四十五条规定,政府向社会公众提供的公共服务项目,验收时应当邀请服务对象参与并出具意见,验收结果应当向社会公告。

值得指出的是,这一《条例》明确了政府购买服务适用《政府采购法》。由于我国的《政府采购法》属于国家法律,就此而言,我国政府购买公共服务自此有了国家法意义上的法律依据。

2. 地方层面的法规条例

地方层面的法规条例等制度安排,可以2013年9月26日国务院的《指导意见》出台为分界线。

在此之前,地方购买公共服务的实践具有很强的探索性,所制定的法规条例等具有概念和含义的差异性、购买内容的区域性和购买方式的探索性等特点。

国务院《指导意见》出台之前,全国有数十个地方出台法规条例和政策文件(表3-1)。例如2005年JS省WX市《关于政府购买公共服务的指导意见》③,规定了政府购买公共服务的基本内涵、指导原则、工作目标、购买工作、组织领导和实施步骤等内容,是我国地方对政府购买公共服务制度做出的最早也最为全面的规定。2009年NB市出台了《政府服务外包暂行办法》(NB市人民政府令第169号)④,提出为了创新公共服务的体制机制,提高公共服务的效率和品质,建设服务型政府,将政府服务实行外包,并对外包原则、程序、实施制度、监督与服务等内容做出规定。2009年SC省CD市《关于建立政府购买社

---

① http://www.gov.cn/gzdt/2013-12/09/content_2545041.htm,2015年10月3日。
② http://www.gov.cn/zhengce/content/2015-02/27/content_9504.htm,
③ http://www.sz.gov.cn/szmz/xxgk/ywxx/shzz/zcfg/qt/201108/t20110825_1724698.htm,2015年10月5日。
④ http://www.law-lib.com/law/law_view.asp?id=308310,2015年10月3日。

组织服务制度的意见》(C府发[2009]54号)①规定了政府购买的指导思想、基本原则、总体目标、主要内容、各部门职责分工、工作流程和保障措施,提出要探索建立政府提供公共服务新机制,提高政府公共服务供给的效率和质量,不断满足人民群众对公共服务的需求,促进政府职能的转变。2012年FS市《政府向社会组织购买服务实施办法》(F府办[2012]83号)②对政府向社会组织购买服务的指导思想、基本原则、购买主体、购买范围、购买服务目录、供应方条件、资金来源、程序与方式和组织分工等做明确规定。2012年GD省制定了《政府向社会组织购买服务实施办法》(Y府办[2012]48号)③,较为详细地规定了政府购买的指导思想、基本原则、购买主体、购买范围、购买服务目录、供应方条件、购买程序与方式、资金安排及支付和组织保障等内容。该办法规定的内容与《办法》规定的内容具有较高的重合,是地方制定的较为科学完善的政策法律。2013年JS省印发了《省级政府购买公共服务改革暂行办法》(S财办[2013]2号)④,提出要积极推行政府购买公共服务改革,建立规范的政府购买公共服务制度,促进政府转变职能,提高公共服务的效率和质量,并对购买主体、购买范围、购买方式、购买程序、资金拨付等做了详细规定。以上探索为中央层面的统一规划奠定了基础。

2013年9月26日国务院《指导意见》出台后,尤其是党的十八届三中全会《决定》公布实施以后,依据中央的总体要求,各省市政府纷纷出台相应的"实施意见"或者"办法",地方政府购买公共服务的法规条例和办法政策呈井喷之势。以本项目组调研的省市为例,2013年10月JS省出台《关于推进政府购买公共服务工作的指导意见》(S政办发[2013]175号)⑤;2014年6月BJ市《关于政府向社会力量购买服务的实施意见》(J政办发[2014]34号)⑥;2014年6月ZJ省《关于政府向社会力量购买服务的实施意见》(Z政办发[2014]72号)⑦;2014年7月SC省《关于推进政府向社会力量购买服务工作的意见》(C办发[2014]67号)⑧等等。

表3-1 《指导意见》出台前地方政府购买公共服务的法规条例

时间	发布主体	文件名
2005	JS省WX市	《关于政府购买公共服务的指导意见》
2006	BJ市HD区	《关于政府购买公共服务的指导意见(试行)》
2007	SH市PDX区	《关于政府购买公共服务的实施意见》
2008	NB市HS区	《关于在社会工作领域开展政府购买公共服务的实施意见(试行)》
2009	ZJ省NB市	《政府服务外包暂行办法》
	SC省CD市	《关于建立政府购买社会组织服务制度的意见》

---

① http://www.110.com/fagui/law_365983.html,2015年10月5日。
② http://www.foshan.gov.cn/zwgk/zfgb/rmzfbgswj/201211/t20121128_4206220.html,2015年10月4日。
③ http://zwgk.gd.gov.cn/006939748/201205/t20120531_317083.html,2015年10月5日。
④ http://www.zfcg.com/guide/2013-01-15/A370998.html,2015年10月5日。
⑤ http://www.jiangsu.gov.cn/jsgov/tj/bgt/201311/t20131104_405119.html,2015年10月5日。
⑥ http://zhengwu.beijing.gov.cn/gzdt/gggs/t1359075.htm,2015年10月5日。
⑦ http://www.zj.gov.cn/art/2014/6/30/art_32432_165201.html,2015年10月5日。
⑧ http://www.sc.gov.cn/10462/10883/11066/2014/7/19/10307825.html,2015年10月5日。

续表

时间	发布主体	文件名
2010	SH 市 MH 区	《关于规范政府购买社会组织公共服务的实施意见》（暂行）
	GD 省 SZ 市	《推进政府职能和工作事项转移委托工作实施方案》
2011	GD 省 ZS 市	《政府购买服务工作暂行办法》
2012	GD 省 FS 市	《政府向社会组织购买服务实施办法》
	GD 省	《政府向社会组织购买服务实施办法》
2013	JS 省	《省级政府购买公共服务改革暂行办法》

（二）法律法规扩散机制

如前所述，我国政府购买公共服务法律法规的发展过程存在两个发展阶段。从两个发展阶段中公共政策的发展来看，我国政府购买机制实际上存在着三种扩散机制：地方——中央的吸纳辐射扩散模式、中央——地方的垂直扩散推动模式、地方——地方的标杆学习模式。其中，阶段一，主要以地方——中央的吸纳辐射扩散模式和地方间标杆学习模式为主；阶段二以中央——地方的垂直扩散模式为主。

1. 地方——中央：吸纳辐射扩散模式

该模式集中表现为：地方政策创新——上级采纳——推广实行。如前所述，在政府购买公共服务初期，地方政府以积极、主动的姿态探索公共服务供给的新形式，并将其成功经验落实于地方的政策性文件，指导后续的购买工作。这方面的典型地区为 SH 市、ZJ、GD 等地，这些地方结合自身情况，率先形成各具特色的购买规则。中央结合地区的先进经验，不断以某一单一领域的购买服务进行试点，例如 2002 年、2004 年、2006 年、2007 年，中央政府部门分别就城市社区公共卫生购买服务发出指导意见，认可地方政府以购买的方式提供社区公共卫生服务，并参考地区经验在购买方式、资金使用情况、绩效评估等方面做出规定。随着地方购买公共服务实践的不断深化，在 2013 年的国务院办公厅发布的《指导意见》中，政府向社会力量购买公共服务终于在中央政府层面得到认可，并在全国推广实施。

2. 中央——地方：垂直扩散推动模式

随着政府向社会力量购买公共服务成为国家层面的统一战略，中央政府以政策理念和政策输出为着力点，加快出台政府购买公共服务的指导性理念与政策，并下达至地方政府，以指导地方实践。而地方政府也在第一时间回应中央政府关于购买公共服务的政策要求，并出台相应的地方政策来进一步充实政府购买公共服务的政策体系。政府购买公共服务的政策从中央至地方实现迅速扩散，以行政指令推动地方政府购买公共服务的实践创新。（表 3-2）

表 3-2 中央出台政策与地方出台政策对比

垂直扩散		中央出台政策	地方出台政策
政策理念		2015年《政府工作报告》提出,提供基本公共服务尽可能采用购买服务方式,第三方可提供的事务性管理服务交给市场或社会去办	2015各地《政府工作报告》,有26个省(自治区、直辖市)相应提出"政府购买服务"
政策输出	顶层设计:	《政府购买服务管理办法(暂行)》《2014年民政部购买社会服务指导目录》《关于政府向社会力量购买服务的指导意见》《关于政府购买社会工作服务的指导意见》《关于做好政府购买服务工作有关问题的通知》	各省(自治区、直辖市)相继出台政府购买服务总体指导性文件与购买服务目录
	专项落实:	《关于做好政府向社会力量购买公共文化服务工作的意见》(含指导目录)《关于做好政府购买残疾人服务试点工作的意见》《关于做好政府购买养老服务工作的通知》环保部正在起草《关于做好政府购买环境公共服务的指导意见》	各省(自治区、直辖市)相继出台政府购买基本公共服务的专项指导性文件与购买服务目录,如《KLMY市政府购买公共文化服务指导性意见》《KLMY市政府购买公共文化服务目录》《SC省政府购买养老服务实施办法》《HN省政府购买养老服务试点方案》《AH省关于开展政府购买养老等服务的通知》

3. 地方——地方:地方间学习模式

该模式表现为将标杆的先进经验内化并创新地应用于自身实践。表 3-1 中所列举的地方政府出台的法规条例之间存在着很强的继承和借鉴,新的政策法律往往吸收旧规定的好经验好做法。随着时间的推移,这种相互的继承借鉴会提升地方制定政策法律的水平,使出台的政策法律也更能体现政府购买公共服务制度的本质要求。以居家养老服务为例,2000 年 SH 市率先进行社会管理体制改革时提出政府购买服务,LW 区等六个区的 12 个街道最先开展了居家养老工作的试点工作。2001 年 SH 市市民政局出台《关于全面开展居家养老工作的意见》。随后,NB 市 HS 区也开始居家养老服务的探索,将 HS 区的居家养老服务交给 XG 敬老协会运营,借鉴 SH 市的经验 2004 年 NB 市 HS 区政府办公厅颁发《关于 HS 区社会化居家养老服务工作的指导性意见》,提出按照"政府扶持、非营利组织运作、社会参与"的工作思路,建立新型社会化居家养老服务体系。

(三)法律法规基本特点

概括地看,我国政府向社会力量购买公共服务的相关法律条例和法规政策,具有如下基本特点:

1. 法律法规产生具有明显的"试验性"特征

所谓法律规制产生的"试验性"特征,是指法律规制的产生和形成经历了由局部到整体、地方到中央、分散到统一的历程,主要体现在如下方面。

第一,由某一具体购买项目的法律法规过渡到政府购买公共服务的系统的法律规制体系。

在中央层面出台的法律规制中,这种演绎发展特征较为明显。如卫生部等 11 个部门在 2002 年就联合下发了《关于加快发展城市社区卫生服务的意见》,其中提出,社区预防保健等公共卫生服务可采取政府购买服务的方式。随后,中央又出台了一系列政府购买某一项目的单行规定,如采取政府购买的方式购买社会工作专业人才和大学生就业等。这些规定虽然购买内容单一,但都是中央各部门购买工作实践经验的规则提升,为中央最终制定全国性政府向社会力量购买公共服务的法律规范和相关政策提供了基础。

第二,地方出台的政府向社会力量购买公共服务的法规条例和政策办法,呈现法规政策扩散的梯度发展特点。

法规政策条例的出台,是制度趋向完善的标志之一,由于我国政府购买公共服务地区间发展的不均衡性,使得法规条例和政策办法的扩散具有梯度性,表现为先进地区的指导思想、政策目标、实施细则等成为其他地区模仿、学习、跟进的对象。总体而言,政府购买公共服务法律法规的梯度扩散体现为由东部地区向中西部地区扩散的特征。中西部地区制定本辖区内购买公共服务的指导意见,往往会参考 SH 市、ZJ 省、GD 省的法规条例。以调研中的城市为例,CD 市在开展政府购买公共服务之初,多次组织去 SH 市考察、学习,在规则制定中也借鉴了 SH 市的先进经验。NJ 市在出台购买公共服务的政策条例时也充分学习 ZJ 省与 GD 省的先进经验,以此为模本制定本地区的指导办法。

第三,地方先行出台政府购买公共服务的相关法规,然后促成中央统一出台政策法律规制。

在政府向社会力量购买公共服务的探索时期,各地就制定了相应的政策法律。如 2005 年 JS 省 WX 市公布了《关于政府购买公共服务的指导意见》,2006 年 BJ 市 HD 区发出了《关于政府购买公共服务的指导意见(试行)》,2007 年 SH 市 PD 新区公布了《关于政府购买公共服务的实施意见》,2008 年 ZJ 省 NB 市 HS 区出台了《关于在社会工作领域开展政府购买公共服务的实施意见(试行)》,2009 年 NB 市出台了《政府服务外包暂行办法》,2010 年,SH 市 MH 区制定了《关于规范政府购买社会组织公共服务的实施意见》,2011 年 GD 省 ZS 市制定了《政府购买服务工作暂行办法》,2012 年 FS 市制定了《政府向社会组织购买服务实施办法》等。

就其相互关系而言,这些政策法律的出台并不是单一事件,相互间存在着很大程度的继承与借鉴,即新的政策法律往往会吸收已有的良好经验。这种相互继承借鉴提升了地方制定政策法律的水平,使出台的政策法律更能体现政府购买公共服务制度的本质要求。因此,地方政策法律的出台不仅能有效保障地方政府购买工作的顺利推进,而且也为中央出台相应的政策法律规范提供实践范本,促使中央加快制定统一政府购买工作政策法律规范的步伐。

第四,比照政府采购相关法律,来规范政府向社会力量购买公共服务。

当前规范我国各级政府购买公共服务行为的法律法规,可以看作是政府采购政策的延伸和补充。

就根本属性来讲,《政府采购法》目前仍然是我国政府购买公共服务实践唯一可采用的国家法律。该法第二条规定,各级国家机关、事业单位和团体组织,使用财政性资金采购依法制定的集中采购目录以内的或者采购限额标准以上的货物、工程和服务的行为,适用政府采购程序。该法指出,"政府采购当事人是在政府采购活动中享有权利和承担义务的各类主体,包括采购人、供应商和采购代理机构等"。"政府采购主要有公开招标、邀请招标、竞争性谈判、单一来源采购、询价及国务院政府采购监督管理部门认定的其他采购方式这六种方式",并具体说明了竞争性谈判、单一来源采购和询价这三种购买方式的采购程序。同时该法明确"政府采购合同适用合同法,采购人和供应商之间的权利和义务按照平等自愿原则以合同方式约定",并分别对政府采购质疑和投诉的方法与时间、政府采购监督管理部门监督检查的内容以及政府采购主体的法律责任进行说明。①

在《中华人民共和国政府采购法实施条例》中,明确规定《政府采购法》第二条所称"服务"包括政府向社会公众提供的公共服务。②

在地方层面,很多地区实际上比照《采购法》制定地方性法规与规章。2010年GD省正式实施该省首部财政地方性法规《GD省实施政府采购法办法》。随后,《HN省实施中华人民共和国政府采购法办法》正式出台。YN、SH、BJ、SD、SZ、SX、NMG等地也相继出台类似地方性法规或规章,都具有这样的基本特点。

2. 法律规制内容具有相当重合性

政府购买公共服务法律规制内容的重合性,是指国务院《指导意见》和《办法》出台后,各地按照要求制定的实施意见或者办法在内容和框架等方面存在相当的重合性。这种重合性体现在各地法规法令与《指导意见》和《办法》内容和框架的重合、各地自行制定的实施意见或者办法在内容和框架等方面的重合。

从贯彻执行制度的角度分析,各地在制定的实施意见或者办法存在内容和框架等方面的大体重合本无可厚非,不过,如果原封不动、照搬照抄中央政府或者外地的相关法规,就会为法律法规的制定带来问题。

当然,各地出台的政策法律也并非完全照搬照抄《指导意见》和《办法》,实际上,大多数地方还是按照中央的部署要求制定符合地方要求、切实可行的政策法律,从而形成了克服法律法规重复的地方经验:

一是能简化的简化,注重实效。如CD市制定的《政府购买服务暂行办法》在政府购买服务的基本原则上就只列出"积极稳妥、有序实施""科学安排、注重实效""公开择优、以事定费""改革创新、完善机制"等标题性内容,而没有具体展开论述。

二是细化条款,进一步明确内涵。如《ZJ省政府购买服务采购管理办法》就规定了哪些情形可以采用单一来源购买;BJ市《BJ市市级政府向社会力量购买服务预算管理暂行办法》则对必须进行绩效评价的情形进行规定,即项目金额在200万元以上政府购买公共

---

① 《中华人民共和国政府采购法》,人民网,http://www.people.com.cn/GB/jinji/20020629/764316.html。
② 《政府采购法》第二条所称"服务",包括政府自身需要的服务和政府向社会公众提供的公共服务。

服务项目进行绩效评价。

三是新增规制内容,增强政策法律的操作性。如 CD 市《政府购买服务暂行办法》就新增"服务对象满意度"作为一项重要指标;《ZJ 省政府购买服务采购管理办法》就将政府购买服务项目指标下达后,购买主体应做的工作具体化;GD 省《政府向社会力量购买服务暂行办法》则新增"行政类和公益一、二事业单位"为购买主体,并明确了特殊的承接主体。

四是明确责任主体、任务分工和时间要求。如 2014 年 7 月,AH 省 HF 市制定的《关于政府向社会力量购买服务的实施意见》(H 政办秘[2014]101 号)①就建立了政府购买服务联席会议制度,细化购买工作任务,明确责任单位,设定推进时限和达到的目标任务。ZJ 省《关于政府向社会力量购买服务的实施意见》也建立了购买服务联席会议制度。FJ 省《关于推进政府购买服务的实施意见》还对每一项购买工作都规定了具体的责任单位。

3. 政府购买公共服务与政府采购政策法律规制的混用

根据《政府采购法》,政府采购是指各级国家机关、事业单位和团体组织,使用财政性资金采购依法制定的集中采购目录以内的或者采购限额标准以上的货物、工程和服务的行为。政府购买公共服务则是指通过运用市场机制,把政府直接提供的一部分公共服务,按照一定的方式和程序,交由具备条件的社会力量承担,并由政府根据合同约定向其支付费用的行为。政府购买公共服务与政府采购之间存在许多相似、交叉、重合之处,也有诸多共同点,如都是提倡公开招投标,鼓励竞争,强调市场机制作用等。尽管如此,这种相似、交叉、重合并不能抹杀二者间的区别,更不能用政府采购制度来代替政府购买公共服务制度。如果看不到二者间的差异,那么,国家实际上就无须推行政府购买公共服务,只要推行政府采购制度就可以了。

在分析的意义上,政府购买公共服务与政府采购的主要区别在于:

一是制度产生的动因不同。政府采购发源于 18 世纪末至 19 世纪初的资本主义形成初期。在当时,西方资本主义正处在自由发展时期,国家对经济的干预度不高,国家开展政府采购是为获得日常公共管理所需物品中省钱,而不是为了别的目的。② 相形之下,政府购买公共服务主要从 20 世纪 70 年代末起,受"新公共管理"运动的影响,旨在将社会公共服务的提供主体由政府部门逐渐转移到非政府部门或多元部门,通过引入市场机制使服务更有效率。③ 因此,不难看出,政府采购产生的目的重在给政府省钱,而政府购买公共服务产生的目的则重在政府转变职能、改变公共服务供给机制和方式。如果将二者放在同一法律中,显然制度的目的就会发生混淆错乱。

二是适用对象不同。政府向社会力量购买公共服务机制的最大特点是公共性,其本质是为了满足公众的需求,受益者是广大公民,并不是政府机关。而政府采购的对象范围要比政府购买的对象要宽泛,其中,除了服务外,还有货物、工程。虽然《条例》将政府采购的服务扩大为政府自身需要的服务和政府向社会公众提供的公共服务,但是,如前所

---

① http://www.cdpsn.org.cn/policy/dt104140161.htm,2015 年 10 月 10 日。
② 姚文胜:《政府采购法律制度研究》,法律出版社 2009 年版,第 18—19 页。
③ 张汝立、陈书洁:《西方发达国家政府购买社会公共服务的经验和教训》,《中国行政管理》2010 年第 11 期。

述,《政府采购法》立法宗旨实际上并不是政府购买公共服务的制度设置和设计目的。因此,政府购买公共服务和政府采购的适用对象是完全不同的。

三是法律主体的复杂性不同。政府采购中法律关系主体的模式是:政府——供应商——政府。采购行为的启动由政府发起,采购的标的物最终供政府直接或间接消费。政府在负责采购的同时,负责对采购标的物进行监督评价。供应商是标的物的提供者,必须按照合同规定提供符合要求的标的物。供应商与政府之间签订民事合同,除少数情况下政府有合同优益权外,该合同受民法调整。政府购买公共服务的法律关系主体模式是:购买主体——承接主体——服务对象。政府购买行为的启动虽由政府发起,但是发起的动因不同于政府采购行为。政府采购行为是为政府自身直接或间接消费,而政府购买则是为了公民消费,因此,购买活动发生的动因可以是政府根据形势判断的主动发起,也可以是受公民消费需求的推动而被动发起。政府采购中,供应商只是单纯提供标的物,而政府购买公共服务中,承接主体不仅要提供合格的公共服务,同时还具有履行部分政府职能的表征。在评价主体方面,两者也存在差异,政府采购是由政府自身来评价监督,然而,政府购买公共服务行为的评估和监督主体则复杂得多,其中,不仅有购买主体和作为受益者的服务对象的评估,还有公共媒体及独立机构的评估和监督,因此,在政府购买公共服务活动中,法律主体相对复杂。

四是购买方式不同。由于采购目的及消费对象等原因,政府采购的采购方式一般采取以项目为载体方式进行。而政府购买公共服务,则由于消费对象的差异性,仅按项目来购买并不能完全实现政府购买的目的。从我国及世界各国实践来看,很多时候,政府向社会力量购买公共服务是采取岗位购买和项目购买相结合的方式来进行的。相对于项目购买,岗位购买较容易制定标准和规范的程序,操作起来简便易行。但是,项目购买也有其整体规划、统一管理、减少监督管理环节的优势,因此,以项目购买与岗位购买相结合实施政府购买公共服务,是较好的购买方式。但是,从长远来看,政府向社会力量购买公共服务会逐步向项目购买方向发展。政府采购和政府购买公共服务在购买方式上的差异,决定了二者在程序设置、监督管理、资金拨付等方面存在不同,因此,混淆二者购买方式的不同,显然不妥。

五是服务的受益者不同。政府购买公共服务中的服务受益者是指具有某种公共需求的某一民众群体,是公共服务购买合同的第三人,而政府采购服务的消费者,则主要或至少包括政府自己。如果把政府购买公共服务与政府采购等同而论,则势必抹杀了二者在服务受益者上的不同。

六是评价标准不同。政府采购的评价标准为政府自己的满意度,主要依服务的结果评价;政府购买公共服务的评价标准则复杂得多,其中,既要符合购买主体购买要求,又要服务对象满意;既要注重公共服务的结果,又要注重公共服务的过程。

七是服务范围的确定性不同。政府采购的服务范围具有较强的确定性,按照必要性原则,就能确定其最低与最高范围;但是,对于政府购买公共服务而言,往往很难有确定的范围,它常常与社会发达程度、民族文化传统、公共服务需求的生成与消失相关,可以说,只要是政府基本职能之外的、一部分民众提出需求的公共服务,都有可能通过政府购买而获得满足。

虽然政府购买公共服务与政府采购存在上述种种区别,但是,在我国地方政府的实践中,所制定的地方政府购买公共服务法规条例并没有严格辨识这些区别,在制定政府购买公共服务相关法规条例时,常常存在照搬照抄政府采购法律或者政策的倾向,甚至出现二者政策法律混同的现象。

(四)存在的问题

检讨我国政府向社会力量购买公共服务的相关法律法规和条例办法,不难发现,在发展过程中,目前,我国政府购买公共服务的相关法律法规和制度安排存在着如下问题:

1. 法律规制对象不确定

任何法律规制首先要明确规制的对象,如果规制对象不当,不但不利于制度的推进,甚至会颠覆或者改变制度的设置目的。

当前,我国政府购买公共服务的法律规制中的重要问题之一,就是规制对象不确定,即到底是要规制"政府购买公共服务",还是"政府购买服务"。

从转变国家职能、提高公共服务供给效率和减少财政开支的制度推进目的来看,法律规制的对象应是"政府购买公共服务",而不是"政府购买服务"。如果说《指导意见》和《办法》中的"政府购买服务"与"政府购买公共服务"只是"服务"与"公共服务"的区别,那么,在国务院《指导意见》和《办法》出台之前,全国各地制定的规范性文件却是"五花八门",如 SH 市 PD 新区、JA 区以及 JS 省 WX 市等地指定的规范明确使用"政府购买公共服务"的概念;而 ZJ 省 NB 市出台的规范却使用"政府服务外包"的概念。《指导意见》和《办法》出台之后,全国各地按照要求制定相应的实施意见或者办法基本沿用"政府购买服务"的概念,但是,也有地方使用"政府购买公共服务"提法,如 JS 省出台的《关于推进政府购买公共服务工作的指导意见》、NJ 市制定的《推进政府购买公共服务工作实施意见》[1]等。

一项制度有着不同概念,涉及的是对制度本质的认识问题。从制度设置的目的分析,政府购买是公共服务供给的改革创新方式,那么,法律规制的对象应是政府购买的"公共服务",而不是"服务"。但是,从制度实践推进层面来看,如果中央层面提法是"政府购买服务",那么,各地制定的政策法律也必然是"地方购买服务",而不会是"政府购买公共服务"。

造成政府购买公共服务法律规制对象不清的原因比较复杂,其中最重要的就是没有切实辨析"公共服务"和"服务"的异同。

"服务"亦称"劳务",不以实物形式而以提供活劳动的形式满足他人某种需要的活动[2]。根据服务提供的主体不同,服务可分为公共服务、私人服务和社会服务。实际上,在《辞海》中没有"公共服务"的词条,只有"公共产品"词条。"公共产品"亦称"公共物品",是指在消费过程中不具有占有性和排他性,没有价格、没有市场,不准私人企业主自由买卖,只能由国家调配的物品或者劳务,如国防、公安司法、义务教育等。对于这类物品

---

[1] http://www.nanjing.gov.cn/njszfnew/bm/czj/201406/t20140624_2879473.html,2015 年 10 月 11 日。
[2] 辞海编辑委员会:《辞海》,上海辞书出版社 2009 年版,第 638 页。

或服务,部分人的享受不会影响其他人的享受,也不可能或很难排除部分人去享受①。

对于"公共服务",不同的学者具有不同的理解和诠释,但是,从法律规制角度来界定,"公共服务"是指政府为了满足特定时期特定区域不特定多数民众的普遍需求,动用公共资源来提供的服务。②

从上述分析可知,"公共服务"是"服务"的一类,其内涵要小于"服务";"公共服务"与其他"服务"相比,最突出的特征是公共性和公益性,因此,"公共服务"与"服务"间既有重合之处,也有区别,不能用其重合之处来抹杀二者间的区别,也不能将"政府购买公共服务"扩张为"政府购买服务"。

2. 缺乏完整的法律规制体系

法律规范不仅能保障制度的合法性和正当性,而且能凸显制度的独特性。法律规范作为制度的表现形式,其最大的价值在于能凸显制度特征,即能凸显制度目的、价值和内容。换言之,有了法律规范,就有了此制度区别于彼制度的标准。

政府购买公共服务作为一项制度,也应有一套成熟的法律规范,由此才能成为完整独立意义上的国家治理制度。但是,从现有法律规范来看,我国政府购买公共服务的法定内容往往被《政府采购法》所涵盖,其制度的独特性被政府采购行为的特征所淡化,这也是导致至今我国政府购买公共服务尚没有完整意义上的法律规制规范的原因之一。

我国的《政府采购法》对政府采购是否适用政府购买公共服务,实际上并没有明确规定,该法只是规定了政府采购的内容为货物、工程和服务,其中服务是指除货物和工程以外的其他政府采购对象。在以往的实践中,这里的"服务"常常被理解为确保政府行政机关事务和实际运行而需要的服务。《政府采购法实施条例》出台后,才明确将公共服务作为政府采购对象。以法的逻辑推演,既然《政府采购法》和《条例》都已经规定了政府采购内容包括政府向社会公众提供的公共服务,那么,《政府采购法》和《条例》就是政府购买公共服务制度的法律渊源和依据。基于政府采购与政府购买公共服务具有内容和特征的重合性,将政府购买公共服务纳入《政府采购法》的调整范畴,就可以解决二者间重合的内容。

但是,从上文分析可知,二者之间实际上具有诸多区别,这些区别并不是《政府采购法》能够解决的,比如《政府采购法》设定的购买方式就不一定适用政府购买。项目组的调研显示,这方面有不少典型案例可以佐证。2014 年,HN 省 TH 县全县涉及农业等 20 多个项目,都是依据《政府采购法》采取竞争性方式购买。但是,这种严格的竞争性购买程序,却没有考虑涉农公益性和生产性公共服务的季节性和具体服务的标准问题。同时,政府采购要面向社会公开招标,一些外地公司会中标,外地公司在具体实施中困难很大,保证工程质量难度很大,同时,外地公司与地方协调难度也很大,在村政和人际关系方面,往往有很多弊病。很多大公司中标,例如北京的公司,但对于 TH 县的现状没有了解,在实施中也需要很长时间了解情况。③ 另外,根据《政府采购法》并不能解决公共服务的定价

---

① 辞海编辑委员会:《辞海》,第 718 页。
② 项显生:《我国政府购买公共服务边界问题研究》,《中国行政管理》2015 年第 6 期。
③ 根据项目组于 2015 年 6 月 5 日在 HN 省 TH 县调研访谈纪要整理。

问题。项目组在 SC 省 CD 市 W 区民政局调研和座谈时,就有与会代表反映:政府购买是这几年的新生事物,现在购买工作还缺少系统的办法;政府购买主要依据《政府采购法》,而《政府采购法》的初衷是规定政府采购工程和物品,对于政府购买公共服务尚未做出合理详细的设计,比如公共服务的价格问题,《政府采购法》就没有规定;而公共服务究竟应该怎么定价,依据的标准是什么等,都不明确,因此,在实践中不好操作,通常的情况往往是,购买的人不同,公共服务的价格也不一样。①

3. 法律规制权威性不足

权威是令人信服的力量和威望②。法律规制的权威,体现在人民基于对法律的信仰和服从而自觉遵守和维护法律。目前,我国制定的政府购买公共服务规范性文件法律规制的权威性不足。这种权威不足,除了体现为缺乏完整独立的法律体系外,还表现在以下几个方面:

一是规制的政策性明显

政策在社会管理中发挥越来越重要的作用是一种趋势,但是,政策并不能代替法律的作用。政策和法律的重要区别在于,政策不具有法律的稳定性和确定性。实际上,正是法律的稳定性和确定性,确保着制度运行的稳定性和民众对制度运行结果的可预期性。

我国政府购买公共服务规制的政策化是指,对政府购买工作的规制主要是各级政府的政策性文件,而不是法律性规范性文件。从上文分析可知,我国对政府购买工作规制依据,主要是各级政府出台的政策。这些政策对政府购买工作推进的政策性要求明确,而对政府购买工作法定性规定不足,从而导致在推进过程中的主观意识较强,职责法定的客观性不足。在调研过程中,有的地方政府工作人员反映:政府购买公共服务虽然在推进,但是,还没有以成文法形式予以严格规定,因此,相关主体实际上不具有法律意义上的职责。就目前基层的情况来看,在政府购买公共服务工作中,人治现象还比较严重,尤其是对领导的依赖性很强。与此同时,对基层干部而言,推进政府购买公共服务工作的动力常常不是出于履行法定职责,而是认为,与其投入力量解决维稳等难题,不如通过政府购买来减轻压力,因此,政府购买工作的推进动力往往不是内化的改善工作理念需要,而是减轻面临的工作压力和责任的需要。③

二是制定主体权威性不够

法律规制权威性还体现在制定主体层级不高和制定规范的随意性上。从地方政府的运行来看,当前,政府购买公共服务的规制规范形式,大多是以"工作意见""指导意见"等为形式的红头文件。这些红头文件不仅效力比法律低,而且随意性较大,如某些地方制定的规制规范具有严重的"领导立法"现象,即制定规制规范不是唯民、唯实,而是按某个或某些领导个人喜好和意图来制定政府购买公共服务法律规制规范。同时,由于规制规范是由各部门和各地制定的,其制定程序的严密性和公开性也就较差。

这种状况,除了使得政府购买公共服务的规范文本在技术性、规范性、语言运用的科

---

① 根据项目组于 2015 年 5 月 18 日在 S 省 C 市 W 区民政局调研访谈纪要整理。
② 辞海编辑委员会:《辞海》,上海辞书出版社 2009 年版,第 1858 页。
③ 根据项目组于 2015 年 5 月 19 日在 S 省 C 市 W 区 L 街道办事处调研访谈纪要整理。

学性等方面存在问题之外,也导致规制规范政出多门,地方特色不明显,针对性、创新性、实际可操作性不强和行政法律责任虚化。实际上,在国务院《指导意见》和《办法》出台之前,甚至出现不同地方基层政府之间相互"抄袭"的现象。如《××××地区服务外包试行办法》第一条就规定"参照《NB市政府服务外包暂行办法》,制定本办法"。实际上,××××地区属于 HLJ 省,它与 ZJ 省 NB 市没有隶属关系,但在制定规制规范时,却在规范文本中明确提出参照 NB 市暂行办法。这种做法是否能制定出科学的规制规范尚不说,但它至少影响了法律规制的权威性、严肃性及社会公信力。

三是法律规制文本质量不高

当前,我国地方政府制定的政府购买公共服务规范性文件,很少经过专家、学者、民众的公开论证,因此,制定的规范性文件往往不能很好地反映政府购买公共服务的实际情况。同时,由于规范性文本立法技术粗糙,导致制定的规范性文件存在错漏、歧义甚至不科学和不合理之处。比如,有些规定不甚科学,如《关于做好政府购买 CJR 服务试点工作的意见》关于项目绩效评价时,强调要发挥 CL 组织作为重要的第三方的作用。根据该办法,CL 组织是各级 CJR 联合会组织的简称,鼓励 CL 组织所属符合承接主体条件的 CJR 机构、社会组织平等参与政府购买 CJR 服务。在政府购买过程中,CL 组织既是 CJR 服务的承接主体,又是项目绩效评估的第三方,也就是说,既是"运动员",又是"裁判员",这种规定显然不利于第三方客观独立作用的发挥,也不利于确保绩效评估的公正性。比如,有些规定不尽合理,如《关于支持和规范社会组织承接政府购买服务的通知》关于社会组织资质条件的规定,还有待进一步充分考虑我国社会组织的现实情况。与西方国家不同,我国在推进政府购买工作中面临的一个重要问题,就是承接主体不足,因此,政府必须采取各种措施来培育承接主体。然而,该通知在规定社会组织资质时尚未区分不同情形,统一要求社会组织在承接政府购买服务时,应当按要求提供登记证书、年检结论、年度报告、财务审计报告、依法缴纳税收和社会保险费而无重大违反记录的声明等相关证明材料,供购买主体审查。当然,对于社会组织的资质应该进行审查,但是,这里的关键问题,是忽略了新成立的社会组织的资质条件的特殊性。按照该通知的规定,新成立的社会组织实际上不可能具备承接的资格和条件。

4. 法律制定的程序性不强

如上所述,目前我国政府购买公共服务的法律规范主要是各级政府的政策性文件,这些政策性文件不仅表现为法律规制的权威性不足,也存在着法律制定程序性不强的问题。

长期以来,我国法律法规对于政策性文件的制发主体、制发程序和权限、审查机制等尚没有全面、统一的规定,因此,政策性文件的发布程序本身就带有一定的随意性。在政府购买公共服务领域,由于缺少成熟的法律规范,政策制定程序性不强的问题尤为突出。在政府购买的实践中,这种程序性不强的问题集中表现为:

(1)缺少制定政策性文件的计划或者规划,政策性文件虽然可以起到提供法律规制、指导实际运行的作用,但政策性文件本身具有很强的时效性,以政策性文件代替法律规制,会使规定的出台缺乏长远规划性,甚至会根据部门领导的一句话、一个批示、一次大会发言制定或改变本地区、本部门购买公共服务的工作思路和工作重点,由此常常使得购买公共服务的发展缺乏长远性、系统性和可持续性。

（2）缺乏政策性文件出台的必要民主程序。文件前期调查研究的工作不扎实，在没有广泛征集意见、集体讨论、充分论证的情况下草草出台。在《指导意见》出台后，各地方政府比照《指导意见》纷纷出台本辖区内政府购买公共服务的指导规范，但是，有些地区除了发文单位和发文文号不同外，几乎照抄《指导意见》。这种做法实际上并没有严格遵循政策性文件出台的必要法定行政程序，由此使得相关规定缺乏针对性和权威性。

5. 政府法律法规规定凌乱模糊

我国现有政府购买公共服法律制度中存在的另一个问题是相关规定凌乱，缺乏清晰的立法设计。

首先，法律规制的形式多样，法律规制的名称也不尽相同。法律规制的名称主要有"规定""工作意见""指导意见""办法""实施意见"等，不一而足。

其次，制定法律规制的主体多样。这其中既有中央层次，又有各省、市、区，甚至居委会层次的主体。由于制定法律规制主体不同，而各制定主体在不同程度上会有部门或地方利益，且又没有非常明确的"疆界"可守，因此，在制定政府购买公共服务法律规制时，不可避免地要考虑或追求本部门或地方的利益得失，这样又势必会损害或者扭曲法律规制的公正性和公平性。

再次，法律规制的内容模糊。由于我国政府购买公共服务法律规制制定的主体不同，导致规制的内容也不尽相同。当前，我国政府购买公共服务法律规制内容详略不一、界限不清。有的详细规定了购买的指导原则、购买的内容、购买程序、监管程序以及资金拨付程序，如《PD新区关于政府购买公共服务的实施意见》；有的规定就较原则化，如《关于JA区社会组织承接政府购买（新增）公共服务项目资质的规定》。

6. 法律规制配套制度不健全

任何一项制度既要有主体法律，还要有相应的配套法律制度。政府购买公共服务的法律制度除了要有主体法律外，也要有相应的配套法律。但是，我国政府购买公共服务的配套法律不健全，主要表现在：

一是应有的配套法律规范缺乏。一般来说，政府购买应制定出台的配套法律规范很多，既有实体的也有程序的，既有经费保障的也有组织保障的。

所谓政府向社会力量购买公共服务的实质性制度规则，主要涉及政府向社会力量购买公共服务机制的诸构成主体、购买成本和购买产品等方面的法律法规和制度规则，其具体内容包括：

（1）政府、企业、其他社会力量、享用消费者和评估机构的法定资格和资质认定；

（2）各主体法定权力责任和权利义务规定，包括各级政府的权力责任、社会力量的权利义务、享用公共服务的社会公众的权利义务和评估主体的权力责任；

（3）政府购买公共服务的财政的出资主体、出资范围和强度；

（4）社会力量生产政府所购买的公共服务的税收减免或者优惠规定；

（5）政府分类型、分层级、分部门购买公共服务的规定；

（6）政府购买的公共服务的范围、内容和标准。

所谓政府向社会力量购买公共服务的程序性制度，主要涉及购买公共服务的流程和方式，具体内容涉及：

(1) 政府向社会力量授权或者委托的程序或者流程;
(2) 政府购买公共服务的方式、方法、流程和程序;
(3) 政府购买公共服务的招投标办法和程序规则;
(4) 政府购买公共服务或者政府公共服务外包的合同制度;
(5) 政府购买公共服务的公民参与和听证制度;
(6) 政府购买公共服务的资金审核与管理办法;
(7) 政府监督和管理社会力量生产与供给公共服务办法;
(8) 政府购买公共服务的绩效评估主体、评估指标体系和评估方式流程;
(9) 社会力量生产和提供的公共服务质量评估究责机制;
(10) 各主体退出政府购买公共服务的机制与办法。①

这些配套法律制度都是政府有效依法购买公共服务所必须和急需的。但是,目前在我国各级政府却没有出台这些配套法律法规。这些法律法规的空缺,导致推进政府购买公共服务进程出现诸多问题,如政府购买公共服务的资金问题,按国家要求要将政府购买资金纳入财政预算,可是各地现在实际上有不同做法,其中比较典型的是配套资金问题。根据项目组的调研,以 HN 省 TH 县河道治理为例,所需费用就是采取配套资金,目前资金比例是国家 80%、县里配套 10%、自筹 10%。另外,项目监理费、监督费以及后期管理费用等,也没有纳入项目资金中。这些配套资金县乡财政根本无力承担,实际上不仅没有达到节约开支,减轻地方财政负担的目的,反而进一步增加地方政府财政负担。②

二是已有的规制规范不能满足规制需要。根据公共选择理论和组织理论,公共部门组织效率低下的根源,在于公共部门公共服务的垄断性;公共部门组织的循规蹈矩,公务员的相互推诿、墨守成规、甘于现状的心态,造成公共部门组织丧失追求效率的内在动力;官僚利益的最大化,使得公共部门组织规模扩大,行政成本逐步高涨。对此,公共选择理论认为,根本的解决办法在于充分发挥个体自由和市场的积极作用,引入公私竞争机制,打破垄断格局,给予公众自由选择的权利与机会。③ 显然,公共选择理论为政府购买公共服务提供了理论依据,也为承接主体承接政府购买活动提供了内因分析。

为此,形成有效竞争的前提条件之一,就是具有足够的竞争主体。对于政府购买公共服务而言,其有效竞争的前提条件之一,就是必须要有足够的承接主体参与公共服务的竞买过程。目前,我国公共服务的承接主体发育不甚完善,由此难以形成有效的充分竞争格局。项目组重点调研的 HN 省 TH 县,迄今共有社会组织 123 个,其中社会团体 32 个,民办非企业 91 个,吸纳团体会员 2261 个,个人会员 36076 个,从业人员 37953 个。这些组织和人员远远不能满足现实需要。以养老为例,目前全县 61 岁以上的"三无"老人有 19 万多,而社会养老机构只有 10 家,实际入住 448 人。现有的全县养老机构只能满足 47%的"五保"老人养老。④ 如此低比例的承接主体,不仅不能适应我国政府购买公共服务的发展需要,而且已经成为制约我国政府购买公共服务发展的瓶颈。导致我国民间组织发展

---

① 王浦劬:《政府向社会力量购买公共服务的改革意蕴论析》,《吉林大学社会科学学报》2015 年第 4 期。
② 根据项目组于 2015 年 6 月 5 日在 HN 省 TH 县调研访谈纪要整理。
③ 郑晓燕:《中国公共服务供给主体发展的动力要素探析》,《科学发展》2011 年第 9 期。
④ 根据项目组于 2015 年 6 月 5 日在 HN 省 TH 县调研访谈纪要整理。

缓慢、承接公共服务能力不足的重要原因之一是,我国现有的体制机制存在不合理之处,相当程度上制约了民间组织发挥积极性。其中,《社会团体登记管理条例》和《民办非企业单位登记管理暂行条例》所确立的登记管理体制,是需要完善和改进的主要制度。根据《社会团体登记管理条例》和《民办非企业单位登记管理暂行条例》,当前我国登记管理体制的基本特点是:门槛高、限制多、监管不力、指导不足。在这其中,"双重管理原则""非竞争性原则"和"限制分支制度原则",又是导致这种局面的核心因素。"双重管理原则"是指登记管理体制中的双重管理体制,即我国对民间组织实行"登记机关"和"业务管理部门"双重审核,双重负责,双重监管。①"登记机关"负责登记,"业务管理部门"负责业务指导管理。由于民间组织不能带来直接的利益,且还要为民间组织开展活动承担责任,因此,本着"多一事不如少一事"的态度,这些政府的"业务管理部门"往往不愿意担当民间组织的业务管理部门,对民间组织成立申请,往往采取推脱的做法。这就使得民间组织的发展处于一种尴尬的局面:一方面,民间组织要获得合法身份必须要有业务主管部门,另一方面,业务主管部门又不愿意当主管部门。然而,根据规定,没有业务主管部门,民间组织就不能登记为合法组织。与此同时,《社会团体登记管理条例》第十三条、第十九条,《民办非企业单位登记管理暂行条例》第八条、第十三条又规定了非竞争性原则和限制分支制度原则。按照这两个原则,在我国同一行政区域内不得设立业务相同或相似的两家社会团体或民办非企业单位;社会团体或民办非企业单位不得设立地域性分支机构。正是受到这些规定的制约,常常使我国大量民间组织处于"合法"与"非法"的模糊状态。②

7. 尚未形成完善的救济制度

政府购买公共服务救济制度,是指在政府购买过程中,各参与主体及其利害关系人的合法权益受到或即将受到侵害时,为了确保权益状态圆满或实现,通过排除侵害、督促履行、补偿或赔偿损失等形式或程序,对受侵害主体的合法权益进行法律救济或事实行为的制度。

目前,我国政府购买公共服务虽然已经初步建立了救济制度,而且这些制度涵盖追究刑事责任、行政诉讼、行政复议、民事赔偿、询问、质疑、投诉、信访、检举、控告、调解、和解等方式,但是,作为新型的国家治理制度,政府购买公共服务救济方面,仍存在诸多不足。

(1) 尚未建立独立的救济制度

任何制度都必须有独特的制度内容,政府购买救济制度也必然具有自身的制度内容和特点。但是,目前,我国学界对政府购买制度定位尚未形成统一认识,对于政府购买与政府采购是否存在包容关系尚存不同理解,在这种情况下,难以构建独立完整的政府购买救济制度。

如前所述,《条例》和《办法》将公共服务的购买纳入了政府采购的范围,按照法理,政府采购的一系列制度自然适用于政府购买及其相关救济,那么,政府采购救济制度的优点,顺理成章地成了政府购买救济制度的优点,其缺陷也就理所当然地成为政府购买救济

---

① 我国的《社会团体登记管理条例》虽然2016年有新修订,但没有改变双重管理原则与非竞争性原则;《民办非企业单位登记管理暂行条例》现在还是征集意见期间。
② 项显生:《论我国政府购买公共服务主体制度》,《法律科学》(西北政法大学学报)2014年第5期。

制度的缺陷。这种没有独立性和自主性的特点,本身就是政府购买公共服务救济的缺陷。

由于政府购买公共服务的宗旨和功能定位独特,其救济制度也应有其自身的救济对象和救济内容。即使政府购买救济制度有时可借鉴政府采购救济制度中的某些经验做法,但是,决不应该把二者混为一谈,更不能原封不动地照搬照抄。事实上,政府采购的救济制度并不能完全解决政府购买中所发生的各类纠纷。例如,就购买方式而言,政府购买的方式通常多于政府采购方式;就购买方式产生的纠纷而言,政府购买公共服务产生的纠纷,却要多于政府采购方式产生的纠纷。我国《政府采购法》第二十六条规定,政府采购有公开招标、邀请招标、竞争性谈判、单一来源采购、询价和国务院政府采购监督部门认定的其他采购方式。同时,该法还规定,公开招标应作为政府采购的主要采购方式。而根据《办法》,政府购买公共服务的方式多于政府采购方式。《办法》第十九条规定,按规定程序确定承接主体后,购买主体应当与承接主体签订合同,并根据服务项目的需求特点,采取购买、委托、租赁、特许经营、战略合作等形式。这也就是说,就政府购买公共服务的方式而言,除了包含政府采购的所有方式外,还有租赁、特许经营、战略合作等形式的特殊购买方式;同理,政府购买公共服务由此也会发生更多的购买纠纷,增加更多需要救济的权益内容,因此,如果仅以政府采购的救济制度来解决政府购买发生的纠纷,就像"大头小帽"一样,实际上难以解决政府购买公共服务的所有争议纠纷。

(2) 行政权力主导救济倾向明显

行政权力救济是一种高效经济的争议解决方式。我国政府购买救济制度中,设置了许多行政权力救济方式,如询问、质疑、投诉、行政复议等。这些行政权力的救济方式,为解决我国购买争议发挥了积极作用。但是,如果过分强调行政权力在政府购买救济制度中的作用,那么,行政权力的救济就不再是解决政府购买中纠纷的工具,而成为一种政治活动或者是贯彻国家政策的机会。当前,我国行政权力介入购买救济存在着范围过广、程度太深、强制太多、要求过高等问题。这些问题使得监督权力都集中在政府财政部门,难以充分确保救济的公正性。根据《政府采购法》规定,各级人民政府财政部门是政府购买的监督管理部门,依法履行监督管理职责。《办法》对财政部门履行监督管理职责作了进一步细化规定。《办法》第二十五条、二十六条、二十七条、三十条、三十二条、三十七条对财政部门行使购买项目编制、审核、批复、绩效评价、监督和处罚做出了规定。《办法》第二十五条规定,财政部门在布置年度预算编制工作时,应当对购买服务相关预算安排提出明确要求,在预算报表中制定专门的购买服务项目目录。第二十六条规定,财政部门负责政府购买服务管理的机构对购买主体填报的政府购买服务项目表进行审核。第二十七条规定,财政部门审核后的购买服务项目表,随部门预算批复一并下达给相关购买主体。购买主体应当按照财政部门下达的购买服务项目表,组织实施购买服务工作。第三十条规定,财政部门应当按照建立全过程预算绩效管理机制的要求,加强成本效益分析,推进政府购买服务绩效评价工作。第三十二条规定,财政、审计等有关部门应当加强对政府购买服务的监督、审计,确保政府购买服务资金规范管理和合理使用。第三十七条规定,财政部门应当会同相关部门、购买主体建立承接主体承接购买服务行为信用记录,对弄虚作假、冒领财政资金以及有其他违法违规行为的承接主体,依法给予行政处罚,并列入政府购买服务黑名单。

由此可见,政府购买项目编制、审核、批复、绩效评价、监督和处罚都由财政部门集中行使,财政部门身兼数职,其对购买争议救济的公正性、对受侵害权益进行及时公正救济的有效性,受到社会公众质疑。之所以如此,主要原因在于:

首先,政府购买的上述活动都是在财政部门的要求和介入的情况下开展的,且财政部门与购买主体间存在千丝万缕的关系,一旦购买主体侵害承接主体或者服务对象、普通民众的权益,很难确保财政部门能客观判断和公正处理。

其次,行政权力对质疑、投诉等救济方式设置了诸多阻却性的限制要求。具体有对受理主体的限制,按照规定,质疑只能由承接主体向购买主体提出,不能直接向监督管理部门提出;只有投诉才可以向监督管理部门提出。对受理内容的限制,质疑、投诉解决的只能是购买文件、购买过程和中标、成交结果使承接主体的权益受到侵害的内容。对提供的材料的限制,《条例》第五十五条规定,质疑、投诉应当有明确的请求和必要的证明材料。投诉的事项不得超出已质疑事项的内容。对处理程序顺序的限制,如要投诉则必须先提出质疑,只有质疑答复不满意或者未在规定时间内做出答复的,才可以投诉。承接主体对质疑答复不满意或者未在规定时间内做出答复的也不能直接申请行政复议或者向人民法院提起行政诉讼;只有经投诉,且对投诉处理决定不服或者监督管理部门逾期未作处理的,承接主体才能直接申请行政复议或者向人民法院提起行政诉讼。

所有这些规定,实际上强化了行政机关在处理购买纠纷中的主动权。这些规定虽然具有高效率和专业性强等特点,但却剥夺了承接主体对救济方式的自由选择权,降低了救济的公正性。

(3) 救济范围偏窄

救济范围是否适度是救济制度成败的重要因素。众所周知,救济范围偏窄,往往无法实现救济的目的,因此,合理扩大救济的范围,就成为完善相关救济制度的必然选择。从理论上分析,救济范围广的制度应该比救济范围小的制度更有利于保护公众的合法权益。但是,实际情况未必如此,如果救济制度设计了广泛的救济范围,现实条件却又无法对受侵害权益进行救济,那么,不仅救济制度设计的目的实现不了,而且还会导致人们对救济制度产生抱怨和不信任。因此,不切实际地扩大救济范围,并非都是良好选择。

我国政府购买救济范围总体上能满足保护购买权益的需要,但是,与域外救济制度和我国其他救济制度进行对比,政府购买公共服务的救济制度,覆盖范围还是偏窄。

一是受到侵害的潜在权益难以得到救济。政府购买权益可分为实质权益和潜在权益,二者都是受保护的合法权益。然而,在我国现有的政府购买救济制度中,法律只对实质权益受损情况进行救济,而没有对潜在权益规定救济。《政府采购法》第五十一条规定,供应商认为采购文件、采购过程和中标、成交结果使自己的权益受到侵害的,才可以提出质疑。从该条文可知,这里的承接主体是参加到购买过程中的承接主体,而对由于被侵权没有参加到购买过程中的潜在承接主体而言,由于其无法达到权益受到实质损害的条件,因此,潜在承接主体不能就此提出质疑。从权益的角度分析,该条文要求承接主体的权益受到实实在在的损害才能提出质疑,如果仅是权益可能受到损害,则不能提出质疑。由上可知,我国政府购买救济制度保护的是实质权益,而不包括潜在权益。但是,实践证明,潜在权益如果得不到救济,其危害比实质权益没有得到救济更大。潜在权益受到侵害的肇因,往往是承接主体或者承接主体与购买主体相互勾结侵害,如果不对潜在权益进行救济,那么就是对违规违法行为的纵容和偏袒。这不仅不利于政府购买的有序竞争,而且会形成投机取巧的社会风气,不利于政府购买公共服务的健康发展。对潜在承接主体而言,这也是种"二次伤害",第一次由于被侵权,连进入购买程序的资格都没有;继而,本想通过救济的方式来弥补受损的权益,可法律规定由于其没有实质性损害因而没有救济权利。对于潜在承接主体而言,既已被排除在程序之外,何来实质性损害;既没有实质性损害就无质疑权,也就无法得到救济,这就是"二次伤害"。

二是普通民众缺乏专门的救济途径。政府购买公共服务既是推进国家治理现代化的举措,也是实现共享发展的重要惠民之举。通过政府购买公共服务,向民众提供高品质、多样化的公共服务,是深化改革的要求,也是广大民众分享改革成果的具体体现。对普通民众购买权益的救济,是政府购买救济制度的重要内容。但是,我国普通民众除了根据《政府采购法》第七十条规定行使控告、检举权以及信访外,在救济制度中尚缺乏普通民众的专门救济途径。在政府购买救济制度中,承接主体的救济途径有询问、质疑、投诉、行政复议和行政诉讼等;购买主体也可以根据购买合同使用民事诉讼、仲裁、调解、和解等救济方式;服务对象也有服务项目的评价权,如根据《办法》第三十条规定,财政部门应当推动建立购买主体、服务对象及专业机构组成的综合性评价机制,推进第三方评价,按照过程评价与结果评价、短期效果评价与长远效果评价、社会效益评价与借鉴效益评价相结合的原则,对购买项目数量、质量和资金使用绩效进行考核评价。评价结果作为选择承接主体的重要参考依据。在政府购买公共服务过程中,购买主体、承接主体和服务对象都有专门的救济途径,而普通民众却缺乏专门的救济途径,这一方面有损于政府购买救济制度的完整性,另一方面也会违背权益救济的公正性。

三是救济方式多元化不够。救济方式的多元化,便于受侵害主体根据具体情况选择最合适的纠纷解决途径,是权利救济机制的发展趋势。同时,救济方式的多元化语境下的各种救济方式之间的竞争,也有利于促进各救济方式和机制的改进和完善。

我国政府购买救济制度已经涵盖司法救济、行政权力救济、社会救济和公民自力救济等救济方式。这些救济方式,除了个别救济方式有特别规定不能选择外,一般情况下受侵害主体均可根据需要自由选择适合自身的救济方式。从长远来看,现有的政府购买救济方式,还远不能满足政府购买公共服务救济多元化的需要。

首先,公益诉讼的救济方式缺位。公益诉讼是指允许直接利害关系人以外的公民、法人、其他组织或者特定机关,根据法律的授权,对违反法律侵犯国家利益和社会公共利益的行为,向法院起诉,并由法院追究违法者责任的诉讼。公益诉讼的目的是保护国家利益、社会公共利益等公益;凡是侵犯公益的违法行为均在公益诉讼的可诉对象之列,不审查纯粹是侵犯私益或者以侵犯私益为主、侵犯公益为次的违法行为。"公益诉讼的起诉主体不局限于具体合法权利直接受到不法侵害者,其他机关、团体、个人也可以以公众利益受到侵害为由代表国家和公众提起诉讼,因为公权受到损害,则受到公权关怀的每一个主体均会受到不法行为的间接侵害。"[1]

---

[1] 田凯:《行政公诉论》,中国检察出版社2009年版,第17页。

公益诉讼虽然在国际上已经有较长的历史,但在我国却仍处于探索阶段。《民事诉讼法》第五十五条规定,对环境污染、侵害众多消费者合法权益等损害社会公共利益的行为,法律规定的机关和有关组织可以向人民法院提起诉讼。这是我国法律对公益诉讼首次做出规定,对于保护公共利益具有重大的意义。但是,由于没有相应的配套制度,该规定操作性不强,提起诉讼主体资格不明确;保护范围狭窄。这种状况实际上不利于维护公共利益。"在行政管理过程中,有些行政机关作为或不作为,并不直接、不明显损害某一特定的公民、法人或者其他组织的权益,但对社会公共利益、经济社会秩序造成严重后果,但却无人起诉,这就需要提起公益诉讼。"①在政府购买公共服务过程中,如果公益诉讼的救济方式缺失,则容易弱化购买主体责任和纵容对公共利益的侵害。这是因为,在政府购买公共服务过程中,各参加主体的动机和目的并非一致的,各主体动机和目的的非一致性,就可能导致行为上的冲突。购买主体购买公共服务的动机在于提升政府的服务职能、提高公共服务的质量和水平;承接主体参与购买活动,其主要的动机在于个体的经济利益,并不一定都与购买主体的动机和目的吻合。在逐利思想的引导下,承接主体为了自身利益,有可能侵犯公民或者购买主体的利益。在这种情况下,如果国家没有尽到应有的监督和最终担保责任,就可能产生国家责任"遁入私法"的危险,就会给公共利益造成重大损失,同时,也会丧失或弱化国家责任。在传统"无利益即无诉权"的观念支配下,与诉讼没有直接利害关系的受侵害人是不能提起公益诉讼的。但是,按照现有的诉讼理论,在政府购买公共服务活动中,只有直接的利害关系人才可以提起诉讼。这种规定显然是有局限的,尤其是当一些公共服务购买行为侵害了公共利益,而造成此种侵害的直接利害关系人可能却是受益者,真正的受害者是由于公共利益受到侵害也间接受到侵害的广大民众时,由此可能造成受损权益得不到救济的局面。这种侵害者受益,受害者受损制度设计,与政府购买制度价值相悖,其不仅不能保护民众的合法权益,而且不符合转变政府职能、提高政府治理水平的政府购买公共服务的制度价值要求。

其次,缺乏专门化的第三方救济方式。专门化的第三方救济方式是指当政府购买争议发生时,由独立于政府、购买主体、承接主体、服务对象之外的组织来解决纠纷的救济方式。由专门化的第三方来解决购买纠纷既是救济方式创新的需要,也是践行社会管理创新要求中的"社会协同、公众参与"原则的体现。"由于第三方机构与所涉争议的利害关系较小或者不存在利害关系,能以相对独立、客观的视角进行分析判断,从而更有利于查明真相、化解矛盾。"②第三方救济方式由于具备"公平与公正、诚实与诚信、周全与周到、关怀与尊重、公益与奉献、恒定与持久"的文化共性,因此,发挥好第三方在经济、社会、司法等社会治理中独具的服务力、约束力、公信力的作用,是现代社会治理的共识。③ 目前,我国政府已经清楚认识到第三方在政府购买中的作用。在《办法》第三十一条中就提出在对政府购买进行评价时,要建立由购买主体、服务对象及专业机构组成的第三方综合性评价机制。政府购买救济的第三方救济方式与《办法》界定的第三方评价机制的概念和

---

① 应松年:《行政救济制度之完善》,《行政法学研究》2012 年第 2 期。
② 裴力、潘强:《独立第三方向社会管理摆渡》,《中国改革报》2011 年 12 月 9 日第 5 版。
③ 张志明:《第三方文化:社会组织有效参与社会治理的精神支撑》,《大连理工大学学报》(社会科学版)2014 年第 7 期。

内涵不同,但反映了发挥第三方在政府购买中作用是时代的趋势。因此,没有建立专门化的第三方救济机制是政府购买救济制度不足和缺陷。

8. 公众参与立法薄弱

公众参与是一种公众在其权利义务范围内有目的有计划的社会行动;它通过政府部门和参与行动的部门与公众之间双向交流,使公众能参加决策过程并且防止和化解公众和政府与参与行动的部门、公众与公众之间的冲突。"行政法治就需要将公众参与作为一个基础性制度予以对待;作为为行政过程提供'合法化'解释框架的行政法,就应当将公众参与作为核心。一种以参与为核心的行政法模式,不仅对民主理论的要求具有更强的回应性,而且对行政过程的改革具有更强的建设性"。①

有效的公众参与是实现善治的必要条件,也是现代行政法治的重要内容。公众参与在政府购买共服务中的地位和作用比一般的行政决策中的地位和作用更为特殊和重要。政府购买共服务设计初衷就是为了就是为了给公众提供优质的公共服务,为此就更需要公众参与,以便了解公众之所需。

公众参与在政府购买共服务过程,具体而言可以做到:(1)它是一个连续的双向的交换意见过程,通过这个过程,可以增进公众了解政府和购买机构在政府购买公共服务中的做法与过程;(2)可以将购买项目、购买计划、购买规模、购买资金以及相关政策的有关情况及其含义信息及时完整地传递给公众;(3)积极征求公众对政府购买共服务的意见和感受,如购买内容是否合适、购买项目规模是否符合需要,承接方提供的服务是否让公众满意等,通过信息交换,及时修订工作方案,共同推进政府购买公共服务目标的实现。如果没有公众参与,即使政府做了大量的工作也未必得到公众的认可。

目前,我国政府购买公共服务的做法是,今年送戏下乡,明年送图书入户——这样的购买服务比较随意,事先也没有征求过意见,一些送上门的服务项目群众并不急需,而群众困难的事情却没有服务。②据上海大学与上海社会科学调查中心联合进行的电话调查显示,有19.02%的被访者认为最大的社区烦恼是"公共服务不到位"③。这一方面说明了政府提供的公共服务实际上不到位,另一方面也说明了政府和公众之间缺乏有效沟通。公众是公共服务需求的主体,政府在购买公共服务的过程中应尊重公众民主选择服务的权利。与此同时,不同的公众群体往往有不同的爱好和追求,所以公共服务的供求关系越直接,经费使用效益越好。实践证明,只有公众的民主选择权得到充分实现,政府购买的制度效益才能得到充分发挥。我国有些地方已经认识到这一道理,并采取一定的措施来避免政府购买公共服务中的公众参与缺位。《NB 市 ZH 区政府购买服务政府采购管理暂行办法》(Z 采购办[2015]6 号)④第十五条规定,政府向公众提供的公共服务项目,应当就确定采购需求在 NB 市政府采购网等政府采购指定媒体上征求社会公众的意见,公示时间不少于 5 个工作日。除了出台相应制度外,有的地方还有专门的工作措施。ZJ 省 NB

---

① 王锡梓:《公众参与行政过程——一个理念和制度分析的框架》,中国民主法制出版社 2007 年版,第 5 页。
② 项显生:《论我国政府购买公共服务主体制度》,《法律科学》(西北政法大学学报)2014 年第 5 期。
③ 刘力源:《政府购买服务应尊重公民选择权》,2015 年 12 月 25 日,http://news.163.com/11/0314/09/6V3J9SVI00014AED.html。
④ 根据项目组于 2015 年 11 月 4 日在 ZJ 省 NB 市 ZH 区调研访谈时收集。

市 ZH 区以"微民生"工程、"周五有约"等为抓手,鼓励基层组织主动嵌入社区服务,有效对接解决民众个性化、细微化、多元化的民生需求,从而破解政府购买项目目的性不明确、针对性不强的问题。通过上述途径,ZH 区累计服务群众 20 余万人次,群众满意率达 97%①。我国大部分地区在保障民众参与方面还很难做到像 ZJ 省 NB 市 ZH 区。很多地方政府购买公共服务的法律规范对民众参与缺少规定或规定不详,即使有规定也缺乏公众参与的抓手和渠道。

二、中国政府购买公共服务的财政制度

党的十八届三中全会《决定》指出,"财政是国家治理的基础和重要支撑,科学的财税体制是优化资源配置、维护市场统一、促进社会公平、实现国家长治久安的制度保障"。② 由此可见,财政对于国家治理具有十分重大的基础性意义。

在政府购买的过程中,政府财政是重要前提和基础。政府购买公共服务的资金是财政性资金,购买资金的公共财政规定性,保证了政府购买服务的公共性。另一方面,政府购买公共服务也意味着需要按照财政资金的管理方式,统一管理和监督政府购买公共服务、甚至评估政府购买的公共服务的全流程。因此,财政制度是另一规范政府购买公共服务的基础性制度,构成了政府购买公共服务过程的重要制度环境。

目前,在我国政府购买公共服务的实践中,从中央到地方,各个层级的政府向社会力量购买公共服务工作,都是由财政部门牵头实施的。概括地说,政府财政在政府购买公共服务中发挥着三大作用,即提供资金,保障公共服务有钱可买;建立制度,保证购买工作有章可循;绩效管理,保障资金使用真正有效。具体而言,财政制度贯穿购买公共服务的各个环节,包括目申报、项目审核与预算编报、组织购买、项目实施、评价验收。由此可见,财政制度的建立健全,对于政府向社会力量购买公共服务具有前提性、基础性和全局性意义。

(一) 适用制度辨析

1. 政府购买公共服务的财政制度与政府采购

目前,从各级财政部门的工作原则来看,政府向社会力量购买公共服务的制度、原则与规定是比照政府采购制度的。因此,政府采购制度的发展在一定程度上也反映了政府购买公共服务中财政制度的发展;政府采购制度也为政府购买公共服务中的一些基本问题做出了规定。

从 1996 年开始,我国一些地区进行了政府采购改革的试点工作。2002 年我国颁布了《中华人民共和国政府采购法》,自此政府采购工作实现了规范化与法制化。之后,相关的制度建设不断取得发展。财政部先后颁布了多个配套规章与政策,包括《政府采购货物和服务招标投标管理办法》《政府采购评审专家管理办法》《政府采购代理机构资格认定

---

① 根据项目组于 2015 年 11 月 4 日在 ZJ 省 NB 市 ZH 区调研访谈记录整理。
② 《中共中央关于全面深化改革若干重大问题的决定》,《人民日报》2013 年 11 月 16 日。

办法》等,从而建立起了以《政府采购法》为核心的政府采购政策体系。从政府购买公共服务财政制度的角度来看,《中华人民共和国政府采购法》和2015年国家实施的《新预算法》这两个法律文件为我国政府采购行为确定了基础性法律规范。

在政府购买公共服务推广深化之后,这两部国家法也成为政府购买公共服务领域内的操作指导性文件。特别是在财政制度方面,这两部国家法对实务操作,包括政府购买公共服务的方法、流程、"管办分离"的组织结构等也进行了同样的规定。

2. 政府购买公共服务适用财政制度辨析

如前所述,目前政府购买公共服务中的财政政策是比对政府采购所约定的。但是,首先,政府采购制度本身尚不完善;其次,政府采购与政府购买还存在着显著的差异。

(1) 政府采购法律和政策存在的问题

本项目组的调研显示,目前,政府采购涉及财政制度的主要问题在于:

一是法律和法规尚不健全。

首先,《政府采购法》本身存在着问题。例如,《政府采购法》一方面确立"提高政府采购资金的使用效益"的整体目标,另一方面又提出了"有助于实现国家的经济和社会发展政策目标"的目标。但是,若这两个目标发生冲突,那么谁服从于谁呢?例如,在政策执行过程中,可能为了某些经济社会发展目标而牺牲资金效率。

其次,有关专家认为《政府采购法》所确定的适用范围过窄,在实践中的可操作性存疑。[1] 再次,缺乏与之配套的实施细则使其很难满足实际工作需要。

再次,专家批评《政府采购法》的过程过于僵化,导致了在实践中要么流于形式,要么难以落实。在"政府采购活动中,特别是招投标活动进行的监督政出多门、职权不清,当项目存在交叉时,各部门相互推诿、相互掣肘。"[2]

二是组织结构设置问题突出,一定程度上阻碍了政府采购的落地。

在实践中,政府采购这一事项的监管部门级别不高,且人手不足;而政府采购执行部门设置各地均不统一;政府采购机构间职责划分不清,协调机制欠缺。[3]

三是政府采购效率不高。

这主要体现在:政府采购预算计划性不足,预算编制较采购行为相对滞后。政府部门的采购审批环节过多、程序复杂,降低了政府采购的时间效率。甚至一些地方增加审批环节,导致了不必要的采购拖延。在这其中,尤其需要指出的是,政府采购的信息公布不充分,许多政府采购的招标文件对技术标准、评标办法等关键事项披露模糊。供应方和采购方对所采购物品的价格水平、质量等关键信息存在着不对称,使得的采购交易成本过高,违背了政府采购最初的目的。[4]

(2) 政府购买公共服务与政府采购的差异

如同本书关于政府向社会力量购买公共服务的法律规制部分所讨论的那样,人们在建立健全政府向社会力量购买公共服务的财政制度时,同样遭遇政府采购与政府向社

---

[1] 马海涛:《回顾我国政府采购发展历程,深化政府采购制度改革》,《铜陵学院学报》2009年第1期。
[2] 同上。
[3] 同上。
[4] 同上。

力量购买公共服务是否同一件事的问题。相关讨论认为,如果两者是一回事,那么,在政府购买公共服务的过程中,需要比照《政府采购法》;如果两者有差异,那么,就需要针对政府购买公共服务这一事项,进行更加深入细致的法律或者政策制定,并且据此制定相关财政制度。

目前,我国的学术界对政府购买公共服务与政府采购的关系有着两种截然相反的观点。

一些学者认为,政府购买公共服务属于政府采购的范畴。首先,根据《政府采购法》第二条的规定所给出的定义,"本法所称政府采购,是指各级国家机关、事业单位和团体组织,使用财政性资金采购依法制定的集中采购目录以内的或者采购限额标准以上的货物、工程和服务的行为"。同时,"购买服务应执行政府采购法律制度规定"是国际惯例。其次,政府购买公共服务与政府采购有着内在的逻辑关联。二者的主体在本质上并无重大区别,都是"各级行政机关、参照公务员法管理并具有行政管理职能的事业单位及部分群团组织";除此之外,二者所用于"采购"或"购买"的资金都属于财政性资金,在使用中要求高效、透明;再次,无论是政府购买还是政府采购,对"供应商"并无二样,供应商应当是市场主体。因此,将政府购买公共服务纳入政府采购,是具有合理性的。有学者指出,纳入政府采购法中的服务,就是公共服务。①

政府购买公共服务等同于政府采购。在这样的思想主导之下,学者们也提出了一些实际建议,例如将社会组织列为政府采购的供应商等。而在实践中,独立和具有竞争力的社会组织也确实能承担供应商的重任与身份。因此,在理论上可以依照《政府采购法》,对政府购买公共服务进行管理规制。

但是,与此相对,另一部分学者认为,政府购买公共服务与我国现行的"政府采购"概念并不完全一致。政府购买公共服务与政府采购在目的、标的物、供应方、程序等方面存在着本质的区别。② 政府采购所指的"货物、工程",都是政府部门自己使用的,因而《政府采购法》中所涉及的"服务",也是政府部门自己需要的服务,如政府办公场所的保洁、政府部门自身所需要的法务与财务服务等等;这里消费者是政府自身。而在政府购买公共服务中,服务是提供给公众,消费者是公众。

尽管学界的这两种观点各有其道理,但是,本项目组在调研过程中发现,许多实际工作者更为偏向后一种观点。

从概念上看,表面上政府购买公共服务与政府采购区别不大,但是,从政府向社会力量购买公共服务的财政制度建立健全和实际运行来看,在具体的操作实务中,两者区别很大。总起来看,这两者具有以下四方面区别:

首先,在这两种政策行为中,多个行动者之间的逻辑关系不同。

在政府采购与政府向社会力量购买公共服务过程中,多个行动体的关系如图 2-1 和图 2-2 所示。

---

① 章辉:《政府购买服务是否适用政府采购法》,《中国政府采购报》2014 年 3 月 19 日第 3 版。
② 王浦劬、〔美〕莱斯特·M.萨拉蒙:《政府向社会组织购买公共服务研究:中国与全球经验分析》,北京大学出版社 2010 年版。

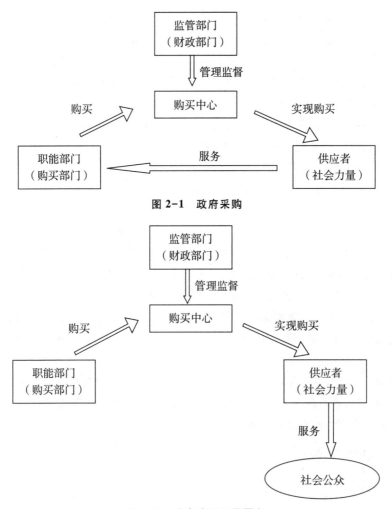

图 2-1 政府采购

图 2-2 政府购买公共服务

其次,政府向社会力量购买公共服务与政府采购中的服务有所不同。

政府采购的服务,从本质而言是"市场中的服务"。政府采购实际上是设置了一个场域,将市场关系、市场竞争等市场要素纳入其中。在这种购买关系中,政府(购买者)与供应商(提供者)形成了一种平等合作的市场关系,两者一买一卖。因此,购买者与销售者之间是一种纯粹的市场交换关系,其交换的产品是一种市场产品。

相形之下,在政府向社会力量购买公共服务运行过程中,购买者与供应商之间并非纯粹的"一手交钱一手交货"的市场关系,实际上,两者形成的是一种委托——代理关系:即政府的职能部门出资,委托供应商(社会力量)向社会公众提供服务。问题的关键在于,在这里,服务是具有公益性的。同样是提供服务,市场性的服务与公益性服务在定价、评估等方面都会有许多区别。

再次,政府向社会力量购买公共服务的需求与政府采购服务的需求来源不同。

政府采购的服务,多是为政府履职所需,这类服务需求会随着政府部门的工作进程被察觉,所需要的服务种类数量明确。相形之下,公共服务的需求隐含于社会公众之中,这类服务高度隐性,需要发掘社会需求,体察公众诉求才能获得。

这种对于服务的需求来源不同,导致了购买(或采购)行为合法性的不同。相对而言,"采购"行为由于需求稳定明确,有更大的合法性,因此争议较少,可以采用相对刚性的手段进行规范。但是,"购买"公共服务的行为需求并不呈现显著的明确性,因而有可能引发争议,因此,在实际操作中更需谨慎,以人性化的手段加以处理。

最后,政府向社会力量购买公共服务与政府采购服务的过程不同。

政府采购基本按照政府的年度工作计划确定。作为科层体制的机构,政府部门一般具有高度的组织化特征和运行规范。政府的这种常态化与计划性的工作机制,使得政府采购过程呈现静态特征。政府部门按期编制预算、按时实现购买,整个过程完整可控。

但是,政府向社会力量购买公共服务过程的状态则有很大不同。社会本身万千变化,社会需求层出不穷。整个过程呈现了高度的动态化。在这种情况下,职能部门需要随时了解情况灵活应对问题,而很难以简单的条框规定来进行约束。

综上所述,笔者认为,简单地套用《政府采购法》的规定、程序与步骤对政府购买公共服务进行监管并不合适。更为重要的是,《政府采购法》本身在执行过程中问题重重、争议多多。以一个本身尚不完善的法规来管理一个新生事物,恐怕事倍功半。

当然,从政府向社会力量购买公共服务的财政制度建立健全的角度来看,我们也应该承认,《政府采购法》的原则性规定,体现了政府在社会治理中财政制度的根本准则,包括转变政府职能、实现政府购买(采购)财政支出的公平公开公正,这些原则无疑需要在政府购买公共服务过程中落实落地。所以,建立健全政府购买公共服务的财政制度,理应在遵循《政府采购法》基本原则前提下,对具体的政策执行细则与方式进行调整,使之能更有效地提供公共服务,促进民生发展与社会进步。

(二)财政制度现状

1. 总体状况

我国政府向社会力量购买公共服务,与西方国家应对福利危机、缩减财政开支的出发点截然不同,本质上是在全面深化改革的历史新时期,政府满足群众不断增长的公共服务需求的重要举措。因此,随着改革的深入发展,我国政府不断加大对社会公共服务的投入,购买公共服务的资金量不断攀升。据统计,2013 年全国政府购买社会组织服务的资金达到 150 多亿元,比 2012 年有大幅度增长。[①]

以本项目组调研的城市为例,BJ 市 2010 年正式在全市社会组织范围内开展政府购买社会组织服务工作,投入资金 2020 万元;2011 年,BJ 市投入资金增加到 7879.6 万元,资金投入增长近 300%;2012 年投入增长至 8089.6 万元,同时撬动配套资金 2867.22 万元;2013 年,BJ 市投入资金 7698.9368 万元,撬动配套资金 10322 万元(表 3-3)。

GZ 市的政府购买公共服务工作也走在全国前列。2012 年度,GZ 市本级政府向社会组织购买服务共计支出 2.93 亿元,涉及 254 个项目;2013 年度,GZ 市本级政府向社会组织购买服务共安排资金 3.61 亿元,共计 260 个项目。[②] 2013 年,GD 省 FSH 市市全市各级

[①] 杨团:《慈善蓝皮书:中国慈善发展报告(2014)》,社会科学文献出版社 2014 年版。
[②] 《政府购买社会服务两年花了 6.5 亿》,新华网,http://news.xkb.com.cn/guangzhou/2014/0301/309314.html,2014-03-01。

政府购买服务的金额达到 2.45 亿元,其中市级政府各部门向社会组织购买服务的金额从 2009 年的 1209 万元,提高到 2013 年的 5000 万元,购买公共服务的范围和水平有了很大的提升。①

项目组在 NJ 市 GL 区的调研中发现,截至 2014 年年底,该区社会组织参与的民政服务外包项目共计 20 项,服务外包资金达 1500 万元。②

CHD 市则每年安排 2000 万元财政预算资金,通过支持社会组织开展社会服务项目,促进提升社会组织参与社会治理和公共服务的能力。

表 3-3 2010—2013 年 BJ 市政府购买社会组织服务情况③

年份	资金额（万元）	撬动资金数（万元）	项目数（个）	参与社会组织数（家）	提供服务数（万小时）
2010	2020	821	300	1207	121
2011	7879.6	1911.72	363	1300	129
2012	8089.6	2867.22	368	1517	148
2013	7698.9368	10322	515	5037	282

2. 财政制度的具体安排

2014 年 12 月 15 日,财政部、民政部、国家工商总局发布《政府购买服务管理办法(暂行)》,从过程来考量,《管理办法》把政府购买公共服务实际上划分为五个环节。

(1) 项目申报阶段

依据规定,多数地方的项目申报采取逐级申报的形式,由各个预算单位上报,由主管预算的部门审核,再统一向财政部门申报。在项目申报阶段,职能部门即公共服务的实际购买者,占据主导地位;服务的潜在承接者(生产者),在某些项目申报中也会积极介入。具体而言,购买者需要明确项目的服务对象、服务期限、服务要求、服务数量、申报资金的计算方法及用途等,为财政部门审核预算及后期的监督、评估做准备;潜在生产者则需要提供项目预算整体安排、项目完成后必须达到的量化效果指标。

(2) 项目审核与预算编报阶段

该环节由财政部门会同实际购买者共同完成,财政部门发挥主导作用:

第一,确认项目的必要性与可行性。财政部门要考虑项目是否适合纳入政府购买服务范围进行评估,重点审核项目的合理性以及资金需求,并就资金来源提出建议方案,再由预算处进行复核。其中,需要防止将政府本身应承担的公共服务职责转嫁给社会力量承担,产生政府机构"养懒人"的现象。另一方面,需要避免将不属于政府职责范围的公共服务大包大揽,增加财政支出压力。

第二,审核预算。政府购买服务所需资金应在年度预算中统筹考虑,所需支出主要通

---

① 《推进社会组织承接政府转移职能购买服务的理论与实践——以 FS 市的探索为例》,广佛都市网,http://house.citygf.com/building/xhzx/201403/t20140311_4998353.html,2014-03-11。
② 根据本项目组对 NJ 市 GL 区提供材料《GL 区向社会组织购买公共服务情况汇报》整理。
③ 根据 2011 年、2012 年、2013 年《北京社会建设年鉴》整理。

过盘活存量财政资金予以安排,不能新增预算资金。政府购买服务的资金往往有多个来源,既包括部门预算中的基本支出和项目支出,也包括各部门切块管理的专项资金。购买主体要明确购买服务的范围、内容、数量、期限、绩效指标等采购需求,细化编制预算,便于组织实施政府采购。

(3) 组织购买阶段

在组织购买环节,各地往往比照政府采购的规定,在财政部门的监管下,由职能部门利用集中采购平台进行购买。

从各地的情况来看,政府购买公共服务一般是财政部门牵头,严格按照《政府采购法》的相关规定组织购买。

(4) 项目实施阶段

在项目实施环节,即生产者向消费者提供公共服务阶段。在这一阶段,财政部门是主要的监督者,对财政资金的使用情况、公共服务提供的数量与质量进行监督。政府购买公共服务的资金原则上采取国库集中支付的方式,职能部门根据协议,向财政部门申请下达相关资金到生产者账户,尽量减少中间环节。资金拨付方式有整笔拨付、非整笔拨付、奖券基金等方式。根据流程,财政部门作为监督者,应该组织独立的绩效监督,对项目实施的全过程进行监控,及时了解掌握服务提供情况与资金使用情况。但是,在政府购买公共服务的实践中,全程独立的监督几乎难以落实。

(5) 评价验收阶段

项目实施期满要进行项目的评审与验收。结合项目金额、评价难度、受益范围、关注程度等确定评价主体及方式,引入第三方评审机构进行综合绩效考评,形成由购买者、消费者、第三方组成的综合性评审机制。在这一阶段财政部门占主导地位。财政部门会对服务数量和质量、项目成本效益情况等进行重点考核。最终的考核结果要与在购买服务合同中的绩效评价指标相吻合。绩效评价结果是以后编制政府购买服务预算和选择承接主体的重要参考依据,对弄虚作假、冒领财政资金的生产者,将其列入单位信用评级黑名单。对于构成违法犯罪的组织,直接移交司法机关处理。

3. 公益创投

在我国,公益创投指的是政府部门提供资金、资源和技术,通过与社会组织建立伙伴关系,达到促成社会治理创新与社会组织能力建设的目的。

公益创投追求社会价值最大化,投资者介入社会组织的日常管理,注重其能力建设,帮助其成长成熟,并间接解决社会问题,满足社会需要。在实践中,公益创投往往选择处于初创期的社会组织作为投资对象,带有一定的孵化性质。

目前,我国的公益创投逐渐发育成长为政府购买公共服务的一种途径。例如,CD 市在 2014 年投入 1000 多万元支持社区公益创投和社工服务项目 217 个。2015 年拟投入 700 万元继续实施社会组织社区公益创投和社工服务项目。CD 市 WJ 区 2013 年开始启动社会组织"公益创投"活动,到 2015 年共投入种子资金 260 万元,面向本土社会组织公开征集为老、青少年、家庭、助残、社区服务等公益项目。CD 市还整合工会、共青团、妇联、残联等群团组织的优势资源,投入资金 200 多万元建立 CD 市群团组织社会服务中心,直接联系培育各类社会组织 400 家,支持社会服务项目 163 个。2012 年 CD 了建成市级公益组织服务园后,每年投入200万元保障基地化培育工作运行。继JJ区后,CH区投入3000万元建设社会组织培育基地,QY区建成1000平方米区级社会组织服务中心,XD区、JT县各建成500平方米左右的社会组织孵化园。①

FS市NH区也通过公益创投实现政府购买公共服务。2014年该区举办了NH公益创意大赛,区里拿出100万元,配合其他来源的资金250万元,对最能体现社会需求的公益项目进行资助,资助的最高额度的20万元。公益创意大赛的目的在于发现社会问题并由草根的社会组织从其角度提出解决方案。如果该方案合适,政府就拨付资金给社会组织,让其解决包括维稳、青少年服务等方面的社会问题。②

尽管公益创投能有效地解决社会问题、激发社会活力,但是,在政府购买公共服务的大框架之下,目前,我国地方政府的公益创投还处在不温不火的尴尬境地。民政部门认为,公益创投应该纳入政府购买公共服务的框架,因为公益创投的基本形式是政府出资委托社会组织提供服务,而公众是服务的最终使用者。但是,大部分财政部门实际上并不认可公益创投这种形式,或者财政部门要求按照政府购买公共服务(政府采购)的标准来落实公益创投。

(三) 存在的问题

1. 购买资金难以保障

目前,我国政府向社会力量购买公共服务的资金渠道单一、总量偏小,总体上难以满足政府购买公共服务的需要。

当前,政府部门提供的公共服务逐步增加,所需的资金也有所增加,这就要求这部分资金应按照预算管理要求纳入财政预算。财政部在2014年颁发的《关于政府购买服务有关预算管理问题的通知》明确要求,政府购买服务所需资金列入财政预算,从部门预算经费或经批准的专项资金等既有预算中统筹安排。对预算已安排资金且明确通过购买方式提供的服务项目,按相关规定执行;对预算已安排资金但尚未明确通过购买方式提供的服务项,可根据实际情况,调整通过政府购买服务的方式交由社会力量承办。

根据这些规定和要求,政府各职能部门只能在预算"存量"切割资金进行政府购买,而不可能做增量调整。在这种情况下,实际操作会产生两个问题:

首先,某些机构原有的预算安排并不合理,在不能新增预算的情况下,难以满足购买公共服务的需求。项目组调研发现,一个非常典型的案例发生在NJ。由于过去没有社区建设方面的经费,当社区公共服务的需求涌现之后,街道的工作人员只能通过申请专项资金的形式来满足这部分需求。项目组在调研中获知,NJ某区早先并无针对社区治理与发展的经费,在政府购买的过程中要再找出这部分经费就有难度。于是,该区的街道工作人员设立名目,以项目的方式申请专项经费。但是,如此获得的专项经费资金数额不能保证而且拨付金额逐年递减,其所购买的公共服务在未来可能中断。③

其次,不能在增量中进行预算设计,使得公共服务难以实现动态的调整。在实际操作

---

① 根据2015年5月18日本项目组对于CD市民政局的访谈整理。
② 根据2015年7月16日本项目组对于FS市NH区民政局的访谈整理。
③ 根据2015年7月2日本项目组对于NJ市财政局的访谈整理。

中,公共服务的对象是人,公共服务所面临的是复杂多变的社会环境。人的需求在社会环境中也会随时发生变化。尽管政府购买遵循"以事定费"的原则,但在实际的操作中,预算的增加难度较大。特别是职能部门与财政部门双重控制预算的情况下,更容易造成多头管理。财政部门监管,对资金的拨付与使用有更为严格的要求;而这种要求往往使得职能部门感到束缚,难以根据需求随时调整购买。

2. 预算编制与资金拨付办法不合理

(1) 政府购买公共服务的预算要求不合理。

在目前的财务制度中,政府购买公共服务的若干预算制度要求存在不合理之处。比如,政府购买的预算要求中不能支列人员经费。从会计逻辑上来说,这种规定看起来似乎有道理,因为用于政府购买公共服务的经费是政府财政支出,而政府向社会力量购买公共服务的重要机理之一,就是要转变政府财政经费购买对象,即从对于"人员"的购买,转向对于公共服务的"事务"的购买。换言之,政府向社会力量购买公共服务,就是改变传统计划经济体制下政府出钱养人做事的机制,代之以政府出钱向社会力量购买服务的机制。正因为如此,财政用于购买公共服务的经费不能用来"养人",如果政府购买公共服务的财政支出中列支了人员经费,那么,实际上就与传统计划经济体制下政府财政出钱"养人"没有区别,也就无法实现政府社会职能转变的目标。

但是,在现实生活中,凡是服务实际上都是人提供的。强制性取消人员经费,其实是一种见事不见人的形而上学思想。由于财务制度对于政府购买公共服务的规定禁止人员经费,在这种制度约束条件下,服务的承接者只能设立各种各样的名目,挤出经费发放人员工资,实际情况表明,这种做法,实际上反而引发了财务管理的混乱与失序。

(2) 现有资金拨付方式不利于社会力量的发展。

目前,多数地区的实践都是资金分次拨付。但是,有些地区采取的是事后拨付的方式。以 BJ 市 SY 区为例,当社会组织与购买方签订购买合同后,实际上没有办法获得任何资金。作为公共服务提供者的社会组织必须自己先行垫付资金,提供合同规定的公共服务;在服务期满考核合格之后,再一次性拨付资金。这样的做法对社会组织要求很高,一些本身并无财力的社会组织实际上无法参与政府购买。最终,政府向社会力量购买公共服务却可能成为有财力的私营企业进行"政府公关"的一个途径。项目组的调研显示,在 SY 区持续承担政府购买公共服务工作的两家"社会组织",实际上都称不上典型意义上的非营利组织。其中一家是以会计师事务所为依托,专门成立的一个社会组织,以承接政府公共服务;另一家则是以一家高科技企业为依托,由高科技企业在背后出资,支持所谓"社会组织"提供公共服务。①

3. 提供公共服务收入仍需缴税

目前,社会组织主要通过承接政府购买的公共服务获得收益,政府购买是社会组织资金的主要来源。但是,按照《财政部国家税务总局关于非营利组织企业所得税免税收入问题的通知》(财税[2009]123号)的规定:非营利组织因政府购买服务取得的收入,不在企业所得税免税范围内,需征收相关税费。这就意味着,即使社会组织不以营利为目的,且

---

① 根据 2015 年 9 月 29 日本项目组对于 BJ 市 SY 区民政局的访谈整理。

通过了相关审核并且取得了免税资格,但因政府购买公共服务取得的这部分收入也不能免税,这一规定本质上存在者重复征税的嫌疑,政府购买服务用的钱是财政支出,社会组织交上去的税是财政收入的一部分。那么,对社会组织的这部分收入征税,实际上就成了钱从政府的"左口袋"倒到了"右口袋"。政府将原本由其承担的部分公共服务交由社会组织承担,如果再另行征税,实际上发生重复征税问题。另一方面,该规定使社会组织本来有限的资金更加入不敷出,从长远看,非常不利于社会组织的发展。目前,尚未获得免税资格的非营利社会组织主要需要缴纳25%的企业所得税、5.5%的营业税以及城市维护建设税、教育附加税等至少5种税费,缴税标准与普通企业无异。① 同时,由于捐赠票据具有税前抵扣功能,在没有获得税前扣除之前,财政部门不会给予非营利组织购买发票的资格。在这种情况下,非营利组织职能购买附有营业税的发票,营业税与其他流转税加起来,税率超过6%。② 公开资料显示,GZ市QZ社工中心于2012年8月承接了"GZTH南街家庭综合服务中心",合同首期资金为110万元,需缴纳营业税6万多元。

4. 公共服务定价困难

在公共服务购买的成本核算中,最大的难题就是公共服务的定价。在我国,在政府向社会力量购买公共服务之前,公共服务多由政府或者事业单位提供,因而不存在对公共服务定价的问题。但是,一旦公共服务供给中导入市场机制,政府向社会力量购买公共服务,公共服务就需要明确的价格,这不仅涉及成本核算等专业财务知识,还需要对于所提供的公共服务的领域和产品有深入和专业的了解。同时,提供服务的更多的是人,人的价值如何衡量,更是一个普遍的难题。

本项目组的调研显示,公共服务定价之所以困难,主要原因有四个方面:

首先,无形的服务定价相当困难。相对而言,货物与工程是有形的,其生产成本与由之所产生的价格相对明确。例如,顾客在选购有形商品时可以审视并检验真实的货物,根据其质量以及购买者自身的经验确定合理的价格区间,再做出是否购买的决定。但服务属于体验型商品,在购买服务时顾客无法确知服务的品质。同时,服务的"个性化"使得顾客难以参考他人的经验,而只能依据其内容做出一个大致的判断。

其次,服务本身是不可储存的,同时服务的需求也是不稳定的。这实际使得服务的生产者可以根据供求情况随时调整价格。尽管价格具有弹性,但价格的调整也会引导顾客的心理预期。这一点在公共服务的供给中尤其明显。如果服务的供应方经常根据供求状况调整服务的价格,则会提升公众的期待心理。顾客可能会故意不消费某种服务,以期望该种服务由于需求的下降而跌价。

再次,服务与其提供者是密不可分的,这使得服务很大程度上受到空间和时间的限制,即顾客只能在特定的时空内才能享受该服务。这种限制从本质上降低了市场的竞争性,也或多或少影响到服务本身的价格。

最后,政府所购买的服务的公共性这一基本属性,使得服务更加难以定价。一方面,

---

① 《政府购买公共服务应向非营利组织减免税》,中国金融信息网,http://news.xinhua08.com/a/20131118/1274744.html? f=arelated。

② 同上。

服务具有公共性;而另一方面,大部分民政系统购买的服务实际上又有差异性、地区性和邻里性的特征(见前文分析),这就使得服务的定价更加难以把握和衡量。

目前,大部分地区在实践中要求在提交项目申报和预算时,提交三个同类服务的价格,就此进行比较,作为定价依据。这一方法具有明显的权宜性。

实践中,只有少数地方对于购买公共服务的定价问题提出具体思路,尽管如此,以精细化管理的观点来看,这些规定也相对比较笼统。比如,2009 年 JS 省 WX 市财政局出台《关于推进政府购买公共服务改革的实施办法》,2014 年该省 YC 市财政局出台《YC 市市级政府购买公共服务实施细则(试行)》,这两个文件中提出的定价原则包括"不以营利为目标,重在保护消费者的利益""发挥价格机制的作用,重在引导公共服务健康发展""结合当地的物价水平、生活水平、居民收入状况、财政支付能力等各项因素进行综合定价""适当维护公共服务供给者的利益,以损益平衡或微利为标准""购买总价在地方财力可承受范围内通过政府年度预算加以控制"。① 2014 年,中共 SH 市委办公厅、SH 市人民政府办公厅印发《关于组织引导社会力量参与社区治理的实施意见》的通知中指出:"凡社会有同类或相近服务的,政府向社会组织购买服务的定价,参考社会同类或相近服务平均价格。充分考虑社区服务类社会组织人力资本密集的实际,合理确定价格构成中人力资源成本比例,促进社会组织持续健康发展"。②

(四)原因分析

1. 地方财政部门思想认知不足

政府购买公共服务的过程中所出现的诸多问题,常常与地方财政部门的思想重视不足有关。就其战略意义和改革内涵而言,如前所述,目前在我国,政府购买公共服务已经不仅仅是民政部门的职能,而是党和政府全面深化改革、切实转变政府社会职能、提升政府公共服务供给效应和全面创新公共服务供给机制的战略部署和重要举措。正是在这个意义上,财政部门作为国家管理财政预算和公共支出、管理国库资金使用和国有资产的机构,被指定为政府向社会力量购买公共服务的主管牵头单位,而政府的各职能部门则是实际的购买者。

从政府财政运行和管理的组织架构来看,这个安排是符合政府财政流程和逻辑的。但是,符合政府财政流程和运行逻辑,不等于在政府部门之间合理配置了政府购买公共服务的职能和责任。本项目组的调研显示,目前,地方政府的这一流程和运行安排,由于地方财政部门并不从事公共服务的购买活动,因此,在实际运行中转移了地方财政部门的责任,造成地方财政部门对于政府购买公共服务的改革重视不足,努力贯彻的是财政资金安全优先,而不是公共服务优质供给优先的财政制度管理。

从政府购买公共服务的职能和责任安排,衍生出地方政府购买公共服务的结构性问题,地方财政部门在政府购买公共服务的结构序列中,居于层级结构的顶层。这个顶层的地位和职能,使得财政部门能够而且必须把握财政资金预算和安排,调控政府购买公共服

---

① 许源:《政府购买社会组织服务定价机制研究》,《学会》2015 年第 7 期。
② 同上。

务的宏观政策,制定政府购买公共的具体规则与程序、对政府购买公共服务的财政资金的拨付进行审批、对服务的过程和结果进行监管与评估。换句话说,在政府购买公共服务的结构性层级体系中,地方财政部门有权有职监管政府各职能部门;而地方政府各职能部门只能监管社会组织,无权监管财政部门;地方财政部门可以问责职能部门,地方职能部门无权问责财政部门,只能问责社会组织。尽管这一体系和结构貌似完整,但是,项目组的调研显示,地方财政部门实际上并未深入切实涉入政府购买流程。作为监督者与管理者,地方财政部门的身份更加类似一个高高在上的权力机构。这种组织结构的设置结构和方式的优势在于,将地方财政部门的身份设置为"第三方",可以避免地方财政部门(资金持有机构)与职能部门(资金使用机构)的"合谋",也为其监管政府购买公共服务过程塑造了合理中立、无利益相关的身份。

但是,对于地方政府财政部门的这种"第三方"设置制度,也存在目标性和运行性问题。所谓目标性问题主要在于,一个毫无利益关系的第三方,实际上难以真正重视,也难以真正投入政府向社会力量购买公共服务的过程。项目组的调研显示,地方财政部门虽然严格监管政府购买过程,但是,这种监管并非基于政府购买公共服务的深入实施,也不基于公共服务质量的提高,实际上,某些地方政府财政部门并不关心也不鼓励政府其他职能部门在政府购买公共服务领域的创新;对社会组织的发展与未来也采取"无所谓"的态度。作为第三方,财政部门关心常常只是财政纪律与财务风险:花了相应的钱,是否办了对等的事。因此,在政府向社会力量购买公共服务过程中,财政部门通常关注程序是否正确,关注规则是否完整,但是,较少关注政府购买的公共服务的结果和绩效,较少关注政府向社会力量购买公共服务相关制度的完善和公共服务的质量提升。由此可见,这个"第三方"通常高度关注的是实际上只是政府财政,而不是政府的治政;是严格的财政程序监管,而不是政府购买公共服务目标的达成和实际结果和绩效。

在这种逻辑的引导下,各地财政部门毫无例外地在政府购买领域参照政府采购的程序与做法。目前,我国政府采购的做法和程序已经趋于成熟,且以法律的形式予以确定。那么,对监管者而言,只要依照既有法律和流程监管,就不会犯错。但是,从本项目组在各地调研的情况来看,程序正确和财务纪律得到遵守,并不代表政府向社会力量购买公共服务的改革创新得到了完美的执行。实际上,由于过分强调程序正确与财务规制和纪律,反而可能僵化政府向社会力量购买公共服务的程序,抑制政府向社会力量购买公共服务的机制创新。

2. 财政与民政部门的协同程度低

从组织结构来看,财政部门与民政部门是政府机构中平行的两个部门;就职能来看,财政部门的负责领域较为宏观,其管理的资金具有实质性意义,因而具有统领政府各部门的意味,而民政部门职能的专门性与针对性更强。除此之外,社会组织则是处于政府部门之外的第三部门。同时,社会组织具有社会属性和职能的多样性,这就使得其具体职能可以与多个政府部门衔接。正因为如此,在政府购买公共服务的推进和实施过程中,财政部门往往具有更强的话语权,由此使得其与民政部门之间的协同治理关系匹配困难。

但是,根据我国社会组织管理的相关政策规定,社会组织的管理者是民政部门。政府购买公共服务流程中的三个主体(财政部门、民政部门和社会组织)都有所参与(如前文分析所示)。从项目组实际调研情况来看,地方政府这三个部门从工作原则、工作流程到具体的执行科目、资金分配方式,多有差异,协同不力。在这其中,尤其是民政部门和财政部门之间的差异性与不匹配,是造成政府购买服务中诸多问题的体制原因。

(1) 核心原则不匹配

财政部门工作的核心原则是恪守财政纪律,重视资金绩效。如前所述,相对政府购买公共服务的实际流程而言,财政部门是第三方,并不直接参与购买公共服务的活动。而这个第三方管理的是政府向社会力量购买公共服务的"钱袋子",因此,保证政府财政资金花费的合法性,是财政部门的核心原则。

首先,资金必须把公共资金配置给合法合适的社会力量,这个社会力量有资格有资质来承接服务,并且能够承担这笔公共资金具有的责任。

其次,资金的使用效益必须尽可能高,这就是说,必须花最少的钱办最多的事。当然,需要指出的是,在社会组织发育尚不成熟、相关政府购买法律法规制度尚不健全的情况下,政府购买公共服务的资金实际上难以取得最大绩效。因此,对财政部门而言,贯彻财务制度、遵守财政纪律,实际上成为最重要的核心原则。

民政部门的工作职能之一是管理社会组织并促进其发展;同时,多年与社会组织进行交往互动的经验,也使民政部门对社会组织的发展状况有较多的了解。因此,民政部门的核心工作原则较为专业务实,即要以政府向社会力量购买公共服务为契机,提高社会组织的能力,进而提升公共服务的质量和绩效。因此,在民政部门的议程中,用于服务购买的资金具有两种功能:一是通过购买行为换来公共服务的提供;二是通过购买资金的拨付,使社会组织获得政府的资源与支持,从而促进其自身的能力建设与健康发展。

目前,我国社会组织普遍发育不成熟,也缺乏良好的财政支持体系给予社会组织足够的资金支持。在这种情况下,民政部门的原则,只能是鼓励和指导社会组织在政府财政制度许可的范围内,在其自身能力范围内承接公共服务,做好公共服务。唯此,才能解决政府不同部门奉行不同原则的匹配问题,解决社会组织在政府购买公共服务活动中的生存发展问题。

(2) 流程不匹配

在财政部门重视财政纪律的核心原则支配下,财政部门对组织流程的要求也非常严格,即严格参照政府采购的做法,实施政府向社会力量购买公共服务。在我国,政府采购已经有了法定的程序与机构,购买过程相对比较完善,因而《政府采购法》就成了依法治理之"法"。尽管《政府采购法》自身还有诸多问题,但毕竟依照《政府采购法》的规定实施,不会出现大的失误。因此,《政府采购法》成了财政部门的安全气囊,严格遵守财务纪律和流程由此成为最高原则。但是,在政府向社会力量购买公共服务过程中,在财务纪律得到严格遵守之后,政府购买公共服务花费的资金的绩效的负责人却不是财政部门。

相比财政部门严格的财务制度要求,民政部门实际上希望有更多的空间,能更好地利用财政资金,在保证公共服务的前提下,也能满足社会发展的需要并促进社会组织的发育壮大和健康发展。因此,地方财政部门实际上对"政府采购"流程有诸多意见。但是,在民政部门看来,强行推动竞标与比选,与我国社会的现实情况其实是脱节的。因此,就流程的偏好来看,民政部门在确保购买流程公开公平的同时,较为希望提高购买流程的效率,设计更为实事求是的方案。本项目组的调研显示,地方民政部门往往更加偏好选择本地的社会组织承接服务,因为本地的社会组织具有区位优势,对本地的情况较为了解,相关公共服务信息和需求掌握比较充分。地方民政部门也更倾向于从自己熟悉的社会组织那里购买服务。因此,在流程上,民政部门更偏好有规则的直接委托或特定条件下的比选。

作为社会主体,社会组织受到的监督力度要小于政府部门,但是,这并不意味着社会组织可以游离于监管之外。本项目组的调研发现,目前,社会组织对政府向社会力量购买公共服务的流程主要有两点诉求:第一,过程公开、公平、公正。实力最强的社会组织,往往获得政府购买,这是意料之事,也在情理之中。同时,过程的正义无疑是对社会组织最好的激励。第二,社会组织偏好简便的政府购买流程。社会组织大多资金有限、人手有限,过于繁琐的购买流程,反而增加了社会组织的负担和成本。

(3)科目不匹配

从技术层面上看,政府向社会力量购买公共服务,钱从哪里出?以什么名义出?这些也是财政部门和民政部门存在差异的地方。

对财政部门而言,按照国务院办公厅《指导意见》的规定,政府向社会力量购买服务的资金要列入现在各个职能部门(购买方)的现有预算中。比如在民政部门,预算按照机构设置的名录编制。一般而言,除了行政运行与一般行政管理实务之外,还按照拥军优属、民间组织管理、行政区划和地名管理、基层政权和社区建设等类(行)进行编制。这些类(行)对应的是民政部门内部的各个局、处。在这些内设局(处)的预算中,政府向社会力量购买公共服务的支出一般反映在项目支出中,为经常性项目或一次性项目。这种设置方式等于给了职能部门一个预算总盘子。盘子这么大,如果用于政府购买公共服务的项目支出多了,必然会挤占用于工资福利支出、商品和服务支出以及对个人和家庭补助支出的基本支出。这种预算设置模式,使得职能部门在编制预算时往往趋向保守,进而可能导致购买服务支出不足。有的政府购买支出没有落实为经常性项目,只能靠职能部门每年申请一次性项目,由此导致购买金额的不稳定。

对民政部门而言,既然政府向社会力量购买公共服务是自上而下力推的一项举措,那么,由财政专门拿出些"真金白银"用来支付政府购买公共服务,应该是更好的方式。这样做,即可以破除既有的阻力和障碍,又可以调动各方的积极性,顺利推动这项工作开展。因此,对财政部门来说,设置专项资金,应该是加快推进政府向社会力量购买公共服务的更好方式。

(4)具体规则不匹配

财政部门也是政府采购的主管部门。在政府采购中,采购金额在20万元以上的货物或工程会进入政府采购目录。

但是,民政部门所涉及的金额小,大部分金额在20万以下,无法进入政府采购目录;因此,对这类无法进入目录的服务,严格比对政府采购,实际上并不完全适宜。项目组调研的相关城市,全部呈现这种状况。

3.需求与供给能力的不匹配

实际上,政府采购政策是一项被多地广泛接受并实践的政策。这些实践普遍证明政府采购政策能有效地提高政府财政资金的利用效率,促进市场发育,减少寻租的空间与可能性。但是,政府采购的实施是有前提的。政府采购需要在具有一定竞争性的市场中开展。在竞争性市场中,厂商众多并且信息较为公开。在这种条件下实施政府采购,能进一步规范市场,减少交易成本,提高效率。

但是,在我国,目前公共服务领域的竞争性市场远未发育成熟,我国社会公众的公共服务需求与社会组织的能力之间严重不匹配。有关我国社会组织的发展发育状况,本项目和书稿已有专门的研究,在此并不做赘述。简单而言,我国当前社会组织数量少、能力不高、所提供的服务质量有限,且缺乏与政府开展平等合作与对话的能力。在这种状况下,简单比对政府采购政策进行政府购买,很大程度上并不能够满足社会公众对于公共服务的实际需求。

第四章 中国政府购买公共服务的主体结构

政府购买公共服务的主体结构,体现为前文所述的四元主体结构:公共服务的购买者、公共服务的生产者、公共服务的消费者、公共服务的评估者及其互动关系。由传统体制下政府直接提供公共服务,过渡到社会主义市场经济和社会治理体制下政府向社会力量购买公共服务,在主体结构层面上引发的直接变化,就是公共服务供给和享用过程由"二元主体"发展分化为"四元主体",并且使得主体角色相应进行重新配置。

项目组的调研表明,政府供给公共服务主体结构的变化,使得社会力量得以进入公共服务的供给系统,不仅为政府向社会力量购买公共服务创造了结构性空间,而且为社会力量的健康发展和政社关系的协调提供了改革创新通道。

一、公共服务的购买者:政府

政府向社会力量购买公共服务,就是政府将其所需提供的公共服务,以法定契约为基础,按照市场的运行机制,交由营利性或非营利性组织提供,政府支付相应资金。由此可见,政府是公共服务的购买者,政府向社会力量购买公共服务,本质上是财政性资金的市场性支付,由此,政府通过改变公共服务的提供方式,提升财政资金的有效利用。因此,购买服务的职能部门、管理资金的财政部门以及政府内部的监察部门,都属于公共服务的购买者,它们统一构成购买主体。

由此可见,从公共服务的"二元主体"结构到"四元主体"结构,提供公共服务,尤其是基本公共服务,都是政府的法定职责。在这其中,发生变化的是提供公共服务的主体结构、各主体的角色结构、公共服务的供给方式与运行机制。因此,在政府向社会力量购买公共服务的机制下,政府作为购买者依旧是非常重要的行为主体。

(一)政府参与购买公共服务的总体状况

根据国务院办公厅 2013 年 9 月颁发的《指导意见》,"政府向社会力量购买服务的主体是各级行政机关和参照公务员法管理、具有行政管理职能的事业单位。纳入行政编制管理且经费由财政负担的群团组织,也可根据实际需要,通过购买服务的方式提供公共服务。"由此可见,"行政机关""事业单位""群团组织"都可以成为购买者。

在实践中,向社会力量购买公共服务的工作一般由政府相关部门统筹安排,社会组织直接或者通过"枢纽型"组织①向民政部门申报项目。

从 20 世纪 90 年代"罗山会馆"方式的购买发展至今,政府向社会力量购买公共服务改革创新,总体上取得了长足的进展,从政府的角度来看,具体表现为购买意识的转变、购买规则的建立与购买规模的扩大。

第一,如上所述,我国政府向社会力量购买公共服务的实践经历了两个发展阶段。国务院办公厅《指导意见》的出台,标志着政府向社会力量购买公共服务已经在中央与地方政府形成共识,政府购买公共服务不仅是提高公共服务质量、满足民众公共服务需求,更是转变政府职能、激活社会动力的有效措施。2016 年 6 月,国务院政府购买服务改革工作领导小组的成立,既标志着中央政府统筹协调政府向社会力量购买公共服务发展,也意味着政府向社会力量购买公共服务提上全面落实的改革日程。

第二,2013 年,政府向社会力量购买公共服务的顶层设计开始推行。2013 年 3 月《国务院机构改革和职能转变方案》在第十二届全国人民代表大会第一次会议上获批通过,方案提出"加大政府购买服务力度",确定了政府购买服务政策的出台时间表;5 月国务院常务会议要求加快出台政府向社会组织购买服务的指导意见;7 月李克强总理主持召开国务院常务会议,研究推进政府向社会力量购买服务,要求各地制定政府购买服务指导性目录;9 月国务院办公厅发布《指导意见》,阐明政府向社会力量购买服务的意义和总体方向,规范运作程序,明确制度保障,提出到 2020 年建立起比较完善的政府向社会力量购买服务体系。

2013 年 11 月,《中共中央关于全面深化改革若干重大问题的决定》在中国共产党第十八届中央委员会第十三次全体会议上获得通过,进一步明确推广政府购买服务和加大购买力度的要求;同年 12 月,财政部发布《关于做好政府购买服务工作有关问题的通知》,要求各地积极有序推进政府购买服务工作,各地各级政府配合通知要求,相继密集出台政府购买服务相关规范性文件,至此,政府向社会力量购买公共服务的"顶层设计"基本完成。政府购买的"顶层设计"明确了政府购买工作的发展理念、发展步骤与发展方向,制定了政府购买服务从项目申报到结项验收的操作环节,为购买服务的推进确定了制度原则。

第三,自 2013 年起,政府购买公共服务的规模不断扩大。一方面,根据"顶层设计",全国各省(自治区、直辖市)相继出台政府购买服务总体指导性文件与购买服务目录,在 2015 年各地方《政府工作报告》中,有 26 个省(自治区、直辖市)提出"政府购买服务"。另一方面,购买者的财政投入不断增大。自 2012 年起,中央财政每年向社会组织拨款

---

① 枢纽型社会组织概念首次出现在 2008 年 9 月北京市社会工作委员会出台的《关于加快推进社会组织改革与发展的意见》,北京市在《关于建构市级"枢纽型"社会组织工作体系暂行办法》中指出,枢纽型社会组织是由负责社会建设的有关部门认定,在对同类别、同性质、同领域社会组织的发展、服务、管理工作中,在政治上发挥桥梁纽带作用,在业务上处于龙头地位,在管理上承担业务主管职能的联合性社会组织。

2亿元用于支持社会组织参与社会服务,以专项资金扶持社会组织发展。① 同时,地方政府的投资规模也不断扩大,以本项目组调研的城市为例,BJ市专门设立市级社会建设专项资金用于补充政府购买公共服务,2010年投入资金2020万元,撬动配套资金821万元,购买了社会基本公共服务、社会公益服务、社区便民服务、社会管理服务、社会建设决策研究信息咨询服务等五大方面40个类别共300个项目。2013年,BJ市投入资金7698.9368万元,撬动配套资金10322万元,向社会组织购买515个服务项目(见表3-1)。据统计,从2010年至2015年BJ市市级社会建设专项资金5年内共购买2252个社会组织服务项目,投入3.5亿元。② GZ市政府购买服务主要有两类:一是为社会提供产品和劳务的服务,包括社区服务、法律服务、公益服务、市政建设等公共服务;二是政府自身需要的事务性、技术性、辅助性工作,包括草拟行业规范和规划、行业统计分析和调研、决策咨询、专业资质或资格审核、公务活动等服务。③ 2012年度,GZ市本级政府向社会组织购买服务共计支出2.93亿元,涉及254个项目,2013年度,GZ市本级政府向社会组织购买服务共安排资金3.61亿元,共260个项目④,其中GZ市政府购买家庭综合服务中心(简称"家综")成为购买公共服务的主体项目(表4-1)。2015年,CD市WH区政府出资3085万元通过政府购买公共服务的形式将139项政务服务交于社会组织承担。NJ政府财政每年用于购买公共服务资金已经达到3亿多元,在教育、卫生、公益服务、社区服务、文化体育等多个方面都开展了购买尝试。⑤ 据NB市民政局统计,仅2011年市政府投入800多元用于扶持社会组织实施公益项目,自2010年至2013年NB市通过公益创投等形式投入资金3200多万元。⑥ 除此之外,一些购买服务开展较晚地区的政府也纷纷加大投入,例如,根据《YN省2015年省本级政府购买服务指导目录》,YN省政府2015年购买公共服务资金共计12183.55万元,较2014年2844.13万元增加了9339.42万元,增幅328%。2015年HF市本级购买公共服务110项,共计2.92亿元。2015年LZ市市级财政投入4.5亿元用于购买公共服务。⑦

---

① 《2012:中央财政2亿元专项资金支持社会组织》,人民网,http://politics.people.com.cn/n/2013/0213/c1001-20483001.html;《2013年中央财政再出2亿元购买社会组织服务》,上海社会组织,http://stj.sh.gov.cn/Info.aspx?ReportId=63d90f83-562a-42e6-9a2c-81b9b6bcc65d;《2014年中央财政2亿元支持社会组织项目》,中国政协新闻网,http://cppcc.people.com.cn/n/2013/1231/c34948-23990064.html;《2015年中央财政2亿元支持社会组织参与社会服务项目申报开始》,新华网,,http://www.he.xinhuanet.com/gongyi/2014-11/19/c_1113311261_2.html;《2016年中央财政下拨2亿元支持社会组织参与社会服务》,公益时报,http://www.gongyishibao.com/html/xinwen/9133.html。
② 《北京5年投入3.5亿购买2252个社会组织服务项目》,中国新闻网,http://www.chinanews.com/cj/2015/01-06/6940221.html。
③ 《政府购买社会服务 两年花了6.5亿》,新快网,http://news.xkb.com.cn/guangzhou/2014/0301/309314.html,2014-03-01。
④ 同上。
⑤ 中民慈善捐助信息中心:《中国政府购买社会组织服务研究报告》,http://crm.foundationcenter.org.cn/html/2014-01/806.html。
⑥ 根据2016年11月4日本项目组对于NB市民政局的访谈整理。
⑦ 《兰州今年投入4.5亿元用于政府购买公共服务工作》,中国兰州网 http://lz.lanzhou.cn/system/2015/11/23/010974987.html。

表 4-1　GZ 市家庭综合服务中心总体发展情况

年份	2008	2010	2012	2013	2014
投入资金	522 万元	5585 万元	2.95 亿元	3.33 亿元	3.37 亿元
家综数量	9 个试点专项服务	20 街道家综试点	全市每个街道至少一个家综	新增 17 个家综	155 个家综

（二）政府在购买公共服务中的主要角色

政府作为购买者,在向社会力量购买公共服务的过程,主要承担三重职责:管理职责、对公共服务受益人即消费者的职责、对公共服务生产者的职责。这些职责,也就决定了政府在购买公共服务中的基本角色。

1. 管理职责

政府在向社会力量购买公共服务过程中的管理职责,主要包括制定和维护相关法规、促进有序竞争与实现公共政策目标等。

（1）制定相关法规

政府负有制定规则的责任。其中,主要是制定规范购买过程的法律法规,以明确谁来买、买什么和怎么买,使得购买服务有章有法可循。具体而言,需要通过法律法规明确购买服务的指导思想、基本原则、目标任务和总体要求;通过法律法规规范预算编审,加强政府购买公共服务的资金管理;以法律法规划定合理的购买范围,确定购买服务项目清单和优先顺序;按照不同的购买方式制定购买程序,保证制度实施的有效性。

在制定相关法规的基础上,政府的角色更加重要的是督促这些法规得到贯彻实施,维护这些法规不致遭到扭曲和破坏。

（2）促进正当竞争

与传统计划经济体制下政府直接提供公共服务相比,政府向社会力量购买公共服务机制将市场竞争引入公共服务供给领域,由此提高了公共服务的供给效率,以更小的成本获得更好的公共服务。经验研究证实,"物美价廉的公共服务依赖于合同竞争的存在,当没有竞争时,私人组织会像最没有效率的政府一样浪费"[1]。因此,促进竞争、提高效率逐步成为政府的重要职责之一。

需要强调的是,在政府向社会力量购买公共服务中,政府促进和保障的是正当、合法和有序竞争,而必须强力防止和打击不正当的非法无序竞争。

（3）实现政策目标

政府从生产者那里购买的公共服务并不是为了自己享用,而是服务于社会公众,公众才是最终的买家。购买服务中购买者与生产者之间的购买关系并不能改变公众与政府之间的公共服务买卖性质,购买的实质是政府拿着纳税人购买公共服务的钱,替纳税人选择更好的公共服务产品,因此政府仍需承担公平、公正给付等传统责任。[2] 由此实现基本生

---

[1] John Donahue, *The Privatization Decision: Public Ends, Private Means*, New York: Basic Books, 1989.
[2] 参见杨欣:《公共服务合同外包中的政府责任研究》,光明日报出版社 2012 年版,第 102 页。

活公共服务的有效供给,进而实现政府公共服务的公共性和政府公共政策的公平正义目标。

2. 对消费者的职责

政府对于消费者的职责,集中体现在为纳税人提供低成本、高质量的公共服务。换言之,提供什么公共服务及如何提供由购买者决定,这是政府的权力。但是,最终责任也就由此产生,并且必然与权力相对称。

在向社会力量购买公共服务的视域下,政府责任由过去的"履行责任"实际上转变为"担保责任"。政府以担保人的地位,担保购买的公共服务可以实现公众追求的目标。在购买公共服务过程中,国家与社会、政府与社会力量和公民各有所应承担的责任:政府通过设定大致的条件以及相关的结构性要求而影响生产者,促使与公益相关的目标能够得到应有的调控和充分实现。

本项目组的调研显示,在 BJ 市购买公共服务的案例中,政府对购买方向做了明确规定,购买公共服务的范围,则围绕社会公众迫切需要、加强社会服务管理和提升社会组织能力的综合性公益性项目展开和增加。经过若干年的探索实践,BJ 市政府向社会组织购买服务项目已经形成了五大方面的基本构架,主要包括:社会基本公共服务类、社会公益服务类、社区便民服务类、社会治理服务类、社会建设决策研究和信息咨询服务类五大方面,并根据每年的工作重点和社会需求细分为不同的类别,以满足消费者的需求。① 以 BJ 市 2016 年使用市级社会建设专项资金购买社会组织服务为例,为实现满足社会需求的目标,BJ 市将五大方面细分为 30 个类别。(表 4-2)

表 4-2 BJ 市 2016 年政府购买服务项目分类②

社会公共服务类	社会公益服务类	社区便民服务类	社会治理服务类	社会建设决策咨询服务类
1.社会公共服务促进项目; 2.社区基本公共服务补充项目; 3.专业社工服务项目; 4.社会心理服务项目	5.社会志愿服务项目; 6.人文关怀项目; 7.邻里守望相助项目; 8.特殊人群社会融合项目; 9.高校社团公益服务项目; 10.环境保护宣传推广项目; 11.公共安全促进项目; 12.社会文明推广项目; 13.网络安全文明引导项目	14."一刻钟社区服务圈"拓展项目; 15.社会服务资源共建共享项目; 16.老旧小区自我服务管理项目	17.基层民主自治模式创新项目; 18.社会组织培育发展和服务管理项目; 19.网格化社会服务管理创新项目; 20.农村社会治理项目; 21.流动人口服务管理项目; 22.社会矛盾调解项目; 23.京津冀社会组织协同发展创新项目; 24.应急救援社会协作项目; 25.推进"两新组织"社会诚信建设项目; 26.推进各类社会主体履行社会责任项目	27.社会建设评价及比较分析项目; 28.社会舆情监测与分析研究项目; 29.社会建设重大问题分析研判项目; 30.社会需求调查及分析项目

---

① 宗君:《BJ 市政府购买社会组织服务的现状、问题及对策思考》,http://www.pishu.com.cn/skwx_ps/database-detail?SiteID=14&contentId=5274697&contentType=literature&type=&subLibID=。

② 《BJ 市 2016 年使用市级社会建设专项资金购买社会组织服务项目申报指南》,http://www.bjshjs.gov.cn/412/2016/01/05/2@22460.htm。

3. 对生产者的职责

导入政府向社会力量购买公共服务机制后,政府对生产者形成新的职责,即契约管理的责任。这些责任具体体现为与购买合同相关的权利义务,包括订约、合同管理和验收等。

在订约阶段,政府的责任是寻求合适的合作者,以及决定如何在合同缔结阶段实现公平、公正,保证财政资金使用具有公平性和效率性;在合同管理阶段,政府的任务是监督合同的履行,保证合同实施进度,并应对突发事件;在验收阶段,政府的任务是评价公共服务的质量,一旦生产者没能提供应有的公共服务,政府需追究其责任并承担公共服务的担保给付责任。

本项目组调查研究显示,在 BJ 市的购买实践中,政府通过《BJ 市市级社会建设专项资金管理办法(试行)》《政府购买社会组织服务项目实施指引》和《政府购买社会组织服务项目指南》规范生产者订约、履约的行为,维护生产者的主体地位,保障生产者的主体权利,同时监督生产者履行契约规定的义务,为公众提供专业、优良的公共服务,取得了较为良好的效果。

(三)存在的问题

毋庸置疑,在我国政府向社会力量购买公共服务的主体结构中,政府是第一主体。如上文所言,政府是购买规则的制定者、购买过程的管理者、购买结果的验收者,政府角色的履行情况,极大地影响着购买公共服务的绩效。

从 90 年代初政府向社会力量购买公共服务启动至今,虽然各级政府向社会力量购买公共服务的实践取得了长足进展,但是,项目组的调研也发现,政府机构在购买公共服务方面,仍然存在需要完善和改进之处:

就购买公共服务的宏观角度而言,政府宏观政策存在模糊性问题。这种公共政策模糊性问题集中表现为[①]:

第一,政府的某些具体管理规章与政府颁布的法规制度方面存在冲突。例如《政府购买服务管理办法(暂行)》要求政府向社会组织购买公共服务时采取"公开择优"的竞争筛选原则,但是,政府的《社会团体登记管理条例》仍然规定,以非竞争性原则强化对社会组织的管理。

第二,国家治理的原则的贯彻落实细化规则尚不完善和系统。例如,党的十八届三中全会提出,要"加快推进政社分开",但是,由于多方面复杂的原因,推进政社分开的政府法定实施细则至今尚且空缺。地方政府权力清单、责任清单、负面清单制定和贯彻落实工作推展缓慢。

政府宏观政策的模糊性,使得社会组织领域的公共政策难以被细化成可操作的技术指标和标准操作流程,进而使得公共政策在执行效果方面相应呈现很大的模糊性。[②]

在购买实践中,政府作为出资者和购买者,目前突出存在的主要有两方面问题:

[①] 黄晓春:《当代中国社会组织的制度环境与发展》,《中国社会科学》2015 年第 9 期,第 150 页。
[②] 同上。

一是政府部门、机构或者人员忽视市场需求,单方面主观决定公共服务的供给。这种状态下的政府部门机构和相关人员,实际上并没有转变传统公共服务的供给思维,仅仅从形式上转换了公共服务的供给方式,将直接提供公共服务转变为购买提供公共服务。项目组对 HN 省 TH 县农村生产性公共服务购买的调研发现,基层政府机构在购买过程中主观性很强,往往不太关心社会需求而单方面决定购买什么、什么时间购买、如何购买以及验收购买的结果,由此导致政府购买的公共服务常常并不符合消费者的需求,甚至违背农时,造成资源的浪费。① 事实上,政府向社会力量购买公共服务的核心,是通过市场的方式显示消费者的真实需求,提供公众真实急需的公共服务。

二是政府机构和人员忽视监管责任,认为市场与竞争可以解决一切问题。市场可以带来效率,是政府购买公共服务得以大力推广的主要原因,为此,一些人认为,只要将以前被政府垄断的领域推向市场,就可以一劳永逸地为消费者提供物美价廉的公共服务。但是,实际情况并非如此。

首先,当政府将公共服务的生产委托给特定组织或机构时,政府与该组织之间就形成了委托——代理关系,而委托人与代理人之间信息是不对称的,由此可能会给政府购买公共服务生产和供给带来严重困境。其次,对公共服务的购买,需要政府在监管方面履行更重要责任和职能。公共服务的特性,使得很多公共服务的供给市场无法形成充分竞争。公共服务的特殊属性和形态,使得其购买不同于物质性产品的采购:如果政府采购的是新的计算机系统或者办公用品,那么,政府可以与其他消费者一样,进入一个成型的市场并经过谈判形成最有利的交易条件。因为市场可以帮助定义产品,而市场的竞争又会保证产品的低价格。② 但是,对于公共服务的购买,事实上并不存在明显的预先市场,一些公共服务如果不是政府需要,根本不会有市场,这时,必须是政府而不是市场负责定义服务的价格与质量标准。项目组调研发现,NB 市打算解决很多商户灯箱故障问题时,其民政部门将该项服务委托给老年摄影协会,让其会员在活动期间拍摄有故障灯箱的照片,并支付一定费用。在政府购买公共服务的这个案例中,市场实际上无法为政府提供服务的费用与质量标准,因此,政府在向社会力量购买公共服务实践中,具有无可推卸的主导和监督责任。

二、公共服务的生产者:社会组织

公共服务的"生产",是指将投入转化成产出的制作过程。对于公共服务的生产来说,生产者可以是公司企业、社会组织和自然人,有的国家如澳大利亚,甚至把供给公共服务的政府部门也算作公共服务的生产者。

按照组织性质,公共服务生产者可以分为营利性组织与非营利性组织。非营利性组织是指不以营利为目的,而为民众提供教育、医疗、卫生、技术咨询等公共服务的社团等组织,③在我国,主要是社会组织和事业单位。这其中的"社会组织",是指登记注册于民政

---

① 参见本书第六章第一节农村公益性服务的购买。
② 〔美〕凯特尔:《权力共享:公共治理与私人市场》,孙迎春译,北京大学出版社 2009 年版,第 25 页。
③ 项显生:《论我国政府购买公共服务主体制度》,《西北政法大学学报》2014 年第 5 期。

部门的社会团体、基金会、民办非企业单位,主要提供与养老、助残、扶贫济困、司法矫正、灾害救援、慈善公益、精神抚慰相关的服务。

虽然公共服务的生产者既包括营利性组织,也包括非营利性组织,但由于本研究的关注重点是政府向社会组织购买公共服务的过程,因此,项目研究和本书中的公共服务生产者,主要是指"社会组织"。

(一) 社会组织参与购买公共服务的总体状况

1. 政府不断加大向社会组织购买公共服务的力度

我国政府购买公共服务经历了从无到有、不断发展的渐进演化过程。1995年上海市浦东新区社会发展局将浦东新区罗山市民会馆委托给上海基督教青年会管理[1],打破了以往由政府直接管理的单一模式,标志着我国政府购买公共服务在实践中的发端。

进入新世纪以后,政府向社会组织购买公共服务迈入试点探索阶段。继"罗山会馆模式"获得成功经验以后,上海市进一步推动公共服务的购买,从2000年开始在卢湾等六个区的12个街道依托养老机构开展居家养老试点。[2] 在此之后,购买公共服务的实践在江苏、广东、四川、北京、浙江等全国各地逐步展开,涉及的领域也不断拓展。

2003年,JS省NJ市GL区开始向社会组织运作的居家养老服务网购买独居老人的居家养老服务。WX市于2005年就开始探索政府购买公共服务,向民营医院购买结核病防治服务,在政府相关职能部门监督考核及患者评议之后,向医院方拨付相关费用。2007年,SZ市政府也培育了PX社会工作服务社等三家社会工作机构,尝试在社区建设、社会福利与救助、青少年教育、医疗卫生、社会矫正、残障康复、外来人口服务等领域购买社工服务。2009年9月,TJ市开发区成立TD社会服务中心,政府通过购买服务等多种形式,向其转移部分管理和服务职能。[3] CD市开始建立政府购买服务机制,鼓励公益组织参与购买。[4] BJ市民政局从2010年开始尝试和探索通过"服务民生行动"购买社会组织的服务等等。[5] 2011年,GZ市YX区在养老、家庭服务领域启动政府购买服务,并进一步在城市改造领域首次尝试购买第三方服务,通过引入专业公关公司来协调居民利益与公共利益的冲突。[6]

如上所述,从总体上看,我国政府购买服务的发展历程大致可以划分为从萌芽到试点再到全国推行的两个阶段:一是从1995年到2013年的萌芽和局部试点探索;二是2013年以后的全面推行阶段。2013年后,在党的十八届三中全会《决定》指引下,民政部、财政部乃至国务院密集出台政策性文件,中央政府首次对政府购买公共服务作顶层设计和系统谋划,各地方政府相继出台配套政策和措施,政府购买公共服务的力度不断加大,由此

---

[1] 中民慈善捐助信息中心:《中国政府购买社会组织服务研究报告》(网络版)2013年12月,第20页。
[2] 同上书,第21页。
[3] 同上书,第21—22页。
[4] 赵雪峰:《我国政府向社会组织购买公共服务研究》,国家发展和改革委员会经济体制与管理研究所网站,2013年8月29日,http://www.china-reform.org/?content_501.html。
[5] 中民慈善捐助信息中心:《中国政府购买社会组织服务研究报告》(网络版),第21—22页。
[6] 《GZ市YX区政府将在拆迁中引入专业公关公司》,新华网,2011年4月18日,http://news.xinhuanet.com/local/2011-04/18/c_121316445.htm。

进入自上而下全面推进的新时期。

在这一进程中,政府向社会力量购买公共服务的深度、广度和频度得到迅速开掘、拓展和提升,"政府购买公共服务从社会公众生活性民生公共服务,深化发展到生产性保障服务;从纯粹服务型公共服务,扩展到寓服务于治理之中;服务与治理两重属性兼具的社会治理和社区治理;从为社会公众供给的公共服务,扩展到为政府决策提供的公共服务和决策咨询;从对于人的社会服务扩展到对于自然资源的保护性服务,比如森林资源保护和生态保障服务"。①

相应地,政府购买公共服务的资金也有了大幅度的增长。据统计,2013 年全国政府购买社会组织服务的资金达到 150 多亿元,比 2012 年有大幅度增长。②

本项目组调研的六个省市情况也大致如此。例如,BJ 市 2010 年正式在全市社会组织范围内开展政府购买社会组织服务工作,投入资金 2020 万元,购买了社会基本公共服务、社会公益服务、社区便民服务、社会管理服务、社会建设决策研究信息咨询服务等五大方面 40 个类别共 300 个项目。参与项目的社会组织达到了 1207 个,为社会提供服务累计 121 万小时。2011 年,资金投入增加到 7879.6 万元,资金投入增长近 300%,购买了 363 项社会组织服务项目,同时撬动配套资金 1911.72 万元。2012 年又投入 8089.6 万元购买了 368 项社会组织服务项目,撬动配套资金 2867.22 万元,比 2011 年增长了 50%。2013 年围绕五种公共服务的 45 个类别,投入了 7698.9368 万元,向社会组织购买 515 个社会组织服务项目。购买社会组织服务项目共撬动配套资金 10322 万元,参与社会组织 5037 家。2014 年在五大类 37 个类别上投入 9418 万元,购买了 708 个项目(参见表 4-3)。其中,SY 区 2010 年以来共利用市、区社会建设专项资金 2286 万元购买社会组织公共服务,累计向 52 家社会组织购买 110 个项目,向 21 家"枢纽型"社会组织购买"管理服务"项目 51 个。③

表 4-3　2010—2013 年 BJ 市政府购买社会组织服务情况

年份	资金额 (万元)	撬动资金数 (万元)	项目数 (个)	参与社会组织数 (家)	提供服务数 (万小时)
2010	2020	821	300	1207	121
2011	7879.6	1911.72	363	1300	129
2012	8089.6	2867.22	368	1517	148
2013	7698.9368	10322	515	5037	282

资料来源:BJ 市委社会工作委员会、BJ 市社会建设办公室编:《BJ 社会建设年鉴》,2011、2012、2013、2014 年,北京出版社。

据统计,2013 年全年,GD 省向社会组织购买服务金额高达 4.66 亿元。④ 目前,GZ 市政府购买服务的范围主要有两类:一是为社会提供产品和劳务的服务,包括社区服务、法律服务、公益服务、市政建设等公共服务;二是政府自身需要的事务性、技术性、辅助性工

---

① 王浦劬:《政府向社会力量购买公共服务的改革意蕴论析》。
② 杨团主编:《慈善蓝皮书:中国慈善发展报告(2014)》,第 30 页。
③ 调研中 SY 区民政局提供的材料:《政府购买社会组织服务情况》。
④ 广东省社会工作委员会:《广东省社会建设发展报告(2013~2014)》,社会科学文献出版社 2014 年版,第 333 页。

作,包括草拟行业规范和规划、行业统计分析和调研、决策咨询、专业资质或资格审核、公务活动等服务。2012年度GZ市本级政府向社会组织购买服务共计支出2.93亿元,涉及254个项目,2013年度,GZ市本级政府向社会组织购买服务共安排资金3.61亿元,共260个项目。① FS市2013年全市各级购买服务的金额则达到了2.45亿元。市政府各部门向社会组织购买服务的金额从2009年的1209万元,提高到2013年5000万元。② 截至2014年底,NJ市GL区社会组织参与的民政服务外包项目20项,服务外包资金达1500万元。③ CD市则每年安排预算2000万元财政资金,通过支持社会组织开展社会服务项目,促进提升社会组织参与社会治理和公共服务的能力。

需要指出的是,尽管上述数字十分可观,但它并未真正全面地体现这些地方政府向社会组织购买公共服务的实际情况。由于历史原因,我国政府购买服务资金条块分割,分散在各职能部门和各级政府中,而上述数据多是民政部门的统计结果。从这一角度来说,我国政府购买社会组织服务的规模可能更为可观。

2. 社会组织在政府购买服务中迅速成长

从社会组织的角度来看,政府向社会力量购买公共服务也为其发展提供了契机。政府资金对于社会组织的意义毋庸置疑。据萨拉蒙的研究,在世界范围内,政府资助已经成为社会组织经费的主要来源。④ 因而可以说,政府购买服务直接促进了社会组织的发展。

这种促进作用在我国也已逐步显现。近年来,随着我国政府购买服务力度的加大,社会组织在总体数量上增长迅速,特别是2013年中央政府开始密集出台相关政策以来,增长尤为迅猛(参见表4-4)。

表4-4 2011年以来中央政府有关政府购买公共服务的政策

时间	政策出处	出台文件及主要措施
2011.7	民政部	发布《中国慈善事业发展指导纲要(2011-2015)》,宣布未来五年中国将建立和实施政府购买服务制度
2011.12	民政部 国家发改委	发布《民政事业发展第十二个五年规划》,中国政府将向社会组织开放更多资源,向社会组织转移职能,并扩大税收优惠
2012.3	民政部	发布《中央财政支持社会组织参与社会服务项目公告》
2012.11	民政部 财政部	出台《关于政府购买社会工作服务的指导意见》,提出放宽社会组织准入条件、简化登记程序、信息公开等要求,鼓励社工专业人才创办社会组织,引导社会组织增强能力与内部建设,中央财政安排专项资金支持社会组织参与社会工作服务

① 《政府购买社会服务两年花了6.5亿》,新快网,2014年3月1日,http://news.xkb.com.cn/guangzhou/2014/0301/309314.html。
② 《推进社会组织承接政府转移职能购买服务的理论与实践——以佛山市的探索为例》,广佛都市网,2014年3月11日,http://house.citygf.com/building/xhzx/201403/t20140311_4998353.html。
③ 根据本项目组调研中NJ市GL区提供的材料:《GL区向社会组织购买公共服务情况汇报》。
④ 王浦劬、〔美〕莱斯特·萨拉蒙等:《政府向社会组织购买公共服务研究:中国与全球经验分析》,北京大学出版社2010年版,第200页。

续表

时间	政策出处	出台文件及主要措施
2013.9	国务院办公厅	发布《关于政府向社会力量购买服务的指导意见》，着重明确政府购买社会服务的重要性和总体方向，明确依法登记的社会组织是承接购买服务的主体之一。对购买服务所涉及的各方面进行全面规范和要求，为下一步全国的实践提供了顶层设计，成为国家层面全面推进政府购买公共服务的重要标志
2013.11	中共中央十八届三中全会	通过《关于全面深化改革若干重大问题的决定》，明确提出激发社会组织活力，加快实施政社分开，推广政府购买服务，并要引进竞争机制，通过合作、委托等方式向社会购买事务性管理服务
2013.12	财政部	《关于做好政府购买服务工作有关问题的通知》，提出要充分认识推进政府购买服务工作的重要性和紧迫性、积极有序推进政府购买服务工作、切实加强对政府购买服务工作的组织实施
2014.10	民政部财政部	《关于支持和规范社会组织承接政府购买服务的通知》，进一步宣示社会组织在政府购买服务中的作用，加大对社会组织承接政府购买服务的支持力度
2014.12	财政部、民政部工商总局	制定并印发《政府购买服务管理办法（暂行）》，从2015年1月1日开始实施。提出政府购买服务应当与事业单位改革相结合，推动事业单位与主管部门理顺关系和去行政化，推进有条件的事业单位转为企业或社会组织。政府培育发展社会组织，提升社会组织承担公共服务能力
2015.5	国务院办公厅转发文化部、财政部、新闻出版广电总局、体育总局	《关于做好政府向社会力量购买公共文化服务工作的意见》，加快推进政府向社会力量购买公共文化服务工作
2015.5	国务院批转国家发改委	《关于2015年深化经济体制改革重点工作意见》，其中强调推动政府向社会力量购买公共文化服务
2015.10	中共中央	《中共中央十三五规划建议》，提出创新公共服务提供方式，能由政府购买服务提供的，政府不再直接承办；能由政府和社会资本合作提供的，广泛吸引社会资本参与

据统计，2011年全国社会组织共46.2万个，比上年增长3.7%；2012年、2013年每年的增长率则一下上升了2倍多，达到8.1%、8.4%；2014年增长率更高达9.7%。截至2015年3月底，全国共有社会组织61.3万个，同比增长10.9%（参见表4-5）。

表4-5 近年来中国社会组织发展状况

年份	2010	2011	2012	2013	2014	2015.3
数量（单位:万个）	43.9	46.2	49.9	54.1	60	61.3
比上年增长	3.5%	3.7%	8.1%	8.4%	9.7%	10.9%

资料来源：根据民政部《社会服务发展统计公报》(2011、2012、2013、2014)及黄晓勇《中国民间组织报告(2011—2012)》(社会科学文献出版社2012年版，第2页)相关数据整理。

在本项目调查涉及的省市中,其中 BJ 市 2013 年全市社会组织登记总量达到 8438 个①,而 2014 年共登记社会组织 9091 个②,比上年增长 7%;近十年来,GD 省社会组织数量的平均增长率将近 10%,截至 2013 年底,全省各级民政部门登记注册的社会组织有 41025 个,比 2012 年(34537 个)增长 18.8%③(参见表 4-6);GZ 市、区(县级市)截至 2013 年 10 月底,民政部门登记的社会组织达到 5663 个,与 2012 年同期相比增长了 13%;④截至 2013 年底,FS 市共有各类社会组织 4150 个,比上年增长 17%⑤,2014 年年底,全市在册登记和备案的社会组织共有 4700 多个⑥,比上年增长 13%。

表 4-6　2005—2013 年 GD 省社会组织发展状况

年份	2008	2009	2010	2011	2012	2013
数量(个)	24571	26523	28509	30535	34537	41025
比上年增长(%)	6.8	7.9	7.5	7.1	13.1	18.8

在 WC 地震以后,SC 省社会组织数量出现井喷式增长(2008 年社会组织同比增长 6.8%)。2008 年底至 2013 年底,SC 省社会组织总数由 28345 个增加到 35461 个,净增 7116 个,增幅 25.1%,其中 2012 年、2013 年的年增长率是 2011 年的两倍左右(参见表 4-7)。⑦ CD 市近年来直接登记社会组织数量递增速度明显加快,平均每年增加 200 个左右,截至 2015 年 9 月,全市依法登记的社会组织达到 8540 个。⑧

表 4-7　近六年 SC 省社会组织发展状况

年份	2008	2009	2010	2011	2012	2013
数量(个)	28345	28469	29104	30274	32524	35461
增长数量	1808	124	635	1170	2250	2937
比上年增长(%)	6.80	0.40	2.20	4.20	7.43	9.03

可见,在政府不断加大购买公共服务力度的背景下,我国社会组织蓬勃发展,已逐渐成长为公共服务供给体系中不可或缺的力量之一。

(二)社会组织在购买公共服务中的基本角色

社会力量进入公共服务供给领域之后,公共服务供给机制转变为政府购买公共服务,社会力量直接生产和供给公共服务。不同类别与不同发展阶段的社会组织,在公共服务的供给中扮演不同的角色。大体而言,我们可以从政府与社会组织关系、公共服务网链两

---

① 殷星辰主编:《北京社会治理发展报告 2013~2014》,社会科学文献出版社 2014 年版,第 280 页。
② 殷星辰主编:《北京社会治理发展报告 2014~2015》,社会科学文献出版社 2015 年版,第 30 页。
③ 广东省社会工作委员会:《广东省社会建设发展报告(2013~2014)》,第 38-39 页。
④ 张强等主编:《2014 年中国广州社会形势分析与预测》,社会科学文献出版社 2014 年版,第 10 页。
⑤ 《全市社会组织预计达 4150 个》,佛山电台网 2013 年 12 月 19 日,http://www.946.com.cn/news/zhxw/201312190058.html。
⑥ 《社会组织系边度搜搜"公益地图"就知》,《广州日报》2015 年 3 月 18 日第 A17 版。
⑦ 郭晓鸣主编:《四川社会发展报告(2015)》,社会科学文献出版社 2015 年版,第 14 页。
⑧ 《每万人有 7.7 个社会组织,成都全国领先》,《成都商报》2015 年 9 月 1 日第 2 版。

个维度出发,分析社会组织在公共服务购买中的角色和作用。

1. 政府与社会组织关系视角

理论上,从政府与社会组织关系的角度分析,社会组织在政府购买公共服务的过程中存在着四种角色,即代理人、管家、合伙人和盟友。

政府向社会组织购买公共服务是公共服务生产供给方式的转变。在传统计划经济体制下,政府集多重角色于一身,是公共服务的供给者、生产者和相关规则的制定、实施、监督和评估者,[1]社会组织并无一席之地。而在政府购买公共服务中,社会组织终于披挂上阵,与政府、私营机构等共同构成了生产供给的多重主体,进而形成了公私部门合作的网络关系。

毫无疑问,在公私合作复杂的网络关系中,社会组织与政府的关系最为重要。显然,社会组织在政府购买服务中的角色定位也需要从政社关系入手去寻找答案。在这一类相关文献中,尽管多数研究并非以社会组织的角色为主题,但追寻其有关政社关系的讨论,仍可提炼出政府购买公共服务中社会组织可能扮演的几种角色:

(1)代理人

"代理人"角色的理论来源是代理理论。在代理理论下,政府购买服务被认为是委托人(政府)向代理人(社会组织)授权履行其职能的过程。它假定委托人与代理人都是自利的,且二者利益并不一致,因而在信息不对称的情况下,委托人必须以完备的合同来管理代理人,避免其投机行为伤害委托人的利益。

不少文献对社会组织的"代理人"角色有所涉及,例如吉德伦、克莱默和萨拉蒙认为,政府和非营利组织的合作模式有两种,其中之一就是"合作的卖者"模式(collaborative-vendor model)[2]。在这一模式下,非营利组织便是政府项目管理的代理人,在谈判中拥有较少的决定权或讨价还价的权力;范斯莱克[3]、敬乂嘉[4]从委托—代理理论出发,讨论了政府与社会组织的委托代理关系,即二者之间以合同为基础,严格按合同办事,保持一定的距离,既合作又矛盾。

此外,在一些学者所界定的"合同"或是"购买"等公私合作类型中,社会组织的角色也大致可以理解为"代理人"。例如,布林克霍夫在其提出的公私合作模型中,合同关系(contracting)是四种类型中的一个。在这一关系中,政府与社会组织通过合同来对项目进行管理,合同是政府事先设计好的,社会组织只是合同执行者,并没有参与制定的权力[5];而库珀在分析公私合作关系复杂性时,提出二者关系之一便是购买(purchases)[6],即政府通过签订合同直接购买商品或服务。在上述文献中,虽然承担服务的社会组织未被冠以"代理人"之名,却有"代理人"之义。

---

[1] 王浦劬:《政府向社会力量购买公共服务的改革意蕴论析》,《吉林大学社会科学学报》2015 第 4 期。
[2] Benjamin Gidron, et al., *Government and The Third Sector*, San Francisco: Jossey-Bass Publishers, 1992, p. 19.
[3] D. M. Van Slyke, "Agents or Stewards: Using Theory to Understand the Government-nonprofit Social Service Contracting Relationship", *Journal of Public Administration Research and Theory*, Vol. 17, No. 2, 2007, pp. 157-187.
[4] 敬乂嘉:《社会服务中的公共非营利合作关系研究——一个基于地方改革实践的分析》,《公共行政评论》2011 年第 5 期。
[5] Jennifer M. Brinkerhoff, "Government-Nonprofit Partnership: A Defining Framework", *Public Administration and Development*, Dec. 22, 2002, pp. 19-30.
[6] 菲利普·库珀:《合同制治理——公共管理者面临的挑战与机遇》,复旦大学出版社 2007 年版,第 62 页。

（2）管家

"管家"角色的理论来源是管家理论。① 与代理理论相反,管家理论假定存在代理人不被个人利益驱动的可能性,在相互信任的前提下,代理人有可能为委托人的利益最大化而行动。在这样的情况下,代理人就有可能成为委托人的"管家",委托人把权力尽可能多地授予管家,管家也会尽心尽力为委托人工作,实现委托人的目标。在这一关系下,委托人的主要管理策略不是建立基于合同的问责机制,而是通过发展双方的信任关系,从而减少交易成本,达成服务目标。

范斯莱克在管家理论的基础上,通过对美国公共服务合同外包实践的考查,认为完全意义上的竞争性外包只是一种理想,在实践中,"管家关系"是政府与社会组织关系的更为常见模式②;敬义嘉则从 A 市公益服务招投标实践入手,确认了"管家关系"在我国公共非营利合作关系中的存在,并分析了其产生的原因③;布林克霍夫虽未提出管家关系,但其公私合作关系模型中的延伸性关系(extension)与管家关系类似④。

（3）伙伴

在民营化、第三方治理、网络化治理的视阈中,社会组织与政府之间的关系常被称作是"Public Private Partnerships"(PPP),中文常译作"公私伙伴关系"。然而无论是英文还是中文,"公私伙伴关系"都是一个意涵复杂的词,相关定义纷繁多样,内涵与外延各有不同⑤,但大致可以归纳为两个类别：

一是广义类。这类定义通常被用于对政府与社会组织或是私营部门多种合作形式的概括,其隐藏的含义是合作即成为"伙伴",不涉及其合作方式、合作程度的差异。在英文语境下,萨瓦斯的观点很具有代表性。他认为,广义的"公私伙伴关系"至少有三重含义：一是指公共和私营部门共同参与生产和提供物品和服务的任何安排,包括合同外包、特许经营等；二是指一些复杂的、多方参与并被民营化了的基础设施项目；三是指企业、社会贤达和政府官员为改善城市状况而进行的一种正式合作。⑥

在中国,很多学者也在广义层面上理解"公私伙伴关系",例如贾康、孙洁等认为,PPP 是指政府利用非公共部门的资源,实现公共职能并带给民营机构利益的过程,它包含多种管理模式。⑦ 值得指出的是,近年来,中国政府大力推行 PPP 模式,将 PPP 模式与中文"政府和社会资本合作模式"相对应,其主要目的是吸引民间资本参与基础设施和公共服务的投资与运营。双方合作具有长期化的特征,其主要方式是特许经营⑧。

二是狭义类。由于"伙伴"一词固有的正向色彩,无论是西方还是中国,"伙伴关系"

---

① J. Davis, et al., "Toward A Stewardship Theory of Management", *Academy of Management Review*, Vol. 22, No. 1, 1997, pp. 20-47;J. Davis, et al., "The Distinctiveness of Agency Theory and Stewardship Theory", *Academy of Management Review*, Vol. 22, No. 3, 1997, pp. 611-613.
② Van Slyke, "Agents or Stewards", pp. 157-187.
③ 敬义嘉：《社会服务中的公共非营利合作关系研究》。
④ Jennifer M. Brinkerhoff, "Government-Nonprofit Partnership: A Defining Framework", p. 25.
⑤ 参见贾康、孙洁：《公私合作伙伴关系(PPP)的概念、起源与功能》,《财政研究》2009 年第 10 期。
⑥ E. S. 萨瓦斯：《民营化与公私部门的伙伴关系》,中国人民大学出版社 2002 年版,第 105 页。
⑦ 贾康、孙洁：《公私合作伙伴关系(PPP)的概念、起源与功能》。
⑧ 中华人民共和国财政部：《关于印发政府和社会资本合作模式操作指南(试行)的通知》(财金[2014]76 号), http://www.mof.gov.cn/pub/jinrongsi/zhengwuxinxi/zhengcefabu/201409/t20140924_1143760.html.

又常被视为政府与社会组织关系的最佳状态,双方地位平等、相互信任并深度合作,这种合作状态可以被理解为狭义的"公私伙伴关系"。在现实生活中,广义与狭义的"公私伙伴关系"常被交杂使用,容易造成认知上的混乱。针对仅以狭义理解"公私伙伴关系"的现象,很多学者表示担心。萨拉蒙曾经特别申明:将政府与社会组织之间的关系概括为"伙伴",并非意味着现实中它是"完全和谐的"。① 对此,库珀也深有感触,认为"伙伴"一词听起来不错,却也隐藏了许多复杂性②。

从本章的主题来看,有三篇文献对公私关系类型的分析值得关注。一是库珀将公私关系分为购买、伙伴关系和联盟③,二是吉德伦、克莱默和萨拉蒙将政府与非营利组织的合作关系划分为合作的卖者模式和合作的伙伴关系模式(collaborative-partnership model)④,三是布林克霍夫将公私合作关系分为四类,即合同关系、延伸性关系、吸纳和逐步吞并性关系(co-optation & gradual absorption)和伙伴关系(partnership)⑤。

显然,这三篇文献中"伙伴关系"的含义与通常意义下"伙伴关系"一词中的"伙伴"不同,它更多的是对政府与社会组织深度合作状态的描述,而不再是对公私合作状态的泛指。库珀认为,当政府与合同方的合作更加深入,合同日趋复杂,且涉及一些传统上被认为是"政府的天职"的活动时,如起草政府规章、甚至是裁定某类社会服务的投诉等,二者的关系则类似于伙伴关系⑥;在吉德伦等概括的"合作的伙伴关系"模式中,非营利组织不但在合同订立时拥有相当的决定权,在项目管理与开发上也更有发言权⑦;而布林克霍夫所描述的"伙伴关系"的各个主体,相互独立并相互依赖,就项目展开深度合作。在这样的合作关系中,社会组织的角色就成了政府的"伙伴"。文中的"伙伴"即是这样一种意涵。

(4)盟友

公私合作中社会组织的另一个可能角色则是盟友。库珀认为,当政府更加依赖合同方,尤其是当政府已失去了自身提供服务的能力,且市场上又缺少合作伙伴时,伙伴关系就走向联盟(alliances)。在他看来,盟友关系不是一个短期的购买协议,而是一种长期的事业。他列举了美国能源部合同外包的案例:1994年到1995年确定的24个购买项目中,有16个是通过非竞争方式授予的,这16个合同的平均年限是35年,其中12个合同的授予从未经过竞争⑧。事实上,这种现象在美国至今仍然存在。2015年,美国卫生与公众服务部政府购买服务项目中,通过非竞争方式授予的至少8706个,占总项目数的10.7%;合同年限为5—10年的有2036个,10年以上的101个。⑨ 长达几十年的合作,双方的合同显然不能事无巨细,更像一种框架式合作盟约,双方在合作中相互信任、相互协商,在关系上相互依赖、共利共赢,这种关系则更倾向于盟友关系。

---

① 莱斯特·萨拉蒙:《公共服务中的伙伴——现代福利国家中政府与非营利组织的关系》,商务印书馆2008年版,第12页。
② 菲利普·库珀:《合同制治理》,第66页。
③ 同上书,第62页。
④ Gidron, et al., *Government and The Third Sector*, p. 19.
⑤ Brinkerhoff, "Government-Nonprofit Partnership: A Defining Framework", pp. 19-30.
⑥ 库珀著作的中文译者即将"Partnership"译为"合伙"。参见菲利普·库珀:《合同制治理》,第66页。
⑦ Gidron, et al., *Government and The Third Sector*, p. 19.
⑧ 菲利普·库珀:《合同制治理》,第67页。
⑨ 根据美国政府网站 https://www.usaspending.gov/DownloadCenter/Pages/dataarchives.aspx 相关数据计算。

在社会组织与政府的合作中,当购买方式竞争程度高且平等程度也高时,社会组织的角色倾向于伙伴(图4-1,象限1)。在这一条件下,社会组织通常具有较强的自主性,具备较好的服务能力,故而更容易在政府购买服务的竞争中脱颖而出赢得项目,实现在更大范围内、更深层次上与政府的合作。双方合作遵从市场规则,公开招标,合同化治理程度较高,但双方视对方为伙伴,地位相对平等,优势互补,频繁交流,共同决策。

当购买方式竞争程度高且平等程度低时,社会组织的角色倾向于代理人(象限2)。即政府作为买主占据主导地位,项目的购买倾向于采用公开招标的方式,政府与社会组织之间是典型的委托—代理关系。双方保持一定距离,为防止代理人的投机行为,政府主导合同的制定,并严格按照合同监督管理社会组织;代理人则须严格执行合同,缺少参与决策的可能性。

当购买方式竞争程度低且平等程度亦低时,社会组织的角色则倾向于管家(象限3)。即由于社会组织弱小或是数量太少,项目的获得大多通过非竞争方式,政府作为买主占据主导地位。社会组织就像生活中的管家一样,以政府命令为行动准则,愿意为实现政府目标而竭尽全力。由于对社会组织的信任程度高,合同的重要性相对降低,政府对双方合作的管理倾向于超越合同,更多地授权。

当购买方式竞争程度低且平等程度高时,社会组织的角色则倾向于盟友(象限4)。在盟友关系下,社会组织鲜有竞争对手,且有足够的能力与政府平起平坐。政府与社会组织之间相互需要相互依赖,为共同的事业而合作。由于社会组织无可替代,双方合作并不采用竞争方式,而且是长期的、稳定的,二者间的合同"更像盟约,而不是购买协议"①。它有点类似于市场中的合伙人制度:雇主聘用雇员为其工作,但当雇员的能力提高到一定程度,能够与雇主相比肩时,雇佣关系就有可能演变为合伙关系,合伙人拥有公司股份,参与公司决策与管理,分享公司利润。在政府向社会组织购买公共服务中,当社会组织能力增强,和政府的谈判能力提高,政社之间的关系就可能向联盟关系演变,二者地位平等,互惠互利,合作向纵深发展。

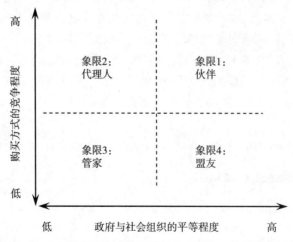

图4-1 社会组织在政府购买服务中的角色:政社关系视角

---

① 菲利普·库珀:《合同制治理》,第67页。

2. 公共服务网链视角

政府以购买的方式提供公共服务,既是20世纪80年代以来诸多国家政府行政改革的结果,也与20世纪90年代以来私营企业供应网链、服务网链理念的兴起与发展方向相契合。在社会分工愈加精细、交通及信息技术日趋发达、消费者需求越发多样的时代背景下,产品或服务的生产与供给不再是一个企业的独角戏,而是由不同主体联袂出演的交响大合唱。出演的主角不但包括产品或服务的供应商和制造商,而且包括运输商、仓储商、零售商,甚至包括顾客本身[1],它们分工合作,共同构成了产品或服务生产供给的网络化链条。

从生产与供给的角度来看,公共服务合作网络与市场中服务供应网络颇为相似。事实上,仅就政社关系分析社会组织在政府购买服务中的角色,并不全面。在政府购买服务中,社会组织与政府一样,都处在公共服务生产与供给多元化主体所构成的网络链条中,把握其在政府购买服务中的角色与功能,还需要将其置于整个公共服务网链中观察。

现有文献对于社会组织在公共服务网链中角色的讨论较为稀少。吴玉霞借鉴服务链理念,提出以"公共服务链"来分析政府购买服务,指出政府在这一系统中应承担引导者角色,枢纽型组织应当承担集成的职能[2];戈德史密斯和埃格斯从公私合作网络的管理职责角度分析了政府作为集成者、主要承包商作为集成者以及第三方作为集成者三种不同情况的案例[3]。

显然,上述讨论并不能完全概括社会组织在公共服务网链中的角色。本书认为,和市场中的服务供应网链一样,在公共服务网链中,根据其服务的类型,参与主体所能扮演的角色可以归纳为以下几种:

(1) 生产者

即社会组织是直接面向顾客(公民)的服务生产商。在传统的计划经济体制下,政府是公共服务唯一的生产者。而在公共服务供给引进市场机制,实施政府向社会力量购买公共服务机制时,私营机构、社会组织、志愿组织等都有可能成为生产者,直接为公民服务。

(2) 集成者

即社会组织不直接为顾客提供服务,而是负责整合网链资源、管理网链运营的服务集成者。在政府向社会力量购买服务中,公共服务网链日趋复杂,衍生出网络集成的需求。戈德史密斯和埃格斯讨论了政府及社会组织分别作为网络集成商在美国实践中的案例。例如,得克萨斯州政府不直接向日托中心购买服务,而是聘请社会组织做网络集成者。州政府与一家非营利组织——儿童保育协会签订协议,由儿童保育协会负责管理几个县的儿童保育供应商网络,而该协会只负责协调管理等工作,并不直接提供儿童保育服务[4]。

---

[1] 苏尼尔·乔普拉、彼得·迈因德尔:《供应链管理》,中国人民大学出版社2010年版,第4—5页。
[2] 吴玉霞:《公共服务链:一个政府购买服务的分析框架》,《经济社会体制比较》2014年第5期。
[3] 斯蒂芬·戈德史密斯、威廉·D.埃格斯:《网络化治理——公共部门的新形态》,北京大学出版社2008年版,第68—76页。
[4] 斯蒂芬·戈德史密斯、威廉·D.埃格斯:《网络化治理——公共部门的新形态》,第74—75页。

(3) 支持者

即社会组织的直接服务对象不是顾客(公民),而是网络中的其他主体。社会组织作为支持者,其服务对象至少有两类:一类是其他社会组织,如专门为社会组织做能力建设的非营利机构,并不直接服务于民;另一类是政府,如行业协会为政府有偿提供行业调研报告,帮助政府做好行业管理,社会组织作为第三方机构评估政府购买的公共服务的绩效等。

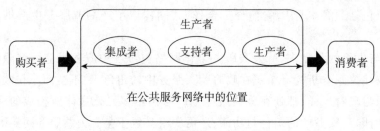

图 4-2

在公共服务网链中的位置,实际上显示的是公共服务生产和供给过程中各个主体之间的关系。无论网链有多么复杂,它都开始于供给的起点,结束于消费的终点。那么,在政府购买公共服务过程中,位于始端的自然是服务的供应者——政府,而位于终端的自然是服务的最终消费者——公民,位于两者之间的则是各级承包者。在公共服务网链中,社会组织越是趋近于终端,意味着它越可能直接服务于民;反之,则意味着它在服务网链中的功能越是非生产性的,而越是可能具有集成职能,即在公共服务网链中承担多元主体整合协调的工作。

在这一框架下,当社会组织离公共服务网链终端较近时,它可能扮演的角色就是生产者,即只负责为公众直接提供服务,例如儿童教育机构为小学生提供放学后看管服务;当社会组织离公共服务网链始端较近时,社会组织则可能扮演另一种角色即集成者。集成者负责联络管理网络中的其他成员,整合调配资源,保障服务网链的高效运作,为民众提供高质量服务;而位于网链中间的社会组织,则趋向于作为支持者的角色出现,支持者并不直接面向公众提供服务,而是为网络其他主体(政府或其他组织)提供服务,比如,一些社会组织专注于为其他组织做能力建设。

在公共服务供给网络链条中,社会组织包括其他主体既可能只作为一种角色出现,也可能身兼多种角色于一身。这种身兼多重角色的情况,至少存在以下几种可能:一是生产者兼集成者,二是生产者兼支持者,三是支持者兼集成者。在政府购买公共服务的过程中,除了社会力量(私营机构或社会组织)作为生产者兼集成者之外,还存在着另一种可能:即政府既是生产者,又是集成者,例如,政府设有公立养老机构直接为民众服务,同时,又购买社会养老机构的服务,并作为养老服务网络的集成者,管理这一网络的运营。需要指出的是,在公共服务网链中,具备集成职能负责管理工作,并不意味着"集成者"是管制者。公共服务领域异常复杂,充分竞争的状况并不普遍,多种角色常常同时并存。

(三) 社会组织在政府购买公共服务中角色的案例分析

2015年5月至11月,本项目组分赴全国六省市展开专项调研,其间与政府部门座谈,深入社区及社会组织,获得了一手资料。下文从上文所建立的分析框架出发,结合项目组调研成果,研讨我国社会组织在政府购买服务中的角色。

1. 政社关系视角

(1) 代理人的锻造——以 CD 市 WH 区购买社区公共服务项目为例①

在 SC 省 CD 市,上级政府向社区延伸的公共服务项目的提供方式经历了几个发展阶段。最初,所有工作由社区两委(党支部委员会和居民委员会)直接承担,但运行了一段时间后,发现下沉到社区的政务服务越来越多,社区两委人员有限,任务量过重,不堪重负。于是 2010 年 CD 市成立社区公共服务站,另行聘用人员负责服务工作,并由社区两委兼任领导。这一体制虽解决了两委负担过重问题,但也容易模糊公共服务站和社区两委职能的边界,工作大家一起干,仍然存在分工不明的问题。为此,WH 区 JJ 街道办事处尝试进行改革,剥离公共服务站与社区两委的领导关系,人员聘用采用岗位购买的方式,由街道办事处直接负责,从机制上保证公共服务站和社区两委的职能分开。但在实际运行过程中,仍然难以避免两委借用公服站人员的情况发生;更为重要的是,由于工作繁重,各个镇(街道)不得不聘用大量的社会人员,仅在 WH 区 YQ 街道,各类"专干""协管员"就有 100 多人②。

为解决社区两委行政化、与公共服务站职能不清以及社区人员负担过重等难题,2014 年,WH 区率先改革,尝试采取向社会组织购买政务服务的方式,将涉及居家养老、残疾人服务等基本民生领域 139 项政务服务职能全部交由社会组织承担,2015 年预算是 3700 多万元。③

然而,改革面临着两项难题,一是原有公共服务站的人员怎么办,二是去哪里找能够承接服务的社会组织。为此,WH 区政府采取了折中的办法,公共服务站原有聘用人员(社会综合协管员)共 600 多人全部与社区解除劳动关系,与此同时,政府出台相应政策,并成立社会组织孵化中心,鼓励并帮助原有人员在自愿的基础上成立社会组织。政府通过"申请—评估—入驻—孵化—出壳—跟踪"六个流程,为初创的服务类社会组织提供办公场地、设备、信息资源等方面的共享设施,并通过非公开招标的"比选"方法,向这些社会组织购买政务服务。政府(街道办事处)与新生的社会组织签订购买服务合同,并出台购买目录、购买标准、购买办法,组织街道相关业务科室、各社区、社区居民以及驻辖区单位参与考核。利用这样的机制,2014 年 WH 区 13 个街道全部改革到位,承接政务服务的社会组织共有 90 余家。

运行一年多来,改革取得了良好的效果:社区居委会从政务中解放出来,把主要精力放在了推动社区自治方面;公共服务站职责清晰,聘用人员相应减少,政府卸掉了人员管理的负担。例如,最先改革的 WH 区 JY 社区原有综合服务站工作的社会综合协管员 20 名,改革后,他们全部与社区解除劳动关系,成立了 WH 区阳光惠民社会服务中心承接了原有的政务服务工作。作为社会组织的成员,这些人员的工作作风得到了改观,服务也更

---

① 根据 2015 年 5 月本项目调研资料整理。
② 刘莉:《政务下沉之后:不是所有政务服务都适合"外包"》,《四川日报》2015 年 1 月 19 日第 10 版。
③ 根据 2015 年 5 月 18 日本项目组与 WH 区民政局座谈记录整理。

周到、更细化。目前该社区工作人员只有 8 人(包括书记、主任),初步实现了社区两委锚定社区自治的主业、精简聘用人员等目标。①

根据上文的分析框架,当政府购买公共服务的方式的竞争程度低,且政府与社会组织平等程度亦低时,社会组织的角色更倾向于管家。在这一购买服务项目中,毫无疑问,政府一直占主导地位,大多数社会组织是在原有聘用人员基础上组建的,而且并非通过公开招标获得项目,购买方式类似于单一来源购买,并不存在竞争。在具体合作中,政府是改革的推动者、项目的设计者,甚至是社会组织的催生者;而新生的社会组织与政府之间本就存在天然的联系,它为服务于政府的改革目标而诞生,作为项目的执行者被政府信任,因而最初政府与社会组织的关系表现出较为明显的管家关系特征。

然而随着项目的推进,一些问题也逐步显现出来。一是政务服务购买项目的合理性问题。例如"办理就业失业登记证"等行政审批类事项,是否能够外包给社会组织存在争议;一些交给社会组织的项目实际上还是由社区两委人员承担,而且数量可观,据有的社区统计,这些项目甚至高达 43 项②;而社会组织也常会帮助两委做份外的工作,如"社区迎检"等。二是社会组织的能力问题。虽然承接政务服务的社会组织大部分是由原有聘任人员组成的,相对熟悉业务,也容易与社区建立信任。但以往的政务工作是社区两委及聘用人员协作完成的,改革后没有两委人员的参与,新的社会组织能否独自承担剥离出来的服务项目都还是个未知数。

事实上,在项目运行一年后,这些社会组织逐步发生了分化,有的组织已经明显表现出能力的欠缺。为此,WH 区政府一方面通过严格考核梳理出一份"准入名单",淘汰不合格的组织,将原有的 90 多家社会组织减少到 70 多家;另一方面,尝试改变购买服务的方式,采用公开招投标的方式选择合作者,购买服务不再"零门槛"。2015 年 3 月,CJ 街道原有社会组织由于绩效不佳、考核不合格而被淘汰出局,街道办事处将该项目委托当地政府采购部门向全社会公开招标,CD 市 TX 社会工作服务中心以 237.9 万元的报价中标③。

从竞争程度上来看,此次招标共吸引了 5 家机构参与,其中 3 家符合资质要求,形成了一定的竞争态势。从平等程度来看,中标的 TX 社会工作服务中心不是由原有社区人员转制而来,而是一家社会工作专业服务机构,成立于 2012 年,由 CD 信息工程学院教师创办,在当地享有一定声望。但目前 TX 的收入仍以政府项目为主,2014 年,其政府购买服务收入 279.3 万元,占全年收入(287.3 万元)的 97.2%,2015 年其政府购买服务收入占比为 92%④,收入多元化的水平还有欠缺,机构对于当地政府还具有较强的依赖性。在这一购买项目中,合同的详尽程度十分引人注目,项目招标书长达 20 页,详尽列举了承接方需要履行的 139 项公共服务职责、相关考核标准及考核办法,显示了其较高的合同化治理水平,而在这一过程中,社会组织的代理人角色正逐步被锻造出来。

(2)从管家到伙伴——以 NP 与 SH 市 PD 新区政府关系为例⑤

NP 全称为 NP 公益组织发展中心(NPI),自 2006 年成立以来发展迅速,目前已成长

---

① 韩利:《一个小小社区入驻 17 家社会组织》,《成都商报》2014 年 5 月 5 日第 2 版。
② 黄泽君:《政务下沉之后:要在专业上下功夫》,《四川日报》2015 年 1 月 19 日第 10 版。
③ 参见 http://www.sczfcg.com/view/staticpags/shiji_gkzbcg/4028868748f96831014be3a3b8f2701b.html。
④ 访谈记录(2016 年)。
⑤ 资料来源:NP 官方网站(http://www.npi.org.cn)及笔者对于 NP 的访谈(2010)。

为国内社会组织中的知名品牌。它的发展与政府购买服务分不开,可以说,它在政府向社会力量购买公共服务中诞生,更在政府购买公共服务中壮大。在这一过程中,NP 的角色也从政府的管家逐步成长为政府的伙伴。

① 信任的管家

根据本文的分析框架,当政府购买公共服务的方式的竞争程度较低,且合作双方的平等程度也较低时,社会组织与政府的关系倾向于管家关系。

NP 的成立源自于政府对中心创始人的信任。NP 的创始人 LZ 毕业于 BJ 大学中文系,曾担任过新华社记者,也曾下海办过企业。自担任《GY 时报》社总编起,LZ 与公益事业结下了不解之缘。他随后曾辗转担任 QYGM 工作委员会总干事、BJNPO 信息咨询中心副主任等职,曾和胡润百富榜合作推出国内第一个慈善家排行榜。在工作中,LZ 逐渐结识了若干中国公益事业的拓荒者,认识到中国已经到了"民间公益力量崛起的时候",坚定了投身公益事业的决心①。

2006 年,SH 市 PD 新区开展综合配套改革,探索转变政府职能,引入社会组织提供公共服务的途径。在此之前即 2005 年底,NP 创始人 LZ 先生与 PD 新区社会发展局的领导曾进行过积极的沟通,表达了希望在 SH 成立一个专业的、旨在为初创期和中小型民间公益组织提供切实帮助的支持型社会组织的想法。这一想法刚好切合了 SH 市 PD 新区新时期发展的需要。早在 2003 年,时任 PD 新区社会发展局领导的 MYL 即从企业孵化器得到启发,希望能将这一概念引入社会组织领域,建立这样一种培育扶持机制。② 于是双方一拍即合,NP 的第一个注册机构 SHPD 非营利组织发展中心于 2006 年 1 月成功地注册为民办非企业单位。登记单位和管理单位均为 PD 新区民政局。

NP 的成立在当时并不寻常。十年前,社会组织登记的门槛相当高,必须首先找到愿意接收的主管单位,才能到民政部门申请注册,全无官方背景的草根组织很难获得批准。NP 不但迅速获准出生,而且还由登记主管机关民政部门破例直接担任主管机构,可以说,没有当时 PD 新区民政局领导的信任,就不可能有 NP 以及 NP 后来的发展。

在最初的合作中,NP 十分弱小,政府并不清楚它究竟能带来什么。双方都是摸着石头过河,对合作内容并没有特别清晰的图景,有的只是相互的信任及理念目标的认同,那就是要致力于社会组织的培育。2006 年 5 月,在与政府不断的磨合交流中,NP 在国内首创公益组织孵化器概念,并经历近一年的"漫长筹备",于 2007 年 4 月在 PD 新区正式运作,NP 刚满周岁,即成为旨在为初创期社会组织提供支持的公益组织孵化器的管理者。当时孵化器项目即以政府购买公共服务的方式运作,但很明显,NP 并无竞争对手。由此看来,这一时期 PD 新区政府与 NP 的合作是以充分信任为基础的、无人竞争的管家模式。

② 平等的伙伴

在本文的分析框架下,当政府购买公共服务的方式的竞争程度变高,且合作双方的平等程度也得到提高时,社会组织则倾向于以政府的伙伴角色出现。随着 NP 与政府合作的不断深入,NP 的角色也在悄然发生变化。

---

① 白筱:《吕朝:锋尖处领先半步》,《中国慈善家》2015 年第 7 期。
② 蓝煜昕:《社会管理创新的上海实践:马伊里访谈录》,《中国非营利评论》2012 年第 1 期。

首先,尽管双方初期的合作并没有通过招投标形式,而是基于信任的、在不断的碰撞磨合中前行的,合同也是框架式,其明确详尽程度有限,但 PD 新区政府从一开始就致力于提高政府购买公共服务的竞争化程度。事实上,2008 年 NP 拿到托管 PDSLSB 家园市民中心的项目,就是通过招投标的方式获得的。2009 年,NP 参与设计并承办的首届"SH 社区公益创投大赛"更是致力于改变公益金拨付的方式,以公开的、竞争性的招投标代替直接拨款。公益创投大赛的成功举办在当时产生了巨大的示范效应,很快成为 SH 市各级政府乃至全国各地政府启动购买公共服务项目的重要途径。同时,进入 21 世纪,政府转变职能、发展社会组织的脚步一直没有停歇,大量的社会组织应运而生,NP 不再无人同行。在这一背景下,NP 与 PD 新区政府合作中的竞争水平自然也得到了相应的提高。

其次,尽管 NP 最初是由 SH 市 PD 新区政府通过购买公共服务方式一手扶持起来的,政府在双方关系中占绝对主导,NP 依赖政府资源而生存。但在之后的发展中,NP 不断增强自身的自主性,逐步在与政府的合作互动中改变了弱势地位。

根据资源依赖理论(Resource Dependency Theory),组织在生存中为了避免对环境中其他组织资源的依赖,可以选择两条途径:一是尽量将对其他组织的资源依赖最小化,二是尽量把其他组织对自身的依赖最大化[①]。

一方面,NP 通过寻求多元化资源而逐步减少对 PD 新区政府的依赖,这种多元化既包括寻求 PD 新区之外的政府资源,也包括寻求政府之外的其他社会资源:

一是将业务扩展到 PD 新区之外的整个 SH 市。除公益孵化器外,NP 起初的主要项目也来自于 PD 新区政府,如 2007 年承担 PD 新区财政局"政府向民间组织购买服务流程规范"研究课题、2008 年受委托管理 PDSLSB 家园市民中心等。2009 年,NP 将业务拓展到整个 SH 市,承办 SH 市民政局委托的首届"SH 社区公益创投大赛"、2010 年托管"SH 社会创新孵化园"、2011 年托管"SH 市 MX 区社会组织孵化园"等等;

二是立足 SH 辐射全国。从 2008 年开始,NP 分别在 CD 市、BJ 市、SZ 市、NJ 市、ZH 市等地成立办事处,2009 年设计承办"公益项目北京交流展示会"、2010 年与 CD 市高新区合作推动青年公寓社区服务中心建设、2011 年承办首届 DG 市、SZ 市公益创投大赛、2012 年托管 NJ 市 YHT 区社会组织孵化中心、协办"中国公益慈善项目交流展示会"等;

三是寻求政府之外的资源。NP"从不拒绝把企业资源引导到公益领域的各种尝试"[②],成立伊始便注意资源获取的多样性,这些资源有国内的、有国际的、有企业的、有公益慈善组织的,合作伙伴包括 NDGY 基金会、CYX 家族基金会、SH 市慈善基金会、SH 市 PD 新区老年基金会、LX 集团、WK 集团、ABS 公司、ITL、NJY、SAP 公司、世界银行、XG 社区伙伴、XGLS 会、YG 全国社会创业支持网络、YGDSGWH 处、JICARBGJ 协力机构等。合作项目包括 2007 年 NP 协助世界银行,推动"中国发展市场"项目;2009 年与 NJY 启动"阳光生活社区重建项目";2010 年与 YC 基金会举办首届"新公益嘉年华"项目;2013 年与 HF 银行启动中国社区建设计划等。

从资金来源看,NP 发展几年之后,很快就实现了收入多元化,除了政府购买项目收入

[①] Jeffrey Pfeffer and Gerald R. Salancik, *The External Control of Organizations: A Resource Dependence Perspective*, New York: Harper & Row, 1978.

[②] 吕朝:《NPI 的八个基因》,《NPI 时讯》2008 年第 8 期。

之外，还有企业和基金会捐赠和项目服务收入，政府资金仅占其全部收入的30%。以2010年为例，其捐赠收入达全部收入的84%，而政府补助及提供服务收入则分别仅占12%及4%[1]，可见那时NP对政府特别是PD新区政府的依赖便已大大降低。

另一方面，NP通过不断的服务创新提升自身的能力来强化政府对其资源的依赖：

NP的迅速发展源自其强大的创新能力。2006年，它在国内首创"公益孵化器"模式，被称为近年来社会建设领域的重要制度创新，很快在BJ市、SZ市等地得到推广。随后，NP率先在国内实施了公益创投、政府购买服务招投标平台、联合劝募、公益行业交流展示会、企业CSR咨询、社区综合发展等专业性的业务模块，在业界产生重要示范效应。多年来，NP还在社会组织能力建设与绩效评估、社区公共空间托管、社会影响力投资、社会创业媒体平台等诸多领域深耕细作，积累了丰富的理论和实践经验，如今，NP已经成为国内支持型社会组织的知名品牌。

事实上，在PD新区政府和NP的合作初期，政府对于初出茅庐的NP信任有加，但依赖有限。政府并不十分清楚NP能带来什么，NP也的确没有足够的资源。因而当时双方的合作带有试探性质，2006年，NP被允许登记注册后，直至2007年才正式承接两个政府购买公共服务项目，一个是PD新区民政局的公益组织孵化器托管，还有一个是PD新区财政局有关政府购买公共服务问题的课题研究。随着NP的各种创新服务项目渐次落地，其培育和支持社会组织方面的强大能力也逐步提高和显现出来，双方的合作才不断深入，合作领域也不断拓展。2008年NP受托管理PDSLSB家园市民中心，同年NP迁入由新区政府免费提供的社会组织服务大楼，并在浦东新区发起注册"SHWLX社区服务中心"，探索NPO托管政府社区服务中心新模式。目前，PD新区所属的24个乡镇、12个街道已全部成为WLX社区服务中心的合作伙伴[2]，PD新区政府对NP的倚重可见一斑。

已有学者注意到招投标模式的实施对于政社之间从管家关系向委托代理关系转变所起到的促进作用[3]。而根据本文的分析框架，显然，随着自身不断成长强大，NP与PD新区政府间最初的依附关系发生改变，加之双方合作的竞争程度不断提高，二者之间的管家关系就开始朝着伙伴方向转变。正像LZ所说，"NP通过坚持作为一个本土NPO支持性组织的'主体意识'，得到了更多的机会和尊重"。[4]

（3）从"二政府"到盟友——以BJ市JN协会为例

根据本文的分析框架，当政府购买服务方式的竞争程度较低，但合作双方的平等程度较高时，社会组织则有可能成为政府的盟友。

在我国政府购买服务的实践中，毫无官方背景的草根组织大多相对弱小，无法在合作中与政府平起平坐，很多地方的购买服务项目带有支持和培育性质，这就决定了这类社会组织不可能以盟友的角色出现。

但是，在政府购买公共服务中，有一类社会组织与政府关系密切，往往能以非竞争方

---

[1] 唐文玉、马西恒.:《去政治的自主性：民办社会组织的生存策略——以恩派（NPI）公益组织发展中心为例》，《浙江社会科学》2011年第10期。
[2] 参见 http://www.wulixiang.org.cn/index.php? m = Alone&a = index&id = 9。
[3] 敬义嘉:《社会服务中的公共非营利合作关系研究》。
[4] 吕朝:《NPI的八个基因》。

式获得政府购买项目,且项目的合同化治理程度较低,合同简单粗略,合作也常常并不依照合同的执行。由于政府目标的改变或是社会组织无法完成合同,双方合作中偏离合同的现象时有发生。这类组织就是政府主办的非政府组织(Government-Organized NGO, GONGO)。

顾名思义,GONGO 是由政府发起组织的非政府组织。在我国,它们大多产生于改革开放以后,是政府精简机构职能转移的产物,也常常是体制内人员退休后发挥余热的场所。GONGO 本身包罗万象,类型多样,与政府的关系有疏有近,有的从一开始就是与政府分离开、独立运作的实体,有的则与政府职能部门一套人马、两块牌子。但总体说来,在成立之初,它们依赖政府资源生存,独立性和自主性较弱,且有着较强的官僚化色彩,常被人们调侃比喻为"二政府",甚至其"非政府组织"性质也常常受到质疑,被认为是"国家在社会前哨设立的严密控制的组织"①。

然而,随着改革的深入,特别是政府"政社分开"、构建新型政府治理体系的努力不断开花结果,我国国家与社会的关系处在一个前所未有的重塑期,包括 GONGO 在内的社会组织与政府之间的关系经历着一个不断变化发展的过程。尽管目前学界有关中国国家与社会关系现状的观点不一,但不管中国是出现了多元主义的社会结构,还是法团主义的体制结构,或是依附性的社会结构②,有一点却是可以肯定的,那就是从总体上看,中国的社会组织在发展壮大,其自主性独立性在增强,这其中当然也包括 GONGO。

事实上,虽然复杂多样的 GONGO 在现实中的发展并不均衡,并不是所有的机构都是一路凯歌,但总有一些 GONGO 能够抓住机遇发展自己,从而拥有了更多的资源、更强的自主性。相应地,随着双方力量的消长,GONGO 与政府的关系也在互动中得到重新塑造,GONGO 获得了更多的平等与尊重,其角色也从"二政府"向盟友演变。已有学者关注到这一变化,他们发现,环境领域 GONGO 与政府之间的联系正在变得越来越虚弱,而自我管理和独立的趋势正在变得愈发明显,它们与政府之间似乎可以总结为"老战友的新伙伴关系"③。

行业协会作为典型的 GONGO 也经历了这样的一个发展过程。我们这里尝试以 BJ 市 JN 协会为例,说明近年来在政府转变职能中这类社会组织在政府购买服务中角色的变化。

在我国,行业协会的发展始于改革开放以后,随着市场经济的发展,政府职能的转变,政府开始逐步退出市场,以"行业管理模式"代替计划经济时代政府"部门管理模式"。从设立方式来看,目前我国行业协会大致可以分为两类,一类是官办协会,包括政府部门改革行业管理模式直接转制而成的协会,如 1993 年由纺织部改制而成的中国纺织总会;政

---

① Peter Ho, "Greening Without Conflict? Environmentalism, NGOs and Civil Society in China," *Development and Change*, Vol. 32, No. 5, 2001.
② 汪锦军、张长东:《纵向横向网络中的社会组织与政府互动机制:基于行业协会行为策略的多案例比较研究》,《公共行政评论》2014 年第 5 期。
③ 赵秀梅:《关于 BJ 环保非政府组织的调查分析》,载王名主编:《中国 NGO 研究———以个案研究为中心》,联合国区域发展中心、清华大学 NGO 研究所 2000 年 8 月;徐凯:《近年来中国环境非政府组织研究:进展、问题与前景》,《当代世界社会主义问题》2007 年第 1 期;Fengshi Wu, "Environmental GONGO Autonomy: Unintended Consequences of State Strategies in China", *The Good Society*, Vol. 12, No. 1, 2003.

府部门发起组建且由政府官员担任领导的协会,如1980年建立的ZGBZ技术协会;以及由国有企业发起设立并由国企领导或政府官员担任领导的协会,如2000年成立的BJ市GYMS协会。另一类是民办协会,由民营企业或机构发起设立,如2003年成立的ZJ省CX材料协会。

在发展初期,政府对于官办行业协会的支持是全方位的,从办公场所到人员,再到资金、项目,无所不包。但在随后的发展中,行业协会政社不分、管办一体、责任不清的弊端也逐渐凸显出来,明确行业协会定位,加强行业协会管理的呼声也日渐高涨。1998年,中共中央办公厅、国务院办公厅颁布《关于党政机关领导干部不得兼任社会团体领导职务的通知》,明确现职领导不得兼职。2001年,中国加入世贸组织,完善市场机制的要求更加迫切,随后中央政府相继出台了若干政策,旨在规范行业协会的管理,促进行业协会的"去行政化",如国家经贸委2002年颁布《关于加强行业协会规范管理和培育发展工作的通知》,2007年国务院办公厅颁布《关于加快推进行业协会商会改革和发展的若干意见》,2015年中央办公厅、国务院办公厅印发《行业协会商会与行政机关脱钩总体方案》等。其中,2007年的《若干意见》明确提出,行业协会要"切实解决行政化倾向严重以及依赖政府等问题。要从职能、机构、工作人员、财务等方面与政府及其部门、企事业单位彻底分开,目前尚合署办公的要限期分开。现职公务员不得在行业协会兼任领导职务,确需兼任的要严格按有关规定审批。"2015年的脱钩方案更明确领导干部退(离)休三年内不得在协会任职。

在这样的背景下,同其他类型的GONGO一样,处于转型中的官办行业协会几十年来的发展并不均衡。事实上,现实中行业协会的分化相当严重,一些组织被政府允许依然以"二政府"的面目在体制内运作,如BJ市开发区协会;另一些组织则由于与政府脱钩或是政府机构撤销失去"奶爸奶妈"而苦苦支撑,如BJ市渔业协会;还有一些则在发展中积累了较多的资源,摆脱了对政府资源的依赖,获得了更高的自主性,逐步在政府购买服务中成为政府的盟友,如BJ市建筑装饰协会。

社会组织获得更高的自主性与其所能获得资源的多元化密切相关。一般说来,官办行业协会所能获得的外部资源无外乎两类,一类是政府资源,另一类是社会资源。事实上,在政府断奶及市场推动的双重背景下,已经有相当一部分官办行业协会成功地摆脱了对政府资源的绝对依赖,实现了从政府依赖向社会依赖的转型。这些协会所能汲取的社会资源包括会费、服务性收入及社会赞助等。这一现象在经济发达地区表现得尤为明显。根据李学楠的调查,无论在物质资源还是人力资源方面,SH市行业协会对于政府的依赖度都不高。在调查样本中,政府委托项目收入占协会总收入的最高比重只有20%,其中有50%的协会只占总收入的0—10%;而2002年SH市启动行业协会改革以后,政府人员已基本不在协会兼职。①

此外,社会组织的自主性还可能来自于政府资源,亦即它们对于政府的"职能替代"。政府在改革中将手中"不该管、管不了、管不好"的事情下放给行业协会,通过职能直接转

---

① 李学楠:《政社合作中资源依赖与权力平衡——基于上海市行业协会的调查分析》,《社会科学》2015年第5期。

移或是购买服务的方式,由协会承担原来政府的职责,比如说 BJ 市经济和信息化委员会委托 BJ 市电子商会负责 BJ 市电子信息产业统计工作。职能的转移和项目的承接一方面体现协会对政府的依附,另一方面也是协会获取资源的源泉。尽管这些让渡的职能对政府来说可能是边缘的①,非核心的,但让渡的结果却是协会对政府"职能替代"的切实发生:一些职能下放之后,政府渐渐不再具备履职的能力,完全依赖协会来提供服务;在一些领域(如社工服务)甚至一些主流职能也被赋予了协会,社会组织对政府的"主流替代"日渐形成②。协会反过来成为政府"不得不"倚重的盟友,政府反而别无选择。

然而,并非所有的行业协会都能够从政府与社会获得足够的资源,进而发展成具有较强自主性的社会组织的。那么,如何能够获得足够的资源呢? 根据资源依赖理论,为了生存,组织需要获取资源;而资源的获取则建立在一个组织控制它与其他组织关系的能力基础之上③。对于行业协会来说,这一能力主要表现在以下几个方面:

第一,行业内垄断地位。为方便管理,我国在发展行业协会时一般采用"一地一业一会"的原则。尽管这一原则有限制竞争的嫌疑,一些地方(如 GD 省)已出台政策放开限制,但对于没有放开地区的行业协会来说却是强有力的保护机制,它设置了创立协会的门禁,保障了现有行业协会的垄断地位,赋予了协会独一无二的权力。"只此一家,别无分店",政府和行业内企业别无选择,这本身便是行业协会控制能力的体现。

第二,协会的专业能力。官办行业协会一般拥有行业内一流专家,组织架构完整,管理较为规范,具备较强的服务会员、服务行业、服务政府的专业能力,能够成为其他组织倚重的对象,这是协会可持续发展的内生资源。曾任福特基金会驻华首席代表的华安德研究发现,中国 GONGO 在业务能力以及语言能力方面的优势,帮助其赢得了与联合国等国际组织合作的机会④。

第三,领导人的影响力。官办行业协会的领导人最初一般由政府或国有企事业单位现任或退休领导担任。他们在政府中人脉丰富,在行业内从业多年,往往德高望重。而无论在政府还是企业中,现职人员往往是其老同事老部下,在可能的范围内,他们愿意为老领导提供机会与帮助,这种无形的影响力同样是协会控制其他组织关系的能力的体现。

③ BJJN 协会的实践⑤

BJJN 协会是按照全国第二次资源综合利用会议要求,经市政府领导倡议,由 BJ 地区从事资源节约、综合利用的企业、事业单位、科研院所自愿成立的跨行业、跨部门的非营利性社会团体组织,1988 年经 BJ 市社会团体登记机关核准登记。2003 年以来,隶属 BJ 市发展与改革委员会管理。目前该协会团体会员单位 275 家,主要为建材制品、水泥、混凝土、固废砌块及报废汽车拆解、废电子电器拆解、废纸、废塑料、废旧轮胎等资源综合利用企业。

协会的宗旨是贯彻落实国家资源节约的基本国策和把节能放在首位、提高资源综合

---

① 贺立平:《边缘替代:对中国社团的经济与政治分析》,《中山大学学报(社会科学版)》2002 年第 6 期。
② 费梅苹:《社会转型中政府与社团组织关系研究》,《华东理工大学学报(社会科学版)》2006 年第 3 期。
③ Jeffrey Pfeffer and Gerald R. Salancik, *The External Control of Organizations*.
④ 华安德:《转型国家的公民社会:中国社团》,《中国非营利评论》2007 年第 1 期。
⑤ 资源来源:BJJN 协会网站(http://www.beccua.cn/)、笔者参与的 2015 年关于 BJ 市社会组织评估资料及评估的访谈(2015.9.24)。

利用效率的方针政策,促进能源资源的合理利用,提高经济增长的质量和效益,实现经济效益、环境效益、社会效益相统一的目标,在政府和企业之间发挥桥梁和纽带作用,为政府服务,为会员服务。

成立近30年来,协会以资源的高效利用和循环利用为核心,努力贯彻落实国家和BJ市资源节约的方针政策,坚持大企业办会,联合中小企业共同发展的方针,服务政府,服务企业,已成为该领域不可或缺的社会力量。

从协会所走过的历程来看,协会的发展首先得益于政府资源的获取。由于节能和资源利用一直是政府重点工作之一,因而相关领域得到了政府持续性的重视与投入,协会也因此成为受益者,获得了政府不间断的支持。成立之初,市经济委员会便批准协会自建办公场所,目前协会在CW门拥有独立办公用房约150平方米;随着政府改革的深入,从中央到地方各项简政放权的强制性政策陆续出台,BJ市发改委、市节能监察大队等部门已将节能减排与资源综合利用领域相当一部分的政策宣贯、调查研究、认证督导、查验考核等工作交予协会,如资源综合利用企业认定、在用高耗能落后电机和更新高效电机需求情况摸底调查、用能单位节能评价考核等等。2014年,协会承担政府购买服务项目共9项,委托部门包括BJ市发改委、市节能监察大队、市经信委、CP区发改委,项目金额达49.67万元。目前,JN协会已成为政府在节能减排与资源综合利用治理领域倚重的主要力量。通过购买服务的方式,协会参与政府在该领域的政策决策及执行过程,参与制定相关行业标准、行业准入条件、行业技术规范,协会的名字也常常出现在政府的文件中①。

同时,协会努力通过对会员、对行业的服务来获取社会资源:包括及时向会员宣传国家和BJ市政府有关节能、环保和资源综合利用的方针、政策、信息;推进节能技术进步和合同能源管理的节能新机制,推广应用节能、环保和资源综合利用的新技术、新产品;组织专家为企业提供本行业发展前景的预测与咨询;开展为会员在享受国家相关优惠政策等方面的咨询、认证服务;积极反映会员企业的意见和要求;组织专业培训;开展节能、环保和资源综合利用的经济、技术国内国际交流以及会员(企业)之间的合作交流活动等等,这些服务工作帮助协会赢得了企业的尊重与信任。这种尊重和信任不但为协会带来了较高的会费收缴率,2014年会费的收缴率达95%;也为协会带来了不断增加的服务性收入,2013年协会服务性收入37万元,2014年服务性收入上升到123.6万元,是上一年的3倍多②。

JN协会之所以能够获得生存发展的资源,源自于协会自身的能力。首先,"一业一会"原则保障了协会在该行业的垄断地位;其次,协会拥有一个较强的专业服务队伍。目前,协会下设四个工作部,共有专职工作人员14名(不含离退休人员),其中大专以上文化程度的占全体人员的86%,50%拥有中级以上职称,同时拥有一个由近百名资深专家组成的专家组;第三,协会的领导人具有较强的影响力。协会历届理事长均为政府官员,2000年到2015年由原市发改委相关业务处长HQ担任理事长。③ HQ是节能与资源利用领域

---

① 如BJ市发改委《关于2015年全国节能宣传周和全国低碳日BJ活动安排的通知》(京发改〔2015〕1224号),参见http://www.bjpc.gov.cn/tztg/201506/t9155953.htm。
② 参见该协会财务报表(评估数据)。
③ 2015年根据国家禁止离职或退休干部担任协会法定代表人的相关规定,HQ卸任。

资深主管,对相关政策把握精准,对政府与企业人员具有相当的影响力,这对于协会获得政府和社会资源都有着很大的帮助。

应该说,作为典型的 GONGO,JN 协会的官办色彩较为浓厚。直至今天,协会与政府相关部门的关系仍然十分密切,而且由于"一业一会"的政策,行业协会基本上处于垄断地位,它们之间的合作并没有强有力的竞争者,合同化治理程度也并不高。

但经过多年的转型发展,协会与政府之间关系也在悄然发生变化:一方面在政府简政放权和行业协会去行政化的强制性政策下,政府向协会购买服务的项目呈逐年增长之势,2013 年协会的政府项目只有 6 项,2014 年政府项目则比上年增长了 1/3。这在某种程度上可以看作是政府对协会依赖性的增强,在行业管理领域,大部分官办行业协会没有竞争者,政府需要通过行业协会来实现治理目标,已有的行业协会就越来越被政府需要;另一方面,协会通过自身的努力正逐步摆脱对政府资源的绝对依赖,获得更多的自主性。协会的会费收入一直是收入的主要来源,占总收入的 50% 以上,政府项目收入所占比重并不高,2013 年协会政府项目收入占总收入的 21%,2014 年这一比重更下降到 17%。而服务性收入则呈现增长之势,2013 年协会咨询等服务性收入占总收入的 18%,2014 年这一比重则跃升为 42.6%[①]。因而可以说,经过 20 多年的发展,协会的能力正逐步提高,在政府购买服务中正一步步获得更加平等的地位,其角色也逐渐从"二政府"向政府的盟友转变。

2. 公共服务网链视角

从公共服务网链视角来看,社会组织在政府购买服务中的角色可以分为生产者、支持者和集成者三类。然而在现实生活中,有相当一部分社会组织身兼多职,本文以相关组织为例,具体分析它们"一身多角"的情况。

(1) 生产者兼支持者——以 DJY 市 SS 社会工作服务中心为例[②]

DJY 市 SS 社会工作服务中心成立于 2009 年 9 月,是经过 DJY 市民政局核准登记的民非社工机构。中心秉承"助人自助,自助助人"和"上善若水、润物无声"的服务理念,主要在农村社区、城市市区、学校、养老机构开展社区发展、儿童、妇女、老人、少数民族等方面的专业社工服务,拥有专职人员 13 位,兼职人员 2 位。

中心从成立伊始便得到了政府的强有力支持。2008 年汶川地震,全国乃至全世界的社会组织涌入 SC 省帮助灾区重建。然而大多数外来组织注定要离开,为了建立一支"不走"的社会工作队伍,DJY 市积极鼓励本地社会组织的建立,SS 社会工作服务中心便在其列。2009 年开始,市政府陆续给予中心 100 万元支持资金,并提供了 500 平方米的工作场地。三年后,政府的支持主要采用购买服务的形式。2014 年中心总收入 158 万元,其中 50% 来自政府购买服务项目。[③]

在政府购买公共服务中,SS 社会工作服务中心的主要角色是生产者,即直接为社区百姓提供社工服务。其服务内容主要有以下三类,一是特殊青少年帮扶服务,包括留守儿

[①] 参见该协会财务报表(评估数据)。
[②] 资料来源:DJY 市 SS 社会工作服务中心网站(http://npo.charity.gov.cn/orgwww/site/org/21478.html),及本项目组 2015 年 5 月 19 日对于中心负责人 SX 访谈整理。
[③] 根据 2015 年 5 月 19 日本项目组对于中心负责人 SX 访谈整理。

童、单亲儿童的帮助、特殊青少年的矫正、帮教与安置服务等。如"童缘有爱"留守儿童社会工作项目，中心在 TM 镇 JL 村建设了 JL 课余辅导班，开展了课业辅导、小组、社区氛围营造、家长沙龙、教师培训、主题班会等各种活动 50 余次，服务儿童达有 2463 人次，旨在帮助孩子加强安全意识、养成良好卫生习惯、提高社交及组织能力，并帮助家长（监护人）学会如何照看孩子、如何与孩子沟通；二是为老服务，在社区、养老机构建立社工站，通过个案及小组服务的方式直接为老人提供生活帮助。如"ZLTL"项目，DJY 市社会综合福利院通过购买服务的方式邀请中心在福利院建立社工站，入驻社工开展新入院老人适应性个案管理服务、个案危机预防与干预处理、康乐性及专业性系列小组活动（养生经络操、哈哈尼小组、丝网花小组、电影欣赏、歌唱小组、生日同乐会）等，提高了老年人的生活质量，使福利院成为老人们安度晚年的幸福家园；三是社区发展服务，通过一系列的服务活动，吸引社区居民参与互动，促进居民间的认识与沟通，营造社区和谐氛围，促进社区融合。如"民族团结、和谐社区"项目，入驻少数民族比较集中的 BJ 街道 LTW 社区，根据少数民族人士的特点，协助他们满足迁入新社区后面对生活、经济、个体发展、群体共融等各方面的需求，并充分发掘各民族的文化特色、促进民族间的文化交流，从而拉近了社区与居民的距离。

除了担任公共服务的直接生产者之外，SS 社会工作服务中心还兼任公共服务的支持者角色。在社工服务中，中心发现 DJY 市的社工人才缺乏，人员的素质有待提高，整个 DJY 市仅有专业社工 90 名，社工员 44 名，因而中心开展了面向全社会的社工培训工作，为本土社工提供专业理论教育、能力建设、实践锻炼、在职培训机会；同时，由于意识到社区的发展仅仅依靠政府及外来力量远远不够，更需要的是社区内生力量的凝聚与释放，因而中心将一部分精力投入到社区社会组织的培育发展方面，例如，"幸福里有爱"政府购买服务项目中，中心为 DJY 市 XF 镇 YA 社区培育出"YL 艺术团""助老中心""YA 社区志愿者服务队"三个社区社会组织。三个社区社会组织成立以后，已经开始承担社区相关服务工作，如 YZ 艺术团已经承接了社区的重阳节庆祝演出、社区居民的舞蹈培训等服务，助老中心开展一对一结对助老帮扶等。这些工作虽然是公共服务供给的重要保障，但已远离公共服务网链的终端消费者，是典型的支持性服务。

（2）支持者兼集成者——以 SHFYHX 青年公益事业发展中心为例①

SHFYHX 青年公益事业发展中心成立于 2011 年 7 月，是一家专注于创新社会治理的支持性社会组织。中心成立时间并不长，但发展十分迅猛，目前中心在 SH 及 ZJ 设有 4 个分支机构，在 SH 之外建有 6 个办事处，共有全职工作人员约 70 多人，平均年龄 29 岁。目前，中心收入全部来自于政府购买公共服务，项目覆盖 SH 的 30 个街道，遍及全国近十个省市。2015 年中心承担的社会治理类公益项目收入达 800 万元，预计 2016 年收入将增加 1 倍，达到 1500 万元。②

中心的定位非常明确，即不做直接提供公共服务的生产者，而是做社会治理的支持者，通过创新治理来缓解或者消除发展中城市的社会性问题。它的业务主要有四大类，一

---

① 根据本项目组 2015 年 11 月 4 日对于 SHFYHX 青年公益事业发展中心理事长 XL 访谈及其所提供的资料整理。

② 该中心所提供的资料。

是发现并培育有治理能力的社会组织；二是社会治理创新性解决方案的设计与实施；三是构建及托管社区治理平台；四是治理型专业社工培养。显然，根据本文的分析框架，上述四大业务都不属于直接生产的范畴，其中第一和第四类是支持类社会组织的通常业务，其服务对象是社会组织，目的是提高这类组织提供公共服务的能力，属支持类范畴；而第二类和第三类则实质上是公共服务网络的设计与管理服务，有着强烈的集成化色彩。

作为公共服务的支持者，目前中心主要以社会组织孵化项目的方式，在区或街道层级为政府提供培育社会组织的一揽子服务。它所培育的对象类型可以多样，包括注册与非注册社会组织、社区自组织、社区单位的志愿者组织以及各类居民自发形成的组织，但必须属于治理型社会组织，即秉持多元协同，共治共赢的理念，专注于社会问题，愿意接纳甚至推动其他社会主体共同参与、在协商中共同设计并实践项目与服务。

目前，我国支持类社会组织发展迅速，有老牌的SHYL公益事业发展中心、NP公益组织发展中心等，也有像FYHX青年公益事业发展中心这样的后起之秀。面对强大的竞争对手，FYHX还是凭借自身的能力在政府购买服务中赢得了一席之地。这是因为，一方面，我国社会组织的发育还不成熟，政府在购买公共服务中常常出现"有项目、无组织"的现象，更难以形成竞争性局面。近年来，各地政府都将社会组织的培育作为重点工作之一，安排专门的预算资金来支持社会组织的发展，因而这一领域的政府资源相对丰富；另一方面，FYHX的孵化理念较为先进，得到了许多地方政府的认可。中心认为，社会组织在生存发展中面临六个短板，即需求定位短板、项目设计短板、资源募集短板、专业服务短板、内控管理短板、绩效评估短板，必须对应每一个社会组织的独特属性，结合社会与区域发展来帮助其个性化成长，才能变短为长，使其能够在社会中真正立足。到目前为止，FYHX所承担的社会组织孵化项目已达9个，其中SH市4个，外省市5个。

作为公共服务的集成者，FYHX主要提供两方面的服务，一是社会治理创新性解决方案的设计与实施，即围绕某一社会需求或者某一社会问题，基于多元参与，协同共治的治理原则，结合各参与主体以及外部环境，设计包含整套具体操作手段的解决方案，并提供托管服务。比如，在ZJ省PH治理企业门口乱设摊问题，解决城市管理难疾：动员政府、企业、社会组织、职工乃至于商贩共同参与方案设计，建立销售规范区域，通过评比引入相对优质商贩，完成摊贩群体分流，并建立摊贩协会。通过严格执法，来消除顽固摊贩。通过企业配合，既满足职工的刚性需求，让摊贩合理生存，又维持良好的秩序。目前中心承担的此类项目有7个；二是构建及托管社区治理平台，即结合"多元协同"的理念，针对各级政府部门的切实需求，设计包括托管能够促进社会组织得到持续发育，服务项目得到顺畅实施的平台。在平台上进行供需的深度对接，通过项目实施来形成团队，并依靠制度来保障团队、项目的顺利运行。目前，中心承担的该类项目有23个，包括以下六类平台服务：以街镇党建服务中心为核心的治理支持平台、以街镇社会组织服务/孵化园为核心的治理支持平台、以街道生活服务中心/文化中心为核心的治理支持平台、以街道志愿服务中心为核心的治理支持平台、以社区公益基金会为核心的治理支持平台、在区县层面建立的各类社会治理平台。

(3) 生产者、支持者兼集成者——以 SH 基督教青年会、女青年会为例①

SH 基督教青年会、基督教女青年会(以下简称青年会)是一家历史悠久、具有国际性和基督教背景、非营利性的社会服务团体。自 1984 年复会以来,SH 基督教青年会、女青年会致力于社会服务、教育培训、海外交流以及特殊人群服务等项目,为需要帮助的群体提供充满爱心的服务,目前在 SH 市区建有八个服务点,服务还延伸到 NX、NMG、SC 等省区和 DJY 市等地。

作为中国政府购买服务的第一个吃螃蟹者,青年会在公共服务提供中积累了诸多经验,业务不断拓展,2011 年所承担的政府购买公共服务项目金额即达 286.63 万元。在这一过程中,青年会的角色也从单一变得多元。

首先,青年会是公共服务的生产者。青年会拥有一支专业化程度较高的工作团队,截止到 2012 年底,青年会有同工 141 人,义工 4000 余人。目前青年会②通过公开竞标的方式,接受政府委托管理的社区服务中心有八个,包括 PD 新区 LS 市民会馆、PD 新区 WF 科普中心、HP 区人民广场街道公益组织服务总社(人民广场老年活动中心)、LW 区 DPQ 街道家庭儿童服务指导中心、DPQ 街道社区文化活动中心、HH 区活动中心、SH 市青少年科技探索馆、TMX 社区公共体育中心,这些中心与 HA 早期儿童教育中心等机构共同构成了青年会社会服务系统。该系统的服务对象实现了从儿童到老人,从普通人群到特殊人群的全覆盖,服务内容从生活照顾到精神照顾,全面多样。比如,养老服务、儿童早教服务、自闭症儿童服务、精神病日间照料等,青年会作为生产者直接为百姓提供服务。

其次,青年会还在公共服务中扮演支持者的角色。青年会下属的 HA 社区服务管理中心将培训和建立社区服务管理专业队伍与志愿人员队伍、组织非营利机构学习交流、共同提高运作能力等工作作为服务的重要目标,多次举办社区服务人员的培训及交流活动,比如,2000 年,SH 基督教青年会根据 SH 社会发展状况及医疗看护专业化的发展趋势,结合"社区护理员"培训计划(挪威王国政府资助),推出了社区护理员培训课程,为社会输送大批居家养老、医院照顾和敬老院护理领域的专业从业人员。③

再次,青年会在公共服务中也承担了集成者的职能。这主要体现在对社区服务中心的服务项目设计整合及对市民求助热线的管理上。青年会对社区服务中心的托管并不是简单被动的受托管理,而是从项目设计到运营的一条龙服务。由于是新生事物,罗山会馆初建时期的项目最初都是由政府根据主观判断事先确定的,但运营了几年后,青年会根据居民的需求重新设计了服务项目,当初政府设立的项目大多被替换;而对于 DPQ 街道社区文化活动中心,青年会则从一开始就参与了其建造、设计的过程;④1997 年,青年会受 PD 新区委托管理"999"市民求助中心,并在罗山会馆设置了一个 24 小时为 PD 市民排忧解难的求助热线,服务网络由志愿者组成,提供道路交通信息、导购投诉、家电维修、医疗保健、家教家政等免费或低价的便民服务⑤,青年会作为一个资源的整合者、集成者、分配

---

① 资料来源:SH 基督教青年会、女青年会网站(http://www.shymca.org.cn/jigou.html)及 WJR 谈 SH 青年会。王名主编:《中国 NGO 口述史》,社会科学文献出版社 2012 年版,第 260—276 页。
② 为便于服务,青年会于 2002 年注册了 SHHA 社区服务管理中心(民非)专门从事社区服务工作。
③ 吴建荣:《构筑社会环境,谋求 NPO 发展——SH 基督教青年会的发展历程》,《城市管理》2003 年第 5 期。
④ 姚华:《NGO 与政府合作中的自主性何以可能?——以 SHYMCA 为个案》,《社会学研究》2013 年第 1 期。
⑤ 毛丽娅:《SH 基督教青年会、女青年会社区服务管窥》,《长沙理工大学学报(社会科学版)》2013 年第 9 期。

者,以另一种方式为百姓生活提供了极大的便利。

(四)存在的问题

1. 政府购买公共服务基本采用非竞争方式

从政府购买公共服务的方式来看,目前我国各地所采用的主要方式还是非竞争性方式,如 BJ 市 SY 区购买公共服务的方式主要有三种,即公益创投、定向委托和招投标,其中定向委托是主要方式;① SH 市政府购买服务方式则分为两大类,一类是定向购买,一类是招投标,而定向购买是主要方式。②

与此同时,在采用招投标方式的地方,政府购买服务的合同化规范也有待完善。在本项目组调研中,几乎所有的地方政府部门都提到,购买服务的标准不清、绩效难以评估,这就使得购买服务的相关合同难以细化,很大程度上甚至具有某种形式主义的特征。购买签约伊始,合同就不具备足够精细的规定和有效的约束力。从这一情况推断,多数社会组织在购买服务中可能承担的角色,实际上是以非竞争方式获得项目的"管家"和"盟友"。

2. 社会组织能力较弱

从社会组织能力方面看,目前,我国各地区社会组织的发展不平衡,发达地区及改革试点地区社会组织相对成熟一些,但总的来说,社会组织的能力较弱,例如 BJ 市 SY 区社会组织存在的较大难处就在于:经费来源渠道不稳定,专职工作人员较少,留不住人才。场地方面,很多社会组织经常更换租借的场地。资金短缺、人才匮乏、居无定所是目前很多社会组织的现状。③

社会组织能力情况还可以从民政部门对全国社会组织的评估结果得以证实。2007—2013 年,民政部共评估全国性社会组织超过 900 家,占符合参评条件的全国性社会组织的 70%,共 791 家获得了评估等级,其中能力较强的 5A 等级只占获得等级组织(791 家)的 9%,4A 等级的占 31%,大量社会组织只获得 3A 等级(占 53%),处于勉强维持的状态。④

BJ 市也从 2010 年开始对市本级的社会组织开展了评估工作,2010—2014 年获得评估等级的市本级社会组织共 1113 家,其中 5A 级社会组织占比也只有 15%,4A 级的占 38%,3A 级则占 39%。⑤ 然而,上述获得等级的社会组织只是在民政部门正式登记注册的社会组织中的一部分,大约还有 30%的组织没有参评,更重要的是,社会上还存在着大量没有注册的备案组织,如 2014 仅 BJ 市就有备案的社区社会组织 18195 个,⑥它们的能力更为有限。

3. 社会组织大多位于公共服务网链的终端

目前,大部分社会组织位于公共服务网链的终端,扮演着公共服务生产者的角色,而

---

① 根据 2015 年 9 月 29 日本项目组与 BJ 市 SY 区民政局、社工委的座谈记录整理。
② 徐家良、赵挺:《政府购买公共服务的现实困境与路径创新:SH 的实践》,《中国行政管理》2013 年第 8 期。
③ 根据 2015 年 9 月 29 日本项目组与 BJ 市 SY 区民政局、社工委的座谈记录整理。
④ 根据相关数据计算得出,原始数据参见徐家良、廖鸿主编:《中国社会组织评估发展报告(2014)》,社会科学文献出版社 2014 年版。
⑤ BJ 市社会组织公共服务平台,http://www.bjsstb.gov.cn/wssb/wssb/xxfb/listTitle.do?dictionid=8607&websitId=100&netTypeId=2。
⑥ 殷星辰:《北京社会治理发展报告(2014—2015)》,社会科学文献出版社 2015 年版。

位于网链的始端,代替政府承担网络设计、资源整合与管理等集成功能的社会组织并不多,真正能够担任集成者角色的大多是有一定规模的公益支持类或枢纽型社会组织。

值得关注的是,近年来,社区公益服务中心发展迅速,已不局限在 SH 市、BJ、GD 等地,例如,项目组的调研地 NB 市 ZHH 已于 2014 年 11 月成立了区社会组织公益服务中心,因而上述公益支持类社会组织的统计数据可能已经发生了很大变化。此外,本项目研究中的"支持者",实际上并不能等同于"公益支持类组织",社会上存在大量像 SS 社会工作服务中心一样的组织,它们既是公共服务的生产者,又为政府或其他社会组织提供支持型服务的机构,这部分机构数量目前尚难估量。

三、公共服务的消费者:社会公众

公共服务的消费者,即公共服务的受益人,通常意义上是指特定行政区域范围内享受政府提供公共服务的特定公众。

实际上,在我国,国家的社会主义性质和政府的人民属性,使得改革前后公共服务供给的最终目标都是一样的,即满足社会公众享用优质公共服务的权利。尽管如此,改革前后的变化在于:在传统的计划经济体制下,公众被动接受政府提供的公共服务,而在改革后,公众成为购买过程中的主体之一,积极履行对政府供给的公共服务进行监督的权利、对公共服务的最终评价权利以及对公共服务项目范围的选择建议权利。

(一) 社会公众参与购买公共服务的总体状况

在政府购买公共服务的视域下,公众是主体结构的四元主体之一,是公共服务的终极享用者和消费者。但是,项目组的调研显示,目前,无论在理论上还是实践中,公共服务的消费者都还没有得到足够的关注,而且在购买过程的四元主体结构中,消费者实际上处于相对弱势的地位。一方面,政府购买公共服务的过程,不同于私人购买商品的市场过程,在私人购买商品的市场活动中,购买主体往往就是消费主体,因此,消费主体在购买过程中拥有绝对主动权,购买能否实现,取决于消费主体的意愿;但是,在政府购买公共服务的活动中,购买主体与消费主体是相互分离的,虽然消费主体的满意是购买过程的最终目标,但是购买公共服务能否达成,实际上取决于购买主体的意愿,而消费者却成为购买过程中相对弱势的一方。另一方面,我国购买方式的转变刚刚起步,无论是购买者还是消费者,尚未对消费者的作用予以足够的重视,尤其需要指出的是,消费者自身往往也以搭便车的心理对待公共服务供给中的种种弊端。

(二) 社会公众在购买公共服务中的基本角色

消费者作为政府购买公共服务的主体之一,在购买过程中具有三重角色:确定公共服务购买的范围和方向;完善公共服务购买流程,使购买程序更加合理高效;监督政府购买的公共服务的绩效。

1. 消费者的参与有助于政府确定购买公共服务的正确方向

一般来说,公共服务,尤其是基本公共服务之所以主要由基层政府提供,是因为其主要服务于公众的日常生活。因此,消费者对于需要提供什么公共服务,至少对于需要解决哪些难题和不便,往往具有切身的体会,这就是基本公共服务的需求来源。忽视消费者的需求,政府凭着想当然提供公共服务,往往会"好心办坏事",甚至演化成为"形象工程"。如前所述,项目组在 HN 省 TH 县调研时发现,国家为解决生产性公共服务的需求,每年专款专项投入大量资金,TH 县位于省南,在气候水文条件方面与省北有很大差异,很多建设的生产性设施在当地不常用或用不到,因此,一直荒废甚至屡屡被盗,政府浪费了大量资金,却没有解决问题。① 消费者参与需求制定,则可以较好地解决这一问题,使政府购买的公共服务真正符合消费者的需求。

另一方面,随着公共服务供给种类和内容不断丰富、消费者的需求日趋多样,政府需要保持公共服务供给的公益性。政府提供的公共服务与私有购买的服务的最大差别,即在于政府购买始终要以社会的公平正义作为核心价值取向,公共服务的提供具有补足社会短板的职能,在公共服务的供给中,需要优先考虑弱势群体的诉求。因此,消费者广泛、公开的参与,是保证公共服务供给保持公平正义,免于强势群体裹挟的重要途径。项目组调研发现,CD 市 WH 区在公共服务资金的使用方面充分调动辖区内居民的积极性,既保证了资金的有效利用,又保持了资金使用的公益性。2007 年开始,CD 市辖区的村、社区每年根据人口、面积等指标,可以从政府财政预算拿到一笔用于公共服务的财政资金,即公共服务专项资金,共有 20 万—30 万元。项目组在对 WH 区 YL 街道 YL 东路社区书记 YJH 的访谈中发现,在对这笔资金的使用上,辖区内的居民发挥了积极的作用。YL 东路社区有 6300 多户,1.6 万的人口,属于 CD 市老旧社区,小区设施相对落后,面对众多的居民需求,每年 20 万元的公共服务资金不可能满足各方需要。因此,该社区以自下而上的方式决定资金的使用,首先挨家挨户征集消费者需求,其次以户为单位选择议事代表,由他们代表社区全体居民对居民核心需求进行表决,决定 20 万元公共服务资金的使用。② 从 2007 年至今,这种自下而上的决策方式既保证了每年公共服务资金使用的公益性和有效性,也培育了居民的参与能力,塑造了社区的凝聚力。实践证明,消费者的积极参与可以保证购买公共服务不偏离公平正义的基本目标,有助于政府保持购买公共服务活动的公共利益取向。

2. 完善公共服务的购买流程,使得购买更加规范合理

如前所言,政府提供公共服务是法定责任,是政府直接提供,还是以向社会力量购买的方式提供,取决于不同方式的成本/效益核算同时,政府向社会力量购买公共服务也具有不同的形式。由于公共服务自身的特殊性和复杂性,并非所有公共服务都适合采用购买的方式来供给,也不是所有的公共服务购买都要以竞争性方式进行。就既有实践经验来看,对于相对简单的公共服务如环卫、垃圾处理等,往往适宜以竞争性方式进行购买,且通过购买获得的公共服务绩效好于其他方式;但是,一些复杂的公共服务,如社工、心理咨询师等开展的服务类项目,就不适合以充分竞争的方式进行。在这一过程中,消费者作为公共服务的受益人,对于公共服务供给方式、供给质量、供给过程中的缺陷有着直观而切

---

① 根据项目组于 2015 年 6 月 5 日在 HN 省 TH 县调研访谈纪要整理。
② 根据项目组于 2015 年 5 月 18 日在 SC 省 CD 市 WH 区调研访谈纪要整理。

身的感受,因而是公共服务供给方式选择的最佳决定者。经验表明,根据消费者的反馈,往往可以更好地确定公共服务的供给流程,完善购买程序。

3. 参与购买过程,监督社会组织提供等值的公共服务

在政府购买公共服务的过程中,由于购买者并不是公共服务的消费者,因此,监督社会组织提供等值的公共服务成为一个重要的问题。消费者参与政府购买过程,有助于弥补购买者的监督不足,同时促进公共服务供给体系的完善。一方面,消费者是政府购买公共服务的最终受益人,消费者的满意度是公共服务供给水平的主要衡量指标;另一方面,对于处于公共服务供给链条末端,扮演生产者角色的社会组织而言,消费者对其真实的工作状况、专业水平、服务质量有着切身感受,更容易对这类社会组织进行监督。

在 NB 市 HS 区居家养老服务的购买中,消费者积极发挥作用监督服务人员的工作时间、工作质量,一旦发现服务不足现象将在经费划拨中扣除相应部分;对于消费者评价好的服务人员还会给予精神和物质上的奖励。通过消费者的积极参与,长期以来 HS 区居家养老服务的购买工作取得了良好效果。

(三) 存在的问题

1. 消费者参与渠道有限

在政府向社会组织购买公共服务的过程中,消费者是受益主体,政府购买公共服务的目的,是为了满足消费者不断多样化的公共服务需求。但是,本项目组的调研显示,在实际操作中,消费者却成为四元主体结构中最为弱势的一方。

在政策法规层面,消费者在购买初期的参与权、在购买过程中的监督权以及购买终结参与反馈的权利迄今为止尚且缺乏明确的政策依据。在政府向社会力量购买公共服务的制度安排和规定中,目前还没有明确的关于消费者权益和义务的规定,甚至缺乏宣告式的社会义务规定。

在操作层面,由于传统购买模式的惯性,消费者依旧被视为公共服务的被动接受者。按照政府向社会力量购买公共服务的机理,政府购买公共服务的初衷并不仅仅是为了提高公共服务的供给效率,更应该是提供符合消费者需求的公共服务,因此,忽视消费者的主体地位的观念和做法,实则是与购买公共服务的宗旨和机理背道而驰的。在调研中,项目组发现,为数不少的购买者在实际操作中忽视消费者的主体地位,因此出现今年张书记送书,明年李书记送戏的现象。一些送上门的服务,并非消费者急需的公共服务,而公众急需解决的困难,却没有相应有效的公共服务。上海大学、上海社会科学调查中心联合进行的电话调查显示,上海 19.02% 的被访者认为,社区最大的烦恼是"公共服务不到位"。[①]这也从一个侧面说明,目前购买服务缺乏消费者的参与。

2. 消费者参与程度低

所谓消费者参与政府购买公共服务的程度低,在实践中表现为两个方面:一是消费者参与在政府购买过程中可有可无;二是消费者缺乏专门的救济途径。

---

① 刘力源:《政府购买服务应尊重公民选择权》,http://news.163.com/11/0314/09/6V3J9SVI00014AED.html。

第一,虽然在理论上消费者是政府购买公共服务的主体之一,应在购买公共服务需求的确定、购买过程的监督与购买结果的评估中发挥积极的作用;同时在《政府购买服务管理办法(暂行)》中也明确规定了消费者具有评价权,"财政部门应当推动建立由购买主体、服务对象及专业机构组成的综合性评价机制……对购买服务的数量、质量和资金使用绩效等进行考核评价"。但是,在实际操作中,消费者的参与并没有受到应有的重视,在某些时候和某些情况下,消费者的参与甚至只是作为一种形式或陪衬而存在。本项目组在 HN 省 TH 县的调研发现,消费者的参与仅仅表现在项目验收时村民代表签字,且派去的村民往往是村委会成员,作为消费者的村民在立项到结项的过程中,几乎没有话语权。本项目组在城市的调研中也发现,目前只有少数地区少数项目,例如养老等服务的购买,在运行过程中将消费者的评价纳入绩效考核体系,相形之下,大量的政府购买公共服务项目中,消费者的评价权尚未得到相应的落实。

第二,消费者缺乏专门的救济途径。政府购买公共服务救济制度,是指在政府购买过程中各参与主体及其利害关系人的合法权益受到或即将受到侵害时,为了确保权益状态圆满或实现,通过排除侵害、督促履行、补偿或赔偿损失等形式或程序对受侵害主体的合法权益进行法律救济或事实行为的制度。目前,我国各级政府实际上是通过《政府采购法》规范和指导政府购买公共服务的运行,因此,政府购买公共服务的救济指导,实际上也就沿用《政府采购法》的救济制度。但是,如前所述,政府采购与政府购买公共服务在主体结构上存在着很大的差异:在政府采购中,政府是购买者也是消费者之一,政府采购的物品或服务常常是为政府服务的,至少政府是服务受益人之一;但在政府购买公共服务中,政府是购买者却不是消费者和受益人,实际的消费者是作为服务对象的社会公众。①两种行为在主体结构上的差异,使得消费者在政府购买过程中处于较为尴尬的境地,即消费者是服务的最终享用者,却游离于购买合同之外,对购买过程缺乏监控能力和资格,而沿用《政府采购法》管理政府购买公共服务,则进一步加剧了消费者在购买过程中的弱势地位。在政府购买的相关救济制度中,生产者的救济途径有询问、质疑、投诉、行政复议和行政诉讼等;购买者也根据购买合同,使用民事诉讼、仲裁、调解、和解等救济方式;相比之下,消费者却缺乏有效的救济手段,也间接导致了消费者的低度参与。

3. 消费者权利意识薄弱

项目组调研发现,参与渠道的限制,是导致消费者参与式微的主要原因,但是,消费者自身权利意识薄弱,也是消费者的地位和角色难以得到充分发挥的一个重要因素。一方面,消费者不愿花费时间与精力参与公共服务的设计、监督与评估过程;另一方面缺乏权利意识与政治责任,不愿主动争取应有的权利。以社区公共服务的供给为例,社区公共服务的供给与辖区内的每个居民都息息相关,但是,在实践中,只有很小比例的居民,且多为退休人员与原街道、社区的工作人员对购买公共服务的内容、方式、效果积极进行监督,大量居民对此往往相对淡漠。

---

① 详细参见本书第三章关于政府购买公共服务的财政制度的部分。

四、公共服务的评估者：第三方机构

作为政府购买公共服务的重要环节，绩效评估的有效运作是保障政府购买公共服务的关键。

简单地讲，评估是指"做了什么样的事情"，以及"获得什么样的效果"。在政府购买公共服务中，所谓评估，主要是围绕合同执行状况与项目资金使用情况进行的绩效评估。一般来说，"公共服务购买项目的评估可以分为对机构资质的事前评估、承担项目服务期间的中期评估、公共服务最终结项评估等三类评估"。①

在传统的计划经济体制下，公共服务的评估是由购买者承担的。在新的历史条件下，为了保障评估结果的专业性、独立性和客观性，在政府购买公共服务中，往往引入第三方评估机制，执行和实施政府所购买的公共服务的评估。实际上，随着政府向社会力量购买公共服务的推展，第三方评估正在逐步成为政府购买公共服务体系结构和流程的有机组成部分。为此，本项目组研究的评估，主要是探讨以第三方为主体的评估机制，也就是通常所说的第三方评估。

所谓第三方，一般是权威性和专业性的中介机构或组织。相比于购买者评估和生产者自身评估，第三方评估具有专业性、独立性与客观性的优势，其具体体现在：

（1）专业性。评估需要标准化和可操作的评估方法、完备的评估指标体系，因此，评估对专业性的要求比较高。与购买者相比，第三方组织多由该领域内的专业人士组成，在专业领域具有很大的优势，且熟悉评估流程，因此，其评估结果更具有权威性。

（2）独立性。第三方组织既独立于购买者也独立于生产者，独立的身份使得第三方可以独立收集信息，其独立的身份使得第三方的评估结果更容易得到消费者的认可。

（3）客观性。购买者评估、生产者自身评估，甚至消费者评估，都可能因为利益关系使得评估带有浓厚的主观色彩，第三方作为独立法人，不是政府购买公共服务的利益相关者，从而可以有效避免这一弊端。

（一）第三方机构参与购买公共服务总体状况

随着政府购买公共服务工作的不断推进，绩效评估成为购买管理过程中必要的一环，"第三方评估作为一种必要而有效的外部制衡机制，弥补了传统体制下政府自我评估的缺陷，可以显著提高评估结果的客观性和公正性"。②

目前，我国政府购买公共服务的第三方评估工作尚处于起步阶段，尽管如此，第三方评估工作在一些地区已取得了一定的进展和经验。BJ市政府委托第三方机构如NP公益组织发展中心、SH市YL公益事业发展中心、正规的会计师事务所等定期对所购买的项目执行情况和财务状况进行监督、审查并提出相关建议，BJ协作者社会工作发展中心也曾作为第三方受政府邀请对16家社会组织承接的服务项目进行评估。在GD省DG市2011

---

① 徐家良、赵挺：《政府购买公共服务评估机制研究》，《政治学研究》2013年第5期。
② 李卫东：《政府购买公共服务引入第三方评估机制的分析》，《经济研究导刊》2014年第13期，第183页。

年发布的《政府购买社会工作服务考核评估实施办法》中,立项评估和前期评估可参照中后期评估进行,分为机构自查、实地检查和联合验收,评估方式主要是通过联合第三方评估机构对社会组织的社会工作专业服务、服务量及服务成果、服务质量、运行管理进行评估。2011年,SH市JA区出台了《关于JA区社会组织承接政府购买新增公共服务项目资质的规定》,JA区社会组织联合会作为第三方机构对项目过程进行整体评估,即项目前期对社会组织资质、能力、信誉、业绩等的评估,项目中对项目执行情况的全程跟踪、项目后对绩效和资金使用情况的审计。

(二) 第三方机构在购买公共服务中的角色

1. 需求测量者

主要指在购买之前,通过引入第三方机构,就公共服务"是否需要提供、如何提供、提供水平"等一系列问题展开评估。具体内容包括:区分公共需求与私人需求,保证政府购买服务以及公共财政支出的公共性;区分基本公共服务需求与增量公共服务需求,实现基本公共服务标准化,保证公共服务供给的公平性;区分各级政府在公共服务供给中的基本职责,保证中央、地方各级政府部门明确自身应该承担的公共责任,切实做好本级责任内的公共服务供给工作。显然,在这一过程中,评估机构实际上充当着公共服务需求测量者的角色。

2. 供给测量者

主要指在购买公共服务过程中,当需求评估确定后,作为提供者的政府一方,基于服务方案的内容,通过引入第三方机构,对服务方案的可行性问题进行专业化评估。供给评估主要涉及成本效益评估,即以效率原则为标准,选择成本和效益比例最为适当的生产者作为公共服务的承接者,并且重点评估服务方案可行性,确保服务方案符合政府购买服务的工作目标要求。

具体内容包括:区分某项公共服务由政府直接生产还是间接生产,一般而言,纯公共服务优先考虑政府直接生产,准公共服务优先考虑政府间接生产;若采取直接生产方式,区分采用权威制还是契约制组织生产,一般而言优先考虑契约方式以提高供给效率,若不适合以契约方式提供再以权威方式提供公共服务。

显然,在这一过程中,评估机构实际上充当着公共服务供给测量者的角色。

3. 结果评估者

主要指第三方机构对承接主体承接服务的不同阶段,尤其是服务效果进行及时、有效的专业化监测,以实现提升政府绩效、平衡各利益主体诉求与满足公众需求的多方目标。

具体内容包括:以降低财政支出为核心的成本核算,以实现政府公共服务目标的产出核算,以及以满足社会公众公共服务利益需求的效果核算。

显然,在这一过程中,评估机构实际上充当着公共服务结果评估者的角色。

4. 流程校正者

主要指对于政府购买公共服务的流程的合法性、合理性和公正性进行评估,以确保购买流程的程序正义。

对于很多政府购买公共服务的产品而言,生产与供给环节是同一过程,至少有密切关联,因此有必要加强对供给流程的评估监督。这其中主要包括信息公开机制与过程评估机制。

信息公开机制,即按照《政府信息公开条例》细化政府购买公共服务中的信息公开办法或细则;第三方评估结果动态发布,公布购买信息、项目进展信息、结项和审计信息等;针对社会公众关心或疑惑问题给予解答,对信息的误读与扩展等进行纠正和引导。

过程评估机制是基于过程质量控制的评估机制,认为"从顾客需求、产品实现到测量分析和改进等一系列过程是一个完整的、不能断裂的系统"①,第三方评估机构可以利用其专业优势实现对购买过程全方位、全过程的绩效评估,从而保证服务质量。

显然,在这一过程中,评估机构实际上充当着政府购买公共服务流程校正者的角色。

综上所述可见,引入第三方评估机制,可以利用第三方机构的独立性和专业性优势,对于政府购买公共服务的需求、供给状况,社会力量生产和供给的公共服务的综合绩效进行监测和评估,保障政府向社会力量购买公共服务的实质正义和程序正义。引入第三方机构评估机制有助于平衡各方利益主体的诉求,更好地推进政府购买服务工作,确保服务目标最终得以实现。

(三) 存在的问题

1. 评估机构的法律地位不明确、评估机制不健全

目前,在政府购买公共服务领域,独立法人第三方机构评估的法律地位和实施机制尚不明确和健全。

2012年9月国家财政部颁布的《预算绩效管理工作规划》(财预[2012]396号)明确提出,要完善绩效评价主体,强化财政部门、预算部门绩效评价主体功能,探索引入第三方评价。

2015年1月1日起施行的新《预算法》,高度重视预算的绩效管理,并在法律层面启动了第三方参与预算绩效评估的工作。

由此可见,国家已经在法律法规层面强调注重建立健全独立法人第三方机构评估的制度规范。

与此同时,我们也应该看到,独立法人第三方机构评估在实施细则层面尚不清晰。对于第三方评估机构的遴选制度、第三方评估的法律效力以及评估机构承担的责任,尚未得到国家法和行政法意义上的建立和明确阐述,因此,在政府购买公共服务的实际操作过程中,第三方评估仍有很大的随意性和间断性,评估过程流于形式,评估结果束之高阁。

项目组在TH县的调研发现,虽然在生产性公共服务的购买中已经引入了第三方评估机制,但是,相关评估还缺乏强化生产者在项目管理与资金管控方面的措施,通过第三方评估改变原有购买服务运作方式的效用和效力尚待强化。

2. 第三方机构专业性不够

专业性是指第三方评估者对评估理论和知识的要义、评估工具的使用、评估结果的阐

---

① 张小海、薛揆:《质量管理体系中的过程及过程方法》,《企业经济》2012年第10期。

述等非常熟悉,拥有人才技术优势,能够制定科学合理的评估指标体系,设计严谨科学的评估模型、运用定量与定性相结合的评估方法对政府购买公共服务的过程、结果等进行定期评估、跟踪评估,评估结果具有更强的可检验性和可比性。① 因此,评估的专业性不仅需要专业的评估人才,也需要充分掌握评估对象的信息。

目前,我国的第三方评估属于刚起步阶段,其专业性不强,具体表现为,一方面,第三方评估机构的人才优势不明显,很多评估者缺乏专业的评估能力与技巧,由此出现评估指标权重失衡、消费者满意度测评简单、抽样方法不科学甚至是按照相关部门安排选取调查样本等极不专业的情况。另一方面,第三方评估机构为了节约成本,没有持续跟踪评估对象的项目进展情况,不掌握评估对象的真实数据,不清楚评估对象的真实工作方法与工作方式,最终造成评估结果不尽科学合理。

总体来看,评估人才的缺乏,主要是由于我国第三方评估尚处在初级发展阶段,相信随着政府购买制度完善和政策的调整,加之政府的扶持,越来越多的人才、资源会进入第三方评估领域,分享这块"蛋糕"。但是,第三方评估工作方式的不专业,则会整体损害第三方评估的专业性,从而影响第三方评估机制的建立。

与购买者评估相比,第三方评估的一大优势是数据采集相对全面,这是政府评估很难做到的,但本项目组在 BJ 的调研中发现,由于一家第三方评估机构需要负责很多社会组织的评估,出于成本的考虑,很难保证派遣足够的人员对项目进行全程跟踪,在实践中,第三方评估机构往往只是对社会组织的财务、档案、活动情况进行评估,往往难以发现政府购买过程中的真实问题。

3. 第三方机构的独立性不足

第三方评估的优势之一在于其独立性,因为第三方评估机构独立于购买者与生产者,才使得评估结果具有客观性真实性。

但是,就我国政府购买公共服务的当前实践来看,第三方评估主体的法定独立性严重不足:

(1) 规范独立法人第三方评估机构建立或者注册的相关法律法规严重缺乏。目前,我国尚没有专门针对独立评估法人第三方评估机构建立或者注册的相关法律。在相关法规方面,也是采用的其他社会组织注册登记法规,比如民间非营利组织注册登记法规。因此,独立法人第三方评估机构的专门法律,从严格意义上讲,还是空白地带。就此而言,独立法人第三方评估机构实际上处于无法可依的状态。

(2) 第三方评估机构与政府机构具有千丝万缕的行政联系,这就使得政府购买公共服务的评估,往往优先考虑政府的诉求。无论是高校、科研院所还是官办协会,大都隶属于相关行政部门,官办协会在"一业一会"的原则下更具有"二政府"的性质。因此,这些第三方组织对于政府机构具有很强的依赖性,在评估中很难摆脱政府诉求的影响,其评估的中立性和客观性难以确立。

(3) 第三方遴选机制不健全,导致第三方组织独立性不足。目前,我国政府购买公共服务实践中对于第三方机构的选择,大多由政府委托,购买者自主选择。如此产生的第三

---

① 林鸿潮:《第三方评估政府法治绩效的优势、难点与实现途径》,《中国政法大学学报》2014年第4期。

方机构往往是政府的下属事业单位、业务合作伙伴或者相关利益群体,评估结果也会大打折扣。

4. 评估机构公信力不足

一般来说,引进第三方机构进行评估的目的在于,利用第三方机构的人才优势、专业优势、技术优势、多元广泛的信息采集、公开透明的评价过程,以及长期以来良好的评价业绩、行业声誉等,提升评估的信用,使评估结果为社会各界广泛接受,弥补购买者自我评估的不足,从民主行政和政务公开的角度讲,这也是政务公开透明的一项举措。

但是,研究显示,公信力不足却构成了我国政府购买公共服务第三方评估面临的一大问题。其具体体现为:

(1) 对于具有官方背景的评估机构,由于其独立性不足,常常被社会公众认为是为官方"背书"。

(2) 评估结果常常只是单独送达购买者,大部分评估结果并不公开,无法接受外界的监督,使得消费者和广大公众很难认同评估结果。

(3) 缺乏评估结果的究责机制。对于评估结果,评估机构没有承担相应的责任。这种状况,在客观上增加了公众对于评估者与购买者,甚至评估者、购买者、生产者合谋的疑虑。

第五章 中国政府购买公共服务的运行环节

政府、社会组织、公众与第三方评估机构,共同构成了政府向社会组织购买公共服务的四元主体结构,而四元主体间的互动,则形成了政府向社会力量购买公共服务的运行过程。这个过程由购买实践的基本环节构成,在政府购买公共服务过程中,其具体体现为:明确购买内容、选择购买方式、监督生产者提供公共服务、评估购买公共服务的绩效水平。

一、政府购买公共服务的主要内容

(一)政府购买公共服务内容的实际状况

根据国务院 2013 年 9 月 26 日颁布的《指导意见》,政府向社会力量购买公共服务的内容为"适合采取市场化方式提供、社会力量能够承担的公共服务",同时"应当由政府直接提供、不适合社会力量承担的公共服务,以及不属于政府职责范围的服务项目,政府不得向社会力量购买"。由此可见,确定购买内容,实是购买公共服务付诸运行实施的第一步。随着政府向社会力量购买公共服务的机制创新不断推进,越来越多的服务项目纳入政府购买公共服务的范围,政府购买的公共服务的内容也日趋丰富。

1. 基本公共服务标准化

在政府购买公共服务的视阈下,政府所购买的公共服务必须是基本公共服务。但是,究竟何为基本公共服务,目前,在理论与实践层面均没有确定的认定。因此,若要明确政府可购买的公共服务内容,必须建立一套基本公共服务标准,即根据我国政府目前的公共服务供给水平,针对基本的公共服务领域,如教育、医疗、基本住房保障等,制定全国统一的基本公共服务标准,在这些基本公共服务领域内的政府政策和行为都要参照这个标准来实施。[1]

基本公共服务的标准化要求,无论地域条件和经济状况,在关系到公民基本权利满足的公共服务领域,政府所提供的公共服务必须能够满足公共的这种基本需要。[2] 且该需

---

[1] 胡税根、徐元帅:《我国政府公共服务标准化建设研究》,《天津行政学院学报》2009 年第 6 期。
[2] 同上。

要要有一个明确的、可衡量的具体标准,这个标准是保证基本公共服务水平、范围、均等化程度的基本参照系。[①]

推进基本公共服务标准化,在我国有着迫切的现实需求。一方面,随着我国经济社会的不断发展,社会公众对公共服务的需求不断增加,对政府的要求不断提高。如何适应现代社会公众对政府的新要求,为公众提供更高质量的公共服务,已成为各级政府必须面对的重要课题。另一方面,多年来我国公共服务长期供给不足,城乡之间、地域之间和群体之间公共服务供给存在着不均衡状况,这种公共服务供给水平的不均衡,日益演变为社会公共性问题,亟待政府解决。

但是,从总体上来看,目前,我国基本公共服务标准化仍处于起步阶段。在实践中,近年来各级政府有了一定的初步探索。在宏观层面,《"十三五"规划纲要》指出:"围绕标准化、均等化、法制化,加快健全国家基本公共服务制度,完善基本公共服务体系"。《"十二五"规划》中列出我国基本公共服务体系的几大主要领域,包括基本公共教育、劳动就业服务、社会保险、基本社会服务、基本医疗卫生、人口与计划生育、基本住房保障、公共文化教育和残疾人基本公共服务等。部分地方政府也在实际工作中推行基本公共服务标准化。在微观层面,例如,XD市长期以来一直在城市供暖、公共交通物业管理等领域推行公共服务标准化建设。基本公共服务标准化的实行明显提高了城市公共服务的供给质量,同时XD市面对实践中出现的问题,不断修正基本公共服务的标准化清单,及时吸纳实施过程中出现的新情况,不断完善标准化体系,得到广大市民的一致欢迎。

总体而言,在基本公共服务领域内,通过推行公共服务标准化建设可以明确基本公共服务的范围和领域,确定在一定时间段内基本公共服务所要达到的目标。(表5-1)

表5-1 基本公共服务领域各项服务标准汇总表[②]

分类	详细类别	具体标准和指标
基本公共教育服务	学校建设标准	学校规模建设、校舍用房的组成,学校网点布局、选址和规划设计,校舍建筑面积指标,校舍建设标准
	教育管理信息化	学校管理信息,教育行政管理部门管理信息,信息交换标准和教育管理软件设计规范
	课程建设标准	课程结构标准,课时设置标准,课程研制编写人员标准
	现代远程教育技术标准体系	教学资源相关标准,学习者相关标准,教学环境相关标准,教育服务质量相关标准
	教师教育标准	教育专业招生标准,教室培养与培训标准,教师资格标准
	教育经费投入	基本公共教育学校建设标准的设置,学生人均公用经费标准
	教育评估标准	普及基本公共教育的评估标准,教育均衡发展评估标准,基本公共教育财政支出绩效评价标准

---

① 李洺、孟春、李晓玉:《公共服务均等化中的服务标准:各国理论与实践》,《财政研究》2008年第10期。
② 黄恒学:《政府基本公共服务标准化研究》,人民出版社2011年版。

续表

分类	详细类别	具体标准和指标
基本公共医疗卫生服务	基本公共医疗卫生服务项目的标准化	医疗卫生服务项目(基本医疗服务项目、公共卫生服务项目),医疗卫生服务病种(日常性病症、流行性传染病、急危重症、老年慢性病、地方病、职业病等)
	基本公共医疗卫生服务手段标准化	医疗方法及服务流程(疾病诊疗、治疗手段、服务流程),药物使用(基本药物制度、基本药物目录)
	基本公共医疗卫生服务机构与设施的标准化	基本公共医疗卫生服务机构(医疗机构、疾病预防与控制中心、妇幼保健机构、卫生监督机构、药品检验机构),医疗卫生服务设施(采购、配备和使用、卫生指标)
	基本公共医疗卫生服务人员与教育的标准化	服务人员(人员配备与结构、人员准入、人员考核),服务教育(初等和中等医学教育、高等医学教育、医学进修教育)
	基本公共医疗卫生服务预算的标准化	服务预算支出规模(绝对规模、相对规模),服务支出结构(地域间分配、机构间分配),服务预算编制(医疗服务项目、人力成本、运营成本、预算设施建设等)
社会保障服务	社会救助标准化	城乡居民最低生活保障服务,廉租房服务,灾害救助服务
	社会保险标准化	养老保险服务,失业保险服务,其他保险服务(医疗保险、工伤保险、生育保险)
	社会福利标准化	公益性福利,老年人福利,残疾人福利,妇女儿童福利
	社会优抚标准化	死亡抚恤,伤残抚恤,社会优待,社会安置
公共安全服务	社会治安标准化	刑侦技术标准,警用装备标准,治安管理、消防、安防道路交通等技术标准
	生产安全标准化	煤矿安全,金属非金属矿山安全,冶金安全,有色安全,石油天然气安全,化学品(化工、石油化工、危险化学品)安全,烟花爆竹安全,机械安全,通用安全生产标准
	食品安全标准化	种植业(粮食),果蔬业,水产业,畜牧业(畜禽)
	消防标准化	消防设备,消防车泵,防火建材,建筑构件,自动灭火系统,火灾自动报警系统
	特种设备安全标准化	特种设备安全,安全检查工作,特种设备事故情况,设备总体安全状况
	防灾减灾标准化	水旱,气象,地震,地质,海洋,生物,森林草原
	应急管理标准化	预防与应急准备,检测与预警,应急处理与救援,事后恢复与重建
公共环境服务	技术法规类环保标准	环境基础标准,环境质量标准,污染物排放(控制)标准,环境监测方法标准,标准样品标准
	管理技术规范类环保标准	清洁生产标准,环境影响评价标准,环境监测技术规范,环境信息标准,环境保护验收技术规范,生态环境保护标准,污染防治技术政策,场地评估与污染修复标准
	自愿性环保标准	环境保护工程技术规范,环境标准产品技术要求,环境保护产品技术要求

2. 购买内容的边界

购买边界问题,也是购买公共服务内容中的一大重要问题,即哪些公共服务可以购买,哪些公共服务不可以购买;哪些公共服务适合购买,哪些公共服务不适合购买。

总体而言,政府的职能决定了政府应该提供公共服务的内容,但不同类别公共服务的属性,又决定了并非所有的公共服务都可以通过购买的方式予以提供。

目前,我国对于公共服务可购买的边界并没有统一的规定标准,项目组调研发现,无论是公共服务购买发展相对较早的省份,还是公共服务购买相对滞后的地区,对于公共服务购买的边界都存有一定的困惑。很多地方政府也都经历过某几项服务外包——收回——再外包——再收回的反复。

参考发达国家和地区的政府购买公共服务的经验,关于公共服务政府购买的内容和范围,有两条比较宽泛的判断标准:

(1)核心标准。所谓核心标准,即越是属于政府的核心职能,越不能以购买的方式提供。

在美国,"核心标准"表现为是否属于"本质性政府职能"。按照美国联邦采购局第92号政策令函的解释,凡属于本质性政府职能的服务,必须由公务人员自行完成,不可购买,具体包括刑事侦查、公诉及司法职能控制(仲裁及其他替代性纠纷解决除外)、外交事务、军队指挥、联邦公务员指挥管理、情报及反情报活动的指挥及控制、选任公务员的决定等19项内容。①

(2)民生标准。所谓民生保障,即越贴近民生的公共服务,越应该以政府购买的方式提供。

比如在法国,政府将社会公共服务项目进行分类,视其关系民生的重要性和关键程度,来决定购买的深度和广度。②

目前,我国的政策法规中对于公共服务的边界也有所涉及,主要有三种方式:概括式、列举式和概括认定式。③

(1)概括式是指用抽象的条件和要求对政府购买公共服务的边界进行界定。如 GD 省 SZ 市《推进政府职能和工作事项转移委托工作实施方案》规定:"政府转移职能或委托事项的范围是:我市机构改革中,政府各相关部门'三定方案'明确不再承担和不直接办理的工作事项。"④JS 省 WX 市则规定,由购买的条件来决定需由政府购买的公共服务事项。⑤

(2)列举式是指详细列出可以购买的公共服务。如 ZJ 省 NB 市的《政府服务外包暂行办法》第八条规定:培训教育、政府法律顾问事务、居家养老等社会公共服务、后勤服务等为购买事项。SC 省 CD 市也对政府购买的范围进行了列举,主要有公共卫生、社会保障

---

① 参见李海平:《政府购买公共服务法律规制的问题与对策———以深圳市政府购买社工服务为例》,《国家行政学院学报》2011年第5期。
② 张汝立、陈书洁:《西方发达国家政府购买社会公共服务的经验和教训》,《中国行政管理》2010年第11期。
③ 项显生:《我国政府购买公共服务边界问题研究》,《中国行政管理》2015年第6期。
④ SZ 市人民政府办公厅:《推进政府职能和工作事项转移委托工作实施方案》。
⑤ 项显生:《我国政府购买公共服务边界问题研究》。

服务、公共就业服务、公共文化服务、法律服务和养老服务等。①

（3）概括认定式是在规定购买边界概括条件的基础上，确定一个政府部门或机构按照一定程序来认定政府购买公共服务项目的模式，如 SH 市 PD 新区《关于政府购买公共服务的实施意见（试行）》中规定了认定条件和认定程序。②

以上方式在实际操作中各有利弊，但是，都尚未全面、科学、有效地解决购买内容的边界问题。

本项目组结合调研经验分析认为，虽然影响公共服务购买的边界界定的因素很多，但是，在这其中仍有一些要素属于购买公共服务内容的共性特征，即民生性、公益性和可操作性。

第一，民生性是购买内容的首要特征。

政府购买公共服务的终极目的，是为了满足民众不断增长的公共服务的需求。尤其对于我国而言，转变传统公共服务供给方式的目标，是为了满足社会公众日益增长的多元公共服务需求，履行政府提供公共服务的职责。因此，政府购买公共服务必须优先考虑民生。为此，在制度设计中，政府购买的公共服务，首先要供给经济能力和社会能力相对薄弱的儿童青少年、老年人、残疾人、妇女、灾民、移民、流动人口及相关困难群体，为其构筑一道重要的民生保障底线。③ 其次，政府购买公共服务的制度设计，需要最大限度实现社会公平正义的价值取向，使社会大众平等的共享社会物质财富发展的成果。

第二，公益性是购买内容的基本特征。

公益性是公共部门的重要属性，公益性是政府作为公共部门区别与私人机构的主要特征。政府购买公共服务，作为一项由公共财政支持的社会基本公共服务的供给行为，公益性是其基本特征。

（1）公共服务的购买动机：政府购买的公共服务的动机必须是履行政府职能、满足人民群众的基本公共服务需求，不能出于对强势部门、利益群体等私人或团体性利益的满足。

（2）公共服务消费对象的特征：公共服务的消费者需要具有一定的普遍性。公共服务供给的目的是实现社会公民的基本公共需求，因此公共服务的消费对象具有一定的普遍性和代表性，主要表现为人群中的弱势群体。

（3）公共服务经费的支付方式：一方面由公共财政支付政府购买公共服务的费用，另一方面经费使用要符合公共财政的管理要求。

第三，可操作性是购买内容的必要特征。

政府购买公共服务范围的这一特征具体表现为：

（1）是否有适当的承接方。购买成立的前提是既要有购买者，也要有承接者，只有存在能够提供该项公共服务的主体时，政府购买公共服务才能得以成立。

（2）是否有稳定明确的资金来源。实践表明，具有稳定明确的资金来源的公共服务

---

① 项显生：《我国政府购买公共服务边界问题研究》。
② 同上。
③ 同上。

才能实施购买,若该项服务本来由政府直接提供,按照惯例,就会有相应的预算资金;对于新增加的公共服务项目,政府往往先通过项目的方式申请资金来予以提供。

(3)特定服务是否有比较确定的价格和相对可以量化的质量标准。虽然定价与量化本来就是公共服务购买中的难题,但是,在质量与价格方面越容易量化的公共服务,往往越容易以购买的方式提供,尤其是以竞争性购买的方式提供。

(二)政府购买公共服务内容的基本特征

1.覆盖面广:群体多元、领域广

购买服务的内容既有针对目标群体的专项服务,也有针对普通民众的综合服务。项目组在调研中发现,在我国各地的实践中,政府购买服务的目标群体涵盖了老年人、残疾人、未成年人、罕见病患者、社工、求职人群、脆弱家庭、流动人口、贫困人口等(图5-1)。就特定群体来看,23%的政府购买服务是针对老年人群体,这与国家的政策导向具有关联性,因为国家曾出台专项规定来促进养老失业的发展。其次是残疾人和未成年人群体。而针对流动人口、贫困人口的购买服务相对不足。45%的政府购买服务则由各类群体享受,比如社区综合服务中心、文化场馆。

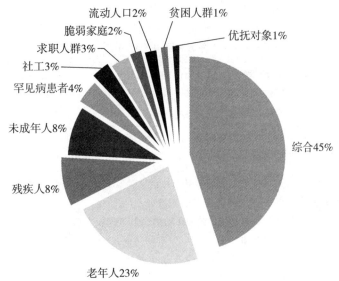

图5-1 政府购买公共服务覆盖人群占比[①]

针对各类群体,政府购买了哪些类型的服务呢?根据项目组的调研,各地政府针对上述人群购买的公共服务内容可以归纳整理如下(表5-2):

[①] 该比例是基于将已收集的全国各地政府购买公共服务的案例(共172个)汇总,然后根据人群分类并计算各类人群占总数的比例得出。其中,有几类服务属于没有针对特定人群的领域,即不单独针对某一群体,归为"综合":人民调解、法律援助、社会保险、环境卫生、社区综合服务等。

表 5-2　政府购买公共服务内容（目标群体）

人群	领域	内容	典型案例
老年人	照料	单项与综合养老服务	**单项养老服务**：BJ 进行养老助餐服务体系试点，采取政府购买服务项目的方式，引进具备"中央厨房+社区配送+配餐、送餐、助餐"能力的餐饮企业。 **综合养老服务**：SH 市 YP 区以老人日间服务中心为基点，向整个社区辐射。服务内容主要有健康体检、健康咨询、健康档案管理、免费配药、知识讲座、洗衣理发、助浴助洁等，涵盖老人生活的各个方面，最终使老人生活的便捷、舒适程度得到一定的提高，心理精神状态得到较好的改善
老年人	教育	社区老年大学	JSNJ 民政局协调相关街道和社区，拿出社区公共空间给老人们免费开设课堂，街道给老年大学置办了电子琴、电脑等教具。20 多位任课教师，都由社会组织"鹤颜服务发展中心"出面聘请，社区提供教室，社会组织"鹤颜服务发展中心"低偿收费
老年人	文化	通过政府购买将社区生活服务中心运行托管	SH 市 YP 区"温馨定海 和谐定海"社区生活服务中心运行托管。项目主要包括老年文艺团队——老年排舞训练，老年健身锻炼——乒乓球活动
流动人口	教育	向民办学校购买学位	SH 市 PD 新区在 2007 年、2008 年两年间，新区政府购买了民办学校的教育服务。一方面按照公办收费标准为农民工子女提供教育服务；另一方面，作为本区义务教育的补充服务，减轻了新区学位不足的问题
流动人口	社会救助	援助临时流落人员	GDSZ 政府以合同外包的形式将公共服务交由物业公司承担。物业公司通过成立非营利组织"人生驿站"，为因暂时困难流落在西乡街道的外来人提供援助
流动人口	公共关怀	流动人口关爱项目	SH 市 YP 区购买"LX 家园"来沪女性关爱项目
残疾人	照料	单项与综合助残服务	**单项助残服务**：SH 市 YP 区电动载人爬楼机项目，为 1 万名残疾人补贴提供个性化辅助器具适配服务 **综合助残服务**：YNKMWH 区政府向社会服务机构购买服务的方式，由社会服务机构直接入户为重度残疾人、残疾人家庭、残疾人子女提供保洁、陪护、水电煤气家庭安全隐患排查、日间照料、学习辅导、心理疏导等服务内容
残疾人	劳动就业	社会公益性岗位购买	SCWH 县 WH 区通过政府购买社会公益性岗位，解决了 203 名残疾人就业问题。NHC 社区目前共由社区出资购买包括门卫、清洁打扫、电子阅览室管理员工作方面的公益性岗位 9 个，为残疾人家庭切切实实解决了燃眉之急，送去温暖关爱
罕见病患者	医疗	罕见病防治	政府通过购买服务的方式，建立社会组织与疾控部门、医疗机构的合作转诊机制，为艾滋病感染者提供心理咨询、政策解读等服务
罕见病患者	社会救助	扶助罕见病患自立生活	服务的主要内容是对脆骨病等罕见病患者提供心理和康复救助，使罕见病患者得到全面的支持，从而更好地融入社会

续表

人群	领域	内容	典型案例
未成年人	教育	缓解入校困难	**缓解入校困难**：JSNJ 探索通过政府购买服务形式鼓励民办幼儿园申办惠民幼儿园。以较低的收费标准为居民提供学前教育优质服务,缓解入园难、入园贵问题
		提升学校质量	**提升学校质量**：自 2015 年起,BJ 市将民办教育机构参与中小学教学项目纳入政府购买服务范围。目前,已有 76 所中小学与 11 家民办教育机构实现合作,有效缓解了中小学教育资源不足的问题
脆弱家庭	公共关怀	专业社工帮扶脆弱家庭	HNCSYH 区政府购买社工服务帮扶失独家庭项目,GT 街道财政出资 33 万元,从 CSRY 公益发展研究中心购买专业社工服务,并斥资 15 万元设立专项救助资金
求职人群	劳动就业	推动人才与市场的匹配	**人职匹配**：HB 省劳动就业局为破解企业用工荒难题,利用人才市场自身的人才培养优势与渠道,为企业输送急需的人才。在人才培养期间,有关费用先由人才市场垫付,对企业和求职者都是免费的,培训期结束后省劳动局根据培训时间长短按人头对人才市场进行补贴
		为创业人群提供帮扶	**创业帮扶**：SH 市 YP 区 YJ 新村街道创办了 YJ 大学生创业家园。延吉新村街道通过政府购买服务的方式委托 SHH 市慈善教育培训中心对创业家园进行日常管理
社工	社工培训	提升社工素质	AHHFFX 县社工人才培训项目。县民政局与 HFBA 社工发展中心签订了社工服务咨询与督导协议书,主要对 3 所社工师事务所进行专业督导。全市率先开展的社工师考前培训共培训 190 余人,其中 46 人通过资格考试
优抚对象	优抚	以优抚驿站为载体购买服务	SH 市 HP 区在 10 个街道建立优抚驿站,通过政府购买服务,实现重点优抚对象生活服务、医疗保障全覆盖
贫困人群	社会救助	购买专业社会机构项目	社会救助的组织与实施等辅助性工作(包括低收入家庭认定、医疗、救助、心理咨询、群众转移安置、救助款物管理、五保供养服务机构管理等)

在上述政府购买公共服务的目标人群中,购买内容涵盖了多个领域。老年人群体覆盖了照料、教育和文化;流动人口群体涵盖了教育、社会救助和公共关怀;残疾人群体涵盖了照料和劳动就业。从中不难发现,政府针对特定人群具有明确的购买指向,针对老年人的照料服务;针对未成年人的教育服务;针对脆弱家庭的公共关怀;针对求职人群的劳动就业服务、针对社工的培训等等。

除了针对目标群体的服务购买,政府还面向一般群体购买公共服务。其内容经覆盖体育、基础设施、环保、公共交通、社区治理、医疗等公共服务领域,内容丰富,形式多样。(表 5-3)

表 5-3 政府购买公共服务的内容(一般群体)

领域	形式	内容	典型实践
体育	项目	政府购买体育活动承办项目	JJSCZ 购买项目包括"黄金联赛""谁是球王""业余比赛""展示活动""健身服务"五大类 31 项,其中赛事类项目由原来的 18 项增加到 28 项,涉及足球、乒乓球、羽毛球以及老年健身操等。专项经费扶持由去年的 129 万元增加到 400 万元。其中赛事类项目由原来的 99 万增加到 250 万元,体育服务类项目由原来的 30 万元增加到 150 万元
基础设施	项目	政府购买免费公共 wifi 接入服务	GDDG 通过政府购买服务的方式在政府、公园、广场等市政公共服务区域提供免费 wifi
环境卫生	项目	垃圾减量	BJCY 区投资 10 万元,启动了首个政府购买社会组织服务的社区垃圾减量项目,项目首先在 BJWKXY 社区运行。ZRZY 为小区建立了"绿色账户",为鼓励居民参与垃圾分类,还建立了奖励机制,"比如在每层楼的分类垃圾桶上,都贴上了考评表格,由清洁工对各层的垃圾分类情况打分,分数计入各家账户,获胜的楼层居民将会获得环保奖品。"如今,已有 705 个小区家庭参与垃圾分类实践,预计垃圾年产生量减量 40 吨
社会保险	项目	与商业保险公司合作	JSNJPK 区将大病保险制度进一步深化,充分发挥商业保险公司的专业能力优势。ZGRS 将凭借专业服务能力、专业管理队伍,为居民合作医疗基金把好关,将高品质服务延伸至街道一线,更好地为参保群众、社保经办工作服务
公共交通	项目	政府委托公交公司运营"公交微循环"	JSWXLD 镇在主镇区开通公交微循环,购买了 5 辆金龙中巴公交车,并以政府购买服务的方式,每年投入近百万元运行保障经费,委托 XH 公交公司负责日常运行和管理。居民上车不用投币刷卡,实行免费乘车,对比"小飞龙"等最少 5 元的起步价,最大程度惠泽群众。"幸福直通车"开通以来,镇志愿者总会新增志愿者达 200 多人,累计募集善款 5000 多元,镇区"小飞龙"交通事故下降 50%
人民调解	项目	政府与专业性社会中介组织合作	GDSZ 市政府通过政府购买服务壮大专职调解员队伍,发挥仲裁委、律师事务所、社会工作机构等专业社会组织在纠纷调解工作的作用
文化	项目	购买文化演出活动	2014 年 SX 省财政安排 1000 万元资金购买公共演出服务。演出主要以"文化惠民在三晋"为主题进行开展
文化	机构	政府委托民非机构运营文化中心	SH 市 PD 新区由新区政府投资兴建的区级公共文化设施,采用政府购买社会机构专业化服务的"公办民营"方式,委托民非机构负责金海文化艺术中心的运营和管理
社区服务	项目	政府购买社区(心理)矫正服务	GDFSCC 区司法局首次采取以政府购买服务的形式,与专业机构"阳光心态心理咨询服务中心""黄手绢心理咨询中心"签订合作协议,在全市率先构建区、镇(街道)两级社区矫正心理矫治平台,铺开全区社区矫正心理矫治工作

续表

领域	形式	内容	典型实践
	机构	政府委托民办社工机构承接家庭综合服务	GDGZ市政府通过招投标方式由中标的民办社工机构承接家庭综合服务中心的打包服务。民办社工机构以家庭综合服务中心为依托,以社区为平台,通过整合社区资源,发挥专业社工作用,提供专业综合服务。家庭综合服务中心购买服务分为两块:规定动作(老年服务、青少年服务、家庭服务)自选动作/特色服务(残障康复、社区矫正、外来人口服务、就业促进、社区文化建设、义工服务)
	人才	政府通过购买,为社区引入禁毒专干	NMG将大力发展社区禁毒专干,全区增加社区禁毒专干1000名。禁毒专干主要开展针对社区吸毒人员的帮教、管理等工作。是要将专业化和社会化相结合,努力把禁毒工作的管理触角延伸到基层、街道和社区
法律服务	项目	向社会力量购买法律服务站点运营服务	SCSN市司法局推出政府公益法律服务站模式,共在城区11个社区建立了政府公益法律服务站,后来探索将政府公益法律服务站的工作内容向社会组织进行购买。SN市律师协会中标,为社区居民提供法律咨询、法制宣传、法律援助,参与社区隐患排查和不安定因素的防范掌控、矛盾纠纷的调解和涉法信访案件的处理等
	机构	向律师事务所购买法律援助服务	HNCD市司法局与HNNTM律师事务所主任签订合同。合同的签订,标志着市本级政府购买法律援助服务正式启动。鼓励具备条件的社会法律服务机构主动参与政府购买法律援助服务,并由政府根据数量和质量向其支付费用的公共服务供给方式
	人才	派驻律师进村	GDFS市通过开展"一村居、一律师"活动,推进政府购买法律服务,成效初显。全市759个村居均已全部派驻律师,签约率100%。两年多时间,驻村居律师为村居解答法律咨询近5万件,同时积极参与矛盾纠纷调解,取得了良好的社会效果
医疗	项目	卫生部门向社区卫生服务站购买服务	CQ区县(自治县)卫生计生行政部门,与具有提供基本公共卫生服务职能的乡镇卫生院和社区卫生服务中心、村卫生室和社区卫生服务站签订购买服务合同。由政府购买基层医疗机构的基本公共卫生服务,提升基本公共卫生服务资金的使用效益,提高城乡居民基本卫生服务的可及性和公平性,促进基本公共卫生服务均等化水平
	机构	引进创办独资、合资医疗机构	FJZZ市引进社会力量办医,并出台一系列措施,成功引进创办了ZZZX医院、ZZ第三医院等独资、合资医疗机构。不管公立医院还是民营医院,只要符合考核规定,达到医保政策标准,城镇居民职工也好,居民也好,新农合也好,你到公立医院看病、跟到民营医院看病报销比例都一样
	人才	聘请专职或兼职社工	SH市YP区YJ新村街道用户导向的家庭医生服务制项目。该项目以家庭医生服务制为基础,通过社会组织将家庭健康服务串联起来。同时,通过专职或者兼职方式聘请17名健康顾问,协助家庭医生为居民提供医疗咨询服务

2. 差异性大：比重悬殊、梯度发展

从总体上来看，当前，我国各地政府购买公共服务覆盖群体多元、购买内容丰富。与此同时，各群体、各地区、各领域之间均存在差异。图 5-1 的比例在一定程度上反映了政府购买服务的特定人群倾向，主要是针对老年人、残疾人和未成年人。针对进城务工人员、贫困人群等其他特定人群的关注相对不足。相形之下，其他民众所能享受到的政府购买的公共服务，目前实际上还相对有限。

此外，各地政府购买公共服务的发展呈现很大差异。自 20 世纪 90 年代我国开始推进政府购买公共服务的政策以来，地区间的购买实践呈现明显的梯度发展与地区差异性。笔者按照购买内容的不同载体，将政府购买公共服务的发展程度划分为"购买服务项目""购买服务机构""购买服务性人才""购买标准"和"购买发展性规划"等五个维度，以此将全国范围内各地购买公共服务的实践归类。

由表 5-4 可见：

（1）SH 市、JS 省、GD 省可以归为第一梯队。

三地政府购买公共服务呈现出多样化和发展性的特点，这种多样化具体体现在：

三地政府购买公共服务的内容与方式均呈现多样化特点，内容上涵盖了从出生到养老以及衣食住行全方位政府购买服务体系，如计划生育、婚育服务、基本公共教育、职业培训、就业促进、社会养老、社会救助、棚户区改造、公共卫生、基本医疗服务、公共法律服务、公共文化服务以及公共体育服务等等方面。如 JS 省探索通过政府购买服务形式，引导民办幼儿园自助申办惠民幼儿园，适度降低收费标准，为老百姓提供家门口"上得起"的学前教育优质服务。面对日益老龄化的社区现状，SH 市 YP 区 YJ 新村街道以用户需求为导向，家庭医生服务制为基础，通过社会组织实现家庭健康服务链。作为社会组织的新途社区健康促进社以专职或者兼职方式聘请 17 名健康顾问，协助家庭医生为居民提供医疗咨询服务。

这种发展性具体体现在：三地均突破了购买项目、机构与人才等基于问题解决的购买模式，进一步探究促进政府购买公共服务可持续性发展和社会协同共治的社会倡导与治理的模式。如 GD 省 FS 市《"十二五"时期社会建设规划纲要》指出，加强产业与社区资源的融合与共享，探索产业社区建设。为此，FS 大力推进金融高新技术服务区、NH 狮山工业园、SSLP 等产业社区建设，在做产业社区空间规划时配套基础文化服务等设施，重点构建产业—社区—社会的生活圈，以政府购买公共服务的形式引入社会力量为产业工人提供多类型服务。推进产业社区建设有效突破了以行政单位割分政府供给公共服务的模式，而着眼于以空间换服务，以人群确需求的规划性供给模式，这是一种进阶式发展。

（2）BJ 市、HLJ 省、ZJ 省、AH 省、FJ 省、HN 省、CQ 省、SC 省可以归为第二梯队。

这一梯队政府购买公共服务呈现出社会服务渐成体系、稳步发展的特点。渐成体系体现在：这些省份均在购买项目、购买机构与购买专业性人才有所尝试，逐渐形成自身购买公共服务的基本内容。稳步发展体现在：政府购买公共服务立足于公众基本公共服务需求，从养老、教育、就业、文化服务等方面提供多样化的政府购买服务项目。

（3）TJ 市、SX 省、JX 省、SD 省、HB 省、YN 省、QH 省、XJ 省可以归为第三梯队。这一梯队政府购买公共服务呈现出初步发展，专业性需求不足的特点。初步发展体现在：政府

在购买专项服务项目与社会组织等机构方面开展多个项目,帮助解决社会养老、社区建设等等问题。专业性不足体现在:政府购买公共服务大多分布于项目与机构的购买,对于专业性人才的购买需求较少,由此说明该区域对于专业性社组织发展程度较低,对于更高阶的专业性要求较低。

(4) GX 省、HAN 省、HV 省、GZ 省、XZ 省、SX 省、GS 省、NX 省可以归为第四梯队。

这一梯队购买公共服务呈现出发展动力不足的特点。这些省份购买公共服务主要集中于对于专项服务项目的购买,而缺少对其他购买类型的需求,因此,我们认为,这些地区经济发展程度相对落后,民众需求相对较少,因而政府购买公共服务的内在动力不足。

就不同类别的公共服务购买内容而言,项目成为政府购买公共服务所采用的主要方式(表 5-5),这种方式的特点是周期短、单任务导向。这与我国政府购买服务所处的阶段相关,这种特点有利于政府及时调整购买的内容和重新确定购买主体,政府可以将政策风险降到最低。同时,政府只是在有限的领域采用购买机构的形式,这些领域主要集中在养老助残、社区服务、法律服务、医疗卫生、社会救助方面。购买机构的特点在于,机构可以针对多元群体提供跨领域服务,自由度相对较大。与此同时,这种特点也具有所需费用较高,对机构的资质要求较为严格的要求。因此,政府在需求最强烈、社会组织发育较为成熟的领域,以购买机构的形式提供服务,比如养老助残、社区服务。而购买人才的特点在于购买其专业性,这意味着某些公共服务只能由专业人才提供,比如法律服务。

表 5-4 各省市购买公共服务梯度发展情况表①

省份(市) \ 梯度发展程度	购买服务项目	购买服务机构	购买服务性人才	购买标准	购买发展性规划
SH、JS、GD	√	√	√	√	√
BJ、HLJ、ZJ、AH、FJ、HN、CQ、SC	√	√	√		
TJ、SX、JX、SD、HB、YN、QH、XJ	√	√			
GX、HAN、HV、GZ、XZ、SX、GS、NX	√				

表 5-5 政府购买公共服务类别与形式②

形式 \ 领域	养老助残	社区服务	法律服务	医疗卫生	社会救助	文化服务	教育服务	就业服务	体育服务	基础设施	环境卫生	社会保险	公共交通	人民调解	公共关怀
项目	√	√	√	√	√	√	√	√	√	√	√	√	√	√	√
机构	√	√	√	√	√	√	√								
人才	√	√	√	√											

---

① 我们将从全国实地调研以及互联网搜集获取的购买公共服务实践案例按照五个维度的标准进行归类,以此探究各地购买公共服务的梯度发展情况并制成此表。

② 各地政府根据地区发展需要,针对不同服务群体的个性化需求,因地制宜地将"公共服务"具体化,并选择项目、人才、机构等作为载体。

（三）存在的问题

1. 公众缺席

民生性与公正性,是政府购买公共服务内容的基本属性,作为消费者的社会公众的广泛参与,是保证购买内容符合消费者需求的重要途径。虽然作为购买者的政府拥有购买内容的最终决定权,但是,社会公众的缺席,却会使得购买公共服务的最终结果并不符合或者适应相关公众所需。

在我国当前的购买实践中,购买内容的确定往往出于以下两种情况：

（1）以政府需要为指导思想,自上而下确定购买内容,但是民意基础相对模糊。

政府要购买什么样的公共服务,只是政府某个部门的决定,在实际操作中,政府部门往往并不事先征求群众意见。由此,政府购买的公共服务,常常并非群众需要的公共服务,例如某地群众急需购买公共卫生服务,但是,当地政府为了响应上级政府号召,购买大量公共文化活动,大搞"送戏下乡",此举明显违背了政府购买公共服务的初衷。

（2）环境倒逼确定公共服务的购买内容。

所谓环境倒逼,即该项公共服务购买是为了应对某项突发的社会事件。例如,NJ市GL区发生了一系列空巢老人死在家里却无人知道的事故,经媒体曝光后,造成了恶劣的社会影响,政府随后启动购买"居家养老服务网"项目。[①] 该案例属于典型环境倒逼解决问题式购买,这一购买内容确定方式也被很多地区采纳。诚然,这种倒逼方式确认的购买内容,一定是当地群众急需的公共服务,但是,这种情况与第一种情况一样,都是在确定购买公共服务的内容时忽视人民群众的主体地位,还没有完全将人民群众的需要作为购买服务的出发点和落脚点。

2. 忽视地区间的差异性

如前所述,我国政府购买公共服务地区间差异较大,呈现梯度发展趋势。因此,不同梯度间地区购买公共服务的内容有很大差异,简单复制先进地区的购买内容和购买经验,实际上并不利于当地购买服务的发展。2013年9月26日国务院《指导意见》出台后,政府向社会力量购买公共服务发展成为全国性政策,各地相继推出政府购买公共服务的指导目录,在这其中,某些地区简单忽视自己发展的具体实际情况,简单模仿先进地区的购买内容,结果往往差强人意。

3. 购买内容操作性不强

操作性是购买内容的必要特征,但是,本项目组的调研显示,目前,我国地方政府对于购买内容的规定操作性不够强,主要表现为：

一是规定过于抽象,例如SZ市规定"政府部门不再承担,转由社会和市场自行办理的职能和工作事项",规定并没有说明哪些是社会和市场自行办理的职能和工作事项。

二是设定的项目内涵和外延不明确,如CD市《关于建立政府购买社会服务制度的意见》提出"社会保障服务",并对该服务作了界定,即在试点的基础上逐步推进政府出资购

---

① 根据本项目组2015年7月2日于NJ市GL区的调研资料整理。

买社会保障服务工作,将部分社会保障业务办理交由社会保险机构承办,相关政府职能部门实施监督,探索"管办分离"的社会保障供给模式。实际上,该规定的主要内容涉及社会保障服务的政策要求,尚未对其内涵进行明确界定,由此弱化了其可操作性。

二、政府购买公共服务的主要方式

(一)政府购买公共服务方式的发展路径

按照分析购买方式的既定三个测量维度:竞争程度、独立程度和制度化程度,我们将对政府购买公共服务方式三个维度的发展情况进行历史性分析,分别探讨购买方式竞争性、独立性和制度化的发展过程。另有一类方式即消费券购买方式,它改变了公共服务供给者、生产者和消费者三者之间的关系,是一种非常特殊的购买方式,本研究将其单列,探讨其发展过程。

1. 竞争性购买的兴起与发展

通过文献梳理发现,我国竞争性购买实践早期对市场化操作十分推崇。之后,我国政府购买公共服务经历了在特殊服务领域政府的非竞争性购买兴起、采用市场手段的竞争性公开招标方式的发展和竞争性公开招标方式的推广等三个发展阶段。

(1)早期竞争性购买方式的兴起

1994年,我国就开始了政府购买方式的探索。SZ市在环境卫生领域借鉴香港的市场化的方式,向环卫公司购买环卫服务。① 1998年,SZ市绿化管理处借鉴L区做法,引导部分公园养护工人成立园林绿化公司,引入市场竞争的方法进行操作。园林管理部负责人介绍说,"以前每个公园都是法人,各自独立招标"。② 如今,SZ市民营园林绿化企业,加上一些小型企业,已达上千家。这是最早引申发展出来的政府公共服务购买的市场招投标运作尝试,是早期典型的竞争性购买方式。

(2)非竞争性委托购买方式出现

1996年,SH市PD区通过将"罗山会馆"改建成为一个综合性的社区中心,委托宗教机构进行管理,开启政府向民间组织购买服务的先例。同年2月份,PD新区社会发展局与宗教机构签署了一系列关于委托管理的合同,确保进行委托服务购买时,有具体的政策文本以及合同条例可以依循,双方的权利义务责任均明晰化。双方达成协议与共识主要包括对于综合性社区中心在公共财物维护以及服务供给的成效,服务经费的财政拨给等。同时,签约前的资格审查、服务规划与管理目标都有进行相关规定。③

在SH市罗山会馆购买公共服务的案例中,社会发展局与宗教机构的权利义务通过双方签订的合同明确之后,政府与社会组织的权利得以分离。服务承接方可在经营期限内不受干预地规划和管理受托的工作。根据购买主体、流程在独立性与竞争性上显现的

---

① 吴德群:《改革攻坚,释放红利》,《深圳特区报》2014年3月5日第A11版。
② 卢丽涛、林伟江:《政府购买服务的广东经验》,中国质量新闻网,2013年11月15日。http://www.cqn.com.cn/。
③ 杨团:《社区公共服务设施托管的新模式——以罗山市民会馆为例》,《社会学研究》2001年第3期。

特征,已有研究将这种委托式的购买定义为典型的非竞争性购买。

2000年,SH市在非竞争购买方式上针对居家养老领域展开新一轮实践,在SH市LW区等12个街道依托养老机构开展了居家养老试点工作。政府招聘社工队伍、协管人员、公益服务社、文体联合会的人员,将其人员作为事业编制或是劳务派遣性质。社工队伍主要分布在居民区、文化中心及其他专职职能部门等。在SH市政府购买服务的实践中,政府更多的是在政府系统内部购买岗位。为此,这种方式又可以称为"体制内吸纳方式"①。

"政府的编制有限,但事务繁重,故由政府出资建立社团或民办非企业单位,承接政府转移的部分职能"。② 在这种方式中,人员进行社会招聘,项目由政府"给"而非公开招投标,是一种非竞争性购买。非竞争性购买方式缺少制度建设,外聘人员的日常管理由居委会负责,但政府特定机构进行管理,财政资金管理普遍没有实行绩效管理与"评估兑现",在该阶段的非竞争性购买实践制度化基础较为薄弱。

(3)竞争性公开招标的发展与推广

随着早期竞争性购买方式的进一步发展完善,越来越多的地方政府采用市场竞争方式提供公共服务。

JX省为我国第一个进行高规格政府购买公共服务公开竞标的省份。2005年,JX省扶贫办实施的"NGO与政府合作实施村级扶贫规划试点项目"宣布通过公开招标向社会开放扶贫资源。③ 项目委托中国扶贫基金会和澳洲咨询公司负责项目的操作和评估。JX省的实践标志着中国政府扶贫资源首次公开向社会组织开放,所有国内社会组织都将有机会通过竞标获得政府扶贫资金。与此同时,这也是第一个规范程序招标的公共服务购买,它标志着制度化购买的萌芽。

2. 独立性购买的发展

以主体间独立程度作为分析标准,我国政府购买公共服务方式经历了从非独立购买方式向独立性购买的发展过程。

(1)非独立性购买方式的发展

"岗位购买"与"形式性购买"等非独立性购买方式,在BJ、SH市、SZ三地早期的购买实践中比较常见。比如,很多社区成立"社区民间组织服务中心",承接政府委托或转移的社区服务职能。在这其中,比较具有典型意义的是2003年SH市政法委牵头,由政府主导组建XH、YG、ZQ三个民办非企业单位,接受相关对口政府管理部门的委托,从事社区矫正人员、药物滥用人员的相关社会服务工作。④ 这一时期,购买方与服务承接方的关系密切,承接方或者由相关职能部门直接成立,或者购买的岗位受职能部门多方干预、控制,社会组织的独立性难以得到保证。

---

① 齐海丽:《政府购买公共服务的成效与反思——以上海市政府购买岗位为例》,《江南社会学院学报》2012年第3期。
② 苏明、贾西津:《中国政府购买公共服务研究》,《财政研究》2010年第1期。
③ 《政府扶贫资源首次公开向非政府组织开放》,新华网,2005年12月20日,http://news.xinhuanet.com/politics/2005-12/20/content_3944322.htm。
④ 杨团:《社区公共服务设施托管的新模式——以罗山市民会馆为例》。

（2）独立性购买方式的发展

随着非独立性购买方式在服务承接过程中可能异化为政府部门又一附属机构的困境与争议①,学术界与实务界对社会组织的独立健康发展的呼声高涨,推动政府逐步中推动非独立性购买方式转型为独立性购买方式。GZ 市于 2010 年开始率先推进竞争性公开招标购买方式,将高校、企业、宗教团体、事业单位等不同背景类型的社会力量纳入公共服务供给体系,充实、丰富多元化服务输送渠道。在这个过程中,GZ 市尝试通过制度设计,在项目的申报、审批以及对项目购买资金的监督与绩效考核的制度安排方面规避政府对社会力量的影响,从而期望确保社会力量的业务独立发展。

3. 购买方式的制度化

（1）关于购买方式制度化的国家规定

政府购买公共服务的制度化建设,是由中央政府部门提上政策议程,通过自上而下途径影响地方基层实践的路径而得到兴起与发展的。

早在"十一五"期间出台的《中国农村扶贫开发纲要:2001—2010》的工作思路中,就提出"鼓励和支持中介组织、民间组织参与扶贫项目的实施"。

在具体制度建设方面,2002 年,国家艾滋病防治社会动员项目设立专项资金,建立招标制度,支持社会组织参与艾滋病防治工作。2012 年,国家民政部和财政部联合发布关于《民政部、财政部关于政府购买社会工作服务的指导意见》(民发[2012]196 号),2013 年,国务院办公厅发布《国务院办公厅关于政府向社会力量购买服务的指导意见》(国办发[2013]96 号),明确了政府向社会力量购买服务的诸多事宜。

这些规章制度和指导意见,从最初规定民间社会组织加入购买服务体系、参与服务供给,到明确购买流程的招投标设计、如何向社会工作购买服务、购买的内容、可采取方式等等,都作出了宏观规范性指导。中央政府部门通过阶段性的工作重点,积极从顶层制度设计出发进行相关探讨与摸索,以逐步引导推进政府购买服务的制度化发展。

（2）地方政府购买方式制度化的发展

在地方,政府购买实践工作开展最早的 SH 市、SZ 市两地,制度化发展亦比较领先。SH 市 PD 新区于 2005 年出台《关于促进 PD 新区社会事业发展的财政扶持意见》、《PD 新区关于政府购买公共服务的实施意见(试行)》;2008 年 JA 区民政局、财政局亦共同下发《关于 JA 区社会组织承接政府购买公共服务项目资质的规定》,通过制度化层面的设计,对购买服务的流程、评估和标准做了规范。② SZ 市政府早在 2007 年 10 月份开始相继颁布《关于加强社会工作人才队伍建设推进社会工作发展的意见》等"1+7"文件,文件中详细规定了购买社工服务的指导原则、操作细则、资金保障等。通过对国内政府购买工作发展比较典型的几个大城市进行制度文本梳理发现:从整体上看,BJ 市、SH 市、GZ 市、SZ 市、NJ 市等地,都于 2008 年前后纷纷出台购买公共服务的实施意见、项目指南以及购买的服务清单等。SH 市、SZ 市、NJ 市出台了财政与资金运作的预算管理暂行办法、项目管理流程、绩效评估办法等文件,在项目实施方面起到了重要的引导、监控和管控作用。

---

① 苏明、贾西津:《中国政府购买公共服务研究》。
② 徐家良、赵挺:《政府购买公共服务的现实困境与路径创新》,《中国行政管理》2013 年第 8 期。

4. 补贴式服务券购买的兴起

在诸多政府购买服务方式的探索中，WX 市相当引人注目，它采用补贴式的服务券购买方式，将购买者、服务供给者、消费者均纳入购买工作体系中。

WX 市于 2005 年开始探索政府购买公共服务，首先将某项病种的防治移交给民营医院托管。在引入第三方民营医疗机构后，政府相关职能部门对其进行监督考核，并将患者评议作为向 AG 医院拨付相关费用的一个依据。随后 2007 年 5 月，WX 市政府出台《WX 市市区居家养老服务补贴办法》，又全面实施政府购买居家养老服务工作，由政府向符合条件的老人提供居家养老服务券，补贴对象与定点居家养老服务机构签订协议，服务机构提供服务并向服务受众收取服务券①。

WX 市补贴式服务券购买方式和流程如下：

首先，政府主管部门把所需购买的公共服务事项及具体要求向全社会公布；其次，政府以市场化的公开招标方式确定服务承接方；再次，政府发放服务券给服务受众，向承接方这一服务机构购买养老服务，由服务受众这一直接的消费者根据服务成效与自身服务需求进行服务机构的筛选；最后，职能部门的监督考核与消费者评议成为评价生产者服务质量的主要方式，这样的购买方式更好地符合服务受众需求，有利于引导社会服务机构致力于对自身服务工作的改进和完善。

（二）政府购买公共服务方式的实际状况

在梳理了国内政府购买公共服务方式的三个维度的纵向发展历史后，我们将基于全国典型城市调研收集的经验数据，选取 BJ 市、SH 市、GZ 市、NJ 市等典型城市，以竞争程度、独立程度（主体间关系）、制度化程度三个指标作为衡量标准，按其程度高低进行类型划分，将定向委托、公开招标、形式购买等购买实践方式进行归类，形成以下分析框架图（见表 5-6），以呈现我国政府公共服务购买方式的基本发展现状。

表 5-6　政府公共服务购买方式分析框架

购买方式	独立程度	竞争程度	制度化程度
形式购买	低	低	低
定向委托购买	高	低	低
公开招标购买	高	高	高
消费券购买	高	高	低

根据表 5-6 的归类标准分析，我们将目前政府购买方式分为两大类：

第一类，政府向社会力量购买公共服务，它在实践中发展非常充分，是本课题的分析重点。按照竞争程度、独立性程度和制度化程度发展由浅入深的顺序，它包括三种子类型：一是非竞争性非独立性购买方式（形式购买为主）；二是非竞争性独立性购买方式（定向委托购买为主）；三是竞争性独立性制度化的购买方式，即竞争性公开招标购买方式。

---

① 黄元宰、梅华：《无锡"政府购买公共服务"的启示》，《江海纵横》2008 年第 2 期。

第二类,政府将财政资金以消费券的形式分发给社会公众,由社会公众自行选择市场和供给公共服务的社会力量,来选择性地获取公共服务。由于在实践中,这种购买方式的实践发展并不充分,因此,为了论述的连贯统一性,我们将其作为第四种购买方式。

接下来,我们将结合各地政府购买公共服务的实践经验,呈现如上四种类型政府购买方式的发展现状与基本特征。

1. 形式购买

非竞争性非独立性购买,主要指"政府设立非营利组织,用以承接自身的部分服务或管理职能"。① 受委托者的决策与政府购买方之间不完全具有独立性,且主要是与某政府部门形成对口服务的关系。政府部门可以随时将自己的意图通过非营利组织加以贯彻落实。根据我国的实践,有学者将之细分为形式性购买和岗位购买,SH 市在预防犯罪服务领域采用形式性购买方式,BJ 市则重点以"两委一站"为依托,设立社工服务岗位,作为社区常设机构聘请工作人员,并给予其行政编制。该购买模式下服务承接方由政府设定,二者互不独立,导致竞争市场与程序的缺失。非竞争性非独立性购买是一种竞争性和独立性低至几乎为零的购买方式。

(1) 典型案例

① SH 市形式购买:政府自办组织运作。

在公共服务的供给上,有一类公共服务技术要求较高,或者属于特殊领域,这类服务具有一定的特殊性,政府不宜通过一般的购买方式获得。这类服务包括预防犯罪、环境监测等等。基于预防犯罪领域的特殊性,SH 市尝试通过政府设立民办非企业社团,承接政府在犯罪领域的服务职能。在这种方式下,服务承接组织与政府并不互为独立存在,是典型的形式购买。

SH 市主要在预防犯罪服务领域采用非独立性形式性购买方式。2004 年中共 SH 市委办公厅转发《中共 SH 市委政法委员会关于全面推进预防犯罪工作体系建设的实施意见》,政府出资注册成立 SH 市三个民办非企业社团,受政府委托,承担禁毒、社区矫正、社区青少年管理社会工作等职能。与购买之前较为刚性的管理相比,政府引入专业社工服务购买更能"凭借其专业知识以及尊重、接纳的态度,对吸毒人员、闲散青少年开展行为矫正、心理辅导、就业指导等服务"②,从而达到了有效地预防与矫正犯罪的效果。

② BJ 市岗位购买:内部在岗人员持证兼任。

2009 年出台的《BJ 市社区管理办法(试行)》,规定了社区服务站与社区党组织、社区居委会的关系:"社区服务站是政府在社区层面设立的公共服务平台,在街道办事处的领导和政府职能部门的业务指导下开展工作,同时接受社区党组织的领导和社区居委会的监督"。③ 按照这个办法,社区内形成了"两委一站"的格局。

近年来,BJ 市政府购买社区服务的项目投入越来越大,以"两委一站"为依托,持证社工进驻社工服务站,社会工作者的服务经由社区服务项目进入社区治理领域。在此,持证

---

① 张心怡:《关于上海进一步健全政府购买公共服务的研究》,复旦大学硕士学位论文,2012 年 4 月,第 20 页。
② 张心怡:《关于上海进一步健全政府购买公共服务的研究》,第 24 页。
③ 杨荣:《专业服务与项目管理:"社区为本"的社会工作发展路径探索——以北京市 G 社区为例》,《探索》2014 年第 4 期。

社工是指"社区党委、居委会、社区服务站中接受了社会工作专业培训,或者已经获得初级、中级社会工作师职业资格证书并参与到该项目中的工作人员"①,是社区党委、居委等系统内部的正式工作人员而非独立外聘的第三方专业人士。目前,BJ 市不少社区服务站站长由社区居委会主任兼任,两个机构人员任职交叉率高,工作职责兼容,使得社区服务站俨然成了社区居委会的附属机构。

BJ 市还存在与社区"两委一站"极其相似的"岗位+项目"方式,指的是政府购买社会工作服务机构的社工岗位,同时由这些社工参与执行本机构承接政府的社会服务项目的方式。② 不过,这里的社工并非社区内部组织人员,而是外部第三方机构派遣专人长期进驻到社区内相应的岗位,进驻社工往往被看做是街道或社区的一名不在编制的临时工作人员,所进驻部门无具体工作内容和职责分配,往往被安排进行人口普查、经济普查、计生内勤等行政性事务,他们实际上成为居委会编外工作人员,但是,却限制了其社工专业特长的发挥。

(2)购买方式分析

① 竞争程度近乎为零。

在非竞争性非独立性购买方式之下,无论是形式性购买还是岗位购买,都是特定的承接组织承担公共服务。在这种购买方式中,参与竞争的社会组织或者数量极少,或者基本为政府相关部门指定的单个组织,基本上不存在承接组织间的参与竞争。在形式性购买中,政府购买相关职能部门自行成立的组织,是一种内部设定,而岗位购买则是委托辖区内下属的社区居委进行承接,竞争程度近乎为零。

② 主体间依附程度高。

在政府购买方式的研究中,我们发现,政府购买方与服务承接方两大核心主体间的互动关系因购买方式的差异性而大有差异,大致可以区分为独立性和依附性两种状态。

本项研究从实际经验出发,根据政府购买具体运行过程中重大事务的管理决策、服务承接方的财政与人事任命以及服务递送过程中是否受到购买方行政性事务的干扰等,来判断政府购买方与服务供给方双方的主体间关系亲疏状态。

研究发现,非竞争性非独立性购买方式公共服务生产者(社会力量)高度依附于供给者(政府)。

其一,形式购买:主管单位依附。

SH 市的形式性购买实践,尝试通过政府设立民办非企业社团,来承接政府在犯罪领域的服务职能。此种方式下服务承接组织由政府设立,二者互不独立。在资金来源方面,政府进行全额购买和定向委托,所以承接服务的社会组织的话语权和在整个购买服务过程中的决策权微乎其微,社会组织可能在实际中表现为仅仅以政府的代理人身份起作用。在服务递送方面,社会组织由购买方的业务主管单位直接设立,成为购买方主管政府部门行政目标的执行者以及行政任务的完成者,社会组织在服务承接方面的专业性以及管理事务的自治决策权相对较弱,社会组织可以说是完全依附于主管的政府部门而生存运作。

---

① 汪文新:《北京社工助理"三社一体化"社区治理》,《中国社会工作》2014 年第 6 期。
② 王倩倩:《"岗位+项目"政府购买服务模式下草根性社工机构发展的挑战——以北京市某社工事务所为例》,《时代报告》2013 年第 2 期,第 211 页。

其二,岗位购买:财政与人事依附。

岗位购买实践中,承接服务组织的内部工作人员,由行政系统在岗人员持证兼任,购买者与服务承接者关系密切,不完全具有在人事、财政与服务递送等决策过程中的独立性。

人事方面,在 BJ 市的社区"两委一站"岗位购买方式中,服务承接者多由行政系统内部在岗人员和公开招考的社工专业大学生组成。这意味着,社区居委、党委工作人员持社工证兼任社工工作,很难保证服务承接方与购买方在社工专业实操与街区党政工作方面的专业性服务和政务服务清楚分离。与此同时,社区两委内部人员长时间从事社区行政性党务工作,思维难以转化,在处理政府购买社会服务所需的社工专业操作方面具有浓厚的行政性色彩。服务递送方面,对于社区(街道)社会工作项目,招考的大学生社工被派往街道后,很难在社工实务方面有明确的任务和工作内容分工,加之社工缺乏社会经验,通常被看做是街道或社区的一名不在编制的临时的工作人员,缺乏领导重视和支持,难以发挥社工的专业特长。再且,由于岗位与财政的依附性导致服务专业化程度受到影响与干预,容易出现"行政内卷化"问题,服务质量难以保障。[①] 财政资金方面,"两委一站"以及"岗位+项目"购买的社工机构,其主要经济来源均为专项购买项目中的行政经费拨付,作为非营利性的服务组织,无法向服务受众收取费用,在资金上对购买方的保持着高度的依附性,服务承接方往往因资金问题担心项目不被延续,而接受社工委、街道等多方在具体服务递送过程中的干预和指导,很难维持机构自身的独立运转。

(3) 制度化发展状况分析

SH 市形式购买方式的制度实践方面,主要以 2004 年政法委出台的《中共 SH 市委政法委员会关于全面推进预防犯罪工作体系建设的实施意见》为指导,通过文本规范明确预防犯罪这一特殊服务领域的服务购买内容、资金拨付、资金管理问题。紧接着,2005 年 PD 新区开始在制度建设层面推进政府购买工作,相继出台《关于促进 PD 新区社会事业发展的财政扶持意见》等法律规章制度,此举预示着 SH 市公共服务购买正式推上了政策议程。关于 SH 市政府购买公共服务更为详细的制度化发展将在本部分对 SH 市的定向委托购买部分予以阐述。

在"岗位+项目"购买方面的制度建设上,2007 年开始,BJ 市设立市委社会工作委员会(简称社工委)和 BJ 市社会建设办,统筹协调全市社会建设工作,通过设立相关职能部门对社会组织予以管理。在法律规章制度建设层面,2010 年之后相继出台《BJ 市社会组织评估管理暂行办法》的通知以及《BJ 市承接政府购买服务社会组织资质管理办法(试行)》的通知等,对社会组织的评估、资质审查、监督等方面作出了明确的规范。

目前,BJ 市的政府购买工作的制度机制主要环节是,在 BJ 市政府购买社会组织服务项目的申请环节,市级"枢纽型"组织是相关专项资金购买服务的项目主责单位,负责申报项目的指导、协调和筛选[②],具体的项目申报审核由 BJ 市社会组织公共服务平台以及

---

① 王倩倩:《"岗位+项目"政府购买服务模式下草根性社工机构发展的挑战——以北京市某社工事务所为例》,《时代报告》2013 年第 2 期,第 211 页。

② 《BJ 市 2013 年政府购买社会组织服务项目指南》,http://www.bjshjs.gov.cn/78/2013/01/24/69@10493.htm。

成立的项目评审委员会进行操作,对结果进行公示。

在项目监督方面,购买方对项目进行跟踪管理。比如每月以电话访谈、实地走访等形式,及时了解掌握项目进展情况,每季度对各项目单位开展活动情况进行统计,并引入第三方机构对项目全流程进行监管,根据项目实施效果进行打分,按照优秀、良好、一般、差四个级别进行评级;在项目验收方面,项目结束后,承接服务的社会组织向民政部门报送项目总结,提交项目评估报告和项目决算报告,项目考评委员会对项目完成情况进行全面检查,确保项目运作规范,保障服务质量和效果。

2. 定向委托

有学者认为,"非竞争性独立性购买是指政府通过定向委托和竞争性谈判等形式将公共服务项目委托给社会力量来提供,并向后者支付购买费用"。[1] 也有学者认为,"非竞争性独立购买"虽然缺乏公开的招标程序,但也对社会组织的独立性和专业信誉提出了较高的要求。[2] 目前,BJ 市在众多项目申报上采用此类非竞争性独立购买方式,SH 市在教育服务领域也多采用非竞争性的定向委托购买方式。

(1) 典型案例

① BJ 市非竞争性项目申报。

非竞争性项目申报可以分为资源枢纽型组织和资源分散型组织。

资源枢纽型组织:自下而上独立申报项目。2010—2014 年,BJ 市主要以项目运作为导向,不通过市场竞争招投标的方式确定项目承接单位,BJ 市此类政府购买项目的方式基本属于非竞争性购买。具体操作如下:第一,初审、复核。这项工作由 BJ 市民政局负责,市、区/县社会组织登记管理机关负责具体实施,以公益性和可行性为标准对申报项目进行初步审查。第二,主责单位同意项目申报。主责部门是"枢纽型"社会组织,包括市、区/县社会建设工作领导小组办公室。第三,由专家领导小组进行审核,并向社会公示。[3] 2012 年,BJ 市政府已建立利用社会建设专项资金购买社会组织服务项目申报系统,且成立了 5 个由公共服务各领域专家组成的专家评审组,以确保项目从申报、中期考核及结项过程的标准化、规范化。

资源分散型组织:结合 BJ 市首都大民政的特点,民间组织为了特定的目标服务,出现了联合与抱团的现象。[4] 以政府购买项目领域为核心,促进组织之间资源整合,形成服务合力,从而加大竞争优势,具体操作为:"政府提供合作平台,引导各个社会组织进行合作,不同社会组织优势互补,协同设计项目的服务内容和运作机制,并且组团进行项目申报,经政府审批后,共同承接政府购买项目、分摊服务提供成本与潜在风险。"[5] 典型的案例有文化购买中的"16+1"模式。

---

[1] 徐勇:《南京市政府向社会组织购买公共服务的实践与发展对策》,《中共南京市委党校学报》2014 年第 6 期。
[2] 杨团:《社区公共服务设施托管的新模式——以罗山市民会馆为例》,《社会学研究》2001 年第 3 期。
[3] 陈粤凤:《北京市政府向社会组织购买服务调研报告》,《社团管理研究》2012 年第 12 期。
[4] 温庆云:《提升社会动员能力、推进社会管理创新、充分发挥社会组织社会建设的主体作用》,《社团管理研究》2010 年第 9 期。
[5] 朱晓红、陈吉:《北京市政府购买社会组织的组团模式解读》,《北京航空航天大学学报》(社会科学版)2012 年第 7 期。

"组团模式"的运营网络中有专业指导小组,其是在 BJ 市政府的指导下自行组成的自治组织,承担着管理者的角色,筹划与运营整个网络中的活动。① 可以说,"组团模式"是项目购买的一个延续,其本质仍然是自下而上向政府职能部门提出项目申请与申报,只是在制度上联合各方优势资源,通过组团联合各方优势合理规划制定发展计划以及项目实施计划,增加在项目申报时成功获取审批的机会。同时,在项目管理、监管、服务操作与推广优势在成员单位内部实现资源共享。

② SH 市定向委托协议购买。

SH 市政府在教育服务购买领域,则率先采用"定向委托"的方式向公立学校与社会组织购买管理、培训和评估等多项内容,以此提高教育服务供给的效益和质量,更好地实现教育服务均等化。

SH 市 PD 新区于 2005 年 6 月在教育服务购买领域展开了实验。试图通过委托管理的形式来培育教育领域的服务中介机构,弥补公办教育的薄弱领域。其中一个典型的实践案例为,PD 新区 DG 中学的教育服务委托管理。2005 年 4 月,PD 新区社会发展局选取一所公办学校向一家民办教育管理机构 A 建立双方的合作关系,合作协议达成后,双方签订具备法律效力的办学协议。这种委托式的教育购买,原有的公办学校并不改变其"公办"的身份,同样本质上由所在区域的教育局进行财政供给,学校内部的师生经费等问题亦不变动。但 PD 新区社会发展局每年会根据协议向 A 民办教育管理机构购买教育管理咨询。

"公办"学校向民办教育机构到底购买了哪些方面的教育服务?其成效、结果如何?首先,"公办"学校向民办教育机构 A 购买的服务主要有:由 A 机构派驻校长驻扎该公办学校,新校长将带入新的教育管理模式,以及部分辅助性的管理人才,原学校的师资力量保持基本稳定。"新校长将被赋予充分的自主管理权,实现对教学、师资队伍建设以及教育理念输送方面的转变,强化并改进过去该公办学校在上述三个方面的薄弱环节。其次,就其结果来看,在教育服务领域的委托式管理这一购买尝试,实现了政府购买方、学校以及社会服务机构三者之间在权利责任上的明晰。"政府主导宏观管理方向,社会服务机构专注于服务供给,学校行政隶属关系不变动的前提下,实现管理的自主性。"② 购买实践实施一年后,专业评估机构展开对此次购买行为的评估结果显示,核心主体(教师、学生家长)对此次教育领域购买实践带来的结果与影响的满意度基本都在 90% 以上。

作为全国教育改革实验基地,SH 市"教育服务委托管理"的创新方法与经验已受中央层面的高度认可。委托管理已成为 SH 市提升义务教育阶段中小学办学水平的一种政策工具。SH 市市政府在 2011 年 9 月召开的"农村义务教育学校委托管理工作推进大会"上,确立了"在全市推进第三轮农村义务教育学校委托管理"③ 的战略思路,开始进行第三轮委托式管理。

---

① 苏军、焦苇:《上海市在全市推进第三轮农村义务教育学校委托管理》,《文汇报》2011 年 9 月 28 日。
② 俞晓波:《地方政府公共服务购买的实践与发展趋向——以上海浦东购买教育公共服务为例》,《天府新论》2012 年第 3 期。
③ 苏军、焦苇:《上海市在全市推进第三轮农村义务教育学校委托管理》,上海《文汇报》2011 年 9 月 28 日。

(2) 购买方式分析

① 竞争程度较弱。

"定向委托"的购买方式在竞争程度上较弱,在 BJ 市的案例中,这体现在市级枢纽型组织把关项目申报流程,而在 SH 市体现在教育服务领域等特定且关键的领域特性上。BJ 市自己建立的市级社会建设专项资金,主要通过社会组织相互组团形成资源整合,自下而上进行申报,以增强服务承接能力以及中标的可能性。但在官方申报程序的具体规定中明确规定:"市级社会组织需经'枢纽型'社会组织同意、各区县社会组织经各区县社会建设工作领导小组同意,才能向市社会建设工作领导小组办公室提交报送项目"①。同时,市级"枢纽型"社会组织主管的大型综合性项目,会呈现自己的项目由自身承担的现象。在 BJ 市,这种"枢纽型"社会组织在申报与承接上占有绝对性的优势,从而进一步减弱了购买的竞争性。

② 组织独立性逐步增强。

SH 市从 2005 年在教育领域尝试"委托管理"到 2011 年在全市推进义务教育"委托管理",其思路是在教育领域的委托购买过程中,明晰政府购买方、学校以及社会服务机构三者之间在权利责任。政府、学校、社会三者之间实现政府宏观管理、财政配套并跟踪监督绩效成果;学校自主办学;第三方评估机构进行专业成果评估。在上述案例中,这种委托式的教育购买,原有的公办学校并不改变其"公办"的身份,同样本质上由所在区域的教育局进行财政供给,政府作为委托方赋予管理方充分的办学自主权,学校内部的师生经费等问题亦不变动。经过 4 年的跟踪评估,发现委托式的管理服务,使得该公办学校的管理逐渐走向规范化,教学成绩与师资力量都得到了发展。无疑,在委托管理的实践中,承接方充分的独立性能够保证服务成效的质量。

③ 制度化程度逐步提升。

在定向委托购买服务应用最为广泛的 SH 市,公共服务购买的制度化进程不断推进,大体可以划分为四个阶段。

第一,PD 新区政府在 2007 年出台《关于着力转变政府职能建立新型政社合作关系的指导意见》和《PD 新区关于政府购买公共服务的实施意见(试行)》,PD 新区成为 SH 市第一个发布政府购买服务政策的区县。此举预示着 SH 市公共服务购买正式推上了政策议程。同年,SH 市民政局发布了《SH 市民政局关于进一步规范居家养老服务补贴经费管理和使用的通知》,进一步规范居家养老服务券补贴的经费管理事宜,为之后全方位的公共服务购买奠定政策基础。

第二,2011 年,JA 区和 MX 区政府相继发布了《关于政府购买社会组织公共服务的实施意见(试行)》;2012 年 YP 区政府在发布的《YP 区政府购买社会组织公共服务实施办法(试行)》中明确规定:在政府向社会组织购买服务过程中,项目金额在 10 万元至 50 万元的必须经过专业评审,涉及重大项目、重大民生事项必须通过公开招投标方式组织实施。制度化的完善不仅是购买领域上的推进,更是行政区划上的扩展。

第三,2012 年,SH 市财政局正式印发了《SH 市市级政府购买公共服务项目预算管理

---

① 《BJ 市 2013 年政府购买社会组织服务项目指南》。

暂行办法》和《SH市市级政府购买公共服务项目目录(2013年度)》,逐步建立较为完善的政府购买服务的制度体系。

第四,2014年,SH市委、市政府《关于进一步加强社会建设的若干意见》明确提出,"完善政府购买公共服务机制,在财政专项经费中逐步扩大购买公共服务的比例"①,并出台《关于进一步加强本市社会组织建设的指导意见》,再次强调"对协助政府参与社会管理和公共服务的社会组织,要通过项目招标、合同管理、评估兑现等形式,建立政府购买服务机制"②。2015年,SH市出台《SH市人民政府关于进一步建立健全本市政府购买公共服务制度的实施意见》和《2015年度SH市市本级政府购买服务实施目录》,以目录的形式将政府购买服务按照5大类、161项公共服务细项进行划分。5大类包括"基本公共服务、社会管理服务、行业管理与协调性服务、技术性服务、政府履职所需的辅助性事项"③,由此积极尝试精细化地引导公共服务购买工作的开展。这彰显着SH市政府在公共服务购买制度化的道路上求取奋进,力图进一步构建成熟的公共服务购买制度体系的精神。

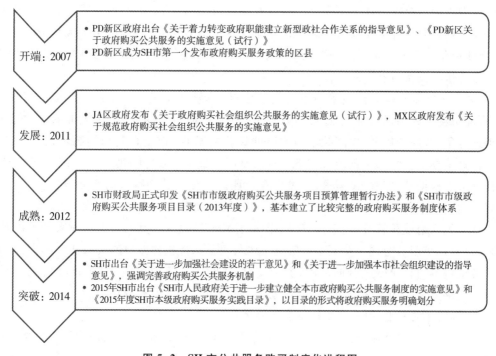

图5-2　SH市公共服务购买制度化进程图

3. 公开招标

(1) 典型案例

公开招标是指政府将招标信息公开或者对外宣传,释放项目的信号,实行竞争邀请。期待通过更广范围的宣传与信息公布吸引众多机构参与投标,保证购买方能够选择最符合条件的投标机构进行服务承接。

---

① 张静远:《上海购买公共服务时间轴》,《中国政府采购报》2014年3月6日。
② 同上。
③ 引自《上海市市本级政府购买服务实施目录》(沪财预[2015]75号)。

在GZ市的购买实践中,其竞争性购买的关键体现有两个:一是在购买程序上进行公开招投标的制度设计;二是建立在政府购买方、服务承接方(社会工作机构)、服务供给者(家庭综合服务中心)三者的购买联系,实现三个核心主体基于购买合同关系之上的权责分明状态。GZ市的公开招标购买实践相对来说实现了高竞争性、高独立性、高制度化的发展。

① 服务承接机构:市场化竞争机制确定。

GZ市在2011年全市采用竞争性公开招标购买方式提供社会服务,具体是由政府出资,搭建家庭综合服务中心(以下简称"家综")的平台场地,通过市场化公开招投标向社工组织签订服务购买合同购买综合性社区服务,再转派专业社工进驻到家庭综合服务中心提供综合性、多样化的服务。

GZ市在政府购买工作的文本规章制度中明确指出,街道选择服务提供的社会工作机构需通过市场化公开招投标来确定,再将具体服务进行专业转包。在财政、人事、核心事务的管理方面由第三方社会工作机构独立开来,以此保证购买方与服务供给方的相对独立。在市场公开招标运作项目基础上,260多个第三方社会工作机构,诸如高校、企业、宗教、事业单位等多方力量引入服务供给体系中实现共同参与,形成公开透明的市场竞争环境与服务供给淘汰机制。

GZ市公共服务购买普遍采用市场竞争性机制运行,先根据社区需求形成项目计划书,再向市场公开招标信息,通过市场化公开竞争机制确定中标机构。这种招标方式能有效促进竞争、节约费用、实现高效率的政府购买。根据GZ市出台的《政府购买服务管理办法》,政府购买公共服务的流程如下:第一,基层最直接的政府购买方——GZ市各街道,在招标节点根据社区和居民需求,通过调查论证确定拟向社会购买的服务项目;第二,街道将拟购买的服务项目报区主管部门审核,然后由区财政部门对资金进行审批,将符合条件的项目纳入财政预算资金;第三,区职能部门公开发布招投标的公告,选择服务承接者;第四,订立购买服务合同。购买服务实施主体与服务承接机构签订购买服务合同,明确购买服务的内容、目标任务、合同期限、资金支付、违约责任等内容。① 这个过程信息公开,并且广泛纳入社会力量参与投标,以实现众多参与组织之间的充分竞争。

② 市场评估制度:第三方机构促进优胜劣汰。

GZ市不仅在具体服务购买方面采用市场竞争性公开招标方式,在评估服务机构方面亦采用市场机制运行。评估工作由市民政局统筹、区/县民政局具体执行;评估也采用政府购买评估服务的方式,由符合资质的专业社会组织进行评估。全市主要有6家综合实力比较强的专业评估机构,以及SZ市部分评估机构。评估流程包括建立评估专家库、抽调专家、不定期明察暗访、进行居民走访等形式。

评估具体过程通过公开招投标的方式,筛选并委托第三方民间机构按照项目合同的周期与内容,对家综服务实施情况进行中期、末期及2—4次的过程评估。其中,两次评估均合格后才能继续签约,两次评估均不合格者自动终止合同。评估机构通过对全市171个家综进行评估,最后将家综的服务综合素质评定为优秀、良好、中等、合格、不合格、整改

---

① 参见《GZ市印发政府向社会组织购买服务暂行办法的通知》。

等多个等级,并将信息在全市进行公开,第二轮招投标服务购买方会以此评定结果作为民办非企业社工机构名下的家综中心能否成功中标承接服务的重点参考依据。

总体上看,GZ市社区服务购买方面的市场公开竞争性招投标与服务供给的评估系统拥有制度化保障措施,从各方面保障、监督和促进社工机构遵守市场机制,努力提高改善服务水平,使GZ市政府购买服务整体呈现良好的发展势头。

（2）购买方式分析

① 竞争程度高。

在竞争性公开招标的购买方式当中,GZ市的六年实践经验表明,竞争性的关键在于公开招投标的运行特点及其对政府购买竞争性的影响。

第一,公开招投标进行服务机构的确定,借用市场操作的手法,对符合所有条件的申请机构由第三方的专家委员会进行资质排序,进行择优选择。如此操作,将多方潜在的承接机构尽可能吸引过来共同参与竞争,促进行业内部的互相改进,同时避免了在购买工作中的寻租与暗箱操作的可能性。

第二,恰恰由于上述提及的招投标的特点,吸引了众多潜在机构参与、通过内部竞争压力使行业内的整体资质得到成长与提升,从而在大范围内促进了参与招标的社会工作机构的快速发展与壮大。在项目组的访谈中,根据市民政局、社工委的相关记录,在这六年间,GZ市登记在册的招标社工机构从2009年7个发展到2015年的267个,而具体承接政府服务项目的家庭综合服务中心才171个,中间巨大的数值落差,意味着不专注服务递送的社工机构或者服务供给质量欠佳的机构,在这种采用市场运作方式的竞标机制中,将被社会工作行业内部淘汰。

第三,招投标方式再辅以第三方机构的定期评估制度支撑,评估结果不过关或是评估结果不理想就意味着该社会工作机构在行业的整体竞争性不足,第二年的再次招标亦被街道购买方中断,无法维持长远发展。辅助性的制度支撑再次增强了GZ市购买方式实践中的整体竞争程度。GZ市市政府购买实践中的公开招投标、评估制度,显示了政府购买公共服务中,社会工作行业内部充分的竞争性,有效引导全市社工机构在优胜劣汰的市场竞争机制中通过良性竞争共同进步。

② 主体间独立程度高。

第一,财政人事分离、独立运作。

GZ市政府通过市场化公开招投标,向社工组织签订服务购买合同购买综合性社区服务,再转派专业社工进驻到家庭综合服务中心提供服务。服务项目由公共财政专项配套资金按程序与规章制度拨付,社工机构这一服务承接方通过家庭综合服务中心的平台载体进行具体社工服务的转包,家综载体只负责服务递送中社工专业实操的具体输出,由此实现了政府购买方与服务承接方在财政、人事、核心事务上彼此独立,以保证购买方与服务供给方在各自职能领域的相对独立性。

第二,三方职责边界明晰。

GZ市民政局在设计整套购买机制之初,就在政府机构内部达成共识:街道办、社区居委、家综三者间应该只存在服务递送的关系。首先,街道办与社工机构、市区级政府的关联是市区两级提供家综服务的专项财政拨款、街道办提供场地、由街道办收集信息向上报明有条件有能力的社工机构名单,再在全区统一项目招投标相关事宜。同时,为了规避购买方与服务供给方在互动中的非正式运作,在政府购买公共服务体系设计之初,就将整个购买体系至关重要的财政与人事两大板块由第三方社会工作机构负责运营,而与直接的服务载体"家综"分离开来,合同的签订也是由社会工作机构与街道办直接签订,以此明确和规范购买方、承接方、监督方三方各自的权力与职能边界,规避社会组织实践中出现一线服务主体的官僚化的问题。[①]

GZ市竞争性公开招标的购买方式从制度框架设计方面为市场运作提供较为完善与规范的操作环境,街区购买方、直接服务供给方、家综运营方三者专司其职,社会工作机构负责服务供给方的财政与人事,避免购买方干预,重大事项的协商根据制度运行机制亦由社会工作机构高层与政府购买方协商,将专业社会工作实务操作剥离出来,完全由"家综"承接,在制度框架层面的设计实现了彼此相对独立的运作。

③ 制度化发展较完善。

在制度设计方面,项目组调研访谈发现,GZ市政府购买公共服务的制度化发展在全国走在前列,其集中体现在:GZ市通过项目制实现了较为全面的流程监管。

如图5-3所示:首先,街道根据当地社区和居民的需求,委托专业机构开展充分调研,形成项目计划书上交所在区(县级市)民政局提出申请。其后,区/县民政局审核社会组织的准入资质和项目实施方案。在此之后,符合资质要求的项目中标后,市、区政府相关职能部门委托第三方评估机构定期进行考核(每年分为前期、中期、末期三次重大考核)。考核的主要目的是使政府能够监管专项资金拨付情况及社会组织提供的公共服务质量。在此过程中,专家组和第三方机构扮演着重要的角色。

GZ市政府购买公共服务在资金运作方面的制度建设亦相当规范,它将服务资金纳入公共预算体系,保证购买资金的持续性。政府购买社会服务合约明确了项目购买资金支付方式,也相应明确规定了政府购买方的责任,比如在购买中购买方若没有按时拨付资金,甚至拖欠拨付款项,对服务供给造成影响,此时,合同将追究购买方即政府的责任。

对于资金如何拨付、在什么时期拨付、以什么比例拨付、到款日期等等,GZ市在购买的制度文本上也有明确的规范:"在合约签订生效之日起15个工作日内,政府向社工机构拨付全部资金的55%;中期评估通过后的15个工作日内拨付40%;末期评估合格后15个工作日内拨付剩余的5%。"[②]GZ市通过制度设计将购买资金纳入公共预算支付体系,按服务情况进行拨付,试图建立较为清晰的购买合同机制。

总而言之,GZ市公开招标购买方式的竞争程度较高,公共服务供给者和承接者之间具有相互独立性,政府通过制度化建设保证招标程序的公开和透明。正是在这个意义上,我们将这种购买方式称为竞争性独立性制度化的购买方式。

---

① 吴素雄、杨华:《政府对社区社会组织培育的制度结构与政策选择:以浙江省杭州市为表述对象》,《湖北行政学院学报》2012年第2期。

② 参见中共广州市委办公厅、广州市人民政府办公厅印发的《关于加快街道家庭综合服务中心建设的实施办法》的通知(穗办[2011]22号)。

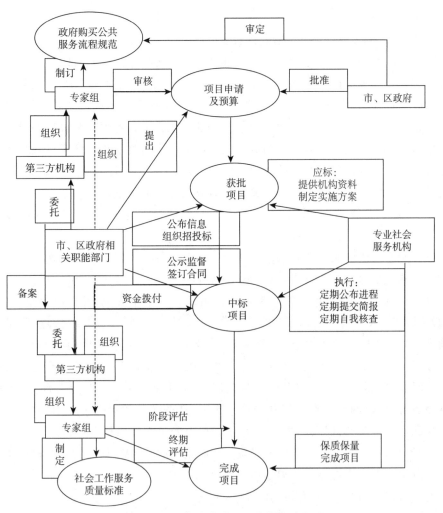

图 5-3 GZ 市政府购买公共服务流程图

4. 补贴式公共服务消费券

服务券作为一种政府购买公共服务市场化的手段,一直备受推崇。服务券是政府公共服务购买的一种方式,具体指的是政府向辖区内符合相关条件和要求的市民发放特定的"凭单",且辖区内有多家承接服务的机构进行服务输送,公共服务对象可根据手中的凭单有选择性、偏好性地选取自身满意的服务机构获取相关服务。接受服务之后向服务机构提供手中"凭单"进行购买。然后,提供服务的机构汇总手中的服务凭单向政府兑现服务的经费。

在服务券为购买方式运行中,公共服务对象像消费者一样有自主选择权,能够充分发挥公共服务对象接受服务的积极性,且服务供给方之间的竞争性大大增强,理论上是一种竞争性服务购买方式。① 项目组调研分析,服务券在 SH 市与 NJ 市两大城市的社区养老服务领域已经得到广泛使用。

---

① 常敏、朱明芬:《政府购买公共服务的机制比较及其优化研究——以长三角城市居家养老服务为例》,《上海行政学院学报》2013 年第 14 期。

(1) 典型案例

① SH市竞争性服务券购买:形式多样。

2003年11月,SH市PD区和YP区首批进行"居家养老服务券"试点,赢得了民众的广泛好评,2004年逐步在全市推广开来。随后,政府连续五年将居家养老服务的资金纳入市区两级财政预算,实施政府购买养老服务。对于承接服务的居家养老机构,政府多个职能部门相继单独或联合出台多项优惠扶持政策,为服务承接者提供居家养老服务的各类补贴,包括场地、设施等。对于受众老年人,SH市政府通过发布《SH市民政局关于进一步规范居家养老服务补贴经费管理和使用的通知》文件,规范此类服务券购买服务,为困难老人、特殊贡献老人、高龄老人等对象提供服务费补贴或优惠。

服务"凭单"(服务券)由服务对象向政府申请,居家养老机构生产服务,收取服务对象手中的服务券,最后向政府将服务券兑换为现金。

服务券的运行机制如下:第一,申请环节。符合条件的老年人或其委托人(家属、居委会等)向镇/街道居家养老服务中心提交申请材料。第二,评估和审批环节。相关管理机构审核申请材料的真实性,评估组织审核评估申请人的健康状况,并以此提出补贴标准。第三,购买服务环节。镇/街居家养老服务中心根据辖区内服务对象的特点、需求和补贴标准确定服务的内容。服务对象(老年人)自主选择居家养老服务机构中的具体服务,服务机构按照补贴标准为老年人提供服务。第四,服务券兑现环节。居家养老服务机构通过为服务对象提供养老服务,获得居家养老服务券,并可定期(一般为一月)向政府职能部门将服务券兑换为现金,获得服务经费。因此,在服务券的运行过程中,政府负责向老年人审核和发放服务券;居家养老服务中心负责为老年人提供居家养老服务,包括保健、康复、心理诊疗、家政服务等服务内容,解决老年人的居家养老问题;老年人根据手中申领的凭单或者服务券自主选择和获得服务。服务券的购买方式较为灵活,充分尊重了服务接受者的需求,是一种较为有益的尝试。

② NJ市补贴式购买:灵活高效提供养老服务。

NJ市的中心城区GL区积极适应新常态下政府职能转型的趋势,发挥市场作用,激发社会活力,统筹社会组织,注重社会协同,率先在居家养老领域实施补贴式的公共服务购买。自2003年起,GL区已在全国率先创建"居家养老服务网",区政府购买养老服务,由心贴心老人服务中心承接全区的居家养老服务,免费为孤寡、独居老人和困难老人家庭提供生活照料服务。GL区政府通过按长者人头补贴的方式,为养老机构给予有偿的资金支持。

这种购买方式有助于提升财政资源的使用效率,社会组织参与民政服务模式,使得民政不再直接投入设施建设并支付服务成本,而是由服务直接提供方投入并支付运营成本。2014年,GL区推进居家养老服务中,财政支出463万元为4200多名老年人解决了养老难题。若政府自身建设养老福利机构,每个床位造价约为25万元,建设5966张床位,总造价需约15亿元。但是,如果采取补贴式购买的方式,按照2014年居家养老服务费用为463万元的标准计算,这15亿元至少可用320年。①

---

① NJ市民政局资料:《购买公共服务 打造服务政府——NJ市GL区向社会组织购买公共服务情况汇报》。

近几年,GL 区相继通过政府提供场地和补贴的形式,每个社区均建立起托老所与养老服务站,为老人提供各类生活服务。民营养老机构的养老福利机构数量与床位数均占全区 90% 以上①,已成为 GL 区养老服务事业的主阵地。据 GL 区的政府官员反映,下一步,GL 区将进一步扩大购买服务领域,"能交给市场的全部交给市场",加大社会组织培育与扶持力度,更好搭建服务资源、实际需求与社会组织多方对接平台,不断提升民政事业社会化发展水平。

(2) 购买方式分析

① 民众自主选择服务提供方。

服务券购买方式是政府向服务受众发放消费凭单,服务受众自主选择服务生产方的服务产品并用凭单进行付费的方式。在具体服务递送过程中,政府购买方与公共服务生产方不存在直接的利益关系网络,公共服务供给方的资金筹集情况全由公共服务受众所接受的服务决定,最终,公共服务生产方的服务收益由服务受众消费的服务券即服务凭单总额决定。在服务券这种补贴式的购买过程中,消费者在公共服务评价上发挥了主要作用,作为终端消费者的社会公众保持对公共服务满意度以及公共服务产品的偏好选择。在这种模式下,政府搭建购买的平台,服务机构卖方专注服务质量与服务受众的需求,根据市场自由选择以及优胜劣汰的机制,最终话语权掌握在社会(服务受众)手中,实现"政府—社会—市场"的相互弥合。服务机构能在相当大的程度上实现业务与财务的独立,对购买方的社会资源无须过多依赖,从公共服务递送内容的运行逻辑看,购买方与供给方主体间边界明晰。

② 多个服务提供方参与市场竞争。

SH 市政府十分重视居家养老服务,连续五年将其纳入市区两级财政预算。同时,SH 市多部门联合对于生产特定公共服务的社会组织进行政策性补贴。诸如,场地的租赁费用减免、税收减免,以补贴或者直接减免的方式提供优惠。截止到 2014 年年底,SH 市全市仅由社会投资开办的养老机构有 334 家,床位 5.66 万张。社区居家养老服务社承担居家养老服务的有 224 家,大概服务老年人 29.4 万人。②

SH 市政府过去购买公共工程主要通过政府直接兴建兴办机构,由政府自身去承担服务承接者,但是,多年发展的经验证明,这种做法效果并不明显。后来,通过发放服务券的形式依托养老机构进行服务输送,最终依据养老机构从服务对象手中获取的"消费券"一并进行购买经费的结算。这种购买方式的转变,带动了政府职能的转变,同时给予服务对象充足的自主权选择服务机构,此举大大激活了国有社会养老福利机构的服务动力与能力,且有助于服务质量的提高。

第一,激活现有资源。SH 市的市、区、街道和社会力量举办的养老机构共有 660 家,每条街道都有一个以上的养老服务机构。SH 市充分激活辖区内现有的养老服务机构,通过"消费券"的方式购买养老服务,服务对象自主从多家养老服务机构中进行偏好选择,意味着养老机构的竞争空间和社会需求相应得到提升。养老机构间竞争性的增强,能有

---

① 陈进:《民营养老机构:"夕阳"产业期待"朝阳"前景》,《江西日报》2009 年 6 月 16 日。
② http://www.shmzj.gov.cn/gb/shmzj/node6/node592/u1ai39716.html。

效盘活现有的资源,使政府资金使用的风险降至最小。

第二,多个服务提供方参与到养老事业中进行市场角逐,优胜劣汰的机制促使其不断改进自身服务,为老人长者提供更为高效便捷又实惠的养老服务。

(3)制度化发展程度。

从制度化建设角度看,NJ市政府在公共服务购买领域的制度保障初步建成。

NJ市自2003年开始便在国内率先试点政府购买居家养老服务。随着国家治理体系与治理能力现代化的推进,2012年开始,NJ市政府在居家养老服务领域全面采取政府购买的方式。该年购买居家养老服务超过550万元。与之相对应,NJ市市政府在2008—2013年,尤其在2013年期间,发布了《NJ市老年人社会福利机构等级评定办法》《NJ市居家养老服务规范》《NJ市社区居家养老服务组织评定标准》与《NJ市社区居家养老服务标准》等一系列的政策法规。配套法规的及时出台有利于居家养老服务购买的规范化运作,也为之后其他服务领域的购买奠定了政策基础与实践经验。

在公共服务购买进程快速推动的2014年里,NJ市政府先后发布了7大规范公共服务购买的政策法规,从实施方案的规划、购买目录的内容设置、管理流程的规范到绩效评估,较为全面地引导和规范了公共服务购买的开展与实施。①

表5-7 NJ市公共服务购买政策法规汇总表

序号	发文时间	政策法规名称
1	2008年	《NJ市老年人社会福利机构等级评定办法》
2	2008年	《NJ市居家养老服务规范》
3	2010年	《NJ市关于进一步加强社会管理工作的意见》
4	2013年	《NJ市关于进一步促进社区社会组织发展的意见》
5	2013年	《NJ市社区居家养老服务组织评定标准》
6	2013年	《NJ市社区居家养老服务标准》
7	2014年	《关于推动NJ市社区型基金(会)发展的实施方案(试行)》
8	2014年	《NJ市推进政府购买公共服务工作实施意见的通知》
9	2014年	《NJ市市政府购买公共服务目录(暂行)》
10	2014年	《NJ市市民政局购买服务实施办法(试行)》
11	2014年	《2014年NJ市市民政局购买服务清单(第一批)》
12	2014年	《NJ市市民政局购买服务项目管理流程(试行)》
13	2014年	《关于印发NJ市市民政局购买服务绩效评估办法(试行)的通知》
14	2015年	《NJ市市民政局2015年度购买服务项目清单(第一批)和负面清单》

---

① 政策文件引自:http://www.nanjing.gov.cn/njszfnew/bm/mzj/。

（三）存在的问题

1. 缺乏体系性法律制度规范

从公共服务购买的顶层设计上看，政府向社会力量购买公共服务必须具有法律方面的依据，否则，政府向社会力量购买公共服务行为便丧失了法律上的正当性。然而，我国政府购买公共服务的法律是《政府采购法》，它将服务、货物与工程并列纳入了政府采购的范围。事实上，公共服务和货物工程在定价、评估、考核上存在诸多实质性差异。但是，《政府采购法》并未明确公共服务、货物与工程在购买上的区别，且对购买金额要求较高，未达到该金额的政府购买无法纳入政府采购平台。

尽管近五年来在全国各地的实践中，BJ市、SH市、GZ市、NJ市都正式颁布了购买公共服务的规范性文件，试图为本地的购买服务提供指导，促进公共服务购买以及社会组织的规范化发展。但是，这些规范性文件大多由省市政府推出，目前还缺少国家顶层设计的支持。缺乏上位法的地方性规范文件在地方政府，在购买公共服务过程发生纠纷时，并不能很好地发挥其指导性的作用，而且各地政府自行颁布的规范性法规并没有统一的规范，也会使得政府购买公共服务难以持续。

第一，地方法规文件众多，中央的顶层设计缺乏。在《国务院办公厅关于政府向社会力量购买服务的指导意见》中规定："购买工作应按照政府采购法的有关规定，采用公开招标、邀请招标、竞争性谈判、单一来源、询价等方式确定承接主体，严禁转包行为。"然而并未明确规定在何种情况下抑或是超过多少金额的项目应采用何种购买方式。中央政府并没有对购买公共服务的方式进行详细的规定。而在地方法规中，各地将独立制定地方法规。NJ市在地方规范性文件中指出："单项采购金额在20万元以下的，由领导小组负责组织竞标或议标。20万元以上交由政府采购中心运作，采取公开招标或邀请招标采购。采购金额在100万元以上，须报财政局、审计局、纪委备案。"而在GZ市的实地调研中发现，"30万元以下的项目可采用委托方式，30万元以上的项目一定要采用公开招标的方式"。

第二，分散的部门法规较多，统一的法律体系缺乏。例如按照国家相关人事规定，在发放工资时只向体制内人员发放财政工资，然而社会组织中聘用的职员并不纳入我国财政编制中，因此，在很多地方，承接公共服务的社会力量并不能发放工资，社会组织如何领取政府的资金的问题就凸显出来了。①

2. 形式性购买多于独立性购买

通过对各地政府购买公共服务的经验材料进行总结梳理，发现当前在购买方式的主体间独立性程度方面存在形式性购买多于独立性购买的问题，社会力量在购买工作框架中的独立性不足。本章选取BJ市所采用的社区"岗位购买"实践以及SH市通过政府自主设立民办非企业社团的"形式性购买"实践作为非独立性购买方式的典型代表进行了相关分析。分析显示，在这些实践中，整体呈现出社会力量相对独立性的培育困境：

第一，这些社会组织承接相关政府职能部门所对口的服务外包任务，政府部门将自身

---

① 根据本项目组在CD市的访谈内容整理。

的行政任务,意图通过社会组织承接运行的形式得以执行落实。就项目组掌握的实际资料来看,这种带有"岗位购买"抑或是政府自主设立组织的方式,通常会在财政、人事制度方面遭遇相关职能部门行政干预的困境。

第二,形式性购买较多,造成政府购买不仅没有实现政府职能转移,反而加重了政府财政负担。这主要是因为形式性购买方式中,社会组织往往被认为是"二政府",作为购买方的政府会向它们下发多个行政任务或命令。竞争性购买方式的缺失或不足直接影响到服务成效与政府购买工作制度发展建设的整体进程。在BJ市的购买实践中,不少社区服务站站长由社区居委会主任兼任,社区"两委一站"的人员也是由居委会和社区服务站的在编工作人员考取社工证书兼任的,定向思维与浓厚的行政化色彩阻碍社工较好地体现其专业性。不论是BJ市的"岗位购买"还是SH市的"形式性购买",社会组织的财政与人事都需要紧紧依赖政府部门,很容易导致购买行为的内部化。

第三,形式性购买较多,不利于社会力量专业性的发展。形式性购买过多造成社会力量过于依附政府,内部化与不公开的购买流程使得体制外的"草根"社会组织难以承接到政府项目;与政府存在利益或依附联系的社会组织更加容易获得政府项目,这个过程存在寻租与腐败滋生的风险,存在通过政府购买的形式,以服务民生的名义,将公共财政进行变相转移的可能。

3. 公开招标性购买比重不足

对于竞争程度的衡量,最直观的表现就是是否公开竞标以及竞标运作程序的公开透明度。通过研究发现,SH市、BJ市等地购买形式基本已经实现多样化,比如有委托式的管理方式、有项目申请的购买方式、凭单服务购买以及指定小范围内服务承接组织的意向性谈判购买方式等等。但是,上述这些方式在购买的竞争性程度方面仍然有很大的发展空间。

在SH市,PD区出台了《PD新区关于政府购买公共服务的实施意见(试行)》制度,倡导实行公开竞争的购买方式,但是,在实施过程中,能够实质上进行公开竞标招标的项目数量依然不多。而在BJ市,"枢纽型"社会组织掌握着绝大多数的资源,权力过大,削弱了市场竞争氛围,它们在承接项目上赢得了绝对性的优势,大大挤压了草根社会组织的生存空间与竞标机会。

对于政府向社会力量购买公共服务来说,公开招标比例不足可能会导致如下困境:一是没有一个公开透明的竞争市场机制使得社会组织无法采用优胜劣汰的市场法则进行竞优与淘汰,政府部门购买公共服务的价格中包含的信息费用过高,难以用最低的成本换取最大的购买效益。二是过多的形式性购买与定向委托造成政府更多的干预,使得政府购买公共服务并不是购买而是政府"给"服务。政府对社会组织内部事务有较大干预权甚至直接任命负责人,无法真正培育民间力量解决社会问题。

4. 补贴式服务券购买较少

服务券作为一种政府购买公共服务市场化的手段,近几年来,在SH市、NJ市等城市得以试点与推广,被认为是一种充分发挥公共服务接受主体积极性、生产主体竞争性的购买方式①，能够起到增加弱势群体对于公共服务的购买力，同时利于在公共服务供应商间形成竞争的方式。然而，目前为止，消费券购买方式在公共服务购买方面的应用比例依然十分微小，只有在 SH 市和 NJ 市两座城市，养老服务领域有少许的尝试与应用。

消费券购买方式的运用比例小难以发挥消费者积极性，难以促使消费者能动性地根据自身实际需要选择适合自身的公共服务，取而代之的是"政府提供什么就接受什么"的被动式接受服务。同时，项目组在调研中发现，影响消费券购买方式不能得到广泛运用的重要原因有三：

一是此类较为市场化的公共服务购买手段需要更为严密与精细的规章制度进行规范与监管，然而，目前的法律法规体系与配套制度并未能覆盖到该领域。

二是竞争性的消费券方式需要有强大的社会力量生产公共服务，需存在多个服务提供方供消费者进行选择，这势必对同一地区同一领域社会组织的服务承接资质与高质量的社会组织数量提出较高的要求，然而，目前很多地区社会组织的培育与发展程度并未成熟。

三是政府常常习惯于培养社会组织，发展并依赖社会组织，而消费券购买方式会使得政府失去自己的"二政府"，少了"腿"，不利于政府下放行政事务给社会组织完成。

5. 竞争性购买规则影响质量

竞争性公开招标购买的方式，将市场与社会力量双双引入政府购买服务体系和流程，整套购买机制借助市场运作机制予以运行，并在服务递送过程中对中标机构的服务成效进行持续追踪，亦通过市场竞标手段由第三方评估机构进行绩效评价。然而，项目组基于调研发现，竞争性公开招标过于关注评估、督导培训等辅助性的制度化平台以及竞争性机制的建设，反而会导致对最根本的服务递送的质量关注不足。

首先，根据专业社会工作人员以及政府购买方的反馈，当前在招投标、绩效评估环节的制度设计遭遇了系列困境，过于关注用市场机制引导社会组织进行服务供给，用制度框架确保社会组织的行为规范化，反而会导致社会组织在服务生产过程中投入的精力和时间不足。社会组织需要应对一套又一套的行业检查，一年间需要准备前期、中期、末期三次大型评估，大量的时间精力用于材料准备、撰写、申报工作，做工作台账，用于社区个案、小组等专业社会工作服务的时间大大压缩。

其次，在 GZ 市竞争性公开招标的方式当中，其招投标过程沿用市场"价低者得"的思维进行社会服务采购，在购买方与潜在生产方对于服务产品信息存在专业上的信息不对称时，会导致社工机构为了拿到项目，拼命压低合同价格，中标后在服务供给阶段出现了忙于制作具备竞争优势的服务经费和时数，以实习生顶替正式员工的乱象，无力专注于服务供给，造成服务质量效果不佳等不良后果，导致服务受众、购买方对政府购买社工服务整项工作的不信任。

上述所列，是项目组通过调研发现应用市场机制作为核心机制构建政府购买竞争性招标的运行实践的问题。事实说明，当前的购买实践发展水平上，一度推崇的竞争性购买方式并非越多越好。竞争性的制度设计是为提供更高效的社会工作服务而存在的，不能

---

① 陈进：《民营养老机构："夕阳"产业期待"朝阳"前景》，《江西日报》2009 年 6 月 16 日。

忽视在政府购买工作中的最终追求,本质上是优质高效的服务递送。

三、政府购买公共服务的监督评估

(一)政府购买公共服务的监督

1. 监督的现状

目前,我国政府向社会力量购买公共服务的监督机制有三个层次:政府内部各部门之间的监督,即购买者的内部监督;政府对社会组织的监督,即购买者对生产者的监督;公共服务受益者对社会组织的监督,即消费者对社会组织的监督。(图5-4)

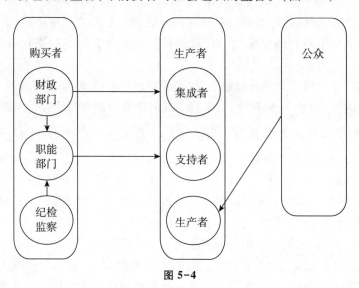

图 5-4

(1)购买者的内部监督

对购买者的监督,主要是财政部门、纪检部门、监察部门对购买公共服务的职能部门的监督。财政部门的监督,主要针对购买过程的监督和对财政性资金使用情况的监督,而纪检、监察部门则主要对于政府向社会力量购买公共服务过程中是否存在权钱交易、贪污受贿等方面的监督。

(2)购买者对生产者的监督

如上所述,所谓生产者,包括公共服务购买链条上的所有社会力量,而并非仅指公共服务的直接生产者。

购买者对于生产者的监督实际上分成两个层次:一是政府财政部门对承接公共服务的社会组织的监督。财政部门对财政资金使用情况与公共服务提供的数量与质量进行监管,即对财政资金流向与资金使用绩效进行监督。二是购买公共服务的相关政府职能部门对购买公共服务的全过程的监督,尤其是对于承接公共服务的社会组织的监督。

(3)消费者对生产者的监督

消费者的监督,主要针对公共服务的直接提供者。事实上,消费者对公共服务的直接生产者负有监督的责任,通常情况下,他们往往根据自身的主观和直观感受对生产者进行评价。而且由于消费者与生产者之间密切接触,消费者的监督可以弥补作为购买者的政府职能部门由于信息不对称而带来的监督盲区。

项目组调研发现,在实践中,消费者监督主要通过以下方式实施:消费者满意度调查、申诉投诉制度、代表座谈会或者参与到服务监督委员会。

2. 存在的问题

(1) 财政部门监督困难或形式化监督

政府购买公共服务的绩效管理不到位,资金效益待提高。我国政府向社会力量购买公共服务实际上处于推行的初级阶段,各个政府部门的实践经验都不够丰富。因此,虽然大部分地区都强调财政部门进行监督管理的重要性,但是,在实践中,大量的监督管理目前还都有待切实落实。

更为重要的是,在财政部门的控制风险的传统思路主导下,尽管资金的使用是规范到位的,但是,资金效益却明显不高。项目组调研发现,CD市的社会组织发育尚不健全,但是,CD市的绝大多数社会购买却采用公开招投标的方式实施。这种一刀切地要求公开招投标的做法,实际上造成政府购买过程的资金浪费。同样,即使在政府购买公共服务较为发达的GZ市,也存在着在购买社会公共服务的招投标中按照传统方式选取评估专家的情况。例如,ZS大学某物理学教授由于其学术声望被视为有突出贡献的专家而进入了社会服务评估的项目库;而自来水公司的总经理由于其公用事业背景也进入专家库,被要求评估辅助残疾人项目。

这些现象表明,某些地方政府财政部门在进行评估与监督时,较为重视评估活动本身,而对评估监督的实质性内容却有待精准甄别和精细管理。

(2) 政府职能部门监管力量不足

政府职能部门作为实际的购买主体,需要对购买的全过程进行监督。项目组调研发现,在实践中,突出问题是政府职能部门的监管力量和监管能力有待提高。在不少地方政府部门中,往往存在着工作人员身兼数职,监管往往只是其工作职能的小部分,且其精力主要集中在对购买服务项目的前期选择以及提供者方面,加之缺乏足够的人手,对后期的监管往往成为空白。这已经成为各地政府向社会量购买公共服务的监督中比较集中的问题。

(3) 消费者缺乏参与监督的积极性

所谓消费者缺乏监督积极性,可以从两个层面加以理解:

一方面,由于缺乏参与渠道而使得消费者对监督较为冷漠。项目组在调研中发现,目前,消费者参与监督的最常见方式是消费者满意度调查,按照这一方式消费者被动对服务做出满意、一般或者不满意的评价,且调查过程往往容易流于形式。消费者的另一种参与形式,是部分消费者可能参与购买公共服务的座谈会。实际上,无论哪种形式,消费者也只是被动参与监督,这种状况,在实践运行中,会使得监督的形式意义大于实质性意义。

另一方面,由于长时期缺乏监督渠道,消费者监督理念尚待发育,因此,社会公众对于参与监督政府向社会力量购买公共服务,主观上冷漠并且缺乏监督的积极性。

（二）政府购买公共服务的评估

1. 评估的现状

（1）评估内容：注重服务的实效

近年来，在评估与监督方面，我国政府向社会力量购买公共服务的成就主要体现在服务体系建设、服务项目（工作）质量、公众满意程度这三个层面。

首先，在服务体系上，大多围绕从业人员的基本业务素质来筹划服务方案。如 NB 市的服务体系建设评估主要包括"政府主导、基础设施、服务队伍、管理制度等几个方面"[①]。

其次，在服务项目（工作）质量上，大多以服务过程的周到性、社会成效等方面进行评估，它所关注的是服务对象的期望值、服务工作人员业务素质以及服务是否达到预期效果等问题。SH 市及 GZ 市的做法较为明显。SH 市"对政府购买社区居家养老服务的评估就是对服务项目实施情况的评估，其所列出的指标有如下三个方面：服务时间准确率、服务项目完成率、有效投诉结案率。而 GZ 市则是在《GZ 市购买社会服务考核评估实施办法（试行）》中，明确提出服务项目的过程指标，如服务数量和服务成果标准、服务质量标准等"[②]。

再次，在成效上，注重公众满意度及评价。公众满意，即服务对象对服务结果的赞许程度。NB 市、SH 市就是其中代表。NB 的措施就是"专门将公众满意作为一个评估基准"[③]，按照受益人群广度、需要提供服务补助的老年人数等，安排志愿者（义工）结对上门服务，并根据不同需求分为三类不同人群。SH 市则在评估中，则将公众满意不仅包括服务对象满意度，也包括家属（监护人）满意度等指标。

（2）评估方法：内外结合

在政府购买公共服务评估与监督的方法上，大多立足于评估主体，以内、外相结合的方式开展。具体在各地实践中，存在因时、因地的差异。

首先，注重内部评估与监督的城市：BJ 市、CD 市。

该类评估主要是按照预先确定的指标体系，承接主体通过政府的外部与自我评估相结合展开。当然，并不是每个城市都必须同时具备两个步骤，如 BJ 市就只有社会组织的自我评估，基本没有政府部门的评估；与此相反，CD 市则强调政府主管部门的评估，取消了服务机构的自我评估。在实际操作中，在最终的评估结果仅仅只有内部评估并不多见，更多的是将内部评估视为较完整的体系开展。

其次，注重外部评估与监督的城市：NJ 市。

"第三方机构"是该类评估的基本方向。其中典型代表就是 JS 省 NJ 市 GL 区对政府购买社区居家养老服务的评估。"NJ 市 GL 区在 2003 年开始推行'居家养老服务网'工程，在评估方面，该区与 JS 省天人家庭研究中心合作，组建专业评估队伍，对'居家养老服务网'进行专业评估，为居家养老服务把关，以发挥福利资源的最大效益，确保政府社区居

---

① NB 市民政局：《关于开展城市社区居家养老服务工作绩效评估的通知》，2008 年。
② 胡光景：《政府购买社区居家养老服务质量评估体系研究》，《山东工商学院学报》2012 年第 5 期。
③ NB 市民政局：《关于开展城市社区居家养老服务工作绩效评估的通知》，2008 年。

家服务的质量以及'居家养老服务网'的信誉"①。

再次,将内、外部评估监督相结合的城市:NB市、BJ市。

一般而言,对政府购买公共服务进行评估,只重视内部评估或者外部评估的并不多见,就目前我国对政府购买服务实践来看,大多是将二者结合起来,作为最终的评估结果。比如NB市采取"社会组织自评、政府主管部门评估(表现为内部评估)与引入第三方社会机构(表现为外部评估)模式。有些城市因对外部评估的认知上存在区别,将外部评估确定为:以服务对象为出发点,运用采取调查问卷、入户座谈等方法对公众满意度进行测评"②。BJ市则形成"社会组织自我评价(内部评估)+公众满意度评价+第三方评价(外部评估)"③的评估模式。

2. 政府购买第三方评估的现状

如上所述,"第三方评估作为一种必要而有效的外部制衡机制,弥补了传统体制下政府自我评估的缺陷,可以显著提高评估结果的客观性和公正性"④,从而成为政府向社会力量购买公共服务评估体系构建的发展趋势。

目前,独立法人第三方评估在我国仍处于起步阶段,但是,不少先行地区也已经形成一定的模式。以居家养老服务为例,NB市、NJ市都形成了各具特色的评估体系。

案例一:NB市购买居家养老服务评估

2003年,NB市实行了系列举措"率先在全国探索'居家养老'新模式,政府在社区居家养老服务中扮演着主导的角色。其中,NBHS区形成了'走进去、走出来'的'HS模式','走进去'就是由专业服务人员上门为老人提供居家养老服务。'走进去'服务模式在2004年初开始试点,服务对象主要是高龄、自理能力较差的困难老人。'走出来'则是由政府出资,在部分社区组建居家养老服务中心,让老年人走出家门享受居家养老服务中心提供的服务。截至2008年年底,全市开展居家养老服务工作的城市社区达到381个,具有全方位服务功能的居家养老服务中心136个。全市专职慰老服务人员超过900人,为老服务志愿者(义工)约2万名,有2000多名居家老人享受政府购买服务或补助服务,有1万多名居家老人享受志愿者结对帮扶服务"⑤。经过几年的探索,在居家养老服务方面,NB市不仅达到了量的目标,其成效也获得了公众的认可。

2008年,NB市《HS区关于在社会工作领域开展政府购买公共服务的实施意见(试行)通知》,从"项目认定、项目招投标、项目合同签订、项目执行管理、项目绩效考评"五大方面规定了购买的操作规程。其中在项目绩效考评方面,提出要建立全面、综合的项目考核体系,制定考核标准,按项目合同的周期由区相关职能部门会同区社会工作业务主管部门、专家组,将指标评价和问卷调查相结合,一切依据合同的事先规定、考核标准对购买服

---

① 王浦劬、〔美〕莱斯特·M.萨拉蒙等:《政府向社会组织购买公共服务研究:中国与全球经验分析》,北京大学出版社2010年版,第92页。
② NB市民政局:《关于开展城市社区居家养老服务工作绩效评估的通知》,2008年。
③ BJ市民政局:《BJ市承接政府购买服务社会组织资质管理办法(试行)》,2014年。
④ 李卫东:《政府购买公共服务引入第三方评估机制的分析》,《经济研究导刊》2014年13期,第183页。
⑤ 胡光景:《地方政府购买社区居家养老服务管理监督与质量评估研究》,南京大学硕士学位论文,2013年5月,第31页。

务的具体实施情况展开评估,将业务指标和财务指标纳入绩效评价指标体系之中。其绩效评估体系见下表5-8所示。

表5-8 NB市HS区政府购买公共服务的绩效评价指标体系

服务大类	项目名称	目标实施情况		标准	权重	得分
业务指标	专业支撑	专业资格(学历)拥有率		100%	5	
		继续教育培训次数		4次	5	
	目标完成情况	个案工作完成率		100%	10	
		小组工作完成率		100%	10	
	目标完成质量	服务人次		≥300	10	
		服务对象的满意率		100%	10	
	社会效益情况	社会评价	市级以上新闻报道次数	≥2次	5	
			服务知晓率	≥50%	5	
			服务对象无正当理由上访率	≤5%	5	
		社会资源集聚程度	义工人数	20	5	
			义工参加活动人次数	≥50	5	
			义工接受培训人次数	≥50	5	
	合计得分				80	
财务指标	资金落实情况	实际收到该项拨款金额		100分	5	
	实际支出情况	专项资金具体使用情况		100分	5	
	财务信息质量	财务报表等信息质量		100分	5	
	财务管理状况	财务管理水平		100分	5	
	合计得分				20	

案例二:NJ市购买居家养老服务的评估

在居家养老服务的实践中,NJ市则更注重将基层与第三方机构相结合,对承接主体的服务水平、过程、能力进行全过程动态跟踪,以便政府(包括民众)能随时查询并掌握服务的进展情况。如GL区,其做法就是,通过聘请以JSTR家庭研究中心为代表的"第三方"对承接者的水平与能力全过程监督。

随着我国老龄化时代的到来,居家养老服务水平备受社会关注,并成为各地推行政府购买公共服务评估的重要课题。2013年10月,《NJ市社区居家养老服务实施办法的通知》明确了行政管理、财务、环境、专业服务与权益维护等五个方面的项目考核评估指标,委托有关养老服务评估机构就申请人在其《NJ市养老服务对象评估表》中填写的"生活自理能力参数""认知能力参数""情绪行为参数""视听觉参数"进行评价。接受委托的评估机构对评估结果负责,并将《NJ市养老服务对象评估表》报区民政局审定。具体办法为:实行养老服务中心实行等级评定制,从低到高分为AA、AAA、AAAA、AAAAA四个等级(见下表5-9所示),其中AA级由区民政局评定,AAA级及以上由市民政局评定,评定标准按照民政部门关于社区居家养老服务组织评定的有关规定执行。未获得等级评定的养老服务中心不得投入运营。2014年1月,《NJ市民政局购买服务实施办法(试行)》中,将评比表彰、考核验收、作为购买服务范围与承接资质的重要内容,实行合同绩效评估,各有关处室须在合同条款中明确对服务项目的绩效评估标准、要求、方式。在评估原则上,以有关处室评价、专家评估和服务对象满意率为主。专家评估以及服务对象满意率调查须请独立的第三方执行。对绩效评估不合格的服务项目,应当视具体情况扣减相应经费,且该承接主体两年内不得承接局购买服务项目;其中在规定期限内未完成导致不合格的,责任处室须督促承接主体继续提供服务直至完成,一直拖延不办,情节严重,造成不良社会影响的终止合同,取消承接资格,五年内不得参与承接购买服务项目。将绩效考核结果与财政资金资助力度直接挂钩,以此作为每年政府对公共服务项目支持的现实依据。

表5-9 NJ市养老服务对象评估指标体系表

评估项目	评估权重	评估等次			
		AA	AAA	AAAA	AAAAA
行政管理	20%				
财务	20%				
环境	10%				
专业服务	20%				
权益维护	20%				

3. 存在的问题

(1) 政府"责"与"信"有待进一步落实

所谓"责信","是指在任何情境下,执行权力的个人应该受到外部机制,以及某种程度的内部规范的合理规制"①。

从BJ、GZ、NJ、CD等市政府向社会力量购买服务的地方性文件及实践来看,在社会服务项目上,"责信"缺失的问题反映比较突出。就政府层面来说,一方面,对购买过程中承接主体的资格审查、考察等只限于听报告等流于形式的"放任"行为,这种行为,形同一种"显"性的不负责任行为;与此相映的则是"隐"性的不负责任行为,有些地方政府,特别是基层政府官员以为"公众谋利"为幌子,打着"监管"的旗号,在服务项目审核、评估过程中,从小团体甚至个人政绩出发,违规操作,使购买过程成为个人谋利的手段,这一名为实现满足公众需求,实为借购买公共服务为其所谓"经济理性人""寻租"的腐败行为了,本质上如"放任"行为一样,暴露出的是购买过程中,政府的责任缺失问题。

另一方面,从承接主体来看,由于对购买的评估与监督分为前、中、后三个阶段,而作为公共服务的主要生产者,社会组织往往只注重中、后期的评估,而忽视了前期评估的重要性,且在对前期,也就是在中"标的"时,大多是依据上一年度的信用等级,不重视当年度公众需求的变化,更为重要的是,由于不少社会组织成员不少与政府关系密切,往往在中"标的"之后,敷衍了事,不按合同规定的要求(比如服务的频次、资金投入、服务的质

---

① 刘淑琼:《绩效、品质与消费者权益保障——以社会服务契约委托的责信课题为例》,《第三部门评估与责信》,北京大学出版社2008年版,第286—306页。

量)开展活动,特别是试点项目实施及评估阶段,大多依赖于包括行政、财政,以至合法性在内的政府各类资源。当然,倘若社会工作专业性认同度不高,政府理应是责信的主要对象,在社会服务项目中,表现出为社会组织向政府发包方负责,而非对公众满意负责,这不仅会在实践中导致政府资源的流失,更容易诱发政府官员的"寻租"行为,甚至诱发社会组织的恶意竞争行为。在内、外部责信机制尚未真正建立的情况下,社会服务项目极易出现与政策推行初衷相悖的后果。在政府购买公共服务的实践中,具体表现为:

首先,监管目标多元。在操作中,监管部门既要确保财政资助资金的合理使用,同时又要注重公共服务的社会及经济绩效。这种举措必然增加了监管的复杂性。此外,关涉医疗卫生、教育、养老等公共服务成本和价格的计算相当复杂,加之本身存在着难以量化,相应经济及社会绩效的难以衡量等,系列问题叠加无疑加重了评估的难度。

其次,监管职权分散。对承接主体的评估与监督,离不开审计、财政、监察、民政、工商管理等诸多部门的参与,理论上讲,"齐抓共管"的结果是看是其共同责任,但在实践操作中,却存在迟滞,甚至推诿等现象。

再次,监管力量不足。如前所述,在不少地方政府部门中,往往存在着工作人员身兼数职,监管往往只是其工作职能的小部分,且其精力主要集中在对购买服务项目的前期选择以及提供者方面,加之缺乏足够的人手,对后期的监管往往成为空白。这已经成为各地政府向社会量购买公共服务的评估与监督比较集中的问题。

最后,监管合力缺乏。主要表现为监管的"弱化""虚化"问题的存在。这类问题的暴露,直接导致相应的监管主体没有发挥有效作用,突出表现为独立第三方机构的评价机制的缺位。

由此可见,购买公共服务评估与监督过程中的"责"与"信"问题,是各地政府必须突破的"瓶颈"。

(2) 评估机制亟待建立

科学的评估,可以被看作是政府责信的实际体现。

近年来,在各地方政府的实践中,出现了两种比较常见的评估方式。一类是以"问题为导向",对社会组织的信誉评估,也就是对承担政府转移职能社会组织的资质进行鉴定,其目的在于提高社会组织的购买能力;另一类是按照"投入—产出"的原则,以"问责导向"展开的项目绩效评估,实际上是考察社会组织承接社会服务项目的能力,以确保购买服务质量。2014年,财政部、民政部《关于支持和规范社会组织承接政府购买服务的通知》强调,要进一步建立健全社会组织承接政府购买服务信用记录管理机制,特别是首次提出"及时收录承接政府购买服务的社会组织绩效评价结果和对违法社会组织的处罚决定等内容,每年按时向社会公布社会组织名录和信用记录",使得引入第三方机制的"问责导向"逐步成为社会的共识。

但是,从 BJ、GZ、NJ、CD 等市政府向社会力量购买服务的地方性文件及实践来看,以"问题"及"问责"为导向第三方评估缺乏,是制约其购买水平的最大因素之一。表面上看,这与对购买前期评估能力的忽视有关,实际上是目前第三方评估尚未能有效地推进,且未真正建立一套较为完整评估体系的反映。

(3) 评估指标的设置有待合理化

首先,指标的设置必须可量化。在实际操作过程中,一些评价指标由于缺乏明确的目标,很难界定一项指标不同分数之间的区别,在量化过程中难以进行准确评价,甚至用"明确""比较明确""基本明确"等主观性较强甚至模棱两可的指标,严重影响了对指标量化打分的实现。因此,如何将这一文字表达较强的主观性描绘,量化为可评判的指标,直接体现了指标设置的合理性。

其次,忽视对购买的前期评估。在各地的购买实践中,一个共同点就是偏重于项目实施过程及后期,忽略了对项目购买之前的公众需求方面评估。另外由于社会组织的发展尚未完全成熟,其在购买公共服务过程中,评估主要通过承接主体汇报、政府官员视察等形式主义;评估内容(包括承接主体的资质、信誉等级)也基本是遵循上一年的评估模式。例如,BJ市政府,按照购买社会组织服务的项目,在考评方式上,以"项目各部分累计得分确定是否购买该项服务"为主要内容,实行专家小组分项评分制,将"指标体系分为业务指标和财务指标两大类指标,每项指标各占50%。二级指标又包括七个方面:立项情况、目标完成进度、效益实现程度、组织纪律水平、预算运用、财务(资产)运转、会计诚信"[①]情况。

(三)存在问题及其原因分析

通过对 BJ、CD、GZ、NB、NJ 等市政府购买公共服务的考察,在评估与监督上的问题主要表现为:主观上,评估与监督理念的缺乏;客观上,法律监督机制的缺失;方式上,评估机制的不健全。

1. 评估与监管理念薄弱

长期以来,在政府购买公共服务中,政府既当"裁判员"又当"运动员"角色,因此,政府的行为缺乏合理性。在政府主管部门的思想上,这些问题突出表现为对购买过程中的"如何评估、为什么要监督"等一系列关键问题认识不到位,这也往往影响成为评估与监督的首要问题。

(1)委托人与代理人之间信息不对称引发的利益冲突

按照"委托—代理"理论,尽可能获取更多利益,是双方根本追求所在。在购买服务过程时,政府"委托"承接主体"代理"其服务民众的功能,由于承接主体有自身的利益需求,因此具有两种可能,一种是作为承接主体的社会组织即履行了合同规定的数量上的要求,还获得了服务对象得到满意度的评价,也就是说,在购买过程中,社会组织达到既实现自身利益,又满足公众利益的"两全其美"做法。但另一种则是,由于作为承接主体的社会组织"天生"具有作为"经济理性人"的追逐自身利益最大化的"代理人"特点,因此,其在履行合同时,往往会考虑到以自身最小的投入(包括人员、资金等方面),力求获得最大化的利润,进而只注重合同的数量而忽视质量,甚至为了利润产生违约的行为。在此过程中,加上政府又不可能直接参与社会组织的服务过程,也无法全面掌握承接主体的工作情况,这种"委托—代理"关系下产生的信息不对称,极大地增加了购买过程的风险性。

---

① BJ 市民政局:《BJ 市承接政府购买服务社会组织资质管理办法(试行)》(2014年)。

(2) 风险评估意识薄弱

风险(risk)"与可能性和不确定性的概念是分不开的"①,是指"人们在生产建设和日常生活中遭遇到可能导致人身伤害、财产损失及其他经济损失的自然灾害、意外事故和其他不测的可能性"②。从广义上讲,就是强调不确定性;在狭义上,实为强调某种损失发生的可能性。

一般来说,构成"风险"必须具备两个基本要素:首先表现为对危难、损失或伤害预期;其次以危难、损失或伤害发生的可能性或不确定性为体现。就承接项目的过程而言,"风险"就是指政府购买公共服务的流程、投入等方面的不确定性,以及由此可能引起的多种后果与预定购买服务的目标发生负偏离,它是对政府购买公共服务过程中,对可能的不确定性事件发生频次及不良后果的统称。

政府向社会组织购买公共服务这一风险主要体现在:

第一,需求信息"失真"风险。由于公共服务存在一定的抽象性,公共服务的范围相对宽泛,操作性较弱。政府通过此契机"卸包袱"的现象屡见不鲜,突出表现为把自身一时无法解决问题,但又确实不属于公共服务购买范围的工作,丢给社会组织,就是导致公共购买服务直接后果远离了服务大众的基本宗旨。

第二,资金管理"缺位"风险。资金投入不充分,加之政府官员秉持所谓理性"经济人"观念,特别是在购买公共服务过程中,政府官员往往会对需求按照"经济人"的行为筛选,这种以"寻租""投机主义"追求自身利益最大化的倾向,无疑削弱了政府向社会力量购买公共服务的优势。

第三,私人供应"垄断"风险。由于政府与社会组织的"委托—代理"关系中信息不对称,由此引发了信任成本,这一现象极易使得政府在购买公共服务过程中,将公共服务的提供给第三部门(如其附属的事业单位)等,进而形成"体制内非竞争"的"垄断"性购买局面,暴露出其购买过程中"腐败"行为风险性。

第四,公平责任"缺失"风险。由于社会组织的"自利性"及政府监管往往流于形式问题一时难以解决,这就导致购买流程不规范缺乏公正、公开、公平的竞争,相应地,政府作为主体,其在公共服务市场竞争暗箱操作的概率大大增加,特别是对于购买什么,以及如何购买等一系列问题,往往暴露政府与社会组织"模拟市场"的风险。

第五,评估结果不确定性的风险。这一"风险"主要反映在评估队伍的建设上。客观上说,由于完善的评估机制尚未真正建立,势必给公共服务供给水平与预期效果造成直接的影响,以队伍素质为核心的第三方评估机构在评估水平与能力着实有待提高。

2. 法律监督机制的缺乏

从 BJ、CD、GZ、NB、NJ 等市政府购买公共服务评估与监督的过程看,虽然评估指标体系正在或已经开展,相应的监督机制正在探索中,但监督体系的不完善、被监督对象缺位、监督能力、监督过程的非机制化等问题依然是评估与监督难以有效开展的主要原因。

---

① A. GIDDENS, *Runaway World: How Globalization is Reshaping Our Lives*, Routledge Press, 2000, p. 25.
② 辞海编辑委员会:《辞海》,上海辞书出版社 2000 年版。

（1）监督体系的不完善

第一，立法层次不高，缺乏明确统一的监督依据。当前政府购买公共服务的依据是地方法规，全国并没有统一的规章制度，这就导致在政府购买公共服务过程中，缺乏有效的监督。这一监督标准不一且操作性不强的地方性法规，最多只能体现个别性，并不能从整体的视域对购买活动的全过程开展评估或监督。

第二，缺乏科学的监督机制。从各地政府购买公共服务的实践来看，在公共服务监督方面，大多只重行政部门的内部监督，轻外部的社会监督。这种集运动员与裁判员于一身，凭借强大的行政力量来逃避法律责任、规避接受监督的义务，甚至与社会组织有着千丝万缕联系的政府行为，必然导致缺乏专业及社会外界力量的有效监督，以及实效性不强、客观性不足等问题。

第三，监督能力相对薄弱。纵观政府购买公共服务的前、中、后期，不难发现，监督能力相对缺乏，尤其购买的前期往往处于"真空"、甚至失控的状态，这不仅暴露出政府人员的监管意识不强，更反映了能力素质不足。其具体表现在：一是监督人员专业化的水平不高；二是监督人员责任心不强；三是监督人员的渎职行为。

（2）监督过程的非机制化

监督的非机制化主要表现在：

第一，社会监管渠道不畅。媒体监管与公众监管是社会监管的主要渠道。在当前的体制框架内，从客观上讲，社会组织没有义务让媒体将其运行情况暴露在"阳光下"，据此，媒体报道的现象相对狭窄，必然使其监管力度及效果大打折扣。

第二，公共服务的受益群体有相当一大部分是弱势群体，他们监管意识相对缺乏，加之公共服务供给过程本身的不可预测性及量化考核的复杂性，监管的有效性必然会随之降低，加之社会组织自身内部监管机制漏洞的存在，使其运作必然一时难以得到公众完全认可。

3. 评估机制有待合理化

从过程来看，目前，评估主体、评估标准、评估方法设置的不合理，已成为制约各地政府对承接主体开展科学合理评估与监督的又一大因素，其具体体现在：

（1）评估形式非标准化

从理论上讲，评估标准必须统一，但在实际中，就现行评估方式而言，不同区域公共服务的评价不可能完全相同。由于分门别类的科学、系统的评价体系尚未建立，导致合理的评估指标缺乏，不仅难以准确评估公共资金是否得到最好地使用，而且放大了衡量政府购买公共服务成效的量化准确性困难的问题。

（2）评估主体缺乏有效性

就评估主体来看，第三方评估有效性不足是其主要原因。在政府购买公共服务实践中，于国家层面引入了第三方对社会组织参与公共服务供给项目进行评估与审计。绝大多数的地方政府虽然引入了第三方，但在评估，特别是审计方面，由于评估人员专业能力的不足、制度障碍等，导致第三方评估存在却不规范的尴尬现象，甚至评估流于形式，几乎看不到有服务项口被评估为不合格而终止合同或社会组织因信誉被降级而受惩罚的情况。

(3) 评估方法缺乏规范性

纵观各地政府购买公共服务的实践,虽然它们都注重评估与监督,但是,在评估方法上主要延续以听取和汇报检查为主的一般行政方式。过程评估缺乏连续性,且评估更注重在事后,由此使得政府官员对评估的主动性、积极性并不高,特别是一些基层干部在评估过程中不负责,甚至推诿,导致不少评估流于形式甚至敷衍了事,评估的结果几乎看不到"不合格"或者社会组织信誉度降级,更缺乏因购买过程中的信用问题而追究相关责任人员的情况,这一缺乏规范性的评估,实际上使得政府向社会力量购买公共服务的成效大打折扣。

第六章　中国政府购买公共服务的专项研究

一、农村公益性服务的购买

所谓农村公益性服务,主要指"由政府组织实施,财政筹措经费,为农民生产、生活和农村经济社会发展提供的基本公共服务"①。一般来说,农村公益性服务包括农业技术服务、畜牧兽医服务和监督、水利技术服务、计划生育服务、文化体育服务、广播电视服务等,总体而言,即农村生产性公共服务与生活性公共服务的总和。

由于农民的生产空间和生活空间具有一体性和同构性,因此,相对于城市生活性公共服务而言,农村生产性公共服务更具有生存性、基础性作用。农民对于农业生产劳动依赖性强,生活空间的活动都是按照生产空间的逻辑展开,如主体生活资料的获得都是源自生产空间,而非市场空间。生活服务于生产,至于医疗、教育和养老等保障性条件,农村还停留在仅仅是维持生产所需的劳动力健康、家庭繁衍等生存性保障的层次。因此,研究农村公益性服务的购买,主要是关注农村生产性公共服务的购买,本章所称的农村公益性服务的购买,基本内容即为农村生产性公共服务的购买。

(一) 农村生产性公共服务购买的基本属性

农村生产性公共服务,主要指支持和优化农业生产要素组合及其再生产的各类涉农公共服务。它们主要涉及围绕农业生产的产前、产中和产后各个环节的基础设施、生产技术、设施设备、信息咨询和政策配套等方面的公共服务,这些公共服务是农业生产的基本条件和前提,其主要功能是为解决农村生产所面临的"最后一公里"问题。这些服务的特征是,它们参与生产的各个环节,直接促进生产的提升,创造生产性价值,因此被称为农业生产性公共服务,它们既包括以前"七站八所"所提供的公益性服务,又包括生产各环节新兴的服务。

生产性公共服务既不同于农业发展的基础性设施、工程和货物等政府工程采购的内容,也不同于商业化的生产性服务业。与前者相比,公共服务则是以无形服务为主体的公

---

① 《加强农村公益性服务的重大举措》,http://www.policy.net.cn/bencandy.php? fid=49&id=1269。

共产品,不具有实物性,因此,在量化和评价等方面都与实物化的方式有着很大的差异;与后者相比,生产性公共服务是公益性的,就现代化农业发展而言,生产性公共服务供给是生产性服务业发展的前提,即公益性的公共服务培育生产性服务行业的发展和规范化。

农村生产性公共服务是我国公共政策的一项重要内容,自新中国成立以来,它经历了农村集体化历史背景下,以国家为主导、政府与农村空间高度重合的集体所有性供给;以农业税费和农民出工为基础的统筹和自筹供给;取消农业税费与"七站八所"撤销后的多元市场化和无序化的供给。

农村生产性公共服务购买的兴起,正是源于"七站八所"萎缩后带来的困境,其主要表现为:

1. 公益性公共服务经不起纯粹市场化的冲击,迅速走向衰败,当部门收益减少甚至没有收益来源时,技术性人员流失严重,留守的则是老弱病残。

2. 一些具有垄断性服务的部门,如房管站等收益较好,但也很快被政府安置人员所替代,技术性人员急速萎缩。

3. 站所对本级政府的依赖加剧,本级政府负担加重。其最终形成了经费来源与上级财政脱钩(线断)、各地站所职能衰退(网破)和技术人员流失(人散)的局面。

由于市场化以及在这一过程中农村公益性站所功能的萎缩,这些公益性的公共服务供给主体出现空白,一段时期之内,填补这些空白的是市场化主体、农民自我供给和其他主体参与供给。但是,这些主体造成了农村生产性公共服务供给的混乱和无序化,比如种子、农药等农资供给经常出现假冒伪劣现象,使得农民苦不堪言①,而大型农机和农技的需求由于具有外部性特征,农民自身又无法提供,因而得不到有效供给。我国农村生产性公共服务供给规范化和有序化的迫切需要,构成了农村生产性公共服务供给机制改革的根本动力。

(二)农村生产性公共服务购买的制度环境

财政转移支付与支农资金,是生产性公共服务购买中独特的制度环境。在我国经济高速增长的背景下,1994年实施的分税制使中央财权高度集中,中央财政能力的提高为国家加大农业投入奠定了基础。自21世纪以来,国家认识到加大农业扶持力度的重要性。国家积极调整财政预算结构,不断加大支农资金在预算结构中的份额。"2005年中央财政的农村税费改革转移支付662亿元,比上年增长26%。2006年财政转移支付力度更大,达到780亿元,加上地方的转移支付,2006年的规模达到1030亿元。"②这些支农资金除了一部分按照一般转移支付给基层政府作为吃饭财政以外,有相当一部分资金在各个部委以项目的形式发包到各个地方基层。

目前,关于项目制的相关研究,尤其是关注项目运作中我国官僚体系内部机制和各个

---

① 参见《被"减肥"的化肥》,中央电视台"焦点访谈"2015年10月8日,http://news.cntv.cn/2015/10/08/VIDE14443054 66171811.html;《非法制种,问题重重》,中央电视台"焦点访谈"2015年10月13日,http://news.cntv.cn/2015/10/13/VIDE14 44738204421766.html。

② 苏明:《国家财政"三农"支持政策的回顾与展望》,《经济研究参考》2008年第31期。

行动主体之间的互动逻辑已经非常多且深入①。相关研究主要关注的是：配套资金的要求使基层政府苦不堪言，承担项目的积极性不高，尤其以中西部财政紧张的县乡为甚，减少配套提高了这些基层政府的承担项目积极性；存在上级"条条"部门的项目过于分散化、细碎化和多头管理带来的单一性和"一刀切"与地方实际需求不符合，尤其容易引起部门和地方政府在管理方面的矛盾，削弱了基层政府的统筹能力，增加了"条块"分割带来的科层制内部消耗。但是，这些研究对于项目制自身特征以及作为国家的一项重要政策在社会治理中带来的效用和影响，则涉及较少甚至没有关注。它们对农民和其他社会组织在项目制运作中行动逻辑的研究也仅仅局限在与政府博弈这一点，很少有以结构性主体的动机和政策推动他们自身角色转型方面进行研究和分析，就当前而言项目制至少为政府、市场主体、社会组织和农民的互动机制带来了很大的变化。尤其不足的是，它们大多是对项目制进行指责，并没有对这项政策在国家政策体系中进行客观定位和分析。实际上，这些现象并不是项目制自身独有的问题，而是在以前的政策运作中都有体现，作为项目制的研究应该与国家政策体系演变和项目制产生的政策机制紧密关联起来才能使项目制作为一项政策在既有体系中的意义和运作特征凸显出来。

项目制的产生与我国财政政策紧密相关，以前的财政资金哪怕是专项资金在拨付时都是由各部委自行设置，有较强的随意性。1999年的预算改革就是针对各部委预算的非规范性和权利独大进行的调整，它要求所有部委资金在支出时必须先有预算说明具体活动及理由和实施方式，并有相应的验收和考核，这就是后来的项目制或项目治国的由来。② 在以后的项目运作中面临一些问题，如配套资金问题和条块分割带来的消耗等，国家也不断进行调整和完善。对于项目制产生的这些问题本文与以前相关研究者不同的理解是：这些问题是我国科层制内部运行中既有的问题，它们在项目制这一政策运作过程中也同样体现出来。因此与其把对项目制政策的自身调整理解为是一项政策的完善，倒不如理解为是国家通过对项目制这一政策的改革来调整和完善科层制内部运作机制和政府与社会各主体之间的互动机制。所以以后的调整就好理解了，自2014年颁布的新《预算法》第十六条强调除国务院规定的应当由上下级政府共同承担的专项需下级政府配套资金外，其余一律不允许要求基层政府配套。同时加大一般性转移支付，减少专项资金的比例，一般性转移支付以下级政府为主体统筹安排使用。③ 这就大大缓解了以前相关研究者和基层政府对项目制的诟病，也为政府内部运作机制和政府、市场、社会和农民互动机制的革新奠定了基础。

国家把相关支农政策和财政政策不断调整和完善后，为政府购买农村公益性服务提供了政策条件和保障，而项目制则为政府购买农村公益性服务提供了可行性方式。项目制的运作具有深厚的实践积累，从前的政府的工程招标实践经验以及《政府采购法》和相关制度的成熟，为项目制实施在流程规范化和评价考核等方面都提供了借鉴。同时，这几

---

① 主要代表性的相关研究参见渠敬东、周飞舟、应星：《总体支配到技术治理——基于30年改革经验的社会学分析》，《中国社会科学》2009年第6期；折晓叶、陈婴婴：《项目制的分级运作机制和治理逻辑》，《中国社会科学》2011年第4期。
② 参见曹东勃：《在路上的中国预算改革》，爱思想网，http://www.aisixiang.com/data/91901.html。
③ 参见《中华人民共和国预算法》（2014年修正）第十六条。

年来,我国农村在项目制实施中已经形成了一套较为实用的体系,如流程规范的设计,考核第三方的引入和合作社等农民组织的培育等,都已经在成长和推进。所以,以政府购买的形式推进农村公益性服务的供给,在操作层面具有可行性和合理性。

(三)农村生产性公共服务购买的主体结构

农村生产性公共服务的主体结构也是四元主体构成,即购买者、生产者、消费者、评估者。

与生活性公共服务相比,农村生产性公共服务购买的差别在于,生产性公共服务的购买主体很少是基层政府。在本项目重点调研的 HN、HB 两省,已有的政府购买生产性公共服务主要是上级政府购买,县级财政购买很少,几乎是零购买。这意味着县级政府更多是作为购买公共服务的基层代理单位存在,其购买的农村生产性公共服务主要是承接上级项目,购买资金主要来自于上级财政资金,和极少量的本级配套,尤其随着 2014 年新预算法取消配套资金后,地方政府、主要是基层政府基本上没有资金安排。跨级别的项目支出占据主体地位,且基层政府没有预算参与权,这种情况造成农村生产性公共服务在购买主体上与城市生活性公共服务购买的差异性。

在农村生产性公共服务的生产者中,企业占了很大比重,社会力量则相对弱小。本项目组在 HN 省的调研中发现,在萌芽时期培育的社会组织主体,主要是新兴主体,组织者主要是当地基层部门(尤其是涉农部门)的退休人员和有一定经济实力的农村经营者。他们对相关领域非常熟悉,无论是政策导向、人际环境、技术能力和资本整合力,都具有一般农民所不具有的优越性。所以,政府培育起来比较容易见效果。这一点在城市社区组织培育也非常常见。而 HB 省则利用"七站八所"改制的成果,通过"以钱养事"的购买方式,成功地将传统基层事业单位转型为政府购买公共服务的承接者。

(四)农村生产性公共服务购买的实际运行

1. 购买内容

在城镇化和工业化持续推动的现代化过程中,一般性农村公共服务构成农村公共服务体系的基础,而特殊性农村公共服务,则是完善和发展公共服务体系的关键性因素。在很大程度上,农村公益性服务是促进城乡公共服务均等化的重要支点,是兴农政策的切入点。通过农村公益性服务促进农业现代化转型,才能更好地促进"生活富裕",进而对"乡风文明、村容整洁、管理民主"产生实质性影响。因此,从建设社会主义新农村角度而言,农村公益性服务具有长远的战略价值。

(1)农村公益性服务购买的基本范围

农村公益性服务,归属于农业生产领域,是以服务为基本形态,以农业生产为核心服务对象的公共产品,农村公益性服务作为一种公共产品,具有公共产品的公益性、非竞争性、非排他性等一般特征,同时它也有其自身的特点,也正是这些特点决定了它的边界和范围。

第一,生产价值提升。农村公益性服务的核心特征即是其自身的生产性。这种"生产性"的特点表现在两个方面,一方面农村公益性服务能够提供"生产性价值",其本身就是农业生产发展的要素组成内容之一,绑定在农业生产的全部过程与各个环节中,并凝结在农业生产的最终产品上。另一方面,农村公益性服务能够提供"生产性激励",无论是经济作物还是粮食作物的生产都需要农资、农机、水利、信息等多方面的服务支持作为基础性条件,多种生产服务的统筹使用,多次生产服务的整合投入,可以发挥综合聚变效应,提高农业生产的质量和产量,提升农业生产的综合效益。

第二,优化整合。所谓优化整合,主要指农村公益性服务促进了各个生产要素之间的关联程度与紧密程度,提高了生产要素的内聚力。农业生产是一个多种生产要素如劳动者、生产资料与劳动对象等组合联动的复杂过程,而农业农村公益性服务则是农业生产的支撑性"软组织",其构成生产要素的对接黏合机制,正是通过农村公益性服务能够实现各类生产资料的优化对接与联通,形成一种更加适应农业生产发展的要素结构优化状态。它要求农村公益性服务必须依据农业生产发展的需要作出变化,主要表现在服务内容的变动性方面,传统的农业服务主要集中在土地与农田水利方面,而现代化的农业生产,则需要农村公益性服务在保障基础内容之外,增添更多现代新兴的公共服务。

第三,规范引导和转型推动。所谓引导和推动,主要指农村公益性服务是统筹各种生产资源,构建新型农业生产模式与经营机制,提高农业生产综合效益的关键节点。其主要表现在两个层面,一方面随着农业生产规模化,分工日益复杂,个性化需求和多元化主体参与无论是在广度和深度上,都发生了深刻的转变,政府通过公共服务提供者和生产者的分离,以购买的形式引导和调控各个参与主体行为的规范化,并以合同契约的方式培育他们成长,为农业生产创造一个良性发展空间。另一方面,农村公益性服务是农业现代化的核心抓手,通过农村公益性服务能够建构农业生产的支持网络与保障基础,吸引和引导更多的产业资本、更多的经营主体或社会力量进入农业生产领域,形成现代农业生产要素的重新整合与聚集,推动农业生产的结构转化与现代转型。

这三个特点体现出了农村公益性服务边界和范围:一是围绕农业生产的各个环节展开,即生产流程中的公共服务;二是对现代化过程中新问题、新内容的掌控、规范引导的公共服务和新型主体培育的公共服务;三是与农业生产直接相关且必须具备的软环境,即经营方式、激励机制、程序规范和发展战略等方面规划与设计的公共服务。

(2)农村公益性服务购买的主要内容

当明确了农村公益性服务的范围和边界之后,对生产性公共范围购买的内容进行分类就比较顺利了。

兴农政策以兴农惠农资金为主要表现形式,兴农惠农资金又以"项目"为主要实施方式,并形成了包括项目的申报、评审、立项、实施、检查、验收等多个环节在内的操作程序,被一些学者视为三农领域中"项目制"[1]而加以研究。涉农资金项目涵盖了"三农"的诸多方面,通过项目实施生产转化成农村基础设施、基本公共服务、农村公益性服务等形态的公共产品。在 HN 省 TH 县,各种涉农项目或服务主要分为六类即农民补贴、补偿;农业生产发展;农业生态修复和治理;农村社会事业及公共服务;扶贫开发和其他类(大中型水库

---

[1] 例如:黄宗智、龚为纲、高原:《"项目制"的运作机制和效果是"合理化"吗?》,《开放时代》2014 年第 5 期;李祖佩:《项目制的基层解构及其研究拓展——基于某县涉农项目运作的实证分析》,《开放时代》2015 年第 2 期;龚为纲:《项目制与粮食生产的外部性治理》,《开放时代》2015 年第 2 期。

移民后期扶持支持)。这六类项目中除了农村社会事业及公共服务之外都是农村公益性服务。具体项目类型和名称如表 6-1 所示。

表 6-1　2013—2014 年 HN 省 TH 县涉农资金项目的类型和名称①

1.农民补贴、补偿
农机购置补贴、特定农业机械奖补、农作物良种补贴、粮食直补与综合补贴
2.农业生产发展
农业综合开发存量资金、农业综合开发省本级项目、农综开发产业化项目、农综开发科技推广项目、农综开发产业化贷款贴息项目、水土保持、中央特大抗旱、应急度汛、中央特大防汛、省级特大抗旱、中央特大抗旱、中央土地出让收益计提农田水利、维修养护经费、农村劳动力培训、现代农业、生产救灾小麦生产救灾资金、新型农业生产经营主体(合作社)、动物防疫经费、小型水库后期扶持基金、生猪调出大县奖励资金、产粮大县奖励资金、定向费用补贴、涉农增量奖励、农村饮水安全、全国新增千亿斤粮食项目、生猪养殖场(小区)建设、水库基金、后期扶持结余资金、应急补助资金、土地整理、生猪无害化处理
3.农业生态修复和治理
退耕还林、林业贷款贴息、林业补贴试点资金、森林生态效益补偿基金、林业生态省建设、林业补助、森林植被恢复、中小河流治理
4.农村社会事业及公共服务
一事一议、美丽乡村、农村税费改革转移支付、高校毕业生到村任职、农村危房改造、县乡公路建设、基层医疗卫生、农村初中校舍改造工程、农村沼气工程、广播电视村村通工程、农村绩效工资补助经费、农村义务教育保障机制补助经费、校舍维修改造资金、"三区"人才计划、农村义务教育特岗教师补助资金、支持学期教育发展资金、农村义务教育薄弱学校改造资金、教育薄弱学校食堂改造、国家奖助学金、农村文化建设资金、村卫生室基本药物、公共卫生服务、新农合、城乡居民养老、自然灾害生活救助资金、城乡医疗救助资金、城乡低保救助资金、农村幸福院、少年宫
5.扶贫开发
扶贫整村推进资金、财政扶贫到户增收项目资金、财政扶贫小额贷款贴息资金、少数民族项目、新增扶贫资金、财政扶贫科技扶贫资金、财政扶贫雨露计划扶贫资金、财政扶贫老区贫困地区资金、高产创建、耕地质量提升、果茶标准化建设
6.其他
大中型水库移民后期扶持支持

比较而言,HB 省则在 XN 区政改"以钱养事"的实践基础上出台了《关于建立"以钱养事"新机制,加强农村公益性服务的试行意见》的地方政策,明确了 HB 省农村公益性服务的主要内容,包括农业技术服务、畜牧兽医服务、水利技术服务、计划生育服务、文化体育服务、广播电视服务、财经所管理和服务、国土资源管理和服务、林业管理和服务、交通管理和服务、血吸虫病防治服务等 11 个大类;2007 年,HB 省出台的《关于巩固完善农村公益性服务"以钱养事"新机制的意见》提出了 7 类农村公益性服务,即农业种植业公益性服务、农业机械公益性服务、水产养殖业公益性服务、水利公益性服务、计划生育公益性服务、文化体育公益性服务、广播电视公益性服务等。XN 区则依据自身实际情况增加了

---

① 根据 2015 年 6 月 5 日本项目组在 HN 省 TH 县的调研记录整理。

农村财务服务、城乡建设服务两类。尽管后来由于体制性的条块约束产生了少许"翻烧饼"的现象,但是总体上保持了农村公益性服务的主要内容。

表6-2　HB省乡镇农村公益性服务的具体内容①

一、农业技术服务
1.种植业技术服务
(1)植物病虫害和检疫性病害的检测、预报、防治和处置
(2)农作物新技术、新品种的示范和推广
(3)农产品生产过程中质量安全的检测
(4)耕地地力检测,指导科学合理施肥
(5)农民的公共培训教育及农业公共信息服务
(6)种植业结构调整和抗灾救灾的技术指导
(7)农村能源建设"一池三改"(建沼气池、改水、改厕、改圈)规划及技术指导服务
(8)农业生态环境和农业投入品使用检测
2.水产技术服务
(1)新品种、新技术、新模式的示范与推广
(2)水产养殖病虫害及疫情的检测、防治和处置
(3)水产养殖户科学使用渔药和渔用饲料、肥料的指导,水产品生产过程中质量安全的检测
(4)渔业资源、养殖水域环境的检测
(5)渔民的培训教育和渔业公共信息服务
3.农机技术服务
(1)新机具、新技术的示范和推广
(2)农机操作员的技术培训和指导
(3)农机安全生产的宣传教育和提供农机作业信息
(4)农业机械化示范点、综合示范区建设服务
(5)组织农机抗灾救灾,以及抗旱排涝农机设备的维护

二、畜牧兽医服务和监督
1.做好预防和扑灭动物疫病所需药品及物资的计划,培训畜牧防检人员,组织实施重大动物疫病的预防、控制和扑灭
2.负责对重大动物疫病的诊断、检测和疫情测报
3.做好动物屠宰检疫、产地检疫、运输检疫
4.畜牧兽医新品种、新技术试点示范、推广运用
5.畜禽饲料的安全使用的指导
6.对农民和养殖专业户的公共培训和信息服务

三、水利技术服务
1.负责本辖区内防汛抗旱的技术指导
2.承担水资源开发、配置、保护相关规划的制定;负责水环境保护、水污染防治等
3.灌排体系的水利设施管护、水利技术服务和统一调度
4.承担编制、申报小型水利工程建设规划的制定,并组织实施;治理和开发河库、塘堰等
5.检测和防治水土流失

---

① 根据本项目组在HB省XN区调研记录整理。

从传统走向现代的农业生产,主要表现为农业生产要素的合理化组合与变动,结合以上案例以及国内其他地方实践,从历史变迁的角度分析涉农农村公益性服务,可以发现,农村公益性服务既有传统固有的基础性的农村公益性服务,也有延续传统并适应发展的新兴的农村公益性服务。

传统固有的公共服务强调生产导向,具有基础性、保障性、普遍性的特点,具体内容主要表现在农业技术、农田水利、病虫害防治、农资供应、农业机械管理、卫生防疫、电力排灌、防汛抗旱等方面。这类公共服务最初主要由乡镇政府所谓的"七站八所"提供。站所撤销后,依然表现出明显的行政色彩,由政府主导产生。不过,其中有些具有竞争性、排他性的服务,如农业生产资料,则由市场或社会力量提供了。调研对象的区域范围内,很多社会力量基于利益目的主动承担了部分农业技术推广、新品种试验推广的工作,尽管存在很多问题,但依然是服务供给多元化的表征。

新兴的农村公益性服务既是传统公共服务的延续与拓展,也是规范和引导农业现代化过程中新兴服务供给和主体行为合理化的重要内容,并推动服务类型、品种供给机制和主体多元化的发展。这类公共服务强调市场导向、商品导向、消费导向。具体内容如新兴农业技术推广、农业生态修复与治理服务、土壤平整与修复、小型农田水利基础设施建设及管护服务、现代农业生产技能培训、农业公共信息服务、畜牧兽医服务、农产品无公害处理服务、农业生产补贴补偿服务、农业金融与保险服务等。这类农村公益性服务不仅关注农业产量,更重要的是其着眼于农产品的市场化要求与商品化程度,用于满足消费者个性化、多元化和复杂性的需求。这种服务导向的转变,也带来服务供给主体的转变,除了传统的政府主体之外,农业企业、科研机构、农民合作社、农业科技企业等采用不同的供应机制,在不同程度上提供了农村公益性服务。服务品种和类型多元化的培育、多元化供给机制的培育、多元化的生产者和提供者的培育等功能都在这一类公共服务的推动下孵化、成长和发展。

除此之外,在调研中,还有一类不同于以上两类的新型农村公益性服务。这类公共服务主要是为推动农业现代化转型而产生的,它体现了国家顶层设计和宏观发展导向,具有很强的前瞻性、探索性和一定的试验性。如针对新型经营主体的培育、新型生产方式和新型生产技术应用的培育等提供服务,主要有规划发展类服务、组织培育类服务、农业综合开发类服务,表现为针对新型农业生产合作社、大户和家庭农场等而提供的规划发展、组织培育和孵化服务;针对农业生产产业化、规模化等经营方式现代化转型而推行的农业综合开发产业化服务、农业综合开发科技推广服务;针对农业一体化生产而推行的农业生产全程社会化服务等。

例如,2015年HN省TH县出台规划政策,明确提出以项目倾斜,规定发展指标的方式促进县域内合作社和家庭农场等新型经营主体的发展,要求实现全县每年发展专业合作社200家,家庭农场100家以上的目标,这种做法显然有利于涉农服务组织的发育。在项目组调查的所有县级政府,都推动了合作社评价体系,鼓励合作社的梯次发展的公共服务购买,积极培育各个级别的合作社并对获批国家级、省级、市级、县级等层次的合作社设有相应的奖励措施,这也促进了合作社的发展。有的县主要依托阳光工程、科技支撑等培训项目针对新型经营主体开展经营方式、种植模式、农业技术等方面的定期专项培训服务,这有利于提升新型主体的能力提升。

总之,农村公益性服务可以初步划分为传统固有的农村公益性服务、新兴的农村公益性服务和新型的农村公益性服务。这三类公共服务既体现了农村公益性服务的复杂性,又体现了其适时的变动性。

表6-3 农村公益性服务的类型

分类	特点	基础内容
传统农村公益性服务	以生产导向为中心提供的基础性公共服务	农业技术、农田水利、病虫害防治、农资供应、农业机械管理、卫生防疫、电力排灌、防汛抗旱等
新兴农村公益性服务	面向市场化、商品化提供的保护性公共服务(个性化、多元化和丰富性)	新兴农业技术推广、农业生态修复与治理服务、土壤平整与修复、小型农田水利基础设施建设及管护服务、现代农业生产技能培训、农业公共信息服务、畜牧兽医服务、农产品无公害处理服务、农业生产补贴补偿服务、农业金融与保险服务
新型农村公益性服务	推动农业现代化转型的发展性公共服务(顶层设计、导向性和规划性)	农业生产全程社会化服务、农业综合开发产业化服务、农综开发科技推广服务

从上述内容分析可见,农村公益性服务的内容表现出基础性、保护性与发展性的特点,其主要功能表现在保护农业生产基础条件,强化农业生产发展,促进农业现代化水平。不过,问题在于如何才能够更加高效有序的实现农村公益性服务供给。政府机制、市场机制与社会志愿机制在农村公共服务供给方面都发挥着相应作用,但是,三种机制也都存在各自的优势与短板。因此,如何实现三种机制有效连接,扬长避短,是保证农村公益性服务真正实现并发挥效用的关键问题。"走向购买"作为一种新的供给机制,已经成为一种国家性的政策措施和地方性的事实存在,或许可以成为解决这一问题的重要抓手与有效机制。

2. 购买方式

总体上来看,项目组调研的县级政府的购买方式,主要有公开招标、邀请招标、定向委托、竞争性谈判、询价购买等方式,其中以定向委托的项目购买方式居多。HN省和HB省的各调查地点,因为面临社会力量不足,服务市场无竞争性的状况,甚至出现当地政府"无处购买"的尴尬,为了完成项目购买,当地政府只能选择定向委托购买和加强监管相结合的方式方法。

不过,另一方面,各个县级政府在具体的购买方式选择上也存在区域差异,同样的服务购买项目,在不同的区域采用不同的购买方式。据本项目组的调研,在农业生产全程社会化项目的购买实施过程中,上述HN省中部某县主要以公开招标的单一方式进行购买,最后确定向三家农机合作社和三家种植合作社共六家专业合作社购买公共服务,完成项目七个标段的服务项目。而HB省某县在购买该服务项目时则采用了竞争性谈判、招投标与定向委托等三种方式进行,主要是在水稻产业和茶叶产业服务方面采用竞争性谈判和招投标购买,在试点镇农业生产技术服务方面,依托原有"以钱养事"机制,向试点镇农业技术服务中心实施定向委托购买,以此实现整个服务项目。

3. 监督评估

监督与评估环节在实际操作中存在很大的地区差异,但仍有一些共同的做法,即合同管理与过程监控一致,成效考核与主体责任同步。

以 HN 省中部某县农业生产全程社会化试点项目为例,该县设定承接项目的社会服务组织必须是新型农业经营主体并具有五项必备基本条件,即依法在工商行政管理机关进行登记注册;粮食种植基地或流转土地有一定的规模,并且主要种植小麦、水稻、玉米等粮食作物。专业性的农机服务组织现有农机具备提供相应服务能力;经营范围以粮食种植、农资服务、农技农艺服务为主;具有项目实施、资产管护能力;近两年没有出现经营管理、产品质量安全、纳税、环保等问题;该县要求服务组织必须签订两种合同,即服务组织与购买主体的劳务合同,服务组织与服务对象的服务合同,以此两种合同为基础进行监控管理,监控管理主要是县领导、镇管理、职能部门督导。最后的成效考核必须要求服务对象签字负责、业务部门签字负责、主管领导签字负责,以此确定主体责任与服务考核同步一体。财政部门最后拨付合同资金。

(五)政府购买农村公益性服务的现状与发展

政府购买公共服务既是一种服务方式,也是一种治理手段,尽管其不可避免地存在各种困难,并不是"一买就灵",但是,这并不影响其逐渐成为有效的公共治理方式。

从 20 世纪 90 年代开始,我国很多地方政府开始引入市场机制,进行购买公共服务的实践探索。2003 年《政府采购法》的实施,促进了全国范围内政府购买公共服务的试点工作,随后国家出台较多的相关激励政策。2013 年 9 月 26 日,国务院办公厅发布《关于政府向社会力量购买服务的指导意见》,政府购买公共服务开始成为国家战略在全国范围内推广。作为一个渐进的制度变迁过程,目前,我国的政府购买公共服务实际上依然处于起步与探索阶段,不过,在国家战略和政策引导下,政府购买公共服务正在呈现从发达工业地区向传统农业地区延伸,从城市向农村扩散的发展趋势。

政府购买农村公益性服务起步晚、力度小,但是其影响大、意义重,是提升农村公共服务质量的创新方式,是提高农村治理水平的创新路径,因此对政府购买农村公益性服务的现状、成效与问题进行研究是促进其快速健康发展的基本前提。按照项目研究的整体设计,笔者主要选取中部地区 HN 省、E 省的两省四县为主要研究对象。选取对象都是典型的传统农业地区,并且兼顾了农业生产的南北差异,两省都处于城镇化、工业化的变动过程中,传统农区对农村公益性服务需求变动最大,表现最明显。两省都不同程度地进行了政府购买公共服务的地方探索,尤其是 E 省的"以钱养事"改革,产生了全国性的积极影响。本部分主要通过实地调查,以访谈、参与观察等方式探索发现该地区政府购买农村公益性服务的具体状况,以期对政府购买农村公益性服务整体现状、基本成效、主要问题形成基本认识,并通过对其原因的分析提出相应对策。

1. 政府购买农村公益性服务的特点与成效

(1)发展特点

总体来看,我国的政府购买公共服务刚刚起步,宏观制度与具体政策仍在建设健全过程中。不过,从既有的制度与政策分析,现在的政府购买公共服务具有明显的"重城市、轻农村"的制度色彩,在中央到地方各级政府购买服务目录中,有关农业生产的相关服务比较少。从既有的政府购买农村公益性服务的现实情况而言,其发展特点主要表现为:

① 现实急需但发展不足。

根据项目组的实际调研,政府购买农村公益性服务呈现的最大特点是:"现实急需、发展不足"。一方面,农业现代化发展需要病虫害防疫、小型水利、生产技术、农业气象、农产品安全与环境保护等基础性公益服务,同时也需要新品种、新技术、新模式的推广应用。另一方面,乡镇"七站八所"的撤销导致"线断、网破、人散",原来公益性服务链条断裂,新兴的涉农市场主体因为利益最大化的追求导致涉农市场假冒伪劣、坑农害农的现象比较严重。而政府购买的涉农农村公益性服务在整个涉农项目中占比很小,结果在形成涉农农村公益性服务供给方式发生根本性转变的条件下,市场化、社会化的涉农农村公益性服务供给发展严重不足。

② 涉农项目多但政府购买少,而且硬服务偏好明显。

农业是国家稳定与发展的基础,但是,农业又是综合效益比较低的弱质产业,因此,中央政府历来重视农业的发展,设立了众多的农业项目,投入大量的财政资金,以保证农业的稳步发展,提升农业现代化水平。不过,尽管整体上涉农项目比较多,但是其中的政府购买涉农公共服务则比较少,而且表现出明显的硬服务偏好。政府购买服务少主要表现在购买金额少、购买数量少两个方面。

HN 省 TH 县在 2013 年全年的涉农项目有 6 大类共计 96 项,项目总金额为 15.6 亿多元,其中直接由政府购买,企业或其他市场主体实施完成的项目金额为 8 千多万元,占总项目金额的 5.15%。2014 年该县完成政府采购总共 562 批次,其中涉农的公共服务采购仅有 14 批次,占总采购批次的 2.49%。[①] 硬服务偏好主要指地方政府在整合涉农资金使用时,偏好向农业基础设施、农业机械、农田水利设施建设、河道治理等硬性的、物化的公共服务建设方面,而对于农业发展所需的技术服务、信息服务、市场服务等软性的、无形的公共服务则重视不足。这种硬服务偏好既有政策的原因,也有地方的缘由。政策层面,国家重视在农业基础设施项目上的投入,落实到地方县级政府基本上都是千万级别,而且要求专项使用,地方政府必然无折扣执行。地方层面,一是由于显性政绩的需要,另一方面则是由于硬服务在操作化方面比软服务具有明显的比较优势。

(2) 初步成效

从政府购买公共服务成为正式的国家战略以来,各级政府在购买公共服务方面主要处于起步和摸索阶段,不过,从实际调查而言,在政府购买农村公益性服务方面仍然产生了初步成效,有一定的积极效应与多重影响。从整体层面而言,政府购买农村公益性服务的初步成效表现为:

① 购买理念得到普遍接受:小政府、大服务。

导入市场机制,提高公共服务供给的水平与质量是政府购买公共服务的核心思想。这种购买理念在基层政府中得到普遍接受,HN 省与 E 省两地四县的地方政府官员在接受访谈时,对政府购买公共服务形成了共识,都认为政府购买涉农公共服务这种方式是一

---

① 根据 2015 年 6 月 5 日本项目组在 HN 省 TH 县的调研记录整理。

种方向、一种趋势,是涉农服务机制的转换、服务供给套路的转换,如果加强规范化与制度化建设,将来的发展空间非常大。

这种共识除了身份与体制性影响外,更多来自于自身工作经验。县乡级政府承接了几乎所有的国家与省市各类涉农项目,在涉农公共服务方面基本上是"全能服务、无限责任","无论该管的还是不该管的都要管,无论做得好的还是做不好的都要做",因此,不少基层官员将这种政府购买公共服务的理念理解为:"小政府、大服务"。所谓"小政府",主要指政府直接的公共服务供给减少,直接供给职能减少,通过购买让政府变小;"大服务"主要指公共服务购买量增大,供给方式增多,通过购买让公共服务供给变大。在这样的理解下,政府购买农村公益性服务就是通过基层政府的购买活动,改变由基层政府提供所有农村公益性服务的方式,将这些公共服务的供给转让给社会组织,由社会组织负责实施。

② 购买合同重塑新型关系:新服务、新治理。

在农村公益性服务方面,一直并行存在"两条线",一条是政府直接生产和提供的农村公益性服务,稳定却低效;一条是市场主体生产和提供的竞争性服务,高效却混乱。两种服务以不同的机制服务于农业生产,形成了不同的服务关系与行动关联。政府购买农村公益性服务实现了两种机制的有效衔接,同时也带来了有益的改变。

从有限的政府购买农村公益性服务的地方实践来看,地方政府在进行购买活动的过程中,通常会硬性要求签订两个合同,一个是地方政府与社会力量的服务合同,另一个是社会组织与服务对象的服务合同。前者规定了购买内容,后者规定了服务内容,两种合同形成了契约关系,规定了政府、社会组织、服务对象的权利、义务等内容。这样,合同契约关系构成了农村公益性服务供给的勾连机制,也促进了关联主体之间的关系重构与功能重塑,促进了利益相关方的力量聚集,也促进新的基于利益的生产共同体的产生。政府开始从全能角色变为有限角色,从生产者、提供者、监管者的多重角色束缚中挣脱出来,专注于监管与规范的治理职能。社会力量在体制嵌入的规范中,明确了生产者和提供者的角色与功能,专注于服务功能。相比而言,服务对象的改变似乎不大,依然扮演着接受者与受益者的角色。因此,从已有的地方实践总结而言,政府购买农村公益性服务在一定程度同时具有服务与治理的双重属性,是农村公共服务实现专业化、社会化供给的一种可行途径。

③ 契约服务增进多重收益:降成本、增收益。

政府购买公共服务的主要目的在于改变服务效率、降低服务成本、提高服务效益,这些政策设想在政府购买农村公益性服务的实践过程中都得到了不同程度的验证与实现。例如,HN 省 TH 县的农业防灾救灾项目预算资金 1015 万元,实际购买使用 973 万元,节约财政资金 32.4 万元,节约率达到 3.2%,同时这个项目的实施还达到了减少污染、保护环境的效果。HN 省 W 县从 2013 年开始连续三年实施了农业生产全程社会化服务试点项目。该县以本地实际情况确定以玉米秸秆还田、机械深耕为重点服务内容(秸秆还田财政补助 30.16 元/亩,机械深耕财政补助 31.5 元/亩),通过分段招标购买,由六家农机合作社在试点项目区开展全程社会化服务项目。以 2014 年完成情况进行整体初步测算,农民每亩地节约60元开支,每亩节本增收达到110元,项目区总节本增收1210万元①。同时,秋收腾茬的进度加快,达到一播全苗,并从根本上解决了焚烧秸秆现象,而且秸秆还田,增加了土壤肥力,改善了当地的农业生态环境。此外,这一项目的实施不仅让农民受益,还激励了当地购置农业机械,成立农机合作社的社会行为。E省Y试点区结合自身情况,针对水稻种植设立了机插、机耕、机收、统防统治、风干为服务内容进行的农业生产全程社会化服务,同样获得了经济成本的降低、农民满意度的上升与生态环境的改善等综合效益。参与服务的农民预计亩均减少生产成本80余元,亩均增收150余元,并在中央电视台得到宣传介绍。因此可以确定,政府购买农村公益性服务能够增进经济、生态与社会等多重收益,具有明显的综合效益。

(六)存在的问题

1. 主体间关系不均衡:主导强、竞争弱、参与少

目前,在地方政府购买农村公益性服务的利益相关主体关系上,呈现明显的"主导强、竞争弱、参与少"的问题,即政府行政主导强、社会组织竞争弱、受益主体参与少。

所谓"主导强",即地方政府行政主导政府购买涉农农村公益性服务,这既有历史的原因,也有现实的理由。第一,政府历来是公共服务供给的主体,历史形成的路径依赖导致在购买农村公益性服务时,政府依然习惯于采取行政性指令的思维和方式,以控制政府购买公共服务的各个环节,包括购买内容、购买合同、购买价格、效果评估等都是由政府确定、监督、管理的。第二,政府主导购买的现实理由在于,一方面是对既有社会组织提供公共服务能力的合理性怀疑,另一方面,政府主导可以更方便地将项目交由部门下设的二级机构,以获取直接的部门利益,而且在辖域内社会组织普遍能力不足的情况下,这样的做法具有更加充分的理由。E省Y区经过"以钱养事"的改革后,原来的"七站八所"等机构转制为各类公益性服务中心,区政府优先将各类涉农服务项目委托交给这些公益性服务中心负责实施完成,这样的委托购买显然具有明显的行政主导色彩,不过对于政府而言也达到了省时省心省力的治理效果。

所谓"竞争弱",主要指既有的政府购买农村公益性服务不是在充分的市场竞争下进行,通常是在弱竞争甚至没有竞争的情况下购买的。通过政府购买达到成本降低、效率提升的前提假设是存在比较充分的市场竞争,但是这种假设在政府购买农村公益性服务方面并不存在。HN省L县创办的各类农民专业合作社达到两千余家,但是数量多、质量低,还存在挂牌与空壳现象,即使这样,其中真正涉农服务类的合作社只有171家,全县80余万人,平均每万人拥有2家。② 这样的组织基数显然无法构成比较成熟的竞争性市场环境。访谈中,该县财政局一位工作人员表示,该县是农业生产社会化全程服务项目试点县,但是全县相关服务类社会组织本来就不多,而且普遍规模小、能力弱。这就产生两难困境,为了保证服务质量必须设定准入门槛,可是一旦设定购买标准,则可能找不到承接单位。数量少、质量低、专业能力差的现实带来的只能是购买公共服务的"弱竞争",而弱

---

① 根据2015年7月10日本项目组在HN省W县的调研记录整理。
② 同上。

竞争的事实显然无法满足理论的前提预设,降低成本与提高效率的设想也自然可能落空。

所谓"参与少",主要指受益主体很少或者根本就没有参与政府的购买活动。这种"少参与"是农民受益主体对政府购买农村公益性服务的全程性的"参与缺席",这表现为服务需求无表达、服务购买无话语、服务效果不决定。

第一,服务需求无表达。农民作为需求主体仅仅扮演抽象的"委托角色",没有有效的自我需求表达渠道,全部需求内容主要由政府"代理"表达。

第二,服务购买无话语。政府向谁购买、购买多少、购买内容、购买时效都由政府根据上级政府文件、政策决定,农民没有任何的话语权。

第三,服务效果不决定。服务效果主要由合同约定,由政府、供给方和第三方检查验收,农民作为受益群体通常处于"被服务"的状态,对于服务效果并没有最终决定权。尽管政府有目的地将农民作为一方吸纳进入服务绩效考核,但是参与考核的农民群众通常是村干部或者是"好说话的人",仅限于"签字"功能,缺乏实质性的发言权。如果公共服务具有较强的专业性时,农民的发言权更是微弱得可以忽略不计。

2. 购买资源配比不合理:配置散、配套少、时效性差

实现公共资源的高效使用是政府购买公共服务的目标之一。尽管从地方实践来说,政府购买农村公益性服务在一定程度上节约了公共资金,增进了使用效益,但是依然存在购买资源配比不合理的现实问题,这一问题主要表现在三个方面:

第一,整体涉农项目资金配置比较散。在"项目治国"的体制特点下,我国的公共财政资金的拨付依赖"条块分割"的行政系统,从整体上呈现"两头整合、中间分散"的特点。国家从整体上规划安排涉农公共财政资金,这些资金主要通过项目的形式下发给下级政府的不同职能部门,这样就导致项目资金到县级政府以后通常分散到各个主管部门。例如一个小型农田水利工程项目涉及水利局、农开办、发改委、国土局四家单位的不同项目资金。这样,县乡基层政府保证项目顺利展开就必须实现项目资金的整合,否则极可能造成项目的穿插运行与重复投入。

第二,地方购买资金配套比较少。尽管地方财政已经在一定程度上改变了以往的"吃饭财政"的窘境,但是依然处于"稀饭财政"的困境,根本无力实现涉农资金的配套,因此,地方政府对于一些需要地方财政配套的服务项目通常是有心争取、无力配套,因此也就不愿意积极申报。此外,配套经费少也影响政府服务作用的发挥,一些服务项目的完成具有明显的"一次性"特点,后期的管护与延伸因为经费缺乏常常悬置,导致有钱建设、无钱管护,一次服务、延伸无期的不良状况。

第三,资金安排滞后,时效性比较差。农业生产有自身的产业特点,对时间的要求比较高,这意味着涉农农村公益性服务具有明显的服务时效性,这需要涉农资金安排的时间要求,但是项目资金通常强调统一性与整体性,结果导致农业生产服务已经完成,项目资金仍然没有安排到位的现实困境。HN省南部某县政府官员曾经讲,HN省的"三喷一防"项目资金主要以省北的季节为标准来安排,但是省北麦子还青的时候,省南的麦子已经熟了,结果导致招标完成,服务结束,麦子都已经收割了,项目资金才下发。

3. 购买服务内容不完善:回应差、标准弱、服务链条不完整

购买服务内容解决"购买什么"的问题,只有明确"购买什么"才能确定"怎么购买"与

"向谁购买"。确定购买农村公益性服务内容是保证公共资源高效利用,促进农业增产增收的基础条件。但是由于政府购买公共服务时间短、规模小,尤其涉农服务项目本身的特殊性等原因,因此,对于农村公益性服务的内容还存在很大的不完善、不确定的实践问题,这个问题主要表现在:

第一,需求回应性差。需求回应性差主要表现在两个方面:一方面,上级项目对县乡政府的需求回应性差。县乡政府直接面向农村、农民、农业,最清楚基层需要什么,最清楚哪些农业农村公益性服务需要购买,最了解公共资金的服务方向,但是服务项目基本上按照自上而下的路径安排设置,对基层政府的要求明显大于回应,而基层政府则是有限权力、无限责任,处于被动执行的地位。结果经常是,一个涉农项目钱花不完,就乱花,而相关的另一个项目急需钱却又没钱做。另一方面,基层政府对服务对象需求回应性差。农民在政府购买公共服务过程中主要是"沉默的受益者",是无话语、无参与、无表达的"三无服务对象",完全按照政府的服务安排"被服务",因此其自身的需求并没有得到重视,通常经过政府官员实现"理解性的发现"和"理性的发掘"。

第二,服务标准化弱。服务标准是购买合同中用以明确签约主体之间权利义务的细则,也是评估与考核的约定内容与主要标准。上级政府的购买政策多数是原则性安排,购买目录只能从宏观上进行制度规范,具体到区域性差异比较大的各个地方,则普遍存在具体服务标准不明确,甚至根本就没有的状况,在服务的质量、数量、时间与流程等方面都存在标准化缺失,在 HN 与 E 两省普遍存在这样的现实。尤其在政府购买农村公益性服务方面基本上不存在服务标准,只有地方政府经过初步摸索设定的"土标准",如规定土地深耕旋耕的深度必须达到 25 cm,玉米秸秆粉碎长度小于 10 cm 等。服务标准化弱意味着购买服务内容的不明确,这可能造成服务的主观性与随意性,同时也给供应商提供机会,其可能利用自身的专业优势在服务过程中,为了减少成本而不惜降低服务质量。

第三,服务链条不完整。农业生产的服务链条应该是产前服务、产中服务与产后服务,以此构成比较完整的公共服务链条,服务链条上的各项服务就构成政府购买农村公益性服务的基本内容。在各地的实践中,政府购买农村公益性服务在内容上主要涉及产中服务,对产前服务、产后服务都存在内容缺失,造成购买服务内容的服务链条不完整。如农业生产全程社会化服务项目中,E 省某县以机耕、机收、机播、风干等为内容,而 HN 省的同样项目则以玉米秸秆粉碎和土地深耕为内容,两者的重点都在对农业生产的"产中服务"的高度关注,至于产前的技术、种子、信息、安全,产后的销售、环保、信息等标识全程化服务的内容则不在全程社会化服务之列。尽管从试点的角度而言,这样的服务内容的选取因为具有政策试验性质而可以接受,不过从全程发展的视角分析,政府购买农村公益性服务在深化发展过程中需要加强服务延伸,着力构建完整的农业生产服务链条,以此满足农业生产需求是应然的选择。

4. 购买合同管理不规范

政府购买农村公益性服务本身是一个合同管理过程,从服务合同的签订、履行、监管、评估等都需要政府作为一个"精明的买家",有较高的购买公共服务的合同管理能力。县乡基层政府在购买农村公益性服务过程中的合同管理能力明显有待提升,存在管理不规

范的问题,这个问题主要表现为:

第一,监管不足。所谓监管不足主要表现在两个方面,一方面县乡政府无力监管,繁忙的行政工作与科层制规范导致县乡干部在购买公共服务流程中,止步于合同的签订,而合同履行的具体过程则无心监管,只能依赖文书报告判断服务质量与服务效果,尤其一些软性的过程性的公共服务,如机械耕作、农技服务与推广等。另一方面,县乡政府无能监管。政府本身具有专业局限性,对涉农公共服务没有专业监管能力,因此对公共服务的质量也就无从监管,两省县乡干部均表示,很多项目因为不懂、不会监管,到最后只能是到现场随便参观一次,然后就是执行"签字"功能,最终成为责任主体,因此,在实际调研中,很多干部认为需要引入第三方,实行"第三方监管"制度,不过这种制度在事实上形成购买监管服务,这就意味着必须拿出更多的公共资金购买"购买公共服务"的服务,这可能又陷入公平与效率的争论困境。

第二,评估低效用。因为服务标准不明确,合同监管无力直接导致公共服务效果评估存在低效甚至无效的问题。很多基层干部表示,对于农业生产的公共服务效果进行考核评估很困难,首先服务标准不明确,没有标准也就无法量化评估,只能采用主观评价。其次,即使服务标准很明确,但是服务过程却是无形的,而且服务过程通常是复杂的、琐碎的,因此无法认证,也就无法评估成效。因此,从服务效果考核的角度而言,并不是所有服务都适合购买,有必要对农村公益性服务进行类型化划分,物化的、事务性的服务能够评估,则可以购买,例如畜牧、疫苗等完全可以实行购买,疫苗由政府免费提供,是否完成依靠抽查检测血清即可考核。相反,不明确的则不适宜购买。

第三,责任难追究。追究责任是合同管理的一个重要内容,但是,如果对公共服务的过程与质量监管不够,对公共服务的效果评估不足,就直接产生购买合同管理的第三个问题,即责任追究难。项目组在调查过程中发现,通常一个服务项目完成后,基层政府不仅是购买者,更是直接的责任者,而原来的社会组织则并不存在责任,因为在项目完成以后,基层政府已经组织验收并"签字"。所以,当HN省TH县的小型农田水利工程中的水泵被盗、电线被偷以后,媒体关注的是当地政府的失职责任,而不是社会组织的服务责任,而且当地县乡政府又无法"讨回公道",只能"自认倒霉"并"加强管理"。因此政府购买农村公益性服务合同中的责任划定需要明确规范。另一方面,农村公益性服务的特殊性质也导致政府无法追责,例如农业技术推广应用的效果、农民生产技术的培训通常是无形的、不可衡量的,即使不符合合同规定的内容,政府也无从判断并追究责任,因此基层政府通常采用"不出事"逻辑来判定责任,如果社会力量的服务"出事"了,则必定追究,反之,社会力量的服务则"合格过关"。此外,基层政府处于制度化与地方化的复杂地方行政生态环境中,购买农村公益性服务经常存在执行变异、权力干预的情况,因此,责任追究可能在这些地方化的"潜规则"影响下不了了之。

二、城市社区公共服务的购买

(一)社区公共服务购买的基本特征

政府购买社区公共服务,是政府购买公共服务的一种专门类型,其类型特征在于,该购买的范围集中在社区活动范围内。

所谓"社区",广义而言是一种人类生活的社会共同体,在政府购买的视域下,它仅指"居民委员会辖区"。因此,所谓城市社区公共服务购买,即以城市居委会为单位且服务于该辖区内居民的政府购买公共服务。

在我国,政府购买社区公共服务主要发生于21世纪初。当时,SH市进行了首创性实践探索,随后,NJ、WX、GD、ZJ、SC等地相继进行了发展和创新。例如:2000年,SH市LW区等6个区的12个街道开展了社会组织提供居家养老的活动;2003年NJ市GL区推行了"居家养老服务网"工程;2005年,WX市将社会救助、治安保障和养老服务、环境保护等公共服务交给了社会组织服务;2007年,SZ市对扶持PX社会服务机构、CS公益网等社会组织机构进行了大力扶持。然而,我国对政府购买社区公共服务主要实行的是"政府出资、定向购买、契约管理、评估兑现"的提供方式。根据国家民政部民间组织管理局发布的《2014年中央财政支持社会组织参与社会服务项目评估报告》,政府对社会组织购买专门领域的公共服务予以大力支持,2014年,中央财政向社会组织参与社会服务投入了2亿元的资金支持,一共建立了448个项目:其中发展示范类项目184个;承接社会服务试点类项目116个;社会工作服务示范类项目107个;人员培训示范类项目41个。[①]

NJ市民政局颁发《关于NJ市民政局2015年度购买服务项目清单(第一批)和负面清单的通知》(宁民办[2015]13号),梳理了2015年度向社会组织购买服务项目的清单(第一批)。其中,涉及的城市社区公共服务购买内容如下(见表6-4):

表6-4 NJ市民政局2015年度购买服务项目清单(第一批)[②]

序号	项目名称	项目资金(万元)	项目简介
1	社区居家养老服务用房情况调查评估(含已建成小区养老服务设施调查)	17万元	委托第三方机构对各小区养老设施进行全面调查摸底,及时掌握各区养老设施达标情况,对不达标的区,要及时研究解决方案,以确保全市按时达标完成省政府的检查验收。最终提交养老服务设施调查评估报告

---

① http://www.chinanpo.gov.cn/3500/77186/prenewsindex.html.
② 根据本项目组队NJ市民政局的调研资料整理。

续表

序号	项目名称	项目资金（万元）	项目简介
2	第三届 NJ 社区暨社会公益服务项目洽谈会筹备服务	30 万元	用于全市社会组织重点项目洽谈区、其他 11 个区、全市性的活动和专题片拍摄等
3	全市社区主任培训（第二批）	16 万元	为提高社区主任素质，用两年的时间对全市社区主任进行轮训。2015 年要对剩下的 629 名社区主任进行第二期培训，提供社区治理、专项服务、管理创新等理论培训和实务教学服务
4	全市智慧社区信息应用培训	5 万元	按照民发 2013[170]号《关于推进社区公共服务综合信息平台建设的指导意见》，全市开展智慧社区信息平台建设。为提高社区工作者对平台的应用水平，举办全市智慧社区信息应用培训
5	市级和谐示范社区评估	10 万元	根据苏民基 2012[7]号《关于开展和谐社区建设示范单位创建活动的通知》，开展我市和谐示范社区的评估工作以及全年和谐社区达标率的认定
6	社区协商民主课题研究	4 万元	按照宁委发 2014[60]号《深化街道和社区体制改革》文件要求，2015 年要深化社区协商民主。对社区协商民主现状进行梳理分析，查找不足，明确下一步工作方向及路径
7	新型社区综合服务中心评估	6 万元	按照宁委发 2014[60]号《深化街道和社区体制改革》文件要求，今年全市为民办实事，建设 30 家新型社区综合服务中心。本项目对全市社区综合服务中心建设的空间面积、体制机制、功能布局进行评估

BJ 市社会建设工作领导小组办公室同市委、市政府 30 个部、委、办、局和各区县有关部门研究制定了《BJ 市社区基本公共服务指导目录（试行）》（2010 年 9 月）[①]。BJ 市城市社区公共服务购买目录包括（见表 6-5）：

表 6-5　BJ 市社区基本公共服务指导目录（试行）[②]

服务类型	服务项目	服务内容
社区就业服务	1.社区劳动就业咨询服务	（1）在社区开展有关劳动就业、社会保障、劳动维权和劳动监察方面的法律、法规和相关政策的宣传、咨询服务
	2.社区职业介绍服务	（2）为社区失业人员建立动态管理服务台账，掌握就业需求，提供求职登记、职业介绍等服务，采集空岗信息，开发就业岗位；协助做好辖区内用工单位基本信息和劳动用工信息的采集、更新

① 参见 http://www.bjshjs.gov.cn/86/2010/10/18/23%403576.htm。
② 资料来源于对《BJ 市社区基本公共服务指导目录（试行）》（2010 年 9 月 8 日）的整理。

续表

服务类型	服务项目	服务内容
社区就业服务	3.社区就业困难人员再就业服务	(3)为社区就业困难人员建立再就业援助台账,提供就业服务信息和就业"托底"安置人员认定服务
	4.社区"零就业家庭"就业帮扶服务	(4)及时了解社区"零就业家庭"就业服务需求,建立就业服务台帐,对"零就业家庭"劳动力开展一对一帮扶服务
	5.社区自主创业就业服务	(5)开展社区自谋职业(自主创业)、灵活就业人员就业服务,为信用社区小额担保贷款申请人提供信用调查和开展贷后跟踪服务
社区社会保障服务	6.社区老年人(残疾人)居家养老服务	(6)为社区80周岁以上老年人、16—59周岁无工作的重度残疾人和60—79周岁的重度残疾人每人每月发放100元养老(助残)券,用于购买生活照料、家政服务、康复护理等方面的基本生活服务
	7.社区老年人(残疾人)就餐送餐服务	(7)通过餐饮企业,为社区老年人(残疾人)提供安全的配餐、就餐和送餐服务
	8.社区老年人(残疾人)出行服务	(8)为街道、乡镇配发养老(助残)无障碍服务车,方便社区老年人(残疾人)参加社会活动
	9.社区老年人(残疾人)精神关怀服务	(9)依托"96156"社区服务热线,通过多种方式,为社区老年人(残疾人)提供相关电话咨询、上门服务以及居家精神关怀服务
	10.社区老年人(残疾人)电子辅助服务	(10)逐步为有使用需求并具备使用能力的社区65周岁以上的老年人和16—64岁的重度残疾人配备便携式"小帮手"电子服务器,提供相关电子信息服务
	11.社区老年人(残疾人)优待服务	(11)为社区60—64周岁老年人办理优待证,为65周岁以上老年人办理优待卡,为90周岁以上老年人发放高龄津贴,为100周岁以上老年人办理医疗补助,为社区残疾人办理残疾人证
	12.社区残疾人温馨家园服务	(12)推进残疾人温馨家园建设,为社区残疾人提供职业康复、日间照料等满足其特殊需求的专项服务
	13.社区残疾人无障碍设施建设服务	(13)为社区有需求的残疾人家庭实施无障碍设施改造,给居家生活的残疾人提供洗澡、如厕、做饭、户内活动等方面的便利;协调产权人(部门)对社区居委会、服务站、卫生服务机构等居住区内公共服务设施和居民楼入口进行无障碍改造
	14.社区老年人信息档案服务	(14)为社区全部老年人建立信息档案,为80周岁以上的老年人和60—79岁重度残疾人以及其他有服务需求的老年人建立居家养老服务信息档案
	15.社区企业退休人员服务	(15)为社区内企业退休人员提供社会化医疗费报销服务,在社区开展享受社会保险待遇居民的资格认证工作,开展城乡无保障老年居民福利性养老金、城乡居民养老保险、医疗保险的申请登记、公示核实、受理报销等工作
	16.社区托老(残)服务	(16)利用养老院或社区托老(残)所,为老年人(残疾人)提供日间照料和康复护理服务。

续表

服务类型	服务项目	服务内容
社区社会救助服务	17.社区低保人员救助服务	(17)为社区低保对象提供登记公示和相关信息报送服务,核实家庭基本情况,切实做到"应保尽保"
	18.社区特殊群体帮扶服务	(18)对社区困难家庭、优抚对象、未成年人、残疾人、流动人口等特殊群体提供帮扶救助服务
	19.社区临时救助服务	(19)为社区居民提供登记和相关信息报送服务,缓解其因病因灾导致的临时性、突发性困难
社区卫生和计划生育服务	20.社区公共卫生和基本医疗服务	(20)依托社区卫生服务机构,开展以疾病预防、医疗、保健、康复、健康教育和计划生育技术服务和一般常见病、多发病的诊疗服务为主要内容的社区卫生服务
	21.社区居民健康档案服务	(21)为社区居民提供健康档案服务,依据健康档案,在居民自愿的基础上实行居民健康管理
	22.社区居民转诊服务	(22)社区卫生服务机构与有关医院按照卫生行政部门规定建立双向转诊关系,指导社区居民合理转诊,提供相应的便利服务
	23.社区计划生育服务	(23)开展社区生殖健康科普宣传教育服务,对育龄人群开展婚前健康教育和优生指导,对已婚育龄妇女开展计划生育随访服务;开展社区全员人口个案信息采集服务,为居民办理《生育服务证》和《独生子女父母光荣证》开具证明;免费发放避孕药具
	24.社区独生子女家庭服务	(24)为社区独生子女家庭提供相关奖励扶助等服务
	25.社区急救保健服务	(25)在社区开展急救、保健、健康教育、博爱超市等服务
社区文化教育体育服务	26.社区群众文化服务	(26)加强社区文体场所设施建设,组织开展各具特色的群众性文化活动,开展露天演出,放映公益电影等,丰富居民群众精神文化生活;依托社区及辖区单位,面向社区青少年、青年组织,开展交友、娱乐、读书、课外学习等活动和服务
	27.社区教育培训服务	(27)利用市民学校、人口文化学校等和相关宣传栏,开展多种形式的教育培训活动,不断满足各类居民的学习需求
	28.社区早教服务	(28)整合各类教育服务资源,逐步开展0—3岁婴幼儿的早期教育服务
	29.社区中小学生社会实践服务	(29)为社区中小学校开展爱国主义教育、素质教育和社会实践活动提供便利条件,方便在校学生按照要求参加研究性学习、社区服务与社会实践活动
	30.社区科普服务	(30)依托社区科普画廊,开展科普宣传服务。在具备条件的社区建立科普活动室和户外科普设施,不断提高民生科技的社区应用和服务水平
	31.社区居民阅览服务	(31)加强社区图书馆、社区益民书屋等场所建设,配备图书、报纸杂志以及部分音像制品,方便居民读书阅报

续表

服务类型	服务项目	服务内容
社区文化教育体育服务	32.社区体育设施建设服务	(32)加强社区全民健身居家工程建设与管理,定期对健身器材进行维护与更新。在具备条件的社区,根据居民需求,建设集健身组织、健身场地、健身活动于一体的社区体育健身俱乐部
	33.社区群众性体育组织建设服务	(33)建立社区全民健身体育协会和各类社区群众体育组织,按照要求设立社区晨、晚练辅导站,配备社会体育指导员,为社区居民提供健身指导服务
	34.社区群众体育健身服务	(34)组织开展经常性、日常性、传统性、品牌性的社区体育比赛和各级各类健身活动,增强活动特色和吸引力,提高体育生活化水平
	35.社区居民体质测试服务	(35)开展社区成年人体质测定服务,为居民建立体质健康档案
	36.社区健身宣传培训服务	(36)在社区举办全民健身大课堂讲座,订阅体育报纸、杂志、宣传材料,经常举办体育骨干技能培训
社区流动人口和出租房屋服务	37.社区流动人口服务	(37)为居住、工作、生活在社区内的流动人口提供信息采集登记、有关法规政策宣传、开具在本社区居住的有关证明等服务,并结合实际为其提供就业和维权服务信息、计划生育和服务流程告知等服务
	38.社区出租房屋相关服务	(38)对社区内出租房屋进行信息采集登记,宣传房屋租赁有关法规政策,告知房屋出租人依法履行纳税义务,并可受房屋出租人委托代办出租房屋税收缴纳
社区安全服务	39.社区治安状况告知服务	(39)建立治安警情通报制度,定期向社区群众公示社区治安情况,增强群众安全防范意识
	40.社区治安服务	(40)加强专职巡防队伍建设,维护本地区治安和城市秩序,为社区居民提供巡逻和防控服务;发展壮大社区治安志愿者队伍,协助专门机关做好巡逻防范、矛盾调解、隐患排查等工作
	41.社区矫正服务	(41)为社区矫正对象提供教育矫正,帮助其解决就业、生活、法律方面遇到的困难和问题等服务
	42.社区帮教安置服务	(42)为社区刑释解教帮教安置对象提供帮扶、教育等服务
	43.社区禁毒宣传服务	(43)推进社区禁毒组织网络建设,组织开展禁毒宣传教育服务
	44.社区青少年自护和不良青少年帮教服务	(44)针对影响社区青少年健康成长的普遍性问题,开设青少年成长课堂,开展青少年安全自护教育服务。建立青少年法制教育组织体系,为不良行为青少年提供帮扶、教育和转化服务
	45.社区法律服务	(45)为社区居民提供法律宣传、法律咨询等服务
	46.社区消防安全服务	(46)推进社区消防设施建设,组织开展消防宣传教育培训、家庭防灭火和逃生演习

续表

服务类型	服务项目	服务内容
社区安全服务	47.社区安全稳定服务	(47)加强社区安全稳定信息员和人民调解员队伍建设,及时掌握安全稳定信息,积极开展人民调解工作,为居民调解矛盾纠纷,妥善处置社区各类安全隐患
	48.社区应急服务	(48)结合实际,为社区居民提供应急知识宣传教育、应急演练服务
	49.社区警务设施和警力配备服务	(49)依托社区警务工作站,按照要求配备社区民警,开展社区安全服务
	50.社区物技防设施建设服务	(50)指导建设单位和物业服务企业加强新建小区的物技防设施建设和管理;督促各地区落实属地责任,加强老旧小区的物技防设施建设。在具备条件的社区实行封闭式管理
社区环境美化服务	51.社区环境综合治理服务	(51)开展社区垃圾分类处理、噪声污染治理等服务;为社区开展排水和水资源循环利用工作提供政策咨询服务
	52.社区绿化美化服务	(52)开展社区绿化美化和义务植树活动,提高居民植绿、护绿、爱绿意识;倡导低碳生活方式,推行绿色消费理念,推进身边建绿、身边护绿工作
	53.社区环境保护服务(绿色社区创建)	(53)开展形式多样的社区环境宣传教育活动,倡导绿色生活方式,引导居民参与环保活动,树立良好的保护环境、文明养犬等环境道德和行为规范,对违规养犬行为视情节依法进行查处
	54.社区节能服务	(54)大力宣传普及节能知识和生活节能常识,倡导居民使用节能型生活器具,开展节能活动
	55.社区市政公共设施建设服务	(55)为社区提供天然气、煤气、宽带、有线电视、电话等市政公共设施,对出现问题的市政设施及时修补或更换
社区便利服务	56.社区便民商业服务	(56)积极开发、设置社区菜市场(或便民菜店)、便利店、早餐、洗衣、美容理发、再生资源回收、邮政等服务网点,合理布局,提高居民生活便利度
	57.社区家政服务	(57)依托"96156"社区公共服务平台和BJ家政服务网,为社区居民开展小时工、家政服务员、月嫂等家政服务
	58.社区代收代缴服务	(58)鼓励社区具有支付服务功能的商业网点、社区服务站增设"代收代缴服务点"内容,为居民提供代收水费、电费、煤气费、电话费等服务
其他服务	59.社区心理咨询服务	(59)开展社区心理健康咨询服务,加强对居民的人文关怀和心理疏导
	60.社区网络信息服务	(60)依托电脑、电话、网络、呼叫器等设施,建立社区现代信息化网络阵地,方便居民通过社区综合信息平台参与管理、反映诉求、获得服务

由此可见,城市社区公共服务购买内容涵盖面十分广泛且多样,涉及:社区宣传、社区调查、社区管理、社区矫正、社区公共设施维护、社区居家养老服务、社区培训、社区评估、社区治理等各大方面。其中,BJ市的城市社区公共服务购买指导目录最为详尽,包含了十大社区服务种类:社区就业服务、社区社会保障服务、社区社会救助服务、社区卫生和计划生育服务、社区文化教育体育服务、社区流动人口和出租房屋服务、社区安全服务、社区环境美化服务、社区便利服务及其他服务。

此外,结合对城市社区公共服务内容发展历程的梳理,城市社区公共服务主要被分为七大方面:社区就业服务,社区社会保障服务,社区救助服务,社区卫生和计划生育服务,社区文化、教育、体育服务,社区流动人口管理和服务以及社区安全服务;具体细分,可细化到老人服务、残疾人服务、优抚对象服务、困难户服务、儿童服务、家庭服务以及其他便民服务等。因此,虽然我国城市社区公共服务购买尚未形成统一、标准化的购买目录,但各地方政府在积极开展社区建设的过程中,不断地丰富了城市社区公共服务购买内容,满足了更多社区群体的多样化需求。

(二)社区公共服务购买的制度环境

项目组调研发现,社区公共服务购买的制度环境与其他类型的政府购买公共服务实际上并没有太大差异。以NB市HS区购买居家养老服务为例,规范HS居家养老服务购买的法律法规,包括中央层面关于政府向社会力量购买公共服务的政策性文件,居家养老服务的政策文件,以及2004年5月12日NB市HS区政府颁发的《关于HN区社会化居家养老工作的指导性意见》的文件,和2008年《HS区关于在社会工作领域开展政府购买公共服务的实施意见(试行)通知》等地方性行政法规和条例。

2004年5月12日,NB市HS区政府颁发了《关于HS区社会化居家养老工作的指导性意见》,《指导意见》提出,按照"政府扶持、非营利组织运作、社会参与"的工作思路,建立社会化居家养老服务体系,为老年人提供优良的养老服务,全面提高老年人的生活质量。在这其中,"对家庭经济困难生活不能自理或半自理,家属又无能力照顾,需要提供生活服务的老年人,由政府通过购买服务的方式解决其生活困难问题"。据此,HS区开始向社会组织购买居家养老服务。2008年,HS区通过了《HS区关于在社会工作领域开展政府购买公共服务的实施意见(试行)通知》,从"项目认定、项目招投标、项目合同签订、项目执行管理、项目绩效考评"五大方面规定了购买的操作规程,有助于HS购买实践的规范化、专业化。

HS区购买居家养老服务的资金由区财政支付,已经纳入预算,每年大致200万元。每个老人每天服务一小时,服务员每小时的报酬参考NB市服务的平均水平(13.5元)。政府购买居家养老服务的经费,由政府拨给敬老协会之后,敬老协会每两个月提前把每个社区的居家养老服务员的工资划拨到社区,服务员给老人服务后,每月到社区领取工资。

(三)社区公共服务购买的主体结构

社区公共服务购买的主体结构虽然有自己的特点,但是,其基本构成依然呈现"四元主体"结构,即购买者、消费者、生产者与评估者。调研显示,社区公共服务的自身特征主要在于购买者与消费者。

社区公共服务购买,顾名思义是以居委会为单位进行的政府购买公共服务行为。"居委会"在我国的法律体系中属于"基层群众性自治组织",因此,社区公共服务的购买者绝大部分由街道办事处这一区政府的派出机构组成,街道办事处是社区公共服务购买的购买主体。例如,CD 市 WH 区《关于社区平台购买社会服务的指导意见》中明确规定:"各街道办事处是购买主体。街道办事处可授权委托相应社区作为购买社会服务的执行人。"由此可见,社会公共服务的购买者仍然是政府,但是,社区也在购买中发挥协调作用。社区公共服务的消费者,即为该居委会辖区内的全体法定居民。

(四)社区公共服务购买的实际运行

1. 购买内容

按照不同的标准,城市社区公共服务购买有不同的分类。本研究按照是否涉及政务事项,把购买分为政务购买和非政务购买。在非政务购买中,又以购买内容是否单一为标准分为单项购买和综合购买。

(1)单项购买

一般而言,单项购买的社区公共服务只针对某一特定人群或组织群体,服务对象较为固定,服务目标具体可操作性强。例如 NB 市 ZH 区《关于印发 ZH 区城乡社区"微民生大服务"服务项目指导目录的通知》(镇民〔2015〕64 号)规定政府购买社区公共服务的内容为:扶老类(生活照料、健康保健、精神文化、权益保障)、助残类(康复服务、社区融入、权益保障)、扶幼类(青少年儿童服务、外来务工子女服务)、济困类(大重病患者服务、困难群体服务)等。其中,对于购买各类服务的内容还有更为明确的项目指标(见表 6-6)。

表 6-6 NB 市 ZH 区城乡社区"微民生大服务"服务扶老类项目

一、扶老类
1. 生活照料
(1)就餐送餐服务
依托老年食堂等,为老年人提供安全的配餐、就餐、送餐等服务。
(2)公益关爱服务
为老年人提供抵偿、无偿的理发、修剪指甲等服务。
(3)结对互助服务
形成互帮互助机制,鼓励社区居民、志愿者、老年人等通过结对的方式为社区高龄、独居老人和纯老家庭提供服务。
(4)配套辅助服务
在老人住家内部及小区公共空间新建、改建扶手等辅助设施;为老年人配备便捷式服务设备,及时掌握老人情况。
(5)临终关爱服务
为老年人提供临终关怀以及老人过世后丧葬指导服务。
(6)失能(智)老人关爱服务
为失能(智)老人提供康复训练、心理干预、生活照料等服务。

续表

2.健康保健

（7）健康指导服务

开展老年疾病的健康指导和综合干预,培养老年人健康自我管理和互助意识；

开展老年人健康教育宣传、保健知识普及等服务。

（8）心理关怀服务

为老年人提供心理咨询、心理疏导等服务,改善与预防老年人心理问题。

3.精神文化

（9）学习教育服务

开展面向老年人的健康适宜、形式多样的学习培训,实现"老有所学"。

（10）文体娱乐服务

为老年人提供健康适宜、形式多样的文体活动。

（11）情感支持服务

为老年人提供情感沟通、婚恋交友等服务。

4.权益保障

（12）普法维权服务

开展老年人法律普及和宣传等活动,做好老年人法律援助等服务工作。

二、助残类

1.康复服务

（13）康复综合服务

提供功能技能训练、残疾预防、知识普及和咨询等康复服务。

（14）心理关怀服务

为残疾人提供心理咨询、心理疏导等服务,重点关注精神残障人群、自闭症人群。

2.社区融入

（15）教育就业服务

开展各类技能培训及实践,提高残疾人自理、自助能力；稳定和扩大残疾人就业,鼓励残疾人创业。

（16）文体娱乐服务

为残疾人提供健康适宜、形式多样的文体活动。

（17）情感支持服务

为残疾人及其家庭提供情感沟通、婚恋交友等服务。

3.权益保障

（18）普法维权服务

开展残疾人法律普及和宣传等活动,做好残疾人法律援助等服务工作。

三、扶幼类

1.青少年儿童服务

（19）健康成长服务

面向青少年儿童开展健康适宜、形式多样的素质提升活动以及四点钟学校等课后托管服务。

（20）心理关怀服务

为有轻微至重度情绪困扰问题的青少年儿童提供支持性介入服务,改善心理、行为、认知问题。

（21）帮扶教育服务

通过思想引导、情感关怀等措施,对有不良或严重不良行为的青少年开展帮扶、教育、转化服务。

续表

(22)普法维权服务
开展青少年儿童法律普及和宣传等活动,做好青少年儿童法律援助等服务工作。
2.外来务工子女服务
(23)健康成长服务
为外来务工子女提供结对助学、教育咨询、暑期活动等服务。
(24)心理关怀服务
为外来务工子女提供心理咨询、心理疏导等服务,引导其更好地融入社区。

四、济困类
1.大重病患者服务
(25)康复指导服务
为大重病患者及其家庭提供康复指导和技能培训,帮助其改善身体状况,提高生活质量。
(26)心理关怀服务
为大重病患者提供心理咨询、心理疏导等服务,改善与预防大重病患者心理问题。
(27)互助关爱服务
鼓励和引导大重病患者建立互助小组、俱乐部等组织,开展形式多样的互帮互助活动。
2.困难群体服务
(28)生活救助服务
依托慈善超市等载体和活动,为低保、低收入群体、支出型贫困群体等困难群体给予关怀和帮助。
(29)心理关怀服务
为低保、低收入群体、支出型贫困群体等困难群体提供心理咨询、心理疏导等服务,改善与预防其心理问题。
(30)促进就业服务
通过职业指导、技能培训、就业帮扶等措施,帮助失业人员、无业人员、4050人员就业。

五、文体健教类
1.文化教育
(31)群众文化服务
开展形式多样的文化活动。
(32)文化传承服务
开展优秀传统文化、非物质文化遗产的保护与传承传播活动。
(33)教育培训服务
开展形式多样的教育培训活动。
(34)社区科普服务
开展科普宣传、体验等活动。
2.体育健康
(35)体育健身服务
开展形式多样的体育健身活动。
(36)健康保健服务
开展疾病预防、保健康复、健康检查、健康教育等活动和服务。

六、环境保护与提升类
1.环境治理
(37)安全防护服务
完善社区安全防护设施,开展社区义务巡逻、邻里守望等活动,消除社区安全隐患。

续表

(38)环保节能服务
开展社区垃圾分类、文明养犬、旧衣回收、低碳生活等普及与推广,倡导居民使用节能型生活器具。
2.环境提升
(39)设施提升服务
完善小区、楼道公共环境和服务设施,建设规范统一的公共晾衣架等服务设施。
(40)绿化美化服务
开展形式多样的社区绿化美化活动,提高居民植绿、护绿、爱绿意识。

七、其他类
1.综合服务
(41)综合便民服务
开展义务诊疗、维修等形式多样的志愿服务;提供社区工具出借、电瓶车充电等便民服务。
2.促进社区融合
(42)婚姻家庭服务
提供婚恋指导、夫妻关系调适、亲子教育、妇女维权等服务。
(43)矛盾调解服务
开展社区矛盾纠纷排查、调解等服务。
(44)外来人口融合服务
通过志愿服务、困难帮扶、技能培训、权益保障等措施,促进外来人口更好地融入社区。
3.其他服务
(45)其他社区民生服务

从上表可见,单项社区公共服务购买对特定服务群体的针对性强。社会组织在承接ZH区"微民生大服务"项目时,可针对性地从一级指标、二级指标中进行分类甄选适合承接的具体项目。通常,承接单项服务的社会组织与所承接的服务内容的专业对口性较强。

又如,GD省FS市GY社区的专业养老服务专项购买。GY社区作为GD省试点社区,2009年开始定位打造港式社区,参照香港的社区养老模式,GY社区购买专业服务,设立了日托中心、康复中心、长者饭堂,帮助社区内长者从饮食、社交、继续学习、日常护理、医疗保健等各个方面得到便利。其中,尤属GY居家养老日托中心项目最为突出。

GY居家养老日托中心成立于2013年5月1日,由关爱基金会出资,南海社会福利中心为长者提供日间照料、膳食服务、社工服务、心理健康、体育健康、文化娱乐等服务。在具体操作方面,GY居家养老日托中心提供如卡拉OK、按季节开展的主题养生保健讲座、养生保健操等活动,另外还对身体出现问题的长者提供康复理疗。

除了以服务人群为对象划分的单项购买外,还有以社会组织为服务对象的单项购买,例如广泛兴起的"社会组织孵化培育"项目。2015年3月,WH区政府采购了"CD市WH区民政局社会治理创新服务园运行管理项目"(招标号:WHPGSC2015-0311-24)。该项采购的项目资金为90万元,服务时限自合同签约日起为期1年。该项采购的主要目的为:整合社会资源、培育社会组织、搭建社会治理交流平台、提供优秀社会治理成果展示等多位一体的社会治理创新服务平台,以此提升CD市WH区社会治理体系的建设及治理能力的发展。采购内容为:进行公益展示,日常展示展板不少于10个,参加展示的社会组织不少于10家,大型展示展板不少于20个,参加展示的社会组织不少于20家;搭建社会组织能力建设学院,有针对性的培训不少于2次,参加培训人员每次不少于80人,公益互动沙龙不少于2次,参加人员每次不少于40人,研讨会不少于2次,参加人员每次不少于30人等;开展社会组织孵化业务,制定与孵化业务有关的制度和孵化流程,孵化出壳的社会组织数量不少于16家等。由此可见,WH区的此项社区公共服务购买,主要目的为,孵化培育社区社会组织的,为城市社区公共服务购买提供资源更充足的后备军。

(2)综合购买

对于社区综合类公共服务购买而言,服务对象一般较为广泛且不固定,但在执行层面上仍有具体服务目标和宗旨。较单项购买而言,综合购买的最终目标一般更为宏观,服务操作流程更为复杂,典型案例为对GZ市家庭综合服务中心的购买。除此之外,随着社区建设的发展,社区管理向社区治理的转型,对社区文化营造、社区自治能力提升等方面的社区治理类服务购买也可被视为综合类购买。基于这种理解,综合类社区公共服务购买可以是单项购买的组合,即一项综合购买可以拆分为多项单项购买,综合购买与单项购买应该是包含与被包含的关系。

GZ市家庭综合服务项目是典型的综合。GZ市家庭综合服务中心主要强调对"以家庭、青少年、长者作为核心服务对象"进行的"综合服务",重点突出开展项目的多元化与复合型①。自2011年起,GZ市政府按照每个每年200万元的标准在全市建设家庭综合服务中心。到目前,GZ市一共建立了174个街(镇)和社区级家庭综合服务中心,遍布于GZ市YX区(22个)、HZ区(21个)、LW区(22个)、TH区(21个)、BY区(22个)、HP区(22个)、HD区(7个)、FY区(17个)、NS区(9个)、CH区(3个)和ZC区(8个)等各个辖区②。家庭综合服务中心项目主要由民办社会工作服务机构承接运营,服务对象群体涉及老年人、青少年、残障人士等多个服务领域。2008年至2014年期间,累计GZ市投入"家综"服务财政资金11.07亿元,其中,承接"家综"项目的社会组织的法人背景主要分类为:高校学者、社会工作者、宗教性社会团体、企业出资、街道办事处、事业单位等6大类别③。

"YX区Z大社工·BJ街家庭综合服务中心"是GZ市首批20家通过政府购买建设的家综服务中心之一,于2011年1月20日正式投入运营④。该项目由GZ市YX区BJ街道办事处委托GD华鑫招标采购有限公司进行招标采购,最后与GZ市Z大社工服务中心签订为期3年的服务合同,每年200万元,一年工时为27440小时,三年总工时为82320小时。截至2014年1月24日,"该中心所服务的原BJ街辖区面积为0.471平方公里,辖区内共有6个社区居民委员会,户籍居民11979户/34314人,流动人口3956户/7491人,人

---

① 陈莹:《分理与整合:政府购买中社会组织的法人背景研究———以GZ市社区家庭综合服务中心为例》,《中山大学研究生学刊(社会科学版)》2015第36期,第165页。
② 参见http://www.96909.gd.cn/sqfww/gzcs_jt_list.asp。
③ 陈莹:《分理与整合:政府购买中社会组织的法人背景研究》,第168页。
④ 参见http://www.gzcs.gd.cn/sqfww/gzcs_jt_jiben.asp?f_number=010320153915190&f_name=%B1%B1%BE%A9%BD%D6%BC%D2%CD%A5%D7%DB%BA%CF%B7%FE%CE%F1%D6%D0%D0%C4。

户分离(空挂户)7441户/22036人,常住人口8544户/19769人"①。该"家综"开展了"关爱长者,健康义诊""关注安全,共建幸福""护花使者"儿童保护计划、"美丽人生"女性支持计划、"光明行动"之白内障筛查义诊活动等综合服务。这些服务的开展满足了居民的多元化需求,服务范围辐射更多元化群体。具体内容见表6-7:

表6-7　GZ市Z大社工BJ街家庭综合服务项目内容②

(1)家庭服务——五星级家庭计划
1.倡导建安/安全知识
2.建立社会支持网络
3.家庭成员个人成长
4.学习子女教育知识
5.处理家庭关系
(2)长者服务——成功长者计划
6.长者日托及长者配餐
7.疾病预防及健康维护
8.认识和身体功能维护
9.人际交往及社会参与
10.社区长者学堂计划
(3)儿童及青少年服务——青涩计划
11.幸福小学堂(三点半学堂)服务
12.能力加油站
13.儿童能量启动计划
14.育苗行动——儿童及青少年领袖培训
15.幼儿成长空间
(4)残障人士服务——向日葵计划
16.残障人士个人成长需要
17.残障人士才能展示平台
18.残障人士社区融入计划
19.家属互助营
(5)劳动就业服务——凤凰计划
20.疏导就业压力
21.建立就业自信心
22.宣传就业优惠政策及就业资讯
23.倡导正确就业观念
(6)义工服务——点灯行动计划
24.义工精神推广及义工招募
25.发展并培训社区义工领袖
26.义工培训及能力发展
27.组建全方位义工服务队伍

---

① 参见 http://www.gzcs.gd.cn/sqfww/gzcs_jt_jiben.asp? f_number = 010320153915190&f_name = %B1%B1%BE%A9%BD%D6%BC%D2%CD%A5%D7%DB%BA%CF%B7%FE%CE%F1%D6%D0%D0%D0%C4。

② 参见 http://www.zdsw.org.cn/Channel.asp? ChannelID = 18。

(3) 政务购买

除开单项购买和综合购买之外,值得关注的政府购买城市社区公共服务的内容还有政务购买。目前,对社区政务购买推动力度最大的是 CD 市的 WH 区和 WJ 区。

2014 年 4 月,随着社区网格治理机制改革的实施,建立"立体化·多元化·社会化"网格治理新机制理念的提出,CD 市 WH 区开始探索将社区政务窗口业务外包给社会组织创新型城市社区公共服务购买。WH 区政府一共梳理了"139 项"政务服务下放给社会组织,在社会组织承接"139 项"之前,这些政务服务一直由社区居委会直接提供。然而,作为社区自治组织,社区居民委员会在长期政务服务的过程中行政化色彩浓厚,再加上其他冗杂的社区事务均需要社区居委会进行管理和服务,在有限的资源条件下,降低了社区的办事效率,影响其自治功能的发挥。由此,WH 区政府期望通过让社会组织承接部分社区行政事务来减轻社区居委会的压力,从而去其行政化,促其发挥空间更大的自治功能。

根据 WH 区 TST 街道发布的《CD 市 WH 区人民政府 TST 街道办事处其他社会服务采购项目》(招标编号:WHPGSC2015-0416-40)采购要求显示,下沉的 139 项政务购买事项主要包含(见表 6-8):

表 6-8　CD 市 WH 区 TST 街道政务购买 139 事项

(一) 区计生局

1. 计划生育药具管理发放,避孕药具管理发放;自助发放机的管理
2. 办理《CD 市符合法律法规生育通知单》初审
3. 办理《流动人口婚育证明》初审(流出人员)
4. 农村家庭、低保家庭和零星就业家庭独生子女父母奖励金申报、登记和发放工作及第一次办理和遗失等补办独生子女父母光荣证的初审
5. 办理计划生育家庭奖励扶助金、计划生育家庭特别扶助金的申报、登记和发放工作
6. 组织已婚育龄妇女参加生殖健康普查及办理免费孕前优生健康服务卡
7. 计划生育"三结合"户帮扶工作
8. 流动人口计生信息采集、录入工作
9. 计划生育统计工作
10. 办理病残儿鉴定初审
11. 流动人口《婚育证明》查验
12. 流动人口一孩生育服务登记初审

(二) 区民政局

13. 办理低保、医疗救助的初审
14. 办理部分参战参核人员的申请
15. 阳光圆梦工程、阳光育苗工程初审工作
16. 特困老人居家养老服务初审
17. "一键通"为老服务(提供平台服务)
18. 60 岁以上低保老人、90 岁以上老人、百岁老人等特殊老人管理服务
19. 空巢老人管理服务
20. 老年人基础数据统计和动态管理

续表

21.社区社会组织的备案、变更、注销及年检初审
22.办理临时救助初审
23.低收入网上核对工作
24.受理低收入家庭申请及初审(只含低保、教育、医疗的初审)
25.60岁以上农村籍退伍义务兵的初审工作
26.重点优抚对象医疗补助
(三)区人社局
27.办理用人单位(个人)招聘推荐服务录入系统
28.办理个人求职登记与职业介绍录入系统
29.创业培训报名受理
30.职业技能培训服务报名
31.灵活就业社会保险补贴服务初审
32.就业困难人员援助服务初审
33.小额担保贷款申请服务
34.就业困难人员认定
35.就业见习基地申报
36.就业实名制动态管理服务
37.办理空岗信息收集与发布录入系统
38.创业后续服务
39.失业金申请核发初审
40.办理《就业失业登记证》初审
41.劳动监管网格动态监控,采集和维护用人单位基本信息
42.协助开展劳动保障监察
43.劳动用工和社会保险年度审查
44.城乡居民养老保险参保初审
45.退休人员社会化管理八项服务
46.WH区农民养老保险领取资格验证
47.个人新增参保业务办理
48.征地农转非人员续保
49.个人基础信息修改
50.个人银行代扣协议信息修改
51.个人银行代扣代缴账务数据核对
52.个人缴费基数申报修改
53.个人终止(暂停)参保
54.个人参保信息查询,打印
55.城乡居民养老保险信息查询
56.城乡居民基本医疗保险信息查询
57.个人社保卡制作登记,挂失,加磁,重打密码
58.城乡居民基本医疗保险参保缴费
59.定点医疗机构和定点零售药店网格化巡查

续表

(四)区残联
60.办理《残疾人证》申请(资料受理转报)
61.发放"温暖万家行"(含春节、全国助残日和中秋节等节日)慰问金和慰问品
62.办理《贫困残疾人专项生活补助》初审(资料受理转报)
63.办理《残疾人自强助学金》初审(资料受理转报)
64.办理《残疾人参加城乡基本医疗保险》初审(资料受理转报)
65.办理《残疾人参加大病医疗互助补充保险》初审(资料受理转报)
66.办理《残疾人个体工商户养老保险补贴》初审(资料受理转报)
67.办理《16岁以上的城乡重度残疾人购买养老保险》初审(资料受理转报)
68.办理《残疾人购买团体人身意外伤害保险附加意外伤害医疗保险》初审(资料受理转报)
69.办理《困难残疾人家庭居家生活设施补助》初审(资料受理转报)
70.办理《重度残疾人护理补贴》初审(资料受理转报)
71.办理《贫困重度残疾人居家安养护理补贴》初审(资料受理转报)
72.办理《80岁以上老年残疾人居家护理补贴》初审(资料受理转报)
73.办理《贫困重度精神残疾人集中托养救助补贴》初审(资料受理转报)
74.办理《贫困重性精神病患者"阳光救助"补贴》初审(资料受理转报)
75.办理《贫困精神残疾人免费服药》初审(资料受理转报)
76.办理《肢体残疾人社区康复医疗救助券》初审(资料受理转报)
77.办理《残疾人基本型辅助器具(含心智障碍人士防走失产品、7岁以下听力残疾儿童人工耳蜗植入手术)》初审(资料受理转报)
78.办理《肢体残疾人假肢、矫形器(含成人肢体矫治手术)》初审(资料受理转报)
79.办理《贫困白内障患者复明手术》初审(资料受理转报)
80.办理《甘露医疗援助(含"爱心医疗卡""爱心购药卡")》初审(资料受理转报)
81.办理《贫困脑瘫儿童救助(含残疾儿童矫治手术、康复训练)》初审(资料受理转报)
82.办理《残疾人机动轮椅车燃油补贴》初审(资料受理转报)
83.办理《残疾人居家无障碍改造服务》初审(资料受理转报)
84.办理《贫困残疾人特殊困难紧急救助》初审(资料受理转报)
85.办理《残疾人驾驶汽车(C5)补贴》初审(资料受理转报)
86.通过《CD市残联综合信息管理系统》对残疾人服务事项的录入
87.承担为残疾人提供"量体裁衣"式个性化服务的入户调研、制订个性化服务方案、跟踪落实个性化服务,并录入省级《CD市残疾人个性化服务信息平台》
88.流动人口中持证残疾人信息采集、录入《CD市残疾人综合信息管理系统》
(五)区教育局
89.《市民终身学习卡》办理申请审查、登记、发放和管理
90.开展社区教育工作
91.中小学、幼儿园家庭经济困难学生资助申请
92.对拟评区"三好"学生、优秀学生干部在社区表现出具意见
93.对学生在社区参与社会实践给予认定
(六)区文体旅游局
94.调查、培育和发展社区文化体育群体队伍
95.组织社区居民开展各种健康向上的文化体育娱乐活动

续表

96. 完成27家农家书屋每年按照10%比例补充更新
97. 社区图书室免费开放和日常服务
98. 社区文化活动室(含体育)免费开放和日常服务
99. 协助社区开展网吧管理巡查
100. 娱乐场所管理巡查
101. 出版物市场管理巡查
102. 社会旅馆管理调查
103. 配合完成WH区"文化惠民"演出活动
104. 对文化地标、健身路径的日常巡查和管理

(七)区房管局
105. 经济适用住房申购初审
106. 廉租住房租金补贴初审
107. 廉租住房实物配租初审
108. 限价商品房申购初审
109. 廉租住房实物配租年审、廉租住房租金补贴年审、公共租赁住房年审
110. 住房保障情况入户跟踪服务
111. 关于住房保障的各类信访调查、回复
112. 住房保障申请住户一户一档
113. 公共租赁住房审核

(八)区城管局
114. 院落环卫设施维护(问题发现)
115. 环境卫生检查(问题发现)
116. 违法建设监管(问题发现)
117. 工地管理(问题发现)
118. 居民自治院落绿化养护管理(问题发现)

(九)区卫生局
119. 艾滋病、狂犬病、结核病等重点疾病防治宣传
120. 常住居民死亡线索信息采集(社区采集常住居民死亡线索信息,提供辖区社区卫生服务中心进行死因登记)

(十)区综治办
121. 平安社区创建及信息收集

(十一)区司法局
122. 社区矫正社会调查评估、居住地核查工作
123. 社区矫正辅助工作
124. 开展法制宣传教育活动
125. 法制宣传教育工作资料收集及归档
126. 提供法律服务
127. 有关刑释人员接回
128. 刑释人员帮教
129. 服刑人员有关基础工作

续表

(十二)区信访局
130.社区信访代理
(十三)区安监局
131.协助开展安全生产基础工作
(十四)区公安分局
132.采集(含前台窗口受理)社区内房屋(含出租房屋)、用工单位、房屋中介机构、流动人口等人、房、业基础信息
133.录入(含前台窗口受理)社区内房屋(含出租房屋)、用工单位、房屋中介机构、流动人口等人、房、业基础信息
134.流动人口信息采集率达到85%以上,房屋(含出租房屋)信息、用工单位信息和房屋中介机构信息等采集率达到100%;协助和督促出租房屋主、流动人口用工单位、房屋中介机构等与公安机关签订《治安管理责任书》;协助做好"人、房、业"信息实地核查和网上质量审核工作
135.坚持每月对社区内房屋(含出租房屋)、用工单位、房屋中介机构、流动人口等人、房、业基础信息更新(新增、注销、变更)和网上适时维护,确保信息数据鲜活、准确、真实有效
136.督促、检查和考核小区院落、用工单位、房屋中介机构等处流动人口信息"采集点"(兼职协管员)工作情况;每周收集"采集点"新增、离开流动人口和房屋(含出租房)信息名册,做好"人、房、业"信息查漏补缺和维护注销工作;督促指导小区院落建立"一院一档"和用工单位"一牌一簿"等台账,在小区院落内公示房屋、出租房屋等信息情况
137.协助社区警务室完成相关服务事项:接待群众来电、来信、来访,受理流动人口居住证办理登记,协助出具门牌号、居住、亲属关系等证明,协助做好警务信息录入和维护等工作,协助做好社区预防、人口管理工作
(十五)区食药监局
138.协助开展食品药品安全基础工作
(十六)区委宣传部
139.全国文明城市创建及复查工作

由表6-8可见,这"139项"政务服务一共涉及了16大区级对接部门,其中区计生局、区民政局、区人社局和区残联为重要对接区级部门,共涉及88项下沉政务事项。此项"简政放权"政务购买服务,旨在通过将部分政务业务外包给社会组织,一方面为政府减轻政务负担,促进政府职能转变;另一方面,去社区居委会行政化,为社区居委会提供更多发挥自治功能的空间。然而,在实际操作过程中,社会组织在政务服务过程中并没有太多实际权力,更多的是扮演材料搜集、数据统计、问题发现与统计等"上传下达"的中间角色。此外,社会组织入驻到当地社区后,与当地社区居委会的矛盾较为突出。根据招标公告,社会组织承接政务服务时需无条件接纳原居委会所有工作人员,导致大部分社会组织相关政务工作人员实则为原来社区居委会的工作人员。他们被纳入社会组织后,在政务工作上仍然需要和居委会的"两委"工作人员进行对接,由此常常出现政务服务工作人员角色定位混乱、"听命难"以及问责不清等问题。对于社区居委会而言,政务服务外包给社

组织后,社会区委会的工作量并没有明显减少①,人手却减少了。

除了 CD 市 WH 区以外,CD 市 WJ 区政府也对购买区级部门下沉村(社区)的行政服务工作进行了积极探索。但是 WJ 区涉农社区较多,推行的政务购买服务也主要集中在涉农社区进行试点,如 YN 镇 BJ 社区和公平街道正宗社区。虽然 WJ 区的政府购买并不在城市社区公共服务购买范畴中,但通过对两个区的政务购买比较,也具有一定的研究意义。与城市社区相比,WJ 区涉农社区主要进行的是"113 项"政务下沉外包服务。通过比较"113 项"与"139 项"发现,涉农社区在政务购买中主要精简了区人社局、区残联等方面的办理事项,在区民政局方面增加了相应的农村问题,例如"城乡医疗救助""60 岁以上农村籍退役士兵老年生活补助""城镇孤老(儿)农村五保入住养老机构""农村五保户丧葬补助""农村安身工程"等农村社区相关政务事项。除此之外,"139 项"和"113 项"覆盖的政务信息是基本类似的,常见的社区政务服务为民政、计生、劳保类。事实上,无论是"139 项"还是"113 项",政务服务涵盖的范围都十分广泛,但是在操作层面,并不一定每项服务都能涉及。例如"假肢、矫形器适配""盲人定向行走训练"等区残联相关的政务服务,一方面社区居民不一定知道这类政务服务的存在,因而更谈不上对服务的使用;另一方面,社会组织也尚未完全将"139 项"和"113 项"政务服务向社区公布,政务信息未达到完全公开化。所以,为了让居民享受更多社区服务,社区政务服务外包给社会组织后,社会组织应该大力推行政务信息公开化,改变以往"需要才办理"的政务工作模式,积极探索、挖掘社区居民的需求,从而针对性地提供更好的服务。多元化地满足居民的需求,不仅能提升其对社区的满意度,还可以促进社区融合,构建和谐社区,从而帮助社区居委会减轻行政负担,恢复社区居委会发挥自治功能,达到协同共治的目的。

积极探索社区治理和自治模式下推行的政务服务购买,是一次大胆的创新,这其中虽然存在若干不足,但也取得了一定的成效。例如,提升了居民对社区的满意度,使政务信息更加公开化等。不过,政务服务购买法理基础不清,社区居委会与社会组织之间的矛盾,社区各大组织间角色定位不明以及居民对社会组织认识不清等问题,在法律制度和实践中阻碍了社区资源达到最优配置,使得社区政务购买工作在推进过程中成效不是非常明显,城市社区政务购买还需进一步进行提升和探索。

2. 购买方式

在社区公共服务购买层面,上文提到的四种购买方式都存在:NB 市 HS 区居家养老服务的购买采取的是定向委托的方式。购买者 HS 区政府与生产者 HS 区 XG 敬老协会,是彼此独立的组织,相互之间没有隶属关系。该项目的购买,属于对机构的定向购买,即政府出资,由 XG 敬老协会承担全区的居家养老服务,以缓解政府的养老压力。相形之下,GZ 家庭综合服务中心的购买,则属于公开招标竞争性购买,购买以市场机制达成优胜劣汰,截至 2015 年,GZ 市登记在册的招标社工机构有 267 个,而具体承接政府服务项目的家庭综合服务中心只有 171 个。正是两者之间的差额,使得 GZ 市可以采取招标的方式

---

① 在政务购买之前,"两委"人员主要对政务相关信息进行审核、批准和盖章,政务购买之后,政务相关事项仍然需要加盖社区居委会公章,"两委"工作人员仍然需要对材料进行审核,因此,"两委"成员认为他们的工作量并没有随着政务购买的推行而减少。

购买社区服务,同时引导社工机构专注服务质量。相形之下,NJ 市 GL 区居家养老服务采取的是消费券式的购买,政府向服务受众发放凭单,服务受众自主选择服务供给方的服务产品并用凭单进行付费。

总体而言,在社区公共服务购买方式方面,目前定向购买居多。一方面,客观上除了 GZ、NJ 这类社会组织发展极其迅速的城市,很多其他地区可以承接社区公共服务的社会组织数量有限,客观上无法以公开招标或者消费券的方式进行购买;另一方面,购买者在方式的选择上,也更倾向采取定向委托的方式与熟悉的伙伴进行合作。

3. 监督评估

在监督环节,社区服务购买总体上还是注重发挥购买者、消费者甚至是生产者的作用的。项目组调研发现,NB 市 HS 购买居家养老服务,可视为这方面的典型。

从 2005 年起,HS 区决定在全区的社区中全面推广"政府购买居家养老服务"。政府出资向非政府组织——XG 敬老协会购买居家养老服务,社区落实居家养老服务员,每天上门为辖区内 600 余名老人提供一小时服务。享受服务的对象是海曙区辖区内高龄、独居的困难老人(包括残疾人)。服务内容包括生活照料(日常护理或特殊护理)、医疗康复(包括陪同到医院看病、治疗、配药等)、精神慰藉(每天和老人交流,发现老人的需求,排除老人的孤独感)。居家养老服务员为各社区的下岗、失业和困难人员,服务员经社区上报到 XG 敬老协会,并经敬老协会培训后方可上岗。各社区根据本社区的老人和居家养老服务员情况,进行上门结对服务。

由于公共服务的直接生产人员并不是 XG 敬老协会的人员,因此,监督工作主要由 XG 敬老协会与消费者承担。XG 敬老协会下设居家养老服务社,服务社有四名工作人员负责辖区内居家养老服务的监督和管理工作,每天必须有两名工作人员深入到各社区检查居家养老服务员的工作情况。监督结果与服务员的薪酬挂钩,一旦发现服务没有到位,比如服务时间缩水,那么,下一次拨付经费的时候,敬老协会会从经费中扣除相应的部分以示惩罚。在消费者监督方面,注重消费者的满意度,考察服务结果给服务对象带来的改变程度。

在绩效评估方面,建立全面、综合的项目考核体系,制定考核标准,按项目合同的周期由区相关职能部门会同区社会工作业务主管部门、专家组,根据合同要求和考核标准对购买的服务事项实施情况进行评估考核,并采用指标评价和问卷调查相结合的方式,将绩效评价指标体系分为业务指标和财务指标。

(五)存在的问题

1. 购买范围和内容尚需进一步明确

目前,虽然城市社区公共服务购买范围多样且涉及广,但也同时出现各地区购买目录不统一的现象。此外,虽然对于能够购买和不能够购买的公共服务已经具有方向性的指导政策,但购买城市公共服务的具体内容还不是非常明确、统一,需要进一步细化和界定。

对于政府购买城市社区公共服务内容的规定每个地区不尽相同,如前所述,CD 市和 NJ 市城市社区公共服务购买目录较为简单,主要为社区治理、社区宣传、社区居家养老、社区培训等方面的服务,且购买目录分类不详尽①。然而,BJ市城市社区公共服务购买有一个非常详尽且分类标准的目录,购买内容分设三级标题,一共涉及十大板块,还相应地细分了60条子目录②。各地区城市社区公共服务购买目录的不统一,在某种程度上也致使了各地区间的社区公共服务购买不平衡。

此外,不完善、不统一的城市社区公共服务购买目录,也导致相应的评估指标难以体系化、科学化。因此,鉴于我国目前尚未形成统一性城市社区公共服务购买目录,针对购买目录制定不完善的地区,对于购买内容和范围还需进一步明确。

2. 社会组织服务社区能力有待改进

近年来,虽然我国社会组织的数量有了较大增加,但由于实行政府购买服务时间不长、社会组织成立时间普遍较短,目前我国社会组织发展整体上还处于初级阶段。事实上,有相当一部分社区备案类和登记类的社会组织,是由当地居委会成员或相关部门单位成立的,尤其是社区本土化的自组织。这些社会组织的负责人普遍没有经过系统性、专业性培训和学习,只是通过实际工作经验在社区公共服务领域以"摸着石头过河"的方式来服务居民。社会组织发展能力不足,具体表现在:缺乏社区需求的挖掘能力,承接项目后对整个服务团队的管理能力,在服务社区方面缺乏专业性对口服务技能,在对外进行资源链接时缺乏相应的公关能力、"众筹"能力。

例如CD市WH区,很多承接政务购买服务的社会组织,是由原来社区公共服务站的工作人员成立的,而这些工作人员基本没有社会组织的运作经验,缺乏相应的专业性社区工作手法。在服务社区居民时,更多的是停留在政务层面进行简单的业务服务,专业的社工视角欠缺,对社区弱势群体问题,社区特殊问题(例如家庭矛盾、儿童虐待等)等社区问题的洞察力和敏感度有待提升。

3. 社区与社会组织的关系尚需厘清

社会组织在提供城市社区公共服务时,社会组织与社区居委会的关系成为一个重点问题。问题的焦点在于,原本社区事务的主体主要为城市社区居委会而现在为多元主体共治,对于问责制度、职责分工界定等问题尚未具有明确规定。

在实践中,社区居委会往往对社会组织提供的服务不理解、不配合甚至不支持。一是认为社会组织不但不能给社区带来好处,反而增加了居委会的工作负担;二是认为社会组织抢了自己的饭碗,影响了自己在社区的权威,减少了自己在社区的资源;三是认为社会组织服务的人数较少,能做的事情有限,还没有自己发挥的作用大。

然而,社会组织活动的开展离不开居委会的协助,而且目前大部分社会组织与社区居委会共用工作场地,在工作中二者更难分离。当出现矛盾时,社会组织更倾向于采取"忍气吞声"或"置之不理"的态度让其不了了之。在实际工作中,社区居委会给社会组织临时安排的社区事务,行政事务占多,社会组织难脱"被行政化"的命运。被行政化后的社会组织与行政化的社区居委会并无实质性区别,这无疑对社区自治的发展不利。

---

① 参见《CD市人民政府办公厅关于印发CD市政府购买服务暂行颁发的通知》([2015]21号);参见《关于NJ市民政局2015年度购买服务项目清单(第一批)和负面清单的通知》(N民办[2015]13号)。

② 参见《BJ市社区基本公共服务指导目录(实行)》,2010年9月8日。

4. 社区公共服务购买机制有待优化

项目组在实际调研中发现，一是城市社区公共服务存在购买主体错位。一些公共服务项目是由上级政府或者政府部门直接进行购买，社区只是项目的实施地。社区所在镇、街以及社区自身对项目的了解和认识度不够，对于其功能和作用不甚清楚，导致推动项目实施的动力不足，这在很大程度上影响了购买服务的效果。

二是购买缺乏专业性的购买流程机制，对于购买公开性和公平性的维持有待优化。虽然目前城市社区公共服务购买流程引入了市场竞争机制，但是在实际购买的过程中，很多项目仍然处于第二阶段的"指定、委托和协商"的购买形式。尤其对于社区服务类项目的购买，政府更加倾向于对社区进行过服务的社会组织，对社区情况了解程度更多的社会组织进行服务购买。虽然这种购买模式有一定好处，便于社会组织更快地融入社区，但也存在"新鲜血液"不足，服务内容模式化、固定化、流程化，较难创新的问题。

三是社区购买公共服务的时间往往较短，不少项目和地区一年购买一次。然而，年度性的项目购买对于一个社区而言，能带来的改变不甚明显。尤其是对于社区自治类项目，需要社区居民进行意识层面的转变，一年的时间能产生的效果微乎其微。

四是临时购买的情况较多，购买随意性较强。虽然社会组织发展迅速，且数量逐年增长。但目前我国社会组织发的展现状况仍是需求远远大于供给，一般一个单项社区公共服务项目，能配备的工作人员并不多，勉强能够满足居民的需求。如果在有限的财力、人力、物力控制下，还要增加临时性购买项目，会严重增加工作人员的工作负担，一方面影响既有项目的开展，另一方面导致临时性项目服务效率低下，辅助性购买意义较弱。这些问题，显然非常不利于城市社区公共服务购买的可持续发展和提升。

5. 购买绩效有待科学合理评估评价

与一般公共产品相比，社区公共服务在数量上难以度量，在质量上较难评价，目前，社区公共服务购买的评估标准不明、评估主体缺乏、评估程序不健全、评估方式不科学、评估投入不足。

从评估和监督标准来说，由于目前尚未建立对城市社区公共服务的考核标准，使得评估和监督工作存在很大的随意性。一般社区公共服务评估的标准，由承接评估项目的社会组织自己制定，社会组织在评估前是否对项目做足了充分调研，社会组织制定的评估标准是否符合社区服务项目的具体情况都有待商榷。

从评估主体而言，尽管地方政府在积极健全评估监督机制，也在积极引入第三方进行评估，政府仍然处于评估和监督的主导地位，但缺乏相应的组织和人员保障。在评估过程中，服务对象、专家学者、社会公众等参与度较低。

评估程序一般分为前期评估、中期评估和末期评估，但是在评估程序中，由于受经费的限制，以及相关部门对评估没有引起重视，相当部分城市社区公共服务项目只做了末期评估。末期评估一般是在社区公共服务项目开展接近尾声，或者已经结束的时候进行的结项评估。只开展末期评估，对于项目改进和提升的持续性意义较弱。

在评估方式上，出于经费考虑，评估方式主要是座谈、访谈等定性评估，定量评估较少。定性评估方法受评估主体的主观性影响较大，这在相当程度上影响了评估监督工作的客观公正性。

评估投入不足是评估工作面临的重要问题,无论是在财力、人力资源还是在时间上对评估工作的投入都还有待加强。在评估过程中,受时间和资金的限制,在程序设置以及评估主体的参与度上都较难深入。

6. 购买的资金需要进一步多方筹措

2011年之前,政府购买城市社区公共服务的资金主要来源于专项业务资金、预算外资金和财政预算三大类,其中,预算外资金占主要部分,然而,预算外资金存在极大的不稳定性,受领导人的个人因素影响较重①。因此,在购买过程中,时常会出现由于领导人换届而项目中断,或难以维持的状况。随着2011年对预算外资金的取消,城市社区公共服务购买资金,主要来源于中央专项资金和市级的财政预算资金。

虽然中央财政每年向社会组织参与社会服务投入了2亿元的资金支持,然而,2亿元的支持资金在面对满足广泛且大量的社区居民需求面前,是远远不够的。然而,各地区市级城市社区公共服务购买的资金投入,又存在地区差异大的现状,尤其是西部地区,城市社区公共服务购买投入资金力度十分薄弱。如上所述,GZ市财政在2015年的社会组织公益创投项目资助资金为1600万元,而CD只有500万元。

无论是从中央层面的2亿元支持资金,还是从各市区的政府财政预算来看,对城市社区公共服务购买的资金投入力度还需要大力加强,才能满足社区建设与发展更多元化发展。

---

① 王达梅:《政府向社会组织购买公共服务的问题与对策分析》,《城市观察》2010年第5期,第86页。

第七章　对英国政府购买公共服务经验的借鉴

英国是改革公共服务供给方式的初始发起国家之一,在政府向社会组织购买公共服务方面,已经建立较为完整的制度体系。因此,积极分析和认真研究英国向社会组织购买公共服务的主要经验,科学合理借鉴其有益做法,无疑有益于我国政府向社会组织购买公共服务的优化发展。

一、英国政府购买公共服务的基本情况

英国政府向社会力量购买公共服务始于1968年的《西蒙报告》,报告建议,地方政府设立公共服务部门负责社会服务,运用合同方式购买服务。

1970年,英国进一步提出《地方政府公共服务法案》,正式设立公共服务部门。20世纪80年代开始,英国公共服务部门进行一系列的改革,正式引入市场机制,对于公共服务尽可能实行民营化或者以合同的方式强制竞争。

以英格兰官方住宅床位为例,政府直接提供住宅照顾的床位数占总住宅照顾的床位数比例从1988年的44%下降到1998年的18%,而社会力量提供的住宅照顾床位数占总住宅照顾床位数的比例则从1988年的36%上升到1998年的65%,相似的数据变化还包括威尔士和苏格兰。

这一时期,英国政府购买公共服务制度逐步建立,相关事务顺利地从公共服务部门转移到非营利部门及志愿部门。这一时期,政府购买公共服务的基本特征是强制性竞标,即以效率为目标,以最低成本提供服务。强制性竞标是民营化重要的一环,服务必须运用竞标的方式,且竞标必须在规范的架构内运作。1985年《社会安全法案》颁布后,英国国会规定,中央政府与地方政府分别负责掌管不同的公共服务:地方政府负责个人社会服务、教育、住宅、消费者保护等;中央政府负责公共卫生、就业服务、追踪辅导服务、社会安全制度等。[①]

20世纪90年代,通过地方政府扮演采购者,英国以强制性竞标方式将公共服务带入

---

① 刘丁蓉:《英国公共服务合同外包的历史背景及政策发展透视》,《商业时代》2014年第6期。

"准市场"模式。"强制性竞标的实施也改变了原本公共服务经费的本质,相关经费已经从对第三部门具体服务的补助变成提供特定服务为主的采购"。①

强制竞争政策在1997年出现转型,转变为"最佳价值"政策,英国政府购买公共服务政策进入一个新阶段。这里的"最佳价值",是指"最佳服务效果",是以最具经济、效率与效能的方式,让服务达到预定的标准(含价格与品质标准),亦即达到最佳服务效果。由于强制性竞标的僵化及由此带来的服务品质下降,"最佳价值"政策要求政府在所有服务上必须取得最佳效果,以矫正政府在公共服务供给上只重视经济、效率、效能的问题。②最佳价值政策并不是全然否定竞争,而是以更全面的视角检查公共服务的提供。从2004年4月起,英国公共服务委员会发展"最佳价值"执行计划,并且在1996—2001年的五年中检查他们的服务时发现,"很多社会服务已经努力且有效地实现最佳价值","最佳价值"可以改善公共服务的品质,是全面性管理的一部分。③

最近几十年内,私营和志愿部门接受公共服务的外包量稳定增长。截至2012年,公共服务的外包量每年增加到了820亿英镑④。截至2014年,预计外包量将达1400亿英镑,占2360亿公共服务预算一半以上。地方政府从第三方采购商品和服务金额达到了450亿英镑,几乎占了总开支的四分之一。⑤

在购买公共服务不断发展的同时,英国对购买方式的反思也不断涌现。政府购买公共服务的核心转变在于,在公共服务的供给中增强市场的作用,但市场也存在失灵,市场也不能同时兼顾效率、公平与民主的原则。公共服务的特殊性,使得以合同的方式外包公共服务不一定能提高公共服务的供给效率。因此,自2000年开始,英国地方政府开始出现零散的逆向合同外包现象。据1997—2002年的调查数据,逆向合同外包在英国公共服务的供给总量中所占比例急剧上升。逆向合同外包出现的原因包括公共服务质量下降、未实现成本节约、改进内部管理以及公民支持将公共服务收回政府等。换言之,在服务外包依旧占据英国公共服务供给主流方式的前提下,逆向合同外包逐渐成为一种新的发展潮流。

二、英国政府购买公共服务的制度安排

(一)完善的法律法规体系⑥

法律法规体系是政府购买公共服务的支持要素,也是购买过程制度化的基础。英国在购买服务的过程中正是受到一系列法律和政策的制约。指导英国购买公共服务的法律

---

① M. Taylor, "Government, the Third Sector and the Contract Culture: The UK Experience So Far", in U. Ascoli and C. Ranci(eds.), *Dilemmas of Welfare Mix-The New Structure of Welfare in Era of Privatization*, New York: Kluwer Academic/Plenum Publishers, 2002, pp. 77-108.
② 刘丁蓉:《英国公共服务合同外包的历史背景及政策发展透视》,《商业时代》2014年第6期。
③ 同上。
④ Celia Richardson, "How the Social Value Act will Combat the Growing Shadow State", *The Guardian*, Dec. 19th.
⑤ 详细内容参加本书下编《英国政府向社会力量购买公共服务经验研究》。
⑥ 同上。

体系包括:明确购买理念:《公共服务(社会价值)》法案;确定购买主体:《地方主义法案》;当前购买服务的目标:2014 欧盟采购指令;购买公共服务的具体操作:《开放的公共服务白皮书》。

1. 购买理念的转变

如前所述,英国的购买实践经历了由单纯效率原则到最优价值的转变,《公共服务(社会价值)》法案重申了当前英国购买公共服务的指导理念。

《公共服务(社会价值)》法案于 2012 年通过,2013 年 1 月生效,该法案要求,英国公共部门在履行公共服务合同时,必须考虑如何改善社区的经济、社会与环境福祉。同时,在采购进程中选择目标机构时,不能只考虑低价与高量的因素,还必须考虑社会、经济与环境价值,以一个公平的价格购买真正造福于当地社区的公共服务。

该法案的价值在于,转变了长期以来指导英国购买公共服务中价低者得的思想,不以低价和成本因素作为唯一考量因素,更加注重服务背后的社会价值。换言之,如果两个代理机构竞争地方公共机构的运营,一个代理人给出低价,一个代理人可以为当地人提供更多的就业岗位和学习机会,那么,后者更可能中标。

该法案的出台也为社会组织、社会企业的发展提供了广阔的道路。在原有竞争框架下,大型市场化企业更可能获胜,因为其更可能具有规模效应,从而给出更低的价格。但是,对于地方性公共服务而言,本地的中小社会组织更具有本土化的特点,可以提供更符合地方特色的服务。

2. 购买主体的确定

2011 年 11 月,英国上下两院通过了关于地方政府改革的《地方主义法案》,该法案主要针对中央政府长期干预地方政府自治权的顽疾,提出扩大地方政府和社区的权力,扩大地方政府与社区的资源。要求真正发挥地方政府民选机构的作用,落实公共服务提供的责任机制,增强地方政府的回应性。法案全文共分为十大部分,包括"地方政府、社区自治、房屋政策、地方规划、伦敦"等涉及地方政府的改革内容。"地方主义"的治理模式意在发挥地方政府在地方治理中的主动性、功能性和回应性等优势,动员社区和公民社会的力量,参与地方的自我管理和自我服务。

3. 购买目标的明确

《2014 欧盟采购指令》明确规定,当前购买公共服务或者政府采购的目的,是支持经济增长与控制财政赤字。这一法规与《公共服务(社会价值)》法案结合,可见追求最优价值并不意味着抛弃竞争原则,而是在单纯经济效益与社会效益间寻求平衡。欧盟采购指令同时适用于购买者与生产者,该指令中小规模企业的参与,允许购买者保持适度的灵活性。

4. 购买服务的具体操作

2011 年 7 月 11 日,英国政府发布了《开放的公共服务白皮书》,白皮书规划了英国政府将如何改进公共服务,即以选择、放权、多元化、公平性、责任为原则指导购服务的具体操作。

(1) 选择:在任何可能的公共服务领域增加选择,增强人们对所享受服务的直接控制;

(2) 放权:权力应该下放到地方一级,将社区预算下放给更多的地方政府;

(3) 多元化:更广泛的公共服务生产者,包括公共部门、志愿部门和私有部门;

(4) 公平性:确保人们公平地享受公共服务;

(5) 责任:公共服务应当对消费者及纳税人负责。

这五个原则涉及公共服务的购买者、生产者与消费者,将购买活动的利益相关者纳入体系,重视公共服务的真实受益者,赋予消费者更多的选择权和控制权,并采取切实可行的措施予以保护。

白皮书中将公共服务分为个体自我服务、社区服务和委托服务三类,在五大关键性原则的指导下,针对不同类型的服务,初步构建了实施的制度和措施框架,并就具体实施中可能出现的一些问题向社会广泛征询意见。这些制度不仅有利于服务效率的提高,使公共财政发挥最大效用,而且有利于扩大民主参与和增强政府回应性。

(二) 政府专项资金的支持

目前,英国政府已经建立了严格的公共资金核算体系,并规定政府向社会组织购买公共服务时必须专款专用。

自 20 世纪 90 年代以来,英国社会组织得到的资助总额中的 47%来自政府;英国政府将每年博彩业收益的 16.7%通过政府基金分配给慈善类社会组织,财政部为公益活动设立专项资金;同时,依据"大社会"[①]计划,将银行的一些"休眠"账户中的剩余小额存款筹集起来,为相关志愿活动提供活动资金。最新政府支出数据显示,2012—2013 年,志愿部门来自政府的收入达 133 亿英镑。大部分的收入,即 83%的收入来自政府合同或费用。志愿部门来自政府的收入恰好一半来自地方政府,在 2012—2013 年达到了 68 亿英镑。2012—2013 年,来自国民医疗保健制度和中央政府的收入则为 58 亿英镑。[②]

此外,目前英国政府有三种项目用于社会组织的能力建设,分别是能力建构者、未来建构者和基层资助项目。[③]"能力建构者"是为增强第三部门势力而改进支持、管理资金,以及寻求影响决策制定者和其他资助者的政策制定和实践。它与资助提供者、资助者和政府合作,为英格兰所有一线组织提供更有效和可持续的支持性服务。"未来建构者"旨在帮助一线的第三部门组织进行自身能力建设,以增加承接社会服务的规模和范围,它用政府提供的资金为公共机构提供贷款,以与公共机构的合同进行偿还。特定组织由此得以构建组织能力和提高素质,以扩大承接社会服务的范围和规模。"基层资助"项目,由内阁办公室提供资助,由社区发展基金会进行管理。该项目资助金额为 1.3 亿英镑,旨在繁荣地区社会组织的发展。

---

① "大社会"是英国首相卡梅伦提出的一项社会改革理念,旨在改变"任何问题都依靠政府解决"的做法,强调"小政府""还政于民"。"大社会"赋予地方社区权力,建立志愿工作的文化。

② 详细内容参加本书下编《英国政府向社会力量购买公共服务经验研究》。

③ 张汝立、陈书洁:《西方发达国家政府购买社会公共服务的经验和教训》,《中国行政管理》2010 年第 11 期。

三、英国购买公共服务的主体结构

（一）发达健全的社会组织

英国的社会组织历史悠久,包括慈善机构、志愿组织、基于社区的团体、社会企业等。

英国社会组织有几十年的公共服务生产和供给经验。目前,英国社会组织提供的服务涵盖诸多领域,包括健康、住房、就业和培训、社会服务、法律和宣传、教育、环境等。虽然在法律法规中并没有明确规定社会组织可承担的公共服务的范围,但基于购买合同,社会组织提供的公共服务已经深入到社会生活的方方面面。

英国大多数社会组织属于中小型规模社会组织。根据欧盟标准,英国161266个社会组织中,只有330个是大型组织。但英国社会组织的密度较大,平均每1000个人中产生2.5个社会组织,也就是说400个人中产生1个社会组织。苏格兰是英国每1000人里产生社会组织数量最多的地区,平均每1000人中产生3.4个组织。英国社会组织的分布数量也存在差异,英国大部分,即84%的社会组织来自英格兰,英格兰东南部和西北部拥有所有社会组织的一半,东南部拥有的数量最多,达24323个。东北部的数量最少,为4405个。英国社会组织雇用了逾821000员工,吸收了逾2000万名志愿者。调查表明,每年有2050万英国人参加志愿服务,他们提供了相当于120万专职人员的工作量。截至2011年12月,社会组织对英国经济的增加总值达120亿英镑,英国社会组织的经济价值为230亿英镑。①

（二）四元主体间良性互动

1. 政府:精明的买主

如前所述,在政府购买公共服务的过程中,政府需要履行规则制定、对消费者的职责与对生产者的职责。

英国政府在购买公共服务的过程中建立了完备的法律体系,确立了立法先导的原则。以《政府与志愿及社区组织关系协定》(以下简称《关系协定》)的出台为标志,英国政府与社会组织之间首次以协议的方式确定了合作伙伴关系。1998年11月英国政府出台的《关系协定》,建立了政府(中央政府与地方政府)与社会组织之间的关系框架。该协定肯定了社会组织存在的必要性与重要性,认为社会组织是包容且充满活力的民主社会不可或缺的一部分。协定涉及政策设计与咨询、合同管理、保持社会组织独立性等多方面内容,为政府有效管理社会组织生产公共服务提供了制度基础。②

在实践中,英国政府注重消费者的权利。为了增加社区参与度,增强公民的参与意识,英国政府成立了公民再造司(Civil Renewal Unit),在内政部组建了活跃社区理事会(Active Communities Directorate),并增加了预算和政策覆盖面。③ 政府重视利用各种渠道

---

① 本段数据来源于本书下编《英国政府向社会力量购买公共服务经验研究》。
② 详细内容参见本书下编《英国政府向社会力量购买公共服务经验研究》。
③ 同上。

与公众沟通,在公共服务的购买内容、购买规则、监督评估等环节直接听取公众的声音,采纳公众的意见,甚至邀请公众直接参与公共服务的实施环节。① 例如,英国曼彻斯特市建立了"最佳价值行动",同地方公民共同发展和实施公共服务,管理者与公众的互动激发了公众的参与热情。②

随着购买服务的不断深化,英国政府意识到支持社会组织成长不仅是制度、财政和法律的变化,更需要培养从业者的能力和技能。2002年政府实施了多项针对社会组织的投资,包括建设者基金(Future builders Fund),2005—2008年间以拨款或贷款的形式投入1.25亿英镑,强化社会组织竞标争取公共合同的能力。2008—2011年,此基金规模增至2.15亿英镑。2008年社区和地方政府部(Department for Communities and Local Government)与第三部门办公室设立了社区建设基金(Community builder Funds),初始投资7000万英镑,该投资用以支持小型地方和社区组织的发展。在卫生领域,卫生部建立了1亿英镑的社会企业投资基金(Social Enterprise Investment Fund),贷款给竞标卫生和社会关怀服务的社会企业以支持其发展除了政府的财政资金,社会组织也可以从多种基金会和国家彩票委员会得到资金来源,在21世纪的前十年,后者提供了超过28亿英镑的资金。③

2. 公众:积极的消费者

政府购买公共服务将公众由服务的被动接受者转变为服务的消费者,即顾客。积极的消费者对提高公共服务的质量、改进公共服务的购买流程大有帮助。因此,在《开放的公共服务白皮书》中加入"责任原则",即公民与公民的代表有问责的权利。实践中,社区和社区居民有权决定地方公共服务的供给者,并使其对社区和社区居民负直接责任;地方政府必须公布任何一笔大于500英镑的地方公共支出。

3. 社会组织:专业的生产者

英国有数量众多的社会组织,虽然大部分社会组织都只具有中小规模,但社会组织提供的服务各有侧重,很少出现某一社会组织在多领域内提供不同服务的现象。以英国针对老年人服务的社会组织为例,可见其服务的专业化。据统计,孤独感是老年人面对的重大问题,因此很多社会组织针对解决老人的孤独感提供服务。"联系老年人协会"宣称自己为"唯一一家致力于解决老年人孤独感和社交孤立的全国性慈善机构"。该组织的志愿者遍布全英国,志愿者"每月周日下午为75岁以上的独居老人组织小规模茶话会"。志愿者司机上门接老人并送往志愿者东道主家庭参加下午的茶话会。每月由不同的主人家庭接待一群老年人,但接送的司机不变,这就意味着,经过长年累月的发展,熟人变成朋友,孤独被相互陪伴取代。"协助老人全国慈善基金"是另一个关注老年人孤独问题的全国性社会组织,成立于1957年,总部位于伦敦。早期该组织的活动为向弱势老年人群体免费发放电视机,以促进朋友和邻居们相互走动。后来该组织的活动变为向孤独或孤立的老人提供社交机会、结识新伙伴并相互建立持久和互利友谊。该组织与当地慈善机构

---

① 周宝砚、吕外:《英国政府购买公共服务特点及启示》,《中国政府采购》2014年第11期。
② 同上。
③ 本段数据来源于下编《英国政府向社会力量购买公共服务经验研究》。

和服务部门合作,直接为老年人提供帮助。[1]

4. 第三方:公正的评估者

评估是英国政府购买公共服务的重要环节,英国的评估机制有以下特征[2]:

首先,独立专业的评估主体。评估多由独立的第三方机构完成,或者在购买团队中设立一个独立的职位。

其次,从质与量两方面评价公共服务的供给。因为公共服务需求的满足不是一蹴而就的,仅依靠"覆盖程度""受益人群""活动次数"等粗略的量化指标无法反映全部信息,甚至可能抹杀公共服务专业性的差别。

再次,区分日常监督和长期效益评估。日常监督可以保证购买资金的有效使用与购买服务的按期履行,但购买服务所要实现的社会目标可能在合同期结束后才能实现。因此,区分日常监督与长效评估有助于提升购买服务的专业性。

最后,消费者参与评估过程。通过消费者的评估意见与评估结果,有助于公共服务的提供者、生产者与独立的评估者了解消费者的真实需求,以便调整公共服务的供给方向。

四、英国购买公共服务的实际运行

(一)完备的购买过程

以布赖顿-霍夫市议会购买公共服务为例[3],可以显示英国地方政府购买公共服务的操作流程。

英国购买内容的确定一般采取自上而下的流程,但社会组织可就服务内容提出建议。在达成购买合同的过程中,购买者与生产者需要就合同细节进行充分的协商,以此淡化自上而下的购买过程中较强的政府意志。合同到期需再次购买时,购买者将考察现有生产者的绩效评估,以决定是否再次购买。

购买内容确定后,购买者指导相应购买团队进行招投标。在招标过程中,通过制度安排和程序设计,保证招标过程的公开透明,防止招标过程中寻租、腐败的现象,同时避免过分追求"低价"而带来的对服务质量与专业性的损害。

首先,为保证购买程序的公开性和透明性,所有服务的投标都必须通过欧盟采购网站在当地的采购门户站点进行。有意愿参加招投标的社会组织可在市议会注册登记,并向市议会提交标书。标书密封在信封内,且信封上不显示投标人的身份信息。在统一时间,所有标书由购买者同时开启,凡晚于截止日期送达的投标书一律退还投标人。随后,公共服务的购买者和负责采购的官员对申请方案进行筛选,评选出中标的机构。购买者联系中标的服务生产者,并与生产者详细讨论申请方案的进一步修改优化。之后,购买者再将申请方案转发合同部门,咨询应签署的合同类别。最后,合同部门起草合同,并与服务生

---

[1] 资料来源于本书下编《英国政府向社会力量购买公共服务经验研究》。
[2] 详细内容参见本书下编《英国政府向社会力量购买公共服务经验研究》。
[3] 布赖顿-霍夫市议会购买公共服务详细情况参见下编《英国政府向社会力量购买公共服务经验研究》中第五部分《布赖顿-霍夫市案例研究》。

产者讨论合同细节。

其次,为了防止腐败行为的发生,《市议会合同规范》要求"市议会员工不得因授予合同或合同履约而收受任何礼品或奖励。如果市议会员工收到任何礼品或奖励,需证明所收之物不涉及腐败。有腐败行为的市议会员工会被解雇。"①

第三,防止过度竞争导致服务质量的下降。竞争性招标中,一些机构为了降低投标报价,出现压低员工工资,以临时工代替专业社工的情况。鉴于此,市议会规定所有合同须确保证员工的"最低生活工资"。"合同还要求生产者遵守《2010年平等机会法》,并根据《事业转让(就业保护)条例》的宗旨列出相关条款。"②最低生活工资的规定能够在制度上保证从业人员的生活质量,保证购买服务的专业性与有效性。同时,市议会也将"服务人员流失率"作为考评服务生产机构的指标,流失率高通常说明该组织缺乏延续性,服务质量差。

(二)规范的监督程序

在英国伦敦政治经济学院郝秋笛教授提供的英方报告中,对于布赖顿-霍夫市购买公共服务的监督程序进行了详细描述,可从中管窥英国在监督方面的经验要点。

首先,对于公共服务的监督管理要遵循以下原则:具体、可量化、可操作、贴切、及时③。

其次,对合同撰写的要求:购买合同中必须包含绩效指标和绩效体系,合同的操作指南中包括核心绩效指标、预期目标、服务流程、需求分析等参数,鼓励对任何违反合同行为的举报,合同中包括对举报者的保护条款,保证任何成员在举报后都不会受到负面的影响。

再次,购买者每年都会对生产者有一次复核式检验,根据不同的购买情况,在大型购买合同中,购买者往往只监督服务供给链条中的集成者,由集成者监督下级的直接生产者,集成者对购买者负责。

最后,消费者反馈,英国在购买过程中注意听取消费者的反馈意见,政府要求公共服务部门弄清消费者的需求,围绕消费者的需求制订购买计划、评估购买效果。政府建立了由公务员、专家学者、公共服务生产者代表构成的特别工作组、顾问组和政策检查组,对政府购买公共服务提供咨询和反馈意见,民众不仅可以更加便捷地获得社会公共服务的相关信息,甚至成为公共服务的重要评价者。

(三)成熟的绩效评估

绩效评估一直是英国政府购买服务的重要组成部分,自购买活动启动之初,英国政府就建立了比较完善的评估指标与评估机制,而且在实践中,评估理念、评估目标、评估方式都不断趋向成熟

首先,评估理念由单纯效率原则变为"经济""效率""效益"的"3E"原则。英国在政

---

① 资料来源于本书下编《英国政府向社会力量购买公共服务经验研究》。
② 同上。
③ 详细内容参见本书下编《英国政府向社会力量购买公共服务经验研究》。

府购买公共服务活动中最初引入绩效评估,主要针对当时英国政府效率低下、浪费严重的情况,希望通过借用企业的绩效评估方法,来提高效率降低财政投入,即追求投入产出的最大化。后来,英国政府在实践中逐步发现,效率原则并不是公共部门追求的唯一原则,对效率的过分偏执可能导致对公平的忽视,从而丧失了公共部门的基本价值。因此,英国的效率小组建议在财务管理新方案中设立"经济""效率""效益"的"3E"标准体系,以取代传统的效率标准(如财务、会计指标等)。不久,英国审计委员会又将"3E"标准纳入到绩效审计框架中,并运用于地方政府的管理实践中。实际上,这一评估理念的转变,意味着在评估体系中多元化的价值取向,政府购买公共服务的最终目的是更好履行政府在公共服务供给方面的职能,多元价值取向也反映了购买目标的多元化。

其次,评估目标由管理转向发展。最初绩效评估的目标是实现购买者对购买服务的有效管理是购买者监督的一部分。目前,英国的购买实践中的评估不仅是为了管理,更是为了购买者与生产者双方的发展。因此,评估活动不是为了评估而评估,评估不仅仅是一个指导和控制的程序,更是一种学习的过程。购买者与生产者通过横向或纵向的比较、现有绩效水平与标准水平或理想水平的比较,寻求进一步提高组织绩效,实现更好的购买效果。

最后,评估方式更注重公众的参与。英国政府购买公共服务的改革中,消费者的主体作用逐步被激发,在购买原则上强调消费者的选择性,强调赋予消费者更大的自主性,真正实现购买是为了满足消费者不断变化的公共服务需求。在评估方式中,英国逐步关注消费者的参与。以往,为了评估的专业性,政府常常委托第三方进行评估,现在,随着顾客导向、质量至上日益成为购买公共服务的基本理念,购买绩效评估逐渐以服务的消费者为中心,英国政府更明确提出,让公众参与测评。当前,市场研究技巧例如公众意见调查、用户调查等,已经大量地被英国地方政府用来评估公众对公共服务的满意程度。

第八章　完善中国政府向社会力量购买公共服务的途径

一、建立健全政府购买公共服务的法律规制体系

(一) 基本路径选择

目前,我国政府购买公共服务基本处于法律规制缺失状态,要改变这种状况,有三条路径:第一,政府购买公共服务专门法典化;第二,政府向社会力量购买公共服务纳入《政府采购法》;第三,以《政府采购法》为主,配套相应的政府购买公共服务单行法规。

1. 政府购买公共服务法典化

政府购买公共服务法典化是指,制定统一的"政府购买公共服务法",对政府购买公共服务行为进行法律规制。法典的内容可包括政府购买公共服务的内涵,遵循的基本原则,购买内容边界界定,管理的机关的设置,遵循的程序,监督评估以及救济措施等。

在统一法典模式下,还需有与之相配套的法律制度。如社会组织法、招标投标法等,国务院及其所属各部门、各级人民政府针对具体政府购买公共服务的行为作出具体规定等。这种法典化的形式具有权威性、统一性、操作性强的特点。其权威性特征,集中体现在"政府购买公共服务法"由全国人大按照《立法法》的要求制定,对全国具有普遍的约束力。其统一性的特征,则集中体现在,它为政府购买公共服务在全国的推进奠定了基础,即各地无须再制定各种五花八门的政府购买公共服务法律规范。只要严格按照《政府购买公共服务法》规定的内容,循法推进政府购买公共服务即可。其操作性强的特征,集中体现在,有了统一的政府购买公共服务法,就能为各地如何具体推进政府购买公共服务提供法律依据和工作路径。因此,政府购买公共服务法典化,是政府购买活动法律规制的必然选择。

但是,政府购买公共服务法典化也面临制定难度大,制定时间长等问题。在我国,一部法律的出台,需要有成熟的社会政治环境,并且经过严格的立法程序。目前,我国政府购买公共服务尚处于探索初创阶段,人们对政府购买活动还有不同的认识,政府制定的各项公共政策、工作措施和我国现有的各项法律制度与政府购买公共服务制度的机理和本质要求还有差距,换言之,对于"政府购买公共服务是什么""为什么要政府购买公共服

务""政府购买公共服务目的是什么"以及"如何开展政府购买公共服务"等问题,目前尚未达成共识。在这种条件下,制定出台"政府购买公共服务法",显然时机不成熟。同时,"政府购买公共服务法"的出台,也并非易事。它要受到《立法法》的严格限制,也就是说,在当前这种情况下,难以立刻出台"政府购买公共服务法"。

另一方面,应该看到,我国正在全面推进政府购买公共服务,如果购买活动没有法律的规范和保障,那么政府购买公共服务的推进就面临巨大法律风险。如,政府购买公共服务项目应采取何种购买形式,由于没有法律的明确规定,看起来给购买人提供了自由裁量的空间,实际上却潜伏着巨大的购买风险,如由于购买方式不当而无法实现购买目的时,谁来承担责任,成为悬疑性问题。毫无疑问,具体购买人成为无限责任人。

2. 纳入《政府采购法》的法律化形式

该形式是我国目前政府购买公共服务的通常做法,根据《政府采购法》和《条例》,政府购买公共服务纳入《政府采购法》的范畴。将政府购买公共服务纳入《政府采购法》,能够解决我国政府购买法律依据缺失的问题,同时,也可以利用政府采购现有的法律规定解决政府购买的问题,应该说,这一形式对于现阶段我国的政府购买而言,具有一定的积极意义。但是,从前文分析可知,政府采购与政府购买不管是从二者的制度来源、基本原则、内容等方面,都存在诸多不同。如果人为地将政府购买公共服务纳入《政府采购法》,则显然不利于实现政府购买公共服务的制度目的。同时,政府购买法律主体复杂关系,也决定了不宜将政府购买公共服务放入《政府采购法》,这是因为,从法典内容上看,很难全面涵盖政府购买公共服务形成的如此复杂的法律关系,同时,从法典形式上也很难加以编排。

3. 以《政府采购法》为主,配套相应的政府购买公共服务单行法规相结合的形式

从表面上看,这种法律规制的形式既利用现有《政府采购法》规范政府购买公共服务的问题,又通过制定单行法规的形式体现政府购买公共服务的特征,是一种多方面兼顾的选择,但是,该种路径选择本质上并没有脱离《政府采购法》,也就是说,还是没有厘清政府采购和政府购买两种制度的区别,归根到底,还是无法实现政府购买制度的目的和价值。

本项目组认为,不管是从理论上还是从实践上,我国政府购买公共服务法律规制还存在诸多问题,要彻底解决上述问题,政府购买公共服务必须单独立法,即实行政府购买公共服务法典化才能解决法出多门、效力低下的问题。

(二)建立健全政府购买公共服务法律规制的具体办法

政府购买公共服务法律规制的路径,往往受其发展阶段和客观环境的影响,因此,必须要处理好政府购买公共服务的法律规制阶段性和长期性、现实必要性和可行性之间的关系。

随着我国政府购买公共服务的深入推进,尽快出台政府购买公共服务的相应法律已成为客观迫切要求。完善的政府购买公共服务法律,不仅能够为政府购买公共服务的推进指明方向,也能够避免政府购买推进过程中产生的各种法律风险。

但是,从前文分析可知,政府购买公共服务法律建立健全并非一蹴而就,它的出台必

须经历一个渐进的发展过程,即在政府购买公共服务的不同阶段,采取不同的法律规制形式,在探索阶段可以有不同的法律规制样本。在初创时期,可以按照《政府采购法》规定的内容来处理政府购买公共服务的问题。但是,最终必须要出台统一的"政府购买服务法",也就是说,在法律规制的完善期,我国必须从顶层设计的角度出发制定统一的法律。实际上,只有制定统一完善的政府购买公共服务法律,才能够全面、科学、深入地推进政府购买活动,确保政府购买实现预期的目的。从具体实施来讲,可以先由地方政府和职能部门出台指导性意见,在认真总结改革实践经验,掌握政府购买服务的规律、规则,弄清法律关系,在此基础上,对一些成熟的政策及时予以法律规范化,使之具有法律地位,再由省级地方政府出台或省级人大出台行政或法规规章,进而由国务院出台条例,最终由全国人大常委制定出台"政府购买服务法",形成自下而上、自上而下相结合的立法双路径和立法实践。①

(三)法律规制的主要内容

为了提高法律规制的针对性,政府购买公共服务的规制内容,必须根据政府购买公共服务的推进阶段来确定。

当前,政府购买公共服务的主要法律依据是《政府采购法》及其《实施条例》。姑且不论政府购买公共服务依据的《政府采购法》及其《实施条例》是否科学,但是,从法律规制的角度来看,政府购买公共服务已有其实施的法律依据,因此,在现阶段,法律规制的主要内容应该还是为推进政府购买公共服务而制定或修改相关的法律内容。具体的内容有:

1. 购买程序的设定与完善。要明确政府购买公共服务是采用何种购买方式和程序。具体而言,要对于当前的《政府采购法》《招投标法》规定的内容做一检视,筛选出政府购买公共服务的程序规定,完善不足的部分,对于一些不符合政府购买公共服务的程序规定,要作出排除。

2. 明确承接主体的资格条件。虽然《指导意见》和《办法》对承接主体的资格条件已有所论述,但是,这些论述如前文所述,有些不科学,有些无法操作。因此,必须根据政府购买公共服务的实际,制定科学、合理的承接主体的资格条件。

3. 废除限制承接主体发展的相关法律。为了进一步扩大承接主体的范围,当前急需对限制社会组织发展的法律规定。为此,需要进行的工作主要包括:

(1)尽快摆脱我国目前没有规范民间组织的专门法律,而只有少量行政法规和部门规章的尴尬局面,加快制定统一的民间组织法,对民间组织的成立、性质、地位、职能、行为准则以及活动范围作出规定,充分发挥其自我服务,自我管理和自我教育的职能,为民间组织发展创造一个新的环境。

(2)对《社会团体登记管理条例》《民办非企业单位登记管理暂行条例》以及《民办非企业单位登记管理暂行办法》等凡是与规范发展民间组织不相适应的诸多法规、规章进行适时的修改完善,一些过时的部门规章,要及时予以废除。

(3)在法律中明确规定登记备案制度。对于符合登记条件的准予登记,而对于不符

---

① 黄民锦:《政府购买服务立法供给研究》,《招标与投标》2014年第8期。

合登记条件的民间组织进行备案,从法律上撤销严格而繁琐的审批手续,实行便捷的申请登记制度,以确定其相应的合法地位,使其更好地行使管理职能。行业协会商会类、科技类、公益慈善类和城乡社区服务类这四类社会组织,可以依法直接向民政部门申请登记,不再经由业务主管单位审查和管理,实行行业协会商会与行政机关脱钩。这样,不仅可以对其进行监督审查,同时也解决了未经登记的民间组织的合法性的问题。"如果对民间组织设置过高的登记门槛并附加苛刻的限制条件(如必须要有主管单位等),事实上变成了政府基于管理的需要替社会进行选择,这无疑会造成大量的民间社团组织无法获得合法的生存空间,不利于公民社会组织的健康发展"①。

(4)在财税方面,出台相应的规范性文件,支持民间组织的发展。如 GD 省财政厅出台了《关于政府向社会组织购买服务试点意见》,将政府购买服务资金列入财政预算。这一创设性规定无疑为政府购买公共服务提供了财政上的理据。

4. 完善经费类的法律保障。我国现有的政府购买公共服务的经费预算,是在现有的政府预算项目下,而没有单独列项,这明显不利于政府购买公共服务的推进和开展。为此,有必要修改《预决算法》,将政府购买公共服务的经费作为一个单独项目。同时,应该修改《税法》,对于一些非营利性的社会组织,承接的公共服务项目,在税收上应有别于营利性的社会组织。通过税收的杠杆作用,激励和促进社会组织的发展和激发社会组织承接公共服务的积极性。

5. 明确政府购买的管理机构。当前我国购买公共服务涉及的部门很多,职责被人为地划分,这明显不利于政府购买公共服务,作为一项制度的整体推进,国家有必要进一步明确政府购买公共服务的主管部门以及相应的协助部门,明确各部门的职责、内容、权利、义务。

6. 明确中央和地方的购买权限。由于政府购买的公共服务往往涉及民生性的内容,且由于我国东西部发展不平衡,在实现公共服务均等化的过程中,要充分兼顾各方利益,因此有必要明确中央和地方的购买权限,即规定哪些公共服务必须由中央政府购买,哪些是由地方财政自行购买。前者如九年制义务教育,后者如各级政府公共服务的管理职能事项。

初创期是一个过渡的阶段,对于政府购买公共服务而言,重点法律规制的应是完善阶段的规制内容。完善阶段的法律规制应以制定出台"政府购买公共服务法"为标志,当然,需要完善的并非只有该法。

在完善阶段的法律规制,根据规制的内容不同,可以分为不同层次。

1. 实体法和程序法。实体法主要规制政府购买公共服务的实体内容,比如购买主体、承接主体、购买内容、经费保障等。程序法则主要规制政府购买的承接程序、听证程序和公民参与程序等内容。

2. 主体法和配套法。主体法主要是指《政府购买公共服务法》,政府购买公共服务的实体和程序是该法的主要规制内容,其具有内容的完整性,操作的可行性等特点。配套法是指为了保障政府购买公共服务的推进而制定或修改相应的法律规定,比如《预算法》

---

① 胡海:《我国的非政府组织与群体性事件治理》,《湖南大学学报》(社会科学版)2011 年第 4 期。

《税法》《招投标法》。

3. 运行法和监督法。运行法主要是为了确保政府购买公共服务顺利推进而制定的相应的法律法规。比如承接主体的资格条件的规定、承接主体的奖惩机制、购买主体的责任追究、购买合同的签订等内容。为了解决政府购买公共服务中的监督管理问题，必须建立完善、相应的监督法律规定，同时出台相应的监督管理机制，充分发挥社会力量，特别是独立第三方对政府购买活动各个环节的监督作用。

二、完善政府购买公共服务的财政制度

基于目前我国各地政府购买公共服务过程中所存在的种种财政问题，项目组主要从四个方面提出对策性建议。

（一）编制明确细致的政府购买公共服务目录

建立完整的政府购买公共服务的目录，确保信息公开透明，实现动态与常态相结合的政府购买服务。在程序和技术层面，政府购买公共服务的执行与落实面临很多实际问题。要一揽子完全解决这些问题，难度很大。不过，如果能找到若干抓手，也许会使问题的解决便捷很多。

1. 建立政府购买公共服务目录的必要性

从服务目录、到购买过程、到监督评估全程的公开是政府购买服务最理想的模式。但是，如前文所分析，目前，在我国公共服务承接主体发育不健全的情况下，以公共服务目录为抓手，作为购买过程公开的抓手，是合理合适的选择。

首先，建立完整、明晰的政府购买目录能解决定价困难的问题。财政问题涉及对资金的使用与监管。而使用资金的第一个步骤就是确定需求，即到底要花多少钱购买什么东西。而把指导价格放入目录，意味着价格的重要性提高了，意味着职能部门不仅仅要知道购买什么，同时也要摸清公共服务市场的情况。清晰明确的购买目录以及指导价格，能帮助职能部门和财政部门在一定程度上缓解公共服务定价难的问题。

其次，完善的政府购买公共服务目录能解决信息公开的问题。政府购买公共服务的目录必须是多级的、多层次的。而每一级每一层次都应予以公开，这在最大程度上能避免购买服务的暗箱操作。同时，公开的信息也有利于社会力量和公众对购买过程的参与与监督。

最后，完善的政府购买服务目录能起到事前监控与常态化监控的作用。公开目录与指导定价范围能督促职能部门，特别是地方真正从事购买的职能部门，能随时了解社会需求，对出现的社会问题苗头不放过，对服务的购买价格与价值有把握。

2. 完整公共服务目录的内容

在编制政府购买公共服务目录的过程中，应坚持整体与部分、普惠与特殊、宏观原则和具体细则相结合的原则，做到从上级到地方宗旨一致但有区分的目录安排。

首先，政府各职能部门应当汇通编办进一步梳理政府职能，在顶层进行汇总的设计。到底什么职能可以由社会力量承接，什么职能应该由社会力量承接，进行良好的划分。实

际上,我们对于那些应该由社会力量承接的职能,应该落实普遍性规定。但是对于那些可以由地方承接的,应该做出灵活规定。若社会力量的发育状况健全,交由社会力量承接;若社会力量的发展尚不尽如人意,应当在职能部门的扶持与引导之下,由社会力量承接。这其中的逻辑是:我们不能把一个尚未完全学会走路的孩子推出去;应当由成年人扶着、领着,待其慢慢成长获得了力量之后,再独自前行。

其次,上级职能部门只能确定部分的购买目录,这一部分是具有普遍性的,宏观的。更为具体的细则以及那些具有特殊性的服务项目,应该交由地方政府确定,由地方政府报上级批准。实际上,我国城市地区的社会情况非常复杂,各地均有自己的个性化需求。在这种情况下,"一刀切"的确定政府购买公共服务的类目是不实事求是的。反而,上级政府让渡出这部分权力,让地方政府设置自己的个性化需求目录,一方面能满足各地不同的发展层次与需求,另一方面也能更好地调动地方政府的积极性。在"个性化"需求的实践中,GZ市的家综的经验值得总结与推广。GZ市的家综采取"3+2"的模式,3表示慰老、慰小、助残三项普遍性工作,2表示地方自己确定的需求。例如,在GZ市外国人聚居区,街道办设计了专门针对外国人的服务项目;在城乡接合部,街道办设置了针对外来务工人员的服务项目。这些"个性化"项目的确定更接地气。①

最后,公共服务目录应包含大致的指导价格区间。这一价格绝非"政府定价",而应当是具有灵活性的指导价格区间。价格区间的确定需要地方的职能部门与社会力量与公众共同商议确定。在确定价格的过程中,应广泛吸取意见,考虑多个参考价格。最终为了避免政策的僵化执行,这个指导价格应当以"区间"的形式公布。同时,目录中的项目与指导价格应该定期调整,根据社会需求与市场状况作出调整。

(二)在预算中设立政府购买公共服务的专项资金

在各地积极执行政府购买公共服务的政策之时,应考虑设立专项财政资金以支持政府购买。从操作层面看,设立财政专项资金进行政府购买有两个积极的效应。

财政专项能有效地解决政府购买金额不足的问题,并进一步明确职能部门的责任。如前所述,目前的政府购买资金支持力度不大。造成这种现象的原因主要是,政府各部门在确定购买的事项和购买的金额时,所依照的逻辑不同。在确定购买事项时,几乎所有的政府部门都坚持"以政府购买为主",即先梳理政府职能,并假设这些职能都可以通过向社会购买来实现;之后再将那些不得不由政府落实的职能交还给政府。这种购买事项的确定方式是优先购买社会;不能由社会承接的再由政府确定。而在确定购买金额时,是首先将资金拨付给职能部门(职能部门先通过预算确定自己的"盘子"有多大),由职能部门进行分配,多少自留多少用于支付给社会力量实现购买。这种购买金额的确定方式是优先职能部门的金额。当资金由职能部门进行分配时,出于天然的部门自利性,必然会首先以本部门的利益和需求考虑,提留本部门的需要经费,余下的再分配至社会购买。

由此可见,这两种确认方式是截然相反的。尽管可能最终金额的缺口不会很大,但是,在这种对立的逻辑作用下,必然导致公共服务的社会供给与政府供给的对立,长期来

---

① 根据2015年7月16日本项目组对于GZ市YX区BJ街道调研整理。

看,并不利于购买社会服务的发展与稳定。因此,当前,我们已经明确了购买事项的确定方式,那么,在制度设计上应该补充购买金额的确定:即购买金额事先确定。从操作层面上看,设置财政专项是良好的应对之道。

设置财政专项能更好地实现监督与评估,保障财政效率。财政专项的重要程度不言而喻。当确认了财政专项的资金状态之后,相应的监督与评估标准也更容易确定,从而能够更为有效地规范资金的拨付流程,实施过程监督与结果评估,从而保证财政资金的运行效率。

(三) 优化政府购买中的行政管理

目前,政府购买公共服务是严格依照《政府采购法》的具体规定来执行的。但是,就《政府采购法》而言,其本身还有诸多缺陷和尚不尽如人意的地方。同时,公共服务本身具有诸多特殊性,与货物采购等具有巨大差别。因此,笔者并不赞同严格依照《政府采购法》来指导规范政府购买公共服务。但是,必须承认的是,《政府采购法》的基本原则,如过程公开、确保资金效率等,却是实施政府购买公共服务过程中必须遵守的。

由此出发,对照《政府采购法》的原则与要求,出台符合实际情况的政府购买制度,实是大有必要。具体而言,本项目组有以下建议:

首先,在政府购买公共服务时,要给予职能部门更大的选择权限与自由裁量权。特别是在我国的社会力量发育状况尚不尽如人意的时候,可以考虑实行公开招标、比选与直接委托相结合的购买方式。而财政部门只负责对程序的把控和实施监管。

其次,做到"智慧"(smart)监管。既不是生硬地、一刀切地进行管理,也丝毫不放松监管,而是进行实事求是而又具有灵活性的全面监管。在相关的制度法规尚未健全的时候,要实现智慧监管并不容易。只有首先在思想意识上逐步提升,认识到社会购买公共服务的意义与目的,明确社会购买公共服务中各个部门的职能与权责,才有可能做到全面且人性化的智慧监管。

(四) 政府购买公共服务与公益创投分类管理

公益创投,是近年来在社会组织管理领域出现的一种创新做法。随着政府购买社会服务的全面铺开,大部分地区将公益创投纳入了政府购买公共服务的领域,将其视为政府购买公共服务的具体方式之一。

事实上,从形式上来看,公益创投一定程度上实现了政府对服务的购买。尽管如此,公益创投本身与政府购买公共服务之间具有很大区别:

政府购买是一项事关全局的政府社会职能转移的路径;而公益创投是扶持社会组织发展的方法;政府购买公共服务事关全局,因此,需要由财政部门主管,公益创投关系到社会组织,因此,仅是民政部门的工作;政府购买公共服务,关注的是公共服务本身,包括质量是否过关、资金效率是否实现等,而公益创投关注的是社会组织,关注的是获得公益创投资金的社会组织是否获得了发展等。

为了实现政府购买公共服务绩效最优化,政府购买活动,需要支持那些已经具有一定的能力与水平、发育相对成熟的社会力量,而为了实现公益创投的目的,资金要投放给那些能力尚有欠缺，但具有一定发展潜力的社会力量。因此，公益创投与政府购买公共服务，本质上是截然不同的两项工作，不可以混为一谈。换句话说，需要明确认识到，政府购买实际上并不是用于扶持社会组织发育和发展的手段，恰恰相反，具有一定发育水平与能力的社会组织与社会力量的存在，才是政府购买公共服务得以顺利开展的前提条件之一。

从本项目组调研的情况来看，需要指出的是，在多年的实践和发展完善过程中，公益创投在促进社会组织成长与发育方面发挥了积极作用。因此，不能在我国的社会组织发展尚不健全的时候，就轻易废止了这项政策，或因为其形式上的"政府购买"就将其纳入政府购买公共服务的范畴中。

因此，在实际操作中，需要把公益创投从政府购买公共服务中剥离出来，设置公益创投独立的管理模式、流程与评估办法，并由民政部门而非财政部门，担当主管机构。

三、发展和完善政府购买公共服务的基本方式

如前所述，竞争性、独立性和制度化是衡量购买方式的三个关键指标，对这三个指标，本项目组的研究提出不同的建议。

（一）合理确定提升购买方式竞争性

基于项目组的调研，综合目前我国几大城市的政府购买公共服务的实践及其效果可见，就岗位购买、形式性购买、定向委托购买、补贴式服务券购买、竞争性招标购买等较为典型的实践方式而言，并不意味着某种特定方式是最适合主流发展方向的方式。同时，在购买方式竞争性方面，也并非竞争性越强越好。

如前所述，竞争性购买可能会诱发社会组织重视竞标过程但轻视服务质量的发展困境，由此可知，政府在选择采取哪种购买方式时需要平衡竞争性和服务质量之间的关系，平衡竞争性与社会力量，尤其是社会组织生存处境及注意力分配的关系。此外，政府不应一味地倾向于采用竞争性强的购买方式，而应该将购买方式当作是政策工具，运用"政策工具—历史情境"分析框架的思维来分析购买方式多元化，针对不同的政策环境，采取最为适合的政策工具，特别是需要考虑：财政资金、提供此类公共服务的社会力量的活跃程度、消费者需求等三方面因素。具体而言：

第一，对于存在竞争性市场、受益群体众多的公共服务领域如道路养护、园林绿化等适合采用公开招标的购买方式。

第二，对于服务领域需要复杂技术或特殊要求的，且潜在投标人数量极少的项目或服务，可采用独立非竞争性的定向委托购买。

第三，对专业性有较高要求的无法由市场提供的特殊服务如文物保护、社区矫正等，采用非独立非竞争性的形式性购买较为妥当。因此，我们建议，每一个城市应该基于当前购买工作的进程、积累经验与实际服务的特定需求来巧妙选择最适宜本地的购买方式，灵活地采用公共服务购买的多元购买方式，不断优化与完善公共服务的供给方式与水平。

第四，对于生产主体具有竞争性且受益群体特定且具有积极性的，如社区养老、职业教育、家庭综合服务等这类生产特定公共服务的社会组织，可尝试进行政策性补贴。譬

如,采用政府为服务对象发放消费券以及为社会组织提供税收、水电费减免和固定的场地等政策性扶持。

(二)强化购买方式独立性

项目组调研发现,实践证明,购买方式独立性越强越好,越强越有利于政社分离,转化政府职能。在调研过程中,项目组同时发现,某些承接服务的社会组织缺少独立性,发展受到制约。① 因此,应从以下两个方面强化购买方式的独立性。

1. 制定厘清角色定位的文本规范

在政府购买工作中必须在契约关系成立之初通过具备法律效力的合同文本,明确购买方与服务承接方两者各自的职责边界。

首先,传统的行政思维已不适用于当前的政府购买工作之中,需要通过法律和协议来明确双方的平等角色,从而重新认识自身角色和地位。政府购买方在购买中应该充当整体购买框架的主导与引导者,服务需求的宏观把握者。调研过程中,GZ市在资金筹措、场地提供、活动支持、监督管理、评估年检等方面通过文本化的规定明确了上述具体事项中政府的身份与角色。

其次,社会组织的专业性及其以服务受众需求为导向的专业化服务是其获得服务受众、政府购买方的认可,寻求更大空间、更高水平发展的必由之路。因此在文本制定上,应着重对社会组织的专业性进行规范与促进。例如GZ市政府在《关于进一步做好街道家庭综合服务中心建设工作的函》中明确规定"200万元的购买服务经费其中有60%用于人员开支;10%用于专业支持(包括聘请督导费用、社工入职培训和其他专业培训费用等)","各街道家庭综合服务中心新入职的正式工作人员必须安排不少于5天的入职培训,另每年必须安排不少于72小时的专业提升培训"。明确的规范文本在公共服务购买合同签订前就已对于社会组织经费使用以及专业性培养做出明确规定,有助于保障社会组织专业性的发展与运作。

2. 长效制度设计保障购买资金的持续性

就政府购买方而言,应考虑承接组织的长远发展和专项资金的持续稳健性问题,在GZ市等地的购买资金大部分程度是固定的,在实践中需要扣除相关税费,社工薪酬支付以及服务展开运营的费用基本持上升态势,而购买资金四年来维持每个"家综中心"每年200万元不变的状态,但是,CD市的调研显示,一些区民政系统的政府购买是"讨饭财政",每年要向财政争取经费才能持续购买,一旦财政经费过少则中断购买,带来购买的非持续性。因此,引导并培育社会组织独立性,亟须明确的是:

第一,在专项财政资金预算的管理方面,应该根据当地物价进行适时调整。

第二,对于承接服务的社会组织的法律保障应该明确,予以法律法规上高度的身份定位,争取税收优惠政策,确保将有限的专项资金专注用于服务输送。通过法律规章制度的突破,实现在财政资金这块最重要的关键性资源的缺乏,引导社会组织专注于服务供给,无财政支撑运营的后顾之忧。

---

① 姚迈新:《资源相互依赖理论视角下的社区社会组织发展——以广州为例》,《岭南学刊》2012年第5期。

第三，要明确社会组织社工可以领取工资薪酬。对于承接服务的社会组织，仅仅依靠政府的专项拨款以及场地与活动资源支撑也并非长久之计。经费来源单一、社区志愿者资源匮乏，不仅导致社会组织的日常运营开展中资金链相对紧张，而且服务展开时难以调动服务受众的参与和认可。所以，社会组织需要扎根服务承接辖区，策略性地走出去，获得当地可能的企业、事业单位、社区其他重要组织在资金以及义工团队与志愿者建设方面的支持，调动强有力的社会力量参与，广泛链接与拉动社会各界资源，减少对财政资金的依赖度从而增强自身运作的独立性，使资源能有效投入到社会服务的发展中。

（三）促进购买方式制度化

1. 加强公共服务购买立法

政府购买公共服务是一个新兴的实践，以红头文件加以规范的方式在短期内是合理的，但从长远的角度看，并不利于政府购买公共服务进程的推进与深化，政府购买公共服务必须受到法律的指导和约束。

第一，健全政府购买公共服务的法律体系。修订《政府采购法》，区分货物、工程购买与公共服务购买，明确公共服务购买的行业标准，明确"购买公共服务的范围、承接方的资质条件、社会组织信息公开的义务"等。[①] 而对于不同类别的公共服务，相关立法也应当就"承接方的人员配备、设施设备、组织结构等条件以及政府购买程序、责任划分"[②]等加以明确规定。

第二，明确服务提供方资质标准。规定提供服务者必须达到一定的年龄、拥有一定的身体条件以及具备一定的专业知识；规定服务承接方必须满足一定的场地、设备、资金等物质要求；规定服务承接方必须拥有一定的机构设置、行政管理、财务制度等组织条件。

2. 建立科学的评估机制

尝试将第三方评估引入对服务供给方服务状况的评估体系的做法，直接关系到对公共服务提供效果的检验。基于对现有评估机制的探讨，项目组建议，在继承我国政府购买工作评估监督机制的有效经验的同时，应该针对其不足予以进一步完善。

第一，建立独立性强、专业性高的多元化外部监督机制。如借助会计事务所、审计事务所、调查咨询公司等独立的第三方监督机构，在保持评估的专业化与精细度时，充分保证评估工作的客观性与公正性。

第二，完善内部评估监督建设，诸如 GZ 市政府采购体系的专家库并不能完全套用作为政府购买工作体系的评估专家，而是需要由行业内的资深人士组成评估监督的专家人才库，固定的专家成员基于对行业的了解将会从更宏观、更专业、更技术化的角度去监督政府购买服务中出现的问题并提出建设性的改善建议。[③]

[①] 李海平：《政府购买公共服务法律规制的问题与对策——以深圳市政府购买社工服务为例》，《国家行政学院学报》2011 年第 10 期。

[②] 参见 http://www.bjshjs.gov.cn/78/2013/01/24/69@10493.htm。

[③] 苏明、贾西津：《中国政府购买公共服务研究》，第 17 页。

第三,将服务购买方作为核心评估主体纳入评估体系,引导承接方更有效地匹配服务需求。只有建立了一套适合本地且购买关系双方都予以认可并切实可行的评估监督机制,政府与服务承接组织的合作关系才能持久,才能逐渐形成双方良性的购买合作关系,对公众真正地负责。①

第四,特别重要的是,负责政府购买相关工作的部门应与财政部门达成共识,财政部门有必要单独列出各个单位购买公共服务的预算资金,通过对政府购买公共服务的全流程监管,确保财政资金流程的使用得当与购买工作的高效运行。

四、完善政府购买公共服务的评估和监督体系

政府购买公共服务评估与监督机制建设是一项复杂的系统工程,在实践中,应充分考虑到各地的差异,按照要优质、高效、且能关涉对象、内容的原则,分阶段地稳步推进。重点从引入第三方评估为方向,以法律为根本,加强社会监督为载体等方面入手进行立体式构建。

(一)积极引入并完善第三方评估机制

政府购买公共服务是公共行政改革中的一项创举,它意味着在公共服务供给中,政府必须实现由传统唯一生产者和提供者,向与企业、社会多元主体竞争合作多中心供给模式的转变,其重点在于通过引入第三方机制,对承接主体、过程进行评估,其目的在于弥补政府的不足,发挥资源的最大效率,发挥真正意义上的第三方的作用。这里强调的真正意义上的"第三方"是既有专业性特点,又不失权威性的社会机构,在实践中通过制定行业标准,对公共服务承接者的业务水平与能力进行考察,得出令公众信服的判断。

从构成上看,其人员绝非是脱胎于政府的原有工作人员,与承接体之一的社会组织不存在关系,也就是说,它是真正既不受制于政府行政领导,又不受社会组织干扰的"去行政化的"组织。从功能上看,它不是以政府预先设定的目的,也不是以社会组织期望的指标,而是以服务公众利益为出发点进行考量的。

从内涵上看,其组成人员,对指标体系的设立,有深厚的理论基础,也不乏丰富的实践经验,以确保评估的科学性、针对性与可操作性。

简言之,这里所指的"第三方"是指包括人员构成、功能、内涵等方面完全独立于"政府"和社会组织的专业性组织,这也是强调积极引入"第三方"机构进行评估与监督的本质所在。"在2013年7月31日召开的国务院常务会议上,李克强总理在研究推进政府向社会力量购买公共服务时就强调,建立严格的监督评价机制,全面公开购买服务的信息,建立由购买主体、服务对象及第三方组成的评审机制,评价结果向社会公布"②。由此可见,建构科学有效的第三方评估机制,是提高政府购买社会组织服务水平的重要环节。

---

① 王名、乐园:《中国民间组织参与公共服务购买的模式分析》,《中共浙江省委党校学报》2008年第4期。
② 新华网:《国务院常务会研究推进政府向社会力量购买公共服务》,http://news.xinhuanet.com/politics/2013-07/31/c_116762635.htm。

根据调研,项目组认为,评估第三方建立健全的基本原则在于:

首先,以需求评估为前提。也就是在购买之前,通过引入第三方机构对就公共服务"是否需要提供、如何提供、提供水平"等,系列问题展开评估。特别是对政府购买之前如何区分公共需求与私人需求问题进行评估,可以对购买环节进行有效的监测。

其次,以供给评估为核心。它是指在购买公共服务过程中,当需求评估确定之后,作为提供者的政府一方,基于服务方案的内容,通过引入第三方,对服务方案的可行性问题,展开的专业化评估。

最后,以结果评估为方向。政府购买公共服务的目的在于"提高资源配置效率及技术效率"①,即以服务对象的满意度为宗旨。通过引入"第三方",凭借其他机构所不具备的独立性,对承接主体承接服务的不同阶段,尤其是服务效果进行及时、有效的专业化监测,一方面可以达到提升政府效能,平衡各方利益主体诉求的目的;另一方面,从根本上讲,在于满足公众的利益需求。

(二)建立科学与有效的评估指标体系

调研显示,我国政府向社会力量购买公共服务的内容,具有多样性、服务供给主体多元性和服务供给方式的不确定性等特点,由此使得评估指标设置主观性较强,模糊性较大,其服务标准不易具体化。但是,政府购买必须经历事前(政府购买前的安排)、事中(执行环节)、事后(服务完成之后)三个阶段,评估实质是对政府投入与产出进行考核的过程。为此,BJ、GZ、CD、NJ、NB、HN 等地方政府在评估与监督方面取得了一定的成就,也存在不少问题,基于此,综合购买公共服务过程中的主、客体及内容等因素,探讨建立基于 DEA 的政府向社会组织购买公共服务评价指标体系模型。

数据包络分析(Data Envelopment Analysis,简称 DEA)的核心是决策单元 DMU(Decision Making Unit),这也是运用其对作为承接主体的社会组织,购买公共服务水平与能力进行考核、评估的基本方法。在评价过程中,只考虑投入与产出原始性,数据结果无须进行无量纲的标准化处理,保留了数据的"原生态"性,模型为:C^2R。

假设存在 n 个 DMU,每个决策单元 DMU_j($j=1,2,\cdots,n$)都有 m 种输入和 s 种输出,分别用输入 X_{ij} 和输出 Y_{ij} 表示,其中 $i=1,2,\cdots,m$,$r=1,2,\cdots,s$。每个决策单元的效益评价指数为:

$$h_j = \sum_{r=1}^{s} U_r Y_{rj} \sum_{i=1}^{m} V_i X_{ij}$$

在遵循科学性、系统性、可操作性前提下,按照经济性、效率性、效果性、公平性原则,构建合理有效的评价指标体系。在建立政府购买公共服务效率评价体系时,需要考虑政府投入、购买服务产出、公众满意度等多方面因素。与其他的综合评价方法相比,由于 DEA 方法在处理多任务输入时,具有其他综合评价方法无法比拟的绝对优势,因此,它是进行政府购买公共服务效率性评价的有力工具。

---

① 李卫东:《政府购买公共服务引入第三方评估机制的分析》,《经济研究导刊》2014 年第 13 期。

因此,在指标设计时,本部分论述结合长江三角洲地区政府购买公共服务投入与产出的实践,综合考虑政府、服务机构、民众三方面的因素进行分析(见下表 8-1 所示),从而验证本模型的有效性。

表 8-1 政府向社会组织购买公共服务的评价量表

一级指标	二级指标	标号
政府投入指标	人力方面的投入	X1
	服务项目每年的资金投入总额及占全部购买资金的比例	X2
	用服务项目设备的总额及占全部购买项目基础设置的比例	X3
	政府的信息化程度	X4
	购买过程的透明化程度	X5
承接主体投入指标	服务人员的综合化水平	X6
	服务项目所投入的资金总额	X7
	服务机构承担项目的硬件设施情况	X8
	服务机构提供服务等级及信誉度	X9
	社会对服务机构的认可度	X10

上述基于 DEA 模型产出指标比较全面地涵盖了政府购买公共服务在机构数量、人力资源等方面的投入产出绩效情况。由于广大民众作为政府购买公共服务的主体之一,在产出中需深入评价指标所要达到的目标,把指标条理化、层次化,构造出一个有层次的结构模型。在此将"政府向社会组织购买公共服务评价量表"应用层次分析法,分为目标层、准则层、方案层等,并用框图 8-1 表明其递阶结构和层次关系,由此进一步构建具体的满意度指标(见下表 8-2 所示)。

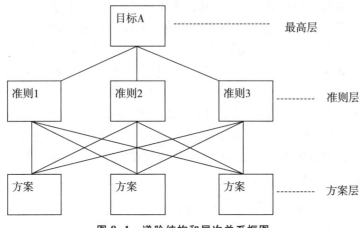

图 8-1 递阶结构和层次关系框图

表 8-2　政府向社会组织购买公共服务满意度评价指标

目标层	一级准则层	二级方案层	标号
服务对象的满意度	经济性	相比政府单向服务每年节约资金的比例	A11
		竞争力的强弱	A12
		成本情况	A13
	效果性	实际服务效果与预期参照比例	A14
		公共服务项目的目录	A15
		每个单位（年、月、日）期望免费得到的服务时间	A16
		服务对象期望的供给水平	A16
	效率性	每月服务机构的失误率	A18
		月投诉率	A19
		服务对象与服务员工的冲突发生次数	A20
		服务机构的水平	A21
	公平性	服务对象的选择率	A22
		政府购买服务适用人群范围的广度	A23
		获得补贴的人数所占比例	A24

由于各指标的含义不尽相同，在此，对政府向社会组织购买公共服务评价量表及政府向社会组织购买公共服务满意度评价指标进行说明。

1. 政府投入指标

在该一级指标中，具体可以从以下几个方面考虑：

一是政府主管部门在购买公共服务所进行的人力资源的投入。具体从投入人力数量、主要组成人员（结构）及其专业化（包括业务素质）方面考虑。

二是购买服务每年的资金投入总额及占全部购买服务投入资金的比例。可以从投入资金的数量、投入资金分配以及投入资金的使用效率等方面进行考虑。

三是政府每年购买服务的基础设施总额及占全部购买公共服务投入基础设施的比率。可以从基础设施的投入资源、其合理程度及基础设施的日常服务率等方面考虑。

四是购买流程的信息化程度。可以从政府每月使用网络办公的频率、政府购买公共服务过程的信息化公开程度、信息的应用力度及合理使用的准确率等方面考虑。

五是中标、合同等方面的透明化程度，可以从民众对政府购买服务了解的程度、政府购买服务的信息提供面等方面考虑，同时，也是成为绩效评估的一大要素。

2. 服务供给机构投入指标

一是作为公共服务的承担者，人员结构是否合理，不仅关系到能否为服务对象提供优质的服务，更决定其未来的发展前景。具体而言，包括服务承担机构人员的岗位设置、结构的合理程度、每位工作人员道德水平、专业熟悉程度及等方面。

二是服务项目所投入的资金总额。资金筹备是否充裕，是考察社会组织购买公共服务水平与能力的基础，这一指标包括购买所投入的资金、使用率、周转情况。

三是服务机构承担项目的硬件设备情况。这是承接主体参与"标的"的硬件基础。具体可以从硬件的数量、质量、分配、使用率等方面进行考察。

四是服务机构提供服务等级及信誉度。这是承担机构开展政府购买服务的质量，可以从人员组成、文化素质、机构规模、服务年限等几大方面考虑。

五是社会对服务机构的认可度。无论是对政府还是公众来说，在承接主体进行"标的"前，大众，对承接主体都有一个初期的评判，评判的范围主要包括承接主体的业务水平、运作流程等方面。它实际上是对服务资质的外在表现，是否认可及认可程度如何对该服务项目取重的社会效果、社会组织的等级有直接影响，这方面可以从供给机构承办项目前的信誉等级、队伍综合素质、获得荣誉、财务运转、预算方面考察。

3. 服务对象（公众）的满意度指标

作为购买公共服务的受益对象，服务对象的意见及相关建议对改进购买过程及推动社会组织发展至关重要，并且直接影响着购买的社会绩效。实际上，人民群众满意，也是政府向社会组织购买服务的最终目的。

服务对象的满意度指标应本着经济性、效果性、效率性、公平性的原则，确立评价的标准。

在经济性方面，包括：相比政府服务单向服务每年节约资金的比例，即同样的服务，通过向社会组织购买之后，为政府节省的资金总额；竞争力的强弱，也就是社会组织在提供服务过程中，其透明度、总体实力如何；成本的情况，包括社会组织在服务过程中投入的人力、物力等状况。

在效果性方面，包括服务的质量，社会组织进行服务时，能否做到及时、有效；服务项目（工作）的种类比例，在这其中，第一类为与政府运行相关的服务项目，比如印刷行业、物流租赁、管理体系等。第二类为与政府部门进行宏观调控、市场监管等职能相关的服务。如政策文件、规划发展、行业标准制定及法律的宣传、提供咨询等。第三类为提升民生幸福指数所展开的服务，一是指以物为对象的公共服务，如与环境、公共设施管理、专业技术相关服务等；二是以人为对象的公共服务，如与民生相关的科、教、文、卫等领域，此外还包括：每月免费提供公共服务的期望时间，主要可以从每个月社会组织向公众提供免费服务的累计时间方面考虑。还包括公共服务供给的期望水平主要通过社会组织实际提供的服务与民众期望值进行衡量。

在效率性方面，包括服务机构的每月失误率，分别通过服务机构每月失误人数、次数占总服务人数、次数之比体现；月投诉率，同样通过同样通过每月受投诉人数、次数占总服务人数、次数之比体现；服务对象与服务员工的冲突发生次数，可以以每月服务对象与服务员工发生冲突的人数、次数进行考核；服务机构的水平，即服务机构提供的服务的范围、人数，以此判定其大致处于一个什么档次。

在公平性方面，包括：服务对象的选择率，即服务对象对服务的形式、内容、服务人员具有选择的权利，同时也包括服务对象在接受服务后，有权利对现有服务是否满意进行评价，并以此作为下一阶段是否接受同样服务选择的依据；政府购买服务于不同人群的广度，包括政府满足服务人员的总量、所辐射的群体及所占比例；获得补贴的人数所占比例，可以从政府购买服务实施过程中，获取社会福利的人数总量及所占的比例进行考虑。当然,服务人群的广度、服务受益人数、比例等这些指标可从初期调查问卷的群众反馈意见中提取。

(三) 创设开展评估与监督的法制环境

强调政府购买公共服务监督机制的建立,一方面要加强对社会组织的监督,另一方面,就政府层面而言,需要预防和减少腐败。随着政府购买公共服务规模日趋扩展,财政支持的力度增强,这就极易使政府购买公共服务,往往成为众多承接主体、甚至个人竞相逐利的场所。承接主体迫切参与的愿望也滋生了政府官员权力寻租的机会,甚至导致腐败问题的发生。观察 BJ、CD、GZ、NB、NJ 等省、市政府购买公共服务承接过程,不难发现,不管采用哪种承接、购买模式,客观上都存在着因信息不对称而导致的机会主义行为的发生,要克服这一过程中机会主义,离不开法律的建立。质言之,要确保政府购买公共服务的流程处于"阳光"下运作,必须仰仗于健全的法律,这也是确保政府购买公共服务优质、高效的现实之需。

1. 立法制定层面

目前,我国唯一一部与政府购买公共服务相关的法律是《中华人民共和国政府采购法》,其中的内容大多过于宽泛,与政府,特别是地方政府购买的实际脱离较大,随着时代的发展,特别是随着政府购买公共服务的推进,该法律的适用性问题到质疑。因此,有必要在修订《政府采购法》基础上,加快制定一部专门对政府购买公共服务的全国性专门法律,以从顶层设计层面进行规范则势在必行。在此基础上,各地应在遵循国家相关法律前提下,出台能反映本地实践"购买"的政策法规,以达到对政府购买公共服务的前期、中期、后期各个阶段进行全面的规范及引导作用,体现政府购买公共服务领域也"有法可依"。

2. 制度配套层面

首先,建立健全信息公开制度。主要是建立包括购买程序、运作流程、资金使用、信用等级在内的信息透明制度,其目的在于将公权力的运行置于监督与制约之下,为公共服务多元主体营造公平、开放的信息环境。

其次,确立购买的监管及问责制。也就是按照契约标准进行服务项目的验收,严格把关好购买的前、中、后各个阶段每个环节,在此过程中,一方面,加强对承接主体的责任追究,防止购买"走过场";另一方面严格落实政府官员"责任到人"追究制,防止政府官员权力滥用的现象,特别是"寻租"行为的发生,以购买公共服务的多方评估后加权平均结果,作为衡量生产者、提供者服务绩效的基本内容。通过这一责任制的落实,确保购买流程公开及整体社会效应。

最后,构建公众满意的评估体系。在购买过程中,政府按照边际收益的原则,了解公众需求,并充分发动各方面,尤其广大人民群众的积极参与,同时将契约合作与法律救济机制相结合,以在构建公众满意的评估体系中,实现公众利益需求的不断满足。

(四) 完善评估与监督的社会监督体系

当前,针对政府购买公共服务在评估与监管面临一系列的问题,应及时建立包括公众、行业、媒体在内的多元化监管体系,既可以确保证政府与社会组织的持久合作,又是政府购买公共服务的必需选择。

1. 加强公众监督

公众监督主要是指公众及媒体监督。政府购买公共服务,其落脚点就是为公共利益,在现实中,公共服务的效果如何,作为服务对象的公众有着切身的体会,对购买的每一个环节有着极大的发言权,调动服务对象对购买过程的监督也是政府购买公共服务的题中之意。基于此,在购买过程中,政府可以建立健全相应的听证及投诉制度,以充分发挥广大民众的监督作用。媒体监管指通过电视、网络等方式公开报道政府购买公共服务的流程,这一渠道特别对于揭露政府在购买公共服务工作中的"寻租"行为有着一定的抑制作用,其目的在于直接或间接促使政府购买公共服务过程中的信息公开。

2. 实施行业监管

行业监管是指同类的提供者通过自发组织起来的协会或行业社团等,对同类会员单位进行监督和管理。提高工作人员素质是行业监督的重要环节,要求一方面要加强职业道德教育,通过教育让购买服务的提供者在遵守社会公德的前提下,真正做到遵守购买服务的法律法规,保守秘密,以实现公共利益为出发点,减少"寻租"腐败行为的发生;另一方面要求不断加强业务学习,在购买过程中,提供者要认真学习并掌握购买的法律、法规,以便更全面地了解购买公共服务的内容、特点等。除此之外,公共服务提供者要积极钻研业务,将理论知识融入工作实践过程中,不断提高业务水平。

五、促进农村生产性公共服务购买的组织化、标准化和规范化

(一)加强主体组织化建设

所谓加强主体组织化建设主要包含两个层面:一是壮大发展社会服务组织,培育有序竞争市场,重塑政府与社会组织的关系;二是鼓励发展服务对象自主组织,增强服务对象的参与能力,重塑农民与政府、社会组织之间的关系。

在社会服务组织建设方面,重点以两个方面为主要抓手。

第一,构建服务主体孵化机制。以激励发展与制度规范并重、强化扶持与独立成长并重为基本发展原则,有针对性的培育和发展社会组织尤其重点发展农机合作社、农技合作社等服务类组织。孵化重点在于通过项目、补贴、专项基金等多重途径解决社会服务组织的资金瓶颈,尤其应该出台扶持政策鼓励金融机构给予涉农服务组织如合作社等信贷资金支持,这方面可以借鉴城市社会服务组织孵化的机制策略。

第二,构建服务主体专业能力培育机制。培育机制的关键在于形成政府、社会组织与专业院校之间的协同培养机制,核心在于激发社会组织的学习积极性与主动性,引导其自觉主动提升自身的专业服务能力。一方面,国家可以出台激励政策,鼓励农业科研院所、农科专业学校直接成立社会服务主体,或者与其他社会服务主体联合成立新的社会服务主体。在进一步发展过程中,可适时建立社会服务主体联合会加强对涉农社会服务力量的行业管理。另一方面,加强服务对象自主组织建设,其根本目的在于提高受益群体的集

体话语权、参与权与监督权,避免原子化、个体化存在带来的"受益者沉默"。例如可以规范成立农民协会等形式的组织,负责表达需求、参与服务、监督管理等,以此,让服务对象真正成为服务主体的一角,与政府、社会组织形成新的、开放的、均衡的社会关联,建构一种新的平等的社会服务和治理结构。

(二) 推进公共服务标准化建设

所谓服务标准化,主要指政府购买服务的具体内容与执行标准,包括公共服务目录与服务执行标准,这是协商服务合同、追踪服务过程、评估服务效果和追究服务责任的主要依据。推进服务标准化建设基本可以分为两个步骤:一是建立需求回应机制;二是制定服务标准。通过这两个步骤,保证政府购买的涉农农村公益性服务在符合项目自上而下的体制性运作的同时,又能符合地方实际需要。两者的关键都在于增强基层县乡政府的自主权力,发挥其自主执行政府购买公共服务的积极性与主动性。

从目前的地方实践看,建立需求回应机制的基本原则可以是"上级定规范、基层定内容"。上级定规范即上级政府对购买涉农农村公益性服务制定原则性、方向性的规范,以整体、宏观为基本取向。基层定内容即基层县乡政府通过和服务对象及其自主组织协商决定购买服务的具体内容、标准、时间与要求。服务标准制定的基本原则可以概括为:"上级定目录、基层设标准。"上级政府确定涉农公共服务的主要购买范围,而具体的量化标准则根据各个地方不同的农业生产条件、基础、时间制定符合自身实际情况的服务标准和考核依据。

(三) 提升管理规范化建设

要保证政府购买农村公益性服务的公平、公开和公正,必须针对购买流程加强管理规范化建设。目前管理规范化建设需要侧重五个方面的建设内容:

第一,加强监管机制建设。既要管控购买过程中的权力寻租、不正当竞争和项目腐败等购买风险,也要监督服务过程中可能存在的减少服务内容、降低服务质量的服务风险。

第二,引入第三方评估。引入第三方评估能够保证公共服务的专业化考核,避免政府的随意性,对社会服务主体形成监督压力,促进服务质量的提升。

第三,建立责任追究终身制,这是很多地方干部强力提出的建议,他们认为现在的责任追究不是终身制,服务主体只需要承诺一定的质量期限,这样就存在很多的服务隐患。

第四,加强管护机制建设。加强管护机制建设的目的在于保证涉农农村公益性服务效果的可持续发挥,否则仅仅是"一次购买、一次服务"会造成公共资源的极大浪费。管护机制的具体建设策略可考虑地方实际情况,具体可考虑选择建立"县购买、乡管护、村使用"和"谁使用、谁管护"的两种管护机制之一。

第五,购买平台化建设。建设政府购买农村公益性服务平台要求程序透明、过程开放、参与广泛,可以依托政府采购平台或者公共资源交易平台,建立独立完整的政府购买农村公益性服务购买平台板块,公布相应的购买服务目录、服务标准、购买流程等相关信息。一方面保证政府购买信息的及时传达,实现购买信息与社会组织之间的有效链接,另一方面公开信息,接受社会监督评价。

六、完善政府购买社区公共服务,构建新型政社关系

(一)进一步明确购买服务范围和内容

针对目前城市社区公共服务购买内容地区间差异大,范围不明确的现状,还需进一步完善和规范城市社区公共服务购买目录。具体可参见 BJ 市 30 多个部、委、办、局和各区县有关部门联合制定的《BJ 市社区基本公共服务指导目录(试行)》(2010 年 9 月 8 日)。对城市社区公共服务购买内容的制定,需要建立在对社区需求的全方位评估上,针对性地制定因地适宜的购买内容。除了统领性的标准规范外,具体到每个社区时,社区可以根据当地情况进行调整,或制定补充性购买目录。

城市社区公共服务购买内容和范围的制定,应尽可能详细化、指标化。例如,关于购买社区居民文明教育的相关项目,服务内容的指标可以细化到在服务期限内需要开展多少次具体性服务活动:开展多少次文明讲座,开展多少次读书会,参观多少次图书馆等。服务内容量化、指标性的制定,一方面有利于社会组织开展社区服务活动,另一方面也便于对项目进行评估。但是,量化的指标性目录,也可能导致社会组织为了单纯完成"指标"而忽略服务效果。所以,制定此类服务内容时,应该设立项目相应的前测、中测、后测的配套措施,通过项目评估和测量来保障服务质量的有效性。

(二)加强社会组织的素质和能力建设

首先要加强社会组织的专项服务能力,如上所述,城市社区公共服务大致分为社区就业服务,社区社会保障服务,社区救助服务,社区卫生和计划生育服务,社区文化、教育、体育服务,社区流动人口管理和服务,社区安全服务等七大方面[①],以及目前推行的社区政务服务。在对社会组织的培育和能力建设过程中,应该加强社区专项服务技能的提升,使社会组织在社区公共服务中运用更专业的手法为居民服务。

其次,社会组织的能力建设,不仅体现在专业能力提升方面,还体现在项目管理能力、人力资源管理能力、财务管理能力等方面。社会组织良性运行的有效保障除了对自身的专业能力建设外,还需要有效的组织管理机制。目前社会组织普遍存在工作人员流失率高的现状,有效的团队管理模式,绩效刺激机制能够吸引更多优秀人才的加入。因此,社会组织在进行自我能力提升的过程中,尤其需要注重提升组织内部的建设能力。

最后,社会组织作为区别于居民和政府的第三方介入到社区中来,身份更加灵活。在社区服务过程中,社会组织需要提升对社区需求的洞察力,在充分挖掘社区需求的基础上,更能做到为民办"实事"、办"好事"。然而,社会组织在开展项目过程中,普遍面临资金短缺,政府拨款到账慢,资源不足等问题,因此,社会组织在资金受限的状况下还需要掌握相应的公关能力。通过外部资源链接,例如"众筹""义卖"等方式募集资金,实现"自我造血"功能,保障社区服务的持续性和有效性。

---

① 李春:《我国城市社区公共服务模式的发展历程与启示》,《公安研究》2013 年第 2 期,第 27 页。

(三)厘清社区居委会与社会组织关系

社会组织在社区服务活动的开展过程中离不开社区居委会的支持,社区居委会在社区建设和发展的过程中也离不开社会组织新鲜血液的注入。社区居委会与社会组织应该是互相支持、互相配合、良性互动的关系。针对目前社区居委会与社会组织存在的矛盾冲突,或互相独立不往来的现状,尤其是针对社区政务购买项目,社区居委会和社会组织应该通过厘清各自扮演的角色、职责和分工来协同发展、和谐共处,从而促进社区融合。

根据《中华人民共和国城市居民委员会组织法》(主席令[1990]七届第21号)规定,城市社区居民委员会在城市社区公共服务购买中承担的义务是:"协助人民政府或者它的派出机关做好与居民利益有关的公共卫生、计划生育、优抚救济、青少年教育等项工作",以及"向人民政府或者它的派出机关反映居民的意见、要求和提出建议"。社会组织拥有与人民政府或其派出机关通过签订合同建立起的契约关系,社会组织入驻到社区后,社区居民委员会应该履行协同合作的义务,协助社会组织开展社区公共服务活动。在问责层面上,社区居委会直接听命于社区综合党委。

随着社区"一核多元""多元化参与""多元共治"等基层社区治理建设理念的提出,社会组织被引入到社区建设中来,社会组织在社区发展的过程中承担的是积极参与的职责。社会组织与社区居委会是平级的关系,在问责制度上,社区综合党委对社会组织发挥协调的作用。

因此,社会组织与社区居委会是平等合作的关系,两者在工作过程中为了减少矛盾冲突,应该通过对具体事项的职责梳理来完成社区事务分工合作。例如政务下沉事项,对居委会以及社会组织各自负责的政务进行了"139项"分工,明确规定了社会组织应该承担的职责。通过对职责条例的分工梳理,既能促进社区资源优化配置,避免社区居委会和社会组织做重复的工作;也能去社会组织行政化,更好地发挥社会组织的灵活性。

(四)优化与健全社区服务的购买机制

政府购买城市社区公共服务之前,应该对社区做一个充分的需求调研,尤其是街道层面,要对社会组织及其承接的项目有全方位的了解。制定购买目录时,街道及其上级部门需要和社区进行沟通协商共同制定,以避免政府部门在不了解社区情况的基础上进行社区公共服务购买,导致社会组织入驻社区后开展的服务"水土不服"。

完善购买机制,还需要在购买流程上做到信息公开化,在能够引入市场机制和进行购买的城市社区公共服务领域内,进行竞争式购买,以保证购买流程的公正性。即使不适合竞争式购买的社区服务项目,也应该做到一定程度的信息公开化。

社区公共服务项目一般见效比较缓慢,对社区居民意识方面的改变也需要更长的时间。对此,可以将城市社区公共服务购买的年限延长至3到5年。例如GZ市家庭综合项目,为期3年,服务合同一年一签。

政府应该健全一套购买体系,包括制定指导性购买目录,以及补充性目录,从而减少临时购买,降低购买随意性。需要临时增加的购买项目,需要与社区以及社会组织进行沟通协商,共同制定,如若在社会组织的承受范围内则可进行适量增加。

（五）健全社区公共服务购买评估机制

在评估和监督标准制定方面，要改变以往单纯由评估方来制定的现象，评估标准的制定应该是由社区、社会组织、政府部门甚至专家学者四方共同制定，才能保证评估标准制定的公正性、客观性以及科学性。

同样，在评估主体参与上，首先，评估工作的开展离不开政府的监察，政府应该完善相应的评估监察机制以及监察人员，以保证评估工作开展的公正性。其次，服务对象、专家学者以及社会公众等，都应该相应地参与到评估过程中，使评估过程更具科学性。

完善评估程序，要制定涵盖前测、中测、后测的全套评估体系，不能将三个评估过程进行分离。尤其是前期评估经常被忽略，做足了前期评估，才能更好地在方向上对社区服务项目进行引导，在社区居民的需求导向下进行针对性的服务，从而提高社区服务的满意度。前期评估、中期评估和末期评估三者结合，一方面可以在整个项目实施的过程中不断对其进行修改和完善，从而提升社区服务的效率；另一方面，还能为以后同类项目提供宝贵的借鉴性经验。

在评估方式上，应该引用相应的定量评估方法，例如问卷调查法、评分法、因素比较法等。定量的评估方式还需要和不同的评估主体进行结合，例如针对社区工作人员、社区服务对象、社区居民等不同群体均可采用定量评估方式进行对比分析。定量评估和定性评估方式的结合，能使评估结果更加客观，更具科学性。

政府购买城市社区公共服务离不开强有力的财政支持，没有资金支持，购买只是纸上谈兵。同样，没有财政支持，评估工作也难以开展。加大对评估工作的财政投入力度，是保障其有效运行的基础条件。尤其是在人力资源方面的投入，评估工作对人员的需求量大，一般专家学者的费用也较高。如果没有雄厚的财政支持，评估工作难以深入，难以涵盖多元化评估主体，也难以保证其科学、客观性。因此，需要对评估工作的开展给予充分的财力、物力以及人力保障。

（六）加大政府财政购买社区服务力度

一方面，不论是中央层级，还是各市区政府层级，都应该加强对城市社区公共服务购买的财政力度，从而满足社区居民多元化的社区服务需求。

另一方面，政府除了专项资金以及上级部门的拨款外，基层政府还可以通过地区创收来创新当地城市社区公共服务购买的发展。例如 NB 市 ZH 区的"四点钟"学校，通过公益性收费标准的制定，达到维持项目的收支平衡，从而保障项目的持续性发展。

此外，政府还应该加强与基金会之间的协同合作，通过基金会的部分支持，共同发展城市社区公共服务购买。例如"大爱之行——全国贫困人群社工服务及能力建设项目"，由民政部和李嘉诚基金会合作创建，项目服务内容涵盖了十大方面：理疗与精神健康社会工作服务、城市流动人口社会工作服务、农村留守人员社会工作服务、特殊人群社会工作服务、老年人社会工作服务、儿童及家庭社会工作服务、残疾人社会工作服务、妇女与婚姻家庭社会工作服务、贫困与失业人员社会工作服务以及社区社会工作服务。在项目开展的财政配套措施方面,主要采取不低于 1∶1 的方式①,例如,申报老年人社会工作服务项目经费共 40 万元,地方民政部门或相关部门和群团组织的财务部门需出具不低于 20 万元的经费配套承诺证明,另外 20 万元左右的经费则可以由李嘉诚基金进行资助来共同为该项目提供财政支持。针对地方性创收不足的基层政府,加强与基金会的合作,既能减轻政府的财政负担,也能促进社区公共服务购买的发展。

(七)确立政社合作共同治理理念

转变政府和社会观念,真正确立现代治理的理念。治理意味着社会主体多元参与,"自上而下"与"自下而上"多向度共治互动,它集合了公共或私人部门共同管理公共事务各种方式,有助于调和不同利益主体之间冲突,优化权力共享与利益分配,并促使公私部门联合起来进行可持续的行动。

在政府购买公共服务的实践中,政府将不再包办一切、"大包大揽"与"单打独斗",而是将社会组织纳入到公共服务的体系中来,树立政府、市场与社会合作共治的理念,明晰多元主体的公共责任,充分运用市场、社会等机制和手段,鼓励企业、社会组织或公民个人等社会力量积极参与公共服务的供给。

---

① 中华人民共和国民政部:《民政部、李嘉诚基金会大爱之行——全国贫困人群社工服务及能力建设项目申报指南》,http://www.mca.gov.cn/article/zwgk/tzl/201401/20140100580734.shtml(2014.01.23)。

第九章 结 论

政府向社会力量购买公共服务,是我国全面深化改革的重要任务,不仅关乎政府提供优质公共服务以满足人民群众日益增长的物质文化需求的基本职责,而且关乎转变政府职能、激发社会活力、构建新型政社关系的国家治理现代化重大使命。本项目"中国与英国政府向社会组织购买公共服务研究"的中国政府向社会力量购买公共服务发展研究,就是在这一背景下展开的。

本项目基于我国政府向社会力量购买公共服务的实践,从制度——结构——运行三个维度出发,力图解析中国政府向社会力量购买公共服务的重要领域和典型问题。法律法规和财政制度为政府购买公共服务顺利展开提供着制度支持;政府、社会组织、公众与第三方构成购买服务的四元主体,四元主体间良性互动形成了购买服务的主体结构;实际运行中,购买内容的确定、购买方式的选择、购买过程的监督、购买过程与购买结果的评估,构成了购买服务由起点到终点的全过程。

纵观我国政府向社会力量购买公共服务的发展过程,购买制度、购买机制初具规模,并且形成了符合中国国情的购买公共服务理念和做法。本章试图从基本成就、基本问题、基本对策三个角度总结目前政府购买公共服务的成果与挑战。

一、基本成就

从"罗山会馆"模式至今,我国政府购买公共服务的实践取得了长足的发展。

1. 制度层面,基本形成了指导政府向社会力量购买公共服务的法律规范。明确了购买公共服务的指导思想、基本原则与目标任务,购买者、生产者、消费者、评估者的法定资格与权利义务关系,以及购买服务流程与购买机制的程序性规定。

2. 主体结构层面,初步培育形成购买公共服务的四元主体,促进主体间的良性互动。购买者转变职能,专注于规则制定、契约管理、监督评估与孵化培育,为购买服务的不断推进创造条件;生产者在承接公共服务中不断发展壮大,撬动社会资源共同投入到公共服务供给中,为公众提供专业、高效的公共服务;消费者变被动接受为主动参与,"评估权"逐步得到落实;评估者的专业性与独立性不断增强,通过需求评估、过程评估与结果评估促进公共服务的购买实践不断推进,第三方评估的公信力逐步增强。

3. 实际运行层面,开始形成政府购买公共服务的操作流程。购买内容丰富且不断完善政府基本公共服务标准化;综合运用多种购买方式,促进购买者与生产者之间的独立性,形成生产者之间的竞争性;对购买过程进行有效监督,保证公共财政资金的使用安全;开始建立购买服务的绩效评估机制,保证购买服务实现预期目标。

二、基本问题

诚然,我国政府购买公共服务的实践也存在着突出的难题,在深层次上困扰着购买服务的进一步发展。

1. 制度层面上,目前主要是以政策文件代替法律规制指导政府购买公共服务的进行。相比较而言,政策文件具有较强的时效性和灵活性,在前期的探索阶段有助于及时规制、调整购买服务的发展。但随着我国购买实践由试验探索转变为全面推广,急需相应的法律法规予以指导。另一方面,当前以《政府采购法》指导政府向社会力量购买公共服务,虽然对于政府采购与政府购买公共服务是否属于同质性行为,学界尚无定论。但是,政府采购与政府购买公共服务之间确实存在着主体结构、制度目标、购买形式、评价标准方面的差异,尤以购买结构的差异最为突出。因此,若单纯以《政府采购法》指导政府购买公共服务,而不对其做出特殊规定的话,终究难以解决诸如消费者地位等方面的问题。

2. 主体结构层面上,目前我国政府购买公共服务中虽然形成了四元主体,但四元主体间的地位极不平衡。购买者占据绝对主导地位,单方面决定购买的内容、时间、购买程序以及结果验收;生产者大多处于公共服务供给链条中的末端,充当政府提供公共服务的辅助工具;消费者参与渠道有限,对于购买内容、购买过程缺乏控制;评估者力量弱小,且带有一定的官方背景,从而影响评估结果的公信力。

3. 实际运行层面上,虽然已经形成了从起点到终点的运作流程,但缺乏精细化管理。就购买内容而言,对于购买内容的范围、界限、标准缺少明晰的规定,实际操作中成为各级政府的困扰;存在多种购买方式,但实践中以形式购买居多,社会组织的独立性与竞争性较弱;消费者缺少有效的监督渠道,购买者精力有限监督流于形式,甚至出现购买者与生产者之间的合谋;绩效评估指标主观性强、操作性差,使得评估结果难以对服务质量、服务效果进行专业区分,从而使得评估结果大打折扣。

三、基本对策

结合上文的分析和对策建议,综合战略性对策思路在于:

首先,制度层面建立健全购买公共服务的法律规范,充分考虑到政府购买公共服务的特殊性,即使将政府购买公共服务纳入《政府采购法》进行规制,也要配套相应的单行法规。

其次,若要实现四元主体间的平衡,将社会力量引入国家治理的框架内,必须转变政府职能,向社会组织、社会力量开放更大的空间,积极引导培育和正确管制社会组织。如此才能使社会力量不仅局限在政府公益服务及其延伸领域,实现社会治理主体多元化、合法化和科学化。

最后,推进基本公共服务标准化,建立政府购买流程的标准化、可购买的基本公共服务的标准化以及购买服务绩效评估的标准化,以此实现我国城乡之间、地区之间基本公共服务的均等化。

下 编
英国政府向社会力量购买公共服务经验研究

概　要

本项研究主旨在于，为概述英国政府从社会组织采购公共服务的理论依据、政策和最佳实践，以帮助中华人民共和国民政部（以下简称"民政部"）制定自身从社会组织采购公共服务的策略和政策。英国在该领域经验丰富，能就服务采购为其他国家的政府和公民社会提供宝贵的经验教训。

本项目研究的诸多具体目的中，首要目的是概述英国（主要是英格兰）现任政府从社会组织采购公共服务，包括政府采购的理论基础、政策程序和实际挑战。次要目的是详细介绍政府采购的实证过程，其研究方式是探讨三个服务采购的相关领域，即老年人关怀、残疾和儿童服务，以及简要展示某具体城市从社会组织采购公共服务的案例。

本编围绕研究项目主要目的和目标展开行文，由六部分组成。第一章为其他章的导言。第二章至第四章考察，在老年人关怀、残疾和儿童服务领域中，向志愿组织定制和采购公共服务。第五章介绍案例研究，即在布赖顿-霍夫市向志愿组织定制及采购公共服务。第六章总结英国（主要为英格兰）的经验教训。而中国可考虑参考这些经验教训，来制定向社会组织定制及采购公共服务的策略。

第一章综述英国（主要为英格兰）政府向志愿组织定制及采购公共服务。通过综述，第一章介绍上述三个领域内案例研究和具体城市案例研究的背景情况。第一章最开始介绍英国志愿部门的背景信息，综述政府采购的政治经济背景。该章节概述相关立法和政策的意义，如2012年《社会价值法案》、2011年《地方主义法》、2014年《欧盟公共采购指令》、2014年《医疗法案》和2011年《开放公共服务白皮书》。本报告详细介绍定制及采购流程，包括财务安排、服务和供应方类别、监督和评估过程，以及透明度和问责类问题。本报告从地方政府和社会组织的角度批判和反映政府采购的局限和挑战。本编重点介绍外包、实施不均衡、就业状况、透明度和腐败等问题。就社会组织而言，本编注意到紧缩和外包对社会组织预算的双重影响、承包服务对更小型组织的影响、细分服务的提供、能力和管理负担的问题、总承包商—分包商在不平等关系中借鸡下蛋和拈轻推重的做法、透明度和开放性问题，以及志愿部门的独立性和诚信。本报告也介绍最佳做法的案例。

第二、三、四章详细介绍在老年人关怀、残疾和儿童服务领域，公共部门向志愿组织定制及采购公共服务。在所有的案例中，作者们都考虑了每个行业特定的历史背景、关键问题和需求、每个行业特定的立法和政策、竞标合同的动机，以及采购给志愿组织带来的挑战，特别是小型细分团体和遇到的特殊障碍和机遇。作者们也介绍了特殊采购模式的影响,如总承包商—分包商关系,而采用这种模式总体上是为了发展细分志愿部门组织和志愿部门。这些作者探讨了透明度和开放性的问题,以及和政策影响、部门诚信有关的问题。第五章综述具体城市的定制及采购问题。本报告选取的案例是布赖顿和和霍夫市议会的案例。

第六章介绍老年人关怀和心理健康领域中,两个议会向两家志愿组织定制及采购社会服务的详细微型案例研究。案例一介绍全市互联项目(City Wide Connect),提供布赖顿-霍夫市议会定制及采购此服务项目的大量信息,并介绍最终向残联独立生活中心(Fed Centre for Independent Living)招标的情况。案例二介绍积极心理(Alive Minds)项目,并再次介绍伦敦克罗伊登区议会定制及采购流程的具体信息和最终向志愿组织克罗伊登心理健康协会(Mind in Croydon)采购情况。

本编第七章重点介绍英国从社会组织采购公共服务的关键经验教训。这些关键教训包括以下几个方面:福利提供愿景和战略的重要性、明确的服务定制及采购目的和目标、考虑社会价值和价格的意义、让客户参与服务设计和评估的重要性、建立有效和透明的法律、基础机制和财务安排。这些教训也突出反映了,策略要有效力,就要能适应变化的需求、具有灵活性、能持续创新和不断学习。要达到这样的效力,就要促进能力建设、灵活性和创新,而这背后的基础则是多个支持性的中介机构。

本研究基于批判性地综述二手、灰色和网络文献,基于详细介绍相关法律、法规和政策,也基于伦敦、布赖顿-霍夫市的实地工作。开展本研究时,正逢政府更迭,因此影响接近政府官员。该研究一直持续至2015年大选。研究团队成员皆有在中国政治、政策和历史领域研究和工作的经验。他们的经历启发他们从英国经验中总结关键教训。本报告通过讨论的教训阐明了潜在缺陷,就未来设计和发展向社会组织购买公共服务而言,也提供了一些良好实践。

致　谢

我们非常感谢诸多伦敦、布赖顿-霍夫市里来自政府和社会组织的关键知情人士,感谢他们抽出时间在访谈中与我们坦诚地交谈,感谢他们提供了对政策和实践的深刻见解。

关键术语缩写及英汉对照表

AFTAID　　Aid for the Aged in Distress 困难老年人援助协会
CCG　　Clinical Commissioning Group 医疗保健服务定制集团
CQC　　Care Quality Commission 关怀质量委员会
CSOs　　Civil Society Organisations 社会组织
CSU　　Commissioning Support Units 定制支持单位
CVSF　　Community Voluntary Sector Forum 社区志愿者部门论坛
DDA　　Disability Discrimination Act《反残障歧视法》
DLG　　Department for Communities and Local Government 社区和地方政府部
DPO　　Disabled People's Organisation 残疾人组织
DWP　　Department of Work and Pensions 就业和退休保障部
EAC　　Elderly Accommodation Council 老年人老年公寓委员会
GP　　General Practitioner 全科医师
IA　　Independent Age (previously UKBA, RUKBA) 老年人自立协会（之前为英国慈善协会、英国皇家慈善协会）
LGBT　　Lesbian, Gay, Bisexual and Transgender 女同性恋、男同性恋、双性恋和变性人
MASH　　Multi-Agency Safeguarding Hub (in Brighton and Hove City) 布赖顿-霍夫市多部门保障中心
MoCA　　Ministry of Civil Affairs, People's Republic of China 中华人民共和国民政部
NAVCA　　National Association of Voluntary and Community Action 国家志愿和社区行动协会
NCVO　　National Council of Voluntary Organisations 全国志愿组织理事会
NBFA　　National Benevolent Fund for the Aged 国家老龄人群慈善基金
NCB　　National Children's Bureau 国家儿童局
NGOs　　Non-governmental organisations 非政府组织
NHSCC Act　　NHS and Community Care Act 1990《国民医疗保健服务体系和社区医疗法案1990》
NICE　　National Institute for Health Care and Excellence 国家保健与临床优化研究所
NSPCC　　National Society for Prevention of Cruelty to Children 全国防止虐待儿童协会
ODI　　Office for Disability Issues of the Department of Work and Pensions 工作和退休金部残

疾问题办公室

PBR　　Payment-by-results 按结果支付

PQQ　　Pre-Qualification Questionnaire 资格预审调查问卷

RUKBA　　Royal UK Beneficient Association 英国皇家慈善协会

RVS　　Royal Voluntary Service（previously WRVS）皇家志愿服务协会（前皇家妇女志愿服务协会）

SPCC　　Society for Prevention of Cruelty to Children 防止虐待儿童协会

TUPE　　Transfer of Undertakings（Protection of Employment）Regulations《事业转移（就业保护）规定》

UK　　United Kingdom 英国

UKBA　　UK Beneficient Association 英国慈善协会

UNCRC　　United Nations Convention on the Rights of the Child《联合国儿童权利公约》

UNCRDP　　United Nations Convention on the Rights of Persons with Disabilities《联合国残疾人权利公约》

VCOs　　Voluntary and community organisations 志愿和社区组织

VCSE　　Voluntary and community organisations and social enterprises 志愿和社区组织及社会企业

VSOs　　Voluntary Sector Organisations 志愿组织

WRVS　　Women's Royal Voluntary Service 皇家妇女志愿服务协会

第一章 向社会组织定制及采购公共服务

一、目的和目标

(一) 目的

该项目总体目的是向中国民政部(以下简称"民政部")介绍英国政府从社会组织采购公共服务的理论依据、政策和最佳实践,从而让中国借鉴英国的宝贵经验教训,来建立符合中国国情的服务采购体制。

该研究的目标有两方面:

首先,综述英国现政府(主要指英格兰)从社会组织采购公共服务,包括采购理论基础、政策流程和实际挑战。

其次,研究三个相关服务采购领域,即老年人关怀服务、残疾人关怀服务、儿童关爱服务,以及布赖顿-霍夫市议会服务定制及采购的案例研究。

(二) 具体目标

本研究有一些特定目标:

1. 概述英国政府从社会组织采购公共服务的背景和理论基础。该研究将详细介绍公共服务改革五个关键原则的理论基础,即选择、权力下放、多样化的服务提供方式、公平和问责,并重点介绍支持这五个原则的正常参考值。本研究将在政治和经济背景下讨论向社会组织采购公共服务,特别是自 1997 年以来的公共服务采购。该研究也将考虑全球经济衰退对发展从社会组织购买公共服务的影响。

2. (1) 概述指导向社会组织采购流程的关键立法和政策,以从政府和社会组织的角度,重点介绍任何采购方面的法律和政策障碍,并分析与采购条款和流程有关的政府、社会组织和受益人的一些不断出现的新问题。

(2) 介绍从社会组织购买公共服务的财务安排,包括涉及的关键机构、财务安排的具体流程、这些流程的透明度、监管程序,以及从政府和社会组织的角度来看涉及的一些复杂状况。

(3) 分析被采购服务的类别、服务选择背后的原理和原则、保证采购流程透明度和问责的机制,以及公共服务提供的备择模型。

(4) 介绍采购方法和采购方法原理、选定的不同采购方法之间的关系、服务提供和监督评估方法。

（5）详细介绍监督和评估的目的和方法，包括方法选择、涉及的实施者和机构、问责基础、反馈系统和政策关联。

（6）对比其他供应机构来分析社会组织在公共服务领域的特别作用，分析国家和地方政府参与政府采购合同中的原因和动机，分析采购对社会组织的内部组织结构和流程的影响，分析采购对志愿部门发展的影响，分析社会组织不断出现的新问题。

3. 分析政府从社会组织购买公共服务的特殊政策和实际挑战。将通过三个本领域案例研究来探讨此问题，这三个案例研究的是养老服务、残疾人关爱服务和儿童关爱服务，还将通过布赖顿-霍夫市议会案例研究来探讨。若有可能，将选择能够展示最佳实践的案例研究。每种情况下，将需要考察采购流程中涉及的关键参与者和机构、参与采购的动机、遇到的一些政策和实际挑战和管理该流程的治理安排，包括透明度、问责和参与机制，用于检测和评估服务交付质量和影响的方法、采购对受益人的影响，以及社会组织和地方政府官员对以采购模式组织公共服务方式的看法。第二章和第五章分别介绍养老、残疾人关爱和儿童关爱服务案例分析，以及布赖顿-霍夫市案例分析。

二、方　法

本编批判性地综述相关二手、灰色和网络文献，考察相关法律规定，收集并研究相关政策文件和网络文件。如上所述，本研究也在三个服务采购领域对关键信息提供人士进行半结构性访谈，这三个领域为残疾人关怀、儿童关爱和老年人关怀。选择这三个领域，是因为它们是民政部特别感兴趣的领域，这些领域也反映了英国重大重要服务领域。受访者来自政府和非政府部门①。本研究报告在文献访谈或主要访谈中讨论引用的案例，介绍最佳实践案例，并重点介绍特殊限制和挑战案例。这些访谈探讨采购流程、采购背后的原因、社会组织参与采购或政府计划的障碍等主题，以应对采购挑战、采购对组织关系的影响、采购对志愿部门发展的影响，以及透明度和问责等治理问题。本报告的团队在伦敦和布赖顿开展了实地研究，并从二手数据、灰色文献和访谈中收集了英国其他地区的相关信息。该实地研究旨在吸收一些近期经验以完善文献综述。实地研究时间为2015年6—8月，由郝秋笛（Jude Howell）、安迪·韦斯特（Andy West）和里贾纳·安觉图·马丁纳兹（Regina Enjuto Martinez）三名研究人员开展。

应该注意的是，该研究恰逢政府换届。虽然评估新政府公共服务改革方式和外包服务给志愿组织的方式为期过早，但是高级官员最近的声明暗示，改革的大致方向和原则延续自上届政府。然而，应该注意的是，公共服务改革和增加服务供应方多样性的举措，如让志愿部门也参与服务供应的举措正逢紧缩和预算削减。而紧缩和预算削减的影响已经在2010—2015年期间的联合政府任期内初露端倪，并很可能在未来几年更为显著。此外，因为有必要削减成本，所以更有必要招标及采购公共服务。

应该指出的是，由于2015年选举和政府换届带来了不确定性，一些地方政府官员不

---

① 这份报告中所采访的对象包括公民社会部和国家志愿组织理事会的相关工作人员。

太愿意同意受访。政府换届则通常导致重组、人员更替,有时甚至导致裁员,给未来带来了不确定性,这显然影响了受访人讨论问题的意愿。

三、关键定义说明

进入报告正文之前,我们首先说明一些报告中使用的关键定义,并简要地说明地方政府的结构。

外包可以用不同方式来定义。本报告中,外包指向第三方定制及采购服务或产品,而非自己开展服务或生产产品①。

定制指的是以下过程:了解并确定需求,设计服务,最后落实服务(NCVO website; Macmillan 2010)。采购是决策周期的一部分,指的是通过拨款或竞争性招标授予合同来购买服务的过程。地方政府和中央政府,以及地方议会或医院等公共部门有法定责任采购满足需求的服务。20世纪80年代起,由于服务交付已经逐渐由外部机构来承担,所以服务定制变得更加重要,这些外部机构包括私营部门和志愿部门的机构。

志愿部门指的是规模、宗旨、活动、法律形式和起心动念差异很大的诸多组织。它们有一些共同特征,如宗旨、治理、话语影响力和行为、非营利性、自治、志愿主义和公益等方面都是独立的。这类机构包括已注册的慈善机构②、社会企业、互助组织、社区组织、志愿组织和合作社。志愿组织在本文中多次称作"志愿部门组织",或"志愿和社区组织",或"志愿和社区组织和社会企业"。该部门也被称为"第三部门"(the Third Sector)。该术语在新工党时代也被收入了词典,下文将会解释。本研究项目中,这些术语在文献、文档中被受访者互换使用。本报告也互换使用这些术语,但都指志愿部门。志愿部门构成了更广泛公民组织的一部分,而此类公民组织则被称为公民社会。该公民组织包括非正式网络、聊天室、社会运动、公会、以信仰为基础的组织、商会,和号召人们以公民的身份实现共同利益并参与公共事务的组织。

服务供应商指给有特殊需求的人群提供服务的机构,这些人包括老年人、儿童、残疾人、有刑事前科的人、病人和弱势群体。供应商可能包括地方公共部门、私营部门机构,如信佳集团(Serco Group Plc)、士瑞克保全公司(G4S)、加比达(Capita)、英国电信公司、普华永道(英国)等大公司和私人养老院,以及志愿组织。

政府指有合法权利治理社会的人员和机构团体。英国是一个君主立宪制国家,国会每四年定期选举。2015年5月,新保守党政府上台。英国由威尔士、苏格兰、英格兰和北爱尔兰组成。威尔士、苏格兰和北爱尔兰有其自身的议会和下放的权利,有权利决定地方级别的事务,如教育、健康、文化、环境和交通。它们自主决定向私营部门和志愿部门定制及采购公共服务的政策。

地方政府有若干个级别,能决定地方公共服务政策。英格兰很多地区的地方政府③

---

① 这里采用英国下议院的定义(2014:7)。
② 这里不包括注册慈善组织,如独立学校、住房协会、互助组织、信仰团体和政府机构。
③ 地方政府和地方机关在本报告中同义,同样的布赖顿-霍夫市议会中的议会是布赖顿-霍夫市地方政府的官方名称。在本报告中这些概念可以互换。

有两个级别:第一级为郡议会,下一级为区议会、自治市镇议会或市议会。有些地区的地方政府只有一个级别,被称作单一管理区,执行所有的职能。单一管理区可为一座城市、自治市镇或区议会,通常也可称作地方议会。有些地区也有更低一级的教区议会和镇议会。

政府部门和机构包括部级部门、慈善委员会等非部级部门、驾驶执照和车辆牌照办公室和环境局等非部门性公共机构。因此,本报告探讨的是英国的采购政策,以及通过承包给志愿组织来交付公共服务。

四、英格兰/英国志愿部门背景

志愿部门是公民社会的重要部分,它由一系列组织组成,如慈善机构、志愿组织、基于社区的团体和社会企业。正如下一部分所要讨论的内容所示,由于政府换届,志愿部门的概念和实际所指已经改变,反映了不同意识形态、政策偏好和实践。当前,志愿部门指的是超过 50 年的时间跨度内更广泛的组织,不仅包括志愿组织和社区组织(包括已注册的慈善组织和其他协会等组织,自助性团体和社区团体),而且也包括社会企业、合作社和互助组织。这些组织可能有不同的法律形式,如已注册的慈善机构、非营利公司、社区利益公司、工业协会、互济会或合作社。本报告使用多种缩写来指代该部门,如志愿组织,近来使用更频繁的志愿和社区组织及社会企业。此外,该志愿部门已经被视为更广义公民社会的组成部分,而公民社会则与民主参与、公民身份和公民行动有着诸多关联。

在英国运营的志愿部门和社区组织的主要伞形组织是全国志愿者组织理事会(National Council of Voluntary Organisations),其在英格兰、苏格兰、威尔士和北爱尔兰有分支机构。它不仅是志愿部门的主要信息和研究来源,也在与政府就影响志愿部门的政策、立法和问题进行沟通起到了关键作用。其他伞形组织包括:志愿组织首席执行官协会(ACEVO),该协会主要满足首席执行官的需求;英国海外促进发展非政府组织(BOND),该组织服务非政府组织和参与国际工作的志愿组织;全国志愿和社区行动协会(National Association of Voluntary and Community Action,NAVCA),该协会是慈善组织会员网络,致力于成功地经营地方慈善组织和社区团体。这四个伞形组织在保证志愿行业的独立性方面扮演着重要角色,并与政府保持着坦诚的合作关系。

志愿部门有几十年的公共服务交付经验,有丰富的公共采购政策和实践经验。志愿部门提供的服务涵盖诸多领域,包括健康、住房、就业和培训、社会服务、法律和宣传、教育、环境和伞形机构。英国大部分培训机构都是中小型组织①。根据欧盟标准,英国 161266 个志愿组织中,只有 330 个是大型组织。然而,根据全国志愿组织理事会的数据,该理事会将 533 个成员组织界定为"重大"组织,其收入超过 1000 万英镑,并将 4270 个组织界定为"大型"组织,收入为 100 万英镑至 1000 万英镑,这些组织包括慈善机构、社会企业、社区团体和志愿组织。大部分志愿部门组织都是小型组织,收入低于 100 万英镑。

---

① 根据欧盟规定,小型企业是雇佣员工少于 50 人且资产负债表少于 1000 万欧元的企业;中型企业员工人数少于 50 人但少于 250 人且资产负债表介于 1000 万欧元和 4300 万欧元之间。参见:www. ec. europa. eu/enterprise/policies/sme/facts-figures-analysis/sme-definition。

就规模和收入而言,不同地区的志愿部门组织差别巨大。平均每1000个人中产生2.5个志愿组织,也就是说400个人中产生1个志愿组织(NCVO Civil Society Almanac 2015)。苏格兰是英国每1000人里产生的志愿组织数量最多的地区,平均每1000人中产生3.4个组织。然而,英国大部分,即84%的志愿组织来自英格兰。英格兰东南部和西北部拥有所有志愿组织的一半,东南部拥有的数量最多,达24323个。东北部的数量最少,为4405个(NCVO Almanac 2015)。英国大部分志愿组织都在地方运营。就收入而言,地区收入最高的地方是伦敦,达到了160.877亿英镑,其次是东南部的收入,为45.933亿英镑。东北部是志愿部门组织收入最低的地区之一,为7.947亿英镑(Independence Panel 2015:23)。

2013年和2014年志愿部门营业额总产出达405亿英镑(Civil Society Almanac, 2015),包括资产在内的总金额达到了1050亿英镑①。最大的5000家收入超过100万英镑的组织拥有该部门78%的收入,577家收入超过1000万英镑的组织收入和支出占该部门几近一半。9%的组织主要收入依靠政府资金(NCVO UK Civil Society Almanac 2015)。英国慈善机构雇用了逾821000员工,吸收了逾2000万名志愿者。与公共和私营部门相比,志愿部门的兼职雇员占行业总职工人数的比例更大,公共部门、私营部门、志愿者部门的比例分别为30%、25%和39%。志愿部门签订短期合同的职工更多,比例为11%,多于私营部门的5%和公共部门的8%。截至2011年12月,志愿部门对英国经济的增加总值达120亿英镑,英国志愿部门的经济价值为230亿英镑(NCVO 2014)。

志愿部门的主要收入来源是政府和个人捐款。来自政府的收入通常有两类:拨款等志愿收入和合同或费用等挣得收入。公共部门未利用公私合营、代金券和优惠政策来从志愿部门采购服务和提供服务,也并没有此方面的任何重要讨论。地方层面上,所采用的筹资模式有很大的多样性。最新政府支出数据显示,2012—2013年,志愿部门来自政府的收入达133亿英镑。大部分的收入,即83%的收入来自政府合同或费用。志愿部门来自政府的收入恰好一半来自地方政府,在2012—2013年达到了68亿英镑。2012—2013年,来自国民医疗保健制度和中央政府的收入则为58亿英镑,其他收入来自欧盟、其他国家政府和国际机构(NCVO:2015a)。大型慈善机构从政府获得的收入最多,而其他相对小型的组织更依赖筹资。2012—2013年,十家最大的拨款获得机构从政府获得的拨款占所有拨款的43%(NCVO UK Civil Society Almanac 2015)。

五、采购的政治经济环境

最近几十年内,私营和志愿部门接受公共服务的外包量稳定增长。截至2012年,公共服务的外包量每年增加到了820亿英镑(Richardson, 2012)。截至2014年,预计外包量将达1400亿英镑,占2360亿英镑公共服务预算一半以上。截至2014年,地方政府从第三方采购商品和服务金额达到了450亿英镑,几乎占了总开支的四分之一。其中100

---

① 这些数据来自志愿组织行业有可用数据的最近年份。国家志愿组织理事会《公民社会年鉴》(Civil Society Almanac)是志愿组织行业最全面的可用数据的总结,其中的数据来自2012和2013年。

亿英镑用于社会关怀①(House of Commons, 2014)。广泛的公共服务已经向市场开放,包括监狱、孤儿院、安老院、代养和成人社会关怀。接受服务外包的机构大部分是私营公司,因为有足够的规模、投标能力和财力,它们能顺利竞得大型公共服务交付合同。

如上所述,英国志愿部门有一百多年的历史。从志愿部门开始出现的大部分时间内,志愿部门组织和政府有着工作关系,来应对贫穷、弱势和社会改革等共同问题。19世纪末20世纪初,所有社会福利,包括其财务、管理和服务都由志愿组织和地方政府提供。维多利亚时期,政府拟定纲领性和指导文件,让社会自我管理,这并非奉行个人主义的管理方式,而是通过志愿组织和地方社区来实现集体对社会的管理(Lewis, 1998:258)。那时,人们期望将政府管理水平降至最低,由地方来管理社会行动和福利。当时,国家对志愿组织事务的干预,国家与志愿组织的竞争处于最低水平。志愿组织领导人认为,他们的社会行动有别于地方政府的社会行动,其背后的推动力是强烈的民权意识、道德目标和慈善,以及一种信念。这种信念认为,今天,公民行动是民主社会的必要组成部分。然而,这种慈善之举往往被家长式作风和利己主义所遮蔽。

20世纪早期,国家开始越过《济贫法》(The Poor Law)的规定,负责社会项目,如负责病人和老人的社会项目。1914年,第一次世界大战开始后,这种情况已经开始改变国家和志愿组织之间的关系,他们之前是平等的合作伙伴,来自不同部门,而后来,国家更多地参与了公共福利,而志愿组织不再致力于成为第一道防线(Lewis, 1998:260)。慈善机构在提供公共服务、填补空缺和弥补不完善服务方面起到了补充作用。它们对政府提供资金支持它们活动,以完成共同目标的呼声越来越高。

《贝弗里奇报告》(Beveridge Report)概述的第二次世界大战后福利改革在提供公共服务方面发挥了更加具有主导型的作用。也许这些改革中最著名的成果是建立了国民医疗保健制度,即在服务交付之时提供免费医保。随着国家在提供公共服务方面占据了更具主导性的位置,志愿组织不仅发挥了补充性作用,提供额外服务,如临终关怀(Alcock 2010),而且致力于合作,并影响国家政策。通过志愿行动来实现服务、慈善和道德的目的,仍然被视为"良好社会"的重要因素,也被视为平衡市场原则和官僚体制规则的重要因素(Lewis, 1998:260)。20世纪60年代和70年代,为达到不同意识形态目的,左翼和右翼政党提倡多元化的福利提供理念②。

随着20世纪80年代新自由主义的兴起,公共服务提供方式发生了重大转变,特别是产生了新公共管理、选择和效力的理念,以及国家和志愿组织之间的关系发生了重大转变。新自由主义在英国得到了时任首相撒切尔夫人的大力支持,在美国得到了时任总统罗纳德·里根的大力支持。后来的十几年内,开发机构将新自由主义推广到全球,推广者包括马来西亚首相马哈蒂尔等支持者。20世纪80年代,新公共管理逐渐得到推行,这导致了国家概念的重大转变。新公共管理理论通过私有化、精简、竞争和分包服务给非政府组织和私营部门来证明改革的正当性(Minogue 2002)。在新公共管理理念之下,公务员的职能转变为经理人,公民变成了客户或消费者,资源和结果之间形成了更强有力的纽

---

① 截至2011年,地方政府总支出达1620亿欧元。
② 在麦克米伦(2010:20—23)对现存证据的回顾总结中可见,虽然有证据表明对使命偏移的担忧有所上升,但是无充足证据表明,目标得到了维持或偏移。

带。与此同时,20世纪80年代末90年代初,组织法定服务理念也开始改变,原来的理念基于一体化和专业性带来的等级原则,而后来的理念基于市场原则。在这种新风气中,消费者选择、效率和效力成了国家改革的动机。

正因为新公共管理的兴起,正因为国家改革引入市场原则,外包服务才日益盛行,使得服务提供与服务采购和服务筹资区别开来。新"承包文化"(Lewis,1998:260)欢迎加大力度引入私营部门和志愿部门,来实现福利提供多元化,而私营部门和志愿部门都已被明确设计为向国家提供服务的"替代选项"。通过定制和采购将政府服务承包给志愿部门组织由此系统性地始于20世纪80年代晚期。随着国家控制了资金,并规定了志愿组织的行动范围,人们越来越担忧,这种将志愿组织当成工具的做法可能破坏志愿组织的独立性。

就服务提供而言,新公共管理和新合同文化为志愿组织和私营部门扩张提供了肥沃的土壤。从20世纪80年代起,非政府组织在全球范围内扩张,并参与了广泛的活动,包括服务交付和宣传,同时,政府也越来越对志愿组织在执行福利议程时的潜在效用感兴趣。1978年公布的有关于志愿组织的《沃芬敦委员会报告》(Wolfenden Committee Report)将志愿组织的概念范畴定义为一个"部门",从而为走向混合福利经济和服务提供的多元化铺平了道路,而该定义仍然颇具争议(Harris and Rochester,2001:1-4)。内政部回应了新公共管理的兴起和消费选择和效率理念,并在1990年的"效率稽核"(Efficiency Scrutiny)报告中阐明了为志愿行业提供资金的基础。这显示了对承包服务给志愿组织这一趋势的欢迎,也显示了对关键筹资服务的重视。性价比、业绩评估和有益是承包的关键因素。该报告引用了大量对志愿组织领导人和专业学者的批评,批评围绕的是专业性和正规性的影响、专业性和正规性对治理和志愿活动的影响,以及志愿行业的信念基础,如无私、更大的灵活性和响应能力(Lewis,1998:262)。也有一种担忧认为,服务承包可能将志愿组织变成服务交付的官僚机器,削弱志愿部门的本质特征,而正是这种特征,才使得志愿部门独一无二。

这些担忧出现在关于志愿部门的1993年《社会政策研究和创新中心报告》(Centris Report)和1996年《迪肯报告》(Deakin Report),即《委员会关于志愿部门未来的报告》(The Report of the Commission on the Future of the Voluntary Sector)中。《迪肯报告》意义重大之处在于它质疑国家和志愿部门之间的关系,在于它尝试更清楚地界定志愿部门和国家部门之间的责任和行动。本着这种精神,该报告呼吁政府采取不那么具有工具色彩的方式,并更多地关注该部门的发展和健康,强调志愿行动和公民权利。该报告实际上认为,志愿部门除了仅仅为公共服务的承包者以外,还有更多的意义,而且志愿部门是更广义公民社会的关键要素,而公民参与决定公共事务的发展。

正是因为1997年布莱尔首相领导的工党政府上台,志愿部门和政府之间的关系又发生了一次转变,1998年11月出台的《政府与志愿及社区组织关系协定》(the Compact)建立了相应的制度。该《关系协定》不仅参考了最新的迪肯报告,也参考了新工党选举前的政策文件《共同建设未来》(Building the Future Together)(Lewis,1998:264)。《关系协定》是国家政府和地方政府其中一者或两者与志愿和社区部门之间的框架协议。《关系协定》规定了该协议的关键原则,并确立了有利于政府和志愿部门两者的工作方法。该《关系协定》覆盖的合作领域包括政策设计和咨询、合同和拨款等财务安排事宜、增进公平、加强志愿部门的独立性,以及优化志愿部门参与服务交付等。因此,《关系协定》不仅涉及服务交付,而且涉及政策影响。国家的《关系协定》提供的框架能够被地方层面的机关效仿,权利可下放至苏格兰、北爱尔兰和威尔士的地方政府,以及公共机构,如国民医疗保健体系。

该《关系协定》的关键理念基础是,志愿和社区行动是有活力、民主和包容社会不可或缺的一部分。该《关系协定》反映出了一种认识,即不仅认为志愿行业重要,而且认为其运动和挑战政策的自由与权力也很重要。正如1998年《关系协定》所述,政府承诺认可并支持志愿行业的独立,包括其合法活动、评论政府政策、挑战政府政策以及决定和管理自身事务的权利,而不受任何业已存在的财务关系的影响(第9.1段)。

《关系协定》中的思想是一种处理国家、市场和志愿部门关系的新方式,与过去几十年内的方式大为不同。这"第三条道路"(The Third Way)是国家、市场和志愿部门之间关系的特征,即它们是合作、平等的伙伴关系,与战后那些年层级分明的国家规划,与20世纪80年代和90年代的竞争性市场原则形成强烈反差(Giddens 1998)。该《关系协定》"表达了政府、志愿和社区部门在工作中共同合作的承诺"(Home Office, 1998, paragraph 4)。虽然伙伴关系并非全新概念,但将其与围绕第三道路的政治话语相提并论则让其更像是一种平等关系。

类似的是,"志愿部门"向"第三部门"的转变显示了政府立场的转变,显示了志愿部门在更广义的第三道路意识形态中根深蒂固的基础。2006年建立的第三部门办公室使这种话语和关系正规化了。由于创造了"第三部门"这个术语,并实现了其建制,能够参与政府日程的志愿组织领域有了更广义的定义。该志愿组织领域不仅仅包含了志愿组织和社区组织,而且其外沿还扩大到了慈善机构、社会企业、互助社和合作社。这反映政府致力于将社会企业和志愿部门纳入同一政策和同一政治空间。因此,相较于几十年前,该部门的政策和分析不得不涵盖更广泛的组织。

新工党时代和前保守党政府之间的另一重要区别与社区的重视程度有关。这反映社区主义对新工党的吸引力,反映新工党尝试不再使用明显的个人主义、市场化的方式,不再使用明显有规划的"旧社会主义"(old socialist)方式。这不仅仅反映在其支持社区组织建设,也反映在出台的大量新工党计划,而这些计划旨在振兴社区精神,提高社会包容度,重新修缮城市棚户区,从而延续公民社会。

消费者权利、选择、合作关系和"行之有效"都是延续过去的主题,但更加强调的是,在福利管理中①,要在中央集权和新自由主义之外找到"第三条道路"。新工党强调公民职责、志愿活动和合作,这些美德都可以追溯到19世纪初的慈善理念(Lewis, 1998:265)。虽然前保守党政府也欣然接纳了"积极公民"的理念,但是在工党在任时就已经终止了这一理念,在他们政策中从未形成中心要素。新工党时代的关键变化是将权力下放到北爱尔兰、苏格兰和威尔士,虽然保持了相似的政策方向,但是权力下放带来了催生第三部门

---

① 在这期间我们也看到描述服务用户的不同措辞,如"受益方"、"客户"和"服务使用方",这些措辞的使用并没有一致性且通常可以互换。现在常用的"服务用户"反映出用户的自主性和独立性,而不是依靠国家或慈善而生活。

的新倡议(Alcock,2010:2)。

　　由于新工党致力于更加系统性地与第三部门合作,所以为《关系协定》方面的安排提供支持和融资的机制发生了改变。在保守党政府的管理之下,志愿服务司(Voluntary Services Unit)是政府和志愿及社区部门互动的主要地方。新工党将志愿服务司更名为"积极社区司"(Active Community Unit),并继续在3年内拨款3亿英镑支持该部门的发展。为了增加社区参与度,增加公民意识,新工党政府成立了公民再造司(Civil Renewal Unit)。这些新机构当时与慈善司(Charities Unit)合并,在内政部组建了活跃社区理事会(Active Communities Directorate),并增加了预算和政策覆盖面。2006年,财政部设立了新的慈善和第三部门财务司(Charity and Third Sector Finance Unit)来为该部门协调财政政策(Alcock,2010:7)。2001年,贸易及工业部设立了社会企业司(Social Enterprise Unit)支持社会企业。正是由于新工党政府主政,《慈善法》(Charity Law)才得以在300年以来首次修正和更新,而这一趋势在2006年颁布的《慈善法案》(Charities Act)达到顶点。截至2000年年中,为新型、更密切的政府和第三部门关系提供制度安排的新机构和其他合法形式的组织数量过多。2006年,这些机构得以整顿,活跃社区理事会和社会企业司被合并,在内阁办公室(The Cabinet Office)组建成了新的第三部门办公室(Office of the Third Sector)。

　　第三部门办公室开始为政府接触志愿部门建立正式机制,建立了高级顾问委员会和战略伙伴团体来支持志愿部门提供服务。这让第三部门在政治和政策上具有更高的关注度,任命第三部门部长,任命前第三部门的员工为第三部门办公室主任,就是其反映。这不仅仅带来了对第三部门更多的财务和其他支持,而且显示了政府对与第三方部门合作的认可与重视。比如,地方和全国公民资讯局(Citizens Advice Bureaux)的收入在新工党上任期间翻了几乎五番(NCVO Civil Society Almanac 2015)。

　　马上意识到的是,支持第三部门需要的不仅仅是制度、财务和法律的变化,而且需要培养从业者的能力和技能来参与合作、竞标和承包服务交付。2002年对该部门的《财政评估》(Treasury Review)催生了多种投资该部门的倡议。这类倡议包括建立未来建设者基金(Futurebuilders Fund),投入1.25亿英镑,以在2005—2008年拨款或贷款给第三部门团体来强化它们竞标争取公共合同(Alcock,2010:10)的能力。2008—2011年,此基金规模增至2.15亿英镑。2008年,社区和地方政府部(Department for Comminities and Local Government)与第三部门办公室设立了社区建设基金(Communitybuilder Funds),初始投资7000万英镑。该投资由社会投资企业(Social Investment Business)这一新机构管理,以支持小型地方和社区组织。在卫生领域,卫生部建立了1亿英镑的社会企业投资基金(Social Enterprise Investment Fund),贷款给竞标卫生和社会关怀服务交付合同的社会企业来支持它们。2004年,政府投资了1.5亿英镑用于变革(Change Up)计划,该项目旨在协助提供能力建设的基础机构,如国家志愿组织理事会和国家公民建议协会办公室。该项目在2006年转移到了第三部门办公室创立的新机构,即能力构建者(Capacitybuilders)。除了政府的资金来源,第三部门组织也可以从多种基金会和国家彩票委员会得到资金来源,在21世纪的前十年,后者提供了超过28亿英镑的资金投资第三部门(Alcock 2010:11)。

新工党 2013 年对第三部门的支持和与该部门的接触让第三部门成为政治和政策主流,促进了第三部门组织的扩大,其公共形象的提升,让它们更依赖国家的资金来源。政府的支持提升了第三部门组织的信誉,让它们成为可替换市场和国家的有效服务提供者,同时第三部门从业者也欢迎与政府深化接触。正如阿尔科克(Alcock)(2010:6,15)所示,政府和第三部门在政策和实践上越来越有"战略统一性"。因此,在工党时代,第三部门竞标合同以提供公共服务的机会大量增加,这使得合同资金代替了拨款成为政府主要给第三部门的资金。然而,正如麦克米伦(2010:12)所说,需要更多证据来确定合同资金和服务定制是否在代替政府拨款,换一种方式来说,政府拨款是否很可能已转变成合同资金。

联合政府(2010—2015)于 2010 年续签了《关系协定》(HM Government 2010)。在大社会和赋权于社区的氛围下,虽然在偏保守的联合政府管理之下,但是新《关系协定》继续反映社区主义原则,这更多地反映出向小政府发展的趋势,甚至反映进一步的公共服务改革。新政府上任时严重的经济衰退(2008—2009)仍处在尾部,对于这样的政府,保持其对志愿部门的支持力度,显然是一个挑战,更不用说加大支持力度。2010 年《关系协定》推出了《问责和透明度指导意见》(Accountability and Transparency Guide),该《指导意见》阐述了国家和地方层面在这些原则未得到遵守时应该采取的措施,并涵盖了争端解决、内部投诉流程和检察员职能的指导方针。如 1998 年的《关系协定》,2010 年的《关系协定》仍然强调公民社会独立的重要性,这些独立包括公民社会活动和宣传的权利。

自 2008 年以来,西欧国家政府面临巨大的政府支出削减压力,导致福利支出减少。虽然地方政府在紧缩时期面临巨大挑战,但它们仍然有义务履行、满足各项法定责任和要求,如建立管理机制,服务与关爱和保护儿童、老年人、残疾人等弱势群体,如提供废料收集、道路维护和街道照明等基本服务。联合政府(2010—2015)和新保守党政府(2015—2020)面临 47% 的预算削减,因此推动地方政府在提供服务,履行其法定职责时发现规模效应,同时保证、提高质量和可持续性。地方政府反过来已经减少了对公共服务和志愿部门组织活动的资金支持。

在紧缩和预算削减的趋势下,定制和采购公共服务的想法和实践已得到了加强,上升成了实现节省开支的方式。已经加大努力强化定制和采购流程。在联合政府(2010—2015)的治理之下,政府外包了两个国家旗舰计划,即《工作计划》(Work Programme)和《改造康复计划》(Transforming Rehabilitation Programme)(Interview, June 2015)。A4E 等大型私营企业最终竞得了这些合同。因为《工作计划》融入了大量的定制及采购创新,所以该计划得到了很多关注。特别的是,采用了按照结果付款的做法、主承包商—分包商供应链为主导的模式、覆盖大型区域的定制,以及"暗箱定制"的定制风格,而这种定制方式能够让供应商依照他们认为合适的方式管理服务。这一些做法中,有一部分之前已经尝试过,但《工作计划》又系统而严谨地归纳了这些做法。

然而,虽然整个《工作计划》都蔓延着政府有关于"大社会"的论调,但是志愿组织感到在这些旗舰计划中被边缘化,而从已囊中羞涩的地方政府得到的资金减少,更加重了这一情绪。就《工作计划》的情况来看,许多地方慈善机构有着帮助失业者再就业长期业绩记录,却无法竞得合同,这是因为规模小,时间有问题,缺乏编写标书的专业能力(Curley,

2012:13)。

紧缩不可避免地对志愿部门造成了负面影响。2012—2013年,来自政府机构的合同和拨款总额达到133亿英镑,占该部门收入的33%。相比2010—2011年,2012—2013年来自政府的拨款和合同总额下降了17亿英镑(NCVO UK Civil Society Almanac 2015),地方政府资金主要在2011—2012年削减,中央政府资金则持续两年削减。然而,真实收入也已下降。因此,2007—2008年,真实总收入下降了16亿英镑,从2007—2008年的421亿英镑下降到2012—2013年的407亿英镑。

志愿部门支出多年变化不大。储备金额达到506亿英镑,几乎比2007—2008年的561亿英镑储备金额低60亿英镑。2012—2013年,志愿部门支出393亿英镑,相当于实际上在2006—2007年间于经济衰退之前支出了389亿英镑。志愿部门组织继续努力从其他渠道筹集资金,如个人捐赠、遗赠、费用、产品营业收入和基金会,取得了不同程度的成功。挣得收入,即来源于销售商品和服务的收入在过去的十年内日益重要,在2012—2013年占总收入的56%。为了筹得资金,慈善机构聘请了专门的筹资人,可以证实,他们有很强的筹资能力。因此,《2015英国国家志愿组织理事会公民社会年鉴》估计,这些志愿组织每花一英镑用于筹资活动,则平均筹得4.2英镑的资金。

总而言之,20世纪80年代,在新自由主义和新公共管理与公共选择等理论的浪潮之下,将公共服务外包给志愿和私营部门开始兴起。在新工党时代(1997—2010),在"第三道路"的意识形态框架之下,政府和现在所谓的"第三部门"之间形成了更加密切的关系,第三部门在自上而下的国家规划和个人市场自由主义之间寻求一条中间道路。2008年国际金融危机使得西方国家的政府开始勒紧裤腰带。保守党和自由民主党组成的新联合政府延续了与志愿部门在《关系协定》下的关系。由于采取了紧缩政策,以及大幅削减预算,公共部门加快外包服务给私营和志愿部门的步伐,以节省开支。一些批评者认为,这种外包的势头不仅仅是一种追寻效率、节省成本的做法,而且是意识形态的结果,这是因为该做法旨在削减国家的规模和作用。因此大社会的思想更少地反映了有活力的公民社会具有社会民主价值的信仰,更多地反映了减少国家在福利提供方面作用的意识形态推动力。然而,并非所有国家的权力都须下放到社区和个人;一些领域,如与安全相关的服务、税收、利益管理和如规划这样的准司法服务,被认为理应由国家垄断,从而只能由政府来提供(Open Public Services White Paper, section 5.1, p.29)。

六、立法和政策环境

志愿组织承包并交付公共服务的流程由一系列关键立法和政策决定。其中最重要的是2012年《公共服务(社会价值)法案》(Public Services (Social Value) Act 2012)、2014年《关怀法案》(The 2014 Care Act)、2011年《地方主义法》(The 2011 Open Public Services White Paper)、2011年《开放公共服务白皮书》(The 2011 Open Public Services White Paper)和《欧盟采购指令》(The EU Directive on Procurement)[①]。本报告将按上述顺序讨

---

① 2014年《医疗法案》仅适用于英格兰。

论这些立法的重要性和意义。

（一）2012年《公共服务（社会价值）法案》

《社会价值法案》出台于2012年①，生效于2013年1月，旨在遏制地方政府将合同承包给出价最低的投标者的趋势，该趋势潜在的连锁反应会影响到给弱势人群提供的服务质量和覆盖程度、社区繁荣和职工状况。该法案旨在保证采购公共服务时考虑除成本和股东利润以外的因素，如环境、经济和社会效益。因此，该法案规定地方政府须考虑到"采购的服务可能怎样改善相关区域的经济、社会和环境的健康状况（I3a）"。（I3b）条中，该法案也要求地方政府考虑"在采购的过程中，为了维持改善的结果而可能采取的行动方式"。举例说明，若两家机构想要在地方政府辖区内招标以修缮公园，那么相比只注重价格竞争的机构而言，同时产生社会效益的此类机构将更有优势，虽然只注重价格竞争的机构出价低得多，而此类社会效益包括招募有刑事前科的人，或提供学徒训练。

《社会价值法案》有可能扩大供应方市场，创造公平的竞争环境，对社会企业和志愿组织尤其如此。当前，主要是信佳（Serco）、G4、A4E等大型公司性机构拥有规模效应，拥有专业竞标团队，能够有效竞标。这是给知识和专业技术估价，并与更小型的地方志愿组织、基于社区的组织和社会企业建立起地方联系的尝试（Butler，2013）。该法案也致力于让公共部门采取不那么厌恶风险，同时支持并重质量、可持续性和价格的方式，来完善招标。英格兰所有地方政府都需要遵循《社会价值法案》。为实现这一目的，诸多地方政府在它们的网站上介绍了该法案的信息，并拟定了自身的"战略执行"或"战略采购"规划。

虽然判断《社会价值法案》的效益仍然为时尚早，但新出现的证据表明，仍有挑战和收益。第一，迫于紧缩的压力，地方政府减少了公共服务，这迫使政府以最低的成本寻找服务供应（Interview，June 2015）。

第二，存在怎样展示社会价值的问题，怎样衡量社会价值，并将其转变为量化指标的问题。而诺斯利（Knosley）和杜伦（Durham）市议会等使用了加权计算系统，其他议会使用了打钩挑选的方法，只口头上支持社会价值（NCVO，2014：8）。2015年，非政府组织"积极社会效益"（Inspiring Impact）成立了效益衡量团队来制定有效社会价值衡量标准（Winyard，2015）。

第三，一些议会不太愿意认真考虑社会价值，或没有知识和技能执行该法案。根据国家志愿组织理事会（NCVO，2014:8），许多地方政府仍然未使用《社会价值法案》提高长期效率，而是优先考虑价格最低的出标。2014年下议院公共采购报告指出，当签订合同时，"没有证据表明"社会价值得到了适当考虑。不同部门对此法案的应用情况也不一致，卫生部这类部门更新了其采购政策，而内政部这类部门则采取了最少的措施（Centre for Social Justice 2015:62）。

第四，缺少引导承包服务的机构贯彻《社会价值法案》，监督其实施的有效指导意见。国家志愿组织理事会已经建议政府出台实施《社会价值法案》的法定指导意见，通过定制学院（Commissioning Academy）提供培训，并记录良好实践（NCVO，2014:8-10）。国家志

---

① 《社会法》（The Social Act）是日常缩略语，将会在全报告中使用该缩略语。

愿组织理事会建议修订立法，将措辞从需要"考虑"社会价值改成"必须对社会价值负有责任"，从而强化立法，加强社会价值需求，并加强围绕社会价值的协商（Interview，NCVO，June 2015）。令人担忧的是，从 2012 年起，《关系协定》中至少 12 周的协商期被取消，并在 2014 年在无任何协商的情况下出台了《游说法案》（Lobbying Bill）（Independence Panel 2015：7）。《社会价值法案》也未要求对其应用做任何监督，因此难以评估执行的广度和深度。一些地方政府虽然监督执行情况。比如，若一个有关《社会价值法案》的问题加入了投标之中，北安普顿理事会（Northampton Council）则检查所有情况，梅德韦议会（Medway Council）设置有关社会价值招标的目标。一些讨论围绕增加最低社会价值监督标准展开了（Centre for Social Justice 2015：62）。

另外，国家志愿组织理事会建议删除保留在新《欧盟指令》（Centre for Social Justice 2015：62）中与欧盟采购门槛有关的条款，从而使社会价值适用于所有规模的合同。新《指令》设定的门槛规定，需要 17.5 万英镑来执行全部欧盟的程序，而该门槛与旧的《指令》（04/18/EC）规定的门槛类似。虽然英国 75% 左右的投标低于该门槛，但是过去诸多理事会坚持完全遵循欧盟的合同规则，尤其害怕违反欧盟立法带来的后果。招标费用更高，对志愿组织等小型供应方带来了困难。截至 2013 年，这种情况有所改善，四分之三的议会使用不同的招标流程，招标低于欧盟门槛。

联合政府采取多种措施，让服务定制方更加了解志愿部门，了解外包服务时考虑社会价值的重要性。该政府设立了定制学院以提供平台给资深定制机构交流意见和好的做法，以更好地了解市场供应商的多样性。其网站对良好实践进行了案例分析，如进行联合定制时，定制机构能用于改善地方政府实践的良好实践。联合政府运行一个 8 天计划以促进不同定制机构之间的交流。他们遵循的主题包括基于结果的定制、与志愿部门合作和社会投资，而后执行 100 天的计划，以在他们组织内部改善定制流程。由于政府认为建立定制学院的举措大获成功，政府支持在 2015 年将定制学院的参与人数增加到 1500 人，并建立区域性定制学院。

迄今为止，并非所有议会都通过定制学院利用可用的培训机会。此外，即使他们利用，除了定制机构以外，也有诸多不同种类的雇员加入到采购过程中，而他们将进一步从培训中获益，如从采购官员的培训中获益（Centre for Social Justice 2015：51）。当前的领导力计划并不解决定制过程中进一步的文化问题或知识鸿沟问题（Centre for Social Justice 2015：51）。与文化相关的重要问题是对领导力的态度，特别是领导力是否能够推广新工作方式。和领导力相关的另一方面是理解志愿组织提供附加值的重要性。其中一个问题与采购官员和定制人员之间的脱节有关，采购官员倾向过度墨守成规、过度审慎地解读采购立法和欧盟立法，因而妨碍新型或创新的定制方式施行（Centre for Social Justice 2015：50）。

长期培训计划将成为一种方法，以保证有足够训练有素的职工，来应对社会服务采购流程中的复杂性，应用社会价值原则。有必要时，将采用量身定制的中间措施，如采购工具箱、网络信息和网络培训、培训培训师的项目，以满足政府采购方和志愿部门承包方的需求。采用多种方法，如跨区域分享"足够好"的实践来增加采购方对志愿部门和社会价值的了解。《2015 年社会正义中心报告》（2015 Centre for Social Justice Report）（2015：52）

中的关键建议指出,有必要建立符合部门情况、更广泛的学习网络,该网络不仅包含定制方,而且包含采购官员和志愿组织。该报告也建议,将定制发展成为有认证的职业,并让其有清晰的职业发展路径。对通过皇家采购与供应学会(Chartered Institute of Purchasing and Supply)认证的采购官员而言,该认证和职业发展路径已经存在。

第五,全国志愿组织理事会在 2014 年下议院公共采购报告中进行了说明,重点回顾了实施《社会价值法案》的各项制度障碍,如定制方和采购或财务团队之间在独家定制流程中,特别是在设计阶段中存在"脱节",也如供应方和采购或财务团队之间直接联系有限(House of Commons 2014:23)。全国志愿组织理事会也指出《社会价值法案》仅适用于高于欧盟采购门槛的合同的问题,因此四处游说以让该法案适用于所有规模的合同。对于志愿部门来说,该问题尤其严重,这是因为 124 个地方政府机关中,超过三分之一的机关与志愿组织签订的合同规模低于欧盟门槛(House of Commons, 2014:24)。为解决该问题,政府建议考虑让该法案适用于所有合同,不论合同财务价值大小。

从积极的方面来说,出台该法案既支持社会价值和合同价格并重,也推动了这方面的对话(Temple 2013)。据报道,这也导致了一些定制方之间"文化的改变"(NCVO 2014)。该法案鼓励定制方不仅仅考虑成本,也考虑质量和可持续性的问题。东苏塞克斯(East Sussex)、伯明翰和利物浦等地方议会在回应《社会价值法案》方面起到了模范带头作用。虽然这些地区面临实施《社会价值法案》的挑战,但是仍然推出了自身的社会价值议程,发挥了带头作用。公共服务的压力日益增加和预算减少的双重压力是这些挑战的集中体现。伦敦蓝贝斯区(Lambeth Borough of London)已经为议员设计了一个清单,从而让他们确认在每份合同里他们想要增加的社会和经济效应(House of Commons 2014:22)。诺斯利议会(Knowsley Council)在他们的服务合同中纳入了所有社会价值标准,并计划在评标时给社会价值 10%~20% 的权重(NCVO, p.5)。霍尔顿区议会(Halton Borough Council)采用了加权招标的方法来评估承包人的社会价值增加方法(House of Commons 2014:22)。普利茅斯市议会(Plymouth City Council)使用了《社会价值法案》来促进地方就业。自从社会价值被纳入了招标文件和采购指南手册中,地方议会用于地方事务的支出占比从 2011—2012 年的 16% 上升到了近 50%(NCVO, p.5)。也有报告显示,注重社会价值提高了公共服务效率,从而大幅节省了成本。英国社会企业联盟(Social Enterprise UK)对地方政府和住房协会的调查显示,71%的被调查人认为,考虑社会价值带来"更好的服务交付"(NCVO 2014:6)。据报道,一些签订了大量公共部门合同的公司严格遵照《社会价值法案》,并在他们的报告系统中纳入了社会、环境和经济效益。

(二) 2011 年《地方主义法》

联合政府在 2010—2015 年推出的第二大立法是 2011 年《地方主义法》。该法案旨在将中央政府机关的权利下放至地方公务员、社区和个人。特别是,该法案开始给予地方政府新的自由和灵活性,给予社区和个人新的权利和权力,让计划体制更民主有效,并保证住房决策考虑到地方的情况。其理论依据是权力下放要解放个人、社区和地方公务员的创造力和创新能力,从而实现更包容、灵活、反应迅速和有效的治理。由于地方参与者有着地方的人脉,了解地方的情况,更有能力分配资源和精力来满足地方需求,将决策权下放到地方将提高效率和效力。这将让更少的资源做成更多的事情,因此"让纳税人的钱花得更有价值"(Communities and Local Government,2011:4)。这是更广义的"大社会"、小政府保守愿景中的要素之一。《社会价值法案》不同的部分在不同时期生效,大部分条款自2012年4月起生效。

从公共福利提供的角度来看,《社会价值法案》赋予志愿和社区团体、教区委员会和地方政府雇员表达接管地方政府服务运作兴趣的权力,无论是郡、地区或单位级别皆如此。这种接管有时被称为"社区挑战的权力"。一旦批准了该权力,地方政府即设置志愿组织投标的运作流程。截至2014年年底,志愿组织只提出了22次挑战,而只有2次挑战被接受。挑战接受次数低的原因之一可能跟下列担忧有关:若志愿组织提出挑战,地方政府则会向大型私营部门组织招标,这些组织通常有规模和编写投标文件的专业技术,因而能力更强。

(三) 2014年《欧盟公共采购指令》

2014年《欧盟公共采购指令》代替了之前的《公共合同指令2004/18/EC》。新法规旨在完善公共采购流程,"为企业和采购方等提供更快、成本更低,更有效的流程",从而促进经济增长、削减赤字(Crown Commercial Service 2015:3)。这些完善性措施既适用于招标机关,也适用于供应方。该指令保留了门槛,而这些规则适用于该门槛以上的情况,该指令还致力于评估这些规则至2019年对市场的影响。该指令鼓励招标机关将合同分解成更小的部分,以支持中小型企业参与。该指令旨在更多地使用电子交流和电子档案来简化采购流程。该指令引入了新的"低干涉"机制,运用于卫生和社会服务合同等,并允许不同成员国设计自身的规则来简化流程。英国致力于让招标机关在运用流程、工具和技术时具有很大的灵活性。

(四) 2014年《医疗法案》

影响英国公共福利服务提供的第四部立法是2014年《医疗法案》,该法案的出台是社会保障立法60年以来的第一次重大变化。该法案中的关键变化包括规定了地方议会改善服务使用者和护工福祉的新职责。在2014年拟定的平行法案《儿童和家庭法案》(Children and Families Act)将该职责扩大至儿童护理人(见第四章)。议会安排受监管的供应方提供关怀和支持,而接受这一支持和关怀的人在《人权法案》(Human Rights Act)(见第73部分)的覆盖范围之内,虽然《人权法案》并不覆盖自费购买关怀的人,但这是另一个重大变化(Brindle 2014)。该法案旨在转移重点,防止人们陷入需要关怀和支持的境况中,并采取更加综合性的社会关怀提供方式,如进行集体筹资、推动更大程度的合作,以及推动社会关怀服务一体化。

规定服务交付的《关怀法案》中,重要的是该法案的第五部分,该部分规定了"推广高效高质量供应商的责任"。该法案引入了诸多服务提供方式来解决社会关怀市场上的

"供应方"问题。这些问题包括大型供应商的潜在倒闭问题,如 2011 年①南十字星医保有限公司集团(Southern Cross)的倒闭,该集团倒闭导致老龄人群安置困难,并让人们愈加认为,私人供应商提供的服务"基本上不好,越来越差"(Clements 2014:4)。第五部分规定,提升市场效率和效力,让市场拥有多种多样的供应商和高质量服务,是地方政府的责任。其中一个挑战是,地方政府减少了预算,却期望供应商提供与过去同样数量的服务。虽然已经建议引入机制保证地方政府付款给供应商时考虑实际关怀成本,但是直到现在,该机制仍未引入,导致的漏洞是,可能出现大量付款金额方面的诉讼案件(Clements,2014:4-5)。

(五) 2011 年《开放公共服务白皮书》

联合政府(2010—2015)于 2011 年公布了《开放公共服务白皮书》,带来了公共服务提供的另一系列变化。该白皮书重申了外包给各种各样公共服务供应商的趋势,外包基于的五原则是选择、放权、多元化、公平和问责。这些理念中,竞争是核心要素,第三个原则供应商的多元化则是竞争的集中体现(White Paper 1.14-1.18)。它鼓励不同供应商互相竞争来交付服务,不管他们来自公共部门、志愿部门、社区还是私营部门皆如此。该原则要求不先入为主地认为任何一类特定的供应商必然提供更好或更差质量的服务。为了建立一个欢迎供应商多元化的框架,《白皮书》致力于减少监管和融资障碍,以让服务供应多元化。

七、定制和采购流程

(一) 流 程

如上所述,随着紧缩的开始,定制和采购活动开始频繁出现,这引发了大量有关于最有效率和最有效力地外包给第三方方法的辩论。地方政府一直以来都在引领改革,推出诸多举措,如《国家采购战略》(National Procurement Strategy)和《地方政府采购承诺》(Local Government Procurement Pledge),其中伯明翰市议会(Birmingham City Council)、汉普夏尔郡议会(Hampshire County Council)、霍尔顿区议会和谢菲尔德市议会尤为成功。

地方政府采购范例包括:1.独立展开采购的个别议会;2.区域范围内合作采购服务的地方议会;3.合作集中采购不同类别服务,如采购卫生和社会关怀或卫生和治安维持的地方议会;4.使用中央机构整合地方议会服务的采购。我们将按上述顺序分别考察每种情况。

自 20 世纪 80 年代以来,就展开了关于哪些采购应该收归中央,哪些采购应该下放给地方的辩论。1991 年,政府成立了采购局(Buying Agency),作为协议框架下普通商品和服务采购的主要代理机构。多年以来,该代理的名称和宗旨发生了变化。2013 年,政府成立了一个新的皇冠商业服务组织(Crown Commercial Service),将政府所有的商业功能

---

① 南十字星是英国最大的老年人安老服务供应机构,在全国范围内有 700 家安老院。因为担忧一些安老院可能存在怠慢和虐待老人的情况,其中一家安老院因此接受了调查。结果表明增长速度过快、复杂的资金安排以及过度重视利润导致一些安老院对老年人关照不够。据报道即使在即将停业的时候,南十字星仍然继续接受新住户入院,再次突显其过度重视利润的问题(Gentleman,2014)。

集中到这一个组织中,该组织负责管理一般供应商和主要合同。将议会采购功能集中整合到一个机构的理念得到了不同程度的接受。虽然倡议者指出可以节省潜在采购成本,但是就保证地方的灵活度、地方民主、地方选择和地方经济增长也颇具争论。此外,虽然中央集权的方式有利于节省精力,但是更加本土化的方式更适合服务,尤其是其社会、环境和经济效应可以与地方情况相匹配。并没有明显的证据表明,集中采购的确能节省成本,特别是当一些大型供应商主导市场时,垄断反而带来成本的增加。

自 2010 年以来,地方议会发起的联合采购倡议大量增加。联合采购倡议的形式为区域协作或区域倡议,由两三个议会发起。这种方式的优势是,减少采购者的数量能够减少交易成本,节省开支。因此,协作能简化采购,减少碎片化。协作也减少竞争带来的一些负面效应,如组织之间不信任、不愿合作提高投标竞争力,合作和共享服务及服务用户的信息、知识和资源失败的连锁效应。然而,不同地区需求不同,使用的时间尺度各异,又由于地方管辖权和已存在的合同等问题,地方议会协作并不总是容易开展(House of Commons,2014:18)。平衡不同效力的议会之间的利益也有问题(同上)。

和地方政府之间的协作一样,过去五年内,社区组织之间展开协作,使用社区预算越来越成为趋势。这也是减少小型社区组织和慈善机构采购交易成本的方式。伯明翰市议会和其他公共部门组织建立了跨部门社区利益公司——采购实现福祉(Buy for Good)公司,让社会企业和志愿组织,以及其他地方政府和学校等机构受益于议会能够争取的降低的价格。

(二) 定制及采购流程:财务安排

如前所述,就外包服务而言,地方议会有自主裁量权。过去五年内政府预算削减推动地方议会和其他机构外包更多公共服务,外包对象包括社会组织。就议会外包服务的程度和外包服务的种类而言,各地区差别很大。地方政府财务安排复杂,变数大。英国地方政府主要一般收入来源是政府拨款、议会税收和再分配商业税。最近几年内,中央政府资金来源大幅下降,给很多地方政府带来了相当多的挑战。此外,重要政府为履行某些法定职责而用于分配资金给地方政府的拨款公式已经发生,而且很可能继续发生进一步变化。议会也将削减来自中央政府的资金源,而该资金源影响地方议会可以得到、可以自由灵活使用的资金额。比如,至 2020 年,布赖顿-霍夫市议会面临每年 2000 万英镑的潜在节省要求,从而将其总普通资金预算(学校和住房福利除外)削减几乎三分之一。

大部分议会服务是强制性的,也就是说议会有责任依法给他们提供服务。议会交付服务的方式,不论是机构自己交付还是通过定制来交付,都由民主选举的议员们决定。有一些功能由中央政府严格控制,从而在全国提供类似级别的服务,住房福利管理就是这方面的一个例子。其他强制性需求如提供一个图书馆,给地方政府提供一些自主决定权,能够决定他们提供的服务水平和种类。然而,越来越多的地方政府选择减少图书馆服务的开支来保存足够的资金给其他服务,如养老。一些服务因非法律强制要求提供而为政府自主提供。议会可以从这些服务收费,如休闲设施、艺术、娱乐和害虫防治等。议会提供700 多种不同类型的服务,包括规划、开发、成人服务和街道照明。一般来说,郡议会和单一机关提供大部分的服务,如住房、地方规划、废物处理和休闲,但非儿童服务或成人社关怀。镇和教区议会管理镇和村的中心、垃圾、公墓、公园、池塘和社区会堂。

地方政府大部分预算都有限制或被保护,只能用于教育、住房福利和国民住房。只能削减预算剩余的部分,从而让通过这些方式融资的公共服务用采购的方式来交付。不同服务的预算分配将由选举出来的议员决定。一般来说,地方议员任期为固定的四年。他们需要平衡议会、居民、选民和政党之间的需求和利益。监督和选票复查在选举时是关键的问责议员的民主方式。议会需要建立监督和选票复查安排,让非执行议员质疑预算计划、支出、履职和其他事宜。

对于货物和服务供应商和采购方,不管在招标前、招标中还是在实施过程中,采购并非零成本。英国采购在欧盟中成本最高。的确,英国采购流程比23900英镑的欧盟平均水平高90%(Paulo 2013)。英国是欧洲招标第四贵的国家。2013年,公共部门机构在竞争性招标流程中从一个潜在的供应商招标的成本达到1260英镑,而欧盟平均水平是800英镑。招标成本如此之高不仅是因为工资水平更高,而且还因为采购流程耗时长。英国公共部门采购流程比欧盟平均水平长53天。一些议会尝试使用简化流程来减少采购成本,如全程使用电子采购,公布一页纸的摘要,摘要涵盖所有必要信息,让潜在供应商决定是否竞标(House of Commons 2014)。由于诸多潜在申请者打消了竞标的念头,更小型的供应商被挤出市场,招标的公共部门机构面临的竞争减少,选择更少,选择成本可能更高。新欧盟立法要求所有公共部门机构使用电子采购技术,这可能改善这种状况。

使用电子采购技术的一大影响是增加了供应商竞标成本,制造了准入壁垒,对于中小型企业尤为如此。根据下议院的公共采购报告,一家招标机构执行典型的高于欧盟门槛的采购合同费用约为4万至5万英镑。我们在采访全国志愿组织理事会政策官员时,他们说,对某些志愿组织而言,事实证明,儿童中心的联合招标成本高昂,一家机构在招标流程中的支出就超过10万英镑,最后因为难以找到兼容的合作伙伴,只能退出(Interview, June 2015)。然而,重要的是,要记住英国采购成本比其他欧洲国家高(House of Commons, 2014:29)。其中一个招标时涉及的工作案例就是需要服务供应商填写大量资格预审调查问卷。这是一份初步的调查问卷,旨在获得一家招标机构的基本信息,如其财务、法律合规政策和程序与其客户群。这也许是认证体系中的步骤,或进入供应商批准名单的步骤。

某些证据表明,由于需要资源来填写大量、不同而又详细的表格,这些预审调查问卷和政府融资流程中的普遍复杂性对志愿组织不利(Buckingham 2009)。比如,在企业部门,英国工业联合会(Confederation of British Industry)向下议院2014年回顾的报告中称,一家建筑公司预计在每份调查问卷上平均支出8000英镑。由于这家公司每年竞标200次,它们在预审程序上的年度支出达到约160万英镑。虽然政府也由此推动过表格标准化,但政府也认识到这种预审程序减少地方议会的成本。类似的问题还如志愿组织的过度审计。比如,在苏塞克斯,一家依法成立的合伙公司在6周内审计了一家志愿服务供应商"影响倡议协会"(Impact Initiatives)8次,对该协会造成了极大负担(NAVCA 2006)。该供应商与不同地方机关在不同时期签订了15份至20份合同,这些机关包括基本护理信托基金、就业中心和青年计划。为管理两份特定合同所需要的详细监督工作,该供应商从其核心资金中抽出12000英镑用于新数据库系统。

志愿部门竞标能力也是需要投资的。如前所述，新工党政府成立了多种多样的基金，通常被称为"建设者基金"，以加强志愿部门职工编写标书的技能。政府的资金来源对该能力建设至关重要，提出了怎样在紧缩之时保证能力建设的问题。就主承包商承担某些分包商能力建设的责任，也有争论。根据 2012 年对在《政府工作计划》下参与服务交付的志愿组织的调查，全国志愿组织理事会（2012：18）建议主承包商共享服务、技术开发和能力建设，来支持分包机构。

采购流程中另一个财务问题涉及主承包商是否及时给分包商付款。虽然议会自身遵循及时支付原则，三分之二的议会在 28 天内付款，但是承包商可能延迟 4 个月之久才付款，给分包商带来了大量现金流问题。显然，若分包商是一家志愿组织，该问题则极其严重，我们将在下一部分讨论。

风险管理也可能给议会和承包商带来财务问题。若议会尽可能将风险转移给承包商，议会成本可能更高昂。若大型承包商早期退出合同，或管理合同不善，地方议会最终则承担失败成本（House of Commons，2014：34）。既要保证低价，又想要高质量地交付服务，实现社会价值，具有可持续性，该财务问题反映了平衡这两者的困难。

按照结果付款的采购模式也被称为"基于结果的支付计划"，由于合同付款在服务交付流程结束才执行，对志愿组织而言颇具挑战。由于志愿组织必须预付工作费用，该采购模式对于有着最少储备金的志愿部门组织来说是一个问题。社会投资也是被尝试利用过的一种解决这一问题的方法，以此来让志愿部门组织更多地参与承包政府服务。三个可行机制包括社会效益债券、贷款和承销。社会效益债券是招标方和中介之间的合同。该机制让人们投资该债券，实现某些一致认可的社会成果时，投资人基于在国家的存款收取投资利息。其中一个例子就是与减少彼得伯勒监狱（Peterborough Prison）中前科犯再犯风险有关的社会效益债券。第二个机制为，根据按照结果付款的合同给志愿组织贷款，来支付其运作资金。成果交付，合同金到位时，志愿组织即偿还贷款。第三个机制是提供财务担保或承销便利。因此，一家社会投资者可能承销一笔定制方的贷款，反之亦然。不管使用哪一种机制，显然都有风险、志愿组织获得的回报和社会投资者的问题，其导致的结果是，不知实际上是产出还是结果才是重点（Stuffins，2012：36-39）。该社会投资市场近几年已经扩张，虽然主要在国家层面扩张，但是社会投资仍然未能满足志愿组织的需求（Interview，June 2015）。

（三）定制及采购流程：服务和供应商种类

现在多种多样的公共服务由中央政府和地方政府采购。这些服务包括卫生、就业、有刑事前科的人试工、签证申请、保障评估和医院清洁。国家和地方政府并没有官方指令规定采购服务的种类，然而，当前社会服务合同的信息是可以获悉的，这些信息能够披露不同议会提供的各式各样的服务。养老院或孤儿院等居民服务通常被外包给私营部门或超大型有财力提供所需资金的志愿组织。

然而，并非所有服务均被外包，并非所有外包都保持同一步伐。虽然地方议会有外包公共服务的自主裁量权，但它们往往不愿外包保护儿童和老人等法定职责。这是因为该职责具有政治敏感性，而且若出现任何妨碍儿童和老人保护工作的外包情况，都会有大量媒体和政治方面的注意,随即呼吁政府监管。然而,预防老人孤独或让家庭认养孤儿等预防和支持工作已经被外包,这是因为这类预防工作一般并非职责,也不认为未能提供这类支持或长期预防工作像反虐待措施那样具有政治敏感性。

最近预算削减让议会承受的压力越来越大,让议会外包更多服务给供应商。比如,2014年,教育部(Department for Education)准许将儿童服务的职能委托给第三方,而领养和独立评估职能除外。然而,基于地方政府、社会工作者和学术界在协商过程中的反应,作出的决定是,这些职能只能委托给非盈利供应商,而不能给私营部门。无论谁提供服务,地方政府仍然要为儿童服务负法律责任,且对教育标准(OFSTED)负责。

英国地方转而使用外包交付公共服务的步调不同,保守党转型的步调最快。巴尼特和北安普敦郡议会(Barnet and Northamptonshire)等机关裁减了职工,直至变成了有效的定制机构,将所有非利润分成的服务外包。因此,全国各地区外包的范围和步调有很大差别。

如前文相关部分所述,对于选取供应商,联合政府强调,其立场是中立的。重点是哪一家供应商能够提供高质量而又有社会价值的服务。就对地方的情况的了解、专业程度、灵活性、对地方和被边缘人群需求了解的程度而言,一般认为,志愿部门组织与私营和公共部门组织截然不同。对政府而言,这些特征可能尤为有用,可以用来尝试解决复杂的社会问题,而这些问题通过一刀切的社会福利提供方式不易解决。如志愿部门背景介绍部分所述,志愿部门是一个高度复杂的组织部门,资源、规模、大小、技能、擅长领域和专长都有差异。虽然大部分志愿组织规模小,但是仍然有一些相对大型的组织倾向于得到大部分政府资金和合同。然而,相对私营公司而言,支援部门组织营业额、收入、储备金、职工数量和影响范围较小。

(四)定制及采购流程:监督和评估

2006年,设在内阁的第三部门办公室制定了8项良好定制原则,包括需求评估、设计服务、保证结果是战略规划服务的中心、寻找供应商、投资供应商能力、招标过程中的透明度和公平、通过长期合同和风险共享来实现效率和效力,以及用户反馈。这些原则为设计监督和评估计划及系统打下了坚实的基础。自那以后,最近的联合政府设立了"梅林标准"(Merlin Standard)①,该标准已经应用于《工作计划》②这一旗舰计划。该《工作计划》旨在于供应链上监管主承包商和分包商之间的关系,旨在保证主承包商和分包商之间关系公平,旨在实现卓越的供应链管理。为实现这一目标,政府欢迎人们申请成为梅林标准的评估师。只要得到批准,这些评估师将评估主承包商和分包商之间的供应管理关系,并提供评价和建议以保证最好实践。然而,正如本报告的向志愿部门定制和采购经验部分所述,这些供应链并不总是能够达到梅林标准。其中一个问题就是梅林标准并不提供独

---

① 梅林标准旨在供应链中认可和推动持续的卓越表现,并为那些努力追求卓越的机构提供引导。它以四个原则为基础:供应链设计、投入程度、行为和回顾。这些原则关系到主承包商和供应链中的伙伴机构关系的核心方面并旨在不仅推动卓越的供应链管理,而且保证对所有合作伙伴和分包商的公平对待。

② 《工作计划》是按结果收费的福利保障项目的旗舰代表,始于2011年,也是联合政府福利改革的重要举措。私有、公共和社会组织都参与该项目的执行,目的是帮助那些面临长期失业风险的人群找到工作。

立纠纷仲裁(Stuffins，2012：26)，而且在计划实施的第一年并不具有操作性。

就监督和评估系统而言，可以得到大量信息和建议。前国家审计办公室就智能监督提供了实质性的指导，因此践行了良好监督原则，并避免了不好的做法。同时，当时的第三部门办公室制定了"适当监督原则"。这些多种多样的指导中，重要的是：第一，需要在执行招标流程之前讨论监督，以给竞标组织留出足够时间将监督成本纳入其提案之中；第二，定制机构应该说明监督信息的正当必要性，并预期会有此方面信息的请求；第三，定制机构应该解释他们使用数据的方式，这是因为，如果供应商能够明白数据有利于实现其他更广泛的目标，供应商就更愿意进行监督。若无监督信息，就难以评估服务。有两种标准的评估方法，一是总结性评估法，该方法关注的是特定人群的服务影响；二是格式化评估法或流程评估法，该方法关注计划运作的方式和原因、政策制定、设计和落实。

评估地方政府是否通过采购实现"物有所值"的一个关键性问题是缺乏任何国家层面对地方政府通过采购节省的费用进行的数据校对。虽然存在一些通过联合与协作采购实现节省的证据，但是要具体合同具体分析，不能一概而论。这集中体现了建立衡量采购成本和节省额制度的重要性。之后，能使用该数据来比较外包和自身提供服务，比较不同采购方法。类似的是，内阁和财政部均未监督政府间根据结果的付款，也没有任何系统性地收集或评估信息，来评估根据结果付款的采购模型(National Audit Office 2015：8)。

此外，数据对于适当地评估《社会价值法案》执行情况也至关重要。地方议会当前并没有义务监督或报告《法案》的执行情况，使得准确地说明《法案》在多大范围内得到了实施具有难度。就算已经建立了评估制度，仍然缺少评估采购的社会、环境和经济效益的标准方法。

如本报告《社会价值法案》部分所述，由于《法案》中缺少对于法定监督的具体要求，因此很难评估《法案》是否实施以及具体的实施情况。对于传播好的做法，解释在招标流程中考虑社会价值的好处，监督也是重要的。类似的是，当前并未监督或系统性地评估定制和采购时按照结果付款的模式。若该模式没有证据基础，就难以评估该模式的优势。国家审计署(National Audit Office)(National Audit Office 2015：7-8)不断出现的证据表明，按照结果付款的模式是"在技术上具有挑战性的承包形式"，可能不适用于所有公共服务，是一种风险大、成本高的定制形式。按照结果付款模式的其中一个问题是，虽然该模式似乎适用于二元化的结果，但诸多社会问题不能够简单地用二元化的标准来衡量。比如，根据《工作计划》，如果有了明确的结果，即让客户就业，供应商则能实现目标并得到报酬。然而，这并未考虑到任何过程中学到的技能，如做简历的技能(Interview，June 2015)。另外，按照结果付款的模式给志愿组织带来了特别的问题，主承包商通常给予志愿组织更困难的任务。最后，关键的问题是由谁来明确结果，怎样明确结果。

（五）定制及采购流程：透明度和问责

开放是联合政府2011年《开放公共服务白皮书》的主旨。其理论依据是，开放将让人们选择最能满足他们需求的服务。第1.17节强调了保证效率和公共服务物超所值的重要性，其理解是，新供应机构能够行使挑战的社区权利挑战任何业绩不佳的老供应机构。

对于最大限度地减少欺诈、保证供应市场的健康，透明度在采购流程中也很重要，对于保证在有需求时合理提供优质服务,透明度也同样重要。为提高透明度,联合政府《工作计划》推动的进程之一是在承包流程的每一个阶段公布竞标商名单。联合政府也采取了其他提高透明度的措施,如为供应链上的主承包商和分包商举办社交活动,让他们互相认识。

当前,仍然可以在采购流程中的诸多方面提高透明度。比如,志愿组织建议定制方在整个交付流程中即时公布业绩数据,从而降低采购流程中牺牲平等、技能和健康的风险,并最大限度地降低"最优选"的风险(Stuffins,2012:27)。这将保证最弱势人群的需求能够得到最大限度的满足。支援组织也建议,应该公开并实施主承包商为推荐顾客向分包商收取的管理费用准则。

为实现公共服务和采购流程的透明和创新,必不可少的要素是公开数据,这对政府和志愿组织都适用。2011年《开放公共服务白皮书》提高了地方政府支出的透明度,包括与采购有关支出的透明度。根据《白皮书》,地方政府须公布所有超过500英镑的支出明细,"包括合同和招标信息"。虽然公开数据库有利于提高透明度,但连接这些数据库也同样重要。通过这种方式,可能出现更广泛的需求结构,为应对这一情况,可以改善服务设计和服务交付来满足这些需求。这也能够为促进效益的传播而打下基础。积极社会效应(Inspiring Impact)这个组织旨在给予志愿组织数据、工具和制度准入来衡量效益,从而加强志愿组织报告其效益的能力。

公开数据对于实现政府和志愿部门问责的目标也十分重要。开放数据也能支持公共活动方面的工作。英国一个有趣的例子当属英国公共厕所地图,该地图旨在帮助大小便失禁的老年人找到最近的公共厕所。该地图显示哪些地方没有公共厕所,从而成为改善地方便利设施的运动工具。理所当然,开放数据并不包含披露个人受益者、职工、捐赠者或任何个人身份的数据。这些数据显然需要保护。

外包流程可能带来潜在的问责问题。在民主体制下,地方政治家须为花费纳税人的金钱负责。任何外包安排需要非常清楚地展示问责制度。最终,对方议会和/或国家政府保留服务责任和问责。从客户的角度来看,必要的是让他们意识到谁应该为服务交付问责,让他们获悉客户服务合同的关键点。要实现这一目的,联合政府在2011《开放公共服务白皮书》中加入了第五个原则,该原则和问责的重要性有关:"……开放公共服务……必须响应享受服务的人群,由公民和他们选举出来的代表问责。"

白皮书中强调的关键问责机制包括支持多种选择的公开数据,让公众参与,来扩大他们的发言权,强化民主监督。该白皮书也规定了问责定制方。问责定制方的机制包括:(1)让采购服务的用户拥有要求赔偿的权力;(2)独立审计和审查机构,如国家审计署、纳税人联盟(Tax Payers' Alliance)等社会组织;(3)议会审查、从业者的代表机构;(4)卫生和福利理事会等地方委员会。

和加强定制流程问责有关的有趣创新是"神秘顾客"理念。2012年,政府建立了"采购神秘顾客",让小企业、慈善机构和社会企业检举定制不当的情况。神秘顾客随之调查该事情,并提出建议,解决问题(Centre for Social Justice 2015:55)。也进行了抽样调查,来检查2012年的《社会价值法案》是否得到实施,此处所说明的原则不是惩罚,而是保证实施和良好。然而,到目前为止,志愿组织未充分利用《社会价值法案》,这主要是因为未意识到有该法案。

八、采购经验：采购限制和挑战

（一）一般问题

通过定制和采购外包服务的理论依据是，通过扩大供应商市场，公共部门能够让资金产生更大的价值。然而，最近（2014年）下议院报告显示，与自身提供服务相比，外包给第三方是否的确带来财务或其他收益，意见不一。

关于地方政府采购的《社区和地方政府委员会报告》(House of Commons, 2014)指出了地方政府实施公共采购的一些问题。委员会认为全国各地的执行"进度缓慢，情况不一致"并指出"诸多议会业绩不佳"(House of Commons, 2014:3:11; Stuffins, 2012:10)，提出的问题是，地方政府采购是否让政府资金产生了价值。问题之一和缺乏对志愿部门的了解、志愿部门能作出的潜在贡献和志愿部门可能面临的特殊挑战有关。巴尼特非洲加勒比协会（BACA）是服务寻求政治庇护的年轻人士的慈善机构，该机购建议，定制流程应该包括实地参观这些组织，让定制更加能够意识到边缘化群体的特殊需要，意识到在这些领域工作的志愿组织的专业性质(Stuffins, 2012:14)。对于采购团队，也有一个类似的案例(Macmillan, 2010:16)。

该报告敦促地方议会深化合作，以实现规模效应，继续支持地方经济，并跨领域筹集资金，如跨卫生和社会关怀等领域，同时保持地方的自由和灵活性。该报告鼓励地方议会保证根据"更广泛、最大的价值"而非仅仅最低价格授予合同，从而最大限度地发挥其采购费用的潜力。该报告也提出了诸多减少供应商成本的方法，如避免"过度热情"地履行欧盟规定，因为这导致风险厌恶，执行低效；简化和标准化给供应商的预审问卷；在合同中设置严格的要求，让主承包商按照清晰的时间表及时付款给分包商。该报告强调地方议会监督外包服务质量、保证居民服务的一致的重要性。

该报告提出的另外一个问题为外包服务导致就业情况变化。自2008年金融危机以来，英国特别担心的一个问题是雇主越来越倾向使用"临时工合同"，不保证雇员有固定的工作天数或小时数。英国卫生部长（Minister of Care）诺曼·兰布（Norman Lamb）清楚地说过，临时工合同"与高质量的关怀不兼容"(House of Commons, 2014:37)。虽然执行采购的议会自身实现了公平招聘，但它们难以保证它们外包服务给的机构也能保证公平招聘。下议院2014年报告（House of Commons 2014 Report）显示：（1）议会认为，投标人遵循的招聘政策是选择的标准；（2）议会推动实现公平的工作条件、公平的招聘条件和公平的薪资。比如，谢菲尔德市议会给那些至少支付"最低生活工资"的投标机构更高评估分数。然而，因为资金紧缺，所以谢菲尔德市议会无法在整个采购流程中强制推行这一要求（House of Commons, 2014:38）。2014年1月，伊斯灵顿和萨瑟克（Islington and Southwark）两个伦敦区议会和尤尼森（Unison）公会签订了该公会拟定的宪章，承诺给所有社会关怀员工职工最低生活工资，并禁止临时工合同（同上）。

采购流程带来的更大风险是欺诈性使用公共资金。英国透明国际（Transparency International UK）指出，由于外包合同占总公共支出的四分之一，这就让地方政府陷入巨大的腐败风险。由于把更多服务用于招标,所以也鼓励地方议会消除欺诈风险,推行检举揭发的有效手段。地方议会可以执行腐败风险评估,改善并加强检举揭发体制,保证承包机构履行2000《信息自由法案》(Freedom of Information 2000)的要求,并完善审计程序,从而把该风险降至最低。不管是否已经外包一类服务,公众应该保留投诉服务,获悉使用公共资金信息的权力。2000《信息自由法案》应该不仅适用于公共机构,而且适用于私营公司和志愿部门组织。监察使(ombudspeople)、透明国际等非政府组织这样的独立机构是防止采购腐败的关键部分。地方议会也需要拥有商业技能在招标和实施阶段发现欺诈。英国有人担心,废除审计委员会(Audit Commission)将对数据收集和监督产生负面冲击(House of Commons, 2014:44)。在英国,检举揭发被认为比审计、警察调查或内部监督等反腐手段有效得多。这要求政府部门保证已经有落地的机制来疏导检举人的忧虑,也有具有充分保护能力的立法来保证避免检举人在就业时因检举揭发遇到麻烦或失去工作。过去的审计委员会是保护检举人利益、接受投诉的中心。

(二)志愿部门的问题

服务需求越来越大,其原因之一是英国人口结构不断变化,紧缩政策导致的必要开支节省对志愿组织施加了很大压力。一方面,由于面临严重的预算削减,地方议会打算外包服务给私营和志愿部门供应商。另一方面,预算削减也影响到了志愿部门、社区和社会企业能够获得的收入,因此影响到了它们应对不断增长的需求的能力。购买服务在标书编写能力、组织使命、组织规模和公共服务类别方面对志愿部门提出了新的挑战。

社会企业的规模比G4和信佳集团(SERCO)等大型私营企业小得多,但是因为它们有规模效应,所以最有能力申请竞争性资金源。若一家组织拥有专门的竞标团队,那么采购竞标就更容易。在专门队伍配备方面,相比私营部门的竞争对手,不仅在需要的技能方面,而且在竞争量大、复杂、竞标截止时间通常紧的合同方面,志愿组织,甚至大型志愿组织处于劣势(Centre for Social Justice 2015:46)。如上所述,政府花费大笔资金来强化志愿组织的竞标能力,但填表和标书编制的交易成本增加了志愿组织的成本。也有人可能认为,从未竞标成功的私营和志愿组织角度来看,该成本是一种浪费。比如,就《工作计划》而言,超过50%的组织最开始就申请投标,这其中15%的组织通过初审。最后,6家组织被授予合同(Stuffins, 2012:24)。然而,在该过程中,每家潜在的志愿部门分包商必须花时间建立关系,获得信息,展开初步谈判,提交提案。对于未通过初审、从未成功地确定须投入的主合同的组织而言,花费的时间和精力导致大量资源和资金的浪费。此外,这也导致资源和资金的浪费和转移,而这些资金和资源本可以用来直接提供服务,解决福利问题。

许多志愿组织缺乏成为主承包商的能力,因此只能成为分包商之一,而该合同则有众多分包商和一家主承包商。通常将其称为采购的"主承包商—分包商模式"。一般来看,主承包商是一家大型私营部门公司,或一家带领其他机构组成的团队或与其他机构合作的大型志愿组织,这种情况可能性较小。这让充当分包商角色的志愿组织感到担心,它们担心的是,相较主承包商,分包的志愿组织承担的风险不匹配,面临延迟付款的额外资金压力,被主承包商用作竞标工具。这些问题中,大部分与私营部门的主承包商有关,但是小型志愿组织和大型志愿组织之间也产生了冲突,这是因为小型志愿组织在这样的安排之下感到被边缘化(Independence Panel 2015:50;Interview, June 2015)。

就风险而言,分包的志愿组织忍受着主承包商的"借鸡生蛋和拈轻推重"的做法(Interview, June 2015)。这指的是,主承包商将有名的志愿组织纳入标书中,以此借这些有名组织的知识、技术和技能给竞标提案增加信誉。然而,合同实施时,主承包商将精心挑选出简单的客户或工作中简单的部分,"推诿"更复杂、弱势和具有挑战性的客户,却与志愿组织合作,从而将风险转移给志愿组织①。因此,志愿组织所处的情境是,他们未达成一致的目标,因此任务完成时并没有得到应得报酬。

一些情况下,主承包商减少了能提供细分专家干预服务②的志愿组织所对应的服务对象或客户。志愿组织最终基本没有对应客户,最后,它们的合同可能有失败风险。《工作计划》开始贯彻的前一年,圣芒戈协会(St. Mungo's)这一历史悠久、服务无家可归的人的志愿组织因为缺少对应客户而从《工作计划》中退出(NCVO, 2012:10)。由于圣芒戈协会是一家细分专业组织,《工作计划》失去了圣芒戈协会的服务之后,其效力受到了制约,该协会所应服务的人群得到的服务质量也可能下降。志愿部门批评者们认为使用采购这种方法已经鼓励一些主承包商把志愿组织当做"竞标噱头"(Stuffins, 2012:25;Interview, June 2015)来使用,使标书看起来似乎动员了多元化的供应商。通过这种方式,主承包商将风险转移给分包商,对小型志愿组织尤其构成了挑战,而这些小型志愿组织可能被分在私营部门分组里。一位受访者称,可以要求主承包商在合同中精确规定分包商的工作量和工作类别,从而解决这个问题(Interview, June 2015)。

从服务用户的角度而言,志愿组织也担心的是,随机分配用户给竞标主承包商意味着这些用户可能得不到最能满足他们需求的合适服务(NCVO 2012:9)。然而,需要进一步的调查才能确定这个问题有多严重。2012年,志愿组织参与《政府工作计划》,全国志愿者理事会调查了他们对参与该计划的理解,调查也披露的是,一些主承包商因对应客户的缘故延迟对志愿组织付款,使得他们不得不有效补贴服务。这给志愿组织带来了问题,志愿组织储备金只能支付最多三个月的费用。

这种主承包商—分包商的采购模式带来了开放和透明度的问题。根据全国志愿组织理事会2012年的调查,三分之二的受调查者称主承包商并未共享整个供应链的业绩信息。这是一个问题,不仅仅因为要保证市场运作良好,而且要保证信任和良好实践(NCVO, 2012:14-15)。这也与联合政府公开治理的承诺有关,而2011年《开放公共服务白皮书》表达了这一承诺。然而,政府采取的更多措施逆公开治理而行。比如,2014年《游说透明、非政党运动和公会管理法案》(Lobbying, Non-Party Campaigning and Trade Union Administration Act,以下简称《游说法案》)对慈善机构的活动产生了负面影响(Independence Panel, 2015:7),而且慈善委员会(Charity Commission)的法律独立性也成了问题(Independence Panel, 2015:13)。

"抑制性条款"旨在阻止分包商在未得到相关政府部门允许的情况下诉诸媒体或吸

---

① 参考国家志愿者理事会调研(2012年)关于《政府工作计划》就这一方面的讨论。

② 在一些情况下,原因可能是总分包商收到政府举荐机构的数量少于预期(见 NCVO, 2012: 7-8)。同见 Stuffins, 2012: 26。

引负面舆论注意,该条款也违反了公开透明政府的精神。比如,记载在 2015 年独立委员会报告中的特拉索信托基金(Tressell Trust)、妇女援助协会(Women's Aid)和社区企业(德比)(Community Enterprise,Derby)等案例可以说明(Independence Panel 2015:34-44)。这些法案和条款可能破坏了志愿组织的独立性,压制保证服务提供有问责和高质量的至关重要的辩论(Interview,June 2015)。这同时也强调了实际区分宣传和服务提供的困难。正如其中一位受访者所说:"致力于减贫的慈善机构怎么可能不宣传贫穷?"(Interview,June 2015)在苏格兰,形成鲜明对比的是,采取了更好地保护措施来保护志愿部门的独立性。若苏格兰一家组织"章程明文允许苏格兰部长或英国内阁成员指导或以其他方式控制其活动",则该组织不能被认为是一家慈善机构①。

另一个可能对竞标的小型志愿组织不利的公开透明问题与《事业转移(就业保护)规定》有关,该文件通常称作《就业保护规定》(TUPE)。这些规定于 2006 年首次出台,修订于 2014 年。这些法规旨在保护工作于服务提供的雇员,与此同时该工作已经被转移给了新雇主。其目的是保证这些雇员的薪资、合同期限和退休金保险等条款和条件得到保护,并在新雇主下得到维持。因为所需要的雇员转移信息并不能够获悉,所以招标流程中志愿组织面临风险。当前,供应商只需要在新合同开始实施前 28 天提供雇员转移信息,这意味着可能在投标数月之后才提供。若供应商也在投标时隐瞒该信息,由此获得竞标优势时,这些供应商也有动力隐瞒信息。若无此信息,志愿组织服务不能预测投标资金额。这带来的风险是,志愿组织低估雇员转移的成本,而且由于储备金有限,志愿组织无法填补资金缺口。从定制机构和资金公共价值的角度来看,由于小型组织没有能力投标,隐瞒信息降低了投标流程中竞争的激烈程度(Centre for Social Justice 2015:56-69)。虽然英国许多地方政府已经要求合同包含一个条款,要求供应商提供符合要求的雇佣保险信息,但这仍然不是标准化的做法。因此,因为有着雇员转移成本的风险,特别是退休金保险的风险,又由于小型供应商无法竞争,所以公共服务外包市场由大型供应商主导。

采购流程并未充分利用志愿部门组织作出的贡献来解决社会问题,有效交付服务。正如独立委员会(2015:7)的报告所述,历届政府倾向于认为志愿部门可以和私营部门互换,因此未认识到志愿部门的独特价值观、贡献和结构性特征。比如,莱斯特郡(Leicester-SHire)的慈善机构巴卡(Baca)协会是英国帮助 15—19 岁年轻人在英国找收容所的慈善机构,该协会和地方政府协商,来提供安全有保障的住宿条件,帮助这群特殊的年轻人制订独立的生活计划。该协会还设计了一个专门计划来提高他们的社会和教育素质。由于该协会提供细分服务,地方政府通常在正式合同之外寻求该协会的帮助。巴卡难以与大型主流志愿组织竞标,而大型组织旨在用一刀切的方式给年轻人提供关怀。巴卡认为,由于小型和细分志愿组织提供的服务难以用书面形式表达,所以若定制流程全程以书面形式进行,则不能提供优质服务。

这强调的是,不仅让服务用户参与到服务设计中很重要,而且,让定制人和这些组织和个人服务用户直接见面,能更好地了解他们的工作理念和实际操作,以及他们取得的成

---

① 2005 年苏格兰《慈善和受托投资法案》(Charities and Trustee Investment (Scotland) Act 2005)第七部分第四节第二条。

功（Stuffins，2012:13；Centre for Social Justice 2015:46），也很重要。这也强调，有必要让定制流程给小型细分组织创造空间，提供个性化、专业化服务。因为利用地方供应链，特别是利用地方志愿和社区组织的专业和细分能力，能够保证资金创造更大价值，所以这也很重要。

从志愿组织的角度来看，若缺乏任何"决定性条件"，则改善定制受到妨碍，而只有这些决定性条件存在时，更好的定制才能实现（Centre for Social Justice 2015:48）。本文所述的问题是，支援部门组织的良好实践已经传播到一系列不同的定制人和定制机构，如医疗保健服务定制集团、政府部门定制人、地方政府定制人、警察和学校等部门定制人。有鉴于此，不容易概括何为良好实践。

（三）良好实践案例

虽然政府机构和志愿部门在定制及采购流程中面临限制和挑战，但是这一部分介绍良好实践案例，指明前进方向。这些良好实践主要来源于斯塔芬（2012）（Stuffins（2012））关于志愿部门公开公共服务经验的报告。

首先是联合定制。本文引用社会企业"转折点"（Turning Point）的案例来阐述，"转折点"提供专业和一体化服务，其服务关系到药物滥用、学习障碍、心理健康和就业。转折点通过其联合关怀（Connected Care）项目，动员社区设计和交付服务，其前提是，该方法提供更一体化、包容和性价比高的服务。"转折点"在英国十四个地区开展此项目，并针对有着特殊需求和利益的群体，如吉卜赛人和旅行者群体（traveller community）、长期患病的人群和医疗保健服务定制集团。为实现这一目标，"转折点"培训了两百多个"群体研究者"，这些研究者了解地方的情况，能让定制方聆听通常默默无闻的群体的呼声。在巴斯尔登（Basildon），联合关怀项目通过经验模式培养专家，这些专家提供同业支持，促进早期干预。伦敦政经学院对该模式进行成本效益分析，并发现，支持保持租用权等早期干预协助能大幅节省费用（Stuffins，2012:11）。已发现早期干预有助于节省大量费用，投资每一英镑带来4.44英镑的回报。受培训的研究者不仅促进了定制及采购流程的改善，而且自身也获得了长期回报。超过半数的受训研究者有着更长远的职业发展，他们或做培训，或做志愿者，一些受训研究者创建了自己的社会企业。

第二个良好实践案例和联合提供服务有关，即为变革者（Changemaker）的案例。本案例将青年置于"东道组织"中，其目的在于影响，并就设计和交付服务作出联合决策以满足青年的需求。通过这种动员青年的方式，通过合适地支持他们，慈善机构变革者能够改善定制流程，并最终更合适而又有效地利用资源。

第三个良好实践案例和社区预算试点有关，即为威斯敏斯特市议会（Westminster City Council）的案例。三区社区预算试点（The Tri-borough Community Budget pilot）在家庭、司法、卫生和关怀、经济机会、工作和技能领域有11个项目。威斯敏斯特市议会也有两个居民区级别的社区预算试点。就一体化卫生和关怀而言，社区预算试点建立了一整套制度来扩大一体化的范围，加快一体化进程。该制度纳入了联合定制和一体化团队，该团队由不同机构组成，如地方政府、卫生和社会服务和地方志愿者部门。该制度不仅节省了开支，而且减少了医院意外与紧急情况科的病人，以及需要关怀服务的人数。

第四个良好实践案例内容是更小型的志愿组织克服了获得承包服务交付机会的障碍。北爱尔兰康维中期关怀服务组织(Conwy Intermediate Care Service)的案例讲述的是大型志愿部门组织英国红十字会在协调若干不同规模的支援部门组织中扮演的角色,以满足从医院急诊科出来的老年病人需求。英国红十字会招待了一名服务协调人,该协调人到顾客家中拜访,并找到了一种服务方法,即吸引在地方可以开展的志愿服务。一项评估显示,该项目大幅减少了再次进入医院的病人数量。分析该项目的成功情况时,英国红十字会的公共政策咨询师强调让制度正确运作的重要性(Hamilton-SHaw, 2012:31-34)。这些制度包括:1.任命一名中立而"诚信的经纪人"发挥领导力,并让其成为决策人,以克服不同机构之间的任何困难;2.建立合理治理机制,如平等合作的工作关系;3.认识到各个组织在风险和资源上的差异,明确每家机构的责任;4.保证更小型志愿团体有持续的资金支持;5.合适情况下,让大型的志愿组织分包服务给小型志愿组织。

九、小 结

本章开始综述当前英国政府(主要是英格兰)向志愿组织定制及采购公共服务的情况。本章概述了政府面向志愿组织定制及采购公共服务的背景和理论依据,而这些背景和理论依据在不同的政府之下催生了不同的政策和实践。本章介绍了指导采购的一般法律和政策、采购服务类别、监督和评估流程、供应商范围,以及政府和社会组织在采购公共服务时面临的特殊政策和实际挑战。因此,本章引入了下列三个具体领域的具体探讨:老年人关怀、残疾服务和儿童服务;并将在下面章节探讨布赖顿-霍夫市议会的具体问题。

本章也总结了一些关键教训,如为福利服务设置战略愿景、社会价值、定制方和社会组织能力建设的必要性、公民社会独立的关键本质、影响政策和宣传的权力、指导政府和公民社会合作的框架,以及合理可持续的财务安排。第六章将详细探讨这些教训和其他教训。

本章参考文献

Alcock, Pete, 2010."Partnership and Mainstreaming: Voluntary Action under New Labour", *Third Sector Research Centre Working Paper* 32, Third Sector Research Centre, Birmingham.

Brindle, David, 2014."What are the Most Important Changes to the Care Act?", *The Guardian*, 5th June.

Buckingham, H., 2009. " Competition and Contracts in the Voluntary Sector: Exploring the Implications for Homelessness Service Providers in Southampton", *Policy and Politics*, 37 (2), pp. 235-54.

Butler, Patrick, 2013."The Social Value Act has the Power to Transform Spending on Public Services", *The Guardian*, 5th February.

Centre for Social Justice, 2015. *Social Solutions*, Centre for Social Justice, London.

Clements, Luke, 2014.*The Care Act Overview*, www.lukeclements.com, accessed June 2015.

Communities and Local Government, 2011. *A Plain English Guide to the Localism Act*, Department for Communities and Local Government, London.

Crown Commercial Service, 2015. *A Brief Guide to the EU Public Contracts Directive* (2014), February, Crown

Commercial Service, London.
Curley, Kevin, 2012. "Without Robust Checks the Potential of the Social Value Act Will be Wasted", *Third Sector*, March, p. 13.
Gentleman, Amelia, 2014. "Financial Strategy of Southern Cross Homes Blamed for Old People's Deaths", *The Guardian*, 9th June.
Giddens, A., 1998. *The Third Way: The Renewal of Social Democracy*, Cambridge, Polity Press.
Hamilton-SHaw, Tom, 2012. "How can the Voluntary Sector Achieve the Scale Needed to Deliver Public Services", pp 31-34 in Stuffins, 2012.
HM Government, 2010. *The Compact: The Coalition Government and Civil Society Organisations Working Effectively in Partnership for the Benefit of Communities and Citizens in England*, HM Government, London.
Home Office, 1998. *Compact on Relations Between Government and the Voluntary and Community Sector in England*, Cm., 4100, London, Stationery Office.
House of Commons, 2014. *Local Government Procurement: Sixth Report of Session* 2013-2014, Communities and Local Government Committee, House of Common, , 13th March, London.
Independence Panel, 2015. *An Independent Mission: The Voluntary Sector in* 2015, London.
Lewis, Jane, 1999. "Reviewing the Relationship Between the Voluntary Sector and the State in Britain in the 1990s", *Voluntas: International Journal of Voluntary and Non-profit Organisations*, volume 10, number 3.
Macmillan, Rob, 2010. "The Third Sector Delivering Public Services: an Evidence Review", *Third Sector Research Centre*, Working Paper 20.
Minogue, M., 2002. "Power to the People? Good Governance and the Re-shaping of the State", pp 117-135 in Kothari, U. and M. Minogue (eds), *Development Theory and Practice: Critical Perspectives*, Palgrave, New York.
National Audit Office, 2015. *Outcome-based Payment Schemes: Government's Use of Payment by Results*, London, National Audit Office.
National Audit Office, 2013. *Deciding Prices in Public Service Markets*, London, National Audit Office.
NAVCA, 2006. *For Good Measure: Contract, Without Squeezing, Voluntary and Community Groups-an appeal for action*, Sheffield, NAVCA.
NCVO, 2015a. "Income from Government", *NCVO UK Civil Society Almanac* 2015, NCVO, London.
NCVO, 2014. "NCVO Response to the Review of the Social Value Act", November, accessed on www.ncvo.org.
NCVO, 2012. "*The Work Programme. Perceptions and Experiences of the Voluntary Sector*", September, NCVO, London.
Paulo, Pedro, 2013. "Why is Public Procurement the Most Expensive in Europe?", *The Information Daily. Com.*
Richardson, Celia, 2012. "How the Social Value Act Will Combat the Growing 's Hadow State", *The Guardian*, December 19th.
Stuffins, Charlotte, 2012. *Open Public Services: Experiences From the Voluntary Sector*, NCVO, London.
Temple, Nick, 2013. "Social Value Act and its Impact: The Highs and Lows", *The Guardian*, February.
Winyard, Paul, 2015. "The Social Value Act Review-welcome Steps and Missed Opportunities", Blog on NCVO website, 13th February.

第二章 老年人服务

一、目的和目标

（一）目的

本章旨在综述老年人社会关怀的立法、政策和实践，以及该领域中国家层面和地方层面上，政府向社会组织定制及采购公共服务的流程。本章以布赖顿-霍夫市议会（Brighton and Hove City Council）为例，说明地方政府的流程，这是因为这两地与研究人员关系紧密，也因为这两处是展示定制及采购一般流程、结构、制约和挑战的典型案例。

（二）目标

本章案例研究的具体目标有：

概述英国（主要是英格兰）老年人服务（社会关怀）法律和政策环境与发展，尤其要讨论社会组织的作用和它们与政府提供服务的关系；

概述社会组织当前提供的服务范围，社会组织与立法的关系和当前操作，特别要介绍国家层面的组织和地方服务；

概述定制及采购流程和经验，重点介绍布赖顿-霍夫市的案例。

二、方　法

要了解本章使用的案例研究方法，请参考第一章的相关部分。应该特别指出的是，布赖顿-霍夫地方政府的换届和国家政府的换届导致未来计划修改，定制部门结构也似乎发生了改变。然而，本章案例研究归纳的最佳实践和问题仍然十分重要。

三、背　景

英国政府越来越倾向定制及采购老年人和其他成年人服务，将进一步通过最近的立法来开展采购，这种趋势已经改变了地方政府与该群体有关的部门结构和工作。虽然国际组织衡量老年人的标准是60岁以上的人群（AI no date，WHO 2015），但是由于没有可供使用的国际标准，因此难以定义老年人群。英国之前规定男性65岁、女性60岁为退休年龄,但是根据当前的立法,所有人退休年龄将增至66岁,并已经拟定了条款,使得人们不必达到该年龄时强制退休。

因为人口结构发生了变化,所以老年人服务日益重要:

> 英国人口正趋于老龄化;过去25年内,65岁以上人数占比从1985年的15%增加到了2010年的17%。截至2015年,16岁以下的人数占总人口的18%,相比之下,预计23%的人口将达到65岁以上(包含65岁)(SfC 2015)。老年人是一个多元化的群体,其背景、需求和与老龄化相关的生理和医疗情况多种多样。多元化包括男性和女性需求的不同、随着年龄增大需求的不同、种族不同、收入、阶层和其他房屋所有权等地位的差别。就老年人关怀服务提供而言,因为到达什么样的年龄,出现了什么状况,需要政府(主要是地方政府)什么样的社会工作或其他支持和关怀,没有统一标准,所以老年人服务与其他(年轻)成年人服务有重叠之处。包括老年人服务在内的成年人关怀领域涉及大量来自公共、个人或私人收入的资金:"2007—2008年,英国在成年人社会关怀上的公共支出超过180亿英镑,在残疾人服务上的支出约60亿英镑。许多成年人服务用户也捐款给成年人服务,或自己购买该服务。关怀和发展技能协会(SfC&D)预计此项费用可能超过80亿英镑。"(SfC 2015)

老年人的需求包括收入支持、卫生和医保,但随着老年群体的特征发生变化,随着婚姻破裂、单身老人越来越多,社会关怀需求也呈现多元化特征。老年群体特征包括丧亲、孤独、寂寞、身体虚弱、有安全的需求(防止被虐待)、绝望、有应对痴呆的需求,以及其他需要支持和社会工作介入的问题(Ray and Phillips 2012)。老年人服务问题,由谁来提供服务,怎样提供服务并不是新问题,因为平均寿命增长影响了人口结构,当前主要的变化带来了越来越多的挑战。

四、背景:老年人服务法律和政策的发展

本部分介绍当代政府有关老年人关怀服务的法律和政策背景,来展示当前情况背后的政策和条款的转变。本部分介绍政府和公民社会部门提供公共服务的发展,和1948年促进公共服务提供的第一次关键改革,以及1990年的第二次关键改革,第二次关键改革促进了采购和服务提供的分离,这两者的分离仍然是21世纪的政策变化基础。2012年和2014年的成年人和老年人服务立法强化了地方政府服务定制人的职能,即负责私营和公民社会供应商"不断增长的市场",同时也针对地方政府给个人提供私人预算来选择服务;2015年4月,一些变化的指导意见才刚刚开始生效。

(一)背景:老年人服务和公民社会

1948年是老年人服务的重大分水岭。这以前,特别是根据1834年《新济贫法》(New Poor Law of 1834),地方政府将穷人安置于"济贫院"(workhouses),男性和女性在济贫院分居。1948年,人们害怕、厌恶这些济贫院,但济贫院在关闭之后又重新启用,有时被用作医院,但是因为感到耻辱,所以老人不想居住在这些地方。居住在济贫院是最后的选

择,让人们感到屈辱,这不仅仅是因为济贫院待遇很差,食物劣质,没有合适的洗涤和服装设施,人们被迫工作,与家人分离,绝望,而且是因为这意味着失去了独立性,人生的失败,失去了重获任何个人自主的机会:对很多老年人而言,这是他们最后的居所。大部分老年人过去所依赖的大家庭关怀在很多地方无法提供,这是因为过于贫穷,这些地方的夫妻难以照顾他们的孩子,也因为他们迁出去找工作。20世纪后半叶,农村的贫困和失业也导致越来越多的农村居民迁移到城市,而老人被留在了农村,膝下无子女照顾。但特别是在那些家人分离,迁出找工作的城市,城市贫困和就业困难也导致了城市的赤贫现象①。《新济贫法》允许一些"院外救济"(outdoor relief),这指的是让地方政府服务老人,使他们能留在家中,但国家在1948年以后的现代时期负起更大责任之前,社会组织在满足一些穷困老年人的需求方面起到了重要作用。慈善组织建立起来,用于提供安老院(更早的时间被称作"救济院"),虽然在很多城镇中只能服务有限的贫困老人。产业资本持续发展,加上20世纪晚期城镇化的深入,穷人和社区面临更大问题,尤其是伦敦等大城市面临更大问题,由于居民迁移,城镇化加速了大家庭网络的分解。这一段时期内,慈善组织纷纷建立,数量越来越多,一般用于发放食物和救济金给穷人,其服务还满足老年人,特别是鳏寡老人的需求。慈善组织协会建立于1868年,率先使用个案社会工作方法,某种程度上保证资金发放给"值得帮助"的案例,并未效仿《济贫法》专员的作用(参照这些案例:Digby 1989,Koven 2004)。

20世纪末,虽然公民社会提供的服务大受欢迎,但是人们认识到服务数量不足,需求不断增长时,尤其显得数量不足。服务的地区分布通常和需求呈反相关关系,反映出北部和南部地区之间的差距,该差距已经变化②,但现今仍然存在。社会组织的资源不足以满足工业社会的需求,与英国集中体现的中产阶级慈善形成鲜明对比的是,英国北部发展出了更具有合作性的组织。1908年,一些国家养老法规出台,1911年,出台了国家保险计划,但是养老金计划有"财产和人员资格审查",而且该保险计划是选择性的保险计划,只服务一部分男性,不服务依附男性的女性和儿童。1909年,《济贫法》报告认为,公民社会将继续和政府法规一同发挥作用,其作用一直发挥到1948年的实质性国家改革才停止,即第二次世界大战以后才停止(See Digby 1989:29,88,89)。

(二)1948年的改革

二战后的英国政府政策发生了重大变化,其目标是在提供住房、卫生和教育服务,出台实现充分就业的政策的同时,由政府提供福利事业。这个事业中,新政府建立了国民医疗保健制度,为国民的身心健康负责,还建立了以政府保险为基础的"社会保障"服务,为失业者提供收入"救济",并服务病人或残疾人。政府为老年人提供的退休金也在温饱水平以下,以鼓励节俭(Ray and Phillips 2012:56)。《济贫法》基于赤贫而非贫困的应对措

---

① 参见 Horn 1976,Howkins 1985,Bowley and Burnett-Hurst 1915,Pooley and Turnbull 1998 的迁移模式、济贫院以及19世纪晚期和20世纪初期城乡地区的状况。

② 与20世纪和21世纪初期的主要情况恰好相反,19世纪的一段时间里,北方城市的工资比南方城市的工资高,因此出现了人口北迁。而20世纪和21世纪初期,中南方的财富、就业和收入比北方优越。国内和国际财富、收入和其他方面的不均在21世纪越来越受到关注,可以参见一些著作中的例子,其中包括 Dorling 2011,Wilkinson and Picket 2009 以及 Piketty 2014。

施,该法律出台后,老年人社会关怀责任转移到了地方政府的卫生和福利事业部门。

新的国民医疗保健制度提供的服务是免费的,但与其不同的是,其他老年人服务仍然需要财产审查,这些服务取决于他们的收入和/或储蓄。

一般来说,老年人的需求复杂,有些与年龄有关,有些与其他障碍有关,他们的问题包括残疾、疾病、缺少对他们需求和情况的了解,以及年龄歧视(see Alcock and May 2014, Digby 1989, Ray and Phillips 2012)。这意味着为满足他们的需求,老年人也许需要寻求国民医疗保险体系等国家服务和地方政府的服务,而地方政府服务通常通过社会服务部门提供,并在社会服务人员的指引下完成。1970 年成立的教育和培训社会服务人员委员会(Council for the Education and Training of Social Workers)让教育和培训社会服务人员的大学课程生效,这是因为 20 世纪 60 年代末已经开始认为,社会工作是一项重要服务,和教育、卫生、住房和社保(救济金)同样重要。

虽然济贫院这个名词自 20 世纪 50 年代就已不复存在,但是在机构中分开安置成为提供关怀的主要应对方式,这让诸多老年人在地方政府经营的安老院接受照顾。20 世纪 60 年代的研究显示,这些安老院数量严重不足,关怀极其不够,自 20 年代末期开始,公共安老院,特别是后来出现的私人所有的安老院有关老年人关怀本质的丑闻层出不穷(Alcock and May 2014:176)。1981 年,社会保障金规定的改变意味着给安老院的费用也可以给私营和志愿(社会组织)安老院。有关老年人关怀的本质辩论,特别是关于居住关怀服务的使用,以及可以替代居住关怀的方式的辩论仍在继续。尤其是,20 世纪 80 年代早期发生了这些变化以后,这些辩论促进了私人安老院的扩张。1987 年《弗里斯报告》(Frith Report)回顾发现,公共部门,即政府对安老院关怀的支持已经合理合法,而且公共部门和私营部门共同提供老年人关怀服务必然是 20 世纪 80 年代末老年人关怀服务的下一次重大变化课题。

(三) 1990 年改革

1990 年《国民医疗保健体系和社区关怀法案》(The NHS and Community Care Act,以下简称《社区关怀法案》)是一项重大改革,改变了地方政府在成年人和老年人的服务中的角色。该法案引用了过去的政策和做法,特别的是,政府出台的 1988 年《格里菲斯报告》(Griffiths Report)建议地方政府的社会服务应该充当服务的"促成者"而不是"提供者"。虽然该法案将老年人关怀服务从公共部门转移到市场的意识形态目的在周期变化中固化,但是该法案建立起的框架在今天仍然占主导地位。该法案旨在削减成本,引入供应商之间的竞争,推动收容服务成为住宿照顾的首选。该法案通过社会服务赋予地方政府主要"社区关怀"责任。该法案分离了服务的采购者和提供者,巩固了社会关怀的混合经济(Alcock and May 2014:176; May and Phillips 2012:56)。该法案旨在让国民医疗保健制度和地方政府合作,为成年人发展地方服务,但随后发现,这种方式并不有效,原因之一是因为它们的地理界限并不相连。因为缺乏"社区关怀"的服务,治疗之后,老人占满了医院病床,这些问题在世纪之交变得显而易见。

《社区关怀法案》有效地为服务定制及采购,以及为服务采购增加的趋势打下了基础。地方政府规划服务和服务定制的新责任,而不是直接提供服务,改变了社工角色。社会服务人员成了关怀经理,其责任是评估需求,安排来自一家或多加供应商的合适关怀,而这些供应商可能来自公共、私营(商业)或志愿(公民社会)部门。因此,虽然社会服务人员着眼于评估关怀需求,但是他们也有金融经纪责任,因为预算在过去和现在都有限(Alcock and May 2014:177)。从一开始,就有效建立了优先需求,出现了预算吃紧的情况,而且评估需求的流程很重要。该法案意味着地方政府有责任评估任何有个人或社会服务需求的人。关怀管理流程为:(1)筛选评估资质;(2)确认评估简单还是复杂;(3)确认需求内容,决定资质;(4)优先需求,确定怎样通过制订"关怀计划"来满足这些需求;(5)决定服务成本和用户,即受评估人员的资金分配;(6)提供服务和/或资源,并保证这些服务和资源得到合理审查和监督(May and Phillips 2012:54)。

虽然老年人关怀领域更加表现出混合经济特征,自 20 世纪 80 年代早期以来,随着私营安老院的扩张尤其如此,但是转型为以居家照顾为重点的"社区关怀""迫使服务提供者从国家部门大规模转移到了商业和第三部门,即社会组织供应商,偏离了安老院舍服务"(Alcock and May 2014:177)。这些趋势从 20 世纪 90 年代持续到了 2000 年,对关怀质量的担忧也持续了这么长时间,这类关怀包括安老院舍服务。2000 年《关怀标准法案》确认了安老院舍服务的质量标准,并规定要保护弱势人群免遭虐待和无视。该法案设立了安老院舍服务的国家标准。

1. 居家照顾和个人自主

同样,从 2000 年开始,"老年人可以获得购买满足他们需求的服务的直接津贴"(May and Phillips 2012:55)。此外,2000 年《护工和残疾儿童法案》(Carers and Disabled Children Act 2000)也规定发放津贴给护工,即看护儿童或包括老年人在内的成年人的护工。但是,"虽然地方政府有义务给任何有资质的人直接发放津贴,但是收到直接津贴的服务用户数量,特别是老年服务用户数量一直以来都很少"(May and Phillips 2012:55)。一些其他不需要审核财产的津贴,如"护理津贴",可以直接从国家社保中发放,给那些需要在白天需要某种程度的护理或支持的人。如果晚上也需要这种护理,那么可以发放额外津贴,提出津贴要求的人就可以按需使用这些津贴来满足他们的需求。21 世纪出台的偏向"个人化"的政策旨在"增加"个人用户的"选择和自主性",该政策在本世纪成为越来越受重视和使用越来越多的原则。

《1990 年法案》尤其注重安老院舍服务,某种程度上改变了关怀领域的格局和私营部门服务提供的范围。已经展开对弱势老年人需求的评估,以让他们留在家中,而不是进入安老院,或是不让他们再次进入医院,医院的治疗期结束以后尤其如此。这些评估通常需要"关怀供应商"清洁或烹饪的服务,而这些供应商是私营公司。这些受评估的老年人,即"服务用户"开始为人所知,要对这些用户进行财产审核,这通常意味着他们必须自费或偿付大部分费用。老年人也可能负责从地方政府社会服务人员列出来的公司名单中选出公司并和它们打交道,而很多老年人不习惯成为雇主或承包商,认为选择公司并与它们打交道有困难。特别的是,就清洁而言,竞标公司支付低工资来减少成本,这通常导致员工流动性大,拜访老年人的人员不断变更,及预约失信,而老年人和他们家人想要连续的服务,想要有机会和服务工作者建立关系,互相熟悉,却遇到了困难。

（四）混合经济和协调

截至 2010 年，170 万接受关怀服务的人中，只有 20 万人接受安老院舍服务。同时，关怀工作的就业情况在过去的 20 年内发生了改变，175 万社会关怀工作岗位中，大部分都离开了公共部门，大部分流到了私营部门：其中 46%位于商业或私营部门，23%位于第三部门，即社会组织或非营利组织，31%位于公共部门（数字来源于 Alcock and May 2014：177）。这些数据包括残疾成年人的关怀，该领域中，更多的服务由公民社会提供，所以比起其他部门，老年人服务更多来自商业或私营部门。虽然英国全国范围内，类似的变化也见诸报道，但是苏格兰保留了更多公共部门或政府提供的关怀服务（同上）。截至 2015 年，社会服务工作者的数量增至 187 万人，给 230 万成年人提供服务（SfC 2015）。

政策文件中已经认识到，需要协调各种各样服务提供商，因此，正如儿童服务协会也被赋予了合作的责任，政策文件也让成人社会关怀理事（Directors of Adult Social Care）负责与卫生部门和其他部门展开合作。虽然有困难，但是该合作的内容仍然涵盖"建立联合招标框架"来衔接地方政府和地方国民医疗保健体系机关，困难来源于这两者界限不清晰（Alcock and May 2014：177）。这两者想要通过专家团队和关怀用户的一体化计划来展开合作。2009 年，关怀质量委员会（the Care Quality Commission，CQC）得以成立，该委员会是成年人社会关怀和卫生服务两个领域的监管机构，该机构代替了之前的检查团。让人困惑的是，关怀质量委员会也有一名专员，但这名专员和地方政府服务定制人不同。①

（五）2000—2010 年的情况和个性化

从世纪之交起，直接给个人提供津贴开始出现，让个人能够得到自己想要的服务，"以人为本"政策由此初见端倪，即重视服务用户的参与和"自主关怀"。历届联合政府采用了这种政策路线，"让其成为为下放决策和实现社会关怀更大程度的市场化而扩大工作投入的措施之一"，并致力于实现个人自主预算。

2010 年"白皮书（政策文件）""支持更加以消费者为中心、预防性的、以结果为导向的服务，该白皮书基于七个原则：个性化、合作、服务提供多元化、防止受虐待的保护、高效率供应商和工作者更大程度的自主"（Alcock and May 2014：178 from DoH 2010）。该服务方式也被描述为基于"资产"的方式，将老年人看做能贡献社会的资产和资源。个性化的预算被视为该政策的核心。同时，也分离了定制和供应，而地方政府在其中被赋予的"首要职责是，发展新的、有竞争、以用户为中心的关怀市场，该市场包含微型企业、社会企业和互助企业，鼓励细分和定制贸易商。实现这一目标的方法是切分整份合同，下放大部分由公共部门提供的服务……"（Alcock and May 2014：178）

这些变化中，一部分反映在了在 2012 年的《健康和社会关怀法案》（Health and Social Care Act）和 2014 年的《关怀法案》中。某种程度上，政府仍然依据新立法推动改革。首先，2012 年《健康和社会关怀法案》也涉及国民医疗保健服务体系和地方政府给老年人提

---

① "专员"是一个头衔，但没有固定的定义。关怀质量委员会专员负责监管服务质量，和当地政府负责服务定制的定制人是完全不同的概念。

供的关怀服务,以及为其他成年人提供的社会关怀。国民医疗保健服务体系下,成立了医疗保健服务定制集团来定制服务,包括定制来自独立供应方的服务,也包括为有着长期病症的病人做个人预算的服务(Alcock and May 2014:129,130)。《健康和社会关怀法案》规定了地方政府和医疗保健服务定制集团合作的法定责任,合作内容包括合并预算。地方政府有责任牵头制定联合策略,开展地方需求评估。

2014年的《关怀法案》强调个性化服务,而个人预算服务的提供则是个性化服务的一个要素,个人预算服务影响残疾人和老年人。2012年,通过用户或病人的预算服务,《健康和社会关怀法案》提供更多的决策服务,同时确立了用户能选择"任何有资格的供应商"的地位。因此,如上所述,《健康和社会关怀法案》促进了地方政府向定制一系列服务的转型,"发展"服务市场的转型。2014年《关怀法案》规定了个人预算服务。和《关怀法案》配套出台的指导意见于2015年4月1日生效,所以对于改革进程和效力,仍需拭目以待,结果无从知晓,自经历了一段时期的大幅公共预算削减,开始落实这些改革时尤为如此,而之前落实改革"背后的基础是不断增加的预算"(Alcock and May 2014:130)。这个时候服务提供模式发生转变,三个部门薪资不同,就业合同报酬不同,这让人们担忧高职工离职率和关怀服务质量(Alcock and May 2014:180)。目前,这些改革适用于英格兰。而过去,英格兰和威尔士的社会服务立法通常在几年以后才被苏格兰和北爱尔兰效仿。然而,诸政策和立法责任的下放,缺乏竞争措施的支持,启用英格兰以外地区的私营部门,可能导致英国老年人关怀提供结构的分化,这取决于地方情况(同上)。

五、社会组织及其他现有服务供应商

19世纪以来,在供养赤贫老年人方面,政府一直发挥着比民间社会组织更大的作用。因为接受政府救济通常意味着在济贫院强制居住和劳动,所以老年人通常不愿选择社会组织。尤其是20世纪40年代后期改革通过养老金等现金支付提供了在家中、济贫院外支持老年人的措施。但是,提供个性化的支持,满足老年人多样化的卫生需求,并为那些无法照顾自己(做饭、打扫卫生、购物和其他必要的家务劳动)的老年人提供服务,意味着由主要由当地政府提供老年人关怀,这仍然是安老院舍服务的主要形式。这一形式,对那些居家无法靠养老金生活的人来说,也是一种支持手段。

因此,不同于儿童关怀领域,社会组织在老年人工作中,并不总是为直接提供服务的角色,如直接提供安老院舍服务,但是自20世纪50年代起,社会组织更侧重宣传老年人的需求,在家庭中提供多种形式的个性化支持,如帮助老年人减轻孤独感、提供一日三餐、购物等。在一定程度上,这些途径是对19世纪后期中产阶级妇女和地方组织访问贫困家庭和老年人形式的进一步发展,可为他们提供居家支持,从而不必住进济贫院。20世纪50年代以来的各种方法和途径已经转变成社会组织在国家和地方层面的支持和工作形式,以回应20世纪90年代以来的立法变化。具体来讲,这些组织留心法规政策的变化,例如通过提供个性化政策使得老年人(及残疾人)能够应对许多人会认为讨厌的额外负担和压力。这是因为老年人不得不自己管理个人的预算,同时被迫成为个人护理者雇主。因此,行政和管理职能从地方政府服务向老年人自己管理预算过渡为社会组织创造了新的服务角色,其中部分角色不得不通过老年人的预算提供资助。

自20世纪90年代改革以来,私营、营利性机构侧重于为老年人提供安老院舍服务,提供主要按小时计和时薪制的院舍老人看护和清洁服务。近年的一些法规调整某种程度上给这些机构提出了挑战。首先,政策继续强调优先居家照护,而非安老院舍服务,这意味着私营安老院舍发展程度更低,不过因为人口和其他变化(见下文),情况可能并非如此。其次,使用个人预算可能会导致有更多的自雇护理人员致力于与老年人形成雇佣合约关系,这是因为这种方式对老年人更具成本效益,更有益(而非经由私营公司雇佣和提供的私人助理,他们需要向这些公司上缴一部分工资收益)。然而,这种新变化,即自雇护理人员的增加,而非通过私营公司聘用,似乎依赖社会组织的支持,甚至需要付费,来支持老年人成为雇主,处理劳动法、银行账户等。

虽然较接受居家服务的老年人数而言,接受安老院舍服务的老年人数较少(见上文),但是即使政策有意推广居家照顾,接受安老院舍服务的老年人数还是可能不会进一步减少。某种程度上,因为英国人均寿命越来越长,所以人口结构发生了变化,老年人口占比增加,这可能意味着并非所有人都能在家得到照料,原因之一是一些老年人不想接受居家照顾。然而,若他们有足够的财力,则会接受安老院舍服务,这样的安老院往往把自己视作和宣传成高档的寄宿酒店。"寄宿酒店"实际上可能不会提供任何级别的护理照料或个人看护。若生活于此的老年人需要更多照顾,将不得不搬到传统的私营安老院或护理/安老院。

除了人口结构变化,一些老年人的生活方式也发生了诸多改变。这是因为他们的身体状况或认知能力发生了变化,比如,因为患有帕金森氏病和其他运动神经细胞疾病,或阿尔茨海默氏病及各种形式的痴呆症,或因为其他生理变化,他们独立生活能力下降。虽然诸多此类疾病更有可能影响更多老年人,但是疾病也可能提早发生,影响中年人和年轻一代。这将导致服务用户人群相互重叠,例如,老年人与残疾人士的重叠,重叠程度取决于他们的定义。

这种相互重叠亦会影响社会组织的工作和作用。对老年痴呆症、阿尔茨海默氏症、帕金森氏症和其他疾病的日益关注某种程度上反映年轻一代关注供养自己父母的方法,也反映了不断变化的人口结构让更多人了解了受影响的人,显然,受到影响的人数正在增加。不过,许多组织专注特定的某种疾病或症状而非与年龄相关,这意味尽管许多老年人属于这些机构的服务对象,全国性的社会组织,如帕金森病协会(Parkinson's Disease Society)或阿尔茨海默氏症协会(Alzheimer's Society)及其本地分支机构,面向各个年龄阶段人群,有时候更多算面向残疾人而非老年人。在儿童领域,也存在类似的功能重叠,这是因为儿童领域既包括残疾儿童,又包括非残疾儿童,不过一些注重医疗条件的社会组织确实倾向关注年龄问题,明确规定儿童属于它们的服务对象。

(一) 全国性社会组织

儿童服务领域的慈善机构(见第四章)范围广、层次多、规模大,历史悠久。不像儿童服务领域的慈善机构,服务老人的全国性社会组织数量和服务范围有限。其中一家领先的大型全国性组织为英国老年人协会(Age UK),该组织拥有许多地方分支机构,由两家养老组织合并而成,即关注老年人协会(Age Concern)和帮助老年人协会(Help the Aged)。英国老年人协会每年为数以百万计的老年人提供信息和建议,并为提供其他各类服务,取决于地方情况(比如,在布赖顿-霍夫市提供修剪指甲服务),英国老年人协会在高街运营"慈善商店"而广为人知,该慈善商店收集、销售二手货信息。其他全国性组织现在为老年人提供特定服务,如交友、缓解孤独、提供度假服务,往往有不同的创立初衷,比如二战前提供空袭预警,或二战后(20世纪50年代)提供电视服务。更多新成立的组织专注于为老年人提供某一领域的信息和建议服务,体现了选择住房供应商、成本及开发风险的复杂情况有所增加。

截至2011年12月的近期数据表明,以实际支出为标准,英国最大的全国性老年人社会组织为英国老年人协会。英国老年人协会每年支出为1.658亿英镑,位列第11大组织,排在四家以医疗为主的慈善机构、三家全国性或国际性儿童慈善机构、一家文物保护、一家国际开发组织及一家残疾人组织之后(NCVO 2014a)。然而,虽然位列第11位,英国老年人协会的支出(收入)还不到医疗慈善机构威康信托基金会(Wellcome Trust)的四分之一,不到排在第2名的医疗慈善机构的三分之一,不到第3、第4名慈善机构(国家遗产和国际开发)的一半,仅超过第5名国际儿童慈善机构救助儿童协会(Save the Children)的一半。按机构支出/收入标准,和其他儿童组织、残疾人组织、医疗慈善机构、国际发展和人道主义紧急救援组织相比,只有一家养老组织进入全国或国际慈善机构前60强(NCVO 2014a)。专注老年人的组织皇家志愿服务协会(Royal Voluntary Service)以7870万英镑收入/支出排名第45名。排名英国前60的组织中,只有两个专注老年人服务,虽然其他一些排名前60的组织的确注重老年人问题,如阿尔茨海默氏症协会(Alzheimer's Society)和麦克米兰癌症互助协会(Macmillan Cancer),但这种情况说明了公众对全国老年人社会组织重视程度的问题,以及期望这些组织做的工作。

英国老年人协会给出的数据为收入/支出,该支出为过去一年的总支出,包括人员工资、筹资成本(例如二手店零售利润大约400万英镑,而其零售收入、租金及其他运营成本则达数千万)。这意味着,2013—2014年,慈善收入为1.66亿英镑,而在慈善活动上的支出则达7830万英镑(Age UK 2014a)。这一收入包括英国老年人协会社会企业子公司所筹集的资金。这些社会企业子公司销售针对老年人的商业产品,如保险。英国老年人协会的创收活动包括志愿捐款,但全国性的拨款收入相对比例较小,远不及私营部门筹资,虽然地方政府资助为英国老年人协会地方分支机构活动的一大特点,但是政府定制和采购的服务不会列入账目明细。

英国老年人协会的慈善支出集中在数个领域,其中一些由地方分支机构的工作重心决定,整体上分为几大类。主要分为五个方面:老年人经济,具体涉及养老金领取者贫困问题;老年人康乐,涉及寂寞、痴呆症、认知护理;老年人卫生保健,涉及多方面综合护理、尊严关怀;老年人家庭(独立生活)及老年人社区生活(志愿服务及加强与外界沟通)(Age UK 2014a)。实际中,主要强调三个工作方向:战胜孤独、提供咨询并促进独立。以上工作"通过交友服务来完成,让老年人与'扶助者'配对,来给老年人提供陪伴";通过全国和本地热线提供免费咨询;通过地方分支机构提供一些服务如干杂活(屋前屋后杂活)、家庭购物、运动课程、午餐俱乐部、电脑培训(Age UK 2014a)。但具体内容要看地方分支机构选择提供什么,附属地方组织机构提供的必要咨询服务除外。

皇家志愿服务协会是另外一家位列前60、服务老年人的社会组织。该组织成立于1938年,当时称为妇女志愿者服务协会(Women's Voluntary Service),最开始的目的是防空,为即将到来的第二次世界大战做准备,然而,短短十年不到,该组织转而关注社会福利项目,最引人注目的项目是,为足不出户的老年人提供"送餐上门"服务。20世纪60年代,该组织更名为皇家女子志愿服务协会(Women's Royal Voluntary Service),后来通常以首字母缩写"WRVS"来指代。虽然其存在必要性在20世纪90年代受到质疑,但该组织继续发展,并于2013年成为皇家志愿服务协会(RVS)。该组织的主要工作对象为老年人,特别关注老年人孤独问题,服务方式为带老年人外出或上门走访老年人、帮助老年人从医院回家、代替老年人从事家务杂活:以上工作,全部通过志愿者完成。该组织有2500名员工和40000名志愿者(见RVS 2015)。该组织实质上是一家全国性机构,拥有地方办事处,提供基于交友、家务杂活和其他帮助的一系列服务。

这两个组织突出反映了诸多问题,这些问题的主题中,老年人的孤独,他们对社交和帮助的反应尤其突出,得到其他全国性组织的普遍响应。比如,全国性组织独立老年人协会(Independent Age)起源于19世纪60年代的英国慈善协会(UK Beneficent Association,UKBA),为应对日益变化的社会环境,对组织的宗旨和目标人群做出调整。该组织成立之初旨在帮助新出现的贫穷"上层和中产阶级",为他们提供年金,理由是还有其他组织旨在帮助"下层"阶级。这一趋势一直持续到20世纪,直到1948年国民医疗保健服务体系和其他国民福利组织建立之后才停止。英国慈善协会(现称为皇家英国慈善协会"Royal UKBA")改为重点帮助老年人。截至20世纪末,该组织的目标人群已经在原上层和中产阶级基础上有所扩展,被认定为对社会做出巨大贡献的组织之一。21世纪,该组织再次经历调整,2005年更名为独立老年人,2010年重新确定组织重点工作为服务老年人,解决贫穷问题(欲了解其历史沿革,见IA2015)。独立老年人认为贫穷与其他组织的老年人问题一般主题相符:"我们意识到当今老年人面临三类贫穷——经济困难依然存在,但通常由信息匮乏造成(上千万人并不知晓其权利)。缺乏社会交往亦为一个非常紧急的问题——研究显示,孤独对健康的威胁不亚于吸烟或肥胖"(IA2015)。

其他一些全国性的组织专门关注老年人,如协助老人全国慈善基金(NBFA Assisting the Elderly)、联系老年人协会(Contact the Elderly)、老年人住宿协会(the Elderly Accommodation Council(EAC))等。这些组织成立于1948年,宗旨各不相同,但在21世纪均转而关注老年人孤独问题或关注咨询和信息需求。

协助老人全国慈善基金成立于1957年,总部位于伦敦,服务老年人。"我们开始的慈善活动之一是为弱势老年人群体免费发放电视机,以促进朋友和邻居们相互走动"(NBFA 2015)。该组织此后有所改变,但其宗旨'为孤独或孤立的老人提供社交机会、结识新伙伴并相互建立持久和互利友谊'未变(同上)。其总体目标是提高老年人生活的独立性和自信心(同上)。该组织与当地慈善机构和服务部门合作,直接为老年人提供帮助(同上)。

联系老年人协会宣称自己为"唯一一家致力于解决老年人孤独感和社交孤立的全国性慈善机构"(CE 2015)。该组织志愿者遍布全国,这些志愿者"每月周日下午为75岁以上的独居老人组织小规模茶话会"(同上)。志愿者司机接上老人并送往志愿者东道主家庭参加下午的茶话会。这种活动的思想是"每月由不同的主人家庭接待一群老年人,但接送的司机不变。这就意味着,长年累月下来,熟人变成朋友,孤独被相互陪伴取代"(同上)。其他一些组织也致力于解决孤独和社会孤立问题,但差别似乎在于只有联系老年人组织类似活动。包括29名员工的开支在内,该组织在2013—2014年度支出超过一百万英镑。其将近一半资金来自信托基金(如大乐透),百分之十的资金来自拨款,包括地方政府和苏格兰政府的拨款,但这些资金似乎为政府拨款,而非服务定制金(CE 2014)。

与此相反,老年人住宿协会的主要活动主要是信息和咨询,特别是关于他们的住房和关怀需求和选择。该组织成立于1984年。2008年,经过数年谈判,老年人住宿协会与其他组织达成合作伙伴关系,推出"第一站"(First Stop)服务,该服务涵盖护理、住房及相关财务问题的全面信息和咨询。主要合作伙伴为其他三个全国性组织:英格兰维护与修缮协会(Care and Repair English),这是一家住房问题学习和进步团体,英国老年人协会和慈善基金会(Foundations)。过去五年中资助者包括大乐透基金,社区及地方政府部(DLG)以及后来的喜剧救济基金会(Comic Relief)。老年人住宿协会现在代表社区及地方政府部和喜剧救济基金会管理地方服务,并通过这一业务与超过25个地方组织建立合作伙伴关系(EAC 2015)。

同时,还存在一些较小的全国性组织,也参与社交、信息和咨询。一些这类组织为有需要的老年人筹集和分配资金,如援助绝望老年人协会(Aid for the Aged in Distress)。该组织成立于1982年,时称为老年人援助协会(Aid for the Aged),后与另外一个组织——绝望老年人协会(Aged in Distress)合并。援助绝望老年人协会提供资金给老年人购买灶具、床、床上用品等生活用品,或老年人需要的特殊物品如升降椅、步入式淋浴间、楼梯升降机等(AFTAID 2015)。

从全国性的社会组织的宗旨、目标和工作计划来看,孤独显然是老年人面临的一个重要问题。调查老年人界定生活中问题和安康概念的方式的研究支持这一结论(Hoban, James et al 2013)。该研究强调需要改变传统方法,找到让老年人参与的新方法和新途径,让他们参与为实现自身安康的公民活动、社交和其他福利活动。老年人心理健康研究突出显示,有必要马上行动,研究表明生活在社区当中老人每5人就有1人抑郁,生活在安老院中的老人每5人就有2人抑郁(MHF 2015 citing publication-Adults In Later Life with Mental Health Problems, Mental Health Foundation quoting Psychiatry in the Elderly, 3rd edition, Oxford University Press, 2002)。

解决老年人孤独问题的需要催生了终结孤独运动(Campaign to End Loneliness),该组织在老年人行动联盟(the Age Action Alliance)的赞助及共817名会员支持下成立。老年人行动联盟为一家社会组织,由对老年人问题感兴趣的民间组织、学术机构及私营、营利性公司共同组成。联盟在孤独及社会孤立这一主题下运作,同时还关注老年人友好环境、面对老年化态度问题、创意艺术、信息融入、欧洲事务、健康工作场所、改善孤独老人生活、金融财务问题、公共卫生和运动生活方式、安全温暖家园、交通运输、重视老年人贡献等主题,每一个主题均有单独的工作组(AAA 2015)。

终结孤独运动是老年问题行动联盟的重要组成部分,运营成员多种多样,比如,这些成员一直从事收集有关老年人孤独问题严重性及其影响的相关资料证据（Bolton 2012）。终结孤独运动提供相关信息，如为地方政府就总体方法提供研究摘要（CEL 2015a）和指导意见，就可能采取的结束孤独的干预措施和行动提供信息（CEL 2015b）。虽然终结孤独运动由老年问题行动联盟资助，但是由于众多社会组织大都专注这一领域的问题，似乎都将自己看作解决该问题的中坚力量。相反，据观察，一些大型私营公司网站并未提及孤独问题，即使一些提供大量安老院的公司网站（根据上文统计数据，这些地方的老人精神问题将很重要）也未提及。终结孤独运动不仅为地方政府提供指南，其观察结果、提出的一系列行动和干预方案引起了服务专员（Commissioner）的重视。

（二）地方服务：布赖顿-霍夫市

在布赖顿-霍夫市，老年人服务属于地方政府职权范围内的成年人服务。这些成年人服务包括残疾成年人服务，以及为有心理健康问题、患有老年痴呆症、阿尔茨海默氏病、帕金森氏病等病症的残疾人提供的服务，其中一些病人可能随后就会划为残疾人类别，但仍属于成人社会关怀范畴。一般来说，老年人的主要问题是住房、提供关怀和支持、打发孤独和寂寞、实现幸福安康，而打发孤独和寂寞也是实现幸福安康的一方面，这一切均需要不同层次的信息和咨询。身体健康和其他原因所带来的老年人额外需求也基本上包含在这四个问题之中。从这个角度来看，一些社会组织专门从事特殊问题，从以上四个方面开展工作。例如，老年人将来的宜居环境如何、所需要而又能得到何样的关怀和帮助、如何打发孤独寂寞、如何实现切身相关的人、其家人及护理人员的幸福安康，如何为切身相关的人，其家人和护理人员提供信息和咨询，从上述几个角度看待老年痴呆症问题。

过去地方政府面临的主要问题是提供安老院舍服务。近年来，地方政府面临的主要问题是，一方面要确保提供安老院舍服务服务（包括地方政府管理的养老院和大量私人、营利性组织所经营的安老院舍），另一方面要实现老人的独立，而后者更为重要。老年人独立性问题是非常重要的，原因之一是政府政策和法规的影响，以及一般性政策环境转变，而政策转而注重服务选择。老年人独立，意味着他们必须能够在不同的居住环境中做选择，在不同的养老服务计划中做选择，并决定支付上述服务的方式。一些老年人在某些情况下可能需要关怀和帮助，但是只能在居家照顾的情况下才能实现，对于这些老年人，独立有更深远的意义。这要求使用个人预算，老年人必须选择护理服务的种类和护工，还需要寻找、选择分别提供服务的护理人员并与他们签订雇佣合同，要求老年人考虑雇主责任、支付薪酬，在护工放假或生病时安排替代等问题。关于选择居所、提供帮助和关怀的与独立相关的问题影响所需的地方服务及社会组织角色。

在题为"防止孤独和社会孤立：干预措施和成果"的研究简报中，卓越社会关怀协会（Social Care Institute for Excellence, SCIE）研究与孤独相关的预防性关怀和成年人支持，并将其与独立性挂钩。该协会认为预防性措施包含"一系列广泛的服务"：

- 促进独立
- 防止和延缓因年老、疾病或伤残造成的健康恶化
- 推迟需要更加昂贵、集中服务的时间（Windle, Francis and Coomber 2011/2014）

孤独同时也是布赖顿-霍夫市本地服务部门和老年人专员（Commissioner for Older People）关注的问题，这是因为孤独问题事关老年人尊严、健康，也因为孤独对老年人生活独立和心理健康有影响。孤独问题很重要，但是，某种程度上，因为联合定制也涉及卫生领域，所以地方政府也重视一系列老年人身心健康问题和他们的幸福，尤其重视那些生活在安老院舍中的老人或有需求的老人以及接受关怀和支持服务的老人这方面的问题。这些问题包括是否能获得医院和卫生服务等。

老年人相关的信息和咨询服务也很重要，但这些信息和咨询往往包含在也针对贫困人群并为他们而提供的一般信息和咨询服务的范畴之内，其中包括他们能够获取怎样的收入补贴、应对债务等信息。

就地方老年人服务而言，正如老年人服务专员指出的，大多数为他们提供的服务都是由私人营利性机构提供：约80%的定制来自于营利性供应商（Interview 2015）。尽管地方也有一些大型全国性私营养老院在地方经营，但是许多供应商仍为独立、家庭经营的安老院舍，无合作伙伴关系。2013年，布赖顿-霍夫市政府报告显示，地方政府与市内"约120家养老院、13家居家照顾服务供应商、19家住宿或生活支持供应商和1家社区膳食供应商"建立联系，并与提供预防和社区服务的私营和志愿组织签订了合同、协议或出资协议。若有必要，我们还与市外个人服务提供方签署个人合约。目前，地方政府合同登记中共有254家服务供应商在册，但这些合同将会包含部分国民医疗保健体系合同，由我们提供合同管理服务（BH FOI 2013）。他们接着指出，"在全市范围内养老服务合同主要为与预先安置协议相关的框架合同。我们最近启动了与出资协议而非合同相关的预防和基于社区的服务定制招标计划"（BH FOI 2013）①。

地方政府曾试图让私营机构组建行业协会，致力于合作，但这一努力似乎没有引起各方兴趣。相反，地方社会组织习惯以论坛和合作伙伴关系的形式协作，据信造成了"不小反响"。这引发了一些问题和担忧，同时也提醒我们对这些组织和老年人需求的注意。虽然只赢得了少量的资助和采购合同，相比以前，它们更加积极与地方政府服务部门沟通和联系，而且将会有更多互动（Interview 2015）。

地方政府自身保留了一部分安老院舍服务，它们也积极参与提供公民社会服务，特别是抗击孤独。地方政府同时还保障老年人身安全，设有一处信访点，接受老年人受虐待举报并与警务部门合作（BH 2015 信访点）。按照设想，保障老年人身安全和心理健康评估等一些法定义务由地方政府直接履行（Interview 2015）。然而，这次采访在大选之后进行，现在情况有可能改变。

公共部门委托地方社会组织开展抗击孤独服务、一系列自费的成年人服务，以及信息和咨询服务。另外，市内运营的一些地方组织、在地方运营的全国性组织，或拥有地方分支机构的全国性组织使有自有资金或经费来提供政府定制服务以外的服务，或地方政府定制服务的增值服务。

---

① 框架合同或协议是跟服务供应方所签订的合同，其中规定，当地政府在需要某些服务供应的时候可以向社会组织临时提出采购需求（"现货采购"）。例如当地政府与一家社区集中养老服务机构签订框架合同，只有在当地政府社会服务有突发需求时才能使用"现货采购"服务，例如有老人因为疾病突然失去自理能力且其家庭无法提供照料，而需要为老人提供居住服务的情况下。

就孤独和孤立而言,地方政府官员指出,对老年人来说,这是一个严重问题,涉及以个人为单位的人力成本,以及卫生和其他服务资金负担。针对孤独和其他问题采取的惯常做法是"头痛医头,脚痛医脚"。例如,"这儿做得不好,我们可以做些什么",然后通过提供日间中心或午餐会来解决孤独问题,但发现,这种方法成本高昂,且不能满足所有人的需求(例如,一家日间中心可以容纳100人,但有可能1000人有需要,所以候补名单会很长)。相反,专员(Commissioner)采取另一种方法,即"充分利用布赖顿市内积极的志愿组织"(Interview 2015)。她定制了"全市互联"项目(City Wide Connect),该项目是多家社会组织组成的合作联盟(interview)。该联盟包括四家服务供应商,在城市的一些区域服务,但事实上这些服务覆盖到了整座城市。四家服务供应商自愿组成联盟。他们各自提供不同服务(例如,标准日间照顾、外联活动和户外活动和为生活偏远的老人提供服务);这些服务供应商积极发挥它们的丰富经验,以确保"全市互联"服务能够覆盖到那些受到社会排斥的人群。

然而,提供解决孤独问题的服务只是定制的一小部分。专员注重成年人社会关怀法定需求,即注重安老院舍服务和居家照顾,这两者涉及直接支付和个人预算。专员一直致力于提供相关基础设施,正如在采访中指出的一样:"老年人不太接受'直接薪酬支付和个人预算'——晚年后不得不成为雇主,须履行各种相关的责任和管理义务"(Interview 2015)。地方社会组织残联(The Fed)受托提供基础设施服务,处理个人预算问题。残联以前被称为独立生活联合会(The Federation for Independent Living),为一家残疾人经营,为残疾人服务的组织:该组织的服务范畴有所扩大,现在提供其他服务。此个人预算既包括残疾人的个人预算,也包括老年人的个人预算,因此该组织接受委托开展的基础设施方面的工作覆盖多个区域。在使用个人预算之前有必要进行需求评估(个人护理、居家支持服务需求、和直接支付薪酬/个人预算等需求)。以上评估仍由政府部门完成,但当地政府正在试验外包该服务。不过,正如上文所述,法定评估如心理健康及人身安全保障仍由政府部门完成。

其他社会组织服务包括提供成人护工,尤其是提供老年人和残疾人护工、丧亲之痛安慰以及各种信息和咨询服务。地方政府资助和定制部分服务,提供这些服务的组织有望协作。

全国性的组织在布赖顿-霍夫当地设有分支机构或办事处。理所当然的是,作为最大的老年人社会组织,英国老年人协会在布赖顿-霍夫市设有分支机构,其提供的主要服务是信息和咨询服务,依靠大量的志愿者及正式雇佣的工作人员和业务主管完成。皇家志愿服务协会在城外设有分支机构,但服务范围涵盖布赖顿-霍夫市地区,提供交友服务、辅助购物和交通、餐饮和就医支持(RVS 2015b)。

六、定制及采购流程

(一)采购背景

虽然采购的很多服务都来自老年人关怀领域,但是大部分采购合同却来自更加广泛的成人社会关怀领域,从私营、营利性公司采购。委托社会组织开展服务主要在地方层面进行,这是为了得到专家支持和额外支持,解决孤独和影响老年幸福的社交孤立问题,以及帮助老年人管理个人预算等问题尤其需要这样的支持。

如上所述,成人社会关怀领域涵盖老年人服务,需要大量地方政府资助的采购合同。例如,布赖顿-霍夫地方政府每天花费 31 万英镑用于成人社会关怀,比每天 14 万英镑的儿童社会关怀开支的两倍还多。然而,额外 52 万英镑的预算主要用于儿童和教育(BHCC 2015)。然而,这一成人社会关怀数据涵盖了多种多样的人口和各种复杂情况,包括老、弱、病、残和不同健康状况的人群,中青年残疾人士、存在心理健康问题的所有年龄段的成年人(这一类曾包括患有痴呆症的成年人)、所有年龄段滥用药物及其他弱势群体、被社会孤立的群体等成年人(BHCC 2014)。专门用于老年人社会关怀的资金并没有按明确的比例划分,但主要用于享受安老院舍服务和居家照顾的那部分老、弱、病、残(一些症状实际上是和年龄相关的,晚年发病,如帕金森氏病)或有心理问题的人群(包括主要在晚年患有的疾病,如痴呆症)。需要定制的服务主要为安老院舍服务和照顾,以及居家支持和照顾。

举个例子,用于成人和老年人的 2013—2014 年总支出仅超过 1.05 亿英镑,其中 6900 万英镑花费用于外部服务采购,剩下 3600 万英镑用于地方政府直接服务。大部分资金总额超过 5200 万英镑,用于安老院舍服务,其中超过 4300 万英镑用于外部服务采购,地方政府服务部分所占比例相对较小。另外,近 1600 万英镑用于居家照顾和社区支持,其中超过 1000 万英镑用于外部服务采购;近 600 万英镑由享受商业护理服务的用户直接支付,近 800 万英镑用于生活辅助,其中近一半用于外部采购。再加上 1600 万英镑开支用于护理管理、交通运输和临时住宿、设备预算,将这部分开支考虑在内,差不多百分之九十五成人社会关怀预算都花在住宿和居家护理上。尽管当地政府直接提供一部分服务,但是大部分资金用于支付私人、营利性服务,而其中大部分资金用于私人、商业养老院服务。相比之下,社会组织所获得的资金和一系列合同较少。

然而,因为人口结构发生变化,因为老年人宁愿选择住在自己家,因为新的《关怀法案》出台,个性化服务与日俱增,未来的情况可能发生变化。预计布赖顿-霍夫市地区的老年人服务领域未来将日益重要:

布赖顿-霍夫市有护理和支持需求的人群:

- 2002—2011 年间全市老年人口下降 10%,但预计 2011 到 2021 年间有望上升 12%;
- 75 岁及以上老年人口 2021 年后有望增加 10%;
- 截至 2030 年,65 岁以上患有痴呆症的老年人数将增加 26%,同时患上痴呆症的年轻人数亦会增加(BHCC 2014)。

2014 年,布赖顿-霍夫市成人社会关怀服务定制计划重点如下:

1. 投资预防性服务,延缓或减少社会关怀服务需求;
2. 支持护理人员;
3. 提供一系列个性化服务来支持人们取得自己想要的结果;
4. 投资社区服务,促进独立和健康幸福;

5. 采购多种可供选择的住宿条件,帮助人们维持独立;
6. 开发有弹性、面向社区的居家照顾服务;
7. 为用户保障服务质量(BHCC 2014)。

当前,大部分的定制及采购资金基本上集中于一两件重点事项,和住宿和安老院有关,用于私人、营利性服务开支。其他的重点工作为社会组织有可能投标参与、提供的服务领域。这些服务通常以社区为基础,这些社会组织通常在这些社区有联系人和志愿者,并有来自信托基金的部分赠款资金,在当地已经十分活跃。因为当地政府已经意识到"相对于传统的养老院,服务用户更倾向于选择住宿和社区护理",所以预计情况将会发生变化(BHCC 2014)。因此,当前主要由私营单位提供的安老院舍有望在将来做出调整,提供预防性服务,类似地方政府提供的院舍服务。同时,借助个人预算,用户作为雇主的居家照顾和支持服务在未来将越来越多(见 BHCC 2014)。鉴于一些预防方法(预防需要将老年人放在传统安老院托养),鉴于使用个人预算时的支持需要,预计将出台更多基于社区战略,将在向现有社会组织定制和采购的服务基础上有所发展。例如,护理人员的数量已有所增加,"护理人员的人数已从 2001 年的 21803 人增加到 2011 年的 23967 人,但仍只占总人口的 9%"(BHCC 2014),这一增长趋势可能会随着老年人口的增加而继续保持。为护理人员提供社区和个人支持,当前虽由社区组织提供,但是将有可能增长。该领域工作当前由地方组织提供,而一些全国性的社会组织在过去为合同相互竞争,未来有可能同样为合同而竞争。

(二)财务安排

老年人关怀领域中,财务安排的诸多问题反映出儿童领域的财务问题(见下文)。和儿童领域一样(见第四章),一些变化已经发生,这些变化随着组织规模不同而不同。虽然组织架构和法律基础类似,收入来源和规模,即组织规模大小的衡量标准决定了政府内部的财务安排。例如,其中的一个不同为是否聘用专业财务人员,或以上责任是否分配给经理或由引入的顾问来履行(Interviews)。

一般来说,所有参与服务定制的社会组织均为依法设立的慈善机构和担保有限公司,须强制履行法定职责,如需进行年度财务会计,其财务报告必须由伦敦英国公司注册局(Companies House, London)审批通过,接受其审计,并在注册局存档。然而,规模较小的组织财务预算不足,无财力聘请全职会计师或财务总监服务。通常情况下,许多小型地方组织依靠志愿者担任"会计",志愿者会计通常为管理董事会或委员会一员,负责对资金进行一定监管,而年度决算则由专业的会计公司审计,和所有公司一样。实际情况中,小型的社会组织告诉我们,虽然他们不能聘请专职财务人员,但他们聘请顾问或按合约购买兼职的自由职业专业财务人员(例如,每周按半天计)以维持账户、发放薪酬,支付其他款项。这些组织以类似的方法保留人力资源或人事方面的职员,虽然更有可能的是,组织购买这些人员,而这些人员在有需要的时候处理招聘事宜或其他问题。

例如,小型地方社会组织理事,如布赖顿-霍夫护理中心的理事一般牵头负责资金申请和提供定制的服务,而非聘请专业财务人员或筹资人员。护理中心的工作人员包括成年人和儿童护工,提供支持、临时救济、社交、信息和咨询服务。

不过,虽然小型组织无财力聘请全职财务人员,但是也指出了处理组织账户财务问题的复杂性。因为这些组织通常从其他渠道和地方政府定制中获得资金,所以复杂性源自各种各样的合同。这些复杂性带来额外工作,资金来源日期不同,账户支出要求各异,发票格式不一,以及其他书面工作,主要职责为与人打交道和负责项目开发的人觉得这些工作是额外负担。

另一方面,像残联这样的组织日益壮大、合约和服务众多,其中部分合约和服务会带来资金收入,因而有能力聘用财务总监,将组织主管官员(Chief Officer)从财务琐事中解脱出来,专注业务发展。这对联合会很重要,这是因为它现在是一个相对较大的地方社会组织,需要不间断地筹集资金,开发业务以维持其收入和规模。同等规模和类别、竞争定制服务、在一定程度上像以用户为主导的社会企业那样运营的社会组织,是全国性私营营利性或区域性社会组织,它们有自己专门的财务人员。专业财务人员对联盟的重要性在于可以一定程度上保证足够的职业发展时间。除了财务总监以外,还有兼职联络工作者及兼职项目和创新负责人,而人力资源工作则外包,借助保险解决人事问题。正如受访者指出,这意味着组织厌恶风险,处理人事程序谨慎(Interview 2015)。人力资源、联络沟通及一些项目创新工作和财务安排工作分配对组织主要负责人抽出时间开发业务,全面监督和管理组织十分重要。这使得同等规模的组织可以保持收入增长空间,而小型的组织却不具备这样的能力。然而,一些更大型组织的发展乃至维持收入的资金有一部分来自信托基金和承包服务,而这部分资金来源也面临全国性社会组织和私有营利性组织的竞争。

日益增加的竞争对于增加透明性有一定影响:过去,管理层和理事会会议记录免费提供,并在互联网上发布。而现在部分会议如投标及成本核算的讨论必须私下举行,这部分会议记录不对外公开,以保持与其他组织的竞争力。组织年度财务决算仍需要通过伦敦英国公司注册局(各个组织每年须在此注册登记)审计,须在年度会议上公开上一财政年度的财务决算,并依法在该注册局进行存档。

考虑规章制度限制、面临的挑战和能力因素,部分财务安排和问题记录如下:

(三)采购流程:动机及优势

虽然对于老年人来说,许多人身安全保障和心理健康评估等职责均由政府本身完成,但是采购流程始于地方政府需求评估,并考虑法定职责。在此之后,地方政府定制人发布一份"招标"文件,简要说明所需服务并列出结果和目标清单。目前已有三次服务定制招标,分别发生于2012年、2013年,而第三次于2015年进行,在投标考虑过程中,有关文档不上线。

第一次招标过程中,定制的服务大致列为心理健康、老年人、护理人员几大领域(BH NHS 2012)。第二次招标书发布于2013年,成年人社会关怀领域的老年人护理招标结果于2014年向地方政府报告。所定制的四套服务为:

- 专家支持服务;
- 全市范围内老年人活动安排服务;
- 全市范围内促进不同组织联系的协调工作职能;

- 为黑人和少数民族群体提供社会心理支持。(BHCC ASCHC 2014)

另据报道,"每个地区为志愿组织和社区组织提供三年资金保障,以提高这些组织的服务和它们的满足不断出现的新要求的能力"(BHCC ASCHC 2014)。这些合同在 2016 年到期,因此在 2015 年会有新的招标。和老年人相关的其他需要定制的服务不在这个合同期内,例如上文提到的为老年人个人预算和直接支付提供支持的基本服务就不在这个合同期内。专员提到预防性服务由成人社会关怀部门定制,现在由公共卫生部门定制,这是因为他们有预算和专门资金用于此类服务,同时具有一定的预防专业知识(Interview 2015)。

人们认为,招标过程很透明,但地方社会组织发现,首轮采购招标特别难,需要大量文书工作以及辅助文件,而且很多问题和说明重复。然而,因为这些服务定制金将取代以往的政府资助,所以地方组织认为其有必要参与采购投标过程。地方组织也担心自己会失去资金来源,因此即使对投标流程颇有微词,但仍积极参与投标过程。第二轮采购也不简单。2015 年年初,地方政府在下一轮招标前与社会组织举行会晤,解释流程,寻求反馈意见和当地需求的想法:一家组织将此视为折中方案,这是因为地方政府确实坐下来与地方组织讨论服务规范,以及投标前的有效工作。

本次定制和采购似乎面向社区和社会组织,其他领域的定制中,投标商主要是私营部门,这些领域包括安老院舍服务、一些日间照顾和居家照顾服务,这些领域的招标是分开进行的。招标过程有所不同,后者服务通过框架合同提供,供应商须在经过认证、获得批准的供应商之列,在此名单的供应商方能在有必要时使用,例如,安置一位老人到家庭。专员说,社会组织能够参与这些服务投标,但最忠实、最积极的供应商均为私营供应商——基本上为一些本地的、家庭经营的企业和一些大型全国性私营公司。实践中,社会组织常认为自己无法提供(特别是需要资金成本,或者政府延后支付框架协议付款);或它们认为自己在一些必须支付最低工资标准以上(通常私营企业按此标准支付)的工作领域无法降低成本与私营企业竞争。虽然在专员看来,投标都大同小异,但是似乎这是因为,若社会组织支付给它们的基层员工的工资高于最低标准工资,它们就不会支付给其管理人员同样多的工资,亦不会赚取利润。

然而,社会组织可能因它们没有足够资金,或因为采购投标过程本身的官僚主义而望而却步,因此一些大的合同投标,如安老院舍服务的投标,就取决于组织拥有的时间和资源,而只有一些大型组织才能参与。例如,招标过程被认为显然是复杂的,一家地方组织在一邻近的地方政府辖区最终胜出;虽然它们是唯一一家投标参与框架合同服务的组织,它们须经过完整的审批程序(体现透明度),而且还是一个巨额合同,各种文件一共 28 份,确实"很官僚"。另外一家组织认为招标过程"十分离谱——招标说明共分七个部分——每一部分需要单独文件,而一些部分基本雷同(大量的复制和粘贴)或重合部分"(Interview 2015)。

从地方政府角度来看,社会组织的优势,特别是地方组织的优势在于,它们有工作经验,有本地人脉,还有从信托基金获得的资助,可以为它们提供的额外服务带来附加值。业已存在的标准流程能确保它们的服务工作不会"两头吃",即政府资助的工作不能与委托的服务相冲突——必须能带来额外好处。即使《社会价值法案》在定制人看来有一定影响力,例如,在使用成本、质量和社会价值标准进行投标评估时,如何确定社会价值的问题被留给了投标人,但是在投标时却要求他们说明能带来什么样的社会价值。据报道,在定制和采购过程中,定制人和其同事花费大量的时间努力确定可用的社会价值定义,但最终发现十分困难,且具有争议,因此最后要求申请(投标人)说明他们所带来的具体社会价值,因此由他们自己定义社会价值。通常情况下,投标的社会价值包括使用志愿者,同时对残联(The Fed)等组织来说,强调的事实是,它们以用户为主导,对它们和其他组织来说,它们具有本地社区经验,了解本地社区,扎根于本地社区。社会组织和地方政府看到的其他优势是,它们能携手合作,以论坛的形式相互交流,从而就事件、问题和解决方案达成并促进共识。全市范围内的老年人服务定制及全市互联(The City Wide Connect)协调项目最终促成多家组织合作,涉及多项信息及咨询服务的专家支持项目也是如此。这被视为社会组织相对私营服务供应方的优点,正如其使命说明所述,是其灵活性和专注其工作领域的体现。此外,社会组织各级工作人员通常也爱岗敬业,致力于个人从事领域,而不是仅受就业或收入驱使。而且在公众看来,一些社会组织本身也接纳变化并尝试新的方法和途径。

对小型组织而言,采购合同的缺点包括申请程序和文档工作的复杂性,这些工作明显与许多拨款机构的要求不同。另外,服务定制合同还可能终止资助,没有继续资助保证,这种不安全感迫使员工需要继续筹款。

(四) 监督和评估

所需监督基本为定量分析。这些组织反馈,它们进行内部监督,寻找困难和问题,以维护自身利益。若他们发现困难,组织会立即试图解决。其中一家组织解释它们如何与定制部门讨论问题,但其目的始终是从参会得到建议和可行解决方案(Interview 2015)。

同样在儿童服务领域,缺乏可供使用的定性指标来监督组织运营被视为一个问题。然而,顾问正在尝试一些定性的评测方式,即注重结果,而非注重产出[①],同时也考虑成本监督方式,例如没人占用医院病床或看病。这种想法是着眼于投资的社会回报。

监督意味着一些合同被"召回"。一个合同终止实例是相关组织无法开展工作,不过据说这种情况不常见(Interview 2015)。在私营部门,供应方有时会在业主退休时发出通知,此时,地方政府必须为居住者寻找安身之所(同上)。

(五) 采购经验:限制、挑战和采购能力问题

如上所述,包括招标申请在内的采购过程面临挑战。当组织有大量合同在不同日期结束时,组织也会面临财务安排的难题,必须不停地寻找新的资金来源以避免人员冗余的问题。这一问题在儿童服务领域也不可避免,对组织来说,从事与弱势群体打交道的工作敏感而复杂,工作需要集中精力,最好不要让员工为收入的不确定性和是否另觅职业而分心,确保经验丰富、高素质员工队伍不流失是一大挑战。

---

① 产出指标并不能反映出真实的成果和服务对服务用户产生的效果,比如使用者的生活所发生的变化(变得更好或更差),产出指标只能反映出参与人数和组织的活动类型数量等情况。

在老年人服务部门工作的人员面临的其他问题,包括管理工作和其他必要开支的资金成本、合同费用有限对员工数量造成的影响,以及延后支付造成的困难。正如几个组织指出的那样,"不再有可能完全回收成本"(Interview 2015),这意味着,根据合同规定,管理成本和其他费用不能完全地收回,而必须从其他地方想办法。通常情况下,申请方在投标时上交成本一定比例资金。过去这一比例一般在18%～20%之间,现在已下降到10%～12%左右。每一次的投标必须面临一次"决定",总有组织在合同中实际赔钱。很明显,一些服务性价比不高,在现有合同资金标准下,执行起来有困难。有时,组织会把某份合同作视为"赔本赚名声",因为它提供与大量弱势老年人(或其他群体)打交道的机会,社会组织视其为自身职责。实际上,该合同所要求的服务没有为其他合同服务和有拨款资助的服务提供基础,无法弥补赤字。

然而,组织有时拒绝参与其他一些要求组织参与的合同投标,因为资助金额有限,而要有的服务过多。要求这些组织投标的地方政府大为震惊。该合同被授予另一家组织,随后发现履行合同义务有困难,因为实施合同至少需要一名专职员工,才能提供合同所要求的合适服务,但实际合同资金几乎不足以支付一个兼职工作人员的费用。

除了成本、员工数量和合同终止日期之外,另外一个问题是员工知道合同会到期。若续签合同似乎机会渺茫,面临不确定性,或另外的工作机会出现,员工就会选择离职。当合同期只有短短数月时间,聘用替代工作人员几乎不可能,这就意味着除非组织可以从其他项目抽调工作人员或志愿者,否则一些服务将无法得到保障。

社会组织产生了服务能力问题,原因之一是很少有回旋余地。但据受访者称,为提供服务(特别是资助有限),有必要从下自上建设能力,即意味着必要时需使用志愿者"回填",同时也不得不使用大部分社会组织均避免的"临时工合同"。临时工合同没有最低周、月、小时工作量限制,但签约人员需随时准备工作,或失去工作——因为按时付酬,所以工作量有限时,待遇极差。社会组织需建立"员工库",在必要时可随时召唤,按惯例至少支付最低生活标准(而不是最低)工资①。它们理解"员工库"中的员工同时可能有多项"机动"工作以维持生存,并接受员工可能因其他事务缠身而无法接受召唤的事实。正因为如此,有必要需要建立一个有经验、有能力的员工库,在一些临时或永久的全职和兼职合同中招聘用工作人员有时会受到财务限制。

---

① 新保守党政府(2015年7月)最新的立法修订中用成年人"最低生活工资标准"这一新概念代替"最低工资标准"并提高该标准门槛,这使得这两个概念之间的差别更加复杂。"最低工资标准"是英国工党在1997年竞选成功后所提出的:其中规定了每个雇员的最低小时薪资,但是这一标准门槛对于25岁以下的年轻人(包括年轻学徒)要低一些。政府有定期提高该标准,但是还是有很多批评的声音认为该标准太低。"最低生活工资标准"这一概念是21世纪初的一些研究成果所提出的,根据基本生活需求成本计算得出,其中包括衣食住行和所需燃料的成本。当然这一"最低生活工资标准"在全国范围内有所不同,主要因为住房(租金)和交通距离及成本不同,因此伦敦和布赖顿市的"最低生活工资标准"就比一些发展较落后的北方城市如赫尔市的标准要高。"最低生活工资标准"最近被正式写入法律,针对25岁及以上的成年人不再使用"最低工资标准"概念,这一法定标准费率为每小时7.2英镑,比之前的"最低工资标准"费率稍高。但是像在布赖顿-霍夫这样的城市,之前的"最低工资标准"其实就已经按照"最低生活工资标准"计算最低小时工资费率为每小时7.8英镑,当地政府已经要求雇主支付这一最低小时费率,已经比现在法定的"最低生活工资标准"要高。这个新的概念术语在向人们解释清楚并被人们接受之前可能会造成一些困惑和混淆。本报告中仍然使用"最低工资标准"的概念,因为其中的采访和研究都是针对新立法出台之前的时期。但是新的法定"最低生活工资标准"已经对养老服务造成一些影响,因为私营安老院舍服务机构已经提出如果不提高收费标准,他们很难支付这么高的小时费率(Guardian 2015)。

一些合同规定提前支付，比如按每季度事先提交的发票支付。组织与地方政府签订框架合同则意味着，只在需要现货时购买它的服务。支付每月延后完成，这意味着组织需预先自己偿付服务费用，并随后开具发票，提供具体工作证据。这些安排对可以参与合同投标的组织规模或业务范围产生影响，对老年人服务领域社会组织采购过程也有一定影响。

（六）采购影响

采购某些方面对社会组织的影响在上文已有所描述，对成本回收、留住员工和部分组织依赖志愿者和"人才库"等问题尤其有影响。这些因素对不同规模、人员构成和财务能力的社会组织可以参与投标或申请的合同大小和类型产生影响。

（七）采购对社会组织内部组织结构与流程及发展的影响

除了上文提到的成本核算过程，另外一个产生的问题是合同没有规定员工培训。据说，这迫使社会组织通过信托基金资助来筹集员工培训费用。因为有些工作需要经验丰富或具有资质的人员来从事，所以这与工作质量问题相关。要不然，培训费用就被分摊到工作人员身上，由他们自费接受培训，但凡因成本有限而只支付最低或生活工资的情况下，工作人员无法自费承担培训成本。根据资金来源和合同类型，社会组织正不断扩大联系网络，扩展合作伙伴关系，共享一些领域的人员培训。员工培训非常重要，在信息和咨询领域尤其如此，该领域中及时了解最新法律和政策非常必要。

采购过程和财务事宜预计对社会组织的业务范围产生会有一定影响。一些小型组织以志愿者为主，可能不想参与合同竞标，反正也不具备竞标资质，但仍然会以现有有限的资金提供服务，在相关工作主要依赖志愿者情况下尤其如此。其他一些一直依赖拨款的小型组织，在无法获得资助情况下，可能无法胜任或达到标准从大的信托基金申请资助，因而可能无法存活。例如，一些只有一两名员工，业务范围狭窄的组织更容易受波及。在他们无法管理框架合同，没有志愿者或资金"回填"（backfill）时风险更加明显。有人建议，组织合并，因为组织只有具备一定规模才有竞争力。同时，定制方希望与较少的组织打交道，为此他们通过与牵头的协调机构建立合作伙伴关系。地方政府和定制方对可以减少合同数量的合作伙伴关系感兴趣，因为这样可以节省签订合同和与不同组织打交道的时间和成本。这一过程将成本转嫁给志愿组织，使得这些组织必须管理合作伙伴关系，共同协作。如果费用和时间等资源由志愿组织负担而资金不足，合作未必对服务用户有利。

有些组织通过走社会企业类型途径，不把自己限制于业务范围，而是扩展至邻近领域，从而在面对生存和发展时可以左右逢源。例如，一家用户主导的残疾组织扩展到基于个人预算的老年人关怀和活动支持领域；或一条女同性恋、男同性恋、双性恋、变性人咨询热线在现有与特定群体联系和打交道基础上，经营老年人支持业务。

（八）该领域的新问题

该领域主要的新问题为社会组织怎样供应服务，他们供应服务如何存续。一方面，按固定条款进行定制和采购被视为限制社会组织响应的灵活性,和其独立提出老年人境遇方面问题的能力。另一方面,因为老年人领域(成年人护理领域)已经有大量的私营供应商,所以一些组织认为,有必要与它们紧密协作,而另一些组织担心因此造成志愿者流失、丧失独立性、影响逐渐变小、与社区的联系变质和滥用社会组织供应服务。再者,它们还担心竞争的本质已经改变,并将继续改变社会组织宗旨,组织逐渐缺乏透明度(因"商业机密"而不公布会议讨论记录),卷入"投标争夺战",不得不使用"临时工合同"。另外,社会组织可能不如以往关心老年人问题,而要操心资金问题。由于拨款撤销和失去资金来源,社会组织可能关门大吉,从而损害整个第三部门。

定制和采购被认为与向基金机构申请资金有所不同,对社会组织的一些基本使命构成挑战,这些原则包括响应社会变化和新途径,与不同群体合作抗击社会孤立。当出资机构合同临近结束,双方均可能审查。有时工作性质发生变化时,社会组织寻求不同的资助渠道,但若是定制服务,它们只能通过在招标说明书递交开始前与地方政府协商来影响上述服务的成型,选择有限。一些人担忧,因为缺少资金,如果组织像私营机构一样有效经营,它们将失去作为用户主导组织的好处和价值,失去与当地社区和志愿者群体互动的好处和价值。例如,在成本有限,没有相应资助的活动中,需要额外人力和资源组织志愿者。不过,据说布赖顿-霍夫市定制人开明,如果原来的方法不切实可行,将做出一些调整。

关心使用志愿者,及社会组织多大程度上对志愿者具有吸引力对服务质量至关重要。一家社会组织指出,没有志愿者,它们将无法生存,除了一些正式员工外,还有70至80名志愿者参与它们的工作。在信息和咨询工作领域,往往需要大量的志愿者,据说个案工作越来越复杂,原因之一是缺乏时间和资源,政府服务减少,相应工作转移到社会组织身上。然而,使用志愿者提供信息和咨询服务(或任何服务)同时也需要志愿者负责人和正式员工充当顾问,提供指导和监督,若所提供服务达到质量高,精准地满足目标要求,则会对服务用户生活产生积极影响。

(九)对用户的影响

服务定制和采购对用户的影响某种程度上取决于他们使用何种服务及他们自身的情况。对许多老年人而言,安老院舍服务是护理,他们在一家养老院居住时间平均为18个月(Interview 2015),因此他们可能注意不到变化。然而,这一平均数字意味着一些老年人会在这些安老院舍生活更长时间,而且招标专员注意到,一家养老院关闭时,必须为养老院的所有居民别寻他处。政府运营的庇护所居民生活时间长得多,对这些老年人和那些生活在自己家里的老年人而言,解决老年孤独问题的全市互联(City Wide Connect)项目,这样一些项目影响巨大(个人通信、项目工作者采访),但在某种程度上依赖外部资助及使用志愿者。这些服务不稳定,难以确保一致性,例如志愿者在其他地方找到了正式带薪的工作。

定制和采购对先前依靠拨款获得资金的护理人员服务有影响。这种变化在于,过去,当用户前来参与个人或群体支持活动,或寻求信息与咨询服务时,可用的时间相对开放。现在,因为采用定量监督,可用的时间非常有限。例如,合同同一时间需要的护理人员比以往更多。这对一些需要更多时间讨论需求与问题的用户来说,是一个变化,而社会组织仍得到指示,保持原有分配时段规定:实际上,工作会有一定的灵活性,在一些工作强度大的情况下尤为如此,因此占用了工作人员私人时间。

用户主导的社会组织在承包公共部门定制或采购的服务之后亦注意到了一些变化。组织主管人员需要对用户或成员坦诚、开放和透明,特别是当组织正处于成长阶段,需要保持增长势头时,这一点尤其重要。即使社会组织以用户为主导,当资金的获得与定制的服务和地方政府相关时,产生的问题则是社会组织是否独立,从而对用户也造成影响。与当地政府官员打交道,而非从外部推广工作被认为是一种优势,但这一过程需要与用户进行讨论,达成共识。

七、小 结

近年来,和一些私营、营利性部门相比,社会组织在老年人社会关怀领域并不活跃,相对于历史上民间组织在儿童福利领域的活动尤其如此。自 20 世纪中期以来,在 19 世纪从国家手中接管赤贫老年人(和其他年龄)关怀重任之后,地方政府在老年人安老院舍服务方面发挥了特殊作用。大型的全国性和小型的家庭经营私营公司在安老院舍服务和居家照顾(主要提供上门护理、按时付酬服务)中扮演了日益重要的作用,20 世纪 80 年代以来尤为如此。由于人的平均寿命延长、出生率低,导致人口结构变化,老年人口比例增长让老年人政策引人关注。

进入 21 世纪,强调让老年人留在自己家中享受服务支持的主张催生了"个性化"政策以让他们自主控制个人预算,即老年人可以自己选择和雇佣私人助理。这一变化所带来的复杂性问题,尤其老年人不习惯自己作为雇主,为社会组织提供实际支持和服务创造了新的角色,以确保老年人适应"个性化"服务及其内涵。老年人需要建议和信息,面临选择合适住房和收入时尤为如此,这是因为这些选项越来越复杂,同时,国有企业和私营公司越来越多地使用技术,要求他们会用电脑、网络和移动电话。同时,老年人来说,孤独和孤立的问题十分严峻(甚至对那些有子女的老年人也是如此,因为工作可能妨碍家人间充分而有意义的交流)。此外,因为社会组织拥有社区基础、地方人脉、工作经验、了解地方情况等优势,所以他们接受委托,致力于解决这些问题。另外,社会组织还会申请其他拨款以强化工作,增加承包的服务价值。它们广泛使用志愿者,不仅强化了它们在地方社区的根基,增加了对地方社区的了解,而且增加了他们的贡献的社会价值。

然而,由于国家政府出台紧缩政策,削减地方政府预算,地方政府必然把重点放在法定义务,用于支持公民社会的资金就会减少,而且一部分服务将通过收费形式从老年人个人预算中支出。最后,私营安老院舍员工工资水平将成问题,这是因为,当今很多员工只领取最低标准工资的工资,低于当地的生活工资标准。为因老、弱、病、痴呆症或其他情况需要社会关怀的老年人提供服务的费用,以及如何为老年人提供关怀服务,仍然是一个重要而悬而未决的问题。2015 年 8 月 20 日,临近本研究结束之时,私营养老院通过媒体抱怨它们负担不起政府法规规定的法定生活工资,它们警告说今后可能无法接受政府资助老年人,养老院也无法服务更穷、上了年纪的老年人(例见 Guardian 2015)。社会组织今后可能会发挥更大作用,涉及老年人服务,以用户为主导的社会组织,以及那些可以在承接定制或采购服务之外通过基金筹集资金社会组织尤其可能发挥更大作用,更大作用体现在服务提供和公众讨论方面,这是因为它们有社区基础、有老年人参与、有社会价值贡献,也因规模效应、因费用和工资降低无法保证所需服务质量。

研究表明,老年人服务定制和采购过程中的经验给我们提供了一些重要教训,这些与中国相关,已经在本报告第七章说明。这些教训包括战略愿景、了解当地需求和开发防止问题恶化的服务,以及促进社区老年人生活自主和独立。

本章参考文献

AAA(Age Action Alliance)2015."About us" and other parts of website:http://ageactionalliance. org/about-us/ accessed August 2015.

AFTAID(Aid for the Aged in Distress)2015."About us" and other parts of the website:http://www. agedistress. org. uk/about/aftaidhistory. html accessed August 2015.

Age UK 2014. *A Love Later Life*:*Report of Trustees and Annual Accounts* 2013-14, London:Age UK.

AI(Age International)no date(2014?),*Facing the Facts*:*The Truth About Ageing and Development*, London:Age International.

BH 2015. Access point:website:http://www. brighton-hove. gov. uk/content/a-z/a-z-pages/access-point-adult-social-care-services accessed August 2015.

BH FOI(Brighton and Hove City Council Freedom of Information Request)2013."Commissioning Servcies for Adult Social Care". Request made 30th January 2013, https://www. whatdotheyknow. com/request/commissioning_for_adults_and_chi_12? #incoming-355379 accessed June 2015.

BH NHS(Brighton and Hove City Council and NHS)2012. *Commissioning Prospectus May* 2012:*Funding Opportunities to Support Local Communities in Brighton and Hove*, Brighton and Hove:Brighton and Hove City Council.

BHCC(Brighton and Hove City Council)2014. *Adult Social Care Market Position Statement*, Brighton and Hove:Brighton and Hove City Council.

BHCC(Brighton and Hove City Council)2015. *The Way Ahead*:*Corporate Plan 2015-2019*, Brighton and Hove:Brighton and Hove City Council.

BHCC ASCHC(Brighton and Hove City Council:Adult Social Care and Health Committee)2014."Commissioning Grants Prospectus,*Agenda Item* 53, *Adult Social Care and Health Committee Meeting* 20*th January* 2014", Brighton and Hove:Brighton and Hove City Council.

Bolton, M., 2012. *Loneliness*:*The State We're in-a Report of Evidence Compiled for the Campaign to End Loneliness*, Oxford:AgeUK Oxfordshire.

Bowley, A. L. and Burnett-Hurst, A. R., 1915. *Livelihood and Poverty*:*A Study in the Economic Conditions of Working-class Households in Northampton*, *Warrington*, *Stanley and Reading*, London:George Bell.

CE(Contact the Elderly)2014. *Annual Report and Accounts* 2013-14, London:Contact the Elderly.

CE(Contact the Elderly)2015."About us" and other parts of website:http://www. contact-the-elderly. org. uk/, accessed August 2015.

CEL(Campaign to End Loneliness)2015a. Research references and links on website:http://www. campaigntoendloneliness. org/loneliness-research/, accessed August 2015.

CEL(Campaign to End Loneliness)2015b. Guidance for local goverment on website:http://campaigntoendloneliness. org/guidance/, accessed August 2015.

Digby, A., 1989. *British Welfare Policy: Workhouse to Workfare*, London: Faber and Faber.

DoH (Department of Health) 2010. *A Vision for Adult Social Care: Capable Communities and Active Citizens*, London: Department of Health.

Dorling, D., 2011. *Injustice: Why Social Inequality Persists*, London: Policy Press.

EAC (Elderly Accommodation Council) 2015."About us" and other parts of the website: http://www.eac.org.uk/ accessed August 2015.

Guardian (no author given) 2015."National Living Wage Threatens UK Care Sector", *The Guardian* newspaper, 20th August. http://www.theguardian.com/society/2015/aug/20/national-living-wage-threat-uk-care-homes-osborne, Accessed 20th August and 22nd August 2015.

Hoban, M., James, V., Beresford, P. and Fleming, J., 2013. *Involving Older Age: The Route to Twenty-first Century Well-being: Shaping Our Future-Summary Report*, Cardiff: Royal Voluntary Service, Big Lottery, Brunel University, De Montfort University.

Horn, P., 1976. *Labouring Life in the Victorian Countryside*, Dublin: Gill and Macmillan.

Howkins, A., 1985. *Poor Labouring Men: Rural Radicalism in Norfolk 1870-1923*, London: Routledge and Kegan Paul.

IA (Independent Age) 2015."About us" in website: http://www.independentage.org/, accessed August 2015.

Koven, S., 2004. *Slumming: Sexual and Social Politics in Victorian*, London Princeton: Princeton University Press.

MHF (Mental Health Foundation) 2015."Mental Health Statistics: Older People", from website: http://www.mentalhealth.org.uk/help-information/mental-health-statistics/older-people/, accessed August 2015.

NBFA (National Benevolent Fund for the Aged (NBFA) Assisting the Elderly) 2015."About us" and "who we help" on website: http://www.nbfa.org.uk/, accessed August 2015.

NCVO (National Council for Voluntary Organisations) 2014a. *UK Civil Society Almanac 2014: Which are the Largest Voluntary Sector Organisations in the UK*, online edition. http://data.ncvo.org.uk/a/almanac14/which-are-the-largest-voluntary-organisations-in-the-uk-3/, accessed 17th August 2015.

Piketty, T., 2014. *Capital in the Twenty-First Century*, Cambridge, Mass.: Harvard University.

Pooley, C. and Turnbull, J., 1998. *Migration and Mobility in Britain Since the 18th Century*, London: UCL Press.

Ray, M. and Phillips, J., 2012. *Social Work with Older People*, Basingstoke: Palgrave Macmillan.

RVS (Royal Voluntary Service) 2015. Website www.royalvoluntaryservice.org.uk, accessed August 2015.

RVS (Royal Voluntary Service 2015b. Website http://www.royalvoluntaryservice.org.uk/service/1480-coastal-west-sussex, accessed 20th August 2015.

SfC 2015. Skills for Care and Development-website, accessed 11 June, http://www.skillsforcareanddevelopment.org.uk/Aboutus/SfCandD_workforce.aspx.

WHO (World Health Organisation) 2015. Definition of an older or elderly person Website, accessed 11 June 2015, http://www.who.int/healthinfo/survey/ageingdefnolder/en/.

Wilkinson, R. and Pickett, K., 2009. *The Spirit Level: Why Equality is Better for Everyone*, London: Allen Lane.

Windle, K., Francis, J. and Coomber, C., 2011/14. *SCIE Research Briefing 39: Preventing Loneliness and Social Isolation: Interventions and Outcomes* (written 2011, reviewed 2014), SCIE(Social Care Institute for Excellence) 2011/2014, http://www.scie.org.uk/publications/briefings/briefing39/accessed August 2015.

第三章 残疾人社会关怀服务定制与采购

一、目的与目标

本报告旨在提供英国(主要是英格兰)政府在残疾人服务领域向社会组织定制与采购公共服务的过程和实践经验证据,这些残疾人包括有身体、学习障碍和有心理健康需求的人。考虑在行业领域中的代表性和规模大小问题,本研究选取两家组织作为研究对象:心理健康协会(Mind),该协会是一家全国性慈善机构,拥有在地方提供服务的分支机构,支持和倡导关怀有心理健康的问题人士;皇家智障服务协会(Royal Mencap Society,Mencap),该协会为有学习障碍的人提供服务、咨询和宣传活动。

本报告具体目标为:

(一)

1. 介绍英国残疾人服务领域背景,考察社会群体需求、供应服务类型和服务供应商。
2. 概述规定残疾人权利及指导该领域服务定制流程和实践的主要立法和政策。

(二)介绍向社会组织采购残疾人服务的流程,从社会组织角度强调采购过程中的法规障碍,从采购条款和流程角度分析社会组织和受益者一些新的担忧:

1. 描述从社会组织采购残疾人服务过程的财务安排,包括所涉及的主要机构、具体财务管理流程、相关流程的透明度、监督程序,并站在社会组织角度看上述流程所带来的复杂性问题;
2. 从社会组织的角度分析残疾人服务采购流程、采购服务类型、确保采购过程透明和可靠的机制,以及采购流程的局限性;
3. 分析残疾人服务采购背后的基本原理和原则,以及所采用的途径及其基本原理;
4. 描述采购服务的监督与评价方法;
5. 从社会组织角度分析服务采购过程中的局限性和挑战;
6. 考察采购过程对社会组织内部结构和工作流程的影响,考察采购过程对志愿组织发展的影响,考察社会组织新问题,考察服务采购流程对服务用户的影响。

二、方 法

该研究批判性综述相关二手、灰色和网络文献,考察相关法规和政策。研究对象为两家残疾人服务志愿组织。

选择上述两个案例是因为它们在该领域具有代表性,规模大小不同,同意接受研究者访谈。研究采用半结构化访谈,与受调查机构关键知情人进行面谈,并详细阅读了机构年度报告和研究论文等内部材料。本研究选择的研究案例包括:(1)心理健康协会,该机构是一家全国性心理健康慈善机构;(2)其两家地方分支机构;(3)皇家智障服务协会,1969年其更改为现名"智障服务协会"(Mencap),以下使用该简称。该机构为英国领先的服务有学习障碍的人士的慈善组织。因此,该研究基于两家全国性志愿组织和两家地方志愿组织,一共采用四个案例。

心理健康协会为一家慈善机构联合会,支持并服务有心理健康需求的人士。其历史可以追溯至1946年,当时英国三大心理健康组织①合并成为全国心理健康协会,该协会1972年更名为"心理健康协会"。目前,心理健康协会管理全国性的联合会,拥有地方分支机构,地方分支机构为独立的慈善机构,这些机构支持、服务和宣传地方有心理健康问题的人士。当前,总共有140多家地方性心理健康协会服务英格兰和威尔士地区40多万人。心理健康协会提供服务包括心理辅导、救助中心、危机求助和交友、寄宿照顾、就业和培训计划。由于案例信息可获悉,本研究采用全国性的心理健康协会和在伦敦的两家地方分支机构的案例,即哈默史密斯和富勒姆(Hammersmith and Fulham)的心理健康协会与克罗伊登心理健康协会(Mind in Croydon)。

智障服务协会是英国一家领先的慈善机构,它致力于服务有学习障碍的人士及其家人和护理人员。它成立于1946年,时称"全国落后儿童家长协会"(The National Association of Parents of Backward Children)。1955年,协会更名为"全国智障儿童协会"(The National Society for Mentally Handicapped Children),1969年又更名为现名"智障服务协会"。智障服务协会即为"皇家智障服务协会"(the Royal Mencap Society),为一家注册担保有限公司,及受慈善委员会(Charity Commission)和苏格兰慈善厅(the Office of the Scottish Charity Regulator)主管的注册慈善机构。协会由500家各地独立的慈善组织和各自拥有的会员网络组成。智障服务协会服务有学习障碍的人士,服务内容包括教育、就业、住房、咨询、社区养老和休闲活动,并支持有学习障碍人士的家人、护理人员和社区。协会在黄金巷住宅项目(Golden Lane Housing project)中为有学习障碍人群提供住房。同时,协会代表有学习障碍的人士向呼吁政府调整相关法规和政策。

本研究引用上述案例和其他在文献中或主要访谈中讨论过的实例,包括有一些能突出特殊限制和挑战的最佳实例。正如第一章所指出,本报告涉及的研究开展时正逢国家和地方各级政府换届。虽然现在评估国家和地方政府外包残疾人服务给志愿组织的方式还为时尚早,但是该问题已引起志愿者组织广泛关注。在紧缩和地方政府预算削减的大背景下,定制和采购服务报价面临压力,致使经济目标担忧压倒一切社会目标。在分析英国的服务采购过程时将财政紧缩背景考虑在内非常关键,因为这一背景严重影响了小型志愿组织发展的可持续性,一些志愿组织不得不重新思考和改变它们竞标地方政府服务

---

① 这三个机构分别是全国心理福利协会(Mental Welfare,1913年成立)、全国心理健康委员会(the National Council for Mental Hygiene,1922年成立)和儿童引导委员会(the Child Guidance Council,1927年成立)。

采购合同的思路,并寻求其他资金来源,如进行商业和贸易活动。

三、英国残疾人服务领域背景

过去二十年间,英国(主要指英格兰)残疾人服务定制和采购政策发生了显著变化。这些变化源于人们态度和方法的转变,本质上是对残疾问题社会模式的认可。这一社会模式从对残疾的医学定义转而考察残疾人通过社会组织成为弱势群体,被边缘化的原因,以及这种社会环境形成和发展的方式(早期残疾社会理论请参见 Oliver 1990)。这一转变被认为"不再视残疾人为社会福利的被动接受者,而将他们视为有权力、有能力掌控自身护理的人。同时,也确认存在残疾人歧视,并多次尝试让该歧视行为非法"(Sapey 2010a:1)。

这些政策变化和相应立法既影响政府和社会组织服务筹资方式,又影响其交付方式。具体来说,这一转变意味着不再有专门面向残疾人的服务,但儿童服务包含了残疾儿童服务,而成年人服务包含了残疾成年人服务,成年人服务又包括老年人服务,老年人服务也同样包含老年残疾人服务。因此,服务应具有包容性,而非排他性。然而,一些残疾人福利资金(作为收入补贴)单列于国民政府"社会保障"部分,也不包含于社会关怀部分,但因筹资和残疾评估而产生关联。

(一) 定 义

残疾社会模式的一个关键部分是区分残疾和障碍。这一分类方法基于残疾人经验而开发,是"开发与残疾人自身需求相配套的服务"运动的一部分(Oliver 1990:1),这一分类方法提供如下关键定义:"障碍:四肢不健全,或四肢、生理有缺陷或身体机能有问题;残疾:因当代社会组织不考虑有生理缺陷人群而导致他们处于劣势地位或有活动限制,迫使他们被排除在主流社会活动之外"(引自 Oliver 1990:11 the Union of Physically Impaired against Segregation)。虽然这一定义侧重身体残疾,残疾人服务还包括对那些"心智发育不全者"的服务,这些人在英国常被称为有"学习障碍"的人。区分残疾和障碍对政策制定有启发意义,并在最近的重要立法《2010 年平等法案》(Equality Act 2010)中加以利用,其中包括残疾。不过,在过去的立法中,如在《1995 年残疾歧视法案》(Disability Discrimination Act 1995)中,残疾的法律定义主要涉及医学和个体模型,该模型认为残疾是指缺乏机能或机能受损。然而,因为残疾人社会组织(亦被称为残疾人组织或残疾人用户主导组织)为残疾人奔走呼告,所以当前的立法工作中考虑了残疾的社会模式,这一社会模式重新定义了残疾,使残疾这个定义涵盖了以下情况的影响:社会和自然环境导致残疾人士更加处于不利地位,或导致他们的缺陷症状更加严重(Woodhams and Corby 2003)。

根据《2010 年平等法案》,残疾指因"生理或心理缺陷对其日常活动产生'显著'和'长期'负面影响"(Equality Act, 2010, Chapter 1.6)的状态。残疾可指生理、认知、心理、感觉、情绪或发育缺陷或兼有上述某几个方面。英国政府《2010 年平等法案》中承认残疾人权力。《法案指南》(Guidance to the Act)中指出,"这意味着,一般情况下,一个人必定存在生理或心理缺陷(见 A3—A8 条款);缺陷本身必定产生显著负面作用(见 B 部分);显著负面作用必定长期持续(见 C 部分);长期负面作用不一定影响日常活动(见 D

节)。""判断一个人是否残疾时必须综合考虑以上所有因素"(GODI,2011:8)。

《法案指南》规定残障信息,其中包括"心理缺陷"。"残疾可能由很多缺陷造成:感官缺陷,如视力或听力缺陷;波动或复发性缺陷如风湿性关节炎、肌痛性脑炎(ME)、慢性疲劳综合征(CFS)、纤维肌痛、抑郁症和癫痫;运动神经元疾病等进行性疾病、肌肉萎缩症和各种痴呆症、自体免疫疾病如系统性红斑狼疮(SLE);器官特异性疾病包括呼吸病症如哮喘、心血管疾病如血栓、中风和心脏疾病;发育问题如自闭症频谱紊乱(ASD)、阅读障碍和运动障碍、学习障碍;心理健康状况症状如焦虑、情绪低落、恐慌、恐惧症或者妄想症;进食障碍;双相情感障碍;强迫症;人格障碍;创伤后应激障碍和一些自我伤害行为;心理疾病如抑郁症和精神分裂症;身体包括大脑损伤所致的疾病"(GODI,2011,第 A5)。

除了 2010 年《平等法案》外,2012 年《健康与社会保障法案》(the Health and Social Care Act 2012)规定国民医疗保健服务体系医疗保健服务定制集团负责的卫生与社会关怀服务的定制和采购过程。2014 年《社会关怀法案》进一步规定社会关怀服务定制过程(见第一章)。下文在对英国残疾人口背景概述之后,将讨论前两部法律和相关残疾人服务规定。

(二)英国残疾人概况

据估计,2014 年英国的残疾人口超过 1100 万,这即意味在英国 1/5(19%)的人口有残疾(ODI,2014)。最常见残疾症状为影响人行动能力(6.5%)和搬运和提举(6.3%)。残疾人中约 2.5%有记忆、注意力和学习障碍。心理健康问题如长期影响(超过 12 个月)一个人日常活动时即视为残疾。残疾问题随年龄增长而增加:6%残疾人口为儿童(0—16 周岁),16%处于工作年龄阶段成年人;45%为国家养老金年龄阶段成年人①。这表明残疾与年龄相互关联,在分析老年人和残疾人公共服务问题时应加以重视——因此,一些组织瞄准小众人群如残疾儿童或残疾老年人口(见第二章老年人服务和第四章儿童服务)。

残疾人的需求十分多样化,这取决于残疾类型和其对一个人日常生活的影响程度。政府为残疾人提供的卫生和社会关怀服务包括基本生活补助(残疾人生活津贴)、住房、教育、就业(就业项目、培训等)、交通、设备和护理人员支持。保健为残疾人士最基本的需求,但有迹象表明,为残疾人就业提供基本的经济和社会支持,也在最重要的需求之列。研究表明,支持残疾人独立生活,即住房、交通和就业支持是其主要社会需求。有证据表明即使残疾人可以,并希望工作,其就业机会仍相对较小。2012 年工作年龄段残疾人就业率为 46.3%,而身体健全工作年龄段人口就业率为 76.4%,二者之间就业率相差 30.1%(Labour Force Survey,2012)。2013 年,44.3%工作年龄段残疾人口没有工作,这个数字比没有残疾人口高出四倍(11.5%)(Papworth Trust,2014)。此外,残疾人平均每月残疾相关开支达 550 英镑,而政府提供给残疾人生活津贴只有每月 360 英镑(Scope,2014)。这一证据表明,残疾问题带给个人来大量额外的经济负担,有可能影响其生活水平,英国面临削减社会服务和福利制度改革大背景下尤其如此。这些数据表明,因残疾问题所致

---

① 适龄成年人指 16 至 65 岁的男性和 16 至 65 岁的女性。退休年龄的规定一直在变化,但这些数据反映了 2010 年 4 月 6 日改革措施生效前的标准:男性退休年龄为 65 岁,女性退休年龄 60 岁。然而,最新的养老金体系改革规定,2010 年 4 月 6 日之后,女性退休年龄将不断提高,至男女退休年龄均为 65 岁。

的缺乏就业和额外经济负担,是导致残疾人和他们家庭处在低收入阶层、经济收入水平低于身体健康人口的主要原因之一。

国家和地方各级政府为残疾人提供卫生和社会服务。国家政府主要职能部门为就业和退休保障部残疾人问题办公室(the Office for Disability Issues (ODI) of the Department of Work and Pensions, ODI)。残疾人问题办公室主要负责制定政策,解决残疾人与非残疾人之间的不平等问题,监督残疾人相关政策执行,在加强残疾人用户主导的组织建设。关于最后一项任务,它与由残疾人管理的组织和服务残疾人的组织(残疾人组织或残疾人主导的组织)合作,以加强社区残疾人社会关怀服务。残疾人服务由卫生部和国民医疗保健服务体系提供,受地方政府管理的各种社会关怀资金资助。英国有大量服务供应机构,它们来自公共、私营和志愿部门。志愿部门组织为数众多,包括智障服务协会、斯科普协会(Scope)、残疾人信托基金(The Disabilities Trust)、联合响应协会(United Response)、全国孤独症协会(National Autistic Society)、英国聋人协会(British Deaf Association)、盲人关怀协会(Blindcare)、英国残疾人维权协会(Disability Rights UK)、英国护理者协会(Carers UK)、心理健康基金会(Mental Health Foundation)、心理健康协会和反思协会(Rethink)等诸多组织。

四、残疾人和残疾人社会关怀立法

过去和现在的儿童和成年人法规和服务也涵盖了残疾人生活。不过,正如上文所述,2010年《平等法案》颁布之后,残疾问题从传统的、医学定义转变为社会模式,才被确认为残疾人服务基础。传统观点认为,残疾为个人麻烦和疾病,而社会建设视角却强调"残疾问题多大程度上妨碍一个人的社会能力,很大程度上取决于残疾人所处的社会文化范围"(Kowalsky 2005)——换句话说,社会和自然环境可能对残障人士带来机会或限制(例如一座大楼中的台阶会妨碍一些身体残疾人士获得服务,或有的地方存在歧视,拒绝提供服务)(见GODI 2011)。

残疾研究已经成为一个不断发展的多学科领域,然而残疾问题研究历来未引起足够重视,直到近来才有所改变,人们开始从残疾、贫穷和性别角度审视19世纪(或更早)《济贫法》和配套机构如济贫院(给赤贫人提供的义务性安老院舍服务,见第二章和第四章)(Kowalsky 2005)。关键的分析性分类区分机构和社区关怀,二者之间的区别代表19世纪以来的残疾人社会支持和关怀的两条主要方式,这一区分在某种程度上与一些历史时期相吻合(Borsay 2004)。20世纪中期以来,已不再使用济贫院、医院、精神病院和专门特殊学校等机构为残疾儿童和成年人提供日常或生活安置。一些单独招募残疾人的制造工厂一直维持运营,直到21世纪才被政府关闭。20世纪中期以来,随着社会组织数量增加,影响扩大,社区关怀形式增加,尤其是在1970年《慢性病患者和残疾人法案》(Chronically Sick and Disabled Act 1970)及1990年《国民医疗保健服务体系和社区医疗法案》出台之后,以上机构才完全废止。

20世纪中期以来,尤其伴随二战后新福利兴起和教育立法,家长团体和一些自助或用户主导群体创立大量关注残疾问题(特别是儿童残疾)社会组织,这反映出越来越多人关注支持社区残疾人口。其中一些组织在制定政策和立法中一直扮演了至关重要的角色。

虽然一些主要的残疾人社会组织,如英国皇家盲人协会(the Royal National Institute for the Blind (RNIB))和英国皇家聋人协会(the Royal National Institute for Deaf People)(现更名为听力损失行动协会"Action on Hearing Loss")创立于一个世纪前(分别创立于1868年和1911年),但许多大型组织创立于20世纪中期。例如,1938年,两个患有小儿麻痹症的人成立了"英国脊髓灰质炎奖学金"(British Polio Fellowship),多个组织由特别关心他们孩子教育和护理的父母成立于20世纪40年代和50年代。其中包括全国聋儿童学会(the National Deaf Children's Society)(成立于1944年)、智障服务协会(面向学习障碍儿童,成立于1946年)、斯科普协会(Scope)(面向脑瘫儿童,成立于1953年)。之后,由于利奥·卡纳(Leo Kanner)和汉斯·阿斯伯格(Hans Asperger)分别于1943年和1944年新发现自闭症和阿斯伯格综合征,全国自闭症协会(National Autistic Society)于1962年成立。唐氏综合征协会(Downs Syndrome Association)由家长群体在1970年成立。全国心理健康协会,如今称为心理健康协会,由三家其他志愿组织在1946年合并而成。社会组织一直积极致力于地方残疾人服务和国家层面宣传。它们根据工作经验向政府提供建议并评论提议的政策和立法变化。同时,尤其是过去二十年间,残疾人组织数量显著增多,活跃度显著增强,这些组织也试图从服务用户的角度和经验,以及从生活在特定的、可能从妨碍残疾人生活的社会和自然环境中的人的身份角度和经验,以各种方式来影响政策方向和服务供应。

21世纪残疾儿童和成人政策和服务重点是实现独立,因此提供支持、护理者和社会关怀安排一样有必要。对于残疾儿童来说,这包括关注其向成年人过渡时期,孩子自己负责决定购买所需的关怀和支持服务。同时,这还涉及面向儿童、青少年、其家人和成年人服务,在服务定制时,社会组织提倡将残疾人观点考虑在内(例如 PPA 2015)。

有相关规定的立法主要见于2010年《平等法案》和关键的儿童和成年人保护及儿童和成年人社会关怀服务法规,尤其是自1989年以来制定的相关法规。这些法律法规包括专门服务儿童和他们家人的1989年《儿童法案》(The Children Act 1989)、2003年政策文件"《每个孩子都重要》"(Every Child Matters)、2004年《儿童法案》(Children Act 2004),特别是2014年《儿童及其家庭法案》,包含残疾儿童和青少年法规的变动内容。对于成年人和老年人,关于他们的法规同时也影响关怀流程和儿童和青少年护理人员,有关立法包括1990年《国民医疗保健服务社区关怀法案》(NHS Community Care Act 1990)、2012年《卫生与社会关怀法案》(The Health and Social Care Act 2012)和2014年《关怀法案》(The Care Act 2014)。上述法案中的一般条款与残疾儿童和残疾成年人有关,在第三章老年人服务和第五章儿童服务部分有所概述。一些法案,特别是《儿童及其家庭法案2014》,有专门的残疾人条款,内容概述如下。

(一)残疾儿童:特殊教育需求

2014年《儿童及其家庭法案》引起的变化对残疾人的影响有两个方面:一是,对残疾儿童和儿童护理人员来说,主要变化是有"特殊教育需求"(SEN)的儿童。根据政府规定,特殊教育需求涵盖一系列缺陷问题。"影响儿童学习能力的特殊教育需求包括孩子的:社交行为和能力,例如,不能交友;阅读和写作,例如有阅读障碍;理解能力;专注程度,例如患有注意缺陷多动障碍(Attention Deficit Hyperactivity Disorder);生理需求和缺陷"(GU,2015)。

二是,为不同年龄段的儿童,如 5 岁以下、5—15 岁和 16 岁以上儿童提供有差别的支持,教育方面尤其如此。所有支持根据评估和商定计划提供。2014 年法案对支持提供方式做了一些更改。具体来说,先前的方案即特殊教育需求申明为《教育、卫生和关怀》计划(Education, Health and Care plans,EHC plans)所取代,该计划定期得到审查,并覆盖25 岁以下人群。和其他社会关怀政策方向相一致,提供支持时,该计划旨在让家庭在支持决策中拥有更大发言权,促进教育、健康和社会关怀服务部门共同协作。地方政府按要求须公布一份"本地服务"清单,列明为残疾儿童或有特殊教育需求的家庭提供哪些支持服务。这些变化与 2014 年《关怀法案》相呼应,这是因为地方政府按要求需解释清楚家庭如何获得个人预算为孩子购买服务,需说明如何才能获得专家帮助和解释投诉的相关流程。特别的是,"法案规定《教育、卫生和关怀》计划家庭会获得个人预算,同时也使得地方政府有责任甄别当地社区有特殊教育需求或残疾的儿童。该部分法案 2014 年 9 月起生效"(Donovan,2014)。

根据该法案,如果家长认为孩子需要参与《教育、卫生和关怀》计划,家长或家人可以要求地方政府对孩子进行评估;计划也可由孩子所在学校医生、健康顾问或幼儿园工作人员提出。地方政府然后有 6 周时间决定是否需要进行教育、卫生和关怀评估,然后通常在 16 周之内做出决定(Gu 2015)。一旦做出决定,计划由地方政府起草,家长和其他人有 15 天时间给出评价;地方政府则在评估 20 周内制订最终方案。家长可以提出异议,通常最有可能的情况是双方不同意孩子所分配的学校或支持类型,或者是家长希望自己的孩子上某所特定学校(Gu,2015)。

若孩子参与教育、卫生和关怀计划,家长可以申请个人预算,个人预算有三种支配方式:"你可以:直接将个人预算款项划到个人账户——你个人购买和管理服务;由地方政府和学校安排,它们负责管理预算,不过你仍有权决定如何支配(有时称为'名义协议');由第三方安排——你选择第三方来管理这笔钱"(Gu,2015),或者有可能是三个选项的组合。

2015 年 1 月,公布了专门为有特殊教育需求的青少年撰写的法案指南,该法案长达 292 页。正如独立家长特别教育咨询协会(Independent Parental Special Education Advice,IPSEA)(2015)所指出的那样,该指南重要,不是因为有其他法律,而是因为它体现了志愿组织向服务用户传达信息的重要作用,该协会是一家志愿组织,由一群特殊教育需求专业人士成立。还有其他一些适用的法律和法规:"2014 年《特殊教育需要和残疾管理条例》(The SEN and Disability Regulations 2014),2015 年 3 月 23 日修订为 2015 年《特殊教育需要和残疾(修订)管理条例》;《特殊教育需要管理条例(多项修订)》(Special Educational Needs (Miscellaneous Amendments) Regulations);2014 年《特殊教育需要(个人预算)管理条例》(The Special Educational Needs (Personal Budgets) Regulations 2014);2014 年《儿童和家庭法》(过渡性及保留条文)(第 2 号)令(The Children and Families Act 2014 (Transitional and Savings Provisions）（No. 2）Order 2014）"（IPSEA2015）。这些专业人士还注意到,较大年龄的儿童在先前法律中已有体现,这些法律为 1996 年《教育法案》（Education Acts in 1996）和 2001 年《教育（特殊教育需要）（英格兰）（综合）管理条例》（仍有效）（Education（Special Educational Needs）（England）（Consolidation）Regulations 2001, still in force）。因为有特殊教育需要的孩子面临困难,2011 年《教育法》（Education Act 2011）和 2012 年的相关法规还强调了失学问题,2010 年《平等法案》则应对残疾歧视问题（IPSEA 2015）。

（二）年轻护理人员

许多儿童和青少年在家庭中充当护理人员,主要照顾成年人,特别是父母。2014 年《儿童和家庭法案》中的一些条款规定他们可以获得支持,此为 2014 年《关怀法案》的补充,该法案被认为侧重成年人。地方政府需要认定年轻护理者,以便支持他们;儿童服务和成年人服务有望互相配合,来帮助年轻护理者。这意味着"在审查成年人支持时,成年人社会关怀（服务）应考虑家庭中年轻人需要,在类似情形下,儿童社会工作者也应该评估此类情况"（Donovan, 2014）。有关年轻护理者需求评估的条例仍在制定过程中,2015 年 3 月草案已拟定完毕,并已开始就草案展开协商（DfE, 2015）。就有关规章草案收到的 57 份答复表明,地方政府和志愿部门都愿意参与。

（三）残疾成年人

1. 2010 年《平等法案》

《平等法案》出台于 2010 年,是英国的反歧视法律,旨在保护人们的权利,确保无论人们具有何种"受保护特征",即不论年龄几何、残疾与否、是否变性、婚姻和民事伴侣关系如何、来自哪一个种族、有什么样的宗教信仰、性别和性取向等,均应受到公平待遇。《2010 年平等法案》综合了先前制定的四部单独反歧视立法:1970 年《同酬法案》（Equal Pay Act 1970）、1975 年《性别歧视法案》（the Sex Discrimination Act 1975）、1976 年《种族关系法案》（the Race Relations Act 1976）和 1995 年《残疾歧视法案》（the Disability Discrimination Act 1995）。

2009 年英国批准《联合国残疾人权利公约》（UNCRDP,2006 年通过）之后,《平等法案》出台。该联合国公约获得通过,旨在确保残疾人在任何社会中获得平等对待。此前,英国出台 1995 年《反残疾人歧视法案》（Disability Discrimination Act 1995, DDA）,并于 2001 年和 2005 年两度修订。《反残疾人歧视法案》是英国第一部针对工作场所残疾的有关歧视法规。1944 年《残疾人（就业）法案》为其前身,该法案规定国家控制残疾人就业。《反残疾人歧视法案》出台旨在促进残疾人就业,并保护工作场所残疾人不受歧视。它沿袭了当时保守党政府的开明做法,出台法规使得雇佣残疾人遵守市场原则,出于自愿,而不是根据 1944 年《残疾人就业法案》规定,靠国家监管（Woodhams and Corby, 2007:560）。

尽管有上述立法,但是残疾人士就业时依然面临巨大的生理和社会障碍,因此有必要考虑采取积极行动。因此,出台了 2010 年《平等法案》,该法案是一部综合性凡残疾人歧视立法,规定禁止招聘过程中（第 60 条）和工作中（第 15 条）对残疾人的歧视。该法案同时规定有义务为残疾人做出"适当调整"以使他/她们获得工作机会(第20条),使残疾学生享受教育(第88条),并制定实施方便残疾人的交通条例(第12部分)。第60条深受心理健康组织如心理健康协会(Mind)欢迎,该组织极力宣传出台禁令,禁止在招聘过程中询问与健康相关的问题。

然而,和上述《反残疾人歧视法案》一样,《平等法案》也深受诟病,主要原因是其对"残疾"的法定定义。《反残疾人歧视法案》已经考虑了生理和心理问题,但是仍然有批评,其原因是其"残疾"定义依赖医学模式,而忽略了造成残疾的社会、经济和环境因素(Woodhams and Corby, 2003)。另外,《反残疾人歧视法案》采取让志愿组织参与积极行动的方法以促进残疾人就业,该方法基于个人权利(Woodhams and Corby, 2007)。然而,因为其中潜在的诉讼成本、雇佣单位对法案的认识水平低,缺乏资金聘用残疾人,已经证明,这一法案对残疾就业率没有什么影响(Bull and Heitmueller, 2009)。

相对《反残疾人歧视法案》,虽然《平等法案》有显著改善,但和《联合国残疾人权利公约》相比,《平等法案》仍然受到批评,因其基于残疾医学定义模式。《联合国残疾人权利公约》第1款定义如下,"残疾人指那些有长期生理、心理、智力或感官缺陷的人,在与各种障碍互动过程中,上述缺陷可能会妨碍他们在平等基础上完整、有效地参与社会互动"(UNCRPD 2006,第1条)。和本报告开头《平等法案》(第一章第6节)所列法定定义相比,虽然在对心理健康问题和身体残疾(Lockwood et al., 2012)方面的认识有所进步,但是很明显,该法案仍基于医学定义模式。《联合国残疾人权利公约》超越医学模式,采用完整的社会残疾模式,将态度和环境障碍纳入定义模式之中(Fraser Butlin, 2011)。

平等法案中"残疾"的法定定义十分重要,它规定了政府为残疾人提供服务的途径,促进残疾人就业:将残疾人视为"社会障碍"结果和视为"个人问题"有本质差别(Fraser Butlin, 2011:434)。

就社会关怀而言,正如第一章和第三章所概括的内容,2012年《卫生和社会关怀法案》和《2014年关怀法案》政策和条款同样适用于残疾成年人。和残疾儿童服务条款相比,残疾成年人服务立法相对较新,一些领域的指导和法规仍在制定当中。不过,侧重"个性化"的核心政策则贯穿儿童和成年人服务,无论是在个人预算,还是服务定制和采购过程,以及要求地方政府"扩大市场"以提供更多种类服务中均有体现。这一条款正在制定过程中,仍需按照各种标准进行检测,正如专家所述:"个性化说法多种多样,涉及个性化评估和应对措施、个人偏好和选择表达,或用户和专业人士就个人需求协商达成共识的过程。主张'个性化'的核心理由是其效率高、效果好,响应需求快。然而,个性化有时事与愿违,并非总有效力,这是因为匹配人和资源费时、有难度、往往需要考虑很多条件,错误的拉郎配不可避免。个性化可能效率不高,这是因为很难在不出现偏差或错误地拒绝服务的情况下交付选择性的服务。很少有人认为,个性化已使服务能对个人情况更有应对力,也没有多少人认为个性化能更好地满足个人需求。主张和证明个性化问题必须将其所适用的具体环境考虑在内"(Spicker 2012)。

2. 2012年《健康与社会关怀法案》

2010年联合政府提出广泛的改革计划,其中最主要的计划是《健康与社会关怀法案》。该法案在国民医疗保健服务体系"现代化"这一原则下,大大革新了英国的医疗保健系统。2014年《关怀法案》(见第一章)极大地促成了国民医疗保健服务体系结构重组和社会关怀服务提供。

《健康与社会关怀法案》的主要变化是将医疗保健预算责任从卫生部下放给全科医生[①]和其他医务人员,及医疗保健服务定制集团的专业人士,由他们来为自己的病人和特定地区人口购买健康和社会关怀服务。医疗保健服务定制集团受国民医疗保健服务体系定制理事会(现称英格兰国民医疗保健服务体系)支持,该机构是一家新政治独立机构,分担先前许多由卫生部承担的责任。

自2012年《健康与社会关怀法案》颁布实施以来,卫生保健部门采购过程发生了翻天覆地的变化。先前国民医疗保健服务体系定制系统主要由基本护理信托基金(PCT)和专门的定制小组构成,自2013年4月1日法案生效之后,这些初级医疗信托不复存在,招标职责移交给医疗保健服务定制集团。《法案》第一部分确定通过医疗保健服务定制集团安排和运作英国新医疗体系。医疗保健服务定制集团,又称为全科医生联盟,成员包括全科医生、护士、本领域专业人士,这即意味着英格兰8000多名全科医生现在均参与定制流程。每个医疗保健服务定制集团均有自己的管理机构,由一名二级护理医生、护士和一名公众构成,以提高公众参与度,强化问责。

当前一共有209家医疗保健服务定制集团,分布在全国各地。这些委托集团理应帮助某一地区患者和人群就他们的健康需求做出更佳的决策。按照2010年《"公平与卓越:解放国家医疗保健服务体系"白皮书》(Equity and Excellence: Liberating the NHS)(Department of Health, 2010)规定,先前由国家医疗保健服务体系提供的服务应转由临床医生主导的定制体系来完成,来更好地满足患者需求。

法案第三部分的内容是"健康和成年人社会关怀服务规定"、第四部分的内容是"国民医疗保健服务体系基金会信托和国民医疗保健服务体系信托",这两部分规定了定制流程,重视健康和社会关怀服务供应领域的公平竞争。健康和社会关怀服务供应受名为监督者(Monitor)的机构管理,该机构旨在"推广费用低、效率高、效果好的健康医疗服务供应,来保护和促进保健服务用户群体的利益,并保持和提高服务质量"(第3部分,61.1节)。监督者同时给健康医疗供应商发放牌照,这些供应商需要经过认证才能加入服务供应商体系,该体系指的是潜在的参与服务合同投标合格供应商名单。监督者与国民医疗保健服务体系定制理事会一起通过设置国家定价来监管国民医疗保健服务体系的服务价格。

该法案还允许用户从志愿组织等不同服务供应商中选择服务,"只要它们满足国民医疗保健服务体系成本标准即可"。监督者和关怀质量委员会负责监管和服务评估,二者相互配合以保护服务用户利益,确保服务质量。质量标准由国家卫生和健康卓越研究院(National Institute for Health and Care Excellence)制定,研究院负责平衡英格兰和其他地区健康和社会关怀服务供应的成本与利益(第8部分,233节)。

定制支持司(Commissioning Support Units, CSUs)配合医疗保健服务定制集团和英格兰国民医疗保健服务体系监督服务设计、服务管理、合同谈判和监督等定制流程的运作。

[①] 全科医生是指社区的诊疗室(或医务室)的医生。

法案第五部分为"公众参与和地方义务",这部分认识到,全国和地方患者组织卫生观察负责表达健康和社会关怀服务用户或公众的观点和需求,以及他们对健康和社会关怀服务标准的看法(第5部分,181节)。

正如联合政府和时为国家卫生大臣(Secretary of State for Health)的主要推动者安德鲁·兰斯利(Andrew Lansley)所介绍那样,该法案旨在响应公共服务权力下放、自主选择,供应多样化和公平诉求。所有这些诉求旨在促进服务创新。然而,法案因各种原因仍备受批评。一些批评者认为,该法案给定制过程带来了问责和效率问题,而且全科医师可能不具备管理健康和社会关怀预算的能力(Roland and Rosen, 2011:1362)。另外,据说法案在英国全面终止公共福利供应体系(Pollock and Price, 2011)而加剧卫生和社会不平等,因而深受批评(Hunter, 2013)。因为服务供应商受利润驱使,所以预计法案导致的健康和社会关怀服务日益市场化,将不可避免地进一步导致私有化(Peedell, 2011)。全科医生们也猛烈抨击该法案是造成以国民医疗保健服务体系为代表的全民免费医疗制度解体的最后一根稻草,完成了始自于上一任撒切尔时保守党政府(见第1章)的私有化浪潮(EI-Gingihy, 2013)。不过,另外一些人表示,改革之后,健康和社会关怀系统全面私有化仍然困难重重。限制私营部门参与服务采购的障碍包括自上而下的价格挤压(价格由委员会制定)、市场规则的不确定性、合同承包统一管理(Krachler and Greer, 2015)、国家控制资金(Moody, 2011)或公共部门服务供应的规模效应(Davies, 2013)等。不过,在紧缩财政背景下,削减开支导致英国健康和社会保健服务私有化愈发迫切。

相比《健康和社会关怀法案》,2014年《医疗法案》中进一步确定了英国福利模式的主要变化。这两部法案确定了新的定制体系、结构和流程。2012年《健康和社会关怀法案》规定,医疗保健服务定制集团负责国民医疗保健服务体系(包括心理健康服务、学习障碍人群服务和大多数医院和社区保健服务)健康和社会保健服务的定制,而英格兰国民医疗保健服务体系负责基本护理和专门服务定制。2012年《健康和社会关怀法案》和2014年《关怀法案》规定,地方政府负责公共健康和社会关怀服务并向其他机构定制一部分服务。

五、定制和采购流程

(一)采购背景

根据2012年《健康和社会关怀法案》规定,医疗保健服务定制集团负责现在约60%的国民医疗保健服务体系预算,或每年650亿英镑地方服务定制(英格兰国民医疗保健服务体系,2014)。换句话说,医疗保健服务定制集团管理大部分国民医疗保健服务的定制预算。在初始阶段,2013年,医疗保健服务定制集团旨在管理国民医疗保健服务体系950亿英镑的定制预算中的650亿英镑(英格兰国民医疗保健服务体系,2013)。这即意味着逾60%国民医疗保健服务体系服务定制预算由地方医疗保健服务定制集团负责实施,而不到40%的预算部分所涉及的服务由英国卫生部或英国公共卫生局(Public Health England)直接定制。英格兰国民医疗保健服务体系定制专业服务、初级护理、罪犯医疗保健和一些武装部队保健服务;而医疗保健服务定制集团则定制大部分二级医疗服务,如医院护理、康复护理、紧急医疗和急救、社区卫生服务、心理健康和学习障碍服务(英格兰国民医疗保健服务体系,2014)。值得强调的是,心理健康和学习障碍服务由其他国民医疗保健服务体系组织提供,比如,由国民医疗保健服务体系信托基金、心理健康信托基金、志愿组织或私营部门提供。智障服务协会和心理健康协会均为志愿组织代表,医疗保健服务定制集团采购这些志愿组织的服务,这些组织再通过该渠道服务残疾和心理健康有问题的人士。例如,克罗伊登心理健康协会(Mind in Croydon)过去五年间承包本地医疗保健服务定制集团采购服务合同大量增加,现成为其主要资金来源。2013—2014年间,克罗伊登医疗保健服务定制集团为克罗伊登心理健康协会主要收入来源,占收入的40%,来自伦敦克罗伊登自治区的合同收入占比27%(Mind in Croydon, Annual Report, 2013-14)。另一方面,哈默史密斯和富勒姆心理健康协会一半资金来自国民医疗保健服务体系的资金,该协会承包了地方医疗保健服务定制集团定制的国民医疗保健服务(Mind in Hammersmith and Fulham 采访)。

根据2014年《医疗法案》,由全国或地方政府采购社会关怀服务。在英格兰,2013—2014年度,地方议会成年人社会关怀总支出为172亿英镑。相对2003—2004年度125亿英镑的总支出,十年间,似乎金额有所增长,但实际下降了8%。2013—2014年度预算中,51%,即88亿英镑的预算用于老年人服务采购;31%,即54亿英镑的预算用于成年人学习障碍服务采购;9%,即16亿英镑的预算用于生理残疾成年人服务采购;6%,即11亿英镑的预算用于满足成年人心理健康需求,剩余部分用于成年人服务、难民救助和服务战略(HSCIC,2014见下图)。社会关怀服务包括设备及其改装费用、护理人员薪酬直接支付、日间照顾和日间家务支持、安老院舍服务、居家护理、家庭护理、咨询服务、福利信息服务等。

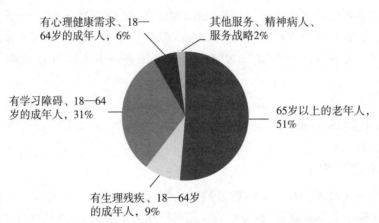

图3-1 2013—2014年度总支出百分比:依据服务和客户类型(HSCIC, 2014:14)

成年人社会服务172亿英镑总支出中,75.9%预算为"其他服务供应"(从志愿组织等其他供应者采购,预算包括资金量为固定总支出2%、给予志愿组织的拨款),24.1%预算用以"自身供应服务"。这表明大部分社会关怀服务都委托给私营和志愿组织提供。"其他供应"服务当中,50.6%为老年人服务,9.2%为生理残疾人士服务,31.6%预算用于残障人士服务,6.3%的服务面向有心理健康需要的人士,余下部分用于采购其他成年人服务(同上)。除了老年人服务外(见第3章),地方政府向外部机构(包括志愿组织)为有学习障碍的人士采购绝大部分服务。智障服务协会为向有学习障碍人士服务的志愿组织供应者之一,该协会与英格兰 128 个议会签有大约 10000 份服务供应合同,包括个人服务合同或个性化预算(个人预算)合同①,合同金额总计 1.5 亿英镑,其总收益为 1.7 亿英镑。这意味学习障碍领域的志愿组织非常依赖公共资金。

就业及退休保障部(Department of Work and Pensions,DWP)除了承包社会关怀服务,一般还承包就业服务,但地方政府可负责残障人士就业服务预算。例如,智障服务协会与就业及退休保障部签署有一份合同金额为 104000 英镑的服务合同,以服务有学习障碍的人(Mencap, Annual Report, 2014)。然而,过去五年间,这些合同已转变成一种一级合同框架,其中智障服务协会从一家获得就业及退休保障部合同的主承包商获得分包协议,提供该领域的就业服务。因智障服务协会专业服务有学习障碍的人士,所以主承包商将学习障碍人士就业服务分包给它。地方政府同时提供就业服务。克罗伊登心理健康协会为有心理健康问题的人士提供就业支持,这一服务由克罗伊登自治市议会资助。但就业支持服务非法定要求,英国各地一些市议会已开始削减这类残疾人服务(Salman, 2015)。

志愿组织是采购过程中重要的服务供应商。2015 年全国志愿组织年鉴表明,2012—2013 年,英国有 160000 家志愿组织注册。据其他渠道估计,2013 年一年间,大约有 17300 家组织提供或者组织成年人社会关怀服务(Papworth Trust, 2014:16)。全国志愿组织表示,英格兰和威尔士 23.5% 的社会组织为残疾人提供帮助,其中包括健康和社会保健服务。所有志愿组织中,18.2% 侧重社会服务,而 4.1% 专注于健康服务。

过去十年间,地方政府负责的、由国家提供的成年人社会关怀服务越来越多地被委托给私营和志愿组织供应商。2007—2008 年度,地方议会外包了超过一半的社会关怀预算涉及的服务。2010 年,地方议会对社会组织的资金分配如下:41% 的社会预算用于帮助老年人,24% 的预算资助服务有心理健康问题的成年人的社会组织,13% 的预算资助服务有生理残疾的成年人的社会组织,11% 的预算资助有学习障碍的社会组织,11% 的预算资助其他社会组织(NCVO, 2010)。尽管上述社会关怀预算数据主要反映了拨款资助情况,而非定制项目的合同②,但实际体现了地方政府外包给社会组织社会关怀服务的分配模式和种类。此外,国家志愿组织理事会的研究表明,自 2003—2004 年度以来,拨款有所下降,而合同金不断增加(NCVO, 2015)。

2010 年地方议会的社会预算中,社会组织合同金额达 122 亿英镑,2012—2013 年度减至 111 亿英镑。据报道,尽管各地市政厅尽力保障社会关怀资金不受削减预算影响,但是自 2010 年以来,社会服务预算已削减 12%,而老年人和残疾人服务需求则增长 14% (Brindle, 2015)。这些数据与英国一家领先的残疾人慈善机构斯科普的预测结果形成鲜明对比,2010—2015 年,斯科普预计地方议会的预算将削减 28%(Scope, et al., 2013)。预算削减实际金额虽有出入,但是约瑟夫·朗特里基金会(Joseph Rowntree Foundation)认

---

① 对于那些有学习障碍的人群来说,他们的个人账户上是"虚拟资金"。资金预算是分配到个人,但资金会由当地政府集中管理。也就是说有学习障碍的人群不会获得现金,也不能在市场上购买服务,而是由当地政府管理他们的个人预算(采访 Mencap)。

② 正如报告正文所述,从新工党时代以来,政府外包服务给社会组织的主要资助机制逐渐由拨款资助转向合同机制(见第一章)。

为预算削减时事先规划好的,考虑到通货膨胀因素,这一数据可能会比实际记录高(Hastings, et al., 2012)。同样,财政研究所(Institute of Fiscal Studies)估计,2014—2015年,预算削减实际只有5%(Slay and Penny, 2012:2-6),这意味着以后公共预算削减幅度将会越来越大,将对残疾人服务等健康和社会关怀服务产生更大影响。

紧缩的情况正严重影响残疾人,自2008年以来,据说90000残疾人已失去当地政府提供的社会关怀支持(Scope, et al., 2013:6)。福利制度改革、财政紧缩,以及收紧社会和医疗保健资助资格均严重影响残疾人,他们因身体残疾和残疾导致的经济负担而在社会经济中处于弱势地位。残疾人组织也强烈地感受到地方政府预算缩减,这是因为这些组织的主要收入来源为政府拨款或服务合同。第三部门研究中心(The Third Sector Research Center)的研究表明,公共资金为许多志愿组织的重要收入来源。具体来说,"至少20%的组织承认公共部门为组织最重要的收入来源":33%的志愿组织专门服务一般"为社会所排斥的人群或弱势人群",这些组织称它们最重要的收入来源为公共资金,31%专门服务有心理健康的人士的机构持相同看法;26%服务犯罪受害者的社会组织依赖公共资金作为其主要收入来源,26%服务有学习障碍的人士的组织称公共资金为其主要收入来源(Clifford, et al., 2010:11)。因此,地方政府和残疾人志愿组织面临一个日益复杂的现实,迫使他们创新以较少的资金提供优质的服务,以满足残疾人群不断增加的健康和社会关怀服务需求。

(二)财务安排

组织收入来源包括公共资金、拨款、慈善基金和商业活动,这些收入来源和收入规模决定其财务安排。智障服务协会等大型慈善机构通常拥有一支内部财务团队和专业从事投标的团队。智障服务协会等大型全国性慈善组织也有自己专门的业务开发团队。另一方面,小型地方慈善组织,如克罗伊登心理健康协会,或哈默史密斯和富勒姆心理健康协会(Mind in Hammersmith and Fulham)有财务官这样的专人负责管理账户,并对组织的首席执行官负责,但没有财力雇佣额外工作人员专门从事投标。针对特定项目,小型慈善组织可以雇佣外部顾问来辅助投标。不过,许多组织已熟悉相应流程,并有专业技能管理国家主管部门或医疗保健服务定制集团合同招标所涉及的财务事宜。如下所示,对小型组织来说,问题不在于专业技能,而在于面对采购的限制和挑战,是否有资源应对采购过程中的复杂情况。

接受采访的志愿组织指出,财务复杂性来自收入来源多元化,产生于采购过程本身。对小型慈善机构来说,管理与地方政府或医疗保健服务定制集团合同,或两者的合同,及信托基金机构的拨款,交易成本高昂。社会组织规模无论大小,很可能为残疾人提供多种多样的服务,而这些服务由不同政府部门采购,合同金来自不同公共部门。例如,同样为有心理健康问题的人士提供服务,克罗伊登心理健康协会与地方政府签有9份合同,其中部分合同是与克罗伊登自治区议会签订的,部分合同是与克罗伊登医疗保健服务定制集团签订的,另外一些服务则由议会与医疗保健服务定制集团共同承包完成。此外,克罗伊登心理健康协会与英国公共卫生局(Public Health England)签有一份合同,与区议会签订了两份合同,合同金来自护理人基金(由议会划拨资金来支持护理人,但资金来源于地方和中央政府、国民医疗保健服务体系,及伦敦克罗伊登区各种各样的主流基金)。管理所有合同非常麻烦、耗时。这一重担通常由组织首席执行官承担,他们有时不得不向地方定制部门追讨服务费用。相反,智障服务协会在英格兰、威尔士和北爱尔兰与128家地方政府签订了多达10000份不同合约,这就是为什么在国家和地方层面,它需要服务管理团队。"交易成本急剧增加。之前是一份合同,现在是20、30份合同,相同工作有很多微型合同,只不过工作量小,合同金额更少。实在是太官僚了!"(Interview Mencap,2015)。

越来越多的地方政府正寻求与机构联合组成的团体,或由主承包商或供应商牵头的志愿组织和私营单位合作伙伴签订更大型的协议(Holder,2013)。一些志愿组织认为管理上述财务安排的交易成本会更高,认为参与联合体投标在财务上并不合理。一些组织事实上既不愿意充当主承包商,也不愿意成为合作伙伴。

(三)采购流程

采购过程由地方政府或医疗保健服务定制集团设计。2012年《健康和社会关怀法案》规定,在国民医疗保健服务体系中,医疗保健服务定制集团评估残疾人健康需求,以更好地满足他们的需求。地方政府定制人应该在采购流程发起前评估需求。然而,志愿组织对地方政府定制人的主要批评之一为,他们在设计采购服务时并不了解残疾人需求。

地方政府定制人或医疗保健服务定制集团设计某段时期和某个区域的定制策略,并根据评估的需求和资源分析,规划并设计需要采购的服务。然后,他们在门户网站如政府合同搜索器(Contract Finder①)、伦敦招标者(London Tenders②)、伦敦合同登记(London Contract Register③)或地方政府自己的门户网站发布招标信息。

竞标合同的服务供应商必须上传他们的资格预审调查问卷,以证明组织运转正常、管理稳定,这些调查问卷要求社会组织提供政策、程序、财务账户和方法声明方面的文件。这就是所谓限制性程序。通过限制性程序筛选并不意味着组织可以获得合同,获得项目工作量,或接受组织服务报价。资格预审调查问卷只是让组织能够进入地方政府或医疗保健服务定制集团批准的供应商名单,或让地方政府在可能需要他们的时候,根据一份框架协议邀请他们自荐,以提供某些服务。在框架协议之外,不同组织竞标获得单独合同。

如上所述,这一过程的基本原理在于它面向大量服务供应商开放市场,引导定制方确保服务有"最高性价比"来满足社会需求。如下文的说明,志愿组织形成共识,认为这一竞争过程使得"保证了公平的竞争环境",使得招标过程对市场中处于"平等地位"的服务供应商更加公平。然而,受采访的小型慈善机构并不认为它们与大型的私营服务供应商,如与赛科或内部拥有专业投标团队的大型国家慈善机构处于平等竞争地位,感觉它们无法在市场上竞争,这主要是因为私营组织提出的合同报价更具竞争力。因为大型供应商有规模效应,小型志愿组织在价格上无法与大型服务供应商竞争。

截至最终授予合同,采购过程可能平均长达4—6个月,整个过程并非如沃夫里特维特(Øvretveit,1995)所指出的一样,是一个简单的或顺序的"定制周期",或如同地方政府

---

① https://www.gov.uk/contracts-finder 英国政府网站。
② https://www.londontenders.org/portal/CMS.nsf/vHomePage/fSection?OpenDocument 伦敦招标者网。
③ http://www.londoncontractsregister.co.uk/ 伦敦合同登记网。

机构在定制策略中所描述一样(参考伦敦克罗伊登自治区定制策略,London Borough of Coydon Commissioning Strategy,2012-15:9)。相反,这一过程冗长、复杂、拖沓、反复、任务重叠(Simth et.al.,2013)。就时长而言,受访的志愿组织表示,这一过程甚至会超过六个月,存在严重的拖延和不确定性,地方政府定制人通常会冻结采购流程,或随便以任何理由迟迟不作决定,这些理由包括定制人暂未准备好给出重新招标的最终结果、进度安排落后,或满意当前供应的服务,打算延长当前服务合约。这使得采购过程不透明、不严谨,这是因为招标流程并未遵守定制人一开始就规定好的时间安排,让参与服务投标的供应商苦苦等待最终结果。由于这些延迟,新的投标没有最终结果,先前合同只好继续顺延。

一旦授予合同,通常在合同出具三个月内开始服务交付。而就残疾人关怀和支持而言,这一过程可能相当短,如果一个组织没有实际业务经验和相应的基础设施和工作人员,这一过程就会尤其短。比如,光招聘工作人员或设立基础设施如安老院舍就需三个月。

残疾人士服务合同通常持续三至五年时期,合同有效期内会进行多次审查。然而,对于残疾人来说,三至五年的服务合同周期可能相当短。比如,有严重学习障碍人士完全依赖公共服务,因此,对于患有长期残障疾病的服务用户来说,长期使用同一服务供应商更有利于维持其生活质量。尽管合同规定有终止日期,但接受采访的志愿组织中,没有一家如期在指定时间内结束合同。大部分合同继续延长,绝大多数情况下,在无须重新谈判情况下延长,因为地方政府"就是不遵守它们的时间表"(Interview Mencap 2015),"随着新定制任务增加,不断地落后"(Interview Mind in Croydon 2015),而且一般都没有准备好重新招标,或满意现有服务,宁愿再保留一年合约。对志愿组织来说,工作量基本合适,因为这意味它们保有业务;然而,这一过程充满变数,限制了组织的战略、财务和运营管理——无法得知在交付过程中的服务是否会继续,收入来源也不确定。

然而,参与公共领域合同投标是许多志愿组织的生存需求。尽管除公共领域资助拨款之外,还有其他各种收入来源(例如拨款、捐赠、慈善基金、零售),残疾人服务很大程度上依赖公共资金:残疾人领域与老年人领域有很大不同,例如,相当一部分老年人有资金和资产,能够自费支付自己的护理费用,而有学习障碍的人一般没有资产,完全依赖公共资金为他们提供护理和支持。正如本报告开头所述,残疾人面临残疾所带来的严重经济负担,从而使他们愈发依赖公共资金为他们提供健康和社会关怀服务。因此,面向残疾人的志愿组织更加依赖公共资金,更加积极地争取地方政府或医疗保健服务定制集团,或其两者的服务合同。

此外,对于这些组织来说,依靠慈善资金来提供社会关怀服务,或依靠志愿者来提供高度专业化服务在战略上不可行。事实上,公共资金对这些组织来说是必要的,不仅因为它们所面向的目标人口,也因为组织自身可持续发展的需要。如上所述,67%的克罗伊登心理健康协会收入来自其承包的服务,服务委托方包括医疗保健服务定制集团、国民医疗保健服务体系,以及伦敦克罗伊登自治区政府(克罗伊登心理协会年度报告,2013/14);而智障服务协会1.7亿总产值中,1.5亿,即88%来自承包英格兰、威尔士和北爱尔兰地方政府的合同收入(Interview Mencap),其近90%的社会关怀和支持服务由政府和地方机关资助(Mencap,年度报告,2014)。然而,有很多因素阻碍志愿组织参与公共领域合同投标,由于采购流程中有很多限制和挑战,所以该流程有很多弊端,下文将会介绍。

(四)动机和优势

受访的志愿组织认为,地方政府采购社会服务时,没有优先考虑志愿组织。然而,地方政府基本认可志愿组织服务所带来的附加值,志愿组织的动力来源于价值观、品质、专业技能和志愿文化等众多因素,志愿组织扎根当地社区,以人为本,对地方社区有深刻的了解,与"很难联系"的工作对象群体有紧密联系。志愿组织设计的服务直接响应残疾人的需求,并针对它们合作的地方社区,这样它们所提供的服务更加具有预防性和长期性,并从根本上解决残疾人士问题。

志愿组织的动力来源于其价值观和解决其服务对象问题的承诺,这使得它们挺身而出,反对以营利为目的的组织。例如残障协会品牌意识强大,认为其致力于服务有学习障碍的人,保证自身的服务质量。然而,这一附加值在定制过程中并未受到认可,而且实际上,志愿组织认为在竞争过程中这一附加值被最大限度地减少,甚至失去了,以下将在限制和挑战部分进行说明。

志愿组织投标争取地方政府和医疗保健服务定制集团定制的健康和社会关怀服务动机不尽相同。常见的大部分志愿组织竞标出于组织性质或组织价值观,往往涉及对特定问题的承诺。前面我们已有提及,残疾人完全依赖国家。投标争取该领域服务合同对于智障服务协会这样的组织必不可少。对其他组织而言,投标争取公共部门服务合同是一种在造福其目标群体的服务中落实工作,践行价值观的方式。

采购过程中,志愿组织不受地方政府定制人青睐,地方政府并不认为志愿组织与任何其他供应商不同。招标过程是一个竞争过程,因此竞标是公平的,委托方考虑投标方的服务内容、质量以及价格,而最近,价格是更重要的考虑。然而,有一种观点认为,采购过程的优点是让该领域的委托过程更加公平,这是因为,只要有资源,每个组织都可竞标争取公共合同。"努力实现程序公平的背后是严重的官僚主义"(Interview Mencap 2015)。地方定制人也清楚市场的力量,并"更加以市场为导向。鉴于预算有限,提供服务面临挑战,它们明白公共资金的限制,及组织交付其已承包服务的能力。它们更加敏感,再次定制服务时更加放心"(同上)。对一些小型的志愿组织而言,合同延期与否关系到生死存亡。对于像智障服务协会这样的组织,延期同时也意味着巨大的工作量,如果要重新招标,那么一年的平均工作量则为现有工作量三分之一。不过,如上所述,合同延展实际上是因为地方政府重新招标的能力有限。

同时,志愿组织还担心竞争过程给行业带来负面影响,满足残疾人需求的服务尤其会受到负面影响,下文将在采购过程影响部分讨论该问题。

最后,竞争性采购过程解决了先前存在的一个问题,即一家私营组织或志愿组织垄断某种类型的服务,其垄断方式包括占有拨款及服务很长一段时间,却无问责、质量检查,不知是否服务重叠。采购过程带来行业压力,迫使供应商保证标准质量,实现良好治理,因为只有这样才能通过资格预审,成为供应商。然而,该领域有人认为,可以通过进一步修订公共领域拨款程序来实现,可以参考信托基金喜剧救济基金会或大乐透基金(Big Lottery Fund)的实践;也有人认为,要取得这种结果,定制并不是必不可少的(克罗伊登心理协会采访)。

(五) 监督与评估

在交付地方政府和医疗保健服务定制集团定制的服务期间和之后,志愿组织和其他服务供应商有法定义务按合同要求监督服务,并达到一定质量标准。一般来说,对志愿组织至少有三种监督方式。首先它们受关怀质量委员会监管,该机构管理英格兰健康和社会关怀,登记和保证关怀服务达到基本标准。它以服务质量标准监督志愿组织和其他服务供应商。根据相同的法律规定,国家卓越卫生和保健研究院(National Institute for Health and Care Excellence,NCIE)为国民医疗保健服务体系、公共健康和社会关怀制定质量标准。质量标准基于结果,尤其注重结果的质量和安全。志愿组织还受护理服务管理人员监督,他们检查每一个服务计划执行情况。志愿组织也受定制团队或地方政府部门监控,他们检查组织是否按照承包的合同交付服务。

质量监督往往严格参照结果,而绝大多数结果都是可以量化的。志愿组织遵守法定要求,但一般提供超过定制要求标准的服务,来确保高质量、高效率、高用户满意度的服务。受访组织表示,定制方"更加在乎保证人的安全,享受到了服务,而未必关心个人生活质量"(Interview Mencap 2015)。志愿组织对地方政府采购服务质量控制工具和衡量标准不太满意,因为它们基于量化指标或最终结果。这些组织提供统计结果以外的具体信息,进行调查、访问和个案研究,以求更好地评估它们的服务对服务用户生活质量和独立性的影响,以及用户满意程度。凭借他们收集的数据,地方慈善机构可以弄清该行业的新趋势和模式,并确定社会需求。通过这种方式,志愿组织的数据对设计更加满足人口需求的服务非常重要,可以深入了解已经发现的问题,防止其演变成更严重的社会问题。从卫生经济学的角度,这也可以防止初级卫生关怀体系的外溢效应对公共领域产生额外的经济负担,如出现事故和紧急情况、看全科医生和医院或精神病院入院治疗。志愿组织的工作因而具有预防价值。

受访志愿组织称,它们把自己的监督数据提供给地方定制方,以提高人们对所发现的问题的意识,并提倡调整某些服务或现有政策。然而,地方政府定制人似乎并未引起足够重视,甚至可能并未阅读地方社会组织提供的额外信息。和其他资助机构的监督和评估相比,出资信托基金一般的观点是,地方政府监督过程难以令人满意,监督措施十分有限。

地方政府在监督过程中还存在另一个问题。委托团队既负责采购,又负责监督服务,而团队成员却不变。如果供应方未有效交付采购的服务,或服务一开始就不合适,就会发生严重的利益冲突。

六、采购经验:采购限制与挑战、志愿组织残疾人服务能力

在受访的志愿组织看来,采购过程效率低下、制约重重、挑战很多,其中包括地方政府定制部门缺乏专业人员和相关知识、合约和财务安排障碍、采购过程冗长,这些因素极大地影响了志愿组织和它们参与投标的能力和意愿。

志愿组织感受到的一些挑战包括地方议会总体缺乏工作人员,随着政府预算的减少,

全英范围内政府人力资源出现收缩,据估计,2011年至2019年,政府工作人员将会减少一百万(Ross,2014),预算责任办公室(the Office of Budget Responsbility)预计,截至2018年,公共部门岗位将缩减80万(Walker,2015)。此外,2008年以来,一些采购部门员工人数减少了40%,比如伦敦哈默史密斯和勒姆自治区就减少了40%(interview Mind in Hammersmith and Fulham),无论是否受公共资金减少、裁减人员或工作人员轮岗等原因影响,凡一部门出现工作人员冗余,就会被调至定制部门。

志愿组织在其业务领域高度专业,业务十分熟练,但面对的定制过程却由无相关服务背景知识,负责一般采购、缺乏专门定制能力的政府工作人员负责。采购流程具有通用性,放之四海而皆准,不论合同规模大小、金额多少。负责专业残疾人服务的采购团队同时也负责定制垃圾回收服务等。另外,一些受访的志愿者组织表示,地方政府服务定制团队缺乏必要的会计技能来评估他们所收到的标书——公务员不习惯评估和计算他们自身服务的成本,他们却负责基于提交的服务供应合同报价评价合同投标。一些受访对象表示,结果造成整体趋势是向提出最低报价的服务供应商中采购合同,但因为定制方缺乏专业技能和了解社会需求和满足社会需求的方法,这有时会造成采购的服务无法最好地满足社会需求。

地方政府服务定制团队缺乏专业技能产生的另一问题会造成采购程序不规范,不够严谨。因为地方政府服务定制人采用通用流程,志愿组织在社会关怀服务投标时会遇到不相关问题,在资格预审环节有所体现。当招标程序甚至资格预审不规范,且不同地方政府有自己的格式和系统时,全国性社会组织,或小一些的慈善机构在全国各地投标过程中面临额外负担。这极大地增加了合同投标交易成本,对智障服务协会这样的组织尤其如此,该组织为一百多个地方议会服务,而对于差不多一样的学习障碍人群社会关怀和支持服务,地方政府的采购流程却各不相同。

至于服务合同条款与条件,一些组织经历严格程序,来评估投标的性价比,或是否可以以现有资金提供优质的服务。已引起注意的是,服务合同一般偏向地方政府利益。除了负责购买和评估服务以外,地方政府确定合同价格、条款与条件、合同期限和交付成果。在一个受访者看来,"这不是一个开放的市场,在某种程度上是一个固定的市场"(智障服务协会采访),这是因为,服务和合同并非由合同双方基于平等原则协商签订;相反,服务内容和服务交付的条款和条件由地方政府决定。

决定受访组织参与投标与否的最大障碍是:1.服务价格,以及是否能够按合同金额标准提供优质服务;2.投标过程的周期、交付周期和整个合同期限;3.重新谈判条款,因一些合同为固定合同,在整个合同周期内,即使出现规定变化、通货膨胀、工资增长,也不能重新谈判。其他障碍为是否存在中止条款。一些合同不存在中止条款,因此在合同周期内,若供应商无法高效率地供应服务,或出于任何其他原因,也无法终止合同服务供应。另外一个问题是,若合同涉及《事业转移(就业保护)规定》所定义的转移情况(一般称为《就业保护规定》,见第一章),则相关组织须根据原有员工条件和条款交付由前一家组织提供的服务。这对志愿组织通常不可行,因为公共部门和私营部门雇佣条件不同,因为从其他领域转移过来的志愿组织员工工作文化有差异。

除了上述挑战,志愿组织还面临机构能力问题,心理健康协会地方分支机构等小型地方慈善机构尤其面临组织能力问题,它们没有资源(时间和员工)投入采购过程,尤其没有专业团队编写标书。小型慈善机构称,它们具备参与投标的知识,它们不仅了解当地社区和目标人群服务,也了解招标过程本身。然而,官僚主义和时间冗长的采购过程占用了它们"干自己最擅长的事"的精力——交付服务。因此,一些有外部资源的小型慈善机构依赖外部顾问,让他们来协助编写标书。

此外,招标过程高度不确定,时间表和最后期限经常变化,重新投标常被推迟,付款往往不准时。所有受访组织均表明,它们的业务经常不确定,例如,无法知晓下月就到期的采购合同是否会重新进入再招标过程,或延期;也无法知晓,赢得合同之后,在三个月内交付服务,还是延迟交付。不确定性给志愿组织带来巨大压力,有时需要在极短时间内建立起服务基础设施,或在前期垫付服务成本开支,等待地方政府后付款,或无法得知它们主要资金来源是否在接下来几个月内因合同解除而被终止。

最后,采购过程中的竞争环境迫使志愿组织极力保持强大的品牌辨识度(Holder,2013)。它们必须能向地方政府展示自己能成为可靠的合作伙伴,并不停地展现自己的影响(Gamsu,2011),为此,它们可能会因力图提高自身服务附加值而感到颇具压力。志愿组织的好名声来自于其服务附加值、承诺和服务质量。然而,竞争压力可能导致志愿组织交付的服务超过合同标准,投入更多时间,或增加更多活动到由志愿者工作,以及其他慈善基金资助的服务之中。如上所述,志愿部门对使用其他资金来源交叉补贴社会关怀和支持活动表示担忧,同时也担心公共部门依赖志愿者和地方社区供应法定服务。然而,正如受访社会组织所述,它们越来越感觉到服务合同价格下行的压力和对组织能力的各种限制。因此,很有可能的是,志愿部门员工就业条件恶化,导致志愿组织日益依赖志愿者(将会在下文讨论)。

七、采购影响

(一)采购对志愿组织内部结构和工作流程的影响

采购过程对志愿组织的影响一直非常显著,若考虑公共财政预算削减,则影响尤其明显。最显著的作用是所有规模的志愿组织管理与公共机构、地方服务定制方和医疗保健服务定制集团合同的交易成本增加。在受访对象看来,社会组织员工本来可以用其宝贵时间和资源来服务目标群体,却分出精力转而处理与地方服务定制方的关系——包括合同谈判、推动合同条款和条件修订,或为某项特定服务准备新标书,甚至包括向定制方追讨迟迟未支付的合同款。

另外,服务采购过程从许多方面对志愿组织的内部结构和工作流程产生影响。一些小型的组织因在重新招标环节失去和地方政府服务定制方的合同而被迫进行完全重组。过去两年间,心理健康协会地方分支机构经常发生类似的重组事件,该协会地方分支机构从200多家锐减至147家。主要原因是其地方分支机构失去收入来源,即无法获得与公共机构签订的心理健康服务交付合同,结果造成23次合并,导致组织数量减少(Interview Mind)。2015年年初,伦敦威斯敏斯特区心理健康协会和旺兹沃思区(London Borough of Wandsworth)心理健康协会合并成新的旺兹沃思和威斯敏斯特心理健康协会。旺兹沃思区议会之前的采购战略采用拨款和整体合约的方式，这也是当时旺兹沃思心理健康协会所经历的方式，而后来该方式改为由服务用户使有个人预算，直接向服务供应商付款，大幅削减其资助，进而威胁到地方慈善机构的财务健康（Wandsworth Mind, Annual Report 2012/13）。为正常运营，继续为当地心理健康有问题的人士服务，当地心理健康协会的分支机构与威斯敏斯特心理健康协会合并。这样的结构重组会带来管理成本和人员管理问题，从而改变组织运营。

采购过程同时也影响大型慈善机构，即使其中一些组织合同工作量和数量均有所增加，也不能幸免，这些组织不得不采取提高效率的措施，节省营业成本，重新思考自己的业务发展模式。例如，智障服务协会指出，地方政府出台了强制性养老金制度，不久将出台全国生活工资标准要求，因此采购过程给服务合同带来了额外财务压力。智障服务协会自认为是一个合格的用人单位，然而，由于公共资金紧缩，服务价格正受挤压，它认为以上要求会对整个行业产生重大影响，将提高服务成本。这将极大地影响社会组织运营成本管理和志愿部门内部雇佣关系，从而有可能影响社会组织服务质量。

一些组织不得不重新考虑自身的筹资策略，寻求收入多元化。然而，在残疾人领域，收入多元化非常困难，这是因为有学习障碍的人士所需的基础关怀服务主要依赖公共资金。因此，智障服务协会无法实现其关怀和支持服务筹资渠道多元化，不仅是因为这些服务为法定服务，中央政府和地方政府有法定义务提供这些资金，而且因为使用慈善资金交叉资助关怀和支持活动不可持续。另外，这会给地方政府错误的印象，在明明不可行的时候，认为动用慈善资金满足关怀和支持需求"可行"。然而，志愿组织正通过其他途径，使用不同服务设计，或通过不同的模式，如更多地利用志愿者、社区和社会网络来供应服务。例如，克罗伊登心理健康协会表示，组织将"需要更加自力更生……进一步增强自己的筹资能力，来为地方政府定制人不愿资助，或无法资助的服务提供资金……加强社会组织与社区的联系，以控制社区行动，招募更多志愿者，从而拓展志愿组织服务"（Mind in Croydon, Fundraising Strategy 2013-16）。这无疑表明，志愿部门已经感受到了影响，志愿组织需要寻求其他筹资渠道来资助组织活动，以应对变化。

一些志愿组织也考察不同服务方案。例如，全国心理健康协会正考虑各种方案，例如，开发全国层面的服务，然后通过地方分支网络逐级推广，以提供标准化的服务；或通过加强系统内合作，根据较大的合同（Interview Mind）交付服务。然而，这一策略的不足之处在于它丢掉了地方分支机构竞标合同中所供应服务的附加值，有附加值的服务更加立足当地社区，更加侧重服务当地社区有心理健康问题的人。同时，心理健康协会正探索新服务设计方式，比如让服务用户参与设计过程来共同设计服务，从而更好地满足有心理健康问题人士的需求，造福他们，这是因为，他们觉得自己是创新流程中的一分子，这种设计方式已经得到了展示（同上）。

采购过程对行业内志愿组织内部流程的最终影响是使志愿组织更加厌恶风险，因此扼杀创新。此前，志愿组织可以开发一种新鲜的服务来满足需求，可以从地方政府寻求拨款资助。然而，由于有了采购过程，志愿组织失去这一优势和社交能力，缺少必要的地方政府保障和承诺，而不敢冒风险在志愿部门内进行创新。这已经引起行业内新的担忧。

（二）残疾人社会关怀领域志愿组织发展受到的不利影响

竞争性服务采购过程让志愿组织变得越来越"像企业"。一些组织正专注于它们战略性"业务开发"。如上所述，它们在重新思考筹资战略，寻找创新的筹资模式。这包括考虑商业或投资机会，例如，心理健康协会在伦敦证券交易所发售慈善零售债券（Charity Retail Bond）为其黄金巷住房项目（Golden Lane Housing）筹集资金。

此外，一些志愿组织希望地方政府像近几年一样，减少自身的关怀服务交付量，增加关怀服务外包量。通过这种方式，志愿组织和其他私营部门的机构成为地方政府的"采购分支机构"（Interview Mencap 2015）。不过，这成了志愿组织的严重问题，因为事关志愿领域存亡问题；志愿组织必须作出重大决定，决定是否牺牲其价值观、服务质量、独立性，来投标争取合同，求得生存。成为地方政府"采购分支机构"，志愿组织则失去附加值、失去在当地社区的根基，进而也丧失组织独立性。

采购流程和财政紧缩背景下的财力压力对整个志愿部门的可持续性发展带来了不利影响，对就业影响最严重。服务价格面临下行压力，拥有规模经济的大型组织获得更多青睐，从而赢得合同，这种趋势将把志愿领域优质供应商逼出市场，而这些供应商同时也是不错的用人单位，这种挤压优秀供应商的风险已经存在。同时，志愿组织行业也存在失业或裁员风险（Cunningham and James，2009）。随着服务减少，合同无法提供足够的工作岗位。随着组织重组，裁员，他们越来越依赖志愿者。新的就业法规，如强制性养老金计划，或国民生活工资标准进一步给志愿部门发展带来压力。此外，它迫使志愿部门交付地方政府未采购的法定或非法定服务，因为志愿部门确认，这些服务旨在满足未满足的需求。在残疾人服务领域，志愿组织感到各方，即地方政府、组织成员和服务用户及公众的期望越来越高，希望志愿组织不论出现何种情形，都交付服务。这些问题不仅使志愿组织的服务质量面临风险，也使得行业内的小型组织的可持续发展岌岌可危。

一揽子合同下，出现了健康服务和社会关怀服务合并的趋势，因此，预计志愿组织将不得不转而与其他私营单位或志愿组织联合参与投标，因而出现更多跨地区联合服务定制。

残疾人服务领域尤其如此，因经费削减，所以存在残疾人服务受益人资格标准收紧的重大风险。这意味着，志愿组织可能不得不放弃服务目标群体，转而提供一般服务，或转而为更加严重或极度依赖关怀支持的群体提供服务，同时也意味着，大量残疾人可能面临不能享受服务的风险，下面将予以说明。另外，由于采购流程强调"物有所值"，服务供应商有可能总想着合同条款、定价和性价比，而忽视组织满足弱势群体需求的主要目标。

（三）志愿部门的新担忧

采购给志愿组织带来严重的担忧。志愿部门拥有自身的价值观和特质，为某一事业而奋斗，但是却变得越来越"像企业"（Interview Mind）。公共部门服务定制方已经青睐有规模效应的机构，这意味着，有时赢得合同的供应商为更加"像企业"的大型组织，它们拥有专业团队编写标书，却未必能提供最优质的服务，更非最能了解和满足用户需求。

除了这一点，还存在的担忧是，采购流程正削弱志愿组织的服务创新能力，以及它们与地方政府部门交流和协作的能力。采购中,服务定制方设计要采购的服务,而在有拨款资助的情况下,志愿组织可充分利用对社区的了解和在社区的根基来提供最满足用户需求的服务。服务设计过程缺乏用户参与意味着,在某些情况下,投标争取的服务甚至不能正确满足目标人群需求,正如受访组织所指出的情况那样;同时,因为志愿组织必须按照合同规定和事先规定的目标供应服务,所以采用采购的方式也削弱了志愿组织的服务创新能力。这也是地方志愿组织的附加值因采购的方式而降至最低的主要原因。因此,一些志愿组织例如心理健康协会倡导共同供应服务,让服务用户和服务供应商共同设计服务,来改善服务定制(Slay and Stephens, 2013)。

最后的担忧是,采购流程影响志愿部门设计和交付服务。财务压力与日俱增,志愿组织服务转变成非个性化的大规模服务,例如,原来,志愿组织提供小规模的住宿支持,让残疾人能够独立生活,这种情况下,3~5人共同生活在社区内;而后来,志愿组织提供大规模安老院舍。这是服务领域走向规模经济的另一个例证,对整个领域、服务质量和服务用户生活质量产生了巨大的不利影响。因此,志愿组织另外一个普遍的重大担忧是采购流程对残疾人的影响。

(四) 对用户的影响

已经注意到,健康和社会关怀服务领域的制度安排可以对服务用户产生重要影响,尤其是关怀服务资格标准越来越严,地方政府基本不为弱势群体提供法定服务。例如,过去几年,在140万学习障碍人口中,平均只有16万人经审查视为有极其重要或切实需求,而享受社会关怀支持服务(Interveiw Mencap 2015)。收紧社会关怀服务资格标准可能使一些更加严重或轻症病人面临风险,使得他们的需求未能得到满足,直至病情危急。实际上,这会反作用于公共部门。有迹象表明,若人们的低层次需求未得到满足,他们对其他服务的需求则会增加,正如在国民保健服务领域,会因此带来更多更昂贵的服务需求(Slay and Penny, 2012)。举例来说,对有心理健康问题人士提供非常初级的服务,例如交友,可以防止他们病情恶化,从而避免高达60%的入院治疗,这些医院包括医院和精神病院(Mind in Croydon, 2014)。

另外,采购流程中规模效应的因素使得社会关怀服务变成通用、缺少个性化的大规模社会服务,也影响其服务质量。所有这一切,让本已因残疾处于巨大社会经济压力下的残疾人面临更大的社会经济和健康风险。

八、小　结

自19世纪末期以来,社会组织一直积极支持和服务残疾人,但20世纪以来,表现更加活跃。政府已制定相关法律条文来定义残疾,并规定国家服务残疾人的义务。因对残疾的态度和定义模式不同,相关法规一直变化。在英国,有关残疾成年人的主要法规为《2010年平等法案》,它对之前的医学残疾定义模式进一步发展,但有改善空间,可以像《联合国残疾人权利公约》一样完全采用社会残疾定义模式,认识到极度不利的环境、社会和经济障碍导致残疾。残疾人因残疾而承受巨大的经济压力;残疾人失业率相对较高,导致残疾人社会经济生活水平低,使得残疾人与健康人之间不平等进一步加剧。

社会组织主张,残疾人权利应受法律认可,倡导为残疾人提供诸如教育、住房、就业支持等社会关怀服务。鉴于残疾人生活所承担的经济压力,残疾人高度依赖公共服务和福利。社会组织同样也依靠公共资金作为主要收入来源,来服务残疾人,过去主要来源于政府拨款,现在则来自公共部门的服务定制与采购。然而,国家财政紧缩,地方政府预算削减,社会组织交付服务因而面临重大压力,同时,由于地方政府重点关注残疾人法定义务,这进一步收紧了接受服务的资格标准。这一变化使得残疾人面临更大的健康风险,使社会孤立加剧。除了服务定制方和地方政府公共资金的减少外,对社会组织来说,服务定制和采购流程似乎存在一些普遍不足和具体障碍。最重要的问题包括:服务定制方缺乏对其所负责的社会需求和社会关怀服务的专业知识,定制流程复杂,后者包括繁琐的官僚程序、复杂的财务安排、重价格轻质量、定制过程冗长,或为由有长期服务需求的残疾人提供短期服务合同等。这些缺点最大限度地降低了志愿组织的附加值,而这些附加值包括熟悉当地情况、价值观和创新能力,同时也让志愿组织在服务定制和采购过程中担忧其组织理念和组织能力的可持续性。

正如第六章所述,本研究可以从英国(主要是英格兰)吸取很多重要经验,对中国非常有价值。主要教训包括:服务定制团队成员有必要掌握残疾人服务的专业知识;有必要实施定性监督和评估标准,来更好地说明服务对残疾人生活质量的影响;有必要施行可重新协商、最低五年的长期合同,以便培养社会组织技能和创新能力,也是为了照顾到患有长期疾病的服务用户。地方政府向社会组织定制和采购的残疾人社会关怀服务应该侧重于从本质上改善他们的生活和促进他们在社区中的生活独立,以减轻他们对初级医疗服务的依赖。在服务设计时联合服务用户和服务供应商,也就是让他们合作设计服务,是残疾人社会关怀服务定制和采购成功的关键。

本章参考文献

Bell, D. and A. Heitmueller, 2009."The Disability Discrimination Act in the UK: Helping or hindering employment among the disabled?" *Journal of Health Economics*, 28, 2: 465-480.

Borsay, A., 2004."Disability and Social Policy in Britain Since 1750: a History of Exclusion". Basingstoke: Palgrave.

Brindle, 2015."State-funded care for UK disabled and elderly people becoming 'impossible'". *The Guardian*, 17 March 2015. Available at: http://www.theguardian.com/society/2015/mar/17/state-funded-care-disabled-elderly-impossible-directors-adult-social-services.

Clifford, D., F. Geyne Rajme, and J. Mohan, 2010."How dependent is the third sector on public funding? Evidence from the National Survey of Third Sector". *Third Sector Research Centre*, Working Paper 45. Available at: http://www.birmingham.ac.uk/generic/tsrc/research/quantitative-analysis/wp-45-how-dependent-third-sector-public-funding.aspx.

CRAE (Children's Rights Alliance for England), 2015."Children's Rights and the Law: UN Convention on the Rights of Persons with Disabilities". Available at: http://www.crae.org.uk/childrens-rights-the-law/laws-protecting-childrens-rights/un-convention-on-the-rights-of-persons-with-disabilities/.

Cunningham, I. and P. James, 2009. "The Outsourcing of Social Care in Britain: What Does it Mean for Voluntary Sector Workers?" *Work, Employment and Society*, 23, 2: 363-375.

Davies, A., 2013. "This Time, It's for Real: The Health and Social Care Act 2012". *Modern Law Review*, 76: 564-588.

Department of Health, 2010. "Excellence and Equity: Liberating the NHS". Available at: https://www. gov. uk/government/uploads/system/uploads/attachment_data/file/213823/dh_117794. pdf.

DfE (Department for Education), 2015. "Consultation on Young Carers' Draft Regulations: Government Response". Department for Education. Available at: https://www. gov. uk/government/uploads/system/uploads/attachment_data/file/410952/Consultation_on_young_carers_draft_regulations_government_response. pdf.

DfE DoH (Department for Education and Department of Health), 2015. "Special Educational Needs and Disability Code of Practice: 0 to 25 years. Statutory Guidance for Organisations Which Work with and Support Children and Young People Who Have Special Educational Needs or Disabilities". Available at: https://www. gov. uk/government/uploads/system/uploads/attachment_data/file/398815/SEND_Code_of_Practice_January_2015. pdf.

El-Gingihy, Y., 2013. "Health Act Means the Death of the NHS as We Know it". *The Guardian*, 20 March 2013. Available at: http://www. theguardian. com/commentisfree/2013/mar/30/health-act-means-death-of-nhs.

Fraser Butlin, S., 2011. "The UN Convention on the Rights of Persons with Disabilities: Does the Equality Act 2010 Measure up to UK International Commitments?". *Industrial Law Journal*, 40, 4: 428-438.

Gamsu, M., 2011. "Tell Us What the Problem is and We'll Try to Help: Towards More Effective Commissioning of Local Voluntary Sector Organisations". http://www. vsnw. org. uk/files/Final_Report_Version_V3%20FINAL(1). pdf.

GODI ((Government) Office for Disability Issues), 2011. "Equality Act 2010 Guidance: Guidance on Matters to be Taken into Account in Determining Questions Relating to the Definition of Disability". London: HM Government Office for Disability Issues. Available at: https://www. gov. uk/government/uploads/system/uploads/attachment_data/file/85038/disability-definition. pdf.

GU (Gov. UK), 2015. "Children with Special Educational Needs". Available at: https://www. gov. uk/children-with-special-educational-needs/overview.

Hastings, A., G. Bramley, N. Bailey, and D. Watkins, 2012. "Serving Deprived Communities in a Recession". York: Joseph Rowntree Foundation.

HSCIC, 2014. "Personal Social Services: Expenditure and Unit Costs, England, 2013-14". *Health and Social Care Information Centre*, National Statistics. Available at: www. hscic. gov. uk.

Holder, H., 2013. "Role of the voluntary sector providing commissioning support". *Nuffield Trust*: http://www. england. nhs. uk/wp-content/uploads/2013/11/role-vol-sect-css1. pdf.

Hunter, D., 2013. "Will 1 April Mark the Beginning of the End of England's NHS? Yes". *British Medical Journal*, 346: 16-19.

Institute of Public Care, 2010. "Gain Without Pain: How the Voluntary Sector can Help Deliver the Social Care Agenda for People with Disabilities". IPC, *Voluntary Disability Group*, Oxford Brookes University. Available at: http://ipc. brookes. ac. uk/publications/index. php? absid=663.

IPSEA (Independent Parental Special Education Advice), 2015. "SEN and Disability Law". Available at: http://www. ipsea. org. uk/what-you-need-to-know/sen-and-disability-law.

Krachler, N. and I. Greer, 2015. "When does Marketisation Lead to Privatisation? Profit-making in English Health Services After the 2012 Health and Social Care Act". *Social Science & Medicine*, 124: 215-223.

Kowalsky, M., 2005. "Review of Disability and Social Policy in Britain since 1750: a History of Exclusion". Reviews in History, *Institute of Historical Research*, 453. Available at: http://www.history.ac.uk/reviews/review/453.

Lockwood, G., C. Henderson, and G. Thornicroft, 2012. "The Equality Act 2010 and Mental Health". *The British Journal of Psychiatry*, 200: 182-183.

London Borough of Croydon, 2012-15. Commissioning Strategy. Available at: https://www.croydon.gov.uk/sites/default/files/articles/downloads/commissioning.pdf.

London Borough of Croydon, 2011-16. Draft Carers Strategy: The Next Step for Carers in London. Available at: https://www.croydon.gov.uk/sites/default/files/articles/downloads/draftcarersstrategy.pdf.

Macmillan, 2010. "The Third Sector Delivering Public Services: An Evidence Review". Working paper, University of Birmingham. Available at: http://epapers.bham.ac.uk/799/1/WP20_Service_Delivery_Evidence_review_-_Macmillan_July_2010.pdf.

Mencap, Annual Report (2014). Available at: https://www.mencap.org.uk/sites/default/files/documents/annual_report_2014_v12_AD.pdf.

Mind in Croydon, Annual Report (2013/14). Available at: http://www.mindincroydon.org.uk/DocumentLibrary/Annual%20Report%202013-14.pdf.

Mind in Croydon, Fundraising Strategy (2013-16). Available at: http://www.mindincroydon.org.uk/DocumentLibrary/Fundraising%20Strategy%202013%20_2_.pdf.

Mind in Croydon (2014). "Somewhere to Go, Something to Do". Available at: http://www.mindincroydon.org.uk/DocumentLibrary/Somewhere%20to%20go%20Something%20to%20do.pdf.

Moody, K., 2011. "Capitalist Care: Will the Coalition Government's 'Reforms' Move the NHS Further Toward a US-style Healthcare Market?" *Capital and Class*, 35, 3: 415-434.

Naylor, C., N. Curry, H. Holder, S. Ross, L. Marshall, and E. Tait, 2013. "Clinical Commissioning Groups: Supporting Improvement in General Practice?" *The Kings Fund and Nuffield Trust*: http://www.kingsfund.org.uk/sites/files/kf/field/field_publication_file/clinical-commissioning-groups-report-ings-fund-nuffield-jul13.pdf.

NCVO, 2010. "Civil Society Almanac 2010". *NCVO*. Available at: http://data.ncvo.org.uk/wp-content/uploads/2013/09/100420-NCVO_Almanac_2010_Final.pdf.

NCVO, 2015. "Civil Society Almanac 2015". *NCVO*. Available at: http://data.ncvo.org.uk/a/almanac15/.

NHS England, 2013. "Towards Commissioning Excellence: A Strategy for Commissioning Support Services": http://www.england.nhs.uk/wp-content/uploads/2013/06/towa-commis-exc.pdf.

NHS England, 2013. Bulletin for CCGs, Issue 31, 28 March 2013. Available at: http://www.england.nhs.uk/2013/03/28/ccg-bulletin-issue-31/.

NHS England, 2014. "Understanding the New NHS": http://www.nhs.uk/NHSEngland/thenhs/about/Documents/simple-nhs-guide.pdf.

Oliver, M., 1990. "The Politics of Disablement". Basingstoke: Macmillan Education.

Office of Budget Responsibility (2015). Available at: http://budgetresponsibility.org.uk/economic-fiscal-outlook-march-2015/.

Office for Disability Issues, 2014. "Disability Facts and Figures". ODI, Department of Work and Pensions, UK Government. Available at: https://www.gov.uk/government/publications/disability-facts-and-figures/disability-facts-and-figures.

Øvretveit, J., 1995."Purchasing for Health: A Multidisciplinary Introduction to the Theory and Practice of Purchasing". Buckingham: Open University Press.

Papworth Trust, 2014."Disability in the UK, 2014: Facts and Figures". Available at: http://www.papworthtrust.org.uk/sites/default/files/UK%20Disability%20facts%20and%20figures%20report%202014.pdf.

Peedell, C., 2011."Further Privatisation is Inevitable Under the Proposed NHS Reforms". *British Medical Journal*, 342: 2996.

Pollock, A. and D. Price, 2011."The Final Frontier: The UK's New Coalition Government Turns the English National Health Service Over to the Global Health Care Market". *Health Sociology Review*, 20: 294-305.

PPA [representatives from a group of different services], 2015."Progress in Preparing for Adulthood: Checking Your Progress in Delivering Personalised Support for Young People". Stockport: HSA Press.

Regional Voices, 2013."Clinical Commissioning: A Guide for the Voluntary and Community Sector". http://www.regionalvoices.org/ccgs.

Roland, M. and R. Rosen, 2011."English NHS Embarks on Controversial and Risky Market-Style Reforms in Health Care".*The New England Journal of Medicine*, 364: 1360-1366.

Ross, T., 2014."New Government Cuts Could See a Million State Jobs Go". *The Telegraph*, 21 June 2014. Available at: http://www.telegraph.co.uk/news/politics/conservative/10917232/New-Government-cuts-could-see-a-million-state-jobs-go.html.

Salman, S., 2015."Cutting Employment Support of Learning Disabled People is a False Economy". *The Guardian*, 5 May 2015. Available at: http://www.theguardian.com/society/2015/may/05/learning-disability-employment-support-cut-false-economy-benefits.

Sapey, B., 2010a."Disability Policy: A Model Based on Individual Autonomy", English language version of: Sapey, B.(2010b)."Politique du handicap: un modèle basé sur l'autonomie des personnes". *Informations Sociale*, 159: 128-137. Available at: http://eprints.lancs.ac.uk/35506/2/Disability_Policy_a_model_based_on_individual_autonomy.pdf.

Scope, Mencap, National Autistic Society, Sense and Leonard Cheshire, 2013."The Other Care Crisis: Making Social Care Funding Work for Disabled Adults in England". Authors: Brawn, E., Bush, M., Hawkings, C., and Trotter, R. Available at: http://www.scope.org.uk/Scope/media/Documents/Publication%20Directory/The-other-care-crisis-1.pdf?ext=.pdf.

Scope, 2014."Priced Out: Ending the Financial Penalty of Disability by 2020". Report author: Ellie Brawn, Scope. Available at: http://www.scope.org.uk/Scope/media/Documents/Publication%20Directory/Extra-Costs-Report.pdf?ext=.pdf.

Slay, J. and J. Penny, 2012."Doing Services Differently: Local Innovations for Disabled People and Their Families". *New Economics Foundation*, research commissioned by Scope. Available at: http://b.3cdn.net/nefoundation/c666a8e6a82df253ff_szm6y56ap.pdf.

Slay. J. and L. Stephens, 2013."Co-production in Mental Health: A Literature Review". *New Economics Foundation*, research commissioned by Mind. Available at: http://www.neweconomics.org/publications/entry/co-production-in-mental-health-a-literature-review.

Smith, J., P. Porter, S. Shaw, R. Rosen, I. Blunt, and N. Mays, 2013."Commissioning High-quality Care for People with Long-term Conditions". *Nuffield Trust*. Available at: http://www.nuffieldtrust.org.uk/sites/files/nuffield/publication/nt_commissioning_high_quality_care_summary_.pdf.

Spicker, P., 2012."Personalisation Falls Short". *British Journal of Social Work*. Available at: http://bjsw.oxfordjournals. org/content/early/2012/05/08/bjsw. bcs063. full. pdf+html.

Tyler, I., 2013."Revolting Subjects: Social Abjectification". London: Zed Press.

Walker, 2015."Public Sector Staff Made Redundant by Tory Cuts will Have Nowhere to Go". *The Guardian*, 22 June 2015. Available at: http://www. theguardian. com/public-leaders-network/2015/jun/22/public-sector-staff-redundant-tory-cuts-nowhere-to-go.

Wandsworth Mind, Annual Report (2012/13). Available at: http://www. wwmind. org. uk/DocumentLibrary/Wandsworth%20Mind%20Annual%20Report%202013-14. pdf.

Woodhams, C. and S. Corby, 2003."Defining Disability in Theory and Practice: A Critique of the British Disability Discrimination Act 1995". *Journal of Social Policy*, 32, 2: 159-178.

Woodhams, C. and S. Corby, 2007."Then and Now: Disability Legislation and Employers' Practices in the UK". *British Journal of Industrial Relations*, 45, 3: 556-580.

第四章 儿童服务定制和采购

一、目的和目标

（一）目的

本报告旨在概述儿童福祉和保护领域的立法、政策及实践措施，以及政府就该领域向国家和地方各级社会组织定制及采购公共服务的流程。研究选取布赖顿-霍夫市议会为例，剖析地方政府的招标及采购流程。选择布赖顿-霍夫市因为该地离研究人员较近，该案例代表了常规的定制与采购流程和结构，以及面临的制约和挑战。

（二）目标

研究此案例的具体目标是：

1. 概述英国（主要是英格兰地区）儿童服务（福利及保障）的法律、政策背景以及发展沿革，特别考察社会组织的作用，以及社会组织与政府服务供给的关系；
2. 概述社会组织目前服务供给的范围，社会组织与立法及当今通行惯例的关系，特别是与国家组织和地方服务的关系；
3. 概述定制与采购的流程与经验，主要以布赖顿-霍夫市为例。

二、方　法

此项案例研究方法与第一章所述类似。研究包括半结构化访谈，受访对象为布赖顿-霍夫市①儿童服务领域的关键知情人。本章还包含文献综述所含案例、最佳实践范例，以及凸显特定制约因素和挑战的个案。实地调查的成果受国家和地方选举以及紧缩政策等大环境的影响。需要强调的是，预算削减影响了地方儿童服务的发展。为阐释儿童服务环境、总结最佳做法，本章还涵盖以往经验中发现的问题。布赖顿-霍夫市地方政府的变化，以及中央政府的变化使得未来的计划调整，定制部门的结构也相应变化。然

---

① 受访机构包括布赖顿-霍夫市议会、布赖顿-霍夫青年联合会（Brighton and Hove Youth Collective）、儿童和青年护理人中心及青年中心（Young People's Centre）。在布赖顿-霍夫和萨福克市（Suffolk）分别与社会服务、志愿行业以及儿童和青年工作领域的工作人员进行讨论。

而,此项案例研究中罗列的最佳实践相关原则及问题仍然非常典型。

三、儿童服务背景

在英国,政府越来越多地进行儿童服务的定制和采购。这种趋势不断发展,并且正在重新塑造地方政府在儿童照料及相关社会工作方面的作用。儿童服务指针对儿童及青少年,特别是需要帮助的那些群体,提供的一般性服务和专门性的儿童保护服务(Alcock and May 2014:165)。此外,儿童服务也包括一部分针对涉罪儿童的服务和幼年(5 岁以下)教育服务。这两类服务曾在近代合并,但现在普遍将儿童教育视为单独工作。为了解采购流程,有必要简要概述儿童服务的发展背景、儿童服务与非政府部门的关系,以及 20 世纪中期以来现代服务供给的结构变化。根据英国法律采纳的国际公约,即《联合国儿童权利公约》(United Nations Convention on the Rights of the Child)标准,儿童是指年龄未满 18 岁的人。但某些法律,尤其是管辖由国家托管儿童的法律规定,年满 18 岁后仍可获得某些服务。有些英国的法律和实际做法还涵盖不超过 25 岁的青少年。"青少年"一词在许多欧洲国家通常指从 14、15 或 16 岁到 25 岁的年龄段。这与儿童的年龄段有交叉。因此,部分面向青少年的服务也涵盖儿童。

四、背景:儿童服务法律及政策的发展

这一部分介绍当代儿童服务政府法律和政策的背景,以及当前背景下,政策和服务供给的变化情况。本节着眼于社会领域服务供给的发展,这些发展在战后改革结束后仍影响了法律和公共供给的方方面面。1948 年后的公共服务和社会工作的发展是 1989 年立法的必要环境,该项立法持续为儿童保护服务提供框架。21 世纪的后续政策和法律改革更注重社会工作实践的监管,也强调根据当地情况,开展预防性工作,实施公共服务规划及定制。

(一)背景:儿童服务及公民社会

19 世纪,英国非政府部门在儿童服务发展中发挥了尤为重要的作用。在此之前的 18 世纪初期,伦敦每年有 1000 多个弃婴,一家慈善机构应时而生。1793 年,托马斯·考勒姆(Thomas Coram)成立流浪及被遗弃儿童抚育院(Hospital for the Maintenance and Education of Exposed and Deserted Children)。截至 1953 年关闭,该机构照料了超过 2.7 万名儿童(Foundling,无日期)。整个 19 世纪,资本主义、工业化及城镇化不断发展,农村人口源源不断向城市迁徙,社会对儿童群体生活的关注与日俱增。19 世纪上半期,人们关注焦点是童工问题。1844 年《工厂法》规定工厂雇佣童工的最低年龄为 8 岁,8—13 岁童工每天工作时间不超过 7 小时,并将为期半天的在校教育时间延长了 3 小时(Horn 1997:111)。到 19 世纪中期,四类儿童引发了全国关注,直至 60 年代末。四类儿童包括街头儿童(流浪儿童、乞丐、街头小贩)、未成年罪犯、童工及《济贫法》照料的儿童。这在一定程度上反映了一些当代弊病,儿童无家可归、乞讨、触犯法律以及国家托管(收容和寄养模式)。而

童工问题已逐渐被义务教育问题取代。

为解决以上问题①，19世纪末期，大量社会组织应运而生，为儿童提供服务。当时，国家针对上述儿童群体的措施基本上仅限于1834年《新济贫法》（1834 New Poor Law）的规定，即通过"济贫院"为赤贫人群提供基本服务（济贫院居民和外部人员均认为条件很恶劣）。进入济贫院的家人被分配到男性和女性宿舍，年幼的孩子和母亲一同居住。另一方面，非政府慈善组织收容和照料从街上"解救"来的孩子，其中有些慈善组织与宗教组织有联系。有两种非常重要的组织类型：其一是流浪儿童学校，学校提供寄宿，例如巴纳德（Barnardo）医生②建立的学校；其二是贫困家庭赠款委员会，尤其是慈善组织会社（Charity Organisation Society）（Koven 2006）。许多成立于19世纪的社会组织延续至今，有些已发展成为大型国家机构，并具有国际影响力，如19世纪50年代，巴纳德学校参与了将儿童送到澳大利亚和加拿大的活动③。

在19世纪，另一个引发越来越多关注的重大问题是虐待儿童，特别是家庭成员对儿童的虐待。儿童虐待包括忽视，如不提供饮食、家庭卫生条件差、父母酗酒，以及虐待，特别是对儿童实施暴力以及性虐待（见Ferguson 2011和2004）。为此，社会组织相继成立，如防止虐待儿童协会（Societies for Prevention of Cruelty to Children）。首家防止虐待儿童协会于1883年成立于利物浦，此后各地成立了兄弟组织。于1884年成立的伦敦防止虐待儿童协会将各地的防止虐待儿童协会发展为分支机构，转型为全英防止虐待儿童协会（National Society for the Prevention of Cruelty to Children，NSPCC）。该协会及其地方分支大力呼吁变革。1889年，《防止虐待儿童法案》（Prevention of Cruelty to Children Act）获得通过。新法案赋予社会组织，特别是全英防止虐待儿童协会，干预家庭生活的权力。

全英防止虐待儿童协会的社工被称为检察员。在英格兰和威尔士地区，检察员"有权力调查涉嫌虐待儿童的行为，并起诉涉嫌虐待儿童的父母"（Ferguson 2011:17）。在协会参与前，警察全权负责处理虐童案件，但其目的是抓捕罪犯，而不是"帮助父母尝试改变或在起诉后持续了解儿童的安全和健康"（同上）。全英防止虐待儿童协会发展至今，有权力与地方政府的社工和警方共同调查案件。协会社工当初通过家访建立儿童保护框架。这种战略一直延续至今。"到19世纪末期，现行儿童保护法的大体内容已经成形"（Corby 1993:19）。苏格兰的情况直到现在都不一样：苏格兰地区不受全英防止虐待儿童协会的管辖，苏格兰的儿童保护立法和服务一直以来都是独立的（Ferguson 2004:30）。1948年儿童服务供给发生巨大变化后，全英防止虐待儿童协会的权责得以延续，这标志着20世

---

① 参见Koven 2006最新的关于志愿组织的活动及其与国家服务供应之间的联系的观点。
② 巴纳德（Barnardo's）起初名为巴纳德博士孤儿院（Dr. Barnardo's Homes，参见下一条注）。
③ 巴纳德机构原名巴纳德博士孤儿院，拥有多家孤儿院。20世纪50年代之前，巴纳德和其他一些儿童机构把一些孤儿移民到澳大利亚和加拿大。这一政策在20世纪60年代被取消。英国前首相戈登布朗（2007—2010）在2010年代表英国政府就这一儿童移民政策公开致歉。现在看这项政策在当时其实是有良好的意图，但是在执行上造成将儿童强制性与其所生活的社区分离且很多儿童遭遇苦难的经历。那些孤儿现在在国际上也被看做是怀有善意的机构，但做法不当且毁坏了抚养儿童成长的家园。巴纳德夫妇将机构名字由巴纳德博士孤儿院改为巴纳德，也有一部分原因是希望反映出政策的变化，而且现在机构名字就仅仅是简单的巴纳德。英国政府对于儿童移民政策的公开致歉受到各家组织的欢迎。巴纳德表明："巴纳德欢迎英国政府致歉，尽管当时儿童移民政策是被接受的政策，但我们相信当时所发生的是对政策的错误理解和执行；不管这一政策的初衷多么良好，对于很多儿童来说却带来了痛苦的经历；因此我们对巴纳德博士孤儿院当时在这一过程中的行为深表遗憾"（Barnardo's 2015）。

纪后半叶,社会组织在提供儿童服务方面始终占据重要一席。

(二) 20世纪40—80年代的改革

二战后,儿童服务经历重大变化,政府大力推动公共服务供给,重塑儿童(及成年人)福利。与此同时,男童丹尼斯·奥尼尔(Dennis O'Neill)之死推动了法定儿童服务的发展。媒体广泛报道丹尼斯·奥尼尔被其养父杀害一案,呼吁推进儿童保护。(21世纪儿童服务的形式发生变化,一定程度上也是由媒体宣传引发的,促使政府调查父母或监护人致死儿童案件。)20世纪40年代,对奥尼尔案件的调查(Monckton Report, 1945)提出亟须专门从事儿童服务的社工。后续报告建议社工受雇于公共机构(Curtis Report, 1946)。随后1948年《儿童法》规定地方政府成立儿童工作部门。这些部门负责聘请社工,以认定并保护有受虐风险的儿童(Alcock and May 2014:169)。国家政策在19世纪60年代末重心转向社会工作,将其与教育以及卫生医疗、住房和社会保障(救济款)一起列为主要社会服务。社工教育及培训理事会(Council for the Education and Training of Social Workers)随即于1970年成立,负责认定大学课程。

1989年《儿童法》(The 1989 Children Act)(适用于英格兰和威尔士,1995年修订版将适用范围扩大到苏格兰和北爱尔兰)大力推进了专门针对儿童的社会工作。该法案奠定了英国儿童保护的现行原则与流程框架,即儿童福祉的最大化,家庭尽可能参与关爱儿童。在这方面,该法案一定程度上呼应了1989年《联合国儿童权利公约》有关实现儿童最大利益和以家庭为工作重点的原则。公约问世后不久,英国于20世纪90年代签署并批准。

地方政府的责任包括持续登记当地高风险儿童,当怀疑儿童可能遭受重大伤害时,将其带离其家庭。因安全考虑被带离家庭的儿童,依法移交国家即地方政府托管,但必须得到妥当安置,有居住场所。19世纪社会组织建立了大型收容中心,一直延续到20世纪80年代。然而1989年《儿童法》和《联合国儿童权利公约》强调家庭的重要性,相应地,托管体系逐渐从收容机构转向家庭。直到19世纪90年代,地方政府仍保留了大量的儿童收容设施,但这些机构的特点也体现了儿童服务政策的变化,由国家或公共供给转向公共定制和采购。为符合以家庭照料为主的要求,(2011年)大多数儿童(74%)被安置在寄养父母身边。16%的儿童采用其他多种安置方式,包括依法移交国家托管,但在监护下返回家庭(见Alcock and May 2014)。其余10%(6000多名儿童)被安置在收容中心。只有25%的收容中心为地方政府所有:大部分是私营机构。大型股份公司提供这些收容中心,并采用盈利模式获得稳定收入。尽管在19世纪,社会慈善组织是主要的服务供应商和范本,但到20世纪末期,社会慈善组织开始提倡寄养和收养。

(三) 21世纪的改革

正如阿尔洛克(Alock)和梅(May)(2014)指出,儿童保护本身仍然以专业判断为基础,因为"法规难以确定儿童何时有遭受伤害的风险"(p.171)。因此政策更加关注过程,如收容中心安置服务类别的演变(从大型收容中心到小型收容所再到寄养照料)。在21世纪,在册受保护儿童及受托管儿童数量攀升,部分原因是回应公众和媒体对儿童居家死亡案件(特别是两个关键案件,见下文)的强烈抗议,以及政策重心转向加强预防和提升儿童安全。儿童保护登记数量从 20 世纪 90 年代开始有所减少,但在 2007 至 2011 年期间,保护登记数从 34623 人上升到 50552 人。受托管儿童数量在 2011 年增加至 65520 人,为 1987 年以来的最高值(Alcock and May 2014:172)。

两个关键案件之一是维多利亚·克里比(Victoria Climbie)之死。维多利亚·克里比被"照料人"或监护人(她的姨母)折磨致死。政府对此进行调查,随后于 2003 年出台政策文件《每个孩子都重要》(Every Child Matters),以及 2004 年《儿童法案》(2004 Children Act)。政策重心转移到预防性工作和提升全体儿童的安全水平,逐渐摆脱单纯强调儿童保障程序。依法成立的地方儿童保护委员会(Local Safeguarding Children's Boards)取代了各地的类似机构。预防性工作不只是社工与家庭保持联系,地方政府还有责任为儿童提供幼年服务(包括为 5 岁以下的儿童提供教育和支持),包括支持最脆弱群体。这也可以视为"预防"工作的部分内容。地方政府还对涉罪儿童负责,社工也要参与上述过程,包括照料儿童、监督儿童并协助其脱离监禁,某些情况下甚至需要将儿童安置在安全的收容机构。地方政府的法定职责在于帮助涉罪儿童,而非确保提供服务以预防未发现违法风险的儿童犯罪。鉴于预防性工作仍很必要,转由社会组织负责。

该法案要求地方政府每年制订《儿童及青少年计划》(Children's and Young Person's Plans),并承担起与伙伴机构合作提供儿童服务的责任。为此,多数地方政府建立了儿童信托基金(Children's Trust)机制。2009 年,这一做法成为法定责任,范围扩大到合作以及统筹伙伴机构资金,以期"促进联合规划与定制,通过社工与保健视察员、学校及其他服务机构的联络,更好地识别及照料需要额外支持的儿童及青年"(Alcock and May 2014:173)。教育标准局是负责审查学校和教育服务的政府机构,其对新的指导和规范构成补充,负责审查所有参与儿童服务的机构,包括跨部门服务项目或协同合作项目。

第二个关键案例是"婴儿 P"在自己家中死亡一案(受害者真实姓名在庭审中未予公布)。此案调查适逢 2004 年《儿童法案》的修订内容实施。2009 年,在案件发生及庭审后由拉明(Laming)爵士牵头调查。调查后,新当选的联合政府再次审议儿童服务,并在 2011 年发布《蒙罗报告》(Munro Report)。拉明爵士主持的审议找出了实践措施而非政策方面的薄弱环节,特别涉及社工招聘、培训及监管方面。审议还针对社会工作培训及监管提出了建议。

蒙罗审议完成后,政府开始承担合作责任。但政府并非制定更大规模的全国性规划,而是要求各地儿童信托基金理事会根据当地实际情况,发展更灵活的伙伴关系及规划,加强监察流程。地方政府不再受要求制订《儿童及青少年计划》。进行上述调整时正值地方政府预算大幅削减,被视为能"引发大范围组织变革和市场化"(Alcock and May 2014:174)。在实践中,地方政府出台多种提供儿童服务的措施,如将儿童社会服务并入教育部门或成年人服务部门,或联合其他地方政府共同提供儿童服务,或向外部机构定制多数儿童服务,而地方政府仅履行法定义务。

(四)2014 年法律

最新立法是 2014 年 3 月生效的 2014 年《儿童及其家庭法案》(2014 Children and

Families Act)。一家专业期刊评价该法案"涵盖领养、特殊教育需求、受托管儿童等方面改革,启动了孤儿院的变革……该法案内容广泛,从学校餐食到车内吸烟都有所涉及。但其包含富有争议的重大变化,涉及领养方式以及改善受托管儿童生活的重大改革"(Donovan 2014)。

对于地方政府而言,主要变化在于领养服务的调整,其目标是重塑领养体系,更快速地安置儿童,不再对儿童的种族、宗教、文化或语言背景做要求。该法案赋予政府权力,在其认为必要的情况下,可要求地方政府将选择收养人的工作外包给外部机构。这符合当前地方政府由内部提供服务转向向外部机构定制和采购服务的发展趋势。该法案的这部分内容从2014年5月开始实施,但是"政府必须通过后续立法才能指示地方政府将职能外包"(Donovan 2014)①。该法案允许儿童接受收养照料直到年满21岁。其他变化包括加快法院处理收养程序(当儿童转交地方政府托管时)以及为新的儿童之家监察规范提供立法基础(见Donovan 2014)。涉及残疾儿童和青少年护理者的领域也有重大变化(见第三章)。

由于这项法律最近才颁布,各部分仍在实施过程中。但从最近的实施情况可以看出儿童服务的变化趋势。社会组织及地方政府在服务供给、向公众沟通及阐述政策及法规的变化、说明对相关人员的影响等方面起着非常重要的作用。相关人员包括服务管理和从业人员,以及家庭和儿童本身(通常使用适合儿童的材料帮助其理解服务,如政府版本)(教育部2014)。

五、社会组织和当前其他服务供应

现行法律规定,维护儿童(以前称为保护儿童或儿童保护,即应对虐待或疏忽问题),并与合作伙伴共同提供预防性服务(支持家庭预防虐待或疏忽问题出现)是地方政府的法定义务。维护工作通常由法定的多部门团队完成,团队成员包括来自地方政府的社工、医疗工作者、教育部门和警方。根据情况评估与地方政府需求,由地方确定预防性服务的性质、范围和规模。有些服务是直接向社会组织或私营组织定制和采购。如上所述,私营部门主要参与为受托管儿童提供收容中心,为涉罪儿童提供安全住所等服务。这些服务能提供相对较高和较稳定的收入来源,且需要较大的资本投入。也有一些私营寄养机构,为受国家托管儿童(实际由地方政府托管,正式名称为"受托管"儿童)提供安置和寄养家庭。尽管有些社会组织提供方本质上是非营利企业或社会企业,但基本上私营部门较少或几乎不参与预防性工作。婴儿护理和幼年服务(6岁以下)等相关的内容由小型私营企业或个人提供。

协同合作日益增多,加上服务定制与采购,使社会供给方式愈发多样化。这推动了某些老牌"传统"慈善机构转型,特别是大型全国性组织将重心转向通过合同提供服务。一些地区性(郡一级)或地方性(城镇一级)的组织转变为投标方,类似于地方性社会企业,

---

① 多诺万(Donovan)2015年2月在网上更新了他的文章并提到二级立法并没有获得通过,而且应该是在2015年5月大选前也没有获得通过。

即采用企业模式运营,但不以营利为目的。大型全国性儿童组织和地方社会组织下属的社会企业部门利用利润来补贴或提供地方政府不进行定制的服务。此外,小型地方社会组织也提供特定的地方服务。然而,随着定制和采购趋势持续,以及中央政府要求地方政府压缩收入、削减收支,小型社会组织面临的形势也在变化。在过去,部分组织可能获得地方政府拨款来提供服务。但政府向定制及采购转型,可用收入减少(预算削减),导致政府将资金重点用于法定义务,即特别关注儿童保护以及经评估为关键性的预防性工作。

(一) 全国性社会组织

全国性组织参与两种类型的服务定制:中央政府和地方政府招标。为中央政府提供的服务包括政策支持和指导。例如,国家儿童局(NCB)和帮助儿童(4 Children)联合建立"儿童伙伴关系"(The Children's Partnership),成为国家教育部 2013—2015 年的社会组织(志愿者、社区和社会企业)战略合作伙伴。"儿童伙伴关系"的作用是让这两个组织与其他组织合作,"向政府提供政策和执行建议,支持该领域制定可持续的新方法,与儿童和家庭进行合作"(TCP 2015)。"儿童伙伴关系"主要与其他全国性组织合作,如巴纳德(Barnardo's)、全英防止虐待儿童协会(NSPCC)。该伙伴关系优先关注两个领域:幼年服务和儿童照料,收养及受托管儿童,与 2014 年法案的内容相呼应。第一项工作重点由帮助儿童牵头,提供高质量的服务,满足父母需求;第二项工作重点由国家儿童局主导,加快收养流程(TCP 2015)。国家儿童局历来是政策和研究组织,而帮助儿童从成立之初就一直专注于服务提供。

全国性机构也参与地方服务供给,服务地区可能是机构初创时提供服务的地方,也可能是在实行定制模式前其运营的地区。现在,这些组织越来越多地在合同规定区域提供服务,也就是说,在哪里中标了或是在哪里入选了,就在当地运营和提供服务。预防性服务的类型围绕儿童中心的不同目标划分。如,为弱势家庭和儿童提供广泛支持(包括对父母的培训和其他支持)以及通常与幼年服务挂钩的日托服务。小型区域和地方社会组织也提供这些类型的预防性服务,他们在条件许可情况下参与定制与采购(见下文)。

另一个重要领域是支持青少年护理人员。很多儿童参与护理父母或其他家庭成员,还要兼顾学业。他们的护理使得家庭成员能留在社区,保持家庭完整。否则,其父母可能被安置到护理社区,或者需要花钱购买支持服务,而子女可能被安置到别处。人们认识到儿童提供护理的重要性,也了解他们需要支持。服务供给随之增加,大多通过定制由全国和地方性组织提供。

涉及全国性组织的采购资金每年高达数百万英镑。相比之下,地方或区域工作(即与地方组织签订单项合同)的采购资金要少得多,每年仅几十万英镑。小型组织能够竞标的合同规模有限(见下文),可能需要建立伙伴关系才能中标。

以英国圣公会于 19 世纪成立的儿童协会(The Children's Society)为例。截至 2013 年 4 月的一年中,该协会从中央政府获得 951 万英镑(前一年为 1127 万英镑),从地方政府获得 1320.6 万英镑(前一年为 1156.3 万英镑),政府资助合计从 1269 万英镑增至 1415.7 万英镑。此外,该组织还收到慈善机构及信托基金(如大乐透)的捐赠(CS 2013)。

来自中央政府的收入包括内阁办公室、就业和养老金部、教育部、卫生部及内政部定制的服务,基本上围绕实践创新、为家庭提供灵活支持、青少年护理人员的教育支持、儿童及青少年的性健康工作、儿童和青少年犯罪预防等项目开展。来自地方政府的收入包括全国各地的地方服务定制及采购。另外,大乐透也是重要收入来源,但其捐款用于指定地区的具体项目,例如涉及难民子女、离家出走儿童或与父母合作的项目(CS 2013)。

儿童协会是基于宗教信仰的大型全国性组织。协会可以募集自愿捐款并按需支出,不必局限于特定的区域或领域。这些资金可用于补贴政府拨款的工作,或者支付政府未定制的工作内容。尽管人们认为上述资金和补贴有助于在投标政府采购中胜出,但靠拨款和自愿捐款资助的工作基本相互独立,自负盈亏。区别在于大型全国性组织有能力雇佣专业筹款人员,提高自愿捐赠收入,也有能力雇佣专业人员支持竞标,赢取政府拨款或招标及采购。在2012—2013年期间,共筹得自愿捐款逾3000万英镑(包括通过义卖商店和其他活动筹款)。不过该金额应扣减超过1200万英镑的支出、筹资成本以及义卖商店成本(CS 2013)。

另一个基于宗教信仰(卫理公会)的全国性组织是儿童行动组织(Action for Children)。2012—2013年,该组织开展了支持儿童、青少年、家庭和社区工作等慈善活动,支出超过1.59亿英镑。但该组织财务报表没有将来自中央和地方政府的收入分开。除了募集大量自愿捐款,该组织明确表示希望从地方政府争取更多合同。2012—2013年度"成功推出大型新服务后",该组织实际合同规模较预算增长4.6%(ACH 2013:35)。然而,该组织意识到工作重点不仅是加强"我们支持弱势及受忽视儿童和青少年群体的能力,对他们给予直接帮助,和他们一同发声为其维权"(ACH 2013:21),而且要获得更多捐款。该组织的目标是,到2015年,"将儿童行动组织打造成地方政府和其他筹资主体在为弱势儿童及青少年服务定制方面的优先合作伙伴。这意味着,在2013—2014年度,我们必须影响我们服务所在的市场,利用对市场的了解,抓住新机遇,持续开发服务内容。增加来自地方政府和其他定制机构的收入,聚焦核心服务供给,改变更多儿童及青少年的生活"(ACH 2013:21)。

从组织年报可以看出,巴纳德和其他全国性儿童服务提供组织彼此竞争,接手以往由地方政府直接提供的服务,或是地方政府依法必需定制或采购的服务。这些组织也与小型地方性社会组织竞争。

(二)地方性服务:布赖顿-霍夫市

特定地区要求的儿童服务范围不同,从法定的紧急保障响应,及将儿童纳入国家托管的后续必要服务(地方政府有义务提供),到提供给弱势家庭及儿童的一系列服务,包括针对虐待和暴力受害者的工作、预防犯罪、吸毒等社会问题的其他服务,以及让儿童和青少年参与并融入当地社区的服务和活动。上述服务的供应方式也从地方政府负责出资并提供服务,转变为根据当地情况和可用资金确定服务。虽然预防性服务具有短期和长期效益,但由于地方政府可用资金不足,这些组织不得不通过其他渠道(如慈善信托基金和彩票,见下文定制与采购部分)获得捐款和合同。

关于法定义务,布赖顿-霍夫市议会通过多部门保障中心(Multi-Agency Safeguarding Hub)联合协作,为有受伤害风险(暴力、虐待、忽视)的儿童提供报告和应急处置服务。多部门保障中心受理来自儿童、青少年、专业人士在内的公众报告。工作人员根据实际情况,评估并确定是否需要在4小时、24小时或72小时内采取行动,或将个案移交别处。

如果个案移交到多部门保障中心,当事儿童将由当地政府照料,成为"受托管儿童"。随后,政府需要为受托管儿童提供住宿,并给予照顾。过去几年,布赖顿-霍夫市受托管儿童的人数比较稳定:2010年到2014年(截至3月31日),人数从445增至485人。现行政策和措施实施后,大部分儿童经寄养得到安置。截至2014年底,受托管儿童总人数为476人,其中366人经寄养安置(包括安置在亲友家中),74人接受其他服务,仅36人留在收容中心(BH FOI 2015a)。当时有22家寄养机构,但有些机构并未参与儿童安置。半数以上的机构是私营企业,多数儿童被安置在亲戚家中(BH FOI 2015a)。这些安置采用框架协议,即首先选定服务提供方,待有需要时再临时按需采购服务(见下文):全年累计开支显示了在私营和社会部门的分配比例。

过去三年,受托管儿童的住宿开支相对稳定:收容护理费用从2011—2012年度的630万英镑下降到2013—2014年度的590万英镑。私营部门的寄养费用远高于社会组织寄养机构的开支。2013—2014年度,私营部门寄养费用近700万英镑(699万英镑),而社会组织开支不足100万英镑(26.2万英镑)。家庭服务开支新增590万英镑。多家为布赖顿-霍夫市提供寄养服务的私营机构也参与英国其他地方政府的采购。布赖顿-霍夫市的一些全国性社会组织也与外地地方政府合作,但一些地方性社会组织仅提供当地寄养服务,服务地点靠近当地政府所在区域(根据BH FOI 2015a)。大部分寄养照料者(174名)通过私营部门机构招募,多数(148名)经内部直接招募(由地方政府直接招募),有些(48名)是受托管儿童的亲友,只有一小部分(5名)来自社会组织(数据截至2014年3月31日)(BH FOI 2014a)。护理人员可能要照料不止一名儿童(受托管儿童多于护理人员)。

除多机构保障中心外,还有一个多机构幼儿协助中心(multi-agency Early Help Hub),为其他形式的干预性措施提供评估建议。这些干预性措施虽不紧迫,但对于降低风险、促进儿童福祉非常重要。这与所有年龄群体相关,涉及青少年服务、预防青少年犯罪、综合家庭服务。评估后可能转介给当地社区安排特定服务。这些服务可能由当地政府定制或内部提供(比如,移交到中标的青年服务机构,或通过当地政府自有的青年服务部门提供服务)。很多干预服务通过儿童中心提供的,也有一些服务通过家庭小组会议等其他形式提供。

非法定义务类服务,如问题预防、提升福利等,通常由社会组织提供,但政府没有进行定制。这些服务同样很有价值,但不属于地方政府的法定义务。社会组织过去可能获得地方政府拨款,甚至现在也依然如此。不过此类服务更可能通过帮助有需要的儿童协会(Children in Need)、喜剧救济基金会或大乐透等慈善信托基金或慈善筹款机构或私人筹款机构等其他渠道筹资。

某些地方政府定制的服务由全国性组织提供,而有些非定制的服务则由社会组织提供,这些组织认为当地对此类服务有需求,理应得到满足。地方组织提供的某些服务设有具体主题,如帮助受家庭暴力侵害的妇女及其子女。此类服务每年收支达数十万英镑(但不超过100万英镑),靠拨款维持运行。有些服务可能采取临时购买模式(仅在确有必要时提供)。

六、定制及采购流程

(一) 采购背景

如前所述,在儿童领域,无论是大型全国性社会组织,还是小型地方社会组织,都通过政府合同提供服务。合同的范围和数量可能很可观,因为防止家庭破裂、保护儿童和促进儿童福祉的应对策略及服务多种多样。此外,可能影响儿童福祉的支持性服务也非常广泛,如为面临家庭暴力、吸毒以及其他问题的家庭提供服务。然而,合同的数量、范围和规模不仅取决于政府的法定义务及其需求评估,还取决于政府财政的资金情况,以及是否有组织能提供适当服务。当前情况显示,资金削减(中央和地方政府预算削减)意味着合同减少,因为地方政府更关注其依法必须提供的服务。这意味着,通过定制和采购来资助的预防性和支持性服务范围缩减,因为政府资金集中于保护儿童免受虐待的相关服务:这些保护服务包括提供必要的替代性照料,为受托管儿童提供住宿(由国家照料)。此类服务一部分通过社会组织(如上所述)提供。为筹集资金,提供非法定义务的服务,地方政府也可能选择削减其他服务的资金,如体育或文化服务(包括公共图书馆)。对布赖顿-霍夫市青年工作合同(针对大龄儿童的预防性和支持性工作),有人提议缩减金额或提前终止。但实际上,现有合同可能保持现状直至期满(见 Glazebrook 2015, Tracey 2015)。2014年年底,有人提议提前六个月终止当时有效的青年工作合同,但随后经研究决定继续资助服务供给,直到 2015 年 10 月合同到期(目前尚不明确是否续签)。

(二) 财务安排

如上所述,在儿童服务领域,社会组织通过政府合同提供服务,财务安排不一定有保障。这取决于政府资金是否宽裕,也取决于组织内部是否有合理的财务管理(近期一家知名的全国性组织据称因缺乏资金储备而倒闭,但公众质疑其倒闭的真正原因)。社会组织的结构差异极大,包括财务安排。财务安排取决于组织规模,尤其是组织从国家还是地方层面开展工作及提供服务。儿童领域的财务安排问题也反映了老人(成年人)(如以下段落所述)和残疾人服务领域的类似问题。

基本上所有参与定制的社会组织都是依法成立的慈善机构或有限责任公司,需满足法律要求,如公司编制年度会计账目并将经审计和批准的财务报表存放在公司场所(法定存放地点)。但是,小型组织预算较少,无法承担雇佣全职会计或财务控制人员的费用(通常情况下,很多小型地方组织使用志愿财务人员服务,志愿财务人员列席管理董事会/委员会,有一定的资金监督权。这些组织跟其他公司一样,需将年度账目交专业会计师事务所审计并批准)。实际上,小型地方社会组织报告称,尽管其无法承担全职财务人员的费用,可以以顾问或合同的方式,雇佣兼职的自由职业财务人员(比如,每周工作半天),以维护账目、计发工资、支付其他款项等。他们也可以用类似的方式雇佣人力资源或人事专员,不过更可能到需要处理招聘等事宜时才使用人力资源或人事专员。多数情况下,由小型地方社会组织的指导机构,如布赖顿-霍夫护理人员中心(Carers Centre in Brighton and Hove)①,而非专业的财务人员或筹款人员,负责牵头申请资金,提供定制服务。

尽管小型组织无法承担专职财务人员的费用,他们指出处理账目很复杂:"主要问题是资金进项来源不同,需要处理不同的财务合同和账期"(Interview 2015)。这种复杂性源于合同的范围。一般情况下,组织既可以投标地方政府项目获得资金,也有其他渠道的捐款收入。小型组织还指出,资金入账日期不同,支出账户要求不同,发票格式不同以及其他文案工作也造成额外的财务工作。这些工作影响了组织员工履行与人合作、开发项目的主要职责。

另一方面,大型全国性组织有财务部门,配备专职人员;也设有人力资源部门,负责处理招聘和人事事宜。大型全国儿童服务社会组织,如巴纳德,有专门的业务开发部,配备业务发展专员。这有别于许多大型全国和国际儿童组织的筹款部门。后者一般负责向公众个体、私人企业和公司筹款,而业务开发部主要负责维护与地方和中央政府的关系,尤其是与服务定制方保持联系,提出投标申请。

(三)采购过程:动机及优势

采购过程包括:地方政府首先评估某一时间段(通常是五年内)的儿童服务需求,规划重点工作。但这个时间段可能因为国家立法、资金支持和当地重点工作的调整而更改。这意味着定制服务合同期限往往不到五年,且可能与规划期重叠。例如,"为履行法定责任,帮助13—19岁以及25岁以下有特殊需求的青年[儿童]增进福祉",布赖顿-霍夫市在2010年(CYPTB 2010)对青年服务进行审议,指导截至2015年的一系列服务定制和采购工作。此轮审议旨在支持青年(儿童)"尽可能自给自足和独立",并"重点关注普遍预防和一级干预服务"(CYPTB 2010)。这些服务被布赖顿-霍夫青年集体(Brighton and Hove Youth Collective)承包(见下文)。然而,与此同时,《2014—2017年儿童服务部门指导规划》(Directorate Plan for 2014-17 for Children's Services)将儿童社会照料投入的上限调整到每天14万英镑(加上每天52万英镑的儿童教育支出)。

在某些情况下,可能事先估算服务总量,但实际定制和提供的服务数量取决于受政府托管儿童人数等因素,预测可能不准确。在这种情况下,可以用框架协议进行定制和采购,确保在有需要时能向中标组织按需采购寄养护理人员。然而,根据《2015—2019年布赖顿-霍夫市议会企业规划》(BHCC 2015)的解释,这个过程也有财务限制。半数以上的预算,包括教育经费,有专项资金保障。然而,地方政府用于履行儿童保护法定义务的资金没有专项保障,这意味着这部分资金会因中央政府压缩预算受影响。因此,为确保履行法定义务,地方政府可能要削减非法定义务的服务(如风险预防和为儿童服务问题提供支持)。能继续保留的地方性服务要靠地方或全国性社会组织提供。这些组织可从慈善信托基金、个人或私营企业获得捐款。社会组织如能获得额外资金并提供额外服务,将在定制中占有优势。

---

① 护理人中心(The Carers Centre)是支持那些在家庭中充当护理人角色照顾他人的儿童群体的机构,能够帮助家庭共生也能促进儿童福利和福祉,从而避免儿童被送到国家收养机构或者寻求其他收养途径。

向社会组织定制及采购服务的理由通常有三个。第一,相比政府保留雇员和办公场所并对其进行管理,按需采购服务成本更低,效率更高。第二,社会组织没有地方政府的官僚体制,因此更灵活,对地方环境及需求反应更快,也能够尝试以创新方式提供服务,并且愿意在创造效益的前提下合理承担风险。第三,社会组织能够申请和接收来自慈善信托基金和其他来源的资金,这对于地方政府(或是私人企业)都不可行。这是定制服务的附加价值,也推动了社会组织的创新和响应。

因此,随着定制采购的发展,地方政府内部提供服务越来越少。即使有所保留,也通常是为了履行法定义务。比如布赖顿-霍夫市议会继续自行提供大部分儿童保护服务,而少部分得到保留的青年服务也是为了履行支持儿童的法定义务。

社会组织参与服务定制有两方面动机。第一,多数组织有特定的主题或使命,需要以特定的方式实现其造福于特定群体的目标和理想。参与投标是达成上述使命的手段,也能影响政策和实践的走向。第二则是出于现实考虑,中标能筹集资金,帮助组织开展工作,达成使命。

制订儿童服务计划,确定所需必要服务后,采购流程启动。通常地方政府专员会确定需定制的具体服务,交由采购团队管理采购流程。一旦签署合同,专员办公室(Commissioner's Office)将跟踪并监督服务供应。招标过程开放透明,接收来自地方和全国性社会组织提供服务的投标申请。例如,在布赖顿-霍夫青年护理人员服务定制过程中,一家多年从事此项工作的地方组织——护理人员中心(Carers Centre)参与投标,发现多个参与竞标的机构都是全国性组织。布赖顿-霍夫市青年服务招标时,有7个地方组织专门为此组成联合投标主体,其竞争对手至少有一个知名的全国性组织。

地方组织的价值已引起地方政府的注意。在布赖顿-霍夫青年服务联合投标的例子中,地方政府看重联合主体成员机构各自提供的服务。但如果把服务分拆成多项合同分别招标,过程繁琐且耗时。相比之下,采用单一合同招标可以鼓励这些组织联合投标。如此一来,地方政府只需通过唯一的合同将管理职责由政府内部转移到联合主体。这7个组织相互合作,由其中一个牵头联合投标。这既是出于筹措资金的现实考虑,也是因为这些组织认为协同工作可以创造价值(Interview 2015)。这种对联合和协同工作(社会组织相互合作)的重视也引起了其他机构,如青年护理人员服务组织的关注(Interview 2015)。虽然强调伙伴关系和集体协作是社会组织的特质,但除了将成本、社会价值和服务质量列为三项评标标准外,并未在投标中突出法案所述的社会价值理念。投标组织在标书中将社会价值等同于其如何使用志愿者,志愿者所做贡献,以及其是否可通过其他渠道补充资金,为其投标方案增加砝码;但法案审议(Cabinet Office 2015)中对社会价值的广义定义,如雇佣有刑事前科的人员,则未提及。

因此,一些地方组织自认为有一些优势,如专员熟悉他们,特别是他们有服务当地用户的经验。如果记录良好,在当地政府就享有很高的公信力。然而与大型组织相比,小型地方组织的不足在于没有全职的专业人员。填报申请表格和提交证据的过程非常费时、复杂,而且是其他工作的前提。不过地方组织确实通过日常工作与专员以及儿童服务部门保持联络,知道政府何时进行服务招标。

地方组织的合同期限通常是3年,但也可能延长1年或2年(3+2合同)。这意味着,合同可能总共存续5年。但如果第三年后需逐年续签,就存在一定的不确定性,可能会进一步影响机构人员编制和规划(见下文)。

(四)监督与评估

社会组织投标是为了获得特定数量的资金。他们需要展示自己的工作内容——即在不了解竞争对手工作目标的情况下为自己设定目标(Interview 2015)。所有就儿童服务最终达成的合同都包括一系列关键绩效指标,作为绩效报告依据。指标大多以数字形式呈现工作产出。只有几个特定的成果指标以定性结论呈现成果(成绩或变化)(同上)。强调定量分析指标和成果难以衡量实际取得的成就,难以评估服务对用户产生的最终影响,如生活有所改善还是恶化。定量分析只能反映参与活动的人数或举行活动的类型。关键绩效指标构成监督的依据,如参加小组会议的人数,收到意见和信息的数量(同上)。

其他组织提出,他们之前一直为自己或资助主体进行自我监督,但现在还必须使用地方政府要求的监督系统。部分组织使用的监督系统是私营企业提供的在线数据库。应合同要求,此类组织必须利用该数据库记录会议和各部分服务的成果。此种做法颇具争议。某些组织认为这无助于目标达成,且成本高昂(使用年费高达2.2万英镑,不过已通过协商将费用减半,此后每家用户支付的年费都有下调)。该系统仅在本地区的部分地方使用。它基本上是以产出为导向的定量监督,评价标准包括举办的活动场次和参与活动儿童人数等。由于体育或艺术活动的目的是帮助儿童进步,每场活动均记录各个参加活动儿童的核心能力是否得到增强。有组织提出这种监督方式无效,但没有其他可作为报告依据的替代方法。社会组织根据此系统及强制要求的数据库向地方政府提交季度报告。由于系统效果不尽如人意,社会组织会另行准备案例研究及评估供内部使用。部分内部评估包括定性监督,如召集儿童讨论活动成果及其期望。此外,员工指出其他资助方需要使用不同的监督系统,因此社会组织要管理两套系统,据以进行报告。

(五)采购经验:局限、挑战及能力问题

上文所述采购流程,以及下文所述采购对地方及全国性社会组织的总体影响均表明,小型组织和地方组织受采购局限与挑战的影响尤为明显。以采购流程为例,地方社会组织特别强调能力问题,比如没有专业人士或专职人员统一负责竞标申请工作。能力问题还表现为现行采购流程相对较新,不同于各组织已熟知的拨款申请流程。

其他挑战包括管理全体筹资流程,特别是管理不同的合同时间和期限,这对人员配备和组织(组织规模和服务提供能力)都有影响。为了维持服务,需要在合同到期前筹措资金。如果资金来自慈善信托基金和其他捐助者,可能向同一组织申请资金,也可能寻找其他捐助方,但需根据出资方当前目标以及与其关系提前做出决定。如果通过合同提供服务,在当前资金缩减的背景下,新的定制和采购制度构成了新的挑战。

这对员工造成连锁影响。他们面临着高度的不确定性。很多组织,特别是小型组织,筹资多样化,大量合同逐年到期。这意味着"每年都有人要担心失业"(Interview 2015)。有些人已将此视作职业生涯的常态。"我们生活在充满不确定的世界里。多年来,有些同事每人收到了6张裁员通知,[因为]钱要用完了。员工已习惯在合理不确定性环境中开

展工作"(Interview 2015)。然而,这种不确定性也意味着有些员工在合同到期前几个月就提前离职,组织要招聘短期工作的新员工很困难,就会在内部调动员工来应付短期需求。随着资金变化,特别随着人员离职,组织的部分员工会被调动到其他岗位。如果特定岗位需要专业技能、经验或资质,组织很难找到替换人员。

定制服务(以及其他某些资助服务)的困难还在于,直到合同后期才能了解最终决定。因此,如果地方政府无法在合同结束前三个月确定是否继续为服务提供资金,在某些情况下,组织不得不根据《就业法》发出裁员通知(组织也可以采用其他筹款渠道,比如为新工作申请拨款,调动或准备调动员工,但又可能涉及就业合同问题)。一些组织觉得他们不停地在寻找资金,不是为了扩大业务规模,而是要保证组织运转。这就引发了组织本身,及其工作和服务是否具有可持续性的问题。上述限制并不完全适用于大型全国性组织,因为其签署的合同规模更大,且有可能调整资源配置。

采购过程中凸显的另一个挑战是组织间工资和报酬的差异。宣称自己工资水平高于同业的组织担心会因此丢失合同。不过他们也认为,薪水高的员工工作质量更好,招标方应对此予以考虑。

投标过程本身就是一个挑战,对希望通过合作联合投标的小型组织尤其如此。原因在于,招标通知截止时间相对紧迫。在如此仓促的情况下,几个组织联合发出投标申请需要具备特殊能力,但并非每个组织都具备这样的能力。这也意味着,即使地方政府愿意鼓励联合投标,但如果没有一个人力财力充裕的组织投入工时来牵头,这样的小组织联合体无法与参与投标的大型全国性组织公平竞争,哪怕这些大型全国性组织来自外地,不了解当地情况,也缺乏本地经验和关系。

(六)采购的影响

上文已谈到采购对社会组织及其工作的影响,特别是环境变化引发拨款模式向招标采购模式转型。定制和采购本质上是竞争性的,允许大型组织(私营机构、营利组织、企业)参与。工作重心的变化,加上政府紧缩财政,改变了工作的范围和类型。政府的法定义务更受重视,而不是社会组织更擅长提供的其他服务。

(七)儿童领域社会组织的内部组织结构、流程及发展

有些组织已经改变了规模及服务范围:有些全国性组织发展壮大,有些小型组织精简某些业务领域的人员。例如几年前,某地方组织意识到,由于资金紧张,其必须精简管理结构和行政职能,紧缩财务。在这种情况下,合同收入每年一成不变,没有任何通胀补贴,也不逐年上调(用于组织加薪等)。三年期合同续签时条款不变,按实际价格水平计算的收入减少了,必须裁员。因此,该组织报告称更多依靠兼职雇员或临时工开展工作,或者在必需时以协议方式聘请顾问开展工作(如处理人事事宜)。

通常认为,大型组织具备规模效应,有能力雇佣行政及财务人员。在这方面,大型组织比小型组织更有优势。小型组织部分员工一人承担多项职能,当可用于行政目的的资金有限时尤其如此。因此很多工作取决于组织是否有能力从服务定制和采购之外的其他渠道筹集资金,但这些筹资领域竞争更为激烈。上述问题及其他问题反过来又引发了儿

童领域的新问题。

(八) 儿童领域的新问题

在儿童领域,主要关注焦点一直是政府财政削减导致的服务减少。虽然被削减的服务不是法定义务,但也是保护儿童、预防问题、促进福祉的重要措施。另一个问题是儿童保护缺乏专项资金保障,导致资金容易被削减。

目前,社会组织依靠慈善捐款及其他拨款提供各种意义重大的服务。但如果社会组织仅仅关注当前提供的服务,就会局限创新的范围。大型全国性组织的出现也被视为对地方组织的威胁,特别是大型全国性组织有标准的业务模式,限制了应对当地环境的服务范围。如果全国性组织全面接手服务供给,也会带来风险。因为地方组织会收缩或消失,导致竞争趋缓。届时全国性组织一旦失灵(例如,一家在英国很多城市提供定制服务的大型全国性组织最近骤然倒闭),可替换的选择将很有限。

人们认为,定制和采购流程以对产出的片面认识为基础,仅考虑预算规模而非社会需求,因此在实践中缺乏战略高度,难以响应儿童领域的实际需求。

(九) 对用户的影响

社会组织尝试保持延续性,因此对用户的影响有限,服务弱势或困难个人及群体时尤其如此。不过某些组织开展参与式的儿童和青少年工作,鉴于预算可能突然大幅削减,合同也可能变更,需要开展更多咨询和宣传工作,以便让儿童参与并知情,以免服务供应突然变化或终止令他们措手不及。

近几个月,一家大型全国性社会组织突然倒闭,平面和视觉媒体纷纷报道对用户的影响。该事件越发凸显人们对组织资金储备(相对现有员工和服务规模而言太小)等问题的关注。该组织的倒闭颇具争议,特别是其似乎与中央政府关系密切。组织倒闭对用户的影响愈发显著,因为用户尚不清楚是否有替代方案。该组织倒闭前在伦敦和其他几个城市提供服务,曾申请过其他地方的服务合同。据说在布赖顿-霍夫市,其在青年服务投标中排名靠前。

七、小　结

长期以来,社会组织在提供全国性和地方性的儿童服务方面一直非常活跃。他们经常创新方法、应对社会变化、填补服务空白并尝试新的供给方式。近几年,他们继续使用志愿人员,将项目参与方纳入服务供应。社会组织儿童领域主要通过慈善信托基金的资助不断扩大规模和范围。但随着中央政府削减预算,过去五年中来自地方政府的拨款减少。儿童服务供给形式也不断变化,部分原因是地方政府开始通过定制和采购提供服务,而非直接提供服务或向社会组织拨款。相反,地方政府更为关注其法定义务,将其作为服务供应的核心工作。在儿童领域,法定义务主要是儿童保护的干预性措施,包括将儿童转交国家托管。预防性和支持性服务预算的削减幅度日益加大,更依赖于慈善信托基金和其他来源的资金,而非政府资金。同时,定制服务主要考察量化指标和产出,对定性评估关注较少。一些全国性组织由于具备规模经济,可以雇佣专人负责投标和采购工作,以及其他原因,在投标争取定制服务时更具优势。

部分地方组织在本地经验、知识及应对当地环境和变化方面有良好记录,对上述变化极为关注。地方组织和经验需要与战略愿景结合,结合预防性、支持性措施与干预性措施,保护儿童、促进福祉,超越最低法定要求开展工作。地方社会组织与地方社区的关系极具价值,也受到地方政府重视。但在不断变化的形势下,地方社会组织需要更多支持,在履行法定义务方面发挥更大的作用,同时响应变化、填补空白、与社区和儿童相互协调。

研究结果表明,可以从儿童服务的定制和采购过程学到很多教训,对中国意义重大,详见报告最后一章。经验包括战略愿景很重要,要理解地方需求,不仅要为风险中或需要保护的儿童提供干预及保障服务,更要制定服务预防问题发生。中国在规划服务时可以充分利用参考资料,比如联合国儿童基金会的东亚区域儿童保护模型(见 UNICEF 2009)。该模型在亚洲开发,因此适用于中国的情况。规划服务还可以利用地区其他政府和中国相关领域从业人员的讨论成果。

本章参考文献

AFC (Action for Children), 2013. Our Year in Action: Annual Report and Accounts 2012-13, https://actionforchildren.org.uk/media/6744089/annual-report-and-accounts-2012-13.pdf accessed 7th July2015-07-07.

Alcock, P. and M. May, 2014. Social Policy in Britain Basingstoke: Palgrave Macmillan Barnardo's 2015 "Child Migration" Barnardo's history webside, accessed September 2015, http://www.barnardos.org.uk/what_we_do/our_history/working_with_former_barnardos_children-2013/child_migration.htm.

BHCC (Brighton and Hove City Council), 2014. *Brighton and Hove Children's Services Directorate Plan 2014-2017*, Brighton and Hove: Brighton and Hove City Council.

BHCC (Brighton and Hove City Council), 2015. *The Way Ahead: Corporate Plan 2015-2019*, Brighton and Hove: Brighton and Hove City Council.

BH FOI (Brighton and Hove City Council Freedom of Information Request), 2014a. "Looked after children/fostering." Request made 14th October 2014, https://foi.brighton-hove.gov.uk/requests/3941, accessed 7th July 2015.

BH FOI (Brighton and Hove City Council Freedom of Information Request), 2015a. "Services for Looked After Children" Request made 26th January 2015, https://foi.brighton-hove.gov.uk/requests/4340 accessed 7th July 2015.

Cabinet Office, 2015. *Social Value Act Review Report*, London: Cabinet Office.

Corby, B., 1993. *Child Abuse: Towards a Knowledge Base*, Buckingham: Open University.

CS (The Children's Society), 2013. Annual Report and Financial Statements 2012-13, http://www.childrenssociety.org.uk/sites/default/files/tcs/u182/annual_report_and_financial_statements_2012-13.pdf, accessed 7th July 2015.

CYPTB (Children's and Young People's Trust Board), 2010. "Progress Report: Commissioning Services to Children and Young People." Agenda item 7, 19th July 2010, CYPTB, Brighton and Hove City Council.

DfE (Department for Education), 2014. *The Young Persons Guide to the Children and Families Act* 2014, London: Department for Education.

Donovan, T., 2014."What the Children and Families Act 2014 means for social work and social workers' Community Care 16 April 2014-updated February 2015 http://www.communitycare.co.uk/2014/04/16/children-families-act-2014-means-social-work-social-workers/, accessed 21st June 2015.

Ferguson, H., 2004. *Protecting Children in Time: Child Abuse, Child Protection and the Consequences of Modernity*, Basingstoke: Palgrave Macmillan.

Ferguson, H., 2011. *Child Protection Practice*, Basingstoke: Palgrave Macmillan.

Glazebrook, B., 2015."Budget Cuts That Will Put Youth Work at Risk." Brighton and Hove Independent 17 January 2015, http://brightonandhoveindependent.co.uk/budget-cuts-put-youth-work-risk/.

Horn, P., 1997. *The Victorian Town Child*, Stroud: Sutton Publishing.

Koven, S., 2004. *Slumming: Sexual and Social Plitics in Victorian, London* Princeton: Princeton University Press.

TCP (The Children's Partnership) 2015."About The Children's Partnership,"website accessed 7th July 2015, http://www.thechildrenspartnership.org.uk/about/.

Tracey, 2015."Support for Youth Collective Brings Relief", 26th January 2015, accessed 16th June 2015, http://brightonandhoveyouthcollective.org.uk/support-for-youth-collective-brings-relief/.

UNICEF (West, A.(ed)), 2009. *Child Protection Programme Strategy Toolkit*, Bangkok: UNICEF EAPRO.

第五章　布赖顿-霍夫市案例研究

一、目的和目标

（一）目的

本报告旨在概述城市层级向社会组织定制与采购公共服务的政策及实践。选择布赖顿-霍夫市有利于研究人员近距离研究，并通过这一典型案例，展现常规的定制与采购流程和结构，以及面临的制约和挑战。

（二）目标

本研究的具体目标是：

1. 概述指导社会组织公共服务定制与采购的关键立法及政策，从地方政府及社会企业的角度，凸显采购面临的法律及政策障碍，分析采购条款及流程中新出现的关注事项；

2. 描述政府采购社会组织服务所遵循的财务安排，包括关键机制、财务管理的具体流程、流程透明度、监督流程，以及政府和社会组织面临的复杂性问题；

3. 分析政府采购服务的各种类型，选择这些服务的原因和原则，以及采用的方法；

4. 描述确保采购流程公开透明、职责清晰的机制；

5. 审查监督和评价要达成的目标以及采用的方法，包括方法选择、相关行为主体及机构、反馈体系以及与政策的关联；

6. 分析采购对社会组织内部组织架构和流程的影响，以及采购流程对志愿组织发展的影响。

二、方　法

此项案例研究采用第一章所述方法。在布赖顿-霍夫市进行研究的成果在本综述报告、第二章（老年人服务）、第四章（儿童服务）中也有相关讨论①。正如第一章所述，选举给整体环境带来不确定性，不仅影响了实质性问题和政策方向，也影响到就业保障。再加

---

① 布赖顿-霍夫市的总体报告中所提及的受访机构包括布赖顿-霍夫市议会定制和采购团队，布赖顿英国老年人协会，以及以社区为本组织（Community Works）。

上紧缩政策等政治经济背景,部分地方政府官员不愿接受采访。

本报告首先介绍布赖顿-霍夫市议会的背景情况,对地方志愿组织进行概述,包括其结构、市议会与志愿组织合作的原因、志愿组织筹资渠道等。报告还审视了定制与采购的法律和政策框架,研究了定制与采购流程,以及监督和评估合同的方式。最后两节反思了两个问题,定制与采购给志愿组织带来的挑战,以及志愿组织参与竞争公共服务政府合同所面临的具体障碍。

三、布赖顿-霍夫市议会背景

布赖顿-霍夫市是英格兰南部沿海一座充满活力的城市,人口 27.81 万(Brighton and Hove City Council 2015a:14),距离伦敦不到 50 英里。当地经济繁荣,集中了零售、住宿、餐饮、信息通信、专业技术服务、工商管理和支持、艺术、娱乐和其他服务产业。截至 2014 年,布赖顿-霍夫市有 12650 家企业,员工 12.3 万人。这些企业大多是微型企业,员工不到 10 人。员工人数超过 250 人的企业占当地就业总数的四分之一。三分之二的企业"积极创新",乐于采用新产品、服务和流程。布赖顿每年接待 1100 万游客,为当地经济创收约 8 亿英镑(Brighton and Hove City Council, 2015a:22)。

市议会有 9400 名员工,为全市人口提供约 800 项服务。2001—2011 年期间,城市人口增长 10%,给公共服务带来更大压力。与此同时,市议会预算遭大幅削减。过去四年,市政府的预算削减了 7700 万英镑,未来四年预计将进一步减少 1.02 亿英镑(Brighton and Hove City Council, 2015a:18)。国家社保体系的调整使当地形势更为严峻,市议会需要承担更大责任,提供非正式照料人员或要求居民自费购买照料服务(Brighton and Hove City Council, 2015a:27)。随着预算逐步减少和对公共服务需求的日益增加,市议会面临巨大压力,这对人员配置、支出事项优先排序以及运营方式都有影响。为在近期实现节约,市议会着手减少服务方面的支出。从长期来看,政府计划改变运营方式,强调经济增长、社区参与、公民参与,通过上述关键措施,减少人们对社会关怀的需求。

2014—2015 年度,布赖顿-霍夫市议会的市政服务日均开支 210 万英镑,资金来源包括预算收入、其他资金以及服务收入。大量服务都通过外包完成,包括公共交通、公园和地面维护、垃圾清收、儿童服务、残疾人服务和青年服务。大多数服务供应商是私营企业,但政府保留部分服务项目由内部提供,还有一些服务由志愿部门组织提供。用于成年人社会福利的日均开支为 31 万英镑,儿童社会福利 14 万英镑,公共卫生 5 万英镑。2014—2015 年度,市议会预算总计 7.78 亿英镑,半数以上用于有专项资金保障的项目,如教育、住房福利和市议会办公用地。上述服务日均开支分别是 52 万、46 万以及 17 万英镑(Brighton and Hove City Council, 2015a:18)。无专项资金保障的支出项目占预算的 49%,这部分开支主要用于弱势儿童、图书馆和公共交通等社会福利,通过市议会税收、商业税、政府拨款、收费等筹集资金。

四、布赖顿-霍夫市志愿部门

（一）志愿组织结构

布赖顿-霍夫市和英国许多其他城市一样，社会组织非常活跃，很多志愿组织积极参与服务提供，为弱势群体和边缘化群体维权并满足其需求。该市公民社会参与度高，据悉，七分之一的成年人参与当地社区的决策团体，三分之一的居民是正式的志愿者（Brighton and Hove City Council, 2015a:16）。布赖顿有2300个志愿和社区组织以及社会企业，员工达6900人，占该市就业总人数的百分之六。大多数组织规模较小。受薪雇员与志愿者的比例大致是1:4。布赖顿-霍夫市志愿组织年收入估计为7300万英镑。根据2014年对志愿组织的审计结果，该部门经济贡献约1.27亿英镑①，相当于当地经济总量的2.2%。前身为志愿组织委员会（Council of Voluntary Organisations）的社会工程组织（Community Works）发挥着志愿组织基础设施的作用，负责就削减政府拨款等事宜与市议会接洽商讨。据报道，经该组织与市议会谈判，对社会组织拨款的削减幅度得以降低（Interview, June 2015）。

（二）地方政府对志愿组织的策略

当地市议会积极接触志愿组织，在当前预算紧缩的背景下尤其如此。布赖顿-霍夫市议会社区、平等及第三部门（Communities, Equality and Third Sector）负责人表示："市议会认为，从经济、环境、文化和社会角度看，志愿部门对我市的成功有重要意义。我们需要繁荣多样的志愿部门，帮助城市完成规划的重点工作"（Brighton and Hove City Council, 2014a:4）。该部与社会工程组织一起，制定了2013—2014年度伙伴关系新政策，旨在加强志愿部门的效率和效益，确保其有能力参与投标，提供公众服务。此项政策与市议会的组织价值相呼应，即"开放创新、聚焦用户、合作高效、相互尊重"（Brighton and Hove City Council, 2014b:1）。

新的《2014—2017年社区及志愿部门政策》强调公民和社区在公共服务决策过程中表达意见的重要性，支持公民和社区举办独立活动，促进社区发展韧性及福祉。这项政策（2014b:1）指出，志愿组织是"公民、社区和法定机构"之间的独立和可信的"桥梁"。该政策认为，志愿组织的特点是灵活、有创造力，可以通过富有成效的伙伴关系创造附加价值。新政策以契约原则为基础，详尽分析了地方政府面临的不断变化的经济形势。2014年11月，布赖顿-霍夫市议会荣获契约影响奖（Compact Impact Award），表彰市议会新制定的第三部门政策和委托服务说明书。

持续热衷于志愿组织的一部分原因是，布赖顿-霍夫市议会面临极大压力，预算迅速减少，公共服务需求日益增长。外部服务供给、联合合作及伙伴关系已是司空见惯的做法，适用于服务供应和采购流程。正如《2015—2019年公司规划》（2015—2019 Corporate

---

① 这个数字大于收入，因为其中不仅包括了地方项目的总支出，还考虑了项目所带来的未来经济效益（Brighton and Hove City Council, 2014a:10）。

Plan)所示,预算削减导致志愿组织和私营部门的资金减少,服务定制合同数量压缩。计划还提到,上述情况会进一步影响到可用于支持志愿组织和社会组织的总体资源,最终影响其形式及能力。市议会面临艰难决策,被迫寻找公共服务供给的替代方案,培养志愿组织的可持续发展能力(Brighton and Hove City Council, 2015:17)。

市议会及志愿组织的压力已开始改变志愿组织的结构。2014年志愿组织审计报告(见21页)提出,社会企业和新的法律架构兴起,使社区公益企业等新业态得以涌现。志愿组织和私营企业之间混合模式也日益增多。同时,一些志愿组织目前也更多地将从事政府部门合同交付。

(三)志愿组织享受的财务支持

2012—2013年度,布赖顿-霍夫市议会通过服务招标、拨款和基础设施支持等形式,为志愿部门提供了超过2400万英镑的资金(Brighton and Hove City Council, 2014a:2)。每五年,市议会对志愿部门进行审计,整理核心数据,搜集证据展示成果,并增进对其工作和发展需求的了解。根据新的社区和志愿部门政策,市议会设计了委托服务说明书,为向当地市民提供服务的志愿组织投入了逾300万英镑。市议会认为这种方式凸显了伙伴关系和社会价值的重要性,比拨款或合同更适合。

市议会向不同规模、不同需求的志愿组织安排了一系列拨款。例如,市议会为年收入超过3.5万英镑的组织提供三年期战略拨款,为年收入3.5万英镑以下的组织提供一年期拨款。市议会还提供荣誉日拨款(Pride Day grants)、社区节日拨款(Community Festival grants,)、环境可持续性拨款(Environmental Sustainability Grants)、艺术伙伴关系奖(Arts PartnerSHip Awards)等专项拨款,有些小型社区组织为地方民众争取更广泛的利益,也获得名为Hedgcock Bequest的专项拨款。争夺这些拨款的竞争非常激烈。此外,随着预算进一步削减,政府拨款承压巨大,预计未来几年拨款还将逐年减少。布赖顿-霍夫市议会和很多地方政府一样,越来越倾向于合同[委托服务],而非拨款。但志愿组织更希望获得拨款,因为拨款给志愿组织更大空间来决定如何提供服务。

2014年的数据显示,志愿组织17%的收入来自拨款,其中71%来自布赖顿-霍夫市之外。来自本市的政府拨款数量有所下降,相比2008年下降9%。2014年,志愿组织47%的收入来自服务合同,其中62%来自布赖顿-霍夫市之外的委托。2008年以来,来自本市的合约下降了14%(Brighton and Hove City Council, 2014a:8)。

布赖顿-霍夫市议会设立了老年活动基金(Older People's Activities Fund),很多小型社区组织可以通过该基金获得资助。另一种资助模式是伙伴关系协议或资助协议,这种模式比服务协议限制少,更为灵活,例如汉格顿北部模式(Hangleton North Model)由志愿者运营,目标是增进福利、减少社会疏离(见相关网页)。老年活动基金使许多小型组织获得资金开展社区活动。

市议会投资180万英镑,在2014—2017年期间为志愿部门和社区提供基础设施支持,加强能力建设。对社区提供支持的目标是保障本地居民能组建社团和提供服务,满足自身需求,并在地方决策中发表意见。市议会优先支持边缘化群体,比如黑人和少数族裔、残疾人、女同性恋、男同性恋、双性恋和变性群体以及生活在贫困地区的居民。

五、定制与采购的法律和政策框架

2012年《社会价值法案》、2011年《照料法案》、2014年《欧盟指令》、2011年《地方主义法》、2010年《平等机会法》以及2011年《开放公共服务白皮书》等国家法律和政策适用于地方定制与采购流程。地方企业规划及政策也对市议会提供指导,如《布赖顿-霍夫市议会2015—2019年企业规划》、《布赖顿-霍夫联合组织可持续社区战略》(The Brighton and Hove Connected (LSP) Sustainable Community Strategy)、《2014—2017年企业采购战略》(The Corporate Procurement Strategy for 2014-2017)、《平等与包容政策》(The Equality and Inclusion Policy)、《可持续性政策和行动计划》(The Sustainability Policy and Action Plan),以及包括成年人服务、公共卫生、儿童服务等具体领域在内的特别计划。市议会工作的主要原则是公众问责、以市民为本的合作、提升平等和公民积极参与。日益强调及早交付、公众可及预防性公共服务。

布赖顿-霍夫市议会《2014—2017年企业采购战略》融入了社会价值和地方主义等内容。例如,战略指出:"我们希望作负责任的采购方,兼顾价格、质量、社会、经济和环境等因素。"该战略还表示,其目标是"在所有采购决策中包含'全生命周期成本'以及(对环境或其他因素的)长期可持续性影响",并"规范产品和服务,尽可能减少对经济、社会或环境的负面影响"(Brighton and Hove City Council, 2015b:6)。市议会还承诺,在实施采购前,将是否遵守《社会价值法》纳入定制与采购的决策流程。《2014年采购战略》(2014 Procurement Strategy)多次提出希望促进地方工商业发展,例如"合同管理和采购必须……确保尽可能支持本地经济"。市议会也认同,直接采购并不总是提供公众服务的最佳方式。内部供给或通过志愿组织提供服务等其他方式可能会产生更有益的成果。

六、定制与采购

(一)背 景

布赖顿-霍夫市议会将年度预算(2.7亿英镑)的三分之一用于采购外部服务(Brighton and Hove City Council 2015b:1)。该市正在社会照料领域对某些服务扩大竞争性采购的范围。这些服务过去通过市议会合同外包,但未采用竞争性的招标流程。效率、性价比和社会价值是指导定制与采购的关键原则,确保以优质现代化服务优先满足重点需求。

市议会的定制策略强调合作、伙伴关系和服务共享。布赖顿-霍夫联合组织(Brighton and Hove Connected)是该市主要的伙伴关系框架,联系公共部门和私营部门,社区和志愿组织,为诸多专题伙伴关系提供指导。城市管理委员会(City Management Board)汇集了公共服务领域的关键决策机构,如市议会、国民卫生保健体系、警方及高校,委员会成员同时对各自所属机构和布赖顿-霍夫联合组织负责。布赖顿-霍夫医疗保健服务定制集团和卫生健康委员会(Health and Wellbeing Board)构成另一个共享资金池的伙伴关系框架。两个机构联合定制及开发医疗和社会照料服务(Brighton and Hove City Council, 2015:

33)。这主要涉及国民卫生服务体系,以及布赖顿-霍夫市的全科医师①,由其决定如何在当地使用医疗经费。这项新安排取代了以前的医疗保健信托基金。医疗保健服务定制服务组织的一个项目就使用医疗健康和社会照料的共享资金池,确保住院老年人在医疗问题处置完毕后可以离院,回到社区接受社会照料(Interview, June 2015)。

市议会已经签约一系列供应商来提供地方公共服务。例如,收容和寄养服务框架协议包含37家服务供应商,可以在有需要时要求其提供服务。框架外还与16家供应商签署了固定期限合同。有6份残疾人服务合同,4份合同通过外部供应商提供青年服务,1份合同由政府内部提供青年服务(Commissioning for adults and children's services, 2013: 5)。

市议会希望能在定制与采购之间建立有效联系,并强调"负责任的采购",不仅提供高性价比服务,还在采购中践行环境和社会责任。市议会力争使更多本地企业及中小型企业能够参与采购。市议会还制定了清晰的现代化议程,以提升绩效及服务性价比。现代化议程包括更广泛地使用数字化设施,如电子投标、网上订单和交互式网站,开发电子合同管理系统以及促进技术文化进步。

布赖顿-霍夫市曾设有专职定制人员,但目前预算压力增大,这一情况也在变化。比如,市议会有负责心理健康服务、社会照料和儿童服务的定制机构。尽管多数定制由定制人来操作,但是社工也可特事特办,定制特定服务(Commissioning for adults and children's services 2013)。不过定制人不一定具备社会工作背景,如果专业知识有欠缺,需要咨询专业人士、当地组织和从业人员(Interview, June 2015)。某些定制人通过共享资金池联合发包。这种做法在布赖顿-霍夫市已有八年历史,在2011年《关怀法案》推广共享资金池以前就已存在。例如,医疗保健服务定制集团是心理健康服务的牵头定制方,该组织也负责医疗和社会照料招标(Interview, June 2015)。据悉,过去六七年中定制人之间有业务重叠,有些机构的职能相互重复(Interview, June 2015)。正如英国社会公正中心(Centre for Social Justice)(2015:50)所强调,定制是复杂的任务,定制人在"定制所涉领域的服务方面是专家",也就是说,他们理解客户群体的需求、供应方的服务范围以及有效做法。英国和布赖顿-霍夫市最近削减预算,导致定制人减少,定制人职能改变。这一趋势有悖于社会公正中心的报告结论。

地方市议会是定制服务的主体,但并非唯一机构。慈善组织麦克米伦癌症支持机构(MacMillan Cancer Support)就委托英国老年人协会(Age UK)牵头,与卫生服务商以及马特莱茨收容所(Martlets Hospice)共同成立伙伴关系,针对临终病人居家福利(如护理津贴和护理支持)提供咨询。据报道,麦克米伦癌症支持机构在与多家机构洽谈后才委托英国老年人协会开展工作。这种伙伴关系能充分发挥小型志愿团体具备专业知识技能以及熟悉本地情况的优势。但同时小型志愿组织可能同时参加多个伙伴关系,需要管理多个合同,报告节点和流程各不相同,增加了行政负担。

(二)定制与采购流程

定制方确定需求和相关服务。确定需求及服务一般采取自上而下的流程,但有可能

---

① 全科医生是指社区的诊疗室(或医务室)的医生。

让志愿组织就服务需求提出建议,指出当前服务的缺口(Interview, June 2015)。合同到期需再次采购时,定制方将考察现有供应商的绩效;在采购过程中,招标方将咨询供应商了解服务缺口,以及何处需要改进。在采购谈判过程中,采购官员和供应商要充分讨论合同细节。通过这种方式,定制方可以淡化采购流程自上而下的色彩(Interview, June 2015)。

确定需求及定制的服务后,定制方可以指导相应采购团队筹备招标。所有服务的投标都必须通过欧盟定制网站在当地的采购门户站点进行,这对确保程序透明很重要。该系统将会简化。除此之外,还有范围更广的采购方式,有意向的组织可以在市议会注册,登记其投标意向(Interview, May 2015)。向市议会提交的标书应装在信封内,信封上不得显示投标人的身份信息。所有标书由定制处同时开启。截止日期后送达的投标书不予考虑,将立即退回投标人。随后,采购官员及定制人将筛选申请方案,评出中标机构。之后他们将联络服务供应商,讨论申请方案及修改事宜。定制人再将申请转发合同部门,咨询应签署的合同类别。之后,合同部门起草合同,并与服务供应商讨论(Interview, May 2015)。

《市议会合同规范》(Contract standing orders)严防腐败。市议会员工不得因授予合同或合同履约而收受任何礼品或奖励。如果市议会员工收到任何礼品或奖励,需证明所收之物不涉及腐败。有腐败行为的市议会员工会被解雇。

竞争性招标可能迫使投标公司压低员工工资,以降低投标报价,考虑到这一情况,市议会规定所有合同须确保员工的"最低生活工资"(Interview, June 2015)①。合同还要求供应商遵守《2010年平等机会法》,并根据《事业转让(就业保护)条例》的宗旨列出相关条款。过去,合同团队还会审查供应商是否具有"稳健的高性价比流程",包括检查供应商账目,评估其工作是否有效,员工薪酬是否合理(Interview, June 2015)。不过现在专业化程度越来越高,大型组织的管理人员成本往往覆盖不同合同的多项服务,难以将其工资精确地按合同分解,因此已停止上述做法。规定最低生活工资能更统一、更省力地监督工资水平。市议会也会考察服务供应商的人员流失率。流失率高通常说明该组织缺乏延续性,服务质量差。然而,需要注意的是,流失率高也可能是因为采购体系主要采用短期合同,导致员工急于寻找下一份工作,而并非因为供应商的管理文化不良。

七、监督及评估

布赖顿-霍夫市议会《2014—2017年企业采购战略》按SMART标准(具体、可衡量、可达成、相关且及时)明确规定了绩效指标。所有合同都列出关键绩效指标(KPI)和绩效框架。合同所含服务说明书详细说明关键绩效指标、商定的目标、服务运营信息以及服务需求的缘由。KPI还可作为惩处供应商的依据,但布赖顿-霍夫市在社会服务承包中尚未出现这种情况(Interview, June 2015)。合同还引入了举报保障机制。例如,合同各方均应设置举报流程,报市议会批准后告知服务用户。各方必须保证举报人员免于不利后果。

---

① 该采访之后,政府就用成年人"最低生活工资标准"代替了"最低工资标准"的概念。参见第二章注释中关于"最低生活工资标准"概念的解释。

合同规定对提供的服务进行年度审计,如经供应商同意或如市议会对服务供给感到关注,可按其他时间进度进行审计。市议会对养老院进行审计,其他服务则由合同团队会同管理方进行合同审查。收到签约服务供应商的年报后,由定制方主持审查,审查参与者还包括市议会合同管理人、服务供应商经理。监督频率取决于合同规模和组织历史记录。对于大型合约,只监督牵头机构,不监督众多分包组织。在伙伴关系中,分包组织受牵头机构监督并向其汇报工作,最终由牵头机构向地方市议会负责。以心理健康协会伙伴关系为例,心理健康协会受市议会委托牵头开展维权项目。该组织负责从分包组织收集必要数据,然后向市议会报告。如果分包组织绩效不佳,由牵头机构负责处理。

《市议会合同规范》进一步强化绩效指标,该规范要求政府内部员工遵守。为减少公司和组织资金困难对项目造成风险,市议会持续跟踪总包供应商的战略重点及财务价值。市议会还将对合同进行定期开支审查。定制方也鼓励组织制定"影响评估指标",借助此工具了解服务为用户境况带来的改变。确保依据最新数据科学决策,以发挥最大价值;根据商定的公式引用当地或国家层面已达成一致的费率;确保定期审查高成本服务项目;如有可能,尽量联合采购服务;开展对标。

目前,各采购团队分别登记合同,并人工进行监督。明年计划转为电子监督。市议会将利用更先进的系统监督特定组织的中标情况,从而确保良好的市场管理。这有助于市议会发现重复出资的情形,即同一组织从多个来源获取用于相同目的的资金。合同期限多为三年,但越来越多的合同已缩短期限。合同终止的通知期也缩短到三个月,反映了预算紧缩的压力。另外,布赖顿-霍夫市议会的采购团队对绩效考察更为严格,管理不善的合同被提前终止(Interview, June 2015)。

通常由服务供应商负责整理用户反馈。合同团队发现,由于用户担心提出批评会导致其无法获得服务,有时难以得到准确的用户反馈意见(Interview, June 2015)。鉴于有几类用户受能力限制,难以参加调查,市议会将调查问卷发给员工,由其征集服务反馈。服务供应商也被要求对市议会合同团队的表现填写反馈表。有些组织,如健康观察(Health Watch)通过个人志愿者开展监督,有时安排实地考察。但如果过度征集用户反馈也会造成困难。正如合同团队负责人所说,有些服务用户可能觉得"调查太多,不堪重负"(Interview, June 2015)。

八、布赖顿-霍夫市志愿组织面临的挑战

多数地方志愿组织规模较小,缺乏专门的合同投标团队和标书文案人员,因此很难参与合同竞标。应对策略之一是加入由大型志愿组织牵头的伙伴关系。布赖顿-霍夫咨询(Advice Brighton and Hove)就是15个组织构成的伙伴关系,由市民咨询局(Citizens Advice Bureau)牵头。通过这种方式,牵头机构提供行政管理、办公空间以及后勤支持,也为小型机构提供培训机会(Interview, June 2015)。心理健康慈善机构心理健康协会也在市议会定制的维权项目中担任牵头机构,在有需要时临时向合作组织购买服务或发包合同。资金实现运营(Money Works)也在包容性金融项目中担任牵头机构,将合同分包给多个志愿组织,如成人教育中心(adult education hubs)、公民咨询局(Citizens' Advice Bureau)、苏

塞克斯信用合作社(Sussex Credit Union)和其他志愿组织。

志愿组织和国家的关系发生变化,地方预算支出大幅削减,这些问题促使志愿组织提出战略愿景,通过伙伴关系等新形式交付服务,还要开拓收入来源,确保本组织的可持续发展。在此背景下,志愿组织必须谨慎考量其工作带来的影响以及评估方法,从而在日趋紧张的资金市场中争取资助。志愿组织还需要更多地研究自身影响、聘请具有相关技能的员工。小型组织要筹集资金,还要管理多笔小额拨款和多项合同,已经非常吃力,上述要求更加大了他们的负担。一些志愿组织着手开发监督数据,以展示其服务带来的经费节省。例如某志愿组织如能在社区为近期出院的个人提供支持,也就节约了未来该人再次入院的成本(相关讨论见第三章)。

九、布赖顿-霍夫市志愿组织在竞标政府公共服务时面临的障碍

本节探讨了志愿组织在为政府合同竞标时所面临的障碍。但是,我们不能假定所有的志愿组织都有申请为当地政府部门提供服务的意愿。社会进步基金会(Foundation for Social Improvement)对300个年收入低于150万英镑的小型慈善机构进行了调查,结果显示受调查机构中有三分之二表示从未与政府订立过公共服务合同,只有28%的慈善机构有意愿与政府签订公共服务合同,还有40%参与调查的慈善机构不反对签订公共服务合同。该调查还发现只有30%慈善机构愿意行使《2011年地方法》赋予的挑战权来宣示为当地政府提供公共服务的意愿(Brindle,2014)。对于小型的志愿组织来说合同收入并不是唯一的资金来源;他们也可以通过大型的慈善机构、基金会来筹款,或是接受公众的捐赠。像心理健康协会和英国老年人协会这样的大型志愿组织还能获得遗赠收入。小型的宗教组织也可以向信众募捐。而那些真正想要参与竞标市议会公共服务的志愿组织还要克服许多困难。

合同期限的长短是其中一个关键问题。小型志愿组织能力、人员和储备有限,因此合同规模过大可能会给这些组织带来困难。地方政府希望服务提供商能够以更低成本提供与之前法定服务提供商一样水平和质量的服务,而这对于那些需要承担核心成本的小型志愿组织来说很难实现。短期合同意味着工作人员可能会在合同期满之前离职(Interview,June 2015)。这会造成人员流失,无法在规定时限内完成项目,或者需要将未完成部分移交给其他工作人员,增加后者的工作负担。这种局面可能使得志愿组织最终无法完成既定目标。这样的短期合同给小型志愿组织的规划造成困难,长期持续性发展项目很难依靠只签了一年合同的短期工作人员完成。长期来看,这种情况会给志愿组织以及公共服务的可持续性造成不利影响。地方政府还希望服务提供商给其工作人员提供得体的雇佣条件。市议会承诺付给雇员最低生活工资,也期望志愿组织为其员工提供同等待遇。但是,《2014年审计报告》(2014 Audit Report)显示,在受访的224家组织中,只有10%同意为雇员支付最低生活工资[①]。

[①] 需要指出的是,调研的39%的机构并没有雇佣任何员工,因此这对这些机构不产生影响(Brighton and Hove City Council,2014a:10)。

志愿组织面临的另一阻碍是招标公共服务的说明过于具体。许多志愿组织所提供的服务超出了合同规定内容,但是在这些组织看来,超出范围的服务是其工作方法至关重要的组成部分,也有利于客户。在履行合同时,志愿组织可能会发现客户有超出合同内容的需求,也试图满足这些需求(Interview, June 2015)。然而,合同并不会将志愿组织的附加价值考虑在内,只会衡量合同明确提出的能够考察的目标。志愿组织的工作都是以人为本的,这就意味着他们要花额外的时间去提供合同范围之外的服务。虽然这些额外的工作确实能使客户收益,也能带来《2012 年社会价值法案》所支持的"社会价值",但志愿组织却可能因此而完不成合同规定的目标(Interview, June 2015)①。一位受访者给出了如下的例子来说明这一问题。根据《关怀法案》的规定,市议会有法定义务对身有残疾的母亲及其子女给予关怀,保护其家庭的完整。如果公共服务的合同中不包含这类人群,这些家庭就会落入系统漏洞中,他们没有维权人员来转达他们的诉求,也无法得到其他方面的支持。如果没有维权人士为其主张权利,这样的家庭可能会分崩离析。政府届时又不得不接手残局,受到后续影响。

人们认为志愿组织应该变其合同资金运作方式。一位受访者表示:"志愿组织要倾听客户的心声,工作很灵活。但政府合同不允许志愿组织以这种方式工作,削弱了其灵活性,也破坏了志愿组织的自身定位。人们(志愿组织员工)现在认为自己属于市议会,而非独立工作人员"(Interview, June 2015)。

合同经费的另一问题在于这些经费通常不能涵盖核心成本,这会影响到志愿组织未来竞标的能力。大型组织有遗赠收入,更有能力增加员工负责合同竞标。比如说,布赖顿-霍夫市的英国老年人协会最近就用通过遗赠收入雇用了一名全职业务拓展经理,负责拨款申请和投标的工作(Interview, June 2015)。布赖顿-霍夫市的英国老年人协会有超过 20%的工作的资金都来自于遗赠和创收。核心成本带来的压力也会影响志愿组织在面对新需求和新问题时的创新能力,还会让志愿组织不那么愿意承担风险尝试用更灵活创新的方式应对需求。一位志愿组织的代表表示:"定制方不愿意冒险。如果只是将服务合同视为志愿组织的话,会限制我们的自由度"(Interview, June 2015)。

在参与采购竞标的能力方面一些志愿组织还面临着障碍。市议会已经就个人维权等领域向志愿组织提供了采购培训,但在咨询领域的采购培训还有欠缺(Interview, June 2015)。市议会也组织了多次论坛,让心理健康领域的社区服务提供商和信托机构有机会互相接触(Interview, June 2015)。此外,定制人也需要认可那些新成立的组织和小团体。

报告和采访还反映出了一些关于竞争加剧以及志愿组织独立性的问题。一位受访者提到,公开投标有可能会演变成一场"竞标战",在竞标中为了避免其他组织窃取或抄袭自己投标的模型,人们就不再像以前那样愿意相互合作和分享信息了(Interview, June 2015)。市议会 2008 年的审计报告中也显示出受访的组织中有担心会因参加独立投标而丧失资金来源的情况(Brighton and Hove City Council, 2014a:5)。在全国范围内的调查中也发现了类似的问题(见第一章)。

---

① 参见第三章中对此的讨论。

十、小　结

布赖顿-霍夫市志愿组织参与政府定制与采购公共服务的研究显示,地方市议会、志愿组织和公共服务都面临预算挑战。预算上的压力迫使市议会对越来越多的服务进行外包,同时探索新的运行方式以保证在预算大为紧缩的情况下提供同等或更优的公共服务。财政紧缩也影响到了志愿组织,过去十年来志愿组织得到的拨款越来越少,越来越多的公共服务通过签订合同的方式提供。同时,公开投标的发展势头也在加快。目前,大多数与政府签订契约的服务供应商都来于私有部门,背后主要原因之一是志愿组织在竞标过程往往面临重重阻碍。现在公共服务供应市场面临着日益为寡头垄断的危险,政府直接提供的服务将越来越少,而志愿组织则被挤出了市场。当前随着市议会拨款减少,志愿组织已不得不开始寻求多种方式筹集资金并探索新的组织工作方式来应对资金压力。市议会有相关的法律、政策和机制来保证提供优质的公共服务,创造社会价值。然而,要想保证公共服务市场的多元化,保证服务的质量和多样性,就必须密切管控成本压缩所带来的影响。

本章参考文献

Brighton and Hove City Council, 2015a. *The Way Ahead*, Corporate Plan 2015-2019, Brighton.

Brighton and Hove City Council, 2015b. *Corporate Procurement Strategy* 2014-2017, Brighton.

Brighton and Hove City Council, 2014a. *Taking Account 3*, *Third Sector Audit Report* 2014, Brighton.

Brighton and Hove City Council, 2014b. *Brighton and Hove City Council*, *Communities and Third Sector Development Policy* 2014-2017, Brighton.

Brindle, David, 2014. "Financial Survival Stops Small Charities Tendering for Public Service Contracts", *The Guardian*, June 18th.

Commissioning for Adults and Children's Services, 2013. *Request for Information from Bill Jackson*, www.whatdotheyknow.com, Brighton and Hove City Council, accessed May 2015.

Community Works, 2014. *Council Commended in Compact Impact Awards*, Brighton (www.bhcommunityworks.org.uk, accessed July 2015).

第六章 定制与采购的微观案例研究

本章包括两个微观案例研究，涉及的两个项目来自两个城市、两个行业、两个组织，对两个项目涉及的服务定制和采购过程进行了详细的分析。第一个案例是有关布赖顿-霍夫市定制和采购老龄服务的过程，具体分析的是全市互联项目（City Wide Connect）。这一案例涉及布赖顿-霍夫市议会和残联独立生活中心（the Fed Centre for Independent Living）两方。第二个案例分析了残疾人成人健康和医疗保健服务的定制和采购过程，特别针对的是心理健康方面的服务。这一案例涉及了克罗伊登市议会和克罗伊登市的心理健康协会。两个案例体现出了各地在具体操作、方法以及政策上存在的巨大差异。此外，两个案例也都体现出了当前定制和采购工作不断变化的状况，而这也使不同地区、不同行业的发展情况存在很大差异。

案例一：全市互联项目定制与采购过程的微观研究

全市互联项目由布赖顿-霍夫市议会定制，目的在于帮助老年人缓解孤独感，减少他们为社会所疏离的感受，给老年人提供支持。"该项目可以帮助老年人找到所在地区的支持服务，参加当地的活动。这个项目还有助于专业人士开展工作，更好地减少社会疏离的情况"（Fed 2015）。

该案例研究概括了定制以及两轮采购的完整流程，但是应当指出，流程会随时间变化，研究中描述的流程可能会为新的流程所取代，2015年的状况到了2016年可能会有变化。该研究给出了全市互联项目开展的背景，也介绍了其他由政府定制的相关老年人服务。全市互联项目始于2014年4月，截至2015年秋仍在运行之中。

（一）背 景

全市互联项目定制的流程可以追溯到2011年，当时英国国民医疗健康服务体系具体由布赖顿-霍夫医疗保健服务定制集团和布赖顿-霍夫市议会的招标方共同决议启动项目，其中市议会老龄服务牵头定制人是成年人服务部门负责人。

2011年的主要工作是决定需要哪些服务，确定下来的服务会在2012年列入国民医疗健康服务体系和布赖顿-霍夫市议会的招标服务说明书中，这是这两个机构第一次使用招标服务说明书模式定制公共服务。

1. 确定所需服务的基础

在一个项目进入定制和采购程序之前,第一步是要确定所需的服务和类型。在老龄领域,确定所需服务要基于对老龄人口一般生活状况的了解,同时也需要了解定制方辖区内老年人的具体生活状况。根据定制方的报告,在本案例中确定所需服务的基础包括国家及地方的战略以及对布赖顿-霍夫市老年人生活情况及需求的调查研究。

报告中的国家战略涉及 2010 年政府报告《当前英国健康和幸福状况报告》(Department of Health 2010)以及 2011 年《健康的生活,健康的人民》(2011 Healthy Lives, Healthily People)白皮书(HM Government, 2011)。地方战略涉及国民卫生服务体系布赖顿-霍夫分部公共卫生主任的年度报告,特别是 2010 年报告中提及了社区发展韧性(Scanlon, 2010)。这些战略和报告都强调了老龄人口的健康问题,并重点突出了老年人孤独感和社会疏离感的问题。除报告和战略外,在当地进行的调查研究也起到了补充作用。

自 2007 年起,英国老年人协会在布赖顿-霍夫的分支机构就和布赖顿大学合作进行老龄人口方面的研究,双方联合进行了由英国经济及社会调查理事会(ESRC)资助的研究项目,"与法定服务和志愿服务的从业者以及老年人合作,积累学习资源,增进人们对于影响老年生活的因素的了解,更好地加强老年人社会参与"(Age UK Brighton and Hove, 2015)。该研究也发现了老年人孤独感和社会疏离感方面的问题。研究报告指出:"对于需要护理和康复服务的人来说,社会疏离和疏离是两大重要问题。老年人可能是因为丧失行动能力或者没有信心走出家门而缺乏与社会外界的接触。亲人和朋友相继去世也会加重老年人的社会疏离感,他们会有一种自己和外界世界隔绝开来了的感觉。对于那些没法出门的老人来说,如能定期与他人进行接触将极大提升其健康幸福水平"(Ward, Barnes and Gahagen, 2012a:3)。

定制方对上述的战略和调查研究进行分析,并结合市议会现有的成年人服务项目,确定降低老龄人口社会疏离感和孤独感所需项目和服务。之后,市议会于 2012 年 5 月发布第一份招标服务说明书,其中列出对于需定制服务的描述。

(二)2012 年度招标服务说明书

这种向志愿组织定制和采购服务的方式之前就在英国其他地区有所应用,而发布招标服务说明书的方式则是 2011 年在邻近的东萨塞克斯郡率先启用。2012 年,布赖顿-霍夫市国民医疗健康服务体系和市议会定制方首次在成人和老龄服务招标中使用招标服务说明书。该说明书的目的在于"促进当地各社区服务的发展,提升我市居民的健康和福祉"(BHCC NHS, 2012)。第一份招标服务说明书所定制的服务涉及心理健康、老龄服务、护理人员和志愿者。

招标服务说明书中列出了一系列可以从志愿组织采购的服务。该说明书并没有穷尽每个领域需要定制的所有服务,而是主要介绍了开放给志愿组织投标的服务,将这些服务开放给志愿组织主要是看重其社会价值,而这是营利性私有企业无法提供的。根据预期,在未来几年还会进一步加大从志愿组织采购公共服务的规模。养老院等其他一些老龄服务已主要由私有部门承包,因此没有包含在这份说明书中。

1. 定制原则

定制方希望能达到成本和社会价值(本文称为社会资本)的双赢:

"对于政府资金提出的申请我们会考察其质量和性价比。此外,我们还会考察投标的服务能给我们城市创造的社会资本。对于社会资本人们有许多不同定义,但是我们认为社会资本包含着志愿组织和社区组织在我们社会中所扮演的角色,这些组织的存在创造出了无数的机遇,让人们可以帮助他人,也让需要帮助的人们得到了帮助,这些组织给人们提供了参与志愿工作的机会,在正式的组织网络和非正式的组织网络之间建立了联系,鼓励人们积极参与活动,也带给了人们一份'归属感',这些组织帮助我们更高效地利用了社会的集体资源"(BHCC NHS, 2012)。

在首次尝试定制和采购服务的方式时还保留了类似于"拨款"的老提法,但是整个流程非常清晰:招标服务说明书中列出了政府所需招标的服务,并邀请各个组织对服务投标,投标方提出供应服务的成本。市议会所能提供的最高预算金额也在招标服务说明书中列出。

定制原则如下:

- 充分理解居民需求,所使用的依据中应包括对现有服务影响和成本的评估以及对国际、国内及市内优秀经验的总结;邀请居民共同进行服务设计,利用好居民的知识和经验;确保服务能切合居民最为关注的重点问题(合作开发);
- 保证组织内的所有员工都能参与服务的设计和审查。志愿组织应重视并充分发挥员工的知识和经验,不做无用功;
- 在适宜的情况下,与市议会、国民卫生服务体系及我们的合作伙伴共同提供服务;保证各类资源的充分利用;
- 借鉴优秀经验,积极创新,增加服务附加值,确保不超预算。(BHCC NHS, 2012)

社会价值或社会收益被部分定义为"充分利用当地各类资源",包括:

- 知识和经验;
- 社区参与;
- 用户或护理人员问责结构,例如用户主导的组织形式等;
- 网络;
- 志愿者;
- 接入点或工作基地。(BHCC NHS, 2012)

2. 需定制及采购的老年人服务

在招标服务说明书中列出了两项需进行政府采购的服务。之所以定制这两项服务,是为了向市内两处地点的老年人提供支持:一项服务针对东布赖顿(East Brighton)的老人,另一项服务针对汉格顿(Hangleton)及诺尔(Knoll)地区的老人。

设计汉格顿及诺尔地区老龄服务的基础是上文提及的战略和调查研究,此外,招标此项服务也是"为了采取措施为独居老人提供支持,帮助他们与他人交流,提高老人适应老龄生活种种挑战的能力"(BHCC NHS,2012)。东布赖顿的老龄服务也是出于类似的目的,但该服务更强调要为老年人提供参与志愿活动的机会,帮助他们战胜孤独,提高他们的适应能力。"相较于年轻人和中年人,老年人参加志愿活动的好处更多。参加志愿活动能降低抑郁的发生率,还能提升老年人的自信心,扩大他们的社交圈,提高老年人对生活的满意度"(BHCC NHS,2012)。

招标服务说明书随后对所需服务进行定义,包括服务的宗旨、目标、预期效果和最高预算额,由此对招标的两项服务做出详细描述(详见附录一和附录二)。两项服务的宗旨相近,但形式和交付方式不同。

汉格顿及诺尔地区老年人服务涉及如下内容:

- 发展汉格顿及诺尔地区的社区活动和网络,为老龄人口提供支持和帮助;
- 开展帮助全部老龄居民的支持项目,特别要帮助最为困难的老人,帮助他们保持独立生活的能力,建立社交生活,参与社区事务决策;
- 与其他社区分享经验。

(具体目标和预期成果详见附录一)

东布赖顿的老龄服务涉及如下内容:

开展针对布赖顿女王公园、东部路及塔纳地区老龄居民的支持项目,在当地招募志愿者为老人提供以下帮助:

- 缓解老年人的社会疏离感;
- 帮助人们走出家门;
- 帮助老人完成表格填写等文书工作;
- 园艺;
- 自己动手的工作和简单的装饰工作;
- 其他杂活;
- 为老年人提供建议和信息;
- 将帕奇小屋(Patching Lodge)开发成健康老龄化中心,为老年人提供社区资源支持。(具体目标及预期成果详见附录二)

以上两项服务每项预算不超过3万英镑,且鉴于这两项都是新增服务,一开始只能得到一年的资金支持。

(三)2012年招标服务说明书:采购流程

招标服务说明书按照筹备、申请、评估、资金协议、监督审查安排、付款安排和条件以及公示几个方面分别对采购流程进行了概述。

1. 筹备

志愿组织应先阅读招标服务说明书,判断哪项服务属于本组织专业范围,本组织是否有意向和能力提供该项服务,是否有能力且希望参与投标。

若有意申请,拟申请组织需先自评,确认是否有申请资格。实际做法是先进行自评,再决定是否有意申请,以节省时间。定制人在自评表设定了一系列问题需要拟申请组织回答(见附录三)。问题涉及组织的现状(组织架构是否合理)、政策、财务安排以及审计等方面,许多都是必不可少的考察因素。但不具备某些政策要求的组织及新近成立、有意投标的组织可通过市议会采购团队进行资格审核。除此之外,布赖顿-霍夫市志愿服务领域的地方性伞式组织——志愿服务委员会(Council for Voluntary Services,又称"布赖顿-霍夫社区和志愿部门论坛")也可提供支持和建议。此外,还要求投保公共责任险、公共损失补偿保险并满足其他一些指标。若投标成功,该组织应有能力提供这些服务。一旦投标成功,组织内工作人员还须提供无犯罪记录证明,以保障弱势群体的权利。所有获得资金的组织都需要投保500万英镑的公共责任保险。

合同期从2013年4月1日开始(英国财年的习惯起始日期),合同存续期间政府提供资金。经双方协商,合同期一年,某些服务可以达到三年。

定制方明确表示,资金的提供有赖于中央政府为地方政府和医疗卫生服务提供充足资金。因此,投标报价不包含通胀因素和年增量。需注意的是,尽管只有经与中标组织协商后才能对合同做出更改,按合同提供的资金仍可能有所变化:

"所有的资金协议都受制于中央政府、当地国民医疗保健体系或其他主管机构为布赖顿-霍夫市议会拨付的资金,以及市议会在各部门预算中做出的进一步资金分配。因此,资金协议将不包含通胀带来的价格上涨,提供的资金数额会根据资金来源的数额有所浮动。

我们只有在与拨款接收组织协商后,才会对资金协议做出调整"(BHCC NHS,2012)。

2. 申请

申请流程包括两部分。首先,申请组织需要在相关门户网站上登记申请意向以及本组织的详细情况;其次,陈述本组织有意对哪项具体服务投标。如果申请组织的相关细节(见自评表——附录三)经审核通过,便被视为具备投标资格,会收到一份申请材料,内容包括申请提交日期、所招标服务的宗旨、目的和预期成果(见附录一和附录二)。

申请组织被要求在招标书中"准确说明本组织的首要目标和服务成果",然后"支出本组织可以产生最大影响并有所创新的领域",把这些信息整理为服务投标书,详细说明其如何实现预期目标,以及每项工作会产生的成本。定制方认为:

"根据定制服务需要取得成效的难易程度,提供资金数额将会有不同。因此,对每个目标分配的预算金额并不固定。

申请组织应当在申请表材料中证明其计划如何在资金预算上限内实现目标,取得成果"(BHCC NHS, 2012)。

申请组织应详细说明其计划以及如何实现目标,但不要求提交补充信息或文件。

申请组织需要提交两份带签名的纸质材料,用存储卡提交一份电子版材料。

招标说明书于2013年5月发布,接收申请材料的截止日期为7月最后一个周五的下午两点。过时不予受理。

附录四是2012到2013年的一份基本申请表。涉及质量、社会资本和成本的问题可重复用于其他服务的投标,因此该基本申请表适用于所有领域和服务。附录四所载表格是冬季招标期(2012年11月到2013年1月)唯一可用样表,供"按照惯例不能参与投标的组织"使用,但表格内容是通用的(Brighton and Hove CCG,2012)。

3. 评　估

对申请表进行评估的三项标准为质量、社会资本和性价比(这里用社会资本而不是社会价值是为了将其与"性价比"区分开来)。评估流程包括四个环节,每一环节都要做出决定,判断申请是否能进入下一环节。没能进入下一环节或是未能获得资金的组织将在评估结束后被告知原因。

第一环节:筛选。这一阶段核查提交的申请表是否符合入围条件,申请材料是否对招标说明书中具体提到的成果进行说明。

第二环节:评分。每一份申请表都将由评估组进行评估。评估组对"申请材料中预期成果的效果进行测评,对所提供特定服务的质量、社会资本和性价比等标准打分"。对社会公平产生的影响(即保障少数民族的公平)同样也会得到评估。

第三环节:解释和谈判(如适用)。本环节不是必经流程。这一采购流程有别于通常意义的直接招标。在直接招标模式中,有人投标后,招标人依据投标方所要做的工作和给出的成本报价评标。在这一流程中,如果有某个组织投标,但是其所做工作和预期有偏差或是需要创新,评估组可以要求该组织进行说明。如有需要,还可与该组织谈判,就其所要提供的服务和成本(不超过预算上限)达成协议。

第四环节:合同授予。如标书内容重合或近似,如工作类型和成本相同时,由服务效果最好、得分最高的投标方胜出。投标成功的组织将会收到中标通知以及资金协议。资金协议比通知滞后五天发出。在此期间,未能中标的组织将被告知其未能获得资金的原因。招标方如此安排,是为了让其他志愿组织能继续关注服务招标,并为其下次申请提供支持。五天后中标组织会收到资金协议。

4. 资金协议

资金协议条款如下:

> 一项资金协议……包含协议的概述和四项条款。
> 第一条　协议需详细阐述申请组织与布赖顿-霍夫市议会达成协议的服务。该项服务应能取得招标说明书中规定的成果。
> 第二条　需详细说明资金和付款日程。
> 第三条　列出各方的责任以及拨款条款和条件。
> 第四条　说明监督和审查的安排。(BHCC NHS,2012)

5. 监督和审查安排

根据组织的申请材料、工作类型以及服务成果安排定制服务的监督和审查事宜。

中标组织应当向成人社会关怀服务定制支持司(Adult Social Care Commissioning Support Unit)反馈工作情况。该单位负责协调每项资金协议所委托服务的绩效考评。

主要条款如下:

> "组织在提供相应服务时,若出现绩效波动,应提交例外情况报告,并在报

告中说明如何在规定时间内恢复正常绩效。我们可能需要召开特别会议,帮助这些组织恢复正常绩效。

就服务监督安排与相应定制方达成一致,包括:
● 主要节点和成本(以投标方案为准);
● 对服务用户和护理人员发放满意度调查问卷,该问卷是通过与当地服务用户和护理人员合作项目共同制定的;
● 就调查问卷反馈率与相关定制方达成一致,不低于50%;
● 对服务感到满意的服务用户和护理人员不低于85%;
● 年度审查将综合考虑上述要素,考察该组织如何提供有效服务并制订具有前瞻性的计划来利用未来资源"。

6. 付款安排和条件

根据满意度监督结果逐月安排当月预付款。付款如有延误或拖欠,由承接服务的组织负责告知。

经审计的年度账目应当在公布后三个月内提供给采购团队。按照规定,组织所获得的资金应当列入"专用资金"账户,即只能用于定制服务。该账户应将布赖顿-霍夫市议会和国民医疗保健服务体系定制人署名为出资方。

所有的资金必须在合同期限内使用完毕,未经定制方同意,不得结转。

若承接组织发生严重违约,市议会有权以未能提供服务为由扣减付款,委托其他组织提供服务,终止现有协议。若资金未按照合同规定使用,市议会有权要求归还。

7. 公示

承接组织应当在所有材料中声明其提供服务的资金来源于布赖顿-霍夫市议会和当地的国民卫生服务系统,让客户和服务用户了解谁在为其服务提供资金。

8. 2013—2014年度服务

两个当地志愿组织中标。一个在汉格顿及诺尔地区提供服务(汉格顿及诺尔项目);另一个在东布赖顿(East Brighton)提供服务(萨默赛特日间护理站)。这项采购在2012年进行,归属于2012—2013财年,资金协议从2013年4月1日生效,有效期一年。

新版招标服务说明书在2013年定稿并发布,归属于2013—2014财年。2013年版说明书依然以国家与地方战略和研究为依据,回顾了现有服务,经2012年秋季和2013年冬季两轮磋商,确定了服务的预期目标。由于对老年人孤独无依的状况有了更深认识,并根据2012年招标服务说明书的实践经验,2013年扩大了针对老年人群的定制服务。

(四)2013年招标服务说明书

2013年定制和采购的服务将于2015年4月1日开始提供。相比其他服务,老龄服务的主要区别在于定制数量有所增加(有效利用定制模式取代了向地方组织直接拨款模式),合同和资金的提供将持续3年至2018年。此外,通过早期会议向志愿组织解释流程以便于其投标。还有一个重要创新就是委托了新的协调机构。

2013年定制流程从1月份开始,还建立了指导小组监督整个流程。指导小组成员包括定制方、市议会负责采购、财务和合同事宜的部门官员以及来自一名志愿服务领域即社区志愿服务论坛（Community Voluntary Sector Forum，CVSF）的代表。（当时，每个特定领域都有专职定制人，所以还涉及专门负责老龄服务的定制方，而现在已改为通用定制方。）邀请社区志愿服务论坛参与是为了让采购流程更便于志愿组织投标：第一版招标服务说明书的流程未包含该组织。

待定制服务确定后，召集两次志愿组织会议，向其解释流程，鼓励投标。会议期间还会对志愿组织进行投标培训。会议的目的在于：

"本次会议"旨在：

- 介绍维权服务投标机会，鼓励参"本地老年人活动"和"全市互联"服务投标；
- 将服务供应商聚集一道，提供沟通平台，促成联合投标；
- 提供更多关于招标申请流程的信息；
- 提供上述领域大致预期效果的进一步信息。（BH ASC，2013）

此外，在2013年5月为投标方召开了几次通报会，通报会上的问题及回答还会通过网站发布，没有参会的组织也可以了解相关信息。

老年人服务

2013年的招标服务说明书主要在三个不同地区为老年人提供服务。这三个地理区域为：东部、北部和中部、西部。每一个区域都有相同的预期成果：

- 支持老年人尽可能独立自主；
- 减少社会疏离感；
- 帮助老年人尽可能长久地保持身心健康；
- 服务供应商在全市和地区层面开展补充活动，最大限度支持老年人的各种活动。（详见附录五）

除在上述各地区提供定制服务，还将定制全市协调机制来关联各地区的服务（本项服务成果见附录五）。

三年内，每个地区可获得的资金设有不同上限：

中部和北部地区：142566英镑；
东部地区：124382英镑；
西部地区：145566英镑；
三年内，可用于全市服务协调的资金上限为：96977英镑。

（五）2013年服务定制：采购流程

2013年招标服务流程与上一年度的主要区别在于对投标申请的评估和测评。投标申请的评判标准还是质量、社会资本和成本三个方面。

投标申请书由评估团队评判。与上年一样，评估团队包括相关定制方和采购经理，还包括一部分服务用户代表——"人民小组"（People's Panel）。人民小组由布赖顿-霍夫市志愿部门伞形组织——社区志愿服务论坛招募的志愿者组成。社区志愿服务论坛还对小组成员就投标申请评估进行培训,确保他们清楚流程以及各自职责。

投标申请接受两轮评估。2013年投标截止日期在6月底而不是7月底,比2012年提早一个月,因此有充裕时间进行第二轮评估。2013年7月底,评估团队先对投标材料评估打分,然后每个定制方受邀面谈,介绍其投标方案。如果材料有待完善,也会反馈给投标方。投标方必须在9月20日前再次提交申报材料。提交以后,评估团队再次审查所有材料,调整评分。

评估团队将申报材料和评估结果整理成报告提交给医疗保健服务定制集团、布赖顿-霍夫市议会和地方医疗保健服务体系,并给出推荐意见,由该组织做最终决定。评审工作在2013年11月底完成,结果随后告知投标组织。

2014—2018年服务

一些社会组织分别在各个区域中标,但只有一个机构成功中标全市协调项目。有些机构在多个地区参与竞标,并最终在两个地区中标成为服务供应机构。

三个机构在中北区和西区中标。这三个机构分别为:影响倡议协会、圣约翰社区志愿服务机构(St John's)、同性恋、双性恋和变性人社会服务平台(the Lesbian, Gay, Bisexual and Transgender Switchboard),以及社区发展信托基金(The Trust for Developing Communities)。在西区中标的还有社区发展慈善机构汉格顿和诺尔(Hangleton & Knoll)项目。

在东区有三家机构成功中标:萨默赛特日间护理站、圣约翰因必得斯社区关怀机构(Impetus Neighbourhood Care Scheme)、生命线社区服务志愿者机构(Community Service Volunteers-Lifelines)(成年人健康和社会关怀委员会(AHSC)2014)。

这其中的一些机构在2012年的招标中也成功中标,因此这些机构将会继续提供服务,但预期成果与之前有所不同。然而,在招标书中的一些服务领域(比如心理健康服务,此处并无详细说明),现任的一些服务供应机构并没有能够成功中标,这些机构必须在市政府定制人及合同团队的协助下,将其服务工作转交给新的供应方。

全市协调服务项目由残联独立生活中心中标,这是一个新的服务项目(AHSC 2014)。市政府定制方、合同团队和中标机构于2014年冬天最终确定具体业绩指标和所有具体服务,之后确定并签订合同。

(六)全市互联项目

为交付老年人服务的全市协调项目是一个新项目,但其灵感来源于2012年老年人服务定制和采购的经验,来源于向私营部门采购服务和以往拨款资助志愿部门的经验,以及对地方政府、医疗卫生机关和志愿部门提供的其他服务并没有获得市政府拨款资助,也不接受其监管的认识。

尽管这是个新项目,但这个项目由当地一家发展非常完善的志愿组织中标,也就是残联独立生活中心。这家志愿组织原先是一家由服务使用方主导的残疾人独立自主生活支持服务机构,但近年来将其业务扩展到老年人服务领域。但是这一新的全市协调服务项目是在残联独立生活中心下的一个独立的服务部门,有其特定的管理权限。

这一新的服务项目被命名为"全市互联",其管理委员会被称作合作伙伴关系委员会,有其自身的职责范围规定。残联独立生活中心协调"全市互联"项目的工作并负责项目人员雇佣,项目资金用于支付组织对接及其他相关活动的团队人员工作时间报酬。合作伙伴关系委员会(Partnership Board)每季度召开一次会议,负责监督"全市互联"项目的工作,并与市政府和国民医疗保健服务体系采购机构保持联系,与地方志愿部门和私营部门通过委员会成员关系保持联系。

委员会主席由残联独立生活中心担任,委员会成员包括三家布赖顿-霍夫市议会和国民医疗保健服务体系公共医疗卫生招标机构、市志愿部门行业协会组织,两家养老护理服务及护理服务论坛机构,两家养老院,两家保障支持性住房机构代表,两家负责与信仰组织联系的成员机构,以及三个地方性老年人服务志愿组织。

残联独立生活中心任命圣约翰因必得斯社区关怀机构和同性恋、双性恋、变性人社会服务平台这两家志愿组织在三个区域发挥带头作用。这些机构和残联独立生活中心一样,扩大了原先的服务权限,可以向其自身原先的服务对象群体,也可以向其他群体提供更广范围的服务。这些机构可以主办或协办在每个区域每年举办两次的区域中心会议和活动,以促进老年人服务供应工作的交流和协调。

2015年2月和3月"全市互联"项目各区域中心活动的评价报告(见附录六)对各区所举办的活动和参与机构做出了概括性总结。这一评价报告以业绩指标为依据,回顾所取得的成就,总结项目现阶段情况及在监督评价方面所需改进的方面。评价报告中可以看到定制和资助机构的标志(Fed 2015b)。

下面的流程图概括了2012和2013年招标的关键流程。

1. 流程图:2012和2013年招标书

(1) 2011年

● 布赖顿-霍夫市医疗保健服务定制集团和布赖顿-霍夫市议会决定2012年将老年人服务纳入定制范围,即建立全市互联项目。

(2) 确定服务需求

● 定制方决定服务定制政策基础:

国家战略——《2010我们今天的健康和福祉》(Our Health and Well-being Today)和《2011白皮书——健康生活、健康人民》(2011 White Paper Healthy Lives, Healthy People);地方战略——基于布赖顿-霍夫市公共卫生机构、国民医疗保健服务体系、英国老年人慈善机构英国老年人协会和布赖顿大学的相关研究。

确定需求:孤独和社会孤立问题对老年人口健康和福祉状况的影响。

提供服务:解决老龄人口孤独和社会孤立的问题。

(3) 2012年5月

● 布赖顿-霍夫市政府和布赖顿-霍夫市医疗保健服务定制集团首个招标说明书。

● 志愿部门可以参与所需服务项目竞标。

● 能够解决老龄人口孤独和社会孤立问题的待定制服务:提供志愿支持东布赖顿老年人机会的服务,以及支持汉格顿和诺尔地区独居老人的服务。

(4) 招标流程

1) 准备
- 志愿组织研究招标书,决定准备投标的服务领域。
- 自评:志愿组织检查自身机构的资格(机构设置是否符合要求)、政策、财务和审计状况是否符合申请竞标的标准。

2) 申请
- 网上初步申报参与某项服务竞标的意愿。
- 若有资格参与竞标,定制方将邀请组织合格机构进行申请、阐述服务目标和预期成果以及实现目标的方法。
- 截止日期:2012年7月底。

(3) 评审
- 对申请进行公平评审,评审依据为服务质量、社会资本和性价比。
- 四步走评审流程:
① 资格审查:是否符合申请资格和预期成果的要求;
② 评分:实现预期成果以及三个标准的程度;
③ 澄清和协商:服务类别、创新之处、服务和成本;
④ 根据得分授予中标资格。
- 通告和停滞阶段:五天时间反馈未中标机构。

(4) 资金协议
- 第一部分:所提供的服务的详细说明以达到招标说明书中要求的成果。
- 第二部分:资金和付款安排。
- 第三部分:职责规定及招标款项的条款和条件。
- 第四部分:监督和审查安排。

(5) 监督和审查
- 根据机构申请、服务类别和标书中要求的成果来安排。
- 提交业绩给成年人社会关怀招标支持司。
- 详述服务监督标准。

(6) 付款安排
- 提前一个月按月付款,若监督结果不尽如人意,则限额付款。
- 年度审计结果公布三个月之内提交给采购团队。
- 所有的项目资金只能在合同期内使用。
- 若出现违反合同的情况,市议会将保留以下权利:削减款项、委托其他机构或终止合同并要求返还已付款项。

(7) 公示
- 受委托的组织须公示来自布赖顿-霍夫市议会及当地国民医疗保健体系,并用于提供服务的款项。

(8) 2013—2014年服务
- 两家志愿组织分别在汉格顿和诺尔地区(汉格顿和诺尔项目)以及东布赖顿(萨默

赛特日间护理站)成功交付所承包的服务。

● 2012年开展在2012—2013财年的采购,因此资金协议从2013年4月1日起生效,有效期为一年。

2. 2013年招标书

(1) 2013年1月

● 新招标说明书

● 老年人服务定制项目增加,资金合同延长至三年,并且与志愿组织机构召开采购说明会。

(2) 招标流程

● 成立指导委员会监管流程,委员会成员包括定制机构、市政府采购主管部门、财务和合同部门以及一家来自社区志愿行业论坛(Community Voluntary Sector Forum,CVSF)的志愿组织代表。

(3) 确定服务内容

● 在三个区域提供有助于解决社会孤立、促进老年人健康和福祉的服务。

● 服务老年人的额外全市协调项目。

(4) 招标流程

① 准备阶段

● 志愿组织研究招标书并决定在哪些服务项目中参与竞标。

● 自评:志愿组织检查自身机构的性质(机构设置是否符合要求)、政策、财务和审计状况是否符合申请参与竞标的标准。

② 申请阶段

● 网上初步申报参与某项服务供应竞标的意愿。

● 若获得竞标资格,定制方则邀请组织各机构进行申请、阐明服务提供的目标和预期成果,以及实现这些目标的方法。

③ 评审

● 以服务质量、社会资本和性价比这些公平的标准评审申请。

● 评审团队包括:相关定制人、采购经理以及服务用户代表小组,即"大众评审团"。该大众评审团由布赖顿-霍夫志愿组织行业协会,即社区志愿行业论坛招聘的志愿者组成。

● 两步走评审过程:评审团队对竞标进行评估和评分。志愿组织获得反馈并重新提交修改后的标书;评审团队再次评审标书并调整评分,之后将评审结果和建议交予医疗保健服务定制集团。

● 最终中标机构由医疗保健服务定制集团决定,并将结果通报各相关机构。

(5) 资金协议

● 第一部分:详细说明所供应服务以达到招标书中所明确要求的成果。

● 第二部分:资金和付款日程表。

● 第三部分:职责规定及招标款项的条款和条件。

● 第四部分:监督和审查安排。

(6) 监督和审查
- 根据机构的申请、服务类别和标书中所要求的成果安排。
- 提交业绩给成年人社会关怀服务定制支持司。
- 详述服务质量监督标准。

(7) 公示
- 竞标组织须公示其来自布赖顿-霍夫市政府及地方国民医疗保健体系用于提供该项服务的款项。

(8) 2014—2018年的服务
- 七家机构分别在一个或多个地区中标。
- 全市互联项目:由残联独立生活中心中标。

案例二:克罗伊登市残疾成年人卫生健康和社会关怀服务的定制和采购流程微观研究

(一) 背 景

伦敦克罗伊登自治市议会制定了《2012—2015年定制战略》(Commissioning Strategy (2012—2015)),其中阐明了定制方法、目标以及定制和采购的战略,均与中央政府政策文件相一致。这些政策文件包括2011年《开放公共服务白皮书》、2011年《地方主义法案》、2012年《公共服务(社会价值)法案》以及2012年《健康与社会关怀法案》。

伦敦克罗伊登自治市议会《2012—2015年定制战略》中确定了市议会定制和采购的方法、目标、管理方法、采购所需信息、市议会与服务供应商和服务用户的合作方式,以及定制的预期成果等等。其目的是以连贯的方法来确保定制和采购流程的一致性。

伦敦克罗伊登自治市议会《2012—2015年定制战略》(2012—2015:12)中认识到在一些地区有必要实施整合及共享定制的方法,因为"在这些地区要满足当地居民的需求,则需要数家机构中标来提供服务"。根据2012年《健康与社会关怀法案》的规定,卫生医疗和社会关怀服务招标主要交由新设立的国家医疗保健服务体系(NHS)下的医疗保健服务定制集团定制(CCG)。

根据2012年《健康与社会关怀法案》,克罗伊登自治市议会增加了一个新职责,即在当地政府部门中执行英国卫生部[①]下属执行机构英国公共卫生局(Public Health England)的职能。这就意味着市议会有法定责任建立一个健康与福祉委员会(Health and Wellbeing Board)来评估地方社区需求,与国家医疗保健服务体系医疗保健服务定制集团及其他相关政府机构一起协调地方服务定制和供应,并制定公共卫生服务定制与采购战略。

健康与福祉委员会属于地方政府部门并由国民医疗保健体系下属机构的代表组成,

---

① 英国公共卫生管理局是英国卫生部的执行机构,是在2012年通过《健康和社会关怀法案》后进行的英国国家医疗服务体系改革之后所设立的。

例如地方医疗保健服务定制集团的代表、当地选举出的代表、当地政府三个部门的代表（成年人社会服务部门、儿童服务部门和公共卫生部门）以及一个健康观察的代表。健康观察是一个独立的、代表公众和病患呼声的消费者支持机构。健康与福祉委员会负责确定地方人口健康医疗的需求。

为有效加强与国民医疗保健体系医疗保健服务定制集团之间的合作，克罗伊登市议会作出了必要安排，以推动医疗卫生及社会关怀服务定制整合、财政支持及提供。市议会和西南伦敦国民医疗保健体系签订谅解备忘录，制定了合作框架。

（二）采购前

克罗伊登市议会、克罗伊登市医疗保健服务定制集团、西南伦敦国民医疗保健体系以及克罗伊登卫生健康与福祉委员会成员共同承担"联合战略需求评估"工作并制定了《2013—2018年联合医疗卫生与福祉战略》(Joint Health and Wellbeing Strategy, 2013—2018)，其宗旨是"让克罗伊登所有居民更健康更长寿"。《战略》中明确的三大目标分别为：延长人口健康预期寿命且缩小各市区人口预期寿命的差距、增强人口抗压性和生活独立性，以及提供优质社会关怀服务体验。为了更好地达成上述三大目标，《战略》中列出六大方面，定制机构和服务供应机构需要在这六个方面共同合作保证提供更优质的服务（Croydon Health and Wellbeing Board, 2013:33）。这六个方面是：

1. 保障优质幼年生活；
2. 预防疾病和伤害，帮助更多人康复；
3. 预防早逝，保障长期健康状况；
4. 增强抗压能力和独立生活能力；
5. 提供一体化、安全优质的服务；
6. 改善居民社会关怀服务体验。

因此，克罗伊登健康与福祉委员会为招标机构制定其卫生和社会关怀服务定制计划和战略提供了指导方针。克罗伊登市地方定制人也相应地制定计划，即克罗伊登市医疗保健服务定制集团的《2013—16年三年一体化战略》(3 Year Integrated Strategy 2013—16)，以实现上述克罗伊登卫生健康与福祉委员会所提出的战略目标，改善克罗伊登市人口健康状况。这一战略计划中明确提出克罗伊登市国民医疗保健体系医疗保健服务定制集团对于残疾人服务和精神健康服务所承担的主要职责。然而，克罗伊登市国民医疗保健体系医疗保健服务定制集团成立了一个一体化定制司(Integrated Commissioning Unit)来负责公共卫生中一些领域的事务，其中包括精神健康服务工作。

在需求评估过程中，卫生健康与福祉委员会发现克罗伊登市国民医疗保健体系所花费的八分之一的资金都用于解决心理健康问题。委员会发现大多数有精神健康问题的人群，如果能够获得早期干预，就可以避免病情恶化。委员会还认识到精神健康问题人群极有可能也有身体健康和社会孤立问题，最终还有可能带来住房和经济方面的问题。心理健康服务预算是克罗伊登健康与福祉委员会确定的最大的"单一项目预算"。为了避免心理健康问题人群病情恶化，从而导致需要二级和三级保健服务，委员会从长远考虑，重新设计心理健康战略计划，并将其心理健康政策与健康生活方式相融合。其中一个成果就是将以初级医疗保健服务、预防和早期干预为主要抓手。

在地方定制机构根据联合战略需求评估(Joint Strategic Needs Assessment)确定服务需求且根据上述《战略》确定采购方法之后,地方定制部门则着手准备针对心理健康服务的招标工作。在此之前,地方定制部门接触了当地的一家志愿组织克罗伊登心理健康协会(Mind in Croydon),因为这家志愿组织有长期服务心理健康问题人群的经验。克罗伊登心理健康协会一直通过其积极心理(Active Minds)项目为精神健康问题人群提供服务,帮助他们获得健康积极的生活方式,从而改善他们的健康状况。积极心理项目基于人的身体健康、精神健康以及福祉之间的关系,通过提供体育休闲娱乐服务,鼓励人们通过改善自身身体健康状况、采取积极健康的生活方式来改善精神健康状况。克罗伊登心理健康协会自2008年起提供这类服务并取得了很好的成效,因此地方定制人鼓励该协会参与竞标,因为基本可以确定这家机构能够实现《战略》中所提出的成果目标。

(三) 竞标过程

克罗伊登市议会和国民医疗保健体系医疗保健服务定制集团的招标专员们通过伦敦招标门户网站发布招标信息。感兴趣的公民社会组织,其中包括克罗伊登心理健康协会必须首先提交资格预审问卷(pre-qualification questionnaires,PQQ)、机构年度报告、会计和相关政策以及服务实施流程和方法,以证明机构的透明度、可靠性、财务状况良好、能够满足地方定制人的质量要求、符合相关法律法规要求如《2010年平等法案》(2010 Equality Act)、在满足当地居民需求的工作上有相关经验并且致力于服务地方社区。

地方定制部门在招标多种不同服务类别时所用的资金来源是相同的,比如心理健康服务或者像午餐会组织等其他服务。申请参与投标的机构有大有小,有些小机构投标的服务合同金额在2000—3000英镑之间,也有大的全国性机构投标的服务合同金额达10000英镑(Mind in Croydon,2015年11月)。定制人希望尽量打开市场,鼓励多种服务供应机构参与市议会合同竞标。因此他们允许多种不同规模的私营和志愿组织采取完全相同的竞标流程。这样一种招标流程旨在创造公平的竞争环境,但事实上却给竞标机构造成了很大困惑,主要是因为竞标机构所需提交的资格预审问卷中所包含的一些问题并不适合竞标机构投标的服务类别,比如参与竞标的机构需要按照午餐会组织服务的计算指标去计算他们的投标价格。午餐会服务经费自然是根据午餐的成本指标来计算,但这并不适用于其他类型的服务供应,比如体育活动服务或是为心理健康问题人群提供健康的生活方式这些类型的服务。因此克罗伊登市议会组织交流会帮助服务供应机构进行投标准备工作。这也使得投标服务机构有机会指出招标流程中的一些问题,比如资格预审问卷中的问题与投标服务类型不相关的问题(Mind in Croydon,2015年11月)。尤其是克罗伊登心理健康协会针对两项不同服务进行投标,多次询问地方定制部门是否需要提交两份不同的申请还是同一份申请。地方定制部门表示,针对这两项服务只需提交一份申请。后来克罗伊登心理健康协会针对两项服务提交了一份申请,其中一项服务为积极心理项目,合同金额为60000英镑,合同期为五年(Mind in Croydon,2015年11月)。

竞标对话过程和协商阶段主要是让当地政府与服务供应机构之间公开讨论开放性问题,激发关于每个投标方提供服务的形式的讨论并商榷出各投标方明确的预期成果。在这个案例中,地方定制部门与克罗伊登心理健康协会就其投标价格进行了讨论,原因是克罗伊登市政府和医疗保健服务定制集团大幅减少资助资金。地方定制部门的解释是地方政府误算其资助计划,导致现在不能以克罗伊登心理健康协会投标的价格委托相关服务。因此对克罗伊登心理健康协会为期五年的积极心理项目,其投标价格为60000英镑,只能获得克罗伊登市政府和医疗保健服务定制集团15000英镑的资助(Mind in Croydon,2015年11月)。

克罗伊登心理健康协会的首席执行官与克罗伊登市政府一位高级官员进行了会晤,这位官员也与英国国家卫生管理局的一位高级官员进行了会晤。英国国家卫生管理局在预投标阶段同意为克罗伊登心理健康协会所投标的服务项目提供资助,即整合心理与身理健康服务,但问题是克罗伊登市政府为了支持更多服务项目将这项资助资金进行了划分。因此最后英国国家卫生管理局又同意追加一部分资金资助(Mind in Croydon,2015年11月)。最终克罗伊登心理健康协会以60000英镑的合同金额中标,主要的资金支持来自英国国家卫生管理局的资助(Mind in Croydon,2015年11月)。

地方定制部门进行评标的主要标准为项目的性价比和社会价值。评标通过一个评分框架来进行,评分框架中包括对每个投标机构如何实现其项目所预期的社会效益的所有步骤的评价标准,每一个步骤都有预先设定的一个权重分值。这一评分体系也用来在前阶段给资格预审问卷打分,以及相应地在后阶段给投标机构打分。这一评标体系可以对不同的投标机构进行评估,并确定出最高性价比和最大社会价值的投标机构。克罗伊登心理健康协会以其优质服务和长期的经验,以及获得英国国家卫生管理局额外的资助而中标。整个招投标过程历时三个月时间。克罗伊登心理健康协会已经在克罗伊登市招标机构的委托下在过去的18个月一直在积极心理项目下提供一体化健康服务。目前服务还在持续,对服务供应还没有进行评估。下面的流程图展示了以上所描述的定制和采购流程。

1. 了解和确定当地人口医疗卫生保健需求;
2. 审视已有的服务,找到缺口;
3. 根据已有服务、市场服务提供主体和预算等资源确定优先事项;
4. 服务设计计划;
5. 公布招标采购流程;
6. 评标;
7. 授予合同,实施服务;
8. 根据服务提供成果,监督和评价服务。

服务用户也参与整个流程。

(四)合同和供应方管理

积极心理一体化健康服务项目合同期为三年,可延期两年,最终达到五年期限。

关于合同管理,地方政府的专门部门,就是合同和定制委员会(the Contracts and Commissioning Board)专门负责合同执行情况监督,以保证服务提供机构能够有效地执行合同。合同执行管理要求也在合同中有清晰的描述和体现。在合同执行阶段,服务提供机构和定制部门之间会进行频繁对话和沟通。通常来说,社会效益也是在合同中要求必须完成的一项内容,必须达到特定的目标成果。重要的是需要清楚规定哪些合同条款将适用于社会效益实现情况的监督评估。可以利用社会价值工具箱(Social Value Toolkit)来帮助确定项目所要达到的社会价值目标以及评估项目所提供服务的社会价值的实现情况。

通常情况下,心理健康服务的质量也会根据社会关怀质量委员会的标准来进行监督评估。正如在案例中所提到的,存在的问题是质量评估过度依赖量化指标,例如参加克罗伊登心理健康协会所提供的咨询服务的心理健康问题人群的数量。这样的量化指标并不一定能最好地体现该服务的质量、效率或社会价值。

在该案例中,英格兰公共卫生局是主要资金方,也负责根据在招标阶段提出并写入合同的服务预期成果来对服务质量进行监督评估。提出评估框架的依据是资助情况和服务预期成果。克罗伊登心理健康协会每季度与地方招标采购方召开监督评估会议,会上克罗伊登心理健康协会提供如参与人数、康复率和自信自尊度等量化指标;同时也提供定性测量结果,也就是说服务使用者阐述积极心理项目如何改变了他们的生活经历和体验。这种做法符合《卫生健康和社会保健法案》中对服务使用者参与服务监督和评估的要求。克罗伊登心理健康协会也邀请地方定制部门参加积极心理服务项目中的各种活动以便更好地认识和评价其服务(Mind in Croydon,2015 年 11 月)。

三年服务合同期结束之后,地方定制部门和克罗伊登心理健康协会将会共同回顾三年的合同和服务供应,并以此为基础确定是否续签两年的合同。在五年服务期结束后,地方定制部门会对服务进行审核,并评估需求,来决定是否还有同样的需求或者是服务需要进行一些调整。该阶段有四种选项:一是继续与原服务供应方续签服务合同;二是地方定制部门决定调整服务供应并进行重新公开招标;三是定制部门确定目前的服务不再适应需求并决定取消此项服务的定制;四是如有新的服务需求就再回到整个定制周期的第一步。

总而言之,本章详细地介绍了市政府针对服务行业的定制和采购案例的详细内容,这两个案例分别是"全市互联"项目和积极心理服务项目。

本章参考文献

(一)布赖顿-霍夫市议会和残联案例的参考文献

AHSC(Adult Health and Social Care Committee), 2014."Agenda Item 53, Commissioning Grants Prospectus' Brighton and Hove City Council.

Age UK Brighton and Hove, 2015. *Older People Wellbeing and Participation* website http://www.ageuk.org.uk/brightonandhove/about-age-uk-brighton-and-hove/research/, accessed November 2015.

BH ASC (Brighton and Hove Adult Social Care), 2013."Health Commissioning Prospectus 2013 Presentation".

BHCC NHS (Brighton and Hove City Council and local NHS), 2012. *Brighton and Hove Commissioning Prospectus*: *Funding Opportunities to Support Local Communities in Brighton and Hove* Brighton and Hove: BHCC.

BHCCG (Brighton and Hove Clinical Commissioning Group), 2012. *Commissioning Prospectus Application Form* Brighton and Hove: BHCCG.

Department of Health, 2010. *Our Health and Well-being Today*. London: HM Government.

Fed Centre for Independent Living Website, http://www.thefedonline.org.uk/. Accessed 12th June 2015.

Fed Centre for Independent Living, 2015b. *City Wide Connect Locality Events February/March 2015 Final Evaluation Report*. Brighton: The Fed Centre for Independent Living.

HM Gov (HM Government), 2011. *Healthy Lives, Healthy People: Our Strategy for Public Health in England* London: HM Government.

Scanlon, T., 2010. *Annual Report of the Director of Public Health Brighton & Hove 2010: Resilience*. Brighton and Hove: NHS, Brighton and Hove City Council.

Ward, L., M. Barnes, and B. Gahagan, 2012a. *Well-being in Old Age: Findings From Participatory Research Executive Summary*. Brighton and Hove: Age Concern Brighton and Hove, and University of Brighton.

Ward, L., M. Barnes, and B. Gahagan, 2012b. *Well-being in Old Age: Findings From Participatory Research Full Report*. Brighton and Hove: Age Concern Brighton and Hove, and University of Brighton.

(二)克罗伊登市议会和心理健康协会案例参考文献

Croydon Council, 2012. Commissioning Strategy: Meeting Local Needs and Delivering Value for Money. Available at: https://www.croydon.gov.uk/sites/default/files/articles/downloads/commissioning.pdf.

Croydon Council, 2013. Inspiring and Creating Social Value in Croydon: A Social Value Toolkit for Commissioners. Available at: https://www.croydon.gov.uk/sites/default/files/articles/downloads/socialvalue.pdf.

Croydon Health and Wellbeing Board, 2013. Joint Health and Wellbeing Strategy, 2013-2018. Available at: https://www.croydon.gov.uk/sites/default/files/articles/downloads/hwbb20121031strategy.pdf.

Croydon Clinical Commissioning Group, 2013. 3 Year Integrated Strategy Plan 2013/16 and Operating Plan 2013/14. Available at: http://www.croydonClinical Commissioning Group.nhs.uk/news-publications/Documents/3%20year%20integrated%20strategic%20%20plan.pdf.

Croydon Clinical Commissioning Group, 2014. Croydon Integrated Mental Health Strategy for Adults, 2014-2019. Available at: http://www.croydonClinical Commissioning Group.nhs.uk/news-publications/publications/Documents/NHS%20Croydon%20CLINICAL COMMISSIONING GROUP%20Mental%20Health%20Strate-gy%20Final%202014%20-%202019.pdf.

第七章 英国政府向志愿组织定制及采购公共服务的经验

本章回顾总结英国政府(主要是英格兰)向志愿组织定制和采购公共服务的主要经验。研究团队不断对其研究发现的影响进行思考,并组织专项会议就其中最主要的经验进行交流,讨论如何将这些主要经验用于帮助中国制定适合的公共服务采购战略。研究团队认识到,中英两国经济政治情况差异巨大,但是两国在如何更好地提供社会福利服务,以确保大众的社会福祉及促进包容性发展方面都面临着同样的挑战、机遇和限制。

一、愿景和战略

(一)每个地区向社会组织订购及采购公共服务时,要有清晰的规划和战略。

(二)规划中必须明确政府、市场、公民社会、家庭和个人在社会福利和福祉保障中的角色,明确角色能够帮助有效地确定政府、市场、公民社会、家庭和个人所应承担的相关责任。这样政府才能确保获得充足的资金来履行法定的国家义务同时满足更广泛的各地方及脆弱群体的社会需求,鼓励预防措施和早期干预并激励创新,从而使得政府不仅能履行自身的法定义务,同时能满足创造社会福利、促进社会和谐的需求。

(三)该战略规划可以有效避免将服务交付本身成为最终目标,也可以避免忽视服务使用者自身情况的变化和不断变化的服务需求。而战略规划中的典型目标是,在家庭或社区环境中支持服务用户,让他们能够实现独立自主生活,从而保障他们的福利和福祉,保证这些服务能够帮助服务使用者个人成长,也能帮助服务使用者在其住所之外的社区生活。

(四)该愿景和战略不应局限于预算问题和削减成本的考虑,而应该以社会需求和服务供应的质量为出发点。

(五)为了满足社会需求并保障服务质量,该愿景和战略应该以服务供应机构的技能和能力不断加强为前提。

(六)因此,该愿景和战略应该不断推进创新、实现国际最佳实践和持续发展。

(七)该愿景和战略不应仅仅着眼于解决社会问题,而且应该着眼于从根源上预防社会问题的出现,也应旨在提供促进独立生活、以社区为基础,且不断适应需求变化的福利性服务。

（八）该愿景和战略该以服务使用者为本。应该包括对需求和环境的深入考察、服务供应规划、服务提供的方式包括其规模、水平和服务供应机构的类型以及探究潜在的创新方法用于试点。考察对象应包括已有的和潜在的服务使用者，因为他们对于自身的需求和满足这些需求的有效实践有独到认识和经验，考察对象还应包括当地的社区和志愿组织。

二、社会价值

（一）社会价值原则应该是定制和采购过程的核心，以避免过度强调价格成本而影响服务质量和社会需求的满足。

（二）社会价值原则在体现社会组织所提供服务的隐形价值上大有益处，而且社会原则概念的延伸和使用还在继续。这一原则考虑到不同服务所能带来的社会层面的附加值并确保将这一原则纳入到定制和采购团队的评价标准中。社会价值可以包括很多方面，可以是促进边缘群体的就业、培训及康复，比如辍学的年轻人、有犯罪前科的人或者是居无定所的人；可以是推动向当地公民社会组织采购公共服务；可以是确保采购具有环境效益；也可以是为志愿服务创造条件和机会。这些用于确定和评估社会价值的标准应该根据经验和评估不断更新调整。

（三）社会价值原则应该指导定制和采购流程。在改善生活质量、提高服务使用者的独立性、提高服务提供机构的组织能力和创新发展方面需要有清晰的成果目标。

（四）社会价值原则需要以法律或是政策公告或者中央指令的方式写入立法。

（五）社会价值原则需要贯穿全过程，包括筛选过程、合同撰写、监督评价过程，也要贯穿定制人、采购官员、地方官员、服务供应机构的能力建设过程，尤其要贯穿社会组织能力建设过程。

三、定制流程

（一）关于定制流程，研究结果显示，让服务使用者参与服务设计、需求确定以及服务类别确定的过程对提供与需求相匹配的服务至关重要。若期望保证福利供应能够与时俱进，则需采用自下而上的以服务使用者为中心的需求确定方式，而不是自上而下地去决定需求的方式，这一点至关重要（Slay，Stephens 2013）。

（二）对行业和当地情况有一定了解的定制人最适合承担在定制过程中牵头。同时需要有定期对社会组织的现场考察，尤其针对小型细分市场的社会组织，以对潜在服务供应组织及特定需求的复杂性和范围有全面的了解。

（三）招标流程设计中要有清晰的时间期限规定，包括给服务供应机构留有充足的时间准备和提交标书，对采购方最终定标也有清晰的期限规定。

四、采购流程

（一）在预审和招投标过程要有标准化、便捷且适合不同行业的电子系统，例如针对养老服务和儿童服务要有特定的电子系统。对于中国而言也许就意味着要有各省的标准化流程，适用于各个部级部门和各级政府。

（二）该电子系统应当便于社会组织使用，尤其是便于那些只提供某些特定领域服务的小型社会组织使用，以确保这些社会组织和其所提供的服务需求不会在竞争性招标中处于劣势，而不能获得政府资金的支持。

（三）为了进一步激励方法和实践创新，招标合同中应包括激励创新的标准和指标。英国的经验表明，拨款资助是资助创新工作的一项有效机制。所以建议在竞争性招标之外，中央和地方政府应该考虑建立旨在推动创新、激发新思路，并促进国际最佳实践学习的拨款资助体系。

（四）从服务使用方的角度看，合同期限为一年到三年，对连续性不利，对那些对服务有长期需求的（Smith 2013）用户尤其如此，而且会给员工保留和组织发展带来问题。因此，建议签订五年期合同，定期审核以确保质量、透明度和责任机制的落实，并以审核结果为基础可以重新协商条件。

（五）合同中必须保证在签订合同和服务供应起始期之间有合理充足的时间。英国经验表明，三个月的间隙时间太短，不足以招聘额外的工作人员、购置必需的设备或者是找到可以租赁的场地。因此间隙时间六个月应该更加合理，当然这也要取决于即将提供的服务的性质以及服务正常运作所需要的投入。

五、监督和评估

（一）监督和评估应该由独立的监督评估咨询公司或机构完成，或者在采购团队中设立一个独立的职位，也可由以上两者结合来进行。目的是为了避免定制人和采购方由于潜在的利益冲突而决定和签订合同，或者以此为基础来监督合同的执行。

（二）监督和评价过程要从量和质两方面评价服务的供应，这对社会福利领域尤其重要，因为社会福利领域需求的满足是一个复杂而长期的过程，这其中的变化不能充分地由粗略的测量和量化指标完全反映出来。而且如果表现评价单单依赖产出的量化指标，例如"服务覆盖用户数量"或者是"机构组织的培训次数"，那么社会机构所提供的服务成果的相当一部分贡献无法体现。这显然是一个有很大改进和创新空间的方面，而且这一条也需写入合同，并要有专项资金支持。

（三）要严格区分日常监督和长期效益评估，因为后者有可能在合同期结束后才实现。这也再次说明为什么合同期应该长于一两年，因为一两年内通常无法取得明显的效益和成果。

（四）合同中应该将机构员工能力发展纳入监督和评估，并作为评标的标准。

（五）监督和评估过程应该以开放、公开和问责为基础。英国的经验再次证明举报制度是确保公开和责任制落实的有效手段。但是这必须要有坚实的保护措施来支撑,确保举报者不会因举报而失去工作或遭到骚扰。

(六)服务用户应当参与监督和评估过程,来更好地让服务供应者、评估者和定制方了解需要怎样调整服务。

六、能力建设

(一)社会组织,尤其是小型社会组织,在投标、预算和报告编写以及监督和评估过程中需要获得支持。政府须拨出一部分资金,来确保社会组织在参与采购过程中有足够支持。这样的支持包括为成功、有经验的社会组织和新社会组织就招投标和相互交流提供平台、组织培训、组织政府和社会组织间的招投标论坛,以及通过专门的中介机构支持社会组织。

(二)政府须留出资金支持社会组织能力建设。如果不支持能力建设,就很难在采购过程中创造公平的竞争环境,也很难鼓励吸收新组织参与。

(三)定制人和采购官员能力建设对于正确理解整个定制和采购的基本原理和总体目标、合同合法性,以及采购细节至关重要。该能力建设中,核心部分应该是认识到社会价值和服务质量的重要性,以确保定制人不会仅仅以价格考虑来做决定。能力建设可以有多种方式和途径,包括定制和采购学院、在线信息和培训、经验分享和疑难问题交流以及实地考察。

七、财务安排

(一)鉴于社会组织通常资金储备有限,无法预支员工、租金和设备成本,应该有相应的财务安排制度给社会组织提供启动服务预拨资金。如果没有这项预拨资金,小型社会组织将会被排除在外,无法参与服务供应投标。关于如何预拨此类资金,有多种建议,如根据社会组织的财力,地方政府提供部分资金给该社会组织,或者是发展社会组织贷款社会市场。

(二)社会组织的一个相关问题为核心成本,包括办公室租金和员工成本,员工成本又包括行政人员和财会人员成本和员工发展和培训支出。合同中应该包括覆盖上述成本的合理资金配备以确保成功的投标者不会不把这些问题当一回事,这对社会组织部门的可持续性发展至关重要。

(三)采购资金应该足以保障连续和固定的劳动力和合理薪资,以吸引训练有素的员工加入。应该避免临时工合同来保证连续的服务、固定的员工,并建设一个不断提升自我技能,学习最佳实践经验的员工团队。

(四)应当在合同中明确规定服务供应付款期限,该规定同样适用于分包服务的社会组织。

(五)上述四项安排应当包括在地方政府和社会组织之间广泛的框架协议中,并适用于主承包商—分包商模式中分包服务的社会组织。

八、法律法规框架

（一）应该在政府和社会组织之间指定总体协议框架来指导合作，该协议框架可以是地方也可以是中央一级的。

（二）该框架可以包括一些基本规则，如付款期限和合理的员工报酬待遇、政府和社会组织之间理想的合作形式、服务供应管理的基本原则、高质量的以人为本的服务供应原则、创新和不断更新完善实践的重要性、保障社会组织独立性、政府不干预、政府承担完善创新政策和实践的责任以及公开、开放和问责。

九、基础性支持

（一）定制和采购不仅涉及定制方、采购方和服务供应方，还需要基础性支持机构来支持整个过程。对于此类基础性机构的投资是非常重要的，有助于保证福利供应的可持续性和发展。

（二）此类基础性性机构包括政府和社会组织工作人员能力建设机构、独立的监督评估方、支持定制和采购流程的财务安排体系、分析政策和实践并分享最佳实践的研究机构，以及能够服务于社会组织、并充当社会组织与政府之间媒介的中间社会组织机构。

（三）显然，此类基础设施机构的建设需要资金来源。

十、结　论

总而言之，我们能从英国实践中汲取的经验很多，包括福利提供的愿景和战略的重要性、定制和采购目标的清晰度、社会价值和服务成本并重的重要性、在促进社区内独立生活能力的服务供应中鼓励服务最终用户参与的重要性，以及建立有效公开的法律、基础设施和财务安排体系的必要性。英国的经验还突出强调委托和采购的方法一定要与时俱进，需要不断创新和采取灵活的方法。这一切的背后战略是，促进能力建设和创新，建立发挥支持作用的中间机构基础设施。

本章参考文献

Slay. J. and L. Stephens, 2013."Co-production in Mental Health：A Literature Review". *New Economics Foundation*, research commissioned by Mind. Available at：http：//www. neweconomics. org/publications/entry/co-production-in-mental-health-a-literature-review.

Smith, J., P. Porter, S. Shaw, R. Rosen, I. Blunt, and N. Mays, 2013."Commissioning High-quality Care for People with Long-term Conditions", *Nuffield Trust*. Available at：http：//www. nuffieldtrust. org. uk/sites/files/nuffield/publication/nt_commissioning_high_quality_care_summary_. pdf.

附　录

附　录　一

2012年招标说明书——采购汉格顿和诺尔地区的养老服务

成果：支持汉格顿和诺尔地区的老年人
- 开发社区活动和网络支持汉格顿和诺尔地区的老年人
- 开展支持老人生活的项目，协助所有老年人，尤其是那些濒临丧失独立生活能力、社会生活和参与社区决策能力的老年人
- 与其他社区分享经验教训

目标：

促进汉格顿和诺尔社区发展：
- 促进跨代际团体和活动的开展
- 开设与老年人特定需求相关的课程
- 协调与老年人相关的信息，并利用社区信息板、社区简报、电子媒体和显示板进行传播
- 将50岁以上人群就业支持工作进一步融入汉格顿和诺尔地区的主流活动中，特别要通过汉格顿诺尔IT部门（Hakit）强化这一人群的IT技能
- 寻找交通问题解决方案
- 提供咨询和支持，以保证老年人群体有合适且能反映其利益的发言人
- 与保障性住房项目（SHeltered Housing）的联系
- 建立新团体来满足老年人和他们的护理人的需求

支持50岁以上人群就业指导委员会（Fifty Plus Steering Group）方面的工作如下：
- 落实《脆弱成年人政策》（Vulnerable Adults Policy）
- 遵守犯罪记录管理局（Criminal Records Bureau, CRB）政策
- 为委员会成员提供筹资方面的培训
- 落实筹资战略
- 行程助理招募
- 招募50岁以上的志愿者为其社区的老人服务
- 监督行程全程，包括其市场推广、定位、包容性和最终的评估
- 十月份的年度活动
- 保障老年人在社区系统中的代表性

最大限度地使用另类筹资方式来支持这一拨款资金支持较少的项目。

建议活动水平：

每周 20 小时的社区开发工作，主要针对老年人服务，加上额外开展社区发展融合活动的工作时间，以保证老人也能参与社区主流活动。

服务覆盖：

该项目将努力促进少数群体的参与，寻求方法激励黑人和少数种族（BME）以及同性恋、双性恋和变性人（LGBT）群体参与到项目工作中来。

覆盖地域范围： 汉格顿和诺尔地区

合同授予期限： 2013 年 4 月至 2014 年 4 月

项目总资助金额上限： 两万五千英镑（注：实际资助金额可能会有所变化）

附录二

东布赖顿养老服务采购

成果：支持东布赖顿老年人养老

这一项目为布赖顿市皇后公园（Queen's Park）、东路（Eastern Road）和塔纳（Tarner）地区的老人提供支持，通过招募地方志愿者从以下多种方式帮助老人生活：

- 解决与社会隔绝的问题
- 帮助老人外出活动
- 协助填写表格和一些文件准备工作
- 园艺工作
- 简单装饰
- 临时工作
- 建议和信息

这一项目将会促进帕奇小屋社区集中养老服务中心的发展，更好地为老年人健康的老年生活提供更多的社区资源。

目标：

服务目标人群：

- 超过 50 岁的人群，倾向于那些身体状况欠佳、身体残疾、有慢性疾病、有突出的医疗卫生和社会关怀服务需求，以及面临严峻的社会孤立风险的人群；
- 老年人护工或者那些自我照料的老年人群体。

用户推荐和评价以及志愿者招募、选择、匹配和支持的所有程序保持一致。

该项目将与生命线（Lifelines）项目在以下方面进行合作，确保以一致的方式改善养老服务质量，给老年人生活带来更多选择：

- 营销和推广
- 宣传
- 合办社区活动
- 合作招募志愿者
- 项目之间交叉推荐（接受方和志愿者）
- 共同举办志愿者和医疗志愿者培训项目
- 每季度联合规划会议

服务覆盖：
该项目还将努力促进少数群体的参与,探索方法激励黑人和少数种族(BME)和同性恋、双性恋和变性人(LGBT)群体参与项目工作。

覆盖地域范围： 布赖顿市皇后公园(Queen's Park)、东路和塔纳地区

合同授予期限： 2013年4月至2014年4月

项目总资助金额上限： 两万九千二百七十英镑(注：实际资助金额可能会有所变化)

附录三

2012年招标说明书——自评表

(注：该自评表已不再使用,只是展示先前流程的一个例子。)

在您填写申请表之前,请详细阅读以下问题,自我评估您的机构是否满足申请定制项目资助的条件。如果您的机构成功中标签订资金协议,那么您的机构在2013年4月1日之前要有机构章程、管理委员会和满足相应的政策要求。

您的机构：	有	没有	通过与以下方面相关的政策和程序	有	没有
机构章程或组织章程			机会平等		
正式任命的并定期开会的管理委员会或董事会			健康和安全		
您的机构能提供以下财务证明吗	能	不能	保护面临风险的成年人(在适用的情况下)		
过去两年的完全审计账户(如果免于审计,则提交会计签字的账户),包括机构收入支出表和资产负债表或者一项业务证明*			信息通讯技术、记录保存和数据保护政策		
			反腐、反欺诈和反贿赂政策		
			利益冲突登记		
您的机构所有银行账户及所有签署者信息(账户户名、账户号、银行代码、银行名称和地址)			投诉程序		
			质量控制政策		
			员工职业守则和举报政策		
			所有员工犯罪记录检查		
			保护脆弱成年人政策和儿童保护政策(若适用)		

*注：若您的机构运营时间小于两年,请提供最近的审计账户和最近的收入、支出和资产负债表或者一单业务证明。

如果上表中您有一项选择"没有"或"不能"或者您不能确定您的选择是否正确,请联系公司采购团队(Corporate Procurement Team)。

如果您的机构已经在过去三个月中向布赖顿-霍夫医疗保健服务定制集团提交过该招标文件中的所需信息,请您在本次提交时注明这些信息的接收者,以及合同或资助项目名称。布赖顿-霍夫医疗保健服务定制集团可以通过交换内部信息来协助您申请。

附 录 四

基本申请表格

(布赖顿-霍夫医疗保健服务定制集团) 2012 年招标申请表
(注:这仅是以往做法的一个例子,现在使用在线门户平台,不对外开放。)
国民医疗保健体系
布赖顿-霍夫医疗保健服务定制集团

布赖顿-霍夫医疗保健服务定制集团
招标说明书
申请表
为了曾经被排斥的群体
2012 年 11 月
合作、社会资本、接触、共同设计、合作、创新和创造力、健康和福祉

2012—2013 年申请表

感谢您关注布赖顿-霍夫市医疗保健服务定制集团 2012 年招标项目。
填写表格之前,请详细阅读布赖顿-霍夫市医疗保健服务定制集团的招标说明书。
资格审查清单
请完整填写以下的核对清单(在招标说明书中也有这一清单),以便我们检查您的机构是否有资格参与投标:

您的机构是否能提供以下财务证明?	能	不能
过去两年审计账户纸质复印件。 若无审计账户,请提交过去两年未经审计的账户或管理账户。 在适当的情况下,我们可能会寻求第三方核查。 **请将这一信息与您的申请同时提交**		
若您的机构是新成立的机构或运营时间少于两年,而不能提供上述材料: 请提供最近的审计账户和最近的收入、支出和资产负债表或者一单业务证明。 同时请提供您的机构所有银行账户及所有签署者信息(账户户名、账户号、银行代码、银行名称和地址) **如果可以,请将该信息与您的申请同时提交**		
您的机构在以下方面是否有通过的政策和程序?	有	没有
平等机会*		
健康和安全*		
保护脆弱成年人政策和儿童保护政策(若适用)*		
保密性和数据保护指南*		
针对所有员工的犯罪记录检查*		

* 请注意:我们并不要求您提供申请材料复印件,但日后有可能会要求您提供。
注:如果您的机构参与合作投标,那么以上要求只针对主投标机构。

申请表

申请表分为四部分
- A 部分(机构介绍)、D 部分(声明)
- B 部分(计划书)、C 部分(预计成本)

申请表主体中包括问题回答指南、评价标准以及分数权重。

注意事项：
- 请注意，一些问题的答案有字数限制，请不要超过字数规定；超过规定字数的部分将不予评价。请标记答案的字数。
- 答案框在您输入答案时会不断扩大。
- 您也可以在回答问题时使用列出要点的方式。
- 不能变动任何问题或表格的任何一部分，如果有变动，我们将拒绝接受您的申请。
- 要在小框中进行选择，请使用高亮设置并选择插入"X"。

A 部分(机构介绍)

所有的申请者必须完整填写这一部分，若信息不完整，您的申请将不予评估。

尽管这部分不予评估，但评估小组会仔细检查这一部分的信息。

申请机构全称：

(注：如果您是以伙伴形式进行申请，请只填写牵头机构的详细信息)

_____

_____

您的机构是非营利机构吗？是(　　) 不是(　　)

机构的法律地位：(可以多选)

- 注册慈善机构　　　　　　　　　　　　　　　(　　)
- 合作社　　　　　　　　　　　　　　　　　　(　　)
- 互助社　　　　　　　　　　　　　　　　　　(　　)
- 社区利益公司(Community Interest Company, CIC)　(　　)
- 担保有限公司　　　　　　　　　　　　　　　(　　)
- 慈善法人组织(Charitable Incorporated Organisation, CIO)　(　　)
- 志愿团体或社区团体等非法人团体　　　　　　(　　)
- 从事志愿或社会工作的宗教信仰团体　　　　　(　　)
- 注册友好协会　　　　　　　　　　　　　　　(　　)
- 注册社会业主　　　　　　　　　　　　　　　(　　)

其他——请补充：

_____

_____

慈善委员会注册号：*

*若适用

公司注册号：*

*若适用

联系人和职务
请提供对非常熟悉该申请的负责人的具体联系方式,以便我们获得更多信息。

_____

_____

联系地址：

_____

联系电话：	手机：
传真：	邮件：

网址：_____

指定联络人有任何需要沟通的问题吗？
有（　　）　　　没有（　　）
如果有,是什么方面的问题？

_____

_____

联合申请
如果多家机构的联合申请,那么只需要牵头机构提交申请。请列出所有伙伴机构,并注明与其之间的关系：

_____

_____

问题一：机构介绍

贵机构的目的和目标是什么？
- 贵机构的目标群体和社区是什么？
- 包括那些推动服务用户和护理者参与的活动在内,贵机构目前的活动有哪些？
- 过去的两年中,机构获得过哪些拨款或合同资金资助？资金使用成果？（请综述资金资助的主要成果）
- 机构具备哪些条件来落实计划书？
- 计划书中涉及的是新项目还是现有项目的延续和扩大？
- 机构采用什么样的组织架构？（若可以,请提供一份单独的组织架构图）

为什么提出上述问题？
- 我们希望了解您的机构和机构从事的活动,因为我们不一定了解您的机构的运作方式和您的合作伙伴们。
- 我们希望了解您在布赖顿-霍夫国民医疗保健体系或布赖顿-霍夫市议会拨款或通过合同给予资金方面的经验,以及您的机构在项目成果上的记录表现。

注：我们欢迎新项目,即使您的机构之前没有受过布赖顿-霍夫国民医疗保健体系或布赖顿-霍夫市议会或任何其他资助方的资助,您的机构也不会因此处于劣势。

字数上限:500 字(不评分)

问题二:如果您的机构是联合申请中的牵头机构,请介绍你们的合作关系:
(若非联合申请,这部分无须填写)
- 为了落实项目计划书做出了怎样的安排?(例如:谁负责保险,谁负责薪资?)
- 合作伙伴协议是什么性质的?
- 在联合申请伙伴机构中如何进行风险控制和质量管理?
- 在此之前您的机构有过此类合作经验吗?

为什么提出上述问题?
- 我们需要了解到,你们之间是健康的合作关系,而且,你已经考虑过,若合作关系破裂,你如何继续实施项目。
- 我们想确定合作机构间的伙伴关系是可靠的,而且能够带来切实利益和增加值。

字数上限:500 字(不评分)

回答:

B 部分(项目提案)

该部分的评分权重为 100%。

该部分分成几个小节,以便您描述您的机构对社区的熟悉程度、将如何达到项目的主要预期成果,以及如何对人们的生活产生积极影响。

问题一:您的机构所合作的社区包括哪些?这些社会的特定需求是什么?您的机构将以何种方式与该社区合作以增强信心,推动社区赋权?

为什么提出上述问题?
我们需要了解到您的机构对所合作的社区有广泛的认识,清楚的了解社区在医疗卫生和相关服务上的需求和问题,而且能与社区以负责任和包容的方式进行合作。

请说明您的项目计划书如何满足上述要求:
- 您的机构将如何认识并接触布赖顿-霍夫市的社区?
- 您的机构将如何了解合作社区广义上的特定保健服务需求和问题?(例如服务获得渠道、沟通方式等等)

评价标准:
- 您的提案表明您的机构清楚地了解您的合作社区。
- 您的提案表明您的机构了解合作社区在医疗卫生及相关服务的获得和使用上所面临的问题,并有进一步了解社区的方法途径。
- 合适条件下,您的机构雇用了社区成员为员工、管理团队,或协调委员会的成员。

字数上限:800 字;评分权重:24%

回答:

问题二：提案实施和预期成果：您的提案如何满足招标书中的目标、要点和成果？

请描述您的提案如何满足招标书中列出的目标和要点（参见 5.1 和 5.3）。

- 您的机构将提供什么服务或活动？
- 预期达到什么样的成果？
- 以何种方式实现预期成果？
- 达到预期成果的时间节点是什么？
- 需要医疗保健服务定制集团提供什么样的信息和支持？

为什么提出上述问题？

- 我们需要清楚了解您的提案是为您的合作社区服务的，符合招标书中的要点。
- 我们需要清楚了解您所设定的目标和时点，以确认您的项目能够达到我们所期望的成果。
- 我们需要了解您的机构在实现目标成果中多大程度上需要医疗保健服务定制集团的支持。

评价标准：

- 提案清楚阐述实现招标书中的目标、成果和要点的方式。
- 提案清楚表明您的机构将使用促进参与的方法来及时响应社区的需求。
- 提案清楚阐述您的机构如何与健康观察建立关系。
- 提案中有在建议或已有的组织架构下现实可行的时间点和应交付成果的描述。

字数上限：1500 字；评分权重：33%

回答：

问题三：社会资本：您的项目将如何为布赖顿-霍夫市的社会资本发展做贡献？

（参见：招标书 5.2）

- 为让社区中的个人能够参与到医疗保健服务定制集团的工作，您的项目将如何发展这些个人能力？
- 您的项目将给社区和医疗保健服务定制集团带来什么附加值？
- 根据组织发现的群体参与风险所在之处而减少参与群体的风险，而不是让参与群体自己发现风险，并让这些群体分享最佳实践，来帮助人们在多个受保护特殊群体之间建立互动联系，为实现上述目的，您的机构将如何利用现有与城市的联系，或建立新的联系网络，来避免孤立行事？

为什么提出上述问题？

- 我们需要了解您的提案将如何帮助临床采购集团参与社区工作，如何赋权个人和不同群体，使他们的声音得到倾听。
- 我们需要了解您的项目将会对社区产生什么样的影响，您如何测算这种影响。
- 我们需要了解您将如何使用联系网来促进社会资本的发展，赋予个人和社区权力。
- 我们需要了解您的提案将如何通过加强联系、增强社区间的互信、社会参与，及团体成员关系来改善公共和社区服务。

评价标准:
- 与确定伙伴的接触安排或计划,包括和地方团体、社区以及国民医疗保健体系定制人之间的接触。
- 您的提案能给个人参与临床采购集团的工作提供机会或支持。
- 阐述您如何评价该项目对社区社会资本发展产生的影响。
- 阐述您的机构利用现有联系网,或者将如何发展新的联系网,来最大限度地增加布赖顿-霍夫市的社会资本。
- 阐述您的机构如何运用社区观点进行自我建设和运营。
- 在活动城市和区域有基地或成熟的联系网。
- 阐述与社区现有的合作工作。

字数上限:1500 字;评分权重:33%

回答:

问题四:您如何保障成果质量,如何评估成果?
- 成功的成果是怎样的?
- 将会使用什么监督体系来检测与社区接触的有效性?如何利用监督体系的反馈来完善服务?
- 若出现社区或个人不满,您将采取怎样的补救措施?
- 若出现无法完成预定目标的情况,您将采取怎样的补救措施?

为什么提出上述问题?
- 我们需要了解您的机构使用了监督体系监督项目进程,且您的机构能够对不满或表现不佳的情况作出有效反应。

评价标准:
- 有服务有效性评价的清晰规划,还有服务用户、护理人、专业人士以及用户推荐人的参与和反馈。
- 拥有能适当处理社区不满问题的方法。

字数上限:500 字;评分权重:10%

回答:

C 部分(提案涉及的费用)
该部分不评分,但我们会对照您的提案来审阅您的费用项,以及这些费用项与定制目标和要点之间的关系。

所有申请资金的机构都将要接受财务审查。

问题一：预计成本：您的机构所提出的项目中的活动费用分别为多少？

请尽量完整填写下表。

请只填写与该申请相关的费用。

若贵机构已登记缴纳增值税，贵机构只能在申请中填写不可退增值税费用。详细信息请参阅招标说明书6.3。

- 这些费用是怎么产生的？请提供适当的相关日常管理费用、满足社区需求的相关费用，以及（若适用）培训和志愿者开发费用。若有必要，您可添加备注。

为什么提问上述问题？

我们需要知道您了解您的费用项，并了解这些费用如何产生。

评价标准

- 我们的评估将依据最多2.75年的预计费用。
- 我们将审查您提出的预算计划，若有需要，我们可能进行详细解释

费用	第一年 （2013年7月至2014年3月）	第二年	第三年
人员费用（请列出）			
非薪资费用（请列出）			
日常管理费用（请列出）			
创办费用（请列出）			
其他费用（请列出）			
总计			

D部分（声明——针对所有申请机构）

必须由贵机构授权代表签字，或代表联合申请的伙伴机构签字。这些授权代表指的是贵机构中管理委员会主席、机构主管或负责人，也可以是公司秘书。

我确认：

- 申请所提交的信息和辅助文件完整、正确。
- 将按申请中的计划开展所提出的服务或活动，可为达成资金协议就这些服务和活动进行任何谈判。
- 我们披露了机构现有所有其他资助或合同细节。
- 已在申请中附上所需辅助文件。

姓：
_____
_____

名：
_____
_____

签名：
_____
_____

日期：
_____
_____

联系电话：
_____
_____

机构中的职务：
_____
_____

电子邮箱：
_____
_____

申请截止日期和递交地址：
截止时间是**2013 年 1 月 7 日下午 5 点**
请您邮寄**两份纸质签字申请表**到以下地址：
The Chief Executive's Office
NHS Sussex
c/o Sally Robson
4th Floor, Lanchester House
Trafalgar Place
Brighton BN1 4FU

申请文件须装于密封信封或包裹中寄出，须在信封上标有"**投标**"字样，其后标清楚申请的相关主题（"**参与招投标**"）以及申请的截止日期(**2013 年 1 月 7 日下午 5 点**)。

投标信封或包裹不应含有任何与寄件人相关的名字或标识。使用快递或邮寄服务也不应在信封上或任何收据上标明寄件人信息。

请只提交申请程序中所要求的文件，额外的补充性文件将不予受理。

请注意，截止日期之后我们将不再接收任何申请。

若您有任何疑问，请与采购部门联系(详细联系方式参见招标资助项目说明书 6.2)。

附录五

2013年老年人服务目标

2013年地方养老服务招标书明细

三个地区

- 东部
- 北中部
- 西部

三个地区一致的目标：

- 尽可能支持人们独立生活
- 减少社会孤立
- 尽可能使人们健康长寿
- 中标机构为全市范围和各地区提供补充性服务，以最大限度地支持老年人活动

1. 尽可能支持人们独立生活

- 1.1 为个人提供高质量的信息和建议，使其能够更好地做选择和控制自己的生活
- 1.2 支持个人，从而建立其与社区的联系
- 1.3 支持个人，从而使其能够在社区发挥积极作用，并为社区做贡献
- 1.4 灵活地支持家庭和护理人员，从而使老人能够尽可能留在或返回家中生活

2. 减少社会孤立

- 2.1 支持孤独老人参加活动，从而增加他们与社会的联系和社会参与度
- 2.2 寻找消除社会孤立的解决方案
- 2.3 在地方社区给老人提供积极的指导，让他们更多地意识到有参与活动的机会
- 2.4 支持个人，使其最大限度地发挥潜能，充分利用和挖掘支持性就业和志愿工作的真正机会

3. 尽可能使人们健康长寿

- 3.1 若合适，服务要有恢复或复原效果
- 3.2 为个人提供预防性服务，如获得戒烟所的服务或者体重管理支持服务
- 3.3 管理者和一线工作人员以及志愿者均训练有素

4. 供应机构为全市范围和各地区提供补充性服务，以最大限度地支持老人活动

- 4.1 最大限度地缩小服务缺口
- 4.2 服务机构将在战略上最大限度地缩小服务缺口

全城协调项目招标书详细内容

1. 跨地区展开合作以获得更加广泛的成果
2. 服务使用方在每个活动阶段的参与有机制保障
3. 机构和各项活动繁荣发展以提供高质量服务
4. 人们健康独立
5. 协调全城范围内的信息

注：适用于所有成年人服务

附录六

全城互联评估审查

2015年2月和3月全城互联地区活动最终评估报告

1. 小结和结论

自2014年9月第一批区域活动开展以来,全市互联项目和区域中心活动机制不断蓬勃发展,现有94家不同行业的机构积极参与。

与私营部门所建立的联系使我们倍受鼓舞,新增12家居家护理和安老院舍服务机构参与我们的项目,实现了业务价值,并挖掘了潜在机遇。我们与东苏赛克斯医药委员会(East Sussex Local Pharmaceutical Committee)之间建立起紧密的业务关系。9月份,我们将参加一个晚宴,以提高人们对全城互联项目与布赖顿-霍夫市各社区药房(Community Pharmacies)之间合作的认识。

我们与信仰团体组织间不断接触,比如,我们不断深化与合一教会(One Church)、"希望"(HOPE)协助项目以及跨信仰医疗健康与社会关怀论坛(Interfaith Health and Social Care Forum)的合作。

我们积极寻找联系医疗卫生工作者的机会。我们已经制订详细计划,以进一步强化我们与一体化初级护理和多专业团队(Integrated Primary Care and Multi Disciplinary Teams)之间的关系。

所有这一轮区域中心活动的参与者现在更清楚地意识到并了解到,面临社会孤立的老年人可以获得社会支持服务,参与社会支持活动。此外,更多人现在更好地了解应该推荐被社会排斥的个人到何处寻求支持。不久以后,残联独立生活中心网站将会公布案例展示的相关视频,我们将与医疗卫生和医药行业一线工作人员共同开展宣传活动,而该网站是我们的宣传途径之一。

我们看到,行动承诺在不断变化,2014年秋季的行动承诺很宽泛,为"了解谁是谁,什么是什么",而2015年春季则转变为"探究怎样展开联合服务,服务如何互补"。我们计划在2015年秋季的区域中心活动中,进一步开发这基于行动的模式。开发的方法是,给参与者提供机会让他们更多地了解到合作理念的具体案例,以及如何推进这些合作,来推动更多合作,带来新的工作思路。

服务推荐要以满足服务用户的主要需求为基础,我们在以此为基础的原则上形成共识,并成立了相关的推荐指导和接收机构。我们将制定《呼吁行动》("call to action")文件来改进行业内和跨行业推荐管理办法,以形成简单、直接、行政手续少且有后续跟踪的推荐程序,这样才能增强员工再次推荐的信心。很多区域中心活动参与者提到,相关支持有助于他们服务社会孤立个人,为满足他们的需求,我们进一步改进工作,使用"使每一次接触都有意义"(Making Every Contact Count)等方法,或与公共卫生合作伙伴建立联系。

最后,我们正在建立一个严谨的框架制度来展示全城互联项目的影响,我们将和所有合作伙伴共同建立这项框架制度。

2. 建议

(1) 制订与居民的交流沟通计划
- 使居民更好地获悉所有支持性服务信息
- 与委员会合作来与居民沟通

(2) 开展针对医疗卫生服务从业者(包括社区药剂师)的宣传活动。

(3) 与示范性服务机构合作探索新方法协助我们社区中更多的社会孤立老人,比如,使用支持性措施来消除个人在第一次参与活动或接受服务的障碍。

(4) 与相关机构合作,在支撑服务推荐人和跨行业联系等行动的原则上达成共识。

3. 区域中心活动概览

根据利益相关方的反馈,每年在三个区域(东区、北中区以及西区)分别举行两次区域中心活动,这些活动将提供以下机遇:

——知识交流和对接活动,例如,使彼此了解最新的发展情况或是在行业内或跨行业建立联系

——营销和沟通交流活动,可以创造机会,使更多的人(如私营部门或自费养老群体)了解并更多参与各个区域所提供的服务和活动

——以最有效的方式使用闲置资源如志愿者、建筑物和交通设施,造福更多社区

——通过案例研究和电影等方式来分享信息和良好实践

该报告中详细列出参加 2015 年 2 月和 3 月全市范围第二期区域中心活动参与者反馈的重点内容,具体活动时间如下:

- 2 月 11 日:东区
- 2 月 26 日:北中区
- 3 月 5 日:西区

4. 第二期区域中心活动目标

基于第一期区域中心活动项目的反馈建议,第二期区域中心活动目标如下:

- 在全城互联项目下扩大公共部门、医疗卫生部门、私营部门和包括信仰团体或教堂组织在内的志愿部门等地方服务供应机构之间的接触,以便于开展缓解老年人社会孤立的重点工作。
- 邀请各行业的服务供应机构来展示他们所提供的社会支持性服务和活动来:
  ● 让服务供应机构更清楚地了解每个区域的供应机构和它们提供的服务类型
  ● 让人们更清楚地理解这些活动和服务如何造福社会孤立,生活孤独,或有这类风险的老人
  ● 让一线工作人员找到了解这些服务和活动和具体推荐标准的途径
  ● 让一线工作人员了解各区域具体的服务供应机构信息并藉此来支持其推荐工作
- 找到有助于提供反馈或推荐工作的后续跟踪工作的方法。

5. 区域中心活动:预定和出席

5.1 按行业划分、预定参加区域中心活动的机构和团队(2014 年 9 月—2015 年 2 月和 3 月):

我们把东苏赛克斯消防抢救队和苏赛克斯警察局归为紧急服务提供机构,私营部门则包括安老院舍服务机构、居家养老服务机构、药房和米尔斯社会保障住房机构(Mears Social Housing)。

地方政府的参与团队包括接入点(Access Point)、住房、公共卫生、护理员支持工作者、就业中心、日间护理中心以及社工团队。

涉及的医疗卫生专业人员类型包括临床护士长、助理理疗师、护士、一位职业疗法专家和一位医疗卫生服务经理人。(我们在分析中没有包括医疗保健服务定制集团的招标员)

承包服务的服务供应机构在其行业内再次被分为不同类别。

请参见附录一所有最新参与机构的详细名单。通过两批区域中心活动,共有 94 家在上述行业为老年人提供护理和支持性服务的机构或团队参与全城互联项目,比 2014 年 9 月区域中心活动举办时参与机构或团队的数量多了三分之二(68%),而那时有 64 家参与机构或团队。

志愿行业和私营部门的预定数量增长最多,分别从 22 增加到 32,从 18 增加到 28,这显示这两个部门参与最多。

新参与的来自志愿和社区行业的机构包括:

- 南镇住房协会(Southtown Housing)
- 避难所住房协会(Sanctuary Housing)
- 失明退伍军人协会(Blind Veterans)
- 社区交通协会(Community Transport)

- 霍夫午餐会俱乐部（Hove Luncheon Club）
- 宜居协会（Livability）
- 城市老人友好论坛（Age Friendly City Older People's Forum）
- 特伦斯·希金斯信托基金（Terence Higgins Trust）
- 3VA

现有三家私营安老院舍服务机构：
- 金秋小屋（Autumn Lodge）
- 公园景观（Park View）
- 威尔伯里（Wilbury）

五家新加入的居家护理机构：
- 蓝鸟护理（Bluebird Care）
- 护理前景（Care Outlook）
- 海岸居家护理（Coastal Homecare）
- 独家护理（Prime Care）

另外还有医药行业新加入的两家机构：
- 地方医药委员会（Local Pharmaceutical Committee，LPC）
- 奥弗林社区药房（O'Flinn Prime Care）

现在参与区域中心活动的医疗卫生专业人员有七类。为鼓励医疗卫生行业参与，我们将在2014年9月活动的基础上有进一步行动。

我们将根据初级医疗团队的内部邮件地址清单将邀请函发送给这些团队成员。若有专业人员对参与活动感兴趣，但因工作压力不能参加，我们也鼓励他们邀请其他团队成员代替他们参加。例如就全科医生医务室而言，我们邀请信中的邀请对象也包括其前台接待人员和医疗服务管理人员。我们也会与临床采购集团高层代表分享信息，来通过他们的人员设置和在医院建立的联系方式将信息逐级向下传达。

在一体化初级护理团队（Integrated Primary Care Team，IPCT）社区护士治理会议上，我们争取了一点时间，来进一步宣传并鼓励更多人参与我们的项目。本次会议上，一个参加过我们前期区域中心会议的护士向参会的同事们介绍了参加活动的益处，这使我们所要传达的信息更加有力。

我们也在继续利用我们2014年区域中心会议所建立的联系，包括医护一线和管理层的联系，来努力宣传我们的项目，并找到更多愿意参与我们区域中心讨论中的人。

5.2 按区域划分，参加区域中心活动的行业和一线工作人员数量：

共计123名一线工作人员参加了第二期区域中心活动，对于三个区域而言，意味着数量增加了28%。西区的参与人数再次名列前茅，共有46名一线工作人员参加，比2014年9月增加了13人。北中区和东区的参与人数也有所增加，分别由2014年的28和27人增长到43和34人。西区来自地方政府和私营部门（6名来自安老院舍服务机构；3名来自居家护理机构）的参与者比例也是最高的。

一线医疗卫生工作人员参加了西区和北中区的中心活动。

志愿行业积极参与了中北区的活动，信仰团体积极参加了中北区和东区的活动。只有两家承包服务的供应机构不能完整参加这一期的所有三次活动。

5.3 按行业划分的预定和出席情况：

这期区域中心活动来自所有行业的预定和出席人数都比2014年9月的活动人数要多很多，9月份的活动中，仅有66%的预定人数出席了活动，而这期活动的出席人数占预定人数的90%。

我们认为人数的增加主要归功于以下两点：一是一线工作人员大大增强了参加区域中心活动的意识，对参与活动所带来的价值的认识大大增强；二是参与者对于这一期"活动前信息获取和预定环节"评分很高,这表明我们使用在线活动(Eventbrite)预定系统非常有助于提升活动参与度。

承包服务的供应机构这期活动的参与情况让我们倍受鼓舞,11家机构中有9家全程参与了这期活动。我们也收到了爱尔兰小屋(Ireland Lodge)和社区发展信托基金(Trust for Developing Communities)的致歉,因为这两家机构没能派出代表参加西区的活动。

五名地方政府关怀经理人(Care Managers)没有提前预订而直接来参加西区的活动,他们给出的理由是,他们同事参加了这期区域中心活动的前两次活动,并推荐他们参加西区活动。

从这期的区域中心活动参与情况来看,我们发现一线医疗卫生工作人员预定参加活动的人数从2014年9月的三个增加到八个(不包括医疗保健服务定制集团专员),其中超过一半的人也确实出席了预定日期的活动。

5.4 按区域划分的预定和出席情况

东区

绝大多数(95%)预定参加东区活动的人员出席了当天活动,上期的出席预定比是61%。

北中区

83%预定参加北中区活动的一线工作人员出席了当天活动,2014年9月的出席预定比为76%。在北中区,原先预定要参加活动的五家居家护理机构致歉不能出席活动,主要由于人手短缺或其他紧急情况。

西区

94%的预定参与人员出席了当天的活动,与上一期60%的出席率相比,有很大的提高。我们也同样收到了四家居家护理机构和一家社区集中养老服务机构的致歉,不能参加活动的原因和上述北中区的原因类似。

一些护理服务经理人没有提前预订,而直接来参加活动,这意味着参加活动人数多于比预定人数。

6. 区域中心活动:评估

6.1 评分

我们要求参与者针对活动的一些具体方面评分,5分为最高分,1分为最低分。上表展示了所有活动参与者的平均分值。

总体来看,参与者对活动的各个方面均予以积极的评价。在"活动前的信息和预定"以及"对全城互联项目和目标的理解"这两方面在三个区域的反馈完全一致,分别为4.3和4.4分。

最高分是"案例展示的价值",这说明我们报告内容翔实多样,选择的场馆好。活动场所宽敞、舒适、灯光和地点选择是获得积极评价和反馈最大的原因。

这一期的区域中心活动中,我们使用了线上活动系统协助活动预定,参与者的高分评价也证明,这一做法非常成功。

参与者在"对于全市互联项目的理解加强"这一方面评分很高,这也符合我们的预期,因为第二期中心活动进一步强化了这个项目的理念,并通过媒体宣传、宣传单和新闻稿展现了我们的努力付出。

得分最低的是推荐活动研讨会的效果,平均得分为4.1分,但实际上,研讨会激发了一些最有意义的讨论。但这一评分反馈也有助于我们进一步改善未来研讨会活动的组织。

6.2 肯定与否定

超乎预期的是,100%的活动参与者表示他们"对所在地的工作有所了解",这也达到了我们以案例展示形式来组织这些活动的预期。值得重新一提的是,服务供应机构的展示质量很高(也被录制成视频),他们对自身机构所做的工作充满激情,并对他们的工作及如何推荐进入他们的服务范围进行了非常详细的介绍。97%的参与者表示,他们在活动中建立了有用的联系,96%的参与者表示"活动当天学到了新东西"。

除了希望对所在区域的工作有进一步了解之外,如何进行推荐也是上一期区域中心活动中大家表示希望进一步探索的话题。

令人欣喜的是,93%的参与者表示现在更加清楚应该去何处寻求支持,也是因为案例展示机构提供了大量有效信息。只有少于三分之一的参与者在活动结束后填写了行动计划。这一比例相对较低,可能是由于很多参与者将他们的行动计划方案记录在他们的案例展示资料里面,没有记录在我们所发放的行动计划反馈卡片上,而我们只收集了反馈卡片进行数据统计。

6.3 参与活动的其他收益

65%的参与者(81人)完整参与了本期的所有三次活动,并在这部分提供了他们的评论意见。上期只有38%的参与者在这部分提供了反馈意见,与上期相比,我们所收到的反馈数量大大增加。绝大部分的反馈是更加深入地了解了地方服务,并与更多机构和个人建立起新联系。一些参与者提到,参与活动的意义在于让他们意识到了自己所在地的服务;另有些参与者提到,更加了解了服务供应机构在他们所在地的工作,以及如何推荐这些机构的服务,这也反映了他们在推荐研讨会上的收获。

也有参与者在意见反馈中提到未来可以开展一些合作项目,并在专业人士和团队之间共享信息。

以下是我们从活动参与者获得的反馈意见:

"我与很多机构建立了联系并了解到了他们所做的工作,感觉更加融入到了该中心。"

"开始更多地了解其他机构的工作和现有服务"。

"我为我们正在实施的项目找到了一个合作机遇"。

"有可能会与药店间建立更加紧密的合作关系"。

"进一步了解西区的志愿服务情况后,我可以让我的服务项目管理经理和社会工作者更大限度地利用这些资源。"

6.4 活动最大益处

90%的参与者(111位参与者)对于他们所认为的"活动最大益处"给出了反馈。上期只有70%的参与者对此做出了反馈,因此在反馈数量上大有增加。大多数的参与者认为本期活动的最大益处在于提供了交流接触的机会、分享信息的机会,以及在个体和机构之间建立起新的联系;也有一部分参与者认为活动的最大益处在于案例展示和专题讨论质量高、很实用。

"很高兴有案例展示的活动安排,其中还包括很好很详细的联系方式。很高兴看到在这方面从第一期活动以来所取得的进展。"

"很热情舒适的气氛,所有的参与者都能发出平等的声音。"

"聆听关于服务提供的介绍、社交且与更多人建立联系。"

"所有人都很友好,而且所有人都为了一个共同的使命而来,那就是不断完善自我、改进我们的工作场所以及提高所有人的生活质量。"

"对服务供应有详细直观的了解。"

6.5 改进建议

61%的活动参与者(75人)对这一条做出了反馈,每个区的参与者所给出的改进建议都有所不同。在东区,大部分的反馈是关于场地问题,比如需要暖气和更多的话筒。另外,活动应该留有更多的社交时间。

在北中区,一些参与者表示,案例展示的时间过紧,应该留有更加充足的时间,这个问题在将来的区域中心活动中将予以解决。另外,应该有更多的信仰、黑人和少数种族或艺术和文化机构参与。

西区的反馈中没有什么特别突出的问题,但有参与者反馈,应该在下午的活动中想办法留住更多人,因为有些人在中午休息时离开,导致下午活动时间缩短。对三个中心的活动反馈最多的就是活动组织非常好,无需改进(8人)。

"不要那么赶,多留一点时间给案例展示和讲解。"

6.6 未来活动设想

58%的参与者(71人)为未来的活动组织提出了新想法。其中最突出的议题为,与服务用户和服务供应方直接沟通联系,其中包括客户咨询全过程的案例研究,或者是建立服务供应机构和公众都可进入的服务类别统一数据库。另外一个重要议题是,增加更多与医疗卫生专业人员或全科医生群体进行讨论的机会,以及如何更好地与他们建立更好联系。

"很多与我交流的参与者并不了解现在成年人社会关怀工作人员在全科医生医务室是怎么工作的,也许可以与社区团体多进行这方面的交流。"

"交流的这些内容不应仅局限于服务供应方之间,而是要把这些内容传达给公众。"

"我们如何能够共同努力避免重复服务。"

"可以增加一些活动环节,邀请更多的机构和一些已经使用过此类服务的成年人来分享他们的想法和反馈意见。"

7. 案例展示

7.1 背景

根据上一期区域中心活动的反馈,我们发现参与者希望更多地了解社区现有的、能给孤独和与社会孤立的老人所提供的社会支持,因此我们邀请了来自不同行业的服务供应机构,来参加活动并展示他们所提供的服务和活动。

主要目标是让志愿行业、法定机构和私营部门的服务供应机构都参与。

服务机构各有五分钟的时间做以下介绍:

- 各自所提供的服务和活动如何达到给予社会支持的效果,以及如何解决社会孤立的问题(包括一些故事和案例)
- 参与者所获得的益处或成果
- 如何推荐这些服务和活动,包括详细联系方式和参与人群所需达到的标准

7.2 展示社会支持服务和活动的服务机构总览

每个区域的案例展示来自那些受托在特定领域提供服务和组织活动的服务机构,如下表所示:

东区*	北中区	西区**
生命线	塔楼式住宅(Tower House)	维菲尔德馆(Wayfield Avenue)
萨默赛特日间护理中心	影响倡议协会(Impact Initiatives)("扣迪恩落叶松咖啡屋","Larches Café-Coldean")	圣约翰日间护理中心
社区护理计划	社区发展信托机构	汉格顿和诺尔项目
	女同性恋、男同性恋、双性恋和变性人社会平台	女同性恋、男同性恋、双性恋和变性人社会平台

后 记

政府向社会力量购买公共服务,是当今世界诸多国家和地区供给基本公共服务的主要机制,也是我国提升公共服务供给质量、促进政府职能转变、实现社会公平正义的重要路径。

20世纪90年代,我国启动政府向社会力量购买公共服务的探索,经过多年发展,现已初步形成政府向社会力量购买公共服务的制度框架、主体结构与运行机制,政府购买的范围和规模不断扩大,质量和效益逐步提高,各地结合自身实际情况展开的政府购买活动,取得了令人瞩目的成就。另一方面,现状表明,我国政府向社会力量购买公共服务在法律法规、财政安排、购买内容、购买方式等方面还存在着诸多问题,这些问题亟待在全面深化改革的进程中,通过深入的精细研究,结合政府和社会治理创新实践,切实逐一加以解决。

在此背景下,中国民政部民间组织管理局与英国驻华大使馆文化教育处签署合作项目《政府向社会力量购买公共服务中英经验研究》,深入研究中国政府向社会力量购买公共服务的发展状况,并且参考英国政府购买公共服务的有益经验,形成学理、机理、问题和对策结合型的研究成果,以期有助于我国政府向社会力量购买公共服务的进一步深入发展和改革。

在项目付诸实施时,中国民政部民间组织管理局与英国驻华大使馆文化教育处经过协商,将该合作项目委托北京大学国家治理研究院和北京大学政治发展与政府管理研究所王浦劬教授研究团队和英国伦敦政治经济学院国际发展系郝秋笛(Jude Howell)教授研究团队合作承担。在这其中,王浦劬教授研究团队主要研究中国政府向社会力量购买公共服务的发展状况,郝秋笛教授研究团队则主要分析英国政府向社会组织购买公共服务的主要体制、相关政策和典型案例,与此同时,两个研究团队就相关问题进行经常性交流沟通。本书即是中英两国研究团队分工合作承担该项目,实施研究形成的成果。①

本书总体上分为上编和下编。上编为《中国政府向社会力量购买公共服务发展研究》,阐述了中国政府向社会力量购买公共服务的相关理论,并从制度环境、主体结构、运行环节三个方面分析中国政府购买公共服务的实践情况,选择农村公益性公共服务购买

---

① 需要说明的是,本书上编《中国政府向社会力量购买公共服务发展研究》亦是国家民政部2015年九项部级课题的研究成果,分别包含王浦劬教授主持的"中国与英国政府向社会组织购买公共服务研究"、项显生博士主持的"政府购买公共服务的法律政策研究"、刘伟副教授主持的"政府购买公共服务的财政政策研究"、何艳玲教授主持的"政府购买服务的内容研究"、王清副教授主持的"政府购买公共服务的方式研究"、范炜烽教授主持的"政府购买公共服务的评估与监督研究"、句华副教授主持的"政府购买公共服务中的社会组织角色研究"、张向东教授主持的"农村公共服务购买研究"与邓湘树副教授主持的"城市社区公共服务购买研究"。

与城市社区公共服务购买作为专项研究,最后在借鉴英国购买服务经验的基础上,针对中国政府向社会力量购买公共服务实践中的问题提出对策建议;下编为《英国政府向社会力量购买公共服务经验研究》,概括了英国政府向社会力量购买公共服务的总体经验,并详细描述了英国政府购买老年人服务、残疾人服务与儿童服务的不同情况,最后以布赖顿-霍夫市议会购买公共服务的实际案例揭示英国政府购买公共服务的全过程。

在这其中,本书的上编部分由北京大学王浦劬教授领导的研究团队承担完成,研究团队的具体分工如下:

王浦劬教授主持和负责项目的总体设计、规划部署、研究实施与协调沟通,北京大学博士研究生刘舒杨参与并且承担了这些工作。

王浦劬、刘舒杨共同设计和撰写了本书上编的第一章,第二章,第四章第一节、第三节和第四节,第七章,第九章;

北京大学政治发展与政府管理研究所客座研究人员项显生博士主持和承担第三章中《中国政府购买公共服务的法律法规》、第八章中《建立健全政府购买公共服务的法律规制体系》的研究和写作;

中国人民大学公共管理学院刘伟副教授主持和承担第三章中《中国政府购买公共服务的财政制度》、第八章中《完善政府购买公共服务的财政制度》的研究和写作;

北京大学政府管理学院句华副教授主持和承担第四章中《公共服务的生产者:社会组织》的研究和写作;

南京理工大学公共管理学院范炜烽教授主持,民政部民间组织管理局廖明、南京理工大学博士研究生王青平参与,承担第五章中《政府购买公共服务的监督评估》、第八章中《完善政府购买公共服务的评估和监督体系》的研究和写作;

广州中山大学政治与公共事务学院何艳玲教授主持,硕士研究生周寒、袁洋、杨学敏、张舒波参与,承担第五章中《政府购买公共服务的主要内容》的研究和写作;

广州中山大学政治与公共事务学院王清副教授主持,硕士研究生陈莹、梁文君参与,承担第五章中《政府购买公共服务的主要方式》、第八章中《发展和完善政府购买公共服务的基本方式》的研究和写作;

河南大学政治与公共管理学院张向东教授主持,朱磊副教授、李有学副教授参与,承担第六章的《农村公益性服务的购买》和第八章的《促进农村生产性公共服务购买的组织化、标准化和规范化》的研究和写作;

四川财经大学社会工作中心邓湘树副教授主持,四川光华社会工作服务中心研究助理杨杰参与,承担第六章中的《城市社区公共服务的购买》和第八章中的《完善政府购买社区公共服务,构建新型政社关系》的研究和写作;

本书的下编即《英国政府向社会力量购买公共服务经验研究》,由英国伦敦政治经济学院国际发展系郝秋笛教授领导的研究团队完成,参与成员包括:郝秋笛教授,博士研究生雷吉娜·恩胡托-马丁内斯(Regina Enjuto-Martinez)与安迪·韦斯特(Andy West)。

北京外国语大学高级翻译陈可讲师、邓小玲讲师、杨昉以及英国利兹大学博士研究生袁煜共同翻译了本书的下编。

王浦劬教授与刘舒杨共同承担了全书的统稿、修订与校对工作。

本项目的研究及其成果形成，是在中国国家民政部民间组织管理局领导和组织下进行的。民间组织管理局刘振国副局长对项目的研究和成果的撰写给予了直接指导，廖明、于萌、董红、沈东亮、吴磊、卢山、李莉对项目研究的顺利进行给予了大力支持。当此项目成果付梓之际，项目研究团队全体成员谨对民政部民间组织管理局领导和同志们的指导、支持、关心和帮助表示深切感谢！

英国文化教育协会/英国驻华大使馆文化教育处对本项目研究给予了积极支持，于准总监、孟文静主任与侯鹏经理在项目运行和协调方面付出了重要努力，项目研究团队全体成员对此谨致真挚谢意！

本项目上编的实证研究涉及中国7个地区的实地调研，所涉地区的民政部门、财政部门、相关基层政府机构、社会组织负责人与工作人员、受访服务对象等，都对本项目的调研工作给予了积极支持和帮助，并为项目团队提供了可供研究的大量一手资料。对此，项目团队全体成员谨致以由衷的敬意与谢意！

北京大学出版社耿协峰编辑为本书的编辑工作倾注了大量的心血，提出了诸多宝贵的修订建议，在此，项目团队全体成员亦致诚挚感谢！

研究表明，在我国，政府向社会力量购买公共服务是发展中的政府与社会治理的创新机制，也是全面深化改革以优化公共服务供给的重要内容，随着政府购买实践的不断深入和改革的日益深化，新情况、新问题、新要求、新内容层出不穷。而在英国，政府向社会组织购买公共服务也在不断发展中。因此，本项目主题的研究具有很强的动态性，需要研究者不断进行实践追踪，以持续检测和校正研究成果。同时，限于研究团队的时间和能力，本书亦难免有缺憾之处，所有这些，既需要留待政府向社会力量购买公共服务实践的不断验证，也衷心期待读者批评指正。

王浦劬、刘舒杨
2016年7月2日于北京大学国家治理研究院